La paix n'est possible que par la liberté, la liberté que par la vérité.

C'est pourquoi la fausseté est le véritable mal, celui qui détruit toute paix :
la contre-vérité de la dissimulation jusqu'au laisser-aller aveugle,
du mensonge jusqu'à l'insincérité intérieure,
de l'inconscience jusqu'au fanatisme doctrinaire de la vérité,
de la non-vérité de l'individu jusqu'à la non-vérité de la situation publique.

Karl Jaspers
Discours de remerciement à l'occasion de la remise du Prix de la paix des libraires allemands, 1958[1]

Thomas Mayer :
Recherche de la vérité dans la guerre en Ukraine

© 2025 Thomas Mayer, c/o JENBACHMEDIA,
Grünthal 109, 83064 Raubling, Allemagne
Tous droits réservés

Édition : BoD · Books on Demand, 31 avenue Saint-Rémy, 57600 Forbach,
bod@bod.fr
Impression : Libri Plureos GmbH, Friedensallee 273, 22763 Hamburg (Allemagne)
ISBN : 978-2-3225-7467-4
Dépôt légal : Février 2025

Couverture du livre : Ange de la paix à Hove, Angleterre[2]
Verso : Ange de la paix à Hove, Angleterre[3]
Répartis dans le livre à certains endroits : les esprits protecteurs de la cathédrale de Chartres

Recherche de la vérité dans la guerre en Ukraine

Ce dont il s'agit vraiment

Thomas Mayer

Sommaire

Qu'entend être ce livre ?

Dans ce livre, je raconte une quête de vérité sur la guerre en Ukraine

Je m'y concentre sur les questions suivantes : comment le conflit est-il né ? Quelles ont été les principales étapes de l'escalade ? Quelles orientations auraient permis de l'éviter ? Comment la guerre a-t-elle été prolongée ? J'y montre que le conflit avait un long passé historique.

En écrivant, je me suis efforcé de toujours partir de faits avérés et de les regarder sans présupposés. Ce n'est qu'ensuite, dans un second temps, qu'il s'est agi de les classer et de les évaluer d'un point de vue moral. En fait, cela va de soi : il ne faut pas juger avant de savoir.

Il ne s'agit donc pas de savoir qui est « bon » ou « mauvais » ou qui « gagne » ou « perd », mais de comprendre les processus, de former un centre intérieur libre et d'élargir ainsi l'espace de dialogue.

C'est pourquoi je n'ai pas supposé d'emblée que la Russie était seule responsable de la guerre en Ukraine, indépendamment de ce que les gouvernements de l'OTAN et les médias occidentaux mainstream affirment. Les questions qui m'intéressaient étaient les suivantes : que s'est-il réellement passé ? Comment l'OTAN et le gouvernement ukrainien ont-ils également alimenté l'escalade jusqu'à ce que la guerre commence ?

J'ai trouvé beaucoup de choses à ce sujet et je les décris en détail. Tout le monde ne voudra pas les entendre. Mais là n'est pas l'important. Mon intention est de décrire les événements le plus fidèlement possible, indépendamment du fait que cela dérange ou non.

Que chacun balaye devant sa porte. La vie nous montre que c'est la seule façon de parvenir à la paix sociale. Occupons-nous donc de la poutre dans notre œil au lieu de nous occuper de la paille dans l'œil du voisin.

Pierre de Paix, Lindesnes, Norvège[4]

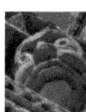

Les pays de l'OTAN soutiennent le gouvernement ukrainien par beaucoup d'argent, d'armes et d'aides militaires. Il faut regarder de près ce que nous soutenons. C'est aussi pour cette raison que j'ai enquêté sur l'état des droits de l'homme et de la démocratie en Ukraine.

Lors de mes recherches, j'ai découvert des événements et des contextes passionnants qui n'avaient pas encore été traités.

Je me suis efforcé d'être précis et d'aller au fond des choses. Détourner le regard et ignorer est un péché grave. Plus j'approfondissais mes recherches, plus les choses devenaient dramatiques. Une grande partie de ce que j'ai trouvé était au-delà de mon imagination. Mais au final, ce fut un soulagement de percevoir la réalité nue. Il est vrai que la vérité rend libre.

Sur la méthode

Je suis toujours parti de faits attestés par des sources. J'ai utilisé celles dont je disposais ; je ne prétends évidemment pas avoir trouvé toutes celles qui pouvaient s'avérer pertinentes et les avoir intégrées. C'est à partir de ces faits que j'ai élaboré un point de vue éclairé.

J'ai essayé d'expliquer les processus dès le début, de sorte que les contenus ne restent pas fragmentés, mais que les lecteurs puissent les comprendre et y réfléchir. Beaucoup de choses seront nouvelles, car nombre de ces faits sont passés sous silence par les médias occidentaux mainstream ou sont présentés de manière si raccourcie qu'ils ne peuvent que rester incompréhensibles.

Pour que les lecteurs comprennent bien les événements, je les décris en détail, de façon qu'ils ne restent pas abstraits, mais que leur signification réelle puisse être saisie et ressentie. Présenter tout cela de manière exhaustive est également nécessaire pour que les parties puissent finalement s'assembler en un tout structuré. Les contenus ne sont pas juxtaposés, ils se fondent les uns sur les autres.

Pour chercher un terrain de vérité, il ne faut rien croire aveuglément, mais toujours évaluer la véracité des informations et des médias et faire une distinction claire entre les informations susceptibles d'être manipulées et les faits purs et durs. Dans ce livre, j'ai essayé de m'en tenir aux faits concrets. J'ai laissé de côté tout ce qui aurait pu être une invention de la propagande occidentale ou russe, ou tout ce qui m'a semblé peu clair ou non étayé.

J'utilise principalement comme sources les lois et les décisions des gouvernements, les citations de d'hommes politiques occidentaux et ukrainiens, les faits historiques généralement admis, les faits reconnus par toutes les parties, les articles de presse des médias occidentaux qui ne peuvent pas être soupçonnés de propagande russe, les recherches des scientifiques et des journalistes qui donnent une impression de fiabilité et les témoignages directs. J'ai principalement utilisé des sources occidentales. J'ai utilisé des sources russes pour présenter un point de vue du gouvernement russe ou des débats de société en Russie.

Afin d'exclure autant que possible les erreurs, j'ai vérifié les sources d'origine. Cela n'a pas toujours été possible ; dans ces cas, je me suis appuyé sur des scientifiques ou des journalistes qui me semblaient dignes de confiance. Je n'ai pas tenu compte de l'attitude des médias dominants à l'égard des journalistes en question. Ce qui m'importait, c'était de savoir s'ils travaillaient correctement et si les faits qu'ils décrivaient étaient prouvés de manière compréhensible.

Pour confirmer un fait, j'ai toujours essayé de recourir à plusieurs sources. J'aimerais illustrer mon propos par un exemple : sur un site web de militants indépendantistes de Crimée, j'ai découvert qu'il y avait eu un coup d'État militaire réussi du gouvernement ukrainien contre le président élu de Crimée en 1995. Comme je n'en avais jamais entendu parler, j'étais sceptique. Mais j'ai trouvé des rapports correspondants dans plusieurs journaux occidentaux qui le confirmaient alors qu'ils n'étaient pas suspects de propagande russe. J'ai ensuite été convaincu par une interview du président ukrainien de l'époque dans un journal ukrainien, qui décrivait les circonstances du coup d'État. J'ai donc inclus cette histoire dans le livre.

J'invite à accepter sans préjugés les situations et les processus décrits dans le livre et à y réfléchir par soi-même. Il est bien sûr possible d'arriver à d'autres classifications ou appréciations. Mais cela doit se faire sur la base des faits décrits. J'attire expressément l'attention sur ce point, car il est à prévoir que de nombreux critiques réagiront au livre de la manière suivante : « sources fausses », « partialité », « présentation unilatérale » – terminé. Avec de telles affirmations péremptoires, on évite de lire le livre et de s'y confronter. J'aimerais au contraire inviter à une discussion sur la base de ce que j'ai écrit.

*

J'ai terminé le manuscrit à l'automne 2023. A ce moment-là, la guerre d'Ukraine n'était pas encore terminée. Elle se terminera un jour ou l'autre – ce livre reste actuel, le contenu de ce qui est décrit est historiquement intemporel. La tâche d'analyser la guerre demeure même après la fin de celle-ci.

*

Je suis particulièrement reconnaissant aux nombreux amis qui ont relu le manuscrit et dont les critiques, les remarques et les corrections ont aidé ce livre à voir le jour. Ce fut un processus de maturation important. Je remercie tout particulièrement ma compagne Agnes Hardorp, ainsi qu'Adreana Langscheid, Andreas Günther, Barbara et Klemens Vogt et Enno Schmidt.

*

Les événements décrits dans ce livre sont parfois difficiles à supporter sur le plan émotionnel. C'est pourquoi j'y ai semé ici et là des anges de la paix, des dieux de la paix et des symboles de paix issus de différentes cultures et de différentes époques, à titre de compensation et d'apaisement. Ils font office d'équipe soignante et intensifient la force de paix.

Ce qui m'a poussé à écrire ce livre

Le besoin de parler et de ne pas se taire. Puisque nous sommes tous impliqués et complices de cette guerre.

En février 2022, le monde a assisté avec étonnement à un tournant : soudain, les deux années de guerre contre le coronavirus étaient terminées, et les hommes politiques et les médias mainstream ont changé de cap – pour une nouvelle guerre, la guerre d'Ukraine.

Face à des disputes dans des couples d'amis, j'ai toujours essayé de rester neutre, de garder le contact avec les deux partenaires et de créer un espace aussi calme que possible. Toute personne raisonnable procède ainsi en cas de conflit – sauf nos gouvernements.

Les gouvernements occidentaux n'ont pris aucune initiative diplomatique sérieuse pour résoudre le conflit ukrainien. Les solutions diplomatiques nécessitent toujours des compromis, mais les gouvernements de l'OTAN n'ont fait que poser des exigences maximales aux Républiques populaires de l'est de l'Ukraine et à la Russie, sans aucune chance de succès dès le départ. L'art diplomatique des politiciens de l'OTAN consistait à s'envoler pour Moscou pour un entretien de 30 minutes, à dire à Poutine d'arrêter la guerre immédiatement et sans condition, puis à prendre une photo de presse avant le vol de retour et à dire aux médias qu'ils avaient tenté de faire leur possible. Ce genre de choses relève en réalité de la propagande de guerre. La vraie diplomatie consiste à construire la confiance à long terme et non à la détruire, à prendre en compte les intérêts des autres au lieu de les mépriser, et à chercher des solutions consensuelles sur cette base.

Mais c'est le contraire qui s'est produit : le gouvernement ukrainien a été constamment encouragé à poursuivre la lutte et à ne pas céder, jusqu'à la fin sanglante, et quel que soit le nombre de morts et de villes détruites. Il n'était question que de livraisons d'armes, d'encore plus d'armes et d'encore plus de milliards pour l'Ukraine en faillite. Le budget de l'État ukrainien a été financé pour moitié par l'Occident depuis le début de la guerre ; sans cette manne financière, le gouvernement aurait été incapable d'agir et aurait dû négocier immédiatement un

compromis de paix. Pour le reste, il n'a été question que d'encore plus de sanctions contre la Russie – qui n'ont toutefois pas porté préjudice à l'économie russe, mais surtout à l'économie européenne – et d'encore plus de haine envers les Russes, et plus particulièrement envers le président russe Vladimir Poutine. Il fallait isoler la Russie et ériger un nouveau rideau de fer. Tous les liens économiques, culturels et même humains entre les peuples d'Europe et la Russie devaient être coupés. Les décennies de travail de réconciliation après la Seconde Guerre mondiale ont été jetées à la poubelle. Willy Brandt et Egon Bahr doivent se retourner dans leur tombe.

L'UE et les gouvernements de l'OTAN avaient opté pour la guerre et y participent activement par le biais de la guerre de l'information, de la guerre économique, de la prescription des objectifs de guerre, du financement intégral de l'armée ukrainienne, de la livraison d'armes jusqu'à l'épuisement de leurs propres stocks, de la formation des soldats ukrainiens et de la transmission de renseignements. L'UE et l'Allemagne sont devenues de facto parties prenantes de la guerre contre la Russie.

Cette entrée en guerre a été insidieuse. Le gouvernement a donc simplement dit le contraire à la population qui ne voulait pas la guerre : nous n'étions pas impliqués dans la guerre. Mais parfois, cela a tout de même échappé à certains, comme par exemple à la ministre allemande des Affaires étrangères qui a déclaré au Conseil de l'Europe que *« nous » menions une « guerre contre la Russie*[5] *»*. Et à l'ex-président français Hollande, qui a déclaré dans une conversation apparemment confidentielle, mais rendue publique : *« L'UE, et donc la France, sont directement impliquées dans la guerre. On ne peut toutefois pas l'annoncer officiellement, sous peine de représailles*[6] *»*.

Heureusement, le gouvernement russe est resté mesuré à ce stade, n'a pas poursuivi l'escalade et n'a pas bombardé de cibles en Allemagne, telles que des bases militaires, des équipements de renseignement ou des moyens de transport utilisés pour soutenir l'armée ukrainienne.

L'OTAN n'a cessé d'attiser le conflit jusqu'au risque d'une troisième guerre mondiale avec l'utilisation de bombes atomiques. Ce danger survient lorsqu'une des puissances nucléaires se voit menacée dans son existence. Ainsi, si l'OTAN exige que la Russie soit vaincue et durablement affaiblie, et que l'on parle en même temps d'une division du pays en plusieurs États, la Russie considère évidemment cela comme une menace existentielle.

J'ai eu du mal à supporter ce bellicisme. Mais j'ai été profondément choqué par le fait que l'Allemagne livre des armes à la Russie et finance des bataillons nationaux-socialistes ukrainiens. J'ai vécu cela comme un coup de poignard dans l'identité allemande et donc dans ma propre identité. Comment a-t-on pu à ce point oublier l'histoire allemande ? Comment a-t-on pu à ce point occulter la Première et la Seconde Guerre mondiale ainsi que le terrible nazisme ? L'Allemagne est responsable de la mort de 27 millions de Russes pendant la Seconde Guerre mondiale[7]. Cela ne suffit toujours pas ? J'ai senti ce poignard dans ma poitrine, j'ai vécu cette honte et j'ai eu honte de l'Allemagne.

Ma première réaction sous le coup de l'émotion a été : « Je rends mon passeport allemand ! Je ne veux plus rien avoir à faire avec ces va-t-en guerre. L'Allemagne, pays des poètes et des penseurs, est perdue. Les psychopathes de tous les pays ont gagné. Ils s'imposent à nouveau, comme lors de la Première Guerre mondiale et de la Seconde Guerre mondiale. Et l'Allemagne est de la partie. Rien n'a été appris de l'histoire allemande, celle-ci se répète. »

Mais je me suis rendu compte que je n'en sortirais pas. Je pourrais peut-être devenir suisse ou autrichien un jour, ce sont des pays neutres. Au moins, ils ne livraient pas d'armes. Mais la Suisse et l'Autriche participent aussi à la guerre de l'information et à la guerre économique, tout comme les pays de l'OTAN. La différence est minime. C'était désolant.

Il ne me reste donc plus qu'à m'engager dans la recherche de la vérité et de la paix. C'est pourquoi j'ai écrit ce livre. Je me suis mis en route pour comprendre la guerre en Ukraine. La compréhension est la condition préalable à la résolution des conflits. Je pense que notre devoir en tant qu'Européen n'est pas de soutenir un camp, mais de rester neutre, de renforcer et d'animer le centre et de tout faire pour que les tueries cessent.

En écrivant, j'ai voulu retirer un peu le poignard de ma poitrine et retrouver mon honneur et ma dignité d'être humain. Et j'espère ainsi aider d'autres personnes qui ressentent la même chose.

Trois possibilités d'action

En tant qu'individu, nous avons trois possibilités d'action. Premièrement, la guerre en Ukraine nous place chaque jour devant un choix :
est-ce que je participe ou est-ce que je reste neutre ? Est-ce que je
pousse à la guerre par mes pensées et mes actes ou est-ce que je reste
libre et que je contribue à créer un espace de solutions et de réconciliation ?

Une deuxième décision est de chercher soi-même la vérité.

La troisième décision est d'assumer publiquement ce que l'on a trouvé,
même si l'on est diffamé, exclu ou menacé juridiquement. En Allemagne et dans l'UE, le « l'espace autorisé pour l'opinion » est devenu
très étroit. La démocratie se dessèche en temps de guerre. Le peu de
démocratie que nous avions, je ne le trouve et ne le ressens plus. Les
bellicistes intolérants et antidémocratiques dominent l'espace public et
les médias ; ils ont fait de l'État leur proie. En gardant cela à l'esprit, il
s'agit de brandir le plus haut possible le drapeau de la paix.

La neutralité, la recherche de la vérité et le fait de s'assumer publiquement sont les trois principaux moyens d'action dont nous disposons
pour préserver notre souveraineté. C'est ce que ce livre veut encourager.

Chercher la vérité

La recherche de la vérité est pourtant la base. J'ai été effrayé de voir que
de nombreuses personnes se sont complètement fermées sur le sujet
de la guerre en Ukraine. Alors qu'ils avaient manifestement d'énormes
lacunes en matière de connaissances, leurs jugements étaient faits
–d'immenses préjugés. Mais ils ne voulaient pas non plus entendre
des faits qui auraient été contraires à leur opinion préconçue. Ils ne
voulaient pas être déstabilisés dans leur position et craignaient une
dissonance cognitive susceptible de provoquer une souffrance psychologique. La croyance avait pris la place de la pensée. Ceux qui pensent
par eux-mêmes sont capables de discuter, ceux dont l'identité repose
sur la simple croyance doivent rejeter sans pitié toute contradiction.

Souvent, la propagande de guerre de l'OTAN sortait dans les conversations comme des dragons d'un vert empoisonné. Mais les gens ne le remarquaient pas. ; ils avaient l'impression d'être les « bons et les justes », car « les armes, c'est l'amour du prochain » ou « il faut plus d'armes pour faire la paix ».

Frappantes contradictions ! Je me suis toujours demandé : pourquoi ces contradictions n'attirent-elles pas l'attention ? Que se passe-t-il ? Une réponse est que cette distorsion et cette occupation de la conscience ont été créées insidieusement et systématiquement pendant de nombreuses décennies. Une toile d'araignée mentale a été construite à l'aide d'un flot d'informations continu et insidieux dans les médias grand public, emprisonnant la pensée. Et par le biais d'images, d'histoires, de chocs et de beaucoup de discours moralisants, les préjugés ont été ancrés dans les émotions. Ce n'est qu'en se défaisant d'une telle invasion de l'âme que l'on peut décider de chercher soi-même la vérité.

Dans le Faust de Goethe, Méphistophélès dit au docteur Faust dans la cave d'Auerbach à Leipzig : « Le peuple ne sent jamais le diable, quand bien même il le tiendrait par le col [d'après la trad. De Nerval]. » Il démontre ensuite son pouvoir diabolique sur les étudiants qui y font la fête et se prennent pour l'élite intellectuelle de la population. En quelques minutes, il leur fait perdre tout contact avec la réalité en leur montrant des mirages et leur donne envie de se couper le nez mutuellement en croyant qu'il s'agit de raisins mûrs.

Cette magie méphistophélique s'exerce aujourd'hui par le biais de la propagande. Non seulement le livre *Propaganda* d'Edward Bernays, publié en 1928, s'est avéré être la bible de l'ex-ministre de la propagande national-socialiste de l'époque la plus sombre de l'Allemagne, mais cette approche est et reste d'actualité et n'a cessé d'être affinée. Alors que la propagande de guerre de la Première Guerre mondiale dépendait des journaux, les nationaux-socialistes allemands pouvaient atteindre toutes les cuisines en même temps grâce à la radio et avoir des effets émotionnels beaucoup plus forts grâce aux paroles prononcées. La télévision, Internet et les médias sociaux ont encore considérablement élargi les possibilités de propagande.

Je pense que la propagande, les mensonges et l'hypocrisie sont les facteurs essentiels qui permettent de comprendre les événements politiques. Aujourd'hui plus que jamais, il s'agit de manipuler. Le meilleur manipulateur gagne et peut imposer ses intérêts. Il n'est guère question de vérité. Et cela n'a en réalité rien à voir avec la démocratie – telle qu'on se la représente naïvement.

En tant qu'organisateur de plusieurs campagnes d'initiative populaire en Allemagne et en Suisse, je connais assez bien le travail des médias. Et je sais par expérience que ce qui est écrit dans les journaux ou montré à la télévision a souvent très peu à voir avec la réalité. Le consommateur de médias devrait toujours partir du principe qu'il s'agit de mirages méphistophéliques destinés à nous manipuler. On nous montre ce que l'on veut nous faire voir.

Pas d'ingérence dans les affaires des autres

Je connais quelques rares personnes russes et ukrainiennes et je les apprécie. J'ai passé une semaine en Russie en 2016. Si ce voyage m'a donné un certain sentiment de base sur le pays, je n'ai pas d'autres relations avec la Russie. Je ne la considère pas comme un État idéal ou particulièrement mauvais, mais je pense surtout que c'est à la population russe de s'occuper elle-même du développement de sa société et de sa démocratie, et que je dois rester en dehors de cela. Je vois les choses de la même manière avec l'Ukraine. Je ne m'immisce pas non plus dans la vie de famille des voisins sans qu'on me le demande ; je cherche à établir des relations respectueuses et amicales.

C'est dans ce sens que j'essaie de comprendre M. Poutine, tout comme M. Zelensky. Je suis profondément effrayé de voir que les propagandistes de guerre de l'OTAN ont réussi à déformer la faculté la plus primitive de l'homme, la « compréhension », en un terme diffamatoire à la manière d'Orwell. L'expression « comprendre Poutine » fait partie des nombreuses armes de propagande des fauteurs de guerre. Je m'en distancie : celui qui cesse d'essayer de comprendre les autres quitte le terrain de l'humanité et de la religion. Malgré mes efforts, je ne comprends toujours pas pourquoi les bellicistes nous infligent cela.

C'est la population ukrainienne qui souffre le plus de l'escalade des politiciens. Zelensky avait promis la paix lors de la campagne électorale de 2019 et avait donc obtenu de nombreuses voix d'Ukrainiens russes de l'Est. Mais il a ensuite fait exactement le contraire. Et l'OTAN n'a cessé d'encourager l'Ukraine à se battre contre la Russie. A la fin de cette guerre, des centaines de milliers d'Ukrainiens et de Russes seront morts ou mutilés, plusieurs millions seront traumatisés et de vastes régions du pays seront en ruines. La haine entre les peuples régnera encore pendant des générations. Voilà le résultat du bellicisme.

Quelques mots encore sur mon point de départ

Je suis militant des droits civiques, auteur de plusieurs livres spirituels et politiques, professeur de méditation et anthroposophe. Ce qui a été important pour moi, c'est le mouvement pour la paix dans les années 80, où j'ai participé à l'organisation de manifestations contre le nucléaire. Lors de la phase de fondation des Verts, j'ai été un membre très actif pendant de nombreuses années et je me suis engagé dans le mouvement de protection de l'environnement et du tiers-monde. À l'époque, les Verts étaient un parti pour la paix et ne s'étaient pas encore transformés en l'actuel parti olivâtre belliciste. En 1988, j'ai été membre fondateur du mouvement citoyen fédéral *Mehr Demokratie e.V.*, dont j'ai été le chef de bureau et le directeur jusqu'en 2001. J'ai été l'homme de confiance du référendum *Mehr Demokratie in Bayern* (plus de démocratie en Bavière), par lequel la population bavaroise a introduit elle-même en 1995 le droit d'initiative citoyenne et de référendum au niveau communal. J'ai ensuite participé à des référendums pour la démocratie directe dans plusieurs Länder et me suis engagé dans l'*Omnibus pour la démocratie directe en Allemagne* dans l'esprit de de Joseph Beuys et de sa conception élargie de l'art[8]. Je me suis longtemps penché sur les monnaies complémentaires et j'ai participé au lancement de la monnaie régionale *Chiemgauer*. De 2013 à 2018, j'ai été directeur de campagne de l'initiative « Monnaie pleine » en Suisse. Une véritable démocratie me tient particulièrement à cœur ; j'y ai consacré la majeure partie de ma vie.

Ce que j'ai du mal à supporter, ce sont les mensonges. Par exemple, en 1991, j'ai été responsable d'une campagne d'annonces dans les journaux intitulée : « Le 8ᵉ commandement : tu ne mentiras pas. » Lors de la campagne électorale pour les élections fédérales de 1990, les partis au pouvoir avaient exclu d'augmenter les impôts, mais ils l'ont quand même fait après les élections. Les annonces avaient pour sous-titre « Oui à l'impôt, non à la fraude électorale. Nous exigeons de nouvelles élections. » L'annonce, qui a été publiée en pleine page dans dix journaux nationaux, a suscité beaucoup d'attention. A l'époque, le mensonge était encore mal vu. Cela agaçait le gouvernement, et c'est ainsi que le fisc de Bonn a tenté de retirer à notre association démocratique son statut d'utilité publique et d'exiger un arriéré d'impôts qui menaçait son existence. Nous avons pu y échapper grâce à des procédures judiciaires jusqu'à la plus haute instance[9]. C'est aussi dans cet esprit que j'ai commencé à écrire ces lignes, afin d'apaiser ma douleur face au flot de mensonges d'aujourd'hui.

Cela me ramène à Karl Jaspers qui, après la Seconde Guerre mondiale, résumait ainsi ses intuitions : « La paix n'est possible que par la liberté, la liberté que par la vérité. »

Ainsi, la recherche de la vérité est l'activité humaine pour la paix et la liberté.

Saint-Michel 2023,

Thomas Mayer

Unité des religions, sculpture en fer représentant les principaux courants religieux réunis, ermitage de Sant Honorat, Majorque, Espagne[10]

1ère partie

Situation initiale

Neuf étapes dans l'escalade du conflit

Pour comprendre une guerre et les possibilités de résolution des conflits, il est important de bien comprendre la logique de l'escalade. Friedrich Glasl, conseiller autrichien en organisation et chercheur en conflits, décrit pour celle-ci neuf étapes qu'il a observées au cours de plusieurs décennies de pratique[11].

Lorsque les parties adverses sont conscientes du niveau auquel elles se trouvent, elles ont la possibilité d'analyser leur conflit et de le désamorcer en conséquence. Mais elles peuvent aussi descendre d'un cran dans cet enfer. Les conflits qui ont atteint un certain point sur cette échelle à neuf niveaux ne peuvent plus être résolus sans aide extérieure.

Le modèle d'escalade des conflits selon Glasl s'applique aussi bien aux disputes entre élèves ou entre époux qu'aux désaccords dans le monde des affaires, voire aux conflits entre États. Les différentes étapes permettent de comprendre les prémices et le développement d'une guerre, comme celle d'Ukraine, et de classifier la folie qui y est à l'œuvre.

Les neuf étapes sont divisées en trois niveaux. Au premier niveau, le plus élevé, les deux parties peuvent encore s'en sortir sans dommage, voire avec un bénéfice (gagnant-gagnant). Au deuxième niveau, l'une des deux doit perdre (gagnant-perdant). Au troisième niveau, le plus bas, il n'y a plus que des pertes des deux côtés jusqu'à la destruction mutuelle (perdant-perdant).

Plus on s'enfonce, plus les méthodes utilisées par les adversaires pour remporter la victoire deviennent primitives et inhumaines. C'est pourquoi Glasl ne présente pas son modèle d'escalade comme une montée vers des niveaux supérieurs, mais comme un escalier descendant qui mène littéralement toujours plus loin dans les profondeurs de l'immoralité humaine, comme dans un enfer souterrain.

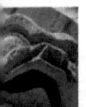

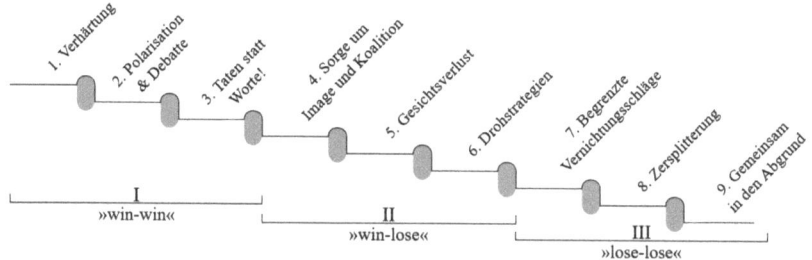

Niveau 1 : gagnant-gagnant

Étape 1 : durcissement. Les premières tensions sont perceptibles et deviennent conscientes, différentes opinions s'affrontent, les fronts risquent de se durcir et de se crisper. La situation est encore inoffensive. Les divergences d'opinion font partie du quotidien et peuvent être résolues par la discussion. Il n'y a pas encore de formation de camps ou de partis.

Étape 2 : polarisation et débat. Les divergences d'opinion deviennent plus fondamentales, chaque adversaire tente de convaincre l'autre par des arguments rationnels et de faire pression sur lui. Chacun campe sur ses positions. La pensée en noir et blanc sans compromis et la violence verbale s'installent.

Étape 3 : des actes plutôt que des mots. La pression sur l'adversaire augmente, parler ne sert plus à rien, il faut agir ! La communication verbale passe au second plan, les discussions sont interrompues sans résultat. L'adversaire est mis devant le fait accompli. L'empathie disparaît. La méfiance et les attentes négatives dominent, ce qui aggrave encore le conflit.

Niveau 2 : gagnant-perdant

Étape 4 : dénigrement et formation de camps. Il s'agit de la première étape au cours de laquelle il ne peut y avoir qu'un seul gagnant. Les adversaires cherchent des partisans et des alliés, ils forment des partis et les montent les uns contre les autres. Ils lancent des campagnes d'image et propagent des rumeurs malveillantes sur leurs opposants. Les parties en conflit ne cherchent plus de solutions, mais s'accusent et s'attaquent mutuellement. Souvent, elles profèrent des attaques et des menaces personnelles. Il ne s'agit plus de la cause initiale, mais uniquement de gagner le conflit.

Étape 5 : faire perdre la face. Les attaques réciproques deviennent personnelles et les « coups sous la ceinture » immoraux commencent. Elles visent à exposer l'adversaire de toutes les manières possibles. La perte de la moralité et de la confiance mutuelle se manifeste par le fait qu'il ne s'agit plus que de faire perdre la face à l'autre. La simple vue de l'adversaire génère des sentiments négatifs allant jusqu'au dégoût et à la haine.

Étape 6 : stratégies de la menace. Le conflit devient de plus en plus sérieux, les parties en conflit se rendent compte qu'elles ne peuvent pas continuer ainsi. Par la menace et la contre-menace, chacune tente de prendre le dessus. Une exigence s'accompagne d'une sanction possible, étayée par une preuve de la possibilité cette sanction. Exemple : un ravisseur exige de l'argent et menace d'assassiner l'otage ; comme preuve, il envoie un message vidéo montrant qu'il le tient effectivement en son pouvoir. Plus la possibilité de punition est crédible, plus la menace est efficace, et plus la demande a de chances d'être satisfaite. Il s'agit ici de savoir qui possède le plus de pouvoir et peut donc imposer les pires punitions. Les menaces détestables de part et d'autre prennent de plus en plus de place, le conflit ne fait qu'empirer.

Niveau 3 : perdant-perdant

Niveau 7 : tentatives de destruction limitées. C'est le premier niveau où l'on accepte de subir des dégâts, à condition que ceux de l'autre soient plus importants. C'en est fini de l'humanité, toutes les ruses sont utilisées pour nuire à l'adversaire. Celui-ci n'est plus perçu comme un être humain, mais comme une chose sans sentiments. Les valeurs et les vertus n'ont plus d'importance.

Niveau 8 : fragmentation. L'objectif principal est l'effondrement du système ennemi. Les démonstrations de force se multiplient afin d'intimider l'autre camp. Les combattants de première ligne sont coupés de leurs alliés et de leur approvisionnement, les fonctions vitales sont attaquées jusqu'à la destruction physique et matérielle, psycho-sociale ou spirituelle. Les parties en conflit ne sont plus disposées à discuter, mais emploient des menaces et des ultimatums et veulent imposer des concessions.

Étape 9 : ensemble dans l'abîme. Il n'y a pas de retour en arrière possible, c'est la confrontation totale entre les deux parties. Si l'on peut entraîner l'adversaire dans l'abîme avec soi, on saute. L'autodestruction est acceptée. Les dommages causés à l'environnement ou aux descendants n'empêchent plus les adversaires de s'anéantir mutuellement.

Le modèle de désescalade

Les conflits des étapes 1 à 3 peuvent encore être résolus pacifiquement ; ils n'ont pas encore dégénéré au point de devenir incontrôlables. Les adversaires ont encore la possibilité de discuter du conflit et de trouver des solutions ensemble. Il se peut que quelqu'un intervienne en tant que médiateur (par exemple, les parents demandent à leurs enfants de se réconcilier).

À partir de l'étape 4, les parties concernées ont absolument besoin d'une aide extérieure (par exemple un médiateur ou un conciliateur) pour pouvoir résoudre leur conflit. Ils ne peuvent plus y parvenir par leurs propres moyens.

A partir du niveau 7, le conflit ne peut être résolu qu'à l'aide d'une intervention de tiers ou d'une intervention de force extérieure (par exemple une mission de paix de l'ONU). Une intervention à ce stade tardif est généralement très difficile et risquée.

Le conflit militaire se situe aux niveaux 7 à 9, qui ne peuvent toutefois pas être compris sans les niveaux 1 à 6 précédents. C'est ce que nous allons voir de plus près en ce qui concerne la guerre en Ukraine.

Dix principes de la propagande de guerre

Les dix principes de la propagande de guerre constituent une autre connaissance de base indispensable. Ils décrivent la façon dont les médias poussent l'escalade jusqu'à la guerre et manipulent la population. Une guerre de l'information est toujours le prélude et la base d'une guerre militaire.

En 1928, après la Première Guerre mondiale, le baron Arthur Ponsonby, un diplomate anglais, a décrit les méthodes de propagande de guerre dans son livre *Falsehood in Wartime*. Il contient la fameuse phrase : « La première victime d'une guerre, c'est la vérité. » Anne Morelli, professeur d'histoire bruxelloise, a systématisé et actualisé sa présentation dans son livre « Les principes élémentaires de propagande de guerre[12] ».

Ces dix principes s'appliquent pratiquement à toutes les guerres. Il est très important de les intérioriser, car ils permettent de reconnaître la propagande de guerre et ainsi d'éviter de tomber dans le panneau et d'y être entraîné.

1. Nous ne voulons pas de guerre

Les chefs d'État de tous les pays ne cessent d'affirmer solennellement qu'ils ne veulent pas la guerre, et même qu'ils s'y opposent. Ils réagissent ainsi au fait que la population y est généralement opposée. Les politiques se présentent donc comme des pacifistes afin d'obtenir le soutien des citoyens à des actions belliqueuses, disant que les seuls moyens d'instaurer la paix dans la situation qui s'est créée sont de s'armer, de fournir des armes et d'y participer. Cela correspond au fameux slogan d'Orwell : « La guerre, c'est la paix. »

2. L'adversaire est seul responsable de la guerre

Chaque partie déclare qu'elle est obligée de faire la guerre à cause du comportement de l'adversaire, parce que celui-ci menace et détruit « nos valeurs » et prend notre liberté. Ce faisant, elle passe sciemment

sous silence la genèse de la guerre, car elle rejette toujours la faute sur l'autre partie. Concrètement : dans les pays de l'OTAN, les éléments de langage suivants ont été en vigueur depuis février 2022 : « La Russie de Poutine est responsable de la guerre d'agression contre l'Ukraine, non provoquée, injustifiée et contraire au droit international[13] ».

3. Le chef du camp ennemi est diabolisé

Comme il est difficile de susciter la haine pour un peuple entier, on la dirige vers la personne du chef d'État. Ainsi, l'ennemi a un visage. Il est présenté comme un fou, un monstre. Ce monstre, qui met tout le monde en danger, doit être éliminé. C'est ainsi que l'on parle du président Poutine en Occident.

4. Nous défendons un objectif noble et non des intérêts égoïstes

Il faut masquer les objectifs économiques et géopolitiques de la guerre par un idéal, par des valeurs morales, car c'est le seul moyen de convaincre la population que la guerre est nécessaire, qu'elle est juste et qu'elle permet au bien de triompher. L'adhésion est plus facile à obtenir lorsqu'on raconte qu'il s'agit de la liberté, de la vie du peuple et de la paix. « Nous faisons la guerre pour des motifs honorables. Nous sommes les bons ! » Concrètement, dans la guerre en Ukraine, nous défendons les « valeurs occidentales ». Ce principe est complété par le fait que l'ennemi n'est pas un être humain, mais une aberration détestable et qu'il représente une société barbare.

5. L'ennemi commet des atrocités ciblées ; s'il nous arrive d'en commettre, c'est involontaire et seulement un cas isolé

Les histoires sur les atrocités commises par l'ennemi constituent un élément essentiel de la propagande. Les atrocités font partie de toutes les guerres. Mais on présente toujours les choses comme si seul l'ennemi en commettait et comme si notre propre armée était humanitaire et aimée par la population. Ce faisant, la propagande de guerre ne se contente pas des événements réels, mais invente librement des atrocités inhumaines. Dans ce domaine, il n'y a guère de différences entre les différentes guerres. Pendant la Première et la Seconde Guerre mondiale, on a vu circuler de nombreuses histoires mensongères, de viols collectifs, de meurtres, de mauvais traitements et de mutilations d'enfants. Des rapports similaires ont été publiés pendant les guerres en Irak, en Afghanistan et au Kosovo. Il en va de même pour les reportages sur la guerre en Ukraine.

6. L'ennemi utilise des armes non autorisées

Ce principe complète les précédents. « Nous menons des guerres honorables, humaines et morales, alors que l'adversaire se sert d'armes illicites. » L'Ukraine a accusé la Russie d'utiliser des bombes à sous-munitions. Mais lorsque les États-Unis livrent des bombes à fragmentation interdites à l'Ukraine en violation du droit international et que l'armée ukrainienne les utilise contre des civils –même si cela est officiellement confirmé[14] –, les médias mainstream passent outre.

7. Nous subissons peu de pertes, mais celles de l'adversaire sont importantes

Comme l'opinion publique doit toujours rester positive face à la guerre, on dissimule ses pertes et exagère celles de l'ennemi. En publiant le nombre réel de ses morts, on risquerait de multiplier les protestations contre la guerre et les désertions de soldats. En exagérant le nombre de morts chez l'ennemi, on suggère que celui-ci sera bientôt vaincu et que la guerre est prometteuse. Très souvent, les médias mainstream ont écrit que les soldats russes mouraient en masse, alors que les pertes ukrainiennes étaient minimes.

8. Des acteurs culturels et des scientifiques reconnus soutiennent notre cause

Chaque belligérant peut compter sur le soutien d'artistes, d'écrivains et de musiciens qui soutiennent la cause de leur pays. Des photographes et des journalistes rassemblent des images et des textes appropriés. La manipulation des images est aujourd'hui facile et très importante dans la propagande de guerre.

9. Notre cause a quelque chose de sacré

Tous ceux qui sont de notre côté sont idéalisés ; ils ne veulent que le bien, tandis que l'autre côté doit être détruit en tant qu'« axe du mal ». Faire la guerre est ainsi la « obéir à la volonté divine ». La contradiction est un blasphème et donc interdite.

10. Celui qui met en doute notre propagande travaille pour l'ennemi ; c'est donc un traître

Ce dernier principe complète tous les autres. Quiconque remet en question un seul de ces principes est nécessairement un « collaborateur ». Il n'y a que deux domaines : le bien et le mal. Il n'y a rien entre les deux. Les opinions divergentes sont sanctionnées par un « lynchage » dans les médias, une exclusion sociale et professionnelle, des procédures judiciaires et une attaque contre les moyens de subsistance. Le pluralisme des opinions n'existe plus, toute opposition est discréditée et réduite au silence par des arguments assassins. Pour en venir à la situation actuelle de la guerre en Ukraine : même ceux qui parlent de diplomatie et de paix sont des collaborateurs, des trolls de Poutine, des personnes qui le comprennent, des antisémites, des extrémistes de droite ou peut-être même des « citoyens du Reich » ou des négationnistes climatiques. En matière de discrédit, les bellicistes sont indisciplinés et très inventifs.

La liberté d'expression est pourtant l'oxygène de la démocratie. Si l'on retire cet oxygène, la démocratie s'étouffe. En temps de guerre, la liberté d'expression et la démocratie n'existent plus.

Ces dix principes de la propagande de guerre sont condensés à partir de l'analyse des guerres du siècle dernier.

Ils permettent de comprendre la logique interne du flot médiatique quotidien sur la guerre en Ukraine. Faites-en l'expérience ! Vous pouvez prendre un média grand public et vous demander, à chaque article sur la guerre, à quels principes ils correspondent. Cette expérience est instructive, mais aussi effrayante. Car on le constate à chaque fois : ces dix principes sont manifestement le mode d'emploi des médias mainstream.

La propagande de guerre ment délibérément aux gens et manipule leurs émotions afin de les exciter et de les enthousiasmer pour la guerre. Le mensonge est l'un des pires vices. Celui à qui l'on ment est humilié, dégradé et abusé. Le mensonge est un abus de confiance extrême et s'apparente à un meurtre psychique. Dans la vie normale, un mensonge entraîne donc souvent la rupture des relations. Les relations prennent souvent fin lorsque les mensonges de l'un des partenaires sont mis au jour. Dans les amitiés ou les mariages, il n'est pas rare que les partenaires supportent longtemps de nombreux conflits, mais le mensonge est une ligne rouge. Il en va de même dans les relations d'affaires : lorsqu'un collaborateur, un fournisseur ou un autre partenaire commercial ment, c'est généralement la fin. Cependant, en politique, le mensonge et la manipulation sont des outils de travail essentiels, ce qui semble tout à fait normal et quotidien, puisque presque tout le monde participe allègrement à la propagande de guerre.

La grande question qui se pose ici est la suivante : pourquoi le mensonge en politique n'est-il pas un délit, étant donné son effet destructeur ? Pourquoi les hommes politiques, les fonctionnaires ou les journalistes dont le mensonge a été prouvé ne sont-ils pas sanctionnés ou interdits d'exercer leur métier ? Curieusement, il n'y a pas de débat sur cette question dans la société, alors qu'il s'agit de la destruction des fondements de la démocratie.

Au lieu de découvrir et de punir les mensonges, on consacre plus d'énergie à faire en sorte qu'ils passent le plus possible inaperçus afin de conserver leur impact. C'est pourquoi on s'en prend violemment à ceux qui cherchent la vérité, exercent sur elle leur esprit critique et en parlent publiquement. C'est aussi la raison pour laquelle il existe de très nombreuses mesures gouvernementales et semi-gouvernementales pour orienter le débat public.

Se libérer de la propagande de guerre

Pour mettre fin à sa propre indignité, il est nécessaire d'apprendre à reconnaître la propagande de guerre et à s'en libérer. Plusieurs moyens sont à notre disposition.

Premièrement, la propagande informe toujours de manière partiale. C'est pourquoi il est nécessaire d'étudier les reportages des deux belligérants et de tiers plus ou moins neutres, par exemple les télévisions indiennes ou africaines, et d'observer où se situent les différences et les similitudes. Bien sûr, il y a aussi de la propagande de guerre russe. En lisant les médias russes, il faut se poser les mêmes questions qu'en lisant les médias occidentaux.

Deuxièmement, la propagande crée la confusion et donc occulte les informations importantes. C'est pourquoi il faut apprendre à séparer le bon grain de l'ivraie et à repérer les faits essentiels dans le flot quotidien d'informations.

Troisièmement, la propagande ment et invente des histoires. C'est pourquoi on doit toujours vérifier de manière autonome si les faits sont indubitables et infalsifiables. Dans la guerre de l'information, il faut toujours s'attendre à ce que tout soit totalement inversé, voire inventé de toutes pièces.

Quatrièmement, la propagande fonctionne toujours avec des morceaux d'information fragmentés qui anesthésient la raison. C'est pourquoi il faut toujours réfléchir aux informations de manière impartiale et objective, en essayant de les comprendre et de les mettre en perspective.

Cinquièmement, il est important de chercher des journaux, des blogs et des livres sérieux et indépendants qui aident dans ce travail de recherche de la vérité. Sinon, on est dépassé.

Puisse ce livre trouver son utilité en contribuant à la recherche de la vérité. Commençons donc par l'histoire de l'Ukraine.

Histoire de l'Ukraine : des frontières arbitraires

Dans l'histoire de l'humanité, aucune guerre n'est jamais sortie du néant. Il y a toujours eu des antécédents. Mieux on la comprend, plus on peut trouver des moyens de concilier les intérêts et de parvenir à la paix. Dans ce qui suit, je vais d'abord rassembler des informations sur les arrière-plans historiques de l'Ukraine.

Historiquement, l'Ukraine a toujours fait partie d'autres États

L'Ukraine n'existe en tant qu'État indépendant que depuis 1991. Jusque-là, le territoire de l'Ukraine actuelle avait connu une succession de souverains, de partages et de frontières. La « Rus' de Kiev » au Moyen Âge, à partir de 882, était composée de plusieurs principautés. Cet ensemble englobait une grande partie de l'Ukraine actuelle, de la Biélorussie et de la Russie européenne. Ces principautés collaborèrent avant de se fragmenter à nouveau. Mais, au Moyen Âge, on ne peut guère parler d'États au sens actuel du terme. Au milieu du 13e siècle, les Mongols envahirent la Russie et les principautés devinrent des vassaux tributaires des Mongols. Après la fin de la domination mongole, une grande partie du territoire de l'actuelle Ukraine passa au 14e siècle au grand-duché de Lituanie, puis au 15e siècle au royaume de Pologne et au 17e siècle à l'empire russe. Puis l'empire de l'*Hetmanat* cosaque leur succéda de 1648 à 1764. Au 18e siècle, l'actuelle Ukraine occidentale fit partie de l'Empire des Habsbourg, la monarchie austro-hongroise. L'expression « Ukraine occidentale » n'était pas utilisée à l'époque, l'usage était « Galicie ». Cette Galicie ne doit pas être confondue avec la Galice située au nord-ouest de l'Espagne.

Le sud de l'actuelle Ukraine et la Crimée étaient rattachés à l'Empire ottoman depuis 1441 en tant que *khanat* des Tatars de Crimée. Suite à la guerre russo-turque de 1768–1774, ces régions firent partie de l'empire

Pax, déesse romaine de la paix, panneau en relief de l'Ara Pacis Augustae, 13 av. J.-C., Italie[15]

russe[16]. C'est ainsi que naquit la « Nouvelle-Russie ». Pour développer ces régions jusqu'alors peu peuplées, l'impératrice russe Catherine la Grande invita des immigrés de Russie centrale, d'Allemagne, de Serbie et de Grèce. De nouvelles villes furent alors été fondées en peu de temps, dont les noms sont devenus célèbres dans le monde entier suite à la guerre d'Ukraine : Dniepr, Kherson, Odessa, Sébastopol, Nikolaïev, Marioupol et d'autres.

La Nouvelle-Russie est devenue partie intégrante de l'Empire russe en 1774.[17]

Pendant des siècles, les régions septentrionales de l'actuelle Ukraine, qui faisaient partie de l'Empire russe, étaient appelées « Petite Russie ». Le terme Ukraine n'était pas encore utilisé à l'époque.

Au 19e siècle, la langue populaire donna naissance à une langue écrite et à une littérature ukrainiennes. Le centre culturel ukrainien de l'époque était la Galicie, avec pour capitale Lviv. On appelait à l'époque la langue ukrainienne « le ruthène[18] ».

L'historien ukrainien Mykhaïlo Hrouchevsky (1866–1934) jeta les bases d'un mouvement national ukrainien à Lviv au début du 20e siècle, en s'opposant à la conception d'une histoire slave et russe de l'Est unifiée, et en lui opposant son schéma d'un développement séparé des peuples russe et ukrainien. Il fut ainsi l'un des leaders du mouvement national ukrainien naissant[19].

Premières tentatives de création d'un État ukrainien pendant la guerre civile russe

L'Ukraine, en tant qu'État unitaire, n'a donc pas d'histoire séculaire. Les premières tentatives de création d'un État eurent lieu après le renversement du tsar pendant la révolution russe, qui conduisit aux troubles d'une guerre civile. Entre 1918 et 1921, neuf « États » différents furent proclamés sur le territoire approximatif de l'Ukraine actuelle, dont certains se battirent entre eux.

En décembre 1917, les bolcheviks proclamèrent la « République soviétique d'Ukraine » à Kharkov. Peu après, le 25 janvier 1918, le mouvement national ukrainien proclama à Kiev la « République populaire d'Ukraine ». Au printemps 1918, il existait en outre la « République soviétique de Donetsk-Krivoï Rog », la « République soviétique d'Odessa » et la « République socialiste soviétique de Tauride » en Crimée[20].

L'invasion de l'armée austro-allemande au printemps 1918 entraîna la dissolution de la « République soviétique ukrainienne » bolchevique en avril, et la « République populaire ukrainienne » nationaliste disparut également. Les occupants allemands les remplacèrent le 29 avril 1918 par un régime fantoche dirigé par Pavlo Skoropadsky, qui gouverna d'une main de fer. Défendant une ligne fortement nationaliste, il proclama l'« État ukrainien » (Hetmanat Ukraine). Après le départ des troupes autrichiennes, il fut chassé du pouvoir par un coup d'État le 14 décembre 1918, et la République populaire d'Ukraine fut ressuscitée sous la direction de Symon Petlioura. Cette république populaire dura quinze mois, mais elle ne contrôlait que de petites parties du territoire de l'Ukraine actuelle. Elle connut une épuration ethnique par le biais de pogroms contre les Juifs ; au moins 35 000 d'entre eux furent assassinés[21]. L'Ukraine actuelle se réclame de cette République populaire ukrainienne.

En janvier 1919, les bolcheviks s'emparèrent de la ville de Kiev et proclamèrent la « République socialiste soviétique d'Ukraine[22] ». Le gouvernement de la République populaire ukrainienne dut fuir Kiev et se retira de plus en plus à l'ouest au fil du temps. Après la prise de pouvoir par l'Armée rouge de tous les territoires, cette république disparut en février 1920.

Dans l'ouest de l'Ukraine, autour de la ville de Lviv, la « République populaire d'Ukraine occidentale » exista de fin 1918 à mai 1919. Lors du traité de Riga en 1921, son territoire fut divisé entre la Pologne, la Roumanie, la Hongrie et la Tchécoslovaquie[23].

De vastes régions du sud de l'Ukraine, représentant environ un tiers de l'Ukraine actuelle, furent contrôlées en 1919 par le mouvement anarchiste de paysans et de partisans *Makhnovchtchina*. Ce mouvement fut durement combattu par l'Armée rouge et finalement anéanti en 1922[24].

Toutes ces différentes républiques n'ont jamais contrôlé que des parties de l'Ukraine actuelle. On ne peut pas parler d'un État au sens normal du terme, ni de structures administratives ordonnées.

Un État unitaire ne fut créé qu'après la défaite de toutes les autres républiques proclamées par l'Armée rouge de Lénine et l'établissement de la République socialiste soviétique d'Ukraine (RSSU). Celle-ci devint partie intégrante de l'Union soviétique en 1922. L'Union soviétique ayant été un État fédéral, la RSSU n'a jamais été un État à part entière, mais peut être comparée à un Land en Allemagne ou en Autriche.

Les frontières de l'Ukraine actuelle ne sont donc pas le fruit d'une longue évolution historique, mais une conséquence de la guerre civile russe de 1917–1922. L'ancienne Petite Russie du nord et la Nouvelle Russie (*Novorossia*) du sud-est ont été réunies au sein de l'Union soviétique pour former le territoire de l'Ukraine. Sans Lénine, la formation d'un État ukrainien dans son étendue actuelle n'aurait pas été possible. Les nationalistes ukrainiens d'aujourd'hui n'aiment pas ce constat, mais il découle de l'observation historique. Cette fusion de la Petite Russie et de la Nouvelle Russie a été décidée d'en haut. La population n'a pas eu son mot à dire.

1945 : l'Ukraine occidentale est attribuée à l'Union soviétique

Après la Première Guerre mondiale, l'actuelle Ukraine occidentale n'appartenait pas à l'Union soviétique, mais était partagée entre la Pologne, la Roumanie, la Hongrie et la Tchécoslovaquie. La conférence de Yalta modifia la donne après la Seconde Guerre mondiale. Les chefs d'État Franklin D. Roosevelt (États-Unis), Winston Churchill (Royaume-Uni) et Joseph Staline (URSS) se réunirent en 1945 à Yalta, en Crimée, pour négocier la répartition du pouvoir en Europe après la fin de la guerre. À la suite de ces négociations, les frontières de l'Union soviétique furent déplacées vers l'ouest et l'actuelle Ukraine occidentale fut formée. Les populations de ces régions n'eurent pas leur mot à dire. Les trois chefs d'État décidèrent de leur sort de manière autocratique.

Conférence de Yalta 1945. Photo de groupe après la conclusion des négociations ; de gauche à droite : Winston Churchill, Franklin D. Roosevelt et Joseph Staline[25]

1991 : indépendance de l'Ukraine

Jusqu'en 1991, l'Ukraine faisait partie de l'URSS (Union des républiques socialistes soviétiques), également appelée Union soviétique. L'Union soviétique était un État multiethnique qui s'efforçait de respecter l'identité culturelle et linguistique des nombreux groupes ethniques. La doctrine d'État communiste prévoyait la tolérance entre les groupes ethniques et les aspirations nationalistes y étaient réprimées. Thomas Röper, un journaliste qui vit à Saint-Pétersbourg et connaît bien la Russie, décrit l'ambiance de cette société :

> *Avant 1991, personne n'imaginait l'éclatement de l'Union soviétique. C'est pourquoi, à l'époque soviétique, le tracé des frontières était assez peu important et, par conséquent, réalisé sans grand soin en ce qui concerne les ethnies. Ainsi, (...) la Crimée a été attribuée à l'Ukraine en 1954 par le secrétaire général ukrainien du PCUS de l'époque, Nikita Khrouchtchev. (...)*

> *Les gens ne se souciaient pas vraiment de la délimitation des frontières au sein de l'Union soviétique. Après tout, cela se passait à l'intérieur d'un État et n'avait aucun impact sur la vie des gens. Mais ces frontières arbitraires sont la raison pour laquelle la population ukrainienne est aujourd'hui profondément divisée entre la partie occidentale du pays, où vivent surtout des Ukrainiens, mais aussi des Roumains, des Polonais, etc., et l'est du pays, où vivent surtout des Russes ethniques.*

> *Mais cette division n'a longtemps eu aucune conséquence « sérieuse ». Il faut au fond s'imaginer la relation entre les Ukrainiens et les Russes comme celle entre les Bavarois et les Allemands du Nord. Il s'agissait plutôt de « taquineries » mutuelles, pas d'un véritable clivage[26].*

L'Union soviétique s'effondra en 1991. Elle était composée de quinze républiques soviétiques. La Russie n'était qu'une république soviétique au sein de l'Union soviétique, mais elle occupait environ 78% de sa superficie[27]. L'Union soviétique était dirigée depuis le Kremlin de Moscou. Après 1991, la Russie devint le successeur légal de l'Union soviétique. Retracer l'effondrement compliqué de l'Union soviétique dépasse le cadre de ce livre. Il est toutefois important de se pencher sur les motivations de la population ukrainienne lors de la création d'une Ukraine indépendante.

Le 17 mars 1991 eut lieu le premier et unique référendum de l'histoire de l'Union soviétique. Dans les neuf républiques soviétiques participantes, 76,4% des électeurs se prononcèrent en faveur du maintien de l'Union soviétique. La participation au vote atteignit le taux remarquable de 80%. Six républiques soviétiques – l'Arménie, la Géorgie, la Moldavie et les trois républiques baltes d'Estonie, de Lettonie et de Lituanie – ne participèrent pas au vote, car elles étaient déterminées à quitter l'Union Soviétique[28]. Les citoyens de la République soviétique d'Ukraine votèrent à une écrasante majorité de 70,2 % pour le maintien de l'Union soviétique[29]. Cela signifie qu'en mars 1991, les nationalistes ukrainiens n'avaient pas de majorité pour l'indépendance. Les Ukrainiens voulaient rester dans l'Union soviétique.

En août 1991, la tentative de coup d'État des communistes purs et durs, le « Comité d'État pour l'état d'urgence », contre le président Gorbatchev, échoua à Moscou. Boris Eltsine, qui était alors président de la République soviétique de Russie, se distingua lors de la répression du putsch. La désintégration de l'Union soviétique s'accéléra alors brusquement[30]. Dans la courte période du 20 au 31 août 1991, les parlements de plusieurs républiques soviétiques, dont le Parlement ukrainien, proclamèrent leur indépendance.

Neuf mois après le référendum du 17 mars 1991, lors duquel 70,2% des Ukrainiens avaient voté pour le maintien de l'Union soviétique, un référendum eut lieu en Ukraine le 1er décembre 1991. À ce moment-là, 90,3% des Ukrainiens votèrent pour la sortie de l'Union soviétique et l'indépendance du pays[31]. Comment expliquer un tel revirement d'opinion ?

Bien sûr, la tentative de putsch à Moscou évoquée plus haut, les déclarations d'indépendance de plusieurs républiques soviétiques et l'insécurité politique croissante y avaient contribué. Mais cela ne suffit pas à l'expliquer. Partons à la recherche d'indices.

Promesses avant le référendum sur l'indépendance

Vladislav Zubok, professeur d'histoire à l'École d'économie et de sciences politiques de Londres, écrit dans son livre *Collapse : The Fall of the Soviet Union*[32] que pour les habitants du sud-est de l'Ukraine, l'idée d'une Ukraine indépendante n'était pas attirante. Ils se sentaient principalement liés à l'histoire et à la culture russes. *« Pour des millions de personnes dans ces régions – des personnes d'origine ethnique mixte et partageant une identité commune [liée à la Russie] – l'idée de souveraineté ukrainienne était quelque chose de vague, quelque chose qui pourrait toujours impliquer un État commun avec la Fédération de Russie. »*

Leonid Kravtchouk était président du Parlement ukrainien à la fin de l'Union soviétique. Il fut élu premier président de l'État ukrainien nouvellement formé en même temps que le référendum sur l'indépendance du 1er décembre 1991, lors duquel 90,3% des Ukrainiens votèrent en faveur de la sortie de l'Union soviétique. C'était un fervent partisan de l'indépendance de l'Ukraine. Le 8 décembre 1991, il signa avec ses homologues, les présidents Eltsine (Russie) et Chouchkievitch (Biélorussie), les « Accords de Biélorussie », selon lesquels l'Union soviétique avait « mis fin à son existence[33] ». Comment Leonid Kravtchouk, alors qu'il était encore président du Parlement de la République soviétique d'Ukraine, a-t-il fait campagne pour l'indépendance de l'Ukraine ?

Sur cette question, l'historien Alexander Nepogodin, né à Odessa, renvoie aux brochures publicitaires distribuées par l'équipe de campagne de Kravtchouk avant le référendum. Celles-ci disaient :

> *Seule une Ukraine indépendante sera en mesure de former une communauté interétatique en tant que partenaire égal avec ses voisins, en particulier avec la Russie, qui est la plus proche de nous. Nous avons l'obligation de faire de la République une bonne mère pour tous ses citoyens. La déclaration sur les droits des nationalités au sein de l'Ukraine, adoptée à l'unanimité par le Conseil suprême de l'Ukraine, ouvre de larges possibilités pour le développement des langues et des cultures de*

toutes les nationalités. La langue que parlent les citoyens ukrainiens n'a pas d'importance tant qu'ils parlent d'une Ukraine indépendante et de leurs droits légaux[34].

Alexander Nepogodin poursuit :

Le plan des autorités de la République ukrainienne a réussi. Une majorité écrasante de 90% des habitants de la République soviétique d'Ukraine a dit « oui » à une voie indépendante, séparée de la République soviétique de Russie. Les résultats du vote ont été éloquents : 83,9% ont voté pour l'indépendance de l'Ukraine dans la région de Donetsk ; 83,9% dans la région de Lougansk ; 86,3% dans la région de Kharkov ; 85,4% dans la région d'Odessa. Seule la Crimée s'est écartée de cette forte approbation, bien que même dans cette région, 54,2% des électeurs aient été favorables à l'indépendance de la République soviétique d'Ukraine. Les raisons d'une approbation aussi écrasante étaient nombreuses. La population s'est vu garantir non seulement le maintien de relations sans entrave avec la Russie, mais aussi des mesures de protection et de développement de la langue et de la culture russes, comme en témoigne le matériel de la campagne électorale de cette époque. Beaucoup pensaient que rien ne changerait radicalement, mais que l'indépendance conduirait à la prospérité de l'Ukraine. Des indicateurs de développement économique comparables à ceux de l'Allemagne et de la France ont été évoqués. En fait, avant l'effondrement de l'URSS, l'Ukraine occupait la première place en Europe dans la production d'acier, de charbon et de minerai de fer, ainsi que dans la production de sucre.

Il est important de le souligner : en 1991, la population du sud-est de l'Ukraine se vit promettre des relations sans entrave avec la Russie et une protection de la langue et de la culture russes. C'est dans ces conditions qu'elle vota pour l'indépendance de l'Ukraine en tant qu'État autonome. Mais au cours des décennies suivantes, ces promesses furent rompues une à une par les nationalistes ukrainiens, ce qui amena le clivage dans le pays.

Avec la guerre en Ukraine, la faille s'est transformée en un gouffre abyssal. L'histoire s'est répétée pour la quatrième fois en l'espace de cent ans seulement :

1. Pendant la Première Guerre mondiale, des soldats ukrainiens ont servi dans l'armée des Habsbourg autrichiens ainsi que dans l'armée du tsar russe et se sont tiré dessus ;

2. Pendant la guerre civile qui a suivi la révolution russe, les Ukrainiens se sont affrontés dans les armées des différentes républiques nouvellement proclamées sur le territoire ukrainien ;

3. Pendant la Seconde Guerre mondiale, les Ukrainiens de l'est ont servi dans l'Armée rouge, tandis que de nombreux Ukrainiens de l'ouest ont rejoint les rangs des nationaux-socialistes et de la Wehrmacht allemande.

   Si l'histoire n'est pas retravaillée en profondeur, de tels conflits et expériences traumatiques continuent à fermenter en souterrain.

4. À partir de 2014, ils sont réapparus en tant que conflits violents avec les manifestations du Maïdan et la guerre du Donbass qui a suivi.

Résumé

Au cours des siècles, différents dirigeants ont régné sur le territoire ukrainien dans des régions toujours découpées de manière différente. Les tentatives de création d'un État après la Première Guerre mondiale ont échoué. L'Ukraine n'existe en tant qu'État à proprement parler que depuis le 1er décembre 1991. Avant le référendum permettant à la population de se prononcer sur l'indépendance, on avait promis aux électeurs des relations sans entraves avec la Russie et la protection de la langue et de la culture russes. C'est ainsi qu'une grande majorité des habitants des régions russophones a voté en faveur d'un détachement de l'Union soviétique.

L'archange Michel dans la fresque de l'abbaye Sant'Angelo in Formis, Italie, env. 1080[35]

Le territoire de l'Ukraine actuelle est né de tracés de frontières arbitraires. Lénine a réuni la Petite Russie et la Nouvelle Russie en 1921, Staline a ajouté des parties de la Hongrie et de la Roumanie à l'Ukraine occidentale actuelle en 1945, Khrouchtchev a ajouté la Crimée en 1954. De telles appartenances territoriales n'avaient pas beaucoup d'importance tant que ces territoires faisaient partie de l'empire soviétique d'une manière ou d'une autre.

Toutefois, en tant que territoire d'un État indépendant, de telles frontières arbitraires créent des tensions qu'on ne peut surmonter qu'avec une grande attention et un effort de conciliation, afin qu'elles ne mettent pas en danger la cohésion sociale. Mais il est facile d'utiliser ces tensions et ces anciens conflits pour pousser la population à des oppositions internes violentes.

L'Ukraine est un État multiethnique

En raison de son histoire mouvementée, l'Ukraine actuelle est habitée par de nombreux groupes ethniques. C'est un État pluriethnique avec deux langues principales, l'ukrainien et le russe, qui ont les mêmes racines dans le slave ancien, mais ont évolué différemment au fil des siècles. L'ukrainien s'est mélangé avec le polonais, le hongrois, l'autrichien et le roumain. Aujourd'hui, le degré de parenté du russe et de l'ukrainien est comparable à celui de l'espagnol avec le portugais[36].

Les deux langues ne sont pas proprement séparées dans la vie concrète, il y a le *surchyk*, qui est parlé dans de très nombreuses régions d'Ukraine. Ce mot désignait autrefois un mélange de blé et de seigle ou d'orge et de seigle. En surchyk, l'ukrainien et le russe sont mélangés. La proportion des deux langues varie selon les locuteurs[37].

L'identité d'un groupe ethnique se construit principalement par la langue. Tout ce qui constitue une société naissant de la communication, la langue est un facteur d'identité. Une histoire, une culture et une religion communes sont également des facteurs d'identité.

L'Académie des sciences de Kiev a observé l'évolution de la langue maternelle en Ukraine depuis l'indépendance du pays. En 2011, 39% des personnes parlaient le russe à la maison et 43% l'ukrainien. Cette statistique de l'Académie des sciences a été rapportée par *The Ukrainian Week* le 18 avril 2012[38]. L'article expliquait qu'après l'indépendance en 1991, l'Ukraine n'avait pas évolué vers une nation unifiée sur la question linguistique ; au contraire, de moins en moins de personnes considéraient les deux langues comme des langues quotidiennes. Les possibilités de communication à l'intérieur du pays ont donc diminué et les clivages ont augmenté, comme le montre le graphique suivant.

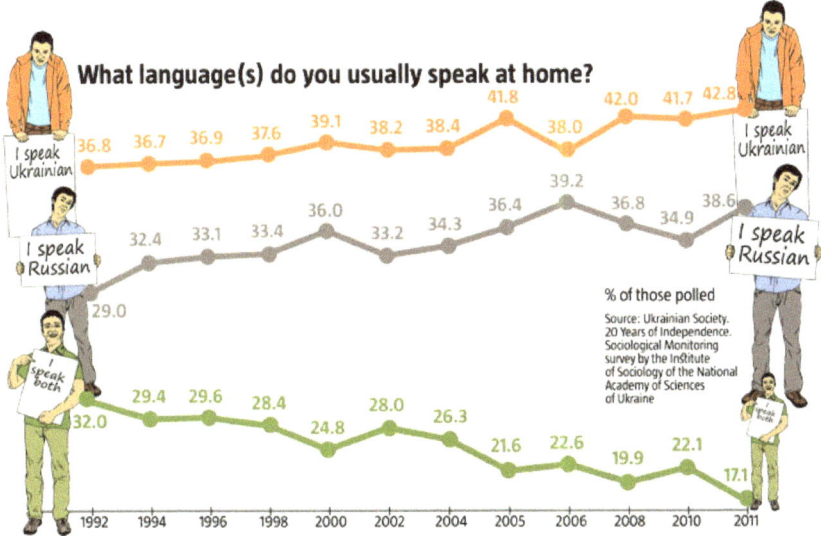

What language(s) do you usually speak at home?

I speak Ukrainian: 36.8 — 36.7 — 36.9 — 37.6 — 39.1 — 38.2 — 38.4 — 41.8 — 38.0 — 42.0 — 41.7 — 42.8

I speak Russian: 29.0 — 32.4 — 33.1 — 33.4 — 36.0 — 33.2 — 34.3 — 36.4 — 39.2 — 36.8 — 34.9 — 38.6

I speak both: 32.0 — 29.4 — 29.6 — 28.4 — 24.8 — 28.0 — 26.3 — 21.6 — 22.6 — 19.9 — 22.1 — 17.1

% of those polled

Source: Ukrainian Society.
20 Years of Independence.
Sociological Monitoring
survey by the Institute
of Sociology of the National
Academy of Sciences
of Ukraine

1992 1994 1996 1998 2000 2002 2004 2005 2006 2008 2010 2011

Évolution des langues maternelles en Ukraine[39]

En 2001 a eu lieu en Ukraine un recensement qui demandait entre autres l'appartenance ethnique. Les personnes interrogées ont répondu à cette question en s'auto-évaluant selon leur propre sentiment, sans critères précis[40]. 77,8% ont déclaré qu'elles se sentaient ukrainiennes, 17,3% russes et 4,9% appartenant à d'autres groupes ethniques[41]. 17,3% des citoyens ukrainiens se sentaient donc russes. Pour eux, l'histoire, la langue et la religion qu'ils partageaient avec la Russie constituaient un facteur d'identité plus important que leur citoyenneté légale et leur passeport.

Le recensement posait également la question de la langue maternelle. Le pourcentage de personnes dont la langue maternelle était l'ukrainien s'élevait à 67,5% de la population totale, contre 29,6% pour le russe. Le graphique ci-dessus montre cependant que beaucoup plus de personnes, jusqu'à 40%, parlaient le russe au quotidien. Le russe était donc aussi la langue préférée de nombreux locuteurs natifs ukrainiens.

Une autre différence culturelle réside dans la religion. Dans l'ouest de l'Ukraine, la majorité des croyants sont catholiques. A l'est et au sud, c'est le christianisme orthodoxe qui prédomine. Après des décennies de socialisme, les athées sont également très nombreux.

La division du pays s'est également manifestée lors des élections, ici par exemple lors des élections présidentielles de 2010[42] :

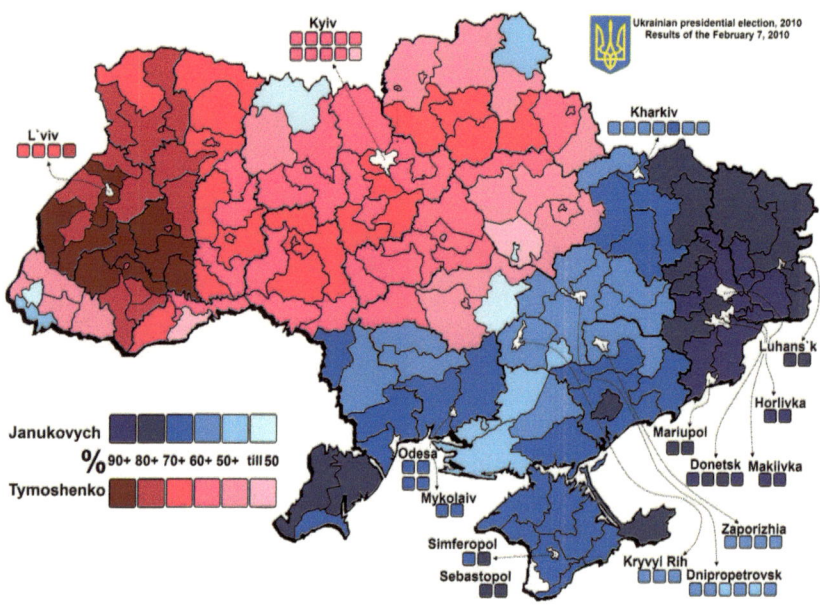

La candidate Tymochenko, tournée vers l'Ouest, avait la majorité dans les circonscriptions rouges, le candidat Ianoukovitch, ouvert sur la Russie, dans les circonscriptions bleues.

Dans les médias mainstream occidentaux, l'Ukraine est toujours présentée comme un État politiquement et culturellement unifié. Les conflits et les causes de la guerre à l'intérieur du pays sont à peine évoqués. Pourquoi ? Probablement parce que cela ne correspond pas au récit simpliste selon lequel la gentille Ukraine a été envahie par la méchante Russie (voir le deuxième principe de la propagande de guerre).

Dans un État pluriethnique, la politique doit s'efforcer d'éviter les conflits et de prendre les minorités au sérieux. L'histoire montre que la répression de langues ou de groupes ethniques peut déchirer un État. C'est malheureusement ce qui s'est passé en Ukraine.

L'Ukraine, pays pauvre de l'Europe

Pour déterminer le revenu annuel moyen de la population, on divise le produit national brut d'un pays, c'est-à-dire tous les gains de tous les habitants, par le nombre d'habitants. Ce chiffre inclut les salaires, les bénéfices, les revenus du capital et autres revenus.

En 2021, le revenu annuel moyen par habitant en Allemagne était de 51 040 dollars (USD), soit environ 4250 USD par mois. L'Allemagne se trouvait ainsi à la 20e place sur 200 pays.

En Ukraine, le revenu moyen par habitant en 2021 était de 4120 USD par an, soit 340 USD par mois. L'Ukraine se situe au 122e rang mondial, entre le Salvador et le Sri Lanka, et loin derrière tous les autres pays européens[43]. Il s'agit du revenu moyen. Quelques personnes bien rémunérées et aisées ont bien sûr beaucoup plus, mais 45% de la population dispose de moins de 100 euros par mois et vit dans la pauvreté. Même si 100 euros permettent d'acheter plus en Ukraine que dans l'UE, ils ne suffisent à personne pour vivre décemment[44]. L'escalade de la guerre à partir de 2022 a bien sûr encore aggravé la situation.

En Ukraine, les frais de chauffage à eux seuls dépassent souvent les retraites ou les salaires des plus pauvres. Sous l'impulsion du Fonds monétaire international (FMI), dont l'Ukraine dépend depuis 2014[45], l'État a cessé de subventionner les coûts annexes du logement, c'est-à-dire le gaz, l'eau, l'électricité et le chauffage. Comme leurs tarifs s'alignaient sur ceux de l'UE, les gens ont dû payer jusqu'à 12 fois plus cher pour le chauffage et le gaz, et il n'y avait donc plus assez pour la nourriture[46]. Ils n'ont donc pas payé les charges, ce qui a eu pour conséquence que les fournisseurs locaux n'ont pas pu payer leurs fournisseurs. À Kiev, l'approvisionnement en eau chaude des appartements était centralisé. Mais comme *Kyivteploenergo*, le fournisseur, ne pouvait plus payer le gaz pour chauffer l'eau, il n'y a pas eu d'eau chaude à Kiev pendant tout l'été 2018. Klitschko, le maire, a annoncé que l'approvisionnement central en eau chaude serait désormais totalement supprimé et qu'à la place, les propriétaires d'appartements devaient acheter des chauffe-eaux. C'était cynique, car les gens qui ne pouvaient pas payer

les charges ne pouvaient évidemment pas non plus se payer un nouveau chauffe-eau et de l'électricité coûteuse[47].

Pourquoi l'Ukraine est-elle si pauvre ? Le pays possède de très nombreuses ressources naturelles et des terres agricoles de grande valeur. En termes de ressources naturelles, l'Ukraine occupe la quatrième place mondiale, a écrit *Foreignpolicy* dans un rapport[48]. En 1991, elle avait une situation économique de départ similaire à celle de la Russie et était leader dans certaines industries. Toutefois, la Russie s'est nettement mieux développée sur le plan économique. En 2021, le revenu moyen en Russie était de 11 600 USD par an, soit presque trois fois plus qu'en Ukraine.

C'est aussi pour cette raison qu'une union plus étroite avec la Russie est attrayante pour de nombreux Ukrainiens de l'est. Des salaires trois fois plus élevés constituent un argument solide ; il s'y ajoute des coûts énergétiques nettement moins élevés.

D'autre part, l'UE est également très attirante pour l'Ukraine ; les revenus y sont encore bien plus élevés. La différence de revenu entre, par exemple, 100 euros et 2000 euros par mois est très importante. Il est compréhensible que l'on veuille aussi profiter de la richesse de l'UE et que l'on demande une adhésion à l'UE. C'est sur ce point que le conflit en Ukraine s'est enflammé et a conduit au coup d'État de 2014.

Mais beaucoup d'illusions faussent le tableau. Car la prospérité réelle ne résulte pas des subventions de l'UE, mais de l'aménagement des conditions politiques, sociales et économiques de manière à ce que la créativité et la volonté de travailler d'une population puissent s'épanouir. Depuis 1991, l'Ukraine n'y est guère parvenue et nombreux sont ceux qui ont préféré fuir.

La population s'enfuit

Au moment de sa création en 1991, l'Ukraine comptait environ 52 millions d'habitants. Depuis, la population a diminué en raison de l'émigration et de la baisse du taux de natalité. Les mères n'osent pas avoir d'enfants. Lors du recensement de 2001, on comptait 48,2 millions d'habitants, soit 4 millions de moins que dix ans auparavant[49]. Le recensement de 2020 ne donne plus que 37,2 millions d'habitants, soit encore 11 millions de moins qu'en 2001[50].

Des millions d'Ukrainiens ont cherché fortune à l'étranger, principalement dans les pays de l'UE ou en Russie. Celle-ci était le pays d'émigration le plus populaire. Thomas Röper s'exprime à ce sujet :

> *Ce que l'on ne sait pas non plus en Occident, c'est que le niveau de vie en Russie est depuis longtemps plus élevé qu'en Ukraine. Même avant le Maïdan (jusqu'en 2014), deux à trois millions d'Ukrainiens vivaient et travaillaient en permanence en Russie. Après le Maïdan en 2014 et l'attaque de Kiev sur le Donbass qui s'en est suivie, à peu près le même nombre d'Ukrainiens sont venus en Russie, pour fuir soit la guerre dans le Donbass, soit dans le reste de l'Ukraine la menace d'un enrôlement forcé. Fin 2021, environ cinq millions d'Ukrainiens auront donc vécu et travaillé en Russie. Les chiffres exacts sont difficiles à trouver, car beaucoup de ces Ukrainiens ont depuis longtemps pris la nationalité russe et ne sont donc plus comptabilisés comme Ukrainiens dans les statistiques russes[51].*

Une nouvelle vague de réfugiés a eu lieu après l'entrée de la Russie dans la guerre d'Ukraine en février 2022. Selon le Haut-Commissariat des Nations unies pour les réfugiés (HCR), il y a eu plus de 8 millions de réfugiés en provenance d'Ukraine entre le début de la guerre et le 13 février 2023. Selon les données du HCR, 4,9 millions de personnes étaient enregistrées comme réfugiés dans l'Union européenne, 2,8 millions dans la Fédération de Russie. Celle-ci est ainsi le pays qui a accueilli le plus grand nombre de réfugiés en provenance d'Ukraine.

Loin derrière elle, on trouve la Pologne, qui a accueilli 1,5 million de réfugiés, puis l'Allemagne avec 1 million, la République tchèque avec 0,5 million, l'Italie, l'Espagne et la Grande-Bretagne avec 0,16 million chacune[52].

Par conséquent, 35% de tous les réfugiés sont allés en Russie et non dans les pays de l'UE. Cette information n'a guère été diffusée dans les médias mainstream occidentaux, car elle ne correspond pas à l'image négative souhaitée de la Russie – conformément à la propagande de guerre.

L'Ukraine est actuellement dépeuplée, ne comptant plus que 30 millions d'habitants environ. En 1991, le pays a commencé avec 52 millions, depuis, la population a diminué de 42% !

Venons-en à la question : pourquoi l'Ukraine s'est-elle si mal développée sur le plan économique ?

Icône de Saint-Georges dans la galerie Tretiakov à Moscou, Russie, 15ᵉ siècle[53]

Oligarques, accaparement de l'État et corruption

L'un des principaux facteurs du mauvais développement économique de l'Ukraine est la domination des oligarques, qui exercent une influence politique en achetant des partis et des hommes politiques. Ils ne s'intéressent pas au développement de l'économie nationale dans son ensemble, mais à leurs avantages personnels. Beaucoup d'entre eux sont devenus riches grâce à des relations politiques après l'effondrement de l'Union soviétique, et non grâce à leurs performances économiques.

En conséquence, l'Ukraine fait partie des pays les plus corrompus du monde. Selon l'indice de corruption de *Transparency International*, elle occupe la 133e place sur 180 pays[54]. Un reportage du Spiegel décrit l'Ukraine comme le « pays le plus corrompu d'Europe ». Cette corruption s'étend à tous les domaines de la vie[55].

Chaque année, l'UE a versé plusieurs milliards d'euros à l'Ukraine : 17 milliards, rien qu'entre 2014 et 2022, pour « soutenir l'économie ukrainienne, promouvoir la transition écologique et aider le pays dans ses réformes »[56]. C'est pourquoi la Cour des comptes européenne est intervenue et a rapporté en septembre 2021 dans son rapport spécial 23/2021 qu'une poignée d'oligarques s'étaient partagé l'État et l'économie, et qu'ils formaient ensemble le gouvernement de fait du pays[57.] La chaîne autrichienne ORF a écrit à propos de ce rapport de la Cour des comptes européenne[58] :

> *La corruption au plus haut niveau et l'accaparement de l'État sont très répandus en Ukraine. Ils entravent non seulement la concurrence et la croissance, mais nuisent également au processus de démocratisation. Des dizaines de milliards d'euros sont perdus chaque année à cause de la corruption. (...) L'UE connaît depuis longtemps les liens entre les oligarques, les hauts fonctionnaires, les politiques, la justice et les entreprises d'État. Malgré cela, elle n'a pas – selon les audits – développé de véritable*

stratégie de lutte contre la corruption de haut niveau.
(...) « Bien que l'Ukraine bénéficie d'un soutien sous dif-
férentes formes de la part de l'UE, les oligarques et les
groupes d'intérêts continuent de saper l'État de droit en
Ukraine et de mettre en péril le développement du pays »,
a déclaré Juhan Parts, membre de la Cour des comptes
européenne et responsable du rapport. Parts a cité des
chiffres du gouvernement ukrainien selon lesquels 32 mil-
liards d'euros disparaissent chaque année à cause de la
corruption.

32 milliards d'euros, c'est beaucoup d'argent. À titre de comparaison, le budget national de l'Ukraine pour 2021 prévoyait 40 milliards d'euros[59]. Son produit intérieur brut (PIB), c'est-à-dire la performance totale de l'économie nationale, s'élevait à 162 milliards d'euros en 2021[60].

Mais les consommateurs des médias occidentaux mainstream n'apprennent pas grand-chose de l'immense corruption de l'Ukraine. Conformément aux principes de la propagande de guerre, qui veut que l'on défende de « nobles causes » en temps de guerre, l'Ukraine est présentée comme une sorte de démocratie modèle.

En revanche, la population ukrainienne est consciente de la corruption généralisée. Par exemple, un sondage d'opinion représentatif réalisé en juillet 2023 par la *Ilko Kucheriv Democratic Initiatives Foundation* (DIF) a révélé que 77,6% des Ukrainiens interrogés estiment que le président ukrainien Zelensky est directement responsable de la corruption au sein du gouvernement et de l'administration militaire[61].

La situation actuelle en Ukraine fait penser à un pendant de l'ère Eltsine après l'effondrement de l'Union soviétique, lorsque les oligarques et les investisseurs occidentaux s'étaient servis dans l'économie soviétique. Un phénomène similaire se produit aujourd'hui en Ukraine[62]. Boris Eltsine a été président de la Russie de 1991 à 1999. Pour la population, ce fut une période traumatisante d'appauvrissement, d'insécurité et d'augmentation sensible de la mortalité. Eltsine a été remplacé par le président Poutine. Celui-ci a endigué le pouvoir des oligarques, repoussé l'accès des investisseurs occidentaux aux ressources et industries vitales pour la Russie et lancé des mesures de lutte contre la corruption. Parallèlement, le gouvernement a adopté une ligne économique libérale qui a permis des initiatives indépendantes. L'économie s'est développée et les salaires russes ont triplé par rapport aux salaires ukrainiens. Cet essor économique est l'une des principales raisons pour lesquelles Poutine est apprécié par la majorité de la population russe.

La corruption en Ukraine pourrait fournir la matière de nombreux romans policiers fantastiques. Johannes Mosmann, un auteur allemand, nous en donne un aperçu[63] :

> *De 2015 à 2019, la chaîne ukrainienne 1 + 1 a diffusé la série « Serviteurs du peuple », qui a rendu le comédien Volodymyr Zelensky célèbre en Ukraine[64]. Dans cette satire, Zelensky joue le rôle du président de l'Ukraine. Le jour de la Saint-Sylvestre 2018, il a surpris tout le monde en annonçant qu'il souhaitait également devenir président dans la vie réelle. Le nouveau parti qu'il allait fonder devait s'appeler « Les serviteurs du peuple », comme la série télévisée. Le jeu était devenu sérieux (...).*
>
> *Les Ukrainiens ont d'abord cru à un coup de pub de la chaîne. Mais l'humoriste était sérieux – au moins autant que l'oligarque Ihor Kolomoïsky, producteur de la série et propriétaire de l'organisme médiatique. Cet oligarque est lié à de nombreux crimes violents[65] et, en tant qu'accusé principal dans le « plus grand scandale de fraude du 21e siècle[66] », il est interdit de séjour aux Etats-Unis. Lorsqu'il était propriétaire de la PrivatBank ukrainienne, il aurait notamment détourné 5,5 milliards de dollars en transférant les fonds dans son propre réseau d'entreprises et en faisant ensuite « sauver » la banque par l'État[67]. Les escadrons de la mort qu'il a financés poursuivent, torturent et tuent des Russes dans le Donbass depuis 2014. Kolomoïsky paie des primes au nombre de victimes et finance entre autres le régiment Azov, qui attire des tueurs amateurs d'extrême droite de toute l'Europe dans l'est de l'Ukraine avec la croix gammée et le culte des SS[68].*

L'oligarque, « figure la plus puissante d'Ukraine en dehors du gouvernement[69] » selon le New York Times, disposait de l'argent et de la puissance médiatique nécessaires pour que le feuilleton présidentiel tant aimé par le peuple devienne réalité en mai 2019. Le coup a réussi : les Ukrainiens ont donné à l'acteur Zelensky le rôle de vrai président. Après l'élection, le comédien a essayé de laisser le flou sur ses origines. Mais les Pandora Papers ont alors révélé à quel point le président fraîchement élu était déjà impliqué dans les affaires de l'oligarque via divers comptes offshore (...)[70].

Cultiver ses réseaux relationnels en ukrainien

Les oligarques s'affrontent en Ukraine pour le pouvoir et l'influence (...). Mais leur principale affaire est la lutte entre l'OTAN et la Russie pour la domination de la région. L'UE a payé plusieurs milliards d'euros pour obtenir les faveurs de l'Ukraine – la majeure partie de cet argent a probablement disparu sur des comptes offshores des oligarques. (...)
Mais cela n'a pas suffi à Ihor Kolomoïsky. En novembre 2019, il a ouvertement menacé que l'Ukraine se tourne à nouveau vers la Russie si l'Occident ne passait pas davantage à la caisse. Lors d'une interview avec le New York Times, l'entrepreneur a expliqué aux journalistes stupéfaits que les Américains « nous forcent à faire la guerre et ne nous donnent même pas l'argent pour le faire ». Mais qu'il connaît un bon moyen de travailler sur les relations : « Quel est le moyen le plus rapide de résoudre les problèmes et de rétablir les relations ? Uniquement l'argent... » Puis le dirigeant secret de l'Ukraine parle clairement : « Si je me regarde comme tout le reste du monde, je me vois comme un monstre, comme un marionnettiste, comme le maître de Zelensky, comme quelqu'un qui élabore des plans apocalyptiques. Je peux commencer à faire en sorte que cela devienne réalité. » Les mesures anti-corruption que le FMI veut lier à l'octroi de crédits

risquent de perturber « des relations commerciales pro-
fondément enracinées », selon Kolomoïsky. Et de pour-
suivre : « Dans ce cas, l'Ukraine préfère prendre les
100 milliards de dollars offerts par les Russes et adhérer
à un nouveau pacte de Varsovie[71] ».

Ce remarquable entretien du New York Times avec *Ihor Kolomoïsky* a
été publié le 13 novembre 2019. *Kolomoïsky* y déclare :

Les États-Unis utilisent l'Ukraine uniquement pour affai-
blir leur rival géopolitique. « La guerre contre la Russie,
a-t-il dit, jusqu'au dernier Ukrainien. »

« Les gens veulent la paix, une bonne vie, ils ne veulent
pas faire la guerre. Et vous, l'Amérique, nous obligez à
faire la guerre et ne nous donnez même pas l'argent pour
la faire. »

Après l'entrée en guerre de la Russie le 24 février 2022, la signification
de ces paroles est devenue encore plus évidente. Pour l'initié Ihor Kolomoïsky, l'Ukraine était déjà en guerre contre la Russie en novembre
2019 ! Et il a une vision très claire de qui veut et provoque la guerre
contre la Russie – à savoir les États-Unis. C'est pourquoi les États-Unis
et l'OTAN doivent payer l'Ukraine très cher. C'était sa principale revendication dans l'interview. Et c'est ce que l'on a ensuite entendu presque
quotidiennement en 2022 de la part du président Zelensky et d'autres
membres éminents du gouvernement ukrainien dans des discours, des
articles et des tweets : « L'Ukraine a besoin de plus d'argent !. » Comme
si l'Occident devait verser des acomptes pour un travail commandé.

Avec le début de l'invasion russe, la Cour de la chancellerie du Delaware,
aux États-Unis, a suspendu la procédure engagée contre Kolomoïsky
pour blanchiment d'argent et fraude. Des contradictions avec le droit
ukrainien étaient à craindre, disait-on dans l'exposé des motifs. L'acte
d'accusation laissait toutefois entendre que l'oligarque avait passé un
accord avec le président ukrainien, selon lequel le gouvernement ukrainien allait rendre à l'oligarque la PrivatBank, désormais nationalisée
et anciennement détenue par Kolomoïsky, qui restait tout de même la
plus grande banque du pays – afin de « contourner les litiges en cours
ou imminents contre Kolomoïsky[72] ».

L'importance des oligarques en Ukraine se traduit en chiffres : « *Selon les dernières estimations de la société d'investissement* Dragon Capital, *la fortune des dix Ukrainiens les plus riches s'élevait à plus de onze milliards de dollars en 2016. Cela représentait près de 13% du produit intérieur brut (PIB) de l'Ukraine en 2015. À titre de comparaison, la fortune des dix habitants les plus riches de Pologne ou des États-Unis n'atteignait que 3% du PIB en 2015[73]* » (là aussi, une concentration inquiétante de la fortune).

L'influence des oligarques sur l'économie de l'Ukraine[74]

En 2021, la Cour des comptes européenne résumait dans son rapport spécial sur la situation en Ukraine[75] : « *L'accaparement de l'État par des blocs de puissantes élites politiques et économiques, structurés de manière pyramidale et établis dans les institutions publiques et l'économie, a été identifié comme une particularité de la corruption en Ukraine.* » Et les examinateurs précisent que le peuple ukrainien est loin d'être une simple victime du crime organisé. Au contraire, la corruption est « *acceptée par une grande partie de la population comme étant quasiment inévitable. Les citoyens justifient souvent leur participation à une petite corruption en constatant que des fonctionnaires de haut rang et des oligarques sont impliqués dans des pots-de-vin à une échelle bien plus grande »*, indique la Cour des comptes européenne.

Malgré la pauvreté, la plus grande armée d'Europe

Un autre facteur de la pauvreté de l'Ukraine est la militarisation. Bien qu'elle soit pauvre comme un pays en voie de développement, elle avait les dépenses militaires les plus élevées d'Europe. Pour pouvoir les comparer, on convertit les dépenses militaires en pourcentage du PIB. Selon les données de l'institut SIPRI de Stockholm, l'Ukraine a dépensé en 2020 4,1 % de sa performance économique pour l'armée, contre 1,4 % en Allemagne[76]. Dépenser l'argent pour les soldats et les armes réduit les capacités d'investissement économique et de développement des infrastructures, et, de plus, mobilise des hommes capables de travailler, qui sont nécessaires à la construction économique du pays.

Cette militarisation a été menée par l'OTAN, qui de facto l'a traitée comme un de ses membres. Des bases d'entraînement de l'OTAN étaient installées en Ukraine, le ministère américain de la défense a créé des laboratoires de recherche biologique dans tout le pays et l'OTAN a organisé chaque année des exercices militaires avec les forces armées ukrainiennes.

L'armée ukrainienne n'a cessé de croître. Début 2014, les rapports indiquaient qu'il y avait environ 130 000 soldats actifs. Pour l'année 2015, un total de 250 800 personnes a été signalé dans les forces armées, soit presque le double de l'année précédente. En juillet 2022, Resnikov, le ministre ukrainien de la Défense, a déclaré que les forces armées comptaient 700 000 membres actifs ; avec les gardes-frontières, la garde nationale et la police, le nombre total s'élevait même à un million. Pendant la guerre d'Ukraine, celle-ci comptait donc plus de soldats actifs que l'Allemagne, la France et l'Angleterre réunies[77]. Et en même temps, l'Ukraine reste d'une pauvreté criante.

2014 : la guerre du Donbass a divisé par deux la performance économique

Selon les données de la Banque mondiale, l'Ukraine avait un produit intérieur brut de 190 milliards de dollars américains en 2013. Puis vint le choc. En 2015, le PIB n'était plus que de 91 milliards de dollars[78]. L'économie ukrainienne s'était effondrée. Il lui a fallu de nombreuses années pour se rétablir. Une réduction de moitié de la performance économique signifie que les entreprises ne réalisent plus que la moitié de leur chiffre d'affaires. En conséquence, le revenu moyen des personnes a également diminué de moitié. Les finances publiques se sont également effondrées et l'Ukraine est devenue dépendante des milliards du Fonds monétaire international (FMI). Que s'est-il passé ? Début 2014, le coup d'État de Maïdan a eu lieu et le nouveau gouvernement ukrainien a lancé la guerre civile dans le Donbass. Nous y reviendrons en détail, mais nous nous contenterons ici d'évoquer les conséquences économiques, qui ont largement contribué à l'appauvrissement de l'Ukraine.

Résumé

L'Ukraine est le pays pauvre de l'Europe, son revenu au niveau du Sri Lanka. Plusieurs millions d'Ukrainiens ont émigré et la population a rapidement diminué. L'accaparement de l'État par les oligarques et la corruption omniprésente ont entravé le développement économique du pays. Au lieu de créer un État de droit en ordre et démocratique, de générer ses propres excédents économiques et sa propre prospérité et d'être fière de ses performances, l'Ukraine a vu naître l'espoir et la revendication d'un sauvetage par l'UE. L'adhésion à l'UE est devenue un objectif majeur : on croit que tout ira mieux ainsi. À partir de 2014, le gouvernement ukrainien a donné la priorité au financement de l'armée et à la guerre civile dans le Donbass, l'économie s'est effondrée et a chuté de moitié.

La détresse économique combinée à l'identité divisée du pays a donné naissance à un mélange explosif. Ce sont les mouvements nationalistes ukrainiens qui ont mis le feu aux poudres. Pour les comprendre, il faut à nouveau se tourner vers l'histoire.

L'œil de Dieu qui voit tout. Icône russe, 19e siècle[79]

Le nationalisme en Ukraine

La pureté génétique des Ukrainiens comme objectif constitutionnel

La seule Constitution au monde qui stipule que la pureté génétique (ou « raciale ») est une tâche de l'État est la Constitution de l'Ukraine, adoptée en 1996. L'article 16 de cette Constitution stipule :

> *Assurer la sécurité écologique et préserver l'équilibre éco-logique sur le territoire ukrainien, surmonter les consé-quences de la catastrophe de Tchernobyl – une catas-trophe d'ampleur mondiale – et préserver le patrimoine génétique du peuple ukrainien sont des devoirs de l'État[80].*

Examinons de plus près cette phrase : « La préservation du patrimoine génétique du peuple ukrainien est un devoir de l'État. »

Pour quiconque est lié à l'histoire allemande, il s'agit de tirer le signal d'alarme. Les nationaux-socialistes allemands auraient pu dire la même chose. À l'époque, cela se faisait sous le terme générique d'« hygiène raciale ».

Je n'ai pas réussi à savoir comment cet article constitutionnel a été dis-cuté avant son adoption. L'Ukraine étant un État multiethnique, il n'est pas évident de savoir ce que l'on entend par « patrimoine du peuple ukrainien ». Que signifie ici « peuple ukrainien », censé avoir un patri-moine tangible ? Les Ukrainiens se distinguent par la langue ukrai-nienne. Or celle-ci n'est pas pertinente pour le patrimoine génétique. Les personnes parlant ukrainien et ayant pour ancêtres des Russes, des Polonais, des Grecs, des Hongrois, des Juifs, des Tatars, des Rou-mains, des Tchèques, des Slovaques, des Biélorusses, des Arméniens, des Sinti, des Roms et des Mongols en font-elles également partie ? Par le biais des mariages et des migrations, le patrimoine génétique de ces groupes ethniques se mélange depuis des siècles. Comment peut-on encore trouver un patrimoine génétique purement ukrainien ? Et qu'en

est-il des Ukrainiens russophones dont les ancêtres vivaient également sur le territoire de l'Ukraine actuelle ? Ont-ils un « patrimoine génétique ukrainien » ? Plus j'y réfléchis, plus cet article constitutionnel me semble absurde.

Il est probable que le patrimoine ukrainien n'existe pas dans la réalité, mais seulement en tant que fiction dans l'idéologie des nationalistes, qui ont eu tellement d'influence qu'ils ont pu façonner la Constitution ukrainienne de 1996.

A ce stade, il est important de clarifier ce que l'on entend par « nationaliste ». L'ancien président de la République fédérale d'Allemagne, Johannes Rau, a fait une distinction lapidaire entre le nationalisme et le patriotisme dans un discours de 1999 : « *Je ne veux jamais de la vie être nationaliste, a-t-il formulé, mais patriote, oui. Un patriote est quelqu'un qui aime sa patrie, un nationaliste est quelqu'un qui méprise les patries des autres*[81]. » En ce sens, un patriote a un attachement à sa patrie et à son peuple, il s'y sent ancré, nourri, et en tire estime de soi et satisfaction. Il peut ainsi rencontrer des personnes d'autres groupes ethniques le cœur ouvert, et se réjouit peut-être même que celles-ci soient différentes, parlent, cuisinent, ressentent et pensent différemment. En revanche, un nationaliste tire son identité de la séparation d'avec les autres, qu'il estime inférieurs. Il considère comme une déchéance le fait de se mélanger avec eux.

Bien sûr, dans la vie concrète, les frontières entre patriotisme et nationalisme sont floues.

Organisation des nationalistes ukrainiens

L'« Organisation des nationalistes ukrainiens » (OUN), fondée en 1929, regroupe différents groupes déjà existants. L'objectif de l'OUN était d'obtenir par la lutte armée l'indépendance d'une Ukraine ethniquement pure. L'« Organisation militaire ukrainienne », fondée en 1920, en faisait partie. Elle luttait dans la clandestinité contre l'État polonais en Ukraine occidentale, car certaines parties de l'actuelle Ukraine occidentale appartenaient à la Pologne après la Première Guerre mondiale. Elle commit des actes de sabotage et des attaques contre la poste et les chemins de fer, ainsi que des attaques contre des propriétés polonaises. Une tentative d'assassinat du chef d'État polonais Józef Piłsudski en 1921 échoua[82].

Le président de l'organisation au sommet des groupes nationalistes OUN était Yevhen Konovalets (1891–1938). Après la Première Guerre mondiale, il dirigea une cellule de résistance à Lviv, qui fut démantelée par la police polonaise en décembre 1920 après quelques actes de sabotage réussis. Konovalets dut s'enfuir hors du pays. Il passa son exil dans différents pays européens, tout en restant en contact avec des Ukrainiens en exil et les services secrets de Lituanie, d'Allemagne et d'Italie. Après l'arrivée d'Hitler au pouvoir en Allemagne, les espoirs de l'OUN se tournèrent vers l'Allemagne. Ils espéraient que les nazis changeraient le rapport de force en Europe de l'Est.

Comme l'OUN ne commettait pas seulement des attentats terroristes en Galicie polonaise et roumaine (l'actuelle Ukraine occidentale) mais aussi dans des territoires de l'Union soviétique, les services secrets soviétiques NKWD entrèrent en action. Le 23 mai 1938, Konovalets reçut à Rotterdam un cadeau piégé d'un prétendu ami, qui était en réalité l'agent du NKVD Pavel Soudoplatov. Konovalets mourut des suites de l'attentat[83]. Soudoplatov participa également à l'assassinat de Léon Trotski au Mexique en 1940. Après la mort d'Evhen Konovalets, Andrij Melnyk (1890–1964) devint président de l'OUN.

Le principal inspirateur de l'OUN fut Dmytro Dontsov (1883–1973), qui publia jusqu'en 1939 à Lviv la célèbre revue *Wistnyk*. Il était partisan d'un « nationalisme intégral » : tous les autres objectifs politiques devaient être subordonnés à l'unité, au sens de l'union de toutes les régions de peuplement ukrainiennes dans un État national ukrainien, et à l'indépendance de l'Ukraine. Cet objectif devait être atteint par l'« amoralité », c'est-à-dire l'absence de critères moraux dans le choix des partenaires d'alliance et des moyens, tant que ceux-ci étaient dirigés contre les aspirations de la Grande Russie. Dans son livre « Nationalisme » paru en 1926, Dmytro Dontsov exigeait :

Au lieu du pacifisme (...), l'idée de combat, d'expansion, de violence (...). Au lieu du scepticisme et du manque de foi et de caractère, une croyance fanatique en sa propre vérité, l'exclusivité, la dureté. Au lieu du particularisme, de l'anarchisme et du libéralisme, les intérêts de la nation au-dessus de tout, (...) et la subordination de l'individu à la nation[84].

Après la fin de la guerre, Dmytro Dontsov émigra au Canada, où il mourut en 1973. Des milliers de nationalistes ukrainiens se rendirent au Canada et s'organisèrent au sein du « Congrès canadien ukrainien » (CCU). L'influence sociale de l'UCC pourrait être l'une des raisons pour lesquelles le gouvernement canadien s'est particulièrement engagé militairement et financièrement dans la lointaine Ukraine[85].

Les nationalistes ukrainiens rendent hommage à une forme de fascisme. L'historien Grzegorz Rossoliński-Liebe, de l'Université libre de Berlin, a publié en 2014 le premier travail scientifique sur l'OUN et son leader le plus connu, Stepan Bandera (1909–1959), ainsi que sur le culte de Bandera[86]. Il explique :

Ce qui est déroutant, c'est que les fascistes ukrainiens se sont relativement peu désignés comme fascistes, même s'ils se considéraient comme tels. Ils utilisaient principalement le terme de « nationalistes ». Ce choix était motivé par le fait que le fascisme n'était pas un mouvement ukrainien à proprement parler et qu'ils pouvaient être perçus comme des agents de l'Italie de Mussolini ou de l'Allemagne de Hitler.

Dans les discours qu'ils tenaient dans leurs publications, l'idée que l'OUN était fasciste s'imposa au plus tard au début des années 1930. Dès lors, il était clair pour tous les membres du mouvement qu'il n'y avait pas de contradiction entre le nationalisme radical et le fascisme, et qu'ils étaient à la fois nationalistes et fascistes. Beaucoup étaient également fiers d'appartenir à un mouvement européen et transnational dirigé par Mussolini et Hitler.

L'historien a découvert qu'au sein de l'OUN, des plans étaient élaborés depuis 1934 pour expulser ou assassiner les Polonais et les Juifs d'Ukraine.

Les premiers plans furent formulés en 1934 par Mykola Kolodzinsky. Il les rédigea notamment dans un camp d'entraînement en Italie, où il fut formé avec l'Oustacha [mouvement fasciste pour la libération de la Croatie de la Serbie]. Son idée était d'assassiner une partie des Juifs et des Polonais, et d'expulser d'Ukraine l'autre partie. Aujourd'hui, cela peut paraître surprenant, mais à l'époque, de tels plans étaient élaborés et discutés au sein des organisations fascistes.

Les Polonais, les Juifs et les Russes étaient les principaux ennemis de l'OUN. Les Ukrainiens démocrates et communistes constituaient également un groupe d'ennemis important. Depuis le milieu des années 1930, tous les membres de l'OUN savaient que les dirigeants attendaient d'eux qu'ils nettoient ethniquement l'Ukraine en cas d'événement approprié, une guerre par exemple. Les méthodes envisagées pour y parvenir étaient l'expulsion et le meurtre de masse, et de nombreux nationalistes étaient prêts à agir en conséquence. La remise en question de cette idée était interdite, comme nous le savons par les mémoires de certains membres du mouvement. Bandera lui-même, emprisonné en Pologne de la mi-1934 jusqu'en 1939, radicalisa d'autres détenus ukrainiens qui commirent des meurtres de masse pendant la Seconde Guerre mondiale[87].

Dix commandements du nationaliste ukrainien

Les dix commandements du nationaliste ukrainien

Lors de la fondation de l'OUN en 1929, les « Dix commandements du nationaliste ukrainien », appelés « Décalogue », furent adoptés comme programme central de l'OUN. Chaque membre de l'OUN devait connaître le Décalogue par cœur[88].

Les dix commandements du nationaliste ukrainien :

Je suis l'esprit de l'élément éternel qui t'a sauvé de la tempête tatare et t'a amené à la lisière de deux mondes pour créer une nouvelle vie :

1. Tu lutteras pour l'État ukrainien ou tu mourras en luttant pour lui.

2. Tu ne permettras à personne de salir la gloire et l'honneur de ta nation.

3. Rappelle-toi les grands jours de nos luttes de libération.

4. Sois fier d'être l'héritier de la lutte pour la gloire du tryzoub de Volodymyr [note : trident sur les armoiries de Volodymyr le Grand, grand-duc de Kiev de 978 à 1015].

5. Venge-toi de la mort des grands chevaliers.

6. Ne parle pas de la chose avec qui tu peux, mais avec qui tu dois.

7. Tu n'hésiteras pas à commettre l'acte le plus dangereux, si la cause l'exige.

8. Rencontre les ennemis de ta nation avec haine et combat impitoyable.

9. Ni les supplications, ni les menaces, ni la torture, ni la mort ne te forceront à révéler des secrets.

10. Tu t'efforceras d'accroître la puissance, la richesse et la gloire de l'État ukrainien.

Ces dix commandements du nationaliste sont l'inversion des dix commandements de l'Ancien Testament, qui ont une importance fondamentale dans le christianisme. Dieu a transmis les Dix Commandements au prophète Moïse sur le mont Sinaï. Les commandements régissent l'attitude de l'homme vis-à-vis de Dieu et de ses semblables. Appelés Décalogue, ils se lisent comme suit :

1) Je suis l'Éternel, ton Dieu. Tu n'auras pas d'autres dieux face à moi.

2) Tu n'invoqueras point le nom de l'Éternel, ton Dieu, en vain.

3) Tu te souviendras du jour du repos, pour le sanctifier.

4) Tu honoreras ton père et ta mère.

5. Tu ne tueras point.

6. Tu ne commettras point d'adultère.

7. Tu ne déroberas point.

8) Tu ne porteras point de faux témoignage contre ton prochain.

9) Tu ne convoiteras point la maison de ton prochain.

10) Tu ne convoiteras point la femme de ton prochain, ni son serviteur, ni sa servante, ni son bœuf, ni son âne, ni aucune chose qui appartienne à ton prochain.

Si l'on met face à face les deux séries de commandements, on voit immédiatement que chaque commandement nationaliste ukrainien est le négatif de chaque commandement divin.

Selon leurs préceptes, ils ont également un dieu, à savoir l'« Esprit de l'élément éternel », qui les a « sauvés de la tempête tatare ». La dernière tempête tatare ou mongole remonte au 17e siècle. Est-ce cela qu'ils entendent ? Probablement pas, mais plutôt, probablement, la Russie et la Pologne, qui étaient les principaux ennemis des nationalistes et leur semblaient aussi menaçants que les Tatars autrefois. Leur Esprit de l'élément éternel les y aide.

Cet esprit leur donne du courage, de la force et du pouvoir. Ses commandements sont l'égoïsme national, le fanatisme, la haine et l'agression. Il est le contraire absolu du Dieu chrétien. Aucune trace d'amour, d'empathie et de justice envers les autres. On retrouve là les déclarations citées de Dmytro Dontsov, qui appelait à l'amoralité dans son livre « Nationalisme ». Ce livre a également été qualifié de « Bible des nationalistes ».

Cette inversion est aussi une attaque frontale contre les dix commandements de la Bible. Elle est l'antithèse du judaïsme et du christianisme. Avec l'OUN, les nationalistes ont créé une « contre-Église ». Ils se servent de la force religieuse collective construite au fil des millénaires pour la pervertir. Cela va de pair avec l'existence d'actes rituels chez les nationalistes ukrainiens, comme les retraites aux flambeaux ou la formule de salut martiale *Slava Ukraini !*

Ceux qui connaissent les méthodes de travail des groupes de magie noire et de la violence rituelle reconnaissent le schéma. La magie noire travaille toujours de manière très réelle avec des êtres spirituels obscurs et met en place un réseau de relations sociales approprié pour que ces esprits obscurs puissent s'installer. Souvent, les symboles et les pouvoirs religieux sont pervertis à cet effet, par exemple dans les messes sataniques. Il existe toujours un chemin de formation psychique et spirituelle basé sur la magie noire, de sorte que les participants s'y impliquent de plus en plus profondément. Le Moi libre se dissout peu à peu. Chez les nationalistes ukrainiens, l'individu est remplacé par la nation. Pour eux, celle-ci n'est toutefois pas une abstraction ; elle est vécue comme un réel accomplissement de l'esprit, qui confère force et puissance. La nation est leur substitut divin. Mais ils se trompent. En réalité, ils ne s'associent pas à l'âme et à l'esprit du peuple ukrainien, mais à son démon.

Afin d'ouvrir ce livre au plus grand nombre de lecteurs possible, je me fonde sur des faits et des sources extérieures, vérifiables et compréhensibles par tous. C'est pourquoi je ne ferai qu'évoquer cette dimension spirituelle de la science de l'esprit. Pour l'approfondir, il faudrait un livre à part entière.

J'aimerais toutefois citer un texte du cinquième « tract de la Rose blanche », qui aidera peut-être à comprendre de quoi il s'agit spirituellement. Sophie et Hans Scholl distribuèrent ce tract fin janvier 1943 à Munich et dans d'autres villes par l'intermédiaire de leur cercle d'amis. La parution de ce cinquième tract fut l'occasion pour la Gestapo de renforcer la recherche de ses auteurs en créant une commission spéciale début février 1943. Le 18 février 1943, Sophie et Hans Scholl furent arrêtés à l'université de Munich et exécutés peu après.

Ce texte est né de leur expérience des nazis allemands et de ce qui a agi à travers eux. L'OUN ayant été le partenaire de coopération des nazis en Ukraine et participé activement à des meurtres de masse, il s'applique également aux nationalistes ukrainiens.

Extrait du cinquième tract de la Rose Blanche « Appel à tous les Allemands[89] » :

> *Chaque mot qui sort de la bouche d'Hitler est un mensonge : quand il dit la paix, il veut dire la guerre, et quand il cite de la manière la plus sacrilège le nom du Tout-Puissant, il veut dire la puissance du mal, l'ange déchu, Satan. Sa bouche est la gueule puante de l'enfer et son pouvoir est déchu par nature. Certes, il faut mener la lutte contre l'État terroriste national-socialiste avec des moyens rationnels ; mais ceux qui doutent encore aujourd'hui de l'existence réelle des puissances démoniaques sont loin d'avoir compris l'arrière-plan métaphysique de cette guerre. Derrière le concret, derrière ce qui est perceptible par les sens, derrière toutes les réflexions logiques objectives, il y a l'irrationnel, c'est-à-dire la lutte contre le démon, contre le messager de l'Antéchrist. Partout et de tout temps, les démons ont guetté dans l'obscurité l'heure où l'homme faiblit, où il abandonne de son propre chef sa position dans l'ordre suprême, fondée sur la liberté par Dieu, où il cède à la pression du mal, se détache des puissances d'ordre supérieur et ainsi, après avoir fait volontairement le premier pas, est poussé au deuxième puis au troisième, et toujours plus, à une vitesse croissante. Partout et à toutes les époques de détresse extrême, des hommes se sont levés, des prophètes, des saints, qui ont préservé leur liberté, qui ont indiqué le Dieu unique et qui, avec son aide, ont exhorté le peuple à se repentir. L'homme est certes libre, mais il est sans défense contre le mal sans le vrai Dieu, il est comme*

un navire sans gouvernail, exposé à la tempête, comme un nourrisson sans mère, comme un nuage qui se dissipe.

Comment les dix commandements des nationalistes ont-ils continué à agir ?

Les dix commandements du nationaliste ukrainien ont également joué un rôle dans la suite de l'histoire et sont apparus à des tournants importants.

Pendant la Seconde Guerre mondiale, l'OUN imprima et distribua le « Catéchisme d'un nationaliste ukrainien ». L'Église de l'OUN utilisait effectivement le mot catéchisme. Celui-ci contenait les principales directives pour leurs partisans : le Décalogue, c'est-à-dire les dix commandements d'un nationaliste ukrainien, les 44 lois de la vie, les douze traits de caractère d'un nationaliste ukrainien et des poèmes appelant à lutter pour une Ukraine libre[90].

En 2014, les dix commandements inversés étaient présents sur la place Maïdan lors des manifestations qui ont duré des mois. Reinhard Lauterbach, expert de l'Europe de l'Est, a rapporté en tant que témoin oculaire : « *Les écrits de cette OUN, comme par exemple le Décalogue du nationaliste ukrainien, étaient désormais vendus en masse sur le Maïdan et diffusés parmi les gens, et des slogans tirés de ces écrits étaient affichés.*[91] »

Mai 2022 : Marioupol était l'une des principales bases du bataillon nationaliste Azov. Bien que dans une situation militaire désespérée, les unités Azov résistèrent longtemps à l'armée russe, se retranchant en permanence dans des immeubles d'habitation et des bâtiments d'usine. Ces combats entraînèrent la destruction de 60% du parc immobilier de la ville, et causèrent de terribles souffrances et la mort de la population civile. Les unités Azov étaient encerclées à une centaine de kilomètres de l'armée ukrainienne et coupées du monde. Elles n'avaient aucune chance. Des personnes raisonnables se seraient rendues. Des centaines ou des milliers d'hommes d'Azov, de soldats russes et de civils auraient alors eu la vie sauve, des dizaines de milliers d'habitants auraient pu sortir plus tôt de leurs caves et leurs habitations n'auraient pas été détruites. Pourquoi le bataillon Azov ne s'est-il pas rendu ?

En mai 2022, Thomas Röper a visité à Marioupol un ancien sanatorium utilisé comme état-major par le bataillon Azov après le coup d'État de Maidan en 2014[92] :

> À un étage, l'armée russe avait rassemblé ce qu'elle avait trouvé dans les bureaux des officiers et l'avait exposé. Avant d'être reprise par l'armée russe, la plus grande pièce était décorée de boucliers noirs réalisés en l'honneur des combattants d'Azov tombés au combat. Ils représentent le « soleil noir », un symbole de la Waffen SS, et le nom de combat du soldat tombé. Sur une table se trouvait une icône d'Hitler, provenant du bureau d'un officier supérieur d'Azov.

Et il y avait là de grandes affiches avec les dix commandements du nationaliste.

On comprend ainsi pourquoi les soldats d'Azov ont mené un combat déjà désespéré jusqu'au bout, jusqu'à la terre brûlée. S'ils ont suivi les Dix commandements du nationaliste – repris par le fanatisme poussant à un combat sans pitié – leur propre mort, de même que la destruction de la ville, découlaient de cette conviction et étaient peut-être même voulues.

Thomas Röper a également trouvé un drapeau imprimé dans l'état-major des unités d'Azov :

Ce drapeau porte l'inscription :

Tuez les porcs russes !
Gloire à l'Ukraine !
Le peuple russe est un peuple de chiens, qui sans réflé-
chir sacrifie lui-même, les autres et la nature !

Ces mots de haine fanatique font peur. Il est remarquable que dans la société ukrainienne et dans les médias mainstream occidentaux, les combattants Azov soient vénérés comme des héros populaires et des symboles de la résistance nationale[93]. Il y a là quelque chose qui ne va pas. Nous y reviendrons plus tard. Mais regardons d'abord la suite de l'histoire de l'OUN.

L'OUN pendant la Seconde Guerre mondiale

Jusqu'au début de la Seconde Guerre mondiale, l'OUN était occupée à mener des attaques terroristes contre l'État polonais : attentats contre des fonctionnaires de l'État, incendies criminels et destructions de voies ferrées. Leur guérilla n'était pas populaire partout. Comme les organisations culturelles et économiques ukrainiennes pouvaient continuer à exister sous la domination polonaise, de nombreux Ukrainiens plaidaient pour une coopération avec la Pologne. Ces Ukrainiens désireux de coopérer furent également la cible d'attentats de l'OUN. En 1934, Pieracki, le ministre polonais de l'Intérieur, responsable de la lutte contre l'OUN, fut assassiné. Plusieurs dirigeants de l'OUN furent alors capturés et emprisonnés, dont Stepan Bandera.

En 1939, conformément au pacte Hitler-Staline, l'Armée rouge occupa la Galicie orientale et la Volhynie occidentale, dans la région de l'actuelle Ukraine occidentale. L'OUN commença donc à se battre contre les troupes soviétiques plutôt que contre les troupes polonaises[94].

Mais les membres de l'OUN se battirent également entre eux. Lors d'un congrès à Cracovie en 1940, ils se divisèrent en « melnykistes » (OUN-M), pour la plupart des émigrés âgés, et en « bandéristes » (OUN-B), pour la plupart des jeunes partisans de Stepan Bandera ayant une expérience de la lutte clandestine. Les melnykistes et les bandéristes s'affrontèrent ensuite avec acharnement.

Le bataillon Rossignol des bandéristes et le pogrom de Lviv

En 1940, l'armée allemande forma le « bataillon Rossignol » et le « bataillon Roland » à partir de membres de l'OUN-B.

Le 30 juin 1941, le bataillon Rossignol, accompagné de chasseurs alpins allemands, atteignit la ville de Lemberg, dans l'ouest de l'Ukraine, qu'elle occupa sans rencontrer de résistance. Avant de se retirer, les Soviétiques y avaient assassiné plusieurs milliers de prisonniers. La propagande nazie attribua toutefois ces actes aux Juifs afin d'échauffer les esprits contre eux. Le même jour, le 30 juin 1941, commença à Lemberg un terrible pogrom contre la population juive, dans lequel le bataillon Rossignol joua un rôle déterminant. Environ 4000 Juifs furent assassinés[95].

Le pogrom de Lviv fut un prélude au génocide systématique perpétré par les nazis, qui créèrent un ghetto pour les survivants. Lviv était autrefois l'un des centres juifs les plus importants d'Europe de l'Est. Plus d'un tiers de sa population, soit plus de 100 000 personnes, était juive[96]. Lorsque l'Armée rouge reprit Lviv le 26 juillet 1944, elle ne trouva que quelque 300 juifs survivants[97]. Au total, environ 1,5 million de Juifs ont été assassinés en Ukraine[98].

A la même heure, le 30 juin 1941, alors que les Juifs de Lviv étaient pourchassés et assassinés avec la participation du bataillon Rossignol, l'adjoint de Stepan Bandera, Jaroslaw Stetsko (1912–1986), proclamait à Lviv la création d'un État ukrainien indépendant. Le massacre des Juifs et la déclaration d'indépendance coïncidèrent. Pour la proclamation, une troupe du bataillon Rossignol occupa la station de radio locale de la ville et diffusa pendant des heures la déclaration d'indépendance. Une semaine plus tôt, le 22 juin 1941, l'Allemagne avait lancé la guerre contre l'Union soviétique, rompant ainsi le pacte de non-agression entre Hitler et Staline. Les bandéristes y virent une occasion favorable pour créer une Ukraine indépendante. Une assemblée de membres de l'OUN-B élut président Yaroslav Stetsko. Dans des lettres adressées à Adolf Hitler, Benito Mussolini, Francisco Franco et Ante Pavelic, les chefs de gouvernement fascistes en Europe, Stetsko assura que son nouvel État faisait partie du « Nouvel ordre en Europe » de Hitler. Cependant, dès l'après-midi de ce même jour, l'arrivée de chasseurs alpins allemands mit fin à l'émission de radio du nouveau président ukrainien.

Une Ukraine indépendante étant contraire aux intentions allemandes, Yaroslaw Stetsko et Stepan Bandera furent arrêtés par la Gestapo le 12 juillet 1941 et emmenés à Berlin où, après avoir été interrogés par la Gestapo, ils purent circuler librement dans la ville. Ils rencontrèrent d'autres partisans de l'OUN et demandèrent au régime hitlérien, par le biais de pétitions, de coopérer avec l'OUN. C'est à cette époque que l'antisémitisme de Jaroslaw Stetsko se radicalisa. Jusque-là, Stetsko avait appelé à la ghettoïsation et à l'expulsion des Juifs d'Ukraine. Le

Pendant le pogrom de Lviv, le 30 juin 1941, une femme juive est pourchassée dans la rue Pompierska. Le garçon en uniforme à droite porte un bâton[99].

projet de Constitution de l'OUN pour l'Ukraine indépendante de 1939 avait exclu les Juifs de la citoyenneté. En juillet 1941, Stetsko, en tant que Premier ministre autoproclamé d'Ukraine, déclara : « *Je soutiens l'extermination des Juifs et je pense qu'il est opportun d'introduire en Ukraine les méthodes allemandes d'extermination du judaïsme afin d'empêcher leur assimilation et d'autres choses similaires.* » En août 1941, Stetsko s'adressa aux dirigeants allemands dans un écrit autobiographique, réitérant ses déclarations antisémites et ajoutant : « *Moscou et les Juifs sont les plus grands ennemis de l'Ukraine. Je considère Moscou comme l'ennemi principal, qui a maintenu l'Ukraine dans l'absence de liberté par la force. J'accuse également les Juifs d'être une calamité dangereuse et hostile soutenant Moscou qui asservit l'Ukraine[100].* »

De septembre 1941 à septembre 1944, Stetsko et Bandera furent incarcérés dans une annexe relativement confortable du camp de concentration de Sachsenhausen, près de Berlin. Ils bénéficiaient d'un statut spécial de détenus d'honneur. Bandera occupait une cellule meublée plus grande, avec une chambre à coucher et un salon séparés, des tableaux sur les murs et des tapis sur le sol. Grâce à des lettres, il put garder le contact avec l'OUN-B, dont il resta président[101].

Le bataillon Rossignol et le bataillon Roland furent dissous à l'automne 1941. Les soldats s'étaient soulevés lorsqu'il avait été annoncé que le gouvernement allemand refusait la création d'un État ukrainien indépendant. L'espoir d'avoir leur propre État s'était envolé, la motivation était tombée à zéro et les bataillons n'étaient donc plus aptes à la guerre[102].

De nombreux soldats des bataillons s'engagèrent ensuite dans la police auxiliaire ukrainienne. L'historien Grzegorz Rossoliński-Liebe explique : « *La moitié des Juifs ukrainiens (800 000 environ) ont été tués sur le petit territoire de l'Ukraine occidentale, où l'OUN-B, malgré l'arrestation de ses dirigeants, a soutenu les Allemands dans le meurtre des Juifs. Elle envoyait ses membres à la police afin qu'ils soient armés et puissent aider les occupants pour les déportations et les exécutions. En raison du petit nombre de policiers allemands en Ukraine, l'assassinat de plus de 90% des Juifs d'Ukraine occidentale n'aurait pas été possible sans eux[103].* » L'historien Götz Aly estime que les Allemands disposaient d'environ 200 000 policiers auxiliaires ukrainiens dans toute l'Ukraine, dont au moins 40 000 participèrent directement à l'assassinat de Juifs[104].

Après que les Allemands eurent déclaré l'Ukraine occidentale « débarrassée des Juifs », les bandéristes se mirent à assassiner des Polonais en masse.

Les massacres en Volhynie et en Galicie orientale

En mars 1943, la direction de l'OUN-B demanda à ses membres qui servaient dans la police auxiliaire ukrainienne de la quitter en emportant leurs armes. Ils devaient désormais combattre au sein de l'« Armée insurrectionnelle ukrainienne » (UPA). Plus de 5000 membres de la police auxiliaire rejoignirent alors l'UPA.

L'UPA fut fondée en 1942 par les bandéristes et exista jusqu'aux environs de 1956. Elle était principalement active en Ukraine occidentale. Dans un premier temps, elle collabora avec l'Allemagne nationale-socialiste. Mais comme l'occupant allemand n'autorisait pas la création d'un État ukrainien indépendant, elle s'opposa à l'armée allemande à partir de 1943. L'UPA a toujours combattu l'« Armée de la patrie polonaise », l'armée de l'État polonais clandestin, et les partisans soviétiques opérant dans la même région.

Selon les estimations, l'UPA comptait entre 30 000 et 200 000 combattants. Ses membres étaient pour la plupart des Ukrainiens issus de la paysannerie, âgés de 18 à 22 ans.

L'OUN-B et son bras militaire, l'UPA, visaient l'élimination de la population non ukrainienne au profit d'un futur État purement ukrainien. Tel est le contexte des massacres en Volhynie et en Galicie orientale. Dans ces régions, alors sous domination allemande, les Polonais représentaient environ 20% de la population.

Du 9 février 1943 à la fin de la guerre, l'UPA massacra jusqu'à 100 000 Polonais. Ces massacres, qui ne tenaient compte ni de l'âge ni du sexe, furent tolérés par les forces d'occupation allemandes.

Le mode opératoire de l'UPA était extrêmement brutal. Ils utilisaient non seulement des armes à feu, mais aussi des haches, des hachettes, des piques, des couteaux et des fourches. Des villages entiers furent incendiés, les localités étaient souvent attaquées de nuit, à l'aube ou pendant un service religieux. Norman Davies, un historien britannique, décrit dans son livre *No simple Victory* comment des villages entiers ont été incendiés, des prêtres catholiques découpés à la hache ou crucifiés et des fermes isolées attaquées par des groupes armés de couteaux et de fourches. On égorgeait les victimes, on les empalait ou on les découpait en morceaux[105].

Voici un extrait de l'ordre de l'UPA du 2 février 1944 : « *Liquidation de toute trace de polonité. Détruisez les églises catholiques et autres lieux de culte polonais. [...] Détruisez les maisons pour que plus rien ne montre que quelqu'un y ait vécu. [...] N'oubliez pas que s'il reste quelque chose de polonais, les Polonais viendront réclamer notre pays.*[106] »

Victimes civiles polonaises du massacre de l'UPA à Lipniki le 26 mars 1943[107]

La population civile polonaise tenta de trouver refuge dans les grandes agglomérations et dans les forêts, avec le soutien de l'Armée polonaise de l'intérieur. Des systèmes d'alarme et de communication complets ainsi que des alliances d'autodéfense furent organisés. Selon l'ordre du colonel polonais Bąbiński du 17 mai 1943, ces dernières avaient pour objectif de protéger la population civile polonaise, mais ne devaient pas coopérer avec les unités soviétiques ou allemandes, ni utiliser les mêmes méthodes brutales de mise à mort que l'UPA ukrainienne. Au total, plus d'une centaine de zones de protection se formèrent, mais plus de 40 d'entre elles ne résistèrent pas aux attaques ukrainiennes, de sorte que leurs habitants furent assassinés.

Pour échapper aux massacres, des centaines de milliers de Polonais s'enfuirent de l'ouest de l'Ukraine.

Malgré les ordres du colonel, les soldats de l'Armée polonaise de l'intérieur réagirent aux massacres de l'UPA par des actions de représailles contre la population ukrainienne. Ils tuèrent jusqu'à 15 000 Ukrainiens.

De cette manière, l'Ukraine occidentale devint fin 1944 une zone essentiellement ethnique et quasi homogène sur le plan ethnique. La plupart des Juifs avaient été tués et les Polonais soit assassinés, soit expulsés. Les bandéristes avaient presque atteint leur objectif. Il ne restait plus que le problème des Russes.

La perception des massacres de Volhynie et de Galicie orientale est en totale opposition en Pologne et en Ukraine. Par décision du 12 juillet 2013, le Parlement polonais a condamné les violences en les qualifiant de « nettoyage ethnique présentant les caractéristiques d'un génocide ». En revanche, le Parlement de Kiev a officiellement déclaré en avril 2015 que les membres de l'UPA étaient des combattants pour l'indépendance. L'Ukraine parle généralement de la « tragédie de Volhynie », sans reconnaître sa culpabilité[108].

Les melnykistes et la division SS Galicie

Les melnykistes soutenaient activement les nationaux-socialistes allemands. À partir de juillet 1943, sept régiments ukrainiens, composés chacun de 2000 hommes, furent rassemblés en une « Division de volontaires SS de Galicie ». Les membres de la division étaient originaires de la région de Lviv et provenaient principalement de l'aile melnykiste de l'OUN. La fraction Bandera s'opposa à la création de la division, l'Allemagne étant opposée à l'indépendance de l'Ukraine. On accuse le *Kampfgruppe Beyersdorff* au sein de la *SS-Division Galizien* d'avoir participé aux massacres de Pidkamin, Huta-Pieniacka et Palikrowy. Après avoir subi de lourdes pertes dans le chaudron de Brody, en Ukraine occidentale, en juin 1944, la division SS Galicie fut transférée en Slovaquie en tant que force d'occupation. Après la Seconde Guerre mondiale, de nombreux membres de la division émigrèrent au Canada, en Australie et aux États-Unis[109].

Sans doute pour pouvoir mieux contrôler les melnykistes, les occupants allemands assignèrent Andrij Melnyk à résidence en juin 1941. Vers la fin de la guerre, il fut interné à Hirschegg dans la vallée de Kleinwalser en Allgäu, à l'hôtel Ifen. Cet hôtel était un mélange entre une prison de luxe et un hôtel normal, dans lequel les nationaux-socialistes détenaient un certain nombre de prisonniers célèbres. Melnyk put poursuivre ses activités politiques pendant cette captivité, en rédigeant par exemple des essais sur l'histoire de l'Ukraine. Il vécut au Luxembourg après la fin de la guerre et mourut en 1964[110].

Après la guerre

Stepan Bandera et Yaroslaw Stetsko furent libérés de la prison de Berlin en septembre 1944. Ils devaient participer à l'organisation de la résistance contre l'Armée rouge en Ukraine[111].

Stepan Bandera se réfugia à Munich en 1946. C'est là qu'il se cacha pendant des années des services secrets soviétiques sous le nom de Stefan Popel, car il avait été condamné à mort par contumace en Union soviétique pour ses actions antisoviétiques. Pendant la guerre froide, Munich était un terrain de jeu pour les émigrés d'Europe de l'Est et les services secrets. Au début des années cinquante, la CIA installa à Munich deux stations de radio employant au total 1400 personnes, qui diffusa pendant des décennies un programme anticommuniste à l'Est. L'objectif déclaré de *Radio Free Europe* (RFE) et de *Radio Liberty* (RL) était de renverser le système soviétique[112].

Stepan Bandera mit en place un centre de l'OUN à Munich avec le soutien de la CIA américaine et des services secrets britanniques MI6. Plus tard, les services de renseignement allemands collaborèrent également avec lui. Ils financèrent son organisation, le protégèrent, lui et sa famille, des services secrets soviétiques (KGB) et formèrent ses partisans. Ceux-ci partirent en tant qu'espions en Ukraine occidentale soviétique pour soutenir le mouvement nationaliste ukrainien clandestin contre les Soviétiques[113].

« Bandera », comme l'indique un rapport de la CIA datant de 1948, « est par nature un intransigeant politique doté d'une grande ambition personnelle ». En 1952, Bandera démissionna temporairement de son poste de chef de l'OUN sous la pression de « l'opposition croissante à sa direction ». Des commandants nationalistes de haut rang s'opposaient à lui en raison de sa tactique totalitaire. Bandera se retrouva de plus en plus à l'écart, et la CIA elle aussi se détourna de lui[114]. Le 15 octobre 1959, Bogdan Stachinski, agent du KGB, l'assassina dans l'entrée de son immeuble de la Kreittmayrstrasse 7, à l'aide d'une arme qui pulvérisait du gaz cyanhydrique. Ce meurtre, perpétré par les services secrets russes, fit de lui un martyr des nationalistes ukrainiens.

Jaroslaw Stezko vécut également à Munich après la Seconde Guerre mondiale jusqu'en 1968 et fut le leader de l'OUN-B après la mort de Bandera. Il fonda l'*Anti-Bolshevik Bloc of Nations* (ABN), un réseau d'émigrés anticommunistes originaires d'États socialistes.

Le combat continue...

L'Armée insurrectionnelle ukrainienne (UPA) exista en Ukraine jusqu'en 1954 et mena une guerre de partisans contre les Soviétiques[115]. Comptant encore plusieurs dizaines de milliers d'hommes, elle tua des milliers de responsables soviétiques. Comme elle pouvait compter sur l'aide de la population civile ukrainienne, la résistance se maintint pendant des années dans les forêts de Galicie.

... maintenant soutenu par la CIA

Après la guerre, le partenaire de coopération de l'UPA changea : les nazis allemands furent remplacés par la CIA américaine. C'est ce que décrivent les journalistes Matthias Bröckers et Paul Schreyer, que je cite ci-dessous[116] :

> *La recherche historique sur ce sujet s'appuie sur la loi dite de divulgation des crimes de guerre nazis adoptée aux États-Unis en 1998, à la suite de laquelle les autorités ont déclassifié plusieurs millions de pages de documents officiels. Un premier rapport gouvernemental a été rédigé en 2004. Un autre rapport a été publié en 2010, dans lequel un chapitre entier est consacré à l'histoire des activités des services secrets américains et allemands en Ukraine[117].*

Après la guerre, la CIA misa sur le chef de la sécurité de Bandera, Mykola Lebed, qui, en tant que chef de l'UPA en Ukraine pendant la Seconde Guerre mondiale, avait coordonné le « nettoyage » de l'Ukraine occidentale des Polonais et des Juifs. La CIA collabora avec Lebed jusque dans les années 80. Citons Bröckers et Schreyer :

> *Lebed, décrit par les Américains dans des documents internes comme un « sadique et collaborateur connu des Allemands », au « caractère sournois » et dont on savait qu'il avait été formé par la Gestapo, est devenu l'homme le plus important de la CIA pour exercer une influence en Ukraine pendant la guerre froide.*

A partir de 1950, cette tâche fut confiée à l'opération *Aerodynamic* de la CIA, dont Lebed devint un personnage clé. Des agents entrèrent et sortirent d'Ukraine, et le réseau nationaliste clandestin ukrainien fut soutenu de toutes les manières possibles. L'objectif principal était d'affaiblir Moscou. Le projet était une priorité absolue.

Les journalistes Bröckers et Schreyer poursuivent[118] :

> *Mais au milieu des années cinquante, après que l'Union soviétique eut réussi à infiltrer le réseau de Mykola Lebed en Ukraine, la phase agressive du programme Aerodynamic de la CIA prit fin. L'infiltration et l'expulsion d'agents et de militants de la résistance étaient pour l'instant révolues.*

Par la suite, elle se tourna vers la lutte idéologique clandestine, non moins importante. Sous la direction de Lebed, une sorte de programme culturel fut lancé à New York. La CIA créa à cet effet une organisation privée appelée Prolog Research Corporation [ci-après Prolog], qui publiait des journaux et des livres ukrainiens et produisait des programmes radio. Parallèlement, une antenne fut créée à Munich sous le nom de « Société ukrainienne d'études étrangères », où parurent la plupart des publications de Prolog. Prolog paya un certain nombre d'écrivains ukrainiens en exil, dont la plupart ignoraient les arrière-plans de l'organisation avec la CIA. Les beaux-arts devinrent une arme de propagande. Dans les années 1970, le programme de la CIA soutint même des expositions d'art ukrainien aux États-Unis, en mettant l'accent sur les œuvres de dissidents interdites en Ukraine. Un rapport de la CIA sur Prolog et l'opération globale Aerodynamic de 1972, récemment déclassifié, explique en termes clairs le but de cette opération :

« Ce projet soutient les dissidents parmi les intellectuels ukrainiens, dont la plupart ont moins de 40 ans, en leur apportant une aide politique, morale et matérielle et en publiant leur littérature clandestine. Ces écrits sont diffusés parmi les intellectuels en Occident, mais surtout infiltrés en Union soviétique sous la forme de magazines politiques mensuels et d'œuvres politico-littéraires sélectionnées par le projet. » (...)

Le rapport mentionne également l'approbation du projet par le fameux « Comité 40 », présidé à l'époque par Henry Kissinger, qui supervisait toutes les opérations clandestines.

Dans les années 1960 et 1970, Prolog influença toute une nouvelle génération d'Ukrainiens qui ne se doutaient pas que les États-Unis étaient le payeur de nombre de leurs inspirateurs, ni que ce soutien à leur conscience culturelle nationale n'était qu'un moyen d'atteindre un but de domination plus large.

Lebed prit sa retraite en 1975, mais il resta conseiller de Prolog. Jusque dans les années 1990, il fut protégé par la CIA des enquêtes du ministère de la Justice sur sa collaboration avec les nazis. En 1992 encore, la CIA déclarait sur demande qu'il n'existait aucun dossier concernant Lebed. Il mourut en 1998.

USA : procès de Nuremberg et, en même temps, promotion des criminels de guerre

Du 20 novembre 1945 au 14 avril 1949, des procès pour crimes de guerre eurent lieu à Nuremberg contre des représentants de premier plan du national-socialisme. Il s'agissait de treize procès, le premier devant le Tribunal militaire international et douze devant un tribunal militaire national américain.

Au cours de la même période, la CIA encouragea et couvrit l'un des plus grands criminels de guerre d'Ukraine. Après l'arrestation de Stepan Bandera à Berlin, Mykola Lebed, Roman Choukhevytch et Dmytro Klyachkivsky prirent la tête de l'OUN-B et de l'UPA sur le terrain en Ukraine en 1941 et ordonnèrent directement les meurtres de Juifs et de Polonais. Klyachkivsky mourut en février 1945 et Choukhevytch en mars 1950. Mykola Lebed, qui survécut, fut l'un des principaux responsables des massacres en Volhynie et en Galicie orientale. La CIA, plutôt que le traduire en justice, le couvrait parce qu'il était utile à la lutte géopolitique contre l'Union soviétique.

Cela nous ramène à Dmytro Dontsov, l'inspirateur des idées des nationalistes ukrainiens, qui a formulé l'« amoralité » comme ligne directrice : dans l'objectif d'affaiblir l'Union soviétique, il n'y a pas de critères moraux dans le choix des alliés et des moyens.

L'amoralité semble également être la ligne directrice de la CIA – et donc de la politique étrangère américaine.

Le culte actuel de Bandera

Si j'ai décrit le passé nationaliste de manière aussi détaillée, c'est parce qu'il a contribué à façonner la société ukrainienne actuelle.

Les bandéristes et leur président Stepan Bandera étaient des tueurs de masse. C'est la vérité historique qu'il faut accepter ; on ne peut que commémorer les victimes et leur rendre hommage. Malgré cela, Stepan Bandera est vénéré comme un héros national par de larges couches de la population, surtout dans l'ouest de l'Ukraine. Selon les chercheurs ukrainiens du *Rating Group*, 74% des Ukrainiens ont de lui une opinion positive[119]. Les meurtres de masse leur sont indifférents, ils les refoulent, et Bandera est pour eux un symbole de la lutte pour la liberté. Au lieu de se poser des questions sur le passé fasciste, ils en prennent activement la suite.

Les données des sondages montrent également comment le culte de Bandera divise l'Ukraine. Alors que l'approbation de Bandera est très élevée à l'ouest, elle est plus faible dans le centre et le sud-est du pays. En revanche, dans l'est de l'Ukraine, mais aussi en Pologne, en Russie et en Israël, Bandera est majoritairement considéré comme un criminel et un collaborateur nazi — ce qu'il était[120].

Stepan Bandera était le chef des fascistes ukrainiens. Vénérer Bandera revient à vénérer un dirigeant nazi en tant que combattant de la liberté contre l'oppression du peuple, ce qui serait absolument impensable en Allemagne. L'utilisation de symboles nazis tels que la croix gammée est interdite par le droit pénal.

En Ukraine, c'est différent. En janvier 2010, le président ukrainien de l'époque, Viktor Iouchtchenko, décerna à Stepan Bandera le titre honorifique de « Héros de l'Ukraine » à titre posthume. L'avenue de Moscou à Kiev a été rebaptisée avenue Stepan Bandera. Depuis 2014, il existe en Ukraine des centaines de rues portant son nom, de nombreuses statues et bustes grandeur nature, quelques monuments et plusieurs musées en son honneur. Un timbre commémoratif a été émis à l'occasion de son centième anniversaire.

Timbre ukrainien à l'occasion du centenaire de sa naissance par
Stepan Bandera le 1er janvier 2009[121]

De nombreux autres bandéristes sont vénérés comme héros nationaux.
Roman Choukhevytch a également fait l'objet d'un timbre commémoratif. Il fut le commandant du bataillon Rossignol qui avait participé aux
pogroms de Lviv en 1941, et fut ensuite coresponsable, en tant que dirigeant de l'UPA, de l'assassinat des Polonais dans l'ouest de l'Ukraine.

Timbre commémoratif pour Roman Choukhevytch, 2007[122]

Roman Choukhvytch a également eu droit à des médailles commémoratives et à des monuments. Plusieurs villes d'Ukraine occidentale,
dont Lviv, l'ont nommé citoyen d'honneur à titre posthume. En 2000, il
a fait l'objet d'un film historique patriotique intitulé *Neskorenyj* (L'inflexible), inspiré et soutenu par le ministère ukrainien de la culture
et des arts. En 2007, le président Viktor Iouchtchenko a également
décerné à Choukhvytch le titre de héros de l'Ukraine à titre posthume,
mais cette décision a été annulée par la justice.

Le 1er juin 2017, le conseil municipal de Kiev a décidé de rebaptiser
l'avenue Vatutin, du nom du général d'armée de l'Armée rouge Niko-

laï Fiodorovitch Vatutin, en avenue Choukhevytch. Vatutin, qui avait libéré Kiev des nazis à la fin de l'année 1943, fut tué peu après par l'UPA commandée par Choukhevytch[123].

En 2021, la Pologne et Israël ont protesté ensemble – mais en vain – contre le projet de donner le nom de Roman Choukhevytch au stade de la grande ville ukrainienne de Ternopil. Choukhevytch avait déclaré dans un ordre du 25 février 1944 :

> *Au vu des succès des forces soviétiques, il est nécessaire d'accélérer la liquidation des Polonais, ils doivent être complètement anéantis, leurs villages brûlés... Seule la population polonaise peut être détruite[124].*

Il existe en Ukraine de nombreux autres exemples de vénération de nationalistes fascistes. Ainsi, le boulevard Druzhba Narodov à Kiev a été rebaptisé boulevard Mykola Mikhnovsky. Ce dernier avait été l'un des créateurs de l'idéologie du nationalisme ukrainien avec le slogan « L'Ukraine aux Ukrainiens ». La rue qui portait le nom du maréchal ukrainien Malinovski, l'un des chefs de l'Armée rouge pendant la guerre contre le nazisme, a été rebaptisée « rue des héros du régiment Azov ». L'emblème d'Azov est le *Wolfsangel*, un emblème nazi utilisé par les SS[125].

Grande influence sociale des nationalistes ukrainiens

Les mouvements nationalistes ukrainiens actuels se réfèrent ouvertement à Bandera, comme le parti Svoboda, avec le charismatique Oleh Tyahnybok. Lors des élections législatives de 2012, Svoboda obtint 10% des voix et 37 sièges au Parlement[126]. Jusqu'en 2004, le parti s'appelait « Parti social national d'Ukraine ».

Le député de Svoboda Yuriy Mykhalchyshyn avait fondé à Kiev un groupe de réflexion qui s'appelait à l'origine *Joseph Goebbels Political Research Center*.

Dans le programme du parti Svoboda du 9 août 2012, on peut lire : « l'Ukraine de la nation ukrainienne ». Ses principales exigences étaient : au moins 78% du temps d'antenne à la radio et à la télévision et des textes dans les médias en ukrainien ; au moins 78% des fonctionnaires de « nationalité ukrainienne » (non pas la nationalité, mais l'origine ethnique) ; obligation pour les candidats aux élections de révéler leur origine ethnique ; interdiction pour les candidats ne parlant pas ukrainien de se présenter aux élections. Par conséquent, de nombreux députés de l'est du pays n'auraient plus pu se présenter, car beaucoup à l'est parlent à peine l'ukrainien. Selon Svoboda, l'ukrainien devrait également être la seule langue officielle de l'État multiethnique et le délit de « toute forme d'ukrainophobie » devrait être introduit[127].

Nous verrons plus tard que la plupart de ces revendications racistes, discriminatoires et d'extrême droite ont entre-temps été introduites en Ukraine. Svoboda n'a pas eu besoin pour cela de remporter des victoires électorales, les autres partis ont adopté son programme.

La *Konrad-Adenauer-Stiftung* a publié une brochure d'information à l'occasion des élections présidentielles de 2010. On pouvait y lire à propos du chef de Svoboda :

> *Tyahnybok mobilise le ressentiment antisémite, la xénophobie et l'isolationnisme ukrainien. Il s'exprime de manière résolument anti-russe et anti-occidentale.*

Le journaliste Thomas Röper résume :

> *Tyahnybok était assis à la table des négociations avec le ministre allemand des Affaires étrangères Steinmeier fin février 2014, lorsqu'il s'agissait du changement de pouvoir à Kiev, et Tyahnybok était l'un des hommes politiques célébrés en Occident comme « opposition démocratique » et soutenus entre autres par Steinmeier.*

Outre Svoboda, il existe d'autres organisations nationalistes. Secteur droit, dirigé par Dmitri Yarosh, est un rassemblement de groupes d'extrême droite. Armés de gourdins et de boucliers, ils ont exercé une grande influence sur le développement du pays lors du coup d'État de Maïdan.

Les bataillons nationalistes Azov et Aidar, ainsi que de nombreuses autres unités de volontaires, ont été pleinement engagés dans la guerre contre les républiques du Donbass à partir de 2014 et contre la Russie à partir de 2022, et sont vénérés comme des héros.

Des militants d'extrême-droite ukrainiens de différents groupes nationalistes ont participé à une « marche à la gloire des héros » dans le centre de Kiev le 14 octobre 2017. Environ 20 000 militants d'extrême-droite se sont rassemblés pour célébrer le 75e anniversaire de la création de l'Armée insurrectionnelle ukrainienne (UPA). J'ai déjà évoqué les crimes de l'UPA[128].

Marche aux flambeaux en l'honneur de l'anniversaire de Stepan Bandera à Kiev le 1er janvier 2015[129]

Ces groupes sont sans doute relativement peu nombreux ; ils n'obtiennent que quelques pourcents aux élections. Mais ils ont une grande influence, car leurs idées et le culte de Bandera imprègnent toute la société ukrainienne et sont devenus un bien commun et une évidence. Le terme technique pour désigner ce phénomène est « hégémonie culturelle ».

Le 1er janvier, date d'anniversaire de Stepan Bandera, est fêté publiquement en Ukraine. On organise de nombreux défilés, marches, retraites aux flambeaux et commémorations. Ces célébrations sont soutenues par les autorités. Le 1er janvier 2023, le parlement de Kiev a twitté une commémoration pour Stepan Bandera. À cette occasion, le commandant en chef des forces armées ukrainiennes, Valeri Zaloujny, a été représenté

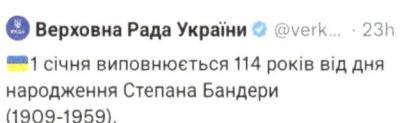

🇺🇦1 січня виповнюється 114 років від дня народження Степана Бандери (1909-1959).

Степан Бандера:...
Show this thread

Tweet du 1er janvier 2023 du Parlement ukrainien avec le commandant en chef ukrainien Valeri Zaloujny au sujet de l'hommage à Stepan Bandera[131]

souriant devant un portrait de Bandera, accompagné de la citation suivante de celui-ci : « *La victoire complète et définitive du nationalisme ukrainien viendra lorsque l'empire russe aura cessé d'exister[130].* » Voilà la vénération de Bandera – c'est-à-dire la vénération du fascisme – en haut lieu : le commandant en chef de l'armée ukrainienne sur le canal Twitter du parlement ukrainien. On ne peut pas faire plus.

Pour mettre en perspective : imaginez que le commandant militaire en chef de l'armée allemande publie, le jour de l'anniversaire d'Adolf Hitler, une photo de lui devant son portrait avec une citation incendiaire. Inimaginable.

Mais en Ukraine, une telle chose va tellement de soi que les services de presse du Parlement de Kiev et de l'armée ukrainienne n'ont eu cure de faire un tel faux pas et de blesser l'important allié qu'est la Pologne. Ce n'est qu'après une plainte du ministre polonais des Affaires étrangères que le tweet fut retiré du réseau. Les services de presse savent bien sûr que la Pologne et Israël condamnent depuis des décennies le culte de Bandera et l'indifférence envers les victimes des massacres de Volhynie[132]. Ils voulaient soutenir le grand engouement pour Bandera en Ukraine et montrer que l'armée ukrainienne se battait aussi durement que les bandéristes pour détruire « l'empire russe ».

L'écrivain polonais Jan Zaleski a déclaré : « *Les Polonais de Volhynie ont été assassinés deux fois. La première fois par le couteau et la deuxième fois par le silence.* » Les massacres dans la région de Volhynie, au cours desquels jusqu'à 100 000 Polonais ont été assassinés par des nationalistes ukrainiens, ne sont pas mentionnés en Ukraine ou, s'ils le sont, ils sont édulcorés. Un mécanisme de refoulement, décrit par l'historien Grzegorz Rossoliński-Liebe, est à la base de cette situation :

> *Lors des commémorations annuelles, on n'a jamais abordé la participation des nationalistes ukrainiens à l'Holocauste et les massacres de la population civile polonaise en Volhynie et en Galicie orientale. En revanche, on a rappelé avec insistance la terreur exercée par le NKVD [police secrète soviétique]. Tout aussi populaires étaient les récits de la grande famine qui avait eu lieu en 1932 et 1933 en Ukraine soviétique [soi-disant provoquée sciem-*

ment par Staline] et qui avait fait entre trois et quatre millions de victimes ukrainiennes. Des récits comme celui-ci ont principalement servi à masquer la collaboration de l'OUN dans l'Holocauste en présentant les souffrances de la population ukrainienne[133].

Le vécu de victime est donc maintenu dans la mémoire collective, masquant ainsi la participation aux crimes. Grzegorz Rossoliński-Liebe résume ainsi :

Ce qui est tragique dans le culte de Bandera, d'autres cadres de l'OUN et des partisans de l'UPA, c'est que les gens en Ukraine – et l'ambassadeur ukrainien en Allemagne, Andrij Melnyk, en fait partie – ne savent pas qui ils vénèrent. Ou plutôt, ils ne se souviennent que de la lutte contre l'Union Soviétique, mais pas du fascisme, de la collaboration à l'Holocauste et aux meurtres de masse de Polonais et d'Ukrainiens.

Ainsi, en Ukraine, le fascisme et le nationalisme extrémiste sont souvent confondus avec la démocratie. Lors des manifestations sur le Maïdan en 2014 à Kiev, Bandera a été revendiqué comme un symbole de la lutte pour la démocratie et le rapprochement avec l'UE[134].

Les nationalistes ukrainiens considèrent les nationaux-socialistes allemands avant tout comme des libérateurs des Soviétiques, raison pour laquelle ils ont une relation positive avec les symboles nazis. Les fascistes sont considérés comme des libérateurs, le reste est refoulé. Il est effrayant de constater que cela fonctionne en Ukraine. Mais ce qui est encore plus effrayant, c'est que les nationalistes ukrainiens ont réussi à exporter la vénération des fascistes dans le monde entier.

Salutation fasciste « Slava Ukraini ! »

Le salut *Slawa Ukraini* était pratiqué par l'OUN. Stepan Bandera, élu en 1933 à la tête de l'OUN en Ukraine occidentale (à l'époque, le sud-est de la Pologne), a été jugé à Varsovie et à Lviv en 1935 et 1936 pour l'attentat contre Pieracki, le ministre polonais de l'Intérieur. Grzegorz Rossoliński-Liebe rapporte : *« Stepan Bandera s'y est présenté comme le chef d'un mouvement fasciste qui veut libérer l'Ukraine. Dans la salle d'audience, les accusés de l'OUN ont à plusieurs reprises adressé le salut fasciste « Slava ! » (honneur) et « Slava Ukraini ! » (honneur de l'Ukraine) pour saluer Bandera et d'autres membres, bien que cette attitude leur ait valu des peines supplémentaires. Ils étaient fiers d'être fascistes et ne ressentaient aucune contradiction entre le fascisme et le nationalisme.[135] »*

En 1939, lors de son deuxième congrès, l'OUN adopta officiellement la formule de salut *Slawa Ukraini, Slawa Herojam*.

Slawa Ukraini peut être traduit par « Salut Ukraine », « Honneur à l'Ukraine » ou « Gloire à l'Ukraine ». *Slawa Herojam* signifie « Gloire aux héros ».

Cette formule élève la nation au-dessus de tout le reste. La nation devient un dieu. C'est un rituel de culte de l'« Église nationaliste ». Les cultes créent une identité commune.

Pendant les violentes manifestations du Maïdan à l'hiver 2013–2014, les nationalistes firent circuler cette formule de salutation afin de créer un sentiment nationaliste. La majorité des manifestants de l'Euromaïdan l'ont reprise[136].

Cet exemple illustre l'influence des nationalistes sur la société ukrainienne. En 2018, le Parlement ukrainien introduisit à une large majorité la formule de salut *Slawa Ukraini, Slawa Herojam* obligatoire pour l'armée et la police. Le salut fasciste devint donc le salut militaire officiel[137].

Combien de fois avons-nous entendu *Slawa Ukraini* depuis février 2022 ? De nombreux hommes politiques ukrainiens terminent ainsi leurs discours. Des hommes politiques du monde entier, y compris le chancelier allemand Scholz, ont scandé *Slava Ukraini* lors d'apparitions télévisées, se solidarisant ainsi avec le nationalisme fasciste ukrainien. *Slava Ukraini* est le salut revendiqué des fascistes ukrainiens, tout comme *Heil Hitler* est celui des fascistes allemands.

Des drapeaux partout

Les drapeaux bleu et jaune de l'Ukraine, dont l'opinion publique occidentale a également été inondée, constituent un autre acte rituel nationaliste. Le drapeau représente la nation. La nation est au-dessus de tout.

C'est aussi à cela que l'on reconnaît la manière dont le nationalisme ukrainien s'est emparé, sur le plan culturel et hégémonique, de larges pans de la population, en Ukraine comme dans les pays occidentaux.

Littérature fasciste dans les établissements d'enseignement

La pensée nationaliste est également diffusée en Ukraine dans les écoles, les universités et les bibliothèques. Après la conquête de la région de Kherson par l'armée russe, l'agence de presse russe *RIA Novosti* a rapporté le 24 mars 2023 : « *Dans le cadre d'une mesure prophylactique, les membres de la garde nationale ont trouvé plus de 200 exemplaires de littérature extrémiste dans les établissements d'enseignement et les bibliothèques de la région de Kherson. La majorité des livres et des brochures trouvés propagent l'idéologie du fascisme et du néonazisme. Parmi ces publications, il y a des écrits de Bandera et de Choukhevytch ainsi que des livres sur eux.* » Selon RIA Novosti, les directeurs des écoles et des bibliothèques concernées ont déclaré que ces livres avaient été fournis par le ministère ukrainien de l'Éducation et de la Culture.

Camps de vacances ukrainiens : « Tirez sur tous les séparatistes »

La vénération des bandéristes en Ukraine comprend également des camps d'été d'extrême-droite destinés aux jeunes, financés par l'État.

La chaîne d'information *euronews*, cofinancée par l'UE[138], leur a consacré un reportage en novembre 2018[139].

Dans ces camps d'été, des enfants de 8 ans sont déjà formés au maniement de la kalachnikov pour tuer des Russes. Euronews cite leur instructeur, Yuri Cherkashin, un soldat expérimenté qui a combattu les aspirations à l'autonomie de la population locale dans l'est russophone de l'Ukraine : « *Nous ne visons jamais les gens, jamais. Mais nous ne considérons pas les séparatistes et les occupants venus de Moscou comme des êtres humains. C'est pourquoi vous pouvez et devez tirer sur eux.* »

Le journaliste Thomas Röper ajoute : « *La traduction reste amicale. Dans l'original ukrainien (...), il est dit en fait que les Russes sont des sous-homme s[140].* » Les nazis allemands désignaient par ce mot tous les non-aryens et les déshumanisaient pour ouvrir la porte à la discrimination et à la persécution jusqu'au meurtre de masse.

Euronews a également rapporté que les groupes d'extrême droite entretenaient de bonnes relations avec le gouvernement de Kiev et que les camps de vacances qu'ils géraient recevaient des fonds publics.

L'Ukraine vote contre la condamnation du nazisme

Chaque année depuis 2012, la Russie présente à l'Assemblée générale de l'ONU une résolution dont le titre long est : « *Lutte contre la glorification du nazisme, du néonazisme et d'autres pratiques qui contribuent à alimenter les formes contemporaines de racisme, de discrimination raciale, de xénophobie et de l'intolérance qui y est associée[141].* » Cette résolution recommande à tous les États membres de l'ONU de prendre des mesures pour empêcher la révision des résultats de la Seconde Guerre mondiale, et la négation des crimes contre l'humanité et des crimes de guerre commis au cours de la guerre, ainsi que pour éradiquer toutes les formes de discrimination raciale.

Chaque année, la résolution obtient une majorité à l'Assemblée générale de l'ONU. Mais les États-Unis ont toujours voté contre et, depuis le coup d'État de Maidan en 2014, l'Ukraine a également voté contre. Depuis, le gouvernement ukrainien s'oppose à la condamnation du nazisme[142].

Résumé

Ce qui vient d'être décrit montre qu'il existe en Ukraine un vaste mouvement fasciste-nationaliste qui a pour objectif de créer un pays ethniquement purifié. Ce fascisme ne se limite pas à de petits groupes, mais est devenu – dans le sens de l'hégémonie culturelle – un bien commun dans la politique et la société.

L'Ukraine est le seul pays au monde où le gouvernement et une grande partie de la population se réfèrent ouvertement au fascisme et au national-socialisme, période la plus sombre du 20ᵉ siècle, qui a conduit à des meurtres de masse et n'a pu prendre fin que grâce à la victoire des Alliés pendant la Seconde Guerre mondiale. Cependant, au lieu de poursuivre les fascistes ukrainiens en tant que criminels de guerre, ils ont été activement soutenus par les États-Unis et la CIA pendant la Guerre froide. Les États-Unis se sont montrés aussi amoraux que les fascistes eux-mêmes. Il n'y avait aucun scrupule dans le choix des moyens dans la lutte géopolitique.

Quelles conséquences cela a-t-il pour les 30% de Russes ukrainiens et autres minorités en Ukraine ? Nous verrons cela en détail. Le Spiegel écrivait en 2018[143] : « *Début septembre 2018, la Rada, le Parlement ukrainien à Kiev, a approuvé une nouvelle loi visant à renforcer la fierté nationale dans le pays. Elle limite drastiquement l'enseignement pour les enfants des minorités ethniques. Ces derniers ne peuvent bénéficier d'un enseignement dans leur langue maternelle que jusqu'à la quatrième année scolaire. Ensuite, la langue d'enseignement doit être l'ukrainien.* »

Les ingrédients explosifs de l'éclatement de l'État en Ukraine étaient et sont donc l'État multiethnique, la pauvreté et le nationalisme fasciste ; celui-ci ne se limite pas à de petits groupes, mais imprègne une grande partie de la population. À cela s'ajoutent des traumatismes collectifs non résolus.

Traumatismes collectifs et mécanismes de refoulement en Ukraine et en Russie

En examinant le nationalisme ukrainien, nous avons touché à plusieurs traumatismes collectifs sans les décrire explicitement. Nous comprendrons mieux l'irrationalité de la guerre si nous nous penchons sur ces phénomènes. Ce qui caractérise fondamentalement tout traumatisme, c'est que lorsqu'on est pris dedans, on ne peut plus juger et agir que de ce point de vue.

Traumatisme n° 1 : il existe chez les nationalistes ukrainiens un fort traumatisme victimaire collectif. À leurs yeux, l'identité nationale a été opprimée pendant des siècles par des puissances étrangères, la Russie, la Pologne, les Juifs. C'est dans ce sentiment d'être victime qu'ils s'allient et trouvent une unité. De larges pans de la population ont été entraînés dans ce traumatisme victimaire.

Celui qui est en proie à un traumatisme y est coincé et voit le monde à travers ce prisme. Il importe donc peu que les Polonais, les Juifs et les Russes aient cohabité pacifiquement avec les Ukrainiens pendant de longues années. Peu importe également que l'Ukraine ait pu se détacher sans problème de l'Union soviétique en 1991 et s'établir comme un État à part entière. Peu importe que la Russie n'ait pas réprimé la langue ou la culture ukrainienne, qu'elle ait été un fournisseur de gaz et de pétrole fiable et bon marché. En tant que personne extérieure, il est difficile de comprendre d'où vient la peur de la Russie : elle n'est plus l'Union soviétique communiste depuis 30 ans. L'a-t-on seulement remarqué ?

L'hostilité envers la Russie a été entretenue en Ukraine, y compris sur le plan militaire. Cette hostilité active a été une raison essentielle de l'invasion militaire de la Russie en février 2022, qui à son tour a confirmé et activé ce traumatisme victimaire. De ce point de vue, on pourrait appeler cela une « prophétie auto-réalisatrice ».

Archange Michaël, Michaelsberg[144]

Traumatisme n° 2 : parallèlement, les nationalistes ukrainiens souffrent d'un traumatisme collectif de culpabilité lié à l'assassinat bestial des Juifs et des Polonais par les bandéristes pendant la Seconde Guerre mondiale. De tels tueurs de masse ne considèrent pas les autres hommes comme des êtres humains, mais comme des sous-hommes, des non-humains, et ils s'épanouissent sans limites dans une mission supérieure d'extermination. C'était la même chose pour les sbires SS allemands. Ce traumatisme non résolu du coupable étant refoulé, le meurtre des Juifs et des Polonais est également refoulé. On peut l'expliquer psychologiquement ainsi : le fait d'être un criminel est si grave qu'il est insupportable. L'image de soi serait détruite si l'on se rendait compte que l'on fait partie des « méchants » qui ont massacré de sang-froid les Juifs et les Polonais. Pour se protéger, on établit une sorte de défense contre la culpabilité et la mémoire, l'état de criminel est occulté et recouvert par des expériences de victimes qui sont gravées dans la mémoire collective.

Traumatisme n° 3 : l'Holodomor fait partie des traumatismes collectifs des victimes. Lors de la collectivisation forcée sous Staline, le rendement de l'agriculture avait chuté. À cela s'ajoutèrent deux mauvaises récoltes en 1931 et 1932. Malgré la faim de la population rurale, les cadres du parti communiste augmentèrent le taux de prélèvement des paysans à 44%. Il en résulta une terrible famine qui fit 4 millions de morts en Ukraine et 1,5 million au Kazakhstan. Gunnar Heinsohn, un sociologue allemand, explique qu'en Ukraine, au Kazakhstan et dans certaines régions du Caucase, où la résistance contre les expropriations dans le cadre de la collectivisation forcée était forte, il fallait briser celle-ci au moyen d'une famine délibérément aggravée, ce qui devait également affaiblir les mouvements d'indépendance de ces peuples. Ainsi, le parti communiste empêcha également la fourniture d'aide aux affamés et le départ des régions touchées par la famine[145].

Traumatisme n° 4 : un autre traumatisme victimaire ukrainien est celui des violences commises par la police secrète soviétique, le NKVD. Sous Staline, il y eut de nombreuses vagues de « purges » contre tous ceux qui étaient considérés comme éléments peu fiables. Rien que pendant la « Grande Terreur » de 1937 à fin 1938, 1,5 million de personnes furent arrêtées. La moitié d'entre elles furent fusillées, les autres envoyées dans les camps du goulag. Ces purges se sont produites dans toute l'Union soviétique et donc également en Ukraine.

Il y a deux possibilités pour traiter les traumatismes collectifs : on peut essayer de les intégrer et de les racheter, ou bien on peut faire remonter l'énorme énergie inconsciente des traumatismes imbriqués pour nourrir les images de l'ennemi. Dans le cas des nationalistes ukrainiens, il ne s'agit manifestement pas de rendre hommage aux victimes de l'Holodomor ni de rappeler les vagues de purification de Staline, mais de renforcer l'image de la Russie comme ennemi. Même si la Russie actuelle n'est pas responsable de l'Holodomor et de la terreur du NKVD il y a 90 ans, elle souffre tout autant d'un traumatisme stalinien que l'Ukraine.

Traumatisme n° 5 : un grand traumatisme ukrainien occulté par le culte de Bandera, et à nouveau refoulé, vient de ce que les nationalistes ukrainiens se trouvaient là encore du côté des coupables, avec la Wehrmacht allemande et les SS. Ce traumatisme, ce sont les quelque 27 millions de morts de la Seconde Guerre mondiale en Union soviétique, dont 8 millions provenant du territoire ukrainien. L'Union soviétique a enregistré la moitié des morts de la Seconde Guerre mondiale, appelée là-bas « Grande guerre patriotique ». Il existe en Russie une culture du souvenir positive pour ces défunts. Chaque année, le 9 mai, date anniversaire de la capitulation de l'Allemagne pendant la Seconde Guerre mondiale, ont lieu de grandes marches commémoratives du « Régiment immortel », auxquelles participent des millions de personnes. Celles-ci portent en silence et en souvenir les photos des membres de leur famille qui ont combattu et sont morts pendant la Grande Guerre patriotique. Ces marches commémoratives ont eu lieu en Ukraine, surtout dans le sud-est. Elles sont un traitement du traumatisme qui rend hommage aux victimes et ne nourrit pas les images de l'ennemi.

Mais cette culture du souvenir et la commémoration des morts sont menaçantes pour le culte de Bandera – elles touchent au traumatisme refoulé du coupable – et sont donc condamnées comme pro-russes. Larissa Schessler, une militante ukrainienne des droits de l'homme, raconte : « *Dans ma ville natale de Nikolaiev, j'ai une ancienne collègue qui faisait partie du conseil municipal. Elle a plus de 70 ans et est socialement active depuis plus de dix ans. Après 2014, elle a été accusée de soutenir des mouvements russes. Elle dirigeait le Régiment immortel à Nikolaiev. Des procédures pénales ont été engagées contre les organisateurs du régiment. Ils sont accusés d'activités prorusses[146].* »

Traumatisme n° 6 : même s'il existe en Russie un traitement collectif du traumatisme pour les victimes de la Grande Guerre patriotique, ce traumatisme collectif y est malgré tout toujours effectif. Hitler n'était pas le seul à marcher sur Moscou, Napoléon avait lui aussi déjà tenté de le faire. L'expérience de la menace des puissances occidentales est profondément ancrée dans l'âme des Russes.

Traumatisme n° 7 : un autre traumatisme russe est dû à la brutalité du régime communiste sous Lénine et Staline.

Traumatisme n° 8 : pour les Ukrainiens russes, il s'y ajoute le traumatisme d'avoir été opprimés culturellement et politiquement par les Ukrainiens de l'ouest et d'avoir subi la guerre du Donbass pendant huit ans.

Si les traumatismes collectifs ne sont pas travaillés activement, ils peuvent devenir la source de nouveaux traumatismes. Les guerres ukrainiennes à partir de 2014 et 2022 ont activé les traumatismes collectifs décrits et en ont ajouté d'autres. En cas de traumatisme, l'âme erre à l'aveuglette et lutte pour sa survie, la raison est désactivée. Il n'est généralement pas possible d'atteindre une personne traumatisée avec des arguments, elle ne peut pas les entendre. Un blocage psychotique dans son propre traumatisme sans respect pour l'autre fait partie du processus d'escalade qui a conduit à la guerre en Ukraine. Cette escalade a connu de nombreuses étapes au cours desquelles les traumatismes non résolus ont fait des ravages. Mais souvent, ils ont aussi été utilisés consciemment pour accroître l'escalade. Nous examinerons ces étapes jusqu'à la guerre plus loin dans ce livre.

Cependant, pour donner un tableau plus complet de la situation, je vais commencer par jeter un coup d'œil sur la situation de départ et les motivations à long terme des États-Unis. Comme il s'agit d'un sujet très complexe, qui pourrait remplir plusieurs livres, je ne peux le faire que de manière aphoristique.

The Angel of Peace, Nashville, Tennessee, États-Unis[147]

Contexte géopolitique : la volonté de puissance mondiale des États-Unis

Les empires au fil des siècles

Imperium est un mot latin. Un empire désigne un « royaume dont le pouvoir est très étendu ». L'Imperium Romanum, l'Empire romain, dominait tous les États limitrophes de la Méditerranée. Entre le 5ᵉ et le 7ᵉ siècle après Jésus-Christ, il s'éteignit à la suite des invasions barbares.

Au 8ᵉ siècle, l'État catholique ecclésiastique romain choisit Rome comme siège pontifical, bien que la ville, s'étant dépeuplée, fût devenue insignifiante après l'effondrement de l'Empire. Il était important pour l'État catholique de se rattacher à la Rome impériale. Pendant de nombreux siècles, l'empire catholique marqua ensuite non seulement la religion, mais aussi la politique dans toute l'Europe. Les princes de l'Église étaient également des souverains séculiers. La Réforme au début du 16ᵉ siècle sonna le glas de l'empire catholique[148].

Avec la découverte de l'Amérique, l'impérialisme trouva une nouvelle expression dans le colonialisme. Les puissances coloniales européennes soumirent une grande partie du monde. La lutte concurrentielle entre les différentes puissances coloniales fut remportée par l'Angleterre. Londres devint le centre de l'Empire britannique et la « capitale mondiale » de la politique, de la finance et du commerce. La livre anglaise était la monnaie mondiale, l'anglais devint la langue mondiale ; elle l'est toujours aujourd'hui. Vers 1900, Londres devint la plus grande ville du monde avec 6,7 millions d'habitants.

Cependant, la Première et la Seconde Guerre mondiale affaiblirent l'Angleterre et entraînèrent le déclin de l'Empire britannique. À leur place, les États-Unis devinrent la puissance mondiale dominante. La capitale américaine, Washington, a été construite dans le style des temples et des palais romains, avec des obélisques, sans doute pour renouer avec

l'esprit de l'Empire romain. Les ventes d'armes et les crédits militaires firent des États-Unis le plus grand créancier du monde, alors que son principal concurrent, la Grande-Bretagne, était devenu débiteur. Après la Seconde Guerre mondiale, 70% des réserves d'or mondiales étaient stockées aux États-Unis.

Le dollar américain comme monnaie mondiale dominante au lieu d'un système de compensation neutre

Pendant la Seconde Guerre mondiale, les États-Unis travaillèrent à l'élaboration d'un ordre financier mondial qui serait en vigueur après la fin de la guerre et qui aurait pour centre le dollar américain. C'est ainsi que les États-Unis parvinrent à leur statut de puissance mondiale dominante. Cette décision fut prise à la conférence de Bretton Woods, qui s'est tenue dans l'État américain du New Hampshire du 1er au 22 juillet 1944[149] et à laquelle ont participé 44 États des futures puissances victorieuses. L'Angleterre, affaiblie par les deux guerres mondiales, voyait que la livre n'aurait plus le rôle de monnaie mondiale. Londres envoya donc comme négociateur à Bretton Woods l'économiste John Maynard Keynes, qui proposa une *clearing union* ou union de compensation. C'est remarquable, car l'union de compensation aurait constitué une étape décisive vers la fin des empires mondiaux et permis une coopération économique entre les États sur un pied d'égalité. Comme l'union de compensation est largement méconnue, mais qu'elle reste à mes yeux le meilleur modèle d'avenir d'un système financier mondial, je l'explique un peu plus en détail.

Union de compensation

L'*International Clearing Union* (ICU) devait être une banque mondiale ayant pour mission de traiter le commerce entre les nations, à l'instar d'une bourse de commerce dont chaque pays est membre. L'ensemble du commerce international devait être réglé dans une unité de compte spéciale, le bancor. En pratique, le bancor avait un taux de change fixe par rapport aux monnaies nationales et était utilisé pour mesurer la balance commerciale entre les nations. Lors de l'exportation de marchandises, il était crédité sur le compte d'un pays, tandis qu'il était déduit lors de l'importation de marchandises.

Chaque nation devait être incitée à maintenir son solde de compte proche de zéro, c'est-à-dire à avoir une balance commerciale aussi équilibrée que possible, donc à importer autant qu'à exporter. Pour cela, il existe deux méthodes : si le solde du compte est excessivement positif, une partie de l'excédent est versée au fonds de réserve de l'union de compensation et donc perdue pour le pays. De cette manière, le pays est poussé à acheter davantage de produits d'autres pays. En cas de balance commerciale négative, le taux de change de la monnaie nationale est abaissé par rapport au bancor. Avec une unité de monnaie nationale, on obtient alors moins de bancor qu'auparavant. Comme on doit payer en bancor dans le commerce extérieur, cela rend les achats à l'étranger plus chers. En effet, il faut dépenser un montant de monnaie nationale plus élevé qu'auparavant pour payer le montant en bancor. En conséquence, les ventes de ce pays à l'étranger sont moins chères, car l'étranger peut lui acheter plus de marchandises avec le même montant en bancor qu'auparavant, puisque la monnaie nationale a été dévaluée par rapport au bancor.

L'or et les monnaies nationales ne devaient plus être utilisés dans le commerce international ni déplacés entre les pays[150].

L'union de compensation fonctionnait donc avec une nouvelle monnaie mondiale, le bancor, qui n'était plus liée à une monnaie nationale de référence spécifique, et disposait d'incitations financières claires pour équilibrer les balances commerciales. Ainsi, aucun pays ne vivait plus aux dépens d'autres pays (par des balances commerciales négatives) ou ne mettait plus d'autres pays dans une situation de dépendance financière (par des balances commerciales positives).

Mais les États-Unis étaient opposés à cette union de compensation. A Bretton-Woods, ils avaient plus d'influence que la Grande-Bretagne et imposèrent leur dollar comme future monnaie mondiale. Le dollar américain devint la « monnaie d'ancrage » pour le commerce international et le change de devises, et il joue encore ce rôle aujourd'hui. Dans le commerce international, la plupart des contrats sont conclus en dollars américains. De ce fait, chaque banque et chaque grande entreprise a besoin de ces dollars, et les banques centrales de tous les pays doivent en conserver comme monnaie de réserve, ce qui soutient sa valeur. C'est ainsi que les États-Unis peuvent se permettre d'avoir chaque année un déficit de la balance commerciale d'environ 1000 milliards de dollars américains[151] sans que celui-ci ne s'effondre et ne perde sa valeur extérieure. Un déficit de la balance commerciale signifie que les États-Unis se font livrer plus de marchandises par d'autres pays qu'ils n'en exportent eux-mêmes ; ils vivent ainsi royalement des prestations des autres pays.

La monnaie de référence permet de vivre aux dépens des autres

J'expliquerai plus en détail les mécanismes financiers : le premier est le déficit de la balance commerciale, qui survient lorsqu'un pays n'obtient pas suffisamment de devises étrangères grâce à ses ventes pour payer ses achats à l'étranger. Il lui faut donc acheter des devises étrangères sur les marchés des changes avec de la monnaie nationale. L'augmentation de la demande de la monnaie étrangère entraîne son renchérissement. S'il y a renchérissement, on obtient moins de monnaie étrangère pour le même montant de monnaie nationale, le taux de change de cette dernière se détériore. Le second mécanisme financier est le suivant : pour obtenir suffisamment de devises étrangères, le pays doit emprunter des devises étrangères à l'étranger auprès de banques étrangères ou d'autres créanciers, ou émettre des obligations d'État en devises étrangères. Mais si le déficit de la balance commerciale persiste, le pays ne pourra jamais rembourser les crédits étrangers croissants, car il n'a pas les recettes nécessaires. C'est pourquoi sa solvabilité diminue à long terme et les crédits étrangers deviennent plus chers, d'où une baisse du taux de change. C'est généralement ainsi que cela se passe. De nombreux pays en développement peuvent en témoigner.

Pour les États-Unis, c'est différent. Ils n'ont pas besoin d'acheter des devises étrangères pour payer les achats étrangers : ils peuvent utiliser leurs propres dollars, qu'ils fabriquent eux-mêmes. Personne d'autre dans le monde n'a ce privilège. Les dollars américains sont achetés dans le monde entier, car ils sont la « monnaie de référence » et sont nécessaires à tous les pays. Les transactions sur le marché des changes se font à 90% en dollars américains dans le monde entier et les ventes de marchandises sont facturées à 40% en dollars américains dans le monde entier[152]. Les États-Unis peuvent imprimer des dollars en quantité illimitée et les acheter ainsi sur le marché mondial.

Le dollar américain en tant que monnaie de référence permet également aux États-Unis d'être encore solvables, bien qu'ils enregistrent chaque année un gigantesque déficit de leur balance commerciale. En 2022, leur dette publique s'élevait à 30 billions de dollars américains, ce qui correspond à environ 120% du produit intérieur brut. Cela n'entraîne pas d'insécurité pour les créanciers. Les États-Unis ne doivent pas contracter de crédits en devises étrangères, mais obtiennent des crédits en dollars américains. Comme la banque centrale américaine, la FED, peut fabriquer des dollars en quantité illimitée et les prêter à l'État, chaque créancier sait qu'il recevra ses intérêts et son remboursement. Les États-Unis ne sont pas non plus dépendants des devises étrangères pour les crédits.

Parce que le dollar américain est la monnaie de référence et qu'il est fabriqué par les États-Unis eux-mêmes, ces derniers peuvent se permettre de dépenser 800 milliards de dollars par an pour leur armée et d'entretenir quelque 800 bases militaires[153] sur tous les continents. Le budget militaire américain correspond à environ 40% des dépenses militaires mondiales[154]. Grâce à ce moyen de puissance, les États-Unis peuvent dominer le monde.

En utilisant le dollar comme monnaie de référence, le gouvernement américain a également un pouvoir de guerre économique : bloquer l'accès au dollar à certaines entreprises ou à certains États par le biais de sanctions, les coupant ainsi du commerce international. Comme les banques et les grandes entreprises dépendent du dollar, toutes doivent se conformer aux décisions de sanctions prises par les États-Unis.

Le choix délibéré des États-Unis pour l'impérialisme

Ce n'est pas par hasard que les États-Unis sont devenus un empire mondial après 1945, c'était une intention consciente et préparée depuis longtemps. Valentin Wember a mis en évidence ce fait historique méconnu[155] :

> *Les États-Unis n'ont pas glissé vers l'impérialisme, ils l'ont choisi démocratiquement. Je recommande ici le livre*

Overthrow de Stephen Kinzer[156]. Kinzer a été correspondant à l'étranger du New York Times pendant 20 ans et, en tant que tel, il a notamment été en poste au Guatemala, au Nicaragua, à Berlin et en Turquie. Dans son livre, il ne retrace pas seulement la longue histoire de 14 renversements que les États-Unis ont menés dans différents pays, mais il a également reconstitué le choix délibéré de l'impérialisme grâce à une étude approfondie des sources. C'est le mérite de Kinzer d'avoir reconstitué cette histoire à partir des documents archivés. Elle est peu connue, mais rapidement racontée.

Les Américains avaient aidé Cuba à chasser les Espagnols lors de la guerre américano-espagnole de 1898. Mais avant même de s'en rendre compte, les Cubains se sont retrouvés sous la domination américaine et non plus espagnole. Les États-Unis continuaient cependant à avoir les Espagnols comme adversaires et faisaient tout pour détruire la flotte espagnole. Cette bataille [entre les États-Unis et l'Espagne] a également eu lieu aux Philippines. La flotte américaine a remporté la victoire sur les Espagnols, et tout à coup, l'État s'est retrouvé avec les Philippines « sur les bras ». Que faire ? Les occuper ? Les ignorer et partir ? De ces questions est née une question beaucoup plus fondamentale : quel rôle l'État voulait-il jouer à l'avenir sur les mers du monde et sur les autres continents ?

Ce sujet a fait l'objet d'un débat qui s'est largement répandu dans l'opinion publique américaine vers la fin du 19ᵉ siècle. Il n'y avait guère de personnes cultivées qui n'aient pas participé à la discussion dans les années 1898-1899. Les journaux étaient quotidiennement remplis de controverses sur le sujet. D'un côté, il y avait les impérialistes : ils votaient pour une extension de l'influence américaine bien au-delà de leur propre continent. De l'autre côté se trouvaient les isolationnistes, qui rejetaient passionnément l'impérialisme. Mark Twain, entre autres, en faisait partie. Finalement, il y eut un vote au Sénat. Les impérialistes l'emportèrent à une voix près.

Les isolationnistes n'abandonnèrent pas pour autant. Ils portèrent la décision devant la Cour suprême. Celle-ci se pencha sur la question et finit par prendre une décision : elle vota en faveur de l'expansion impérialiste. Par cinq voix contre quatre.

La direction était ainsi donnée. Deux fois avec une seule voix de majorité. On pourrait se demander à quel point l'histoire du monde semble parfois ne tenir qu'à un fil.

Depuis 1899, les États-Unis ont utilisé différentes méthodes pour étendre leur influence dans le monde : conquêtes, pressions financières (impérialisme du dollar), mise en place d'un gigantesque complexe militaro-industriel, guerres, guerres illégales, changements de régime à foison[157] et sanctions. La liste est longue. On peut lire les détails chez Stephen Kinzer ou chez l'historien suisse Daniele Ganser[158] [il est frappant de constater, à travers ces deux présentations, que les gouvernements américains ont toujours emballé idéologiquement leurs propres guerres et ingérences et les ont vendues à leur population comme un engagement désintéressé pour un monde meilleur]. Au cours des décennies de la Guerre froide, ils ont utilisé l'Union soviétique à cet effet. Partout où ils intervenaient militairement pour poursuivre leurs propres intérêts, ils invoquaient la menace du communisme. Cette méthode a bien fonctionné et n'a pratiquement jamais été comprise par la population. Lorsque l'Union soviétique a cessé d'exister après 1991, les États-Unis ne pouvaient plus rien lui reprocher. C'est pourquoi, à partir des années 1990, ils ont déclaré que toutes les ingérences militaires constituaient en premier lieu une lutte pour les droits de l'homme, la liberté et la démocratie. Ce nouvel emballage a tout aussi bien fonctionné qu'auparavant pour « sauver le monde des communistes ».

Les États-Unis apparaissent comme le détenteur des valeurs et le professeur de morale du monde, montrant les autres du doigt et ignorant délibérément la poutre qui se trouve dans leur propre œil.

À partir du 11 septembre 2001, les islamistes radicaux ont servi de nouvelles images de l'ennemi. Lorsque les gouvernements de l'OTAN prétendent s'engager pour la démocratie, la liberté et les droits de l'homme, ils appliquent un principe de la propagande de guerre : « Nous agissons en tant que justes pour une noble cause. »

Les guerres des États-Unis contraires au droit international

Lors de la guerre d'Ukraine, l'élément de langage « guerre d'agression de la Russie en violation du droit international » a été gravé dans la conscience publique par sa répétition continue, et érigé en argument principal pour la participation de l'OTAN à la guerre. Nous verrons plus tard dans ce livre ce qu'il en est du droit international.

En supposant que la participation de la Russie à la guerre soit contraire au droit international et que les pays de l'OTAN aient réagi, pourquoi n'ont-ils pas sanctionné les États-Unis, qui mènent depuis 2015 une guerre d'agression en Syrie et en ont mené une jusqu'au 30 août 2021 en Afghanistan, en violation du droit international ?

Le journaliste Norbert Häring commente : *« Afin de punir le gouvernement d'une grande puissance militaire pour une guerre d'agression contraire au droit international, nous n'achetons plus de gaz bon marché à ce pays et achetons à la place, à un prix largement supérieur, du gaz de fracturation nuisible à l'environnement à une autre grande puissance qui mène une guerre d'agression contraire au droit international contre un autre pays. On appelle cela une politique étrangère féministe fondée par des valeurs, si j'ai bien compris*[159]*. »*

Presque toutes les guerres menées par les États-Unis et d'autres pays de l'OTAN étaient des guerres d'agression contraires au droit international, car elles n'étaient pas autorisées par le Conseil de sécurité de l'ONU. Le *Swiss Institute for Peace and Energy Research* (SIPER) a rassemblé dans un graphique les plus grandes guerres illégales depuis 1999 :

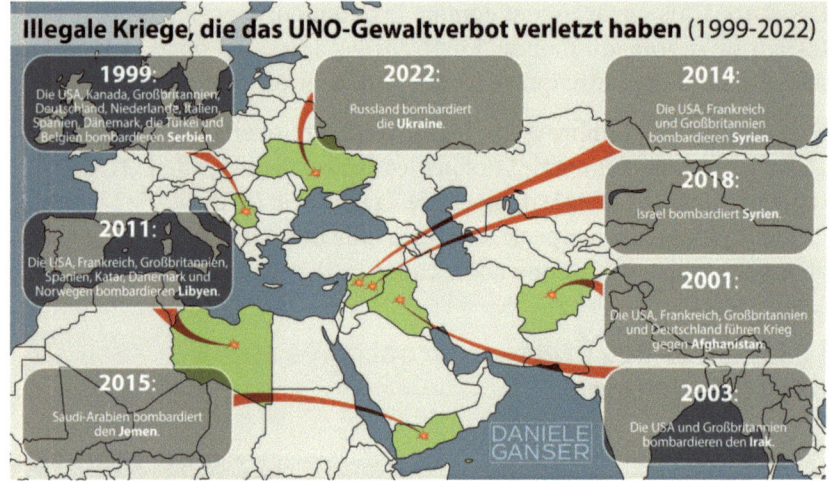

Graphique du Swiss Institute for Peace and Energy Research (SIPER)

L'hypocrisie est un principe politique central des pays de l'OTAN. Un hypocrite est quelqu'un qui simule une posture mais ne la défend pas en réalité. On reconnaît un hypocrite au fait qu'il ne défend sa posture que dans des situations où elle lui permet de faire valoir ses propres intérêts. Mais dans d'autres situations, où ses prétendues valeurs le gêneraient, il s'en moque.

Pour que cette hypocrisie ne se remarque pas tout de suite, il y a le discours sans cesse répété de « l'ordre fondé sur des règles » et des « valeurs occidentales ».

Plus de 20 millions de victimes : les États-Unis, fauteurs de guerre à l'échelle mondiale

Depuis la Seconde Guerre mondiale, les gouvernements américains représentent la plus grande menace pour la paix mondiale. C'est la dure réalité qui se cache derrière le monde illusoire du marketing destiné aux médias et à la population.

Selon un rapport[160] de Stephanie Savell dans le cadre du projet américain *Costs of War* à l'université de Brown, la guerre dite « contre le terrorisme » menée par les États-Unis a tué au moins 4,5 millions de personnes depuis 2001. Après le 11 septembre, les zones de guerre comprennent l'Afghanistan, le Pakistan, l'Irak, la Syrie, la Libye, la Somalie et le Yémen. Stephanie Savell souligne qu'il s'agit d'estimations, d'autant plus qu'elles ne portent pas seulement sur les personnes directement tuées dans les combats, mais que l'on a également tenté de recenser celles qui sont mortes des suites de la destruction de l'économie, des services publics ou de l'environnement, par la maladie ou la faim.

L'auteur écrit : « *Les guerres provoquent des famines en détruisant l'économie et en appauvrissant des millions de personnes dans les zones touchées. La pauvreté affecte la capacité des gens à cultiver et à acheter de la nourriture, à rester dans leur communauté d'origine, à avoir accès à l'eau potable et à l'assainissement, à payer les soins de santé et les médicaments, à empêcher les enfants d'exercer des emplois dangereux et à trouver d'autres moyens essentiels de préserver leur santé et leur vie. Les populations touchées pourraient être contraintes de payer des prix exorbitants pour l'eau ou d'autres produits alimentaires de base sur le marché noir. Les ménages du Moyen-Orient dirigés par des veuves sont particulièrement appauvris ; on compte plus d'un million de veuves en Irak et deux millions en Afghanistan.* » Les gouvernements qui ont mené la guerre ne manifestent toutefois aucune responsabilité pour les conséquences dont souffre la population. Ils ne pensent ni à la réparation ni à l'aide. Les guerres antiterroristes « *continuent pour des millions de personnes dans le monde, qui vivent avec leurs conséquences et en meurent* », écrit Savell[161].

Un autre rapport de la Brown-University, intitulé *Displacement Caused by the United States' Post-9/11 Wars*[162], conclut que ces guerres américaines ont engendré au moins 37 millions de réfugiés. Des millions d'hommes ont fui vers l'Europe. La gestion de cet afflux a créé de gros problèmes sociaux, financiers et politiques dans les États européens. Les États-Unis ont ainsi affaibli leurs « amis » européens. Bien que l'Europe ait été par moments complètement dépassée par l'afflux de réfugiés et que des dizaines de milliers d'entre eux se soient noyés en Méditerranée, les gouvernements n'ont pas protesté contre les guerres américaines, cause centrale de l'exode.

La situation est encore pire si l'on considère le bilan des guerres menées par les États-Unis depuis la Seconde Guerre mondiale. Depuis 1945, les États-Unis sont responsables de plus de 20 millions de morts dans 37 pays, suite aux guerres, aux coups d'État militaires et aux opérations des services secrets. C'est là le résultat d'une vaste enquête menée par le journaliste James A. Lucas, publiée en 2015[163], et qui ne tient pas compte des lourdes pertes humaines enregistrées après 2015 au Liban, en Syrie, au Yémen et en Libye. Et ce chiffre ne concerne que les morts, pas les personnes blessées, traumatisées ou déplacées.

Plaçons ces chiffres dans une perspective historique : au cours de la Première Guerre mondiale (1914–1918), 15 millions de personnes ont perdu la vie. La Seconde Guerre mondiale (1939–1945) a coûté la vie à 60 millions de personnes, militaires et civils confondus. Les plus grandes victimes de la Seconde Guerre mondiale ont été l'Union soviétique et la Chine : 27 millions de morts en Union soviétique et 20 millions en Chine. L'Allemagne et l'Autriche ont perdu 8 millions de personnes pendant la Seconde Guerre mondiale, le Japon plus de 2,5 millions. Les États-Unis et la Grande-Bretagne ont chacun perdu environ 400 000 personnes[164].

Les plus de 20 millions de victimes de guerre causées par les États-Unis depuis 1945 dépassent le nombre de victimes de la Première Guerre mondiale. Depuis 1945, les États-Unis n'ont cessé de mener des guerres ; en ce sens, il n'y a pas eu d'« après-guerre ».

L'idéal de l'individu libre et son contraire

En Europe, les États-Unis ont une bonne réputation. La critique de la politique étrangère impérialiste américaine ne trouve guère de place dans les médias mainstream et la politique. Les gouvernements de l'UE ne veulent pas s'opposer à eux, mais semblent intimidés, voire soumis. Même lorsque les États-Unis sanctionnent l'Allemagne, comme dans le cas de Nord Stream 2, aucune résistance ne se manifeste. Aux États-Unis même, le débat est plus pertinent : les militants pacifistes, les médias libres et certains conservateurs trouvent des mots clairs que l'on n'oserait guère prononcer en Europe.

Il convient de souligner que seule une minorité de citoyens américains soutient activement la politique impérialiste. La plupart n'en sont pas conscients, mais beaucoup s'y opposent explicitement et ont honte de leur pays. Comment un État dont la population est aussi ouverte et à l'écoute peut-il être en même temps hégémoniste et oppresseur à l'échelle mondiale ?

L'hégémonisme des États-Unis n'a été possible que parce qu'une idée d'avenir a joué un rôle dans ses origines, sinon il n'aurait pas eu autant de succès. En effet, les États-Unis sont le premier pays à avoir une Constitution (1787) fondée sur l'idée que tous les êtres humains sont égaux à la naissance et dotés de droits égaux et inaliénables. Chaque personne est un individu ayant le droit à la liberté et au libre développement de sa personnalité. Chacun a le droit d'aspirer à l'accomplissement de sa vie, donc de trouver et d'accomplir sa vie à sa manière. La forme de gouvernement associée à ce principe est la démocratie. C'était un énorme progrès historique. C'est le terrain d'idées sur lequel les États-Unis sont devenus une puissance mondiale et ont apporté de manière impériale cette impulsion de liberté à d'autres pays. Les empires se fondent généralement sur un progrès de l'humanité qu'ils répercutent sur d'autres. À cet effet, ils font souvent appel à la violence et à la destruction, car les autres cultures ont des forces d'inertie. Rome a apporté la *res publica*, selon laquelle l'État est l'affaire du peuple, et le droit comme ensemble de règles pour la vie en commun. Les États-Unis ont apporté l'idéal de l'individu libre et créatif.

Mais la contre-image de l'impulsion de progrès des États-Unis s'est installée dans la politique étrangère de ce pays. C'est son démon.

Les États-Unis sont vivement critiqués dans le monde entier

Pour la Chine, les choses sont claires et dites clairement. Le ministère chinois des Affaires étrangères a publié en février 2023 un rapport intitulé « L'hégémonie américaine et ses dangers »[165]. Le rapport, publié en anglais[166], n'a pas été relayé par les médias mainstream occidentaux. Il faut toutefois partir du principe qu'il a été perçu et lu dans de nombreux États d'Afrique, d'Amérique du Sud et d'Asie qui entretiennent de bonnes relations avec la Chine. L'introduction dit ceci :

> *Depuis qu'ils sont devenus le pays le plus puissant du monde après les deux guerres mondiales et la Guerre froide, les États-Unis ont agi avec toujours plus d'audace*

pour s'immiscer dans les affaires intérieures d'autres pays, poursuivre, maintenir et abuser de leur hégémonie, favoriser la subversion et l'infiltration, et mener délibérément des guerres, portant ainsi préjudice à la communauté internationale.

Les États-Unis ont élaboré un scénario de stratégie hégémonique pour mettre en scène des « révolutions de couleur » (par exemple le printemps arabe ou la révolution orange en Ukraine), provoquer des conflits régionaux et même lancer directement des guerres sous couvert de promouvoir la démocratie, la liberté et les droits de l'homme. S'accrochant à la mentalité de la Guerre froide, les États-Unis ont intensifié la politique des blocs et alimenté les conflits et les confrontations. Ils ont poussé à l'extrême le concept de sécurité nationale, abusé des contrôles à l'exportation et imposé des sanctions unilatérales ailleurs. Ils ont adopté une approche sélective du droit et des règles internationales, les utilisant ou les rejetant comme bon leur semble, et ont cherché à imposer des règles qui servent leurs propres intérêts au nom du maintien d'un « ordre international fondé sur des règles ».

Le ministère chinois des Affaires étrangères décrit ensuite l'hégémonie américaine dans différents chapitres :

I. Hégémonie politique : Jouer les gros bras

II Hégémonie militaire : L'usage immodéré de la force

III Hégémonie économique : Pillage et exploitation

IV. Hégémonie technologique : Monopole et suppression

V. Hégémonie culturelle : La diffusion de faux récits

En conséquence, Wang Wenbin, le porte-parole du ministère chinois des Affaires étrangères, a été très clair lors d'une conférence de presse le 23 février 2023[167] :

Ce qui est vraiment préoccupant, c'est le rôle destructeur que les États-Unis ont joué pour la paix et la stabilité dans le monde.

Les États-Unis sont le belliciste numéro un dans le monde. Au cours de leur histoire de plus de 240 ans, ils n'ont été en paix que pendant 16 ans. Mais ils ont été responsables d'environ 80% de tous les conflits armés qui ont suivi la Seconde Guerre mondiale.

Les États-Unis sont également numéro un en matière de violation de la souveraineté et d'ingérence dans les affaires intérieures d'autres pays. Selon les rapports, depuis la fin de la Seconde Guerre mondiale, ils ont tenté de renverser plus de 50 gouvernements étrangers, se sont grossièrement ingérés dans les élections d'au moins 30 pays et ont tenté d'assassiner plus de 50 dirigeants étrangers.

Les États-Unis sont également la principale cause de conflits et d'affrontements entre blocs. L'OTAN, dirigée par eux, est responsable des guerres en Afghanistan, en Irak et en Syrie, qui ont fait plus de 900 000 morts et 37 millions de réfugiés. Elle a en outre fait du continent eurasien un endroit moins stable. (...)

Tant que l'hégémonisme et le bellicisme des États-Unis persisteront, le reste du monde n'aura guère la paix qu'il mérite.

C'est ce qu'a déclaré le porte-parole du ministère chinois des Affaires étrangères. Le gouvernement américain ne veut évidemment pas entendre des propos aussi clairs.

« La seule puissance mondiale » : l'Ukraine comme point central

Les États-Unis avaient un intérêt stratégique particulier pour l'Ukraine. En 1997, l'influente revue spécialisée américaine *Foreign Affairs* publiait un calendrier pour l'élargissement de l'OTAN vers l'Est. L'auteur de l'article *A Geostrategy for Eurasia*[168] était Zbigniew Brzezinski, qui publia la même année son livre « Le grand échiquier : l'Amérique et le reste du monde[169]. » Brzezinski a été un conseiller très influent de nombreux présidents américains et a fortement influencé la politique étrangère américaine. En tant qu'expert, il a identifié les tensions nationalistes derrière la façade unitaire de l'État multiethnique qu'était l'Union soviétique. En soutenant le mouvement syndical polonais Solidarnosc, il a exploité et renforcé ces tensions, ce qui a contribué à l'éclatement de l'Union soviétique[170].

Le livre de Brzezinski se lit aujourd'hui comme une prophétie. Il y justifie la stratégie géopolitique que devraient adopter les États-Unis, en tant que première, unique et ultime puissance mondiale après la chute de l'Union soviétique : empêcher toute tentative susceptible de mettre en danger leur position de puissance. Brzezinski voit le statut d'hégémon des États-Unis dans leur présence militaire dans de nombreux pays, dans leur potentiel économique et leur avance technologique, ainsi que dans l'affinité mondiale avec la culture américaine. Il s'agit de préserver cette avance afin de maintenir la stabilité mondiale. L'objectif devrait être de maintenir les concurrents potentiels à un niveau bas jusqu'à ce qu'un nouveau cadre réglementaire mondial soit établi et institutionnalisé, dans lequel la suprématie des États-Unis pourrait s'amenuiser. En fin de compte, les États-Unis auront été « la dernière et la seule véritable superpuissance ». Il devrait en résulter un nouvel ordre mondial valable pour tous.

Brzezinski recommande aux États-Unis plusieurs axes d'intervention. L'un d'entre eux serait d'encourager le rôle de leader franco-allemand dans l'Union européenne afin de consolider l'élargissement de l'UE. Un autre moyen central de garantir leur puissance serait d'élargir l'OTAN à l'Est. Si cet élargissement devait échouer, *« le rôle de leader américain serait discrédité, le projet d'une Europe en expansion serait réduit à néant, les pays d'Europe centrale seraient démoralisés et les désirs géopolitiques de la Russie, actuellement en sommeil ou en train de s'étioler, risqueraient d'être rallumés en Europe centrale. »*

Brzezinski ne décrit donc pas l'OTAN comme une alliance défensive mais, sans fard, comme un auxiliaire des intérêts de grande puissance des États-Unis.

Le point central est l'évolution de la situation en Ukraine. C'est le point critique. *« L'indépendance de l'Ukraine a privé la Russie de sa position dominante sur la mer Noire, où Odessa était la porte irremplaçable pour le commerce avec la Méditerranée et le monde au-delà. [...] Sans l'Ukraine, la Russie n'est plus un empire eurasien. [...] D'un point de vue géopolitique, le départ de l'Ukraine a représenté une perte centrale, car elle a réduit drastiquement les options géostratégiques de la Russie. »*

En ce qui concerne l'élargissement de l'OTAN vers l'est, Brzezinski a également inclus l'Ukraine dès 1997. *« Comme l'UE et l'OTAN s'étendent vers l'est, l'Ukraine sera finalement confrontée au choix de faire partie ou non de l'une de ces organisations, écrivait-il dans son livre. On peut supposer que, pour renforcer son autonomie, elle souhaitera adhérer aux deux, une fois que leur zone d'influence sera limitrophe de son territoire et qu'elle aura mis en œuvre les réformes internes nécessaires à son adhésion. »*

Grâce au livre de Brzezinski, on comprend l'engagement très fort des États-Unis en Ukraine. La superpuissance ne veut pas de concurrents sur un pied d'égalité, ni de partenaires égaux, mais des soumis. Brzezinski voyait dans l'Ukraine la clé de l'affaiblissement de la Russie. On comprend ainsi pourquoi l'élargissement de l'OTAN vers l'est a eu lieu. Même si celui-ci était peut-être aussi un souhait des États d'Europe de l'Est, le point décisif était que les géostratèges des États-Unis l'aient voulu dans le but d'assurer leur influence sur l'Eurasie. Celle-ci s'étend jusqu'à Vladivostok. Il ne s'agit donc pas seulement des pays d'Europe de l'Est, mais de l'influence sur le territoire russe jusqu'au Pacifique. Une Russie forte s'y opposerait, une Russie faible non.

L'expression « grand échiquier » laisse entrevoir le caractère de la géopolitique. Celle-ci est d'un cynisme et d'un mépris pour l'humanité que la plupart des gens ne peuvent même pas imaginer.

Surextension et déséquilibre de la Russie

La mise en œuvre de la stratégie décrite par Brzezinski a nécessité de très nombreuses étapes, qu'il n'est pas possible de retracer dans ce livre. Il est toutefois important de jeter un coup d'œil sur l'étude de la Rand Corporation, proche du Pentagone, d'avril 2019, *Overextending and Unbalancing Russia*[171].

La Rand Corporation, fondée en 1948, est l'un des plus anciens think tanks des États-Unis. Financée à 80% par le ministère américain de la

Défense et d'autres agences gouvernementales[172], elle peut être considérée d'une certaine manière comme le porte-parole public du Pentagone et de la CIA. Pendant la guerre du Vietnam, la Rand Corporation était chargée de rédiger ce que l'on appelle les *Pentagon Papers*. Parmi les six collaborateurs se trouvait le futur lanceur d'alerte Daniel Ellsberg. Celui-ci a copié 47 classeurs contenant au total 7000 pages, classées au plus haut niveau de confidentialité. Les Pentagon Papers ont révélé la tromperie ciblée du public, pendant des années, sur le déroulement de la guerre du Vietnam par le gouvernement américain. Celui-ci a tenté d'empêcher leur publication par la censure, des annonces et des intrusions criminelles, mais il n'y est finalement pas parvenu. Les Pentagon Papers ont été un jalon important pour mettre fin à la guerre du Vietnam. Daniel Ellsberg est décédé en juin 2023 à l'âge de 82 ans[173].

Revenons au rapport de la Rand Corporation de 2019, qui décrivait sur 300 pages ce que les États-Unis devraient faire pour affaiblir et déstabiliser la Russie. L'étude indiquait tout d'abord que celle-ci n'avait pas d'intentions impérialistes : « *La Russie ne cherche pas la parité militaire avec les États-Unis et pourrait tout simplement ne pas réagir à certaines de ses actions militaires (comme une présence navale accrue)*[174]. »

Le rapport affirmait ainsi que la « menace russe » évoquée par les États-Unis n'existe pas. Si la Russie ne cherche pas la parité militaire, elle se contente d'être plus faible que les États-Unis. Elle n'aura donc pas non plus d'intentions impérialistes agressives qui la mettraient en conflit avec les États-Unis.

Il proposait ensuite une liste de près de 50 mesures pour affaiblir la Russie. Parmi elles :

- fournir davantage d'armes et d'aide militaire à l'Ukraine,

- déployer un plus grand nombre de soldats américains en Europe,

- imposer des sanctions commerciales et économiques plus strictes à la Russie,

- augmenter la production d'énergie des États-Unis pour l'exportation vers l'Europe,

– développer l'infrastructure d'importation européenne pour l'approvisionnement en gaz naturel liquéfié (GNL) américain,

– soutenir l'opposition en Biélorussie pour renverser le président Alexandre Loukachenko.

Thomas Röper s'est penché en détail sur l'étude de la Rand, qu'il a décrite et commentée dans une série de vingt articles[175]. Pour nous, une question est particulièrement intéressante : pourquoi les États-Unis devraient-ils livrer plus d'armes à l'Ukraine afin d'affaiblir la Russie ? À ce sujet, la Rand Corporation écrit en 2019[176] :

> *L'extension de l'aide américaine à l'Ukraine, y compris un soutien militaire létal, augmenterait probablement les coûts de maintien de la région du Donbass pour la Russie, à la fois en termes de sang et de budget national. Une aide russe accrue aux séparatistes et une présence supplémentaire de troupes russes entraîneraient des coûts plus élevés, des pertes d'équipement et des victimes russes. Ce dernier point pourrait être assez controversé en Russie, comme lors de l'invasion soviétique de l'Afghanistan.*

L'affirmation du rapport Rand selon laquelle l'armée russe combattait dans le Donbass ne correspond pas aux faits, comme nous le verrons plus tard.

Pour la Rand Corporation, une prolongation et une extension de la guerre du Donbass était un avantage, car elles entraîneraient des coûts plus élevés pour la Russie. Un plus grand nombre de morts russes est également très positif à ses yeux ; par contre, le fait que des soldats et des civils ukrainiens meurent aussi n'est pas mentionné. Il s'agit là encore d'un exemple de la pensée inhumaine des géopoliticiens américains, inimaginable pour les gens normaux.

La Rand Corporation était toutefois préoccupée par le fait que la Russie pourrait être provoquée à entrer militairement dans la guerre du Donbass afin d'y mettre fin. Les livraisons d'armes devraient donc être « calibrées » de manière à ce qu'elles puissent nuire, mais ne provoquent pas une forte réaction militaire de la Russie.

En 2021, Thomas Röper a constaté dans un article que les vastes mesures proposées par la Rand Corporation en 2019 avaient toutes été mises en œuvre par le gouvernement américain. Le document de la Rand était donc bel et bien une ligne directrice pour la politique étrangère américaine[177].

Le démembrement de la Russie est prévu

Afin de briser définitivement la puissance de la Russie, des conférences et des discussions sont organisées sur la « décolonisation de la Russie »[178]. On entend par là la division du pays en plusieurs États, à l'instar du morcellement de la Yougoslavie. L'idée centrale est la suivante : si la Russie se divise en de nombreux petits États concurrents, elle perdra son importance économique, militaire et politique mondiale.

La *Helsinki Commission* est une commission du gouvernement fédéral américain, également appelée « Commission pour la sécurité et la coopération en Europe » (CSCE). Comme elle est financée et dirigée par le gouvernement américain, il convient de prendre au sérieux ce qui y est discuté. Le 23 juin 2022, elle a organisé une conférence intitulée *Decolonizing Russia : A Moral and Strategic Imperative* (Décoloniser la Russie : un impératif moral et stratégique), qui est publiée sur Youtube[179]. Il est facile de comprendre que de telles discussions sur la division de la Russie en de nombreux États, provenant de l'entourage du gouvernement américain, semblent menaçantes pour la Russie.

Différentes cartes permettent de visualiser ce que l'on entend par décolonisation. L'une d'entre elles est présentée ci-contre.

La fragmentation de la Russie est également prônée par le *Forum of the Free Nations of Post-Russia*. Ce forum écrit sur son site web : « *41 États indépendants, libres, développés et prospères au lieu d'un empire fou, tel est notre objectif principal.* »[180] En 2022 et 2023, ce forum a déjà organisé sept congrès, politiquement très liés, dans différents pays d'Europe et aux États-Unis. Le 31 janvier 2023, un congrès a été organisé conjointement avec le Parlement européen à Bruxelles[181], et en avril 2023, avec l'Institut Hudson, un think tank conservateur de premier plan aux États-Unis[182].

En Russie, de tels plans sont connus dans l'histoire. La dernière fois, les nazis allemands avaient dessiné des cartes pour diviser la Russie en de nombreux États[183].

Les néocons aux États-Unis

Il convient de connaître le terme de *néocon*, car les individus qu'il désigne sont déterminants pour la politique étrangère américaine. Ce sont eux, les néoconservateurs, qui portent la politique hégémonique des États-Unis. Ils dominent les deux grands partis américains, démocrates comme républicains. L'économiste américain Jeffrey David Sachs les décrit ainsi[184] :

> *La guerre en Ukraine est l'aboutissement d'un projet de 30 ans du mouvement néoconservateur américain (néocons). Dans le gouvernement de Joe Biden se trouvent les mêmes néoconservateurs qui ont soutenu les guerres des États-Unis en Serbie (1999), en Afghanistan (2001), en Irak (2003), en Syrie (2011) et en Libye (2011), et qui ont provoqué l'invasion de l'Ukraine par la Russie. (...)*
>
> *Le mouvement néocon est né dans les années 1970 autour d'un groupe d'intellectuels, dont certains avaient été influencés par Leo Strauss, politologue de l'université de Chicago, et Donald Kagan, philologue classique de l'université de Yale. Parmi les leaders des néocons, on trouve*

Robert Kagan (fils de Donald Kagan), Victoria Nuland (épouse de Robert Kagan), Frederick Kagan (fils de Donald Kagan), Kimberley Allen Kagan (épouse de Frederick Kagan), Elliott Cohen, Elliott Abrams, Norman Podhoretz, Irving Kristol et Paul Wolfowitz.

Le message principal des néocons est que les États-Unis doivent avoir la suprématie militaire dans chaque région du monde et faire face aux puissances régionales émergentes qui pourraient défier leur suprématie mondiale ou régionale, en particulier la Russie et la Chine. A cette fin, il faut que l'armée américaine soit déployée dans des centaines de bases militaires à travers le monde et que les États-Unis soient prêts à mener des guerres au choix si nécessaire. Ils ne devraient utiliser les Nations unies que si cela s'avère utile à leurs fins.

Cette approche a été exposée pour la première fois par Paul Wolfowitz dans son projet de Defense Policy Guidance (DPG) pour le ministère de la Défense en 2002.

Des intérêts économiques bien concrets

L'hégémonie géopolitique s'accompagne bien entendu d'intérêts financiers solides.

On le voit aussi avec l'Ukraine. À Kiev, des conseillers de BlackRock travaillent depuis début 2022 pour les ministères afin de préparer la reconstruction du pays. Il s'agit d'amener les investissements des groupes étrangers dans tous les secteurs de l'économie ukrainienne, de façon que ces groupes deviennent les propriétaires des entreprises et des ressources ukrainiennes[185]. BlackRock est le plus grand gestionnaire d'actifs au monde et un actionnaire important de presque tous les groupes mondiaux ; il prépare l'Ukraine à une prise de contrôle par ses groupes. Il existe déjà de nombreux exemples. Le plus grand groupe céréalier et alimentaire du monde, Cargill, avait acheté en juillet 2021 un port de la mer Noire près d'Odessa[186]. Dix pour cent des terres agricoles ukrainiennes[187] sont déjà louées à des entreprises étrangères[188].

Si l'interdiction de vendre des terres aux étrangers tombe, Cargill, Monsanto[189] et d'autres seront dans les starting-blocks. Le 20 avril 2023, l'agence de presse Bloomberg a rapporté depuis New York que le gouvernement ukrainien prévoit de vendre des entreprises d'État à des prix bradés dans le cadre d'une *firesale* (vente d'urgence au rabais) afin d'attirer les investisseurs occidentaux. Il s'agit de fabricants d'engrais, d'entreprises d'approvisionnement, d'usines métallurgiques, d'un fabricant d'insuline et de terres agricoles[190]. Il semble que l'Ukraine soit en train de devenir un État possédé par les grandes entreprises mondiales[191].

La géopolitique depuis plus de cent ans : séparer l'Allemagne et la Russie

Nous avons vu que la géopolitique s'inscrit dans le très long terme. C'est également ce que décrit George Friedmann, le géopoliticien américain fondateur du think tank *Strafor*. Il s'est exprimé le 4 février 2015 dans une conférence devant le *Chicago Council on Global Affairs* sur les dessous géopolitiques de la crise ukrainienne[192] :

> *L'intérêt principal de la politique étrangère américaine au cours du siècle dernier, pendant la Première et la Seconde Guerre mondiale et pendant la Guerre froide, s'est porté sur les relations entre l'Allemagne et la Russie car, unies, elles sont la seule puissance qui puisse nous menacer. Notre principal intérêt était de nous assurer que cette situation ne se produirait pas.*

Cette affirmation est frappante. Pendant des siècles, il y a eu un lien culturel, économique et politique entre la Russie et l'Europe. Les États-Unis ont voulu couper ce lien afin d'empêcher l'émergence d'un concurrent géopolitique potentiel. La Première Guerre mondiale, la Seconde Guerre mondiale et la Guerre froide ont servi cet objectif. Friedmann a poursuivi son explication :

> *Les États-Unis contrôlent tous les océans du monde en raison de leur intérêt fondamental. Aucune autre puissance ne l'a jamais fait. C'est pour cette raison que nous inter-*

venons auprès des peuples du monde entier, mais qu'ils ne peuvent pas nous attaquer. C'est une bonne chose. Le maintien du contrôle des océans et de l'espace fonde notre puissance. Le meilleur moyen de vaincre une flotte enne-mie est de l'empêcher de se construire. Les Britanniques avaient fait en sorte qu'aucune puissance européenne ne puisse construire une flotte de même puissance en ame-nant les Européens à se battre entre eux. La politique que je recommanderais est celle que Ronald Reagan a appli-quée en Iran et en Irak : il a soutenu les deux camps de la guerre pour qu'ils se battent l'un contre l'autre (guerre Iran-Irak 1980–1988) et non contre nous. Il était cynique, ce n'était pas moralement défendable, mais cela a fonc-tionné.

En outre, Friedmann a souligné que *« pour les Russes, la question cru-ciale est que l'Ukraine devienne un pays neutre, pas pro-occidental. »*

Friedmann a donc clairement exprimé qu'il était dans l'intérêt des États-Unis que l'Ukraine mène une guerre avec la Russie, car cela affai-blit les deux États. Selon lui, la division irréconciliable de l'Allemagne et de la Russie est également dans l'intérêt à long terme des États-Unis. Cette séparation a constitué « l'intention première de la politique étrangère américaine au cours du siècle dernier ».

Les géopoliticiens britanniques ont poursuivi le même but. Prenons l'exemple de la Seconde Guerre mondiale. Dans son livre *Mitteleuropa Bilanz eines Jahrhunderts*[193], l'historienne Renate Riemeck explique comment Churchill, le président britannique, et Roosevelt, le président américain, ont laissé l'essentiel du fardeau de la guerre à l'Union sovié-tique. Lorsque les troupes allemandes envahirent l'Union soviétique le 22 juin 1941, les forces terrestres occidentales n'étaient engagées nulle part en Europe. La situation n'évolua guère au cours des trois années suivantes. De 1941 à 1944, les Russes durent supporter le poids prin-cipal de la guerre avec l'Allemagne, avec un nombre inimaginable de 27 millions de morts et la dévastation du pays. Cela a créé un profond fossé entre l'Allemagne et la Russie, associé à une culpabilité, dont elles ne pourront venir à bout que par un très grand travail de réconcilia-tion. L'Union soviétique était l'alliée de l'Angleterre et des États-Unis.

Un deuxième front de désengagement en Europe avait certes été promis à Staline dès 1942, mais il fut ensuite repoussé d'année en année. Ce n'est qu'après le tournant de la bataille de Stalingrad, alors que les Allemands avaient été contraints par les Russes de se retirer sur tout le front et que les armées soviétiques avaient déjà franchi les frontières de la Pologne, de la Roumanie et de la Tchécoslovaquie, que les alliés occidentaux débarquèrent en Normandie le 6 juin 1944.

Renate Riemeck se penche sur la question de savoir pourquoi Churchill a si longtemps retardé une invasion de l'Europe de l'Ouest, contrairement aux plans des chefs d'état-major américains sous le général Marshall. Elle écrit à ce sujet : « *Winston Churchill savait que l'ouverture d'un front à l'ouest était décisive pour la guerre. Il ne l'a jamais nié. Mais il voulait s'assurer, avant même la fin de la guerre, que l'organisation future des conditions dans les Balkans et en Europe du Sud-Est ne pourrait se faire que sous l'influence anglo-américaine.* » Il avait lancé plusieurs initiatives dans ce sens. Ce coup de Churchill dans le grand jeu d'échecs géopolitique n'a pas marché, mais le préjudice porté à la Russie a fonctionné.

L'OTAN servait également à séparer l'Allemagne de la Russie. Le premier secrétaire général de l'OTAN, Hastings Lionel Baron Ismay (1952–1957), général et homme politique britannique, a déclaré que l'OTAN avait trois missions : éloigner l'Union soviétique de l'Europe occidentale, maintenir les Américains à l'intérieur de l'Europe occidentale et abaisser les Allemands (*to keep the Soviet Union out, the Americans in, and the Germans down*)[194].

Dans son livre *Western Hostility to Russia* (Hostilité occidentale envers la Russie)[195], Terry M. Boardman, un auteur britannique, a expliqué, en se fondant sur une multitude de preuves, que les racines de la guerre en Ukraine remontent à la géopolitique du 19e siècle, lorsque la Grande-Bretagne et la Russie jouaient le Grand Jeu pour le contrôle du noyau (*heartland*) que constitue l'Eurasie centrale. La domination coloniale étant en jeu, l'élite dirigeante britannique a attisé la haine envers « l'Ours russe ». Outre les motivations politiques, l'auteur met en évidence une dimension spirituelle peu connue. Au sein de la direction de l'Occident anglo-américain, certains groupes savaient qu'à long terme, le rôle de leader culturel dans le monde passerait à l'Est slave.

Pour maintenir ce contrôle, l'Occident a tenté de supprimer préventivement l'influence de la Russie. Selon Terry Boardman, c'est ce à quoi ont servi les deux guerres mondiales, la Guerre froide, le communisme destructeur de la culture, l'effondrement de l'URSS et l'élargissement de l'OTAN vers l'est.

La géopolitique n'est pas seulement une lutte de pouvoir pour le pouvoir, elle détermine aussi notre destin à tous.

Résumé

Les États-Unis ont la prétention hégémonique d'être la seule puissance mondiale, qu'ils imposent aussi militairement. C'est ce que le pays a délibérément décidé en 1899 lors d'un vote démocratique, lorsque les impérialistes se sont imposés face aux isolationnistes. Avec la Seconde Guerre mondiale, les États-Unis ont définitivement supplanté l'Angleterre en tant que puissance mondiale dominante et installé l'impérialisme du dollar américain lors de la conférence de Bretton Woods. Depuis 1945, ils sont responsables de guerres en violation du droit international, de coups d'État militaires et d'opérations de renseignement dans une quarantaine de pays, qui ont fait plus de 20 millions de victimes de guerre. Pour les États-Unis, l'Ukraine est un point central de la domination de l'Eurasie. La Russie doit être affaiblie jusqu'à son démembrement. L'impérialisme américain est mené par les néocons, qui dominent le parti démocrate et républicain à Washington. La destruction d'un partenariat entre l'Europe centrale et la Russie est un objectif des États-Unis depuis le début du 20e siècle.

Ange de la paix[196]

La Russie est-elle impérialiste ?

Après avoir, dans le dernier chapitre, étudié l'hégémonie des États-Unis, nous devons également jeter un coup d'œil sur la Russie. Je vais me limiter ici à quelques points. Pour ceux qui souhaitent approfondir l'histoire et l'ombre de la Russie, je recommande le livre de Valentin Wember, *Ein welthistorischer Kampf* (Un combat historique mondial), écrit de manière remarquable dans une attitude critique envers la Russie[197].

Trois générations de communisme totalitaire

Je voudrais commencer par les fardeaux que la Russie d'aujourd'hui doit porter du fait de l'Union soviétique. Le régime communiste a duré de 1917 à 1991. Trois générations de totalitarisme transforment une société. Les expériences s'impriment dans la mémoire et se fondent dans le ressenti quotidien.

Lorsque j'ai visité Moscou en 2016, j'ai trouvé une ville européenne moderne. Le remugle socialiste était encore présent, mais il fallait le chercher. En me rendant dans les locaux de la Société anthroposophique, je me suis étonné qu'il n'y ait nulle part de panneau dans la rue. Si je n'avais pas été accompagné, je n'aurais certainement remarqué le passage menant à la cour intérieure et n'aurais donc pas trouvé mon but. Devant l'arrière-boutique, je suis resté perplexe devant les sonnettes : il n'y avait pas de noms. Où devions-nous aller ? Mon accompagnatrice a dirigé mon regard vers une fenêtre. Là, j'ai enfin découvert un panneau avec une inscription qui me faisait penser que j'étais au bon endroit. Le panneau était appuyé contre la fenêtre depuis l'intérieur. Étonné, j'ai demandé : « Pourquoi ne pas installer le panneau à l'extérieur pour qu'on puisse le voir ? L'explication a été : « Ainsi, on peut l'enlever très rapidement d'un seul geste et personne ne sait où nous nous rencontrons ; c'est une séquelle de l'expérience communiste. » J'ai essayé de comprendre : la Société anthroposophique russe a été dissoute en 1923. Ensuite, les anthroposophes russes n'ont pu se rencontrer que dans la clandestinité. Après la chute de l'Union soviétique, la Société anthroposophique russe a été refondée en 1991. Depuis, elle peut travailler offi-

126

ciellement en tant qu'association culturelle. Où est le problème ? D'un point de vue objectif, je ne l'ai pas trouvé. Mais le ressenti est différent : un contrôle peut avoir lieu à tout moment, on n'est jamais sûr de rien, il faut toujours être prêt à pouvoir se cacher rapidement. Ensuite seulement j'ai remarqué qu'il y avait à Moscou de très nombreuses portes mystérieuses en acier lourd, sans nom sur les sonnettes et bien verrouillées. On ne veut pas rendre la tâche trop facile au KGB. Certes, celui-ci n'existe plus sous son ancienne forme depuis 1991, mais il est toujours présent dans les esprits. Une ombre sur les âmes.

Un autre héritage du communisme est la corruption, un problème clairement identifié par le gouvernement russe. Il n'est pas facile d'éradiquer la corruption du monde, c'est un problème qui touche quasiment tous les États. La corruption en Russie est un thème populaire dans les médias mainstream occidentaux. La Russie est ainsi présentée sous un mauvais jour. Je ne peux pas évaluer l'ampleur réelle du problème de la corruption en Russie aujourd'hui. Au moins, l'économie russe a pu se développer de manière satisfaisante depuis le début du mandat de Poutine à partir de 1999. Le produit intérieur brut, selon les chiffres de la Banque mondiale, a été multiplié par dix depuis lors. Par dix ! C'est beaucoup. Les procédures dans les administrations doivent donc globalement fonctionner, sinon ce ne serait pas possible. La corruption est toutefois un sujet de préoccupation. Une expérience personnelle à ce sujet : un ami s'est vu confier la tâche stimulante de s'occuper d'un grand projet de construction en Russie. Mais les autorisations des autorités n'arrivaient pas. Des années se sont écoulées. Suivi, présentation d'autres documents, attente, suivi, présentation d'autres documents, attente, rien ne se passe. À un moment donné, mon ami a décidé de laisser tomber ses habitudes et sa morale. Il s'est envolé pour Moscou avec une valise pleine de billets, qu'il a remis à un agent de liaison. Peu de temps après, les premières autorisations sont arrivées.

La longue période de communisme totalitaire a laissé de nombreuses séquelles. La société russe devra s'en occuper encore longtemps.

Ce communisme n'était pas une invention russe, mais fut importé de l'Ouest. Les deux principaux penseurs communistes, Karl Marx et Friedrich Engels, étaient des philosophes allemands qui travaillaient depuis leur exil à Londres.

Sans le soutien actif du gouvernement allemand, le succès des bolcheviks, dirigés par Vladimir Ilitch Lénine, n'aurait pas été possible. Coincé en exil à Zurich depuis 1914, Lénine n'avait pu observer que de loin les événements qui se déroulaient dans l'empire tsariste. Pendant la Première Guerre mondiale, l'Allemagne était en guerre contre la Russie ; il était dans son intérêt que la Russie soit déstabilisée par une révolution. C'est pourquoi l'armée allemande organisa un train spécial, secret et plombé, qui alla de Zurich à Saint-Pétersbourg, emmenant Lénine et 32 autres révolutionnaires en Russie en avril 1917[198]. Les bolcheviks prirent ensuite le pouvoir lors de la révolution d'Octobre sous la direction de Lénine. En décembre 1917, la Russie cessa de participer à la guerre, ce qui avantagea beaucoup l'Allemagne. Au cours de la guerre civile russe qui s'ensuivit, les bolcheviks prirent le contrôle de la plupart des territoires de l'ancien empire russe et fondèrent ainsi l'Union soviétique en 1922.

J'estime que l'Allemagne a une dette envers la population russe, car elle a contribué à créer trois générations de communisme totalitaire. Celui-ci a utilisé et perverti la chaleur humaine et la religiosité que porte le peuple russe, le côté sacré de la Russie.

« Un beau pays dans une grande tragédie »

Yves Rossier a été ambassadeur de Suisse à Moscou de 2017 à 2021. À la question « Qu'aimez-vous au juste en Russie ? », il a répondu dans une interview en juillet 2022 :

> *Un pays, c'est avant tout les gens qui y vivent. C'est un peuple merveilleux, des personnes émotionnelles au grand cœur. Et ils ont cruellement souffert. Cinquante millions de morts en trois décennies, imaginez un peu [il s'agissait des morts causés par la terreur de Staline et la Seconde Guerre mondiale]. Il n'y a pas de pays qui ait une histoire plus triste que la Russie. L'écrivain Soljenitsyne a dit un jour : la valeur de la littérature russe est qu'elle permet aux gens de se tenir debout. Et c'est vrai. C'est un pays magnifique dans une grande tragédie. Et mainte-*

nant cette guerre avec le peuple frère, l'Ukraine, qui faisait partie de la Russie jusqu'en 1991. Une amie au téléphone me disait en pleurant : « Tu vois, maintenant, nous sommes à nouveau les barbares pour trente ans. Cela me brise le cœur[199]. »

Christian Müller, un journaliste suisse, a fait un commentaire à ce sujet :

Ceux qui se sont rendus en Russie et en Crimée peuvent le confirmer : les Russes sont des gens très affectueux et très amicaux, même envers les étrangers. Mais ils aiment aussi leur patrie. La plupart des Russes n'ont plus qu'une grand-mère, mais pas de grand-père, car celui-ci est mort en combattant les troupes allemandes nazies. La guerre d'extermination menée par l'Allemagne contre la Russie n'est pas oubliée en Russie[200].

La Russie n'est plus l'Union soviétique

Dans le débat public, j'ai toujours l'impression que l'on parle de la Russie comme s'il s'agissait encore de l'ancienne Union soviétique communiste. On se contente de recycler les vieilles idées au lieu de regarder d'un œil neuf. Or, depuis 1991, la Russie d'aujourd'hui n'est plus l'Union soviétique communiste, elle l'a surmontée.

Le peuple de l'Union soviétique a accompli le grand exploit de se libérer lui-même du communisme totalitaire, et ce pacifiquement. L'Union soviétique s'est dissoute en 1991. L'alliance militaire du Pacte de Varsovie, la contrepartie de l'OTAN, s'est également dissoute en 1991. Les républiques soviétiques ont été libérées et ont pu suivre leur propre voie. La RDA a également été libérée et l'unification allemande est devenue possible. Moscou a retiré environ 400 000 soldats d'Allemagne de l'Est. Il s'agit là d'actes de désescalade très importants sur le plan de la politique mondiale, qui sont peu pris en considération par l'opinion publique occidentale.

La Russie après 1991

Après la dissolution de l'Union soviétique, la Russie se réinventa politiquement avec une démocratie représentative, des partis et deux chambres parlementaires. Le président se vit attribuer de très nombreuses compétences. La population russe souhaite une direction centrale et forte. Le rôle de Poutine au sein de l'État correspond à la réalité sociale de la Russie. L'auteur Kai Ehlers, qui écrit depuis des décennies sur la Russie et y a souvent travaillé, explique que sous l'empire tsariste déjà, il y avait en même temps un centralisme à Moscou et une autonomie administrative dans les régions. L'Union soviétique fut ensuite organisée en conséquence, avec le centre du parti et les kolkhozes, qui étaient des coopératives de production agricole. La polarité du centre et de la périphérie de l'empire tsariste fut transposée dans le bolchevisme. Kai Ehlers à ce sujet[201] :

> *Le centralisme à Moscou et les éléments éloignés du pouvoir dans le pays, voilà les oppositions traditionnelles. Ils ne sont pas liés par des organes constitutionnels, mais par une structure personnelle, j'insiste sur ce point : une structure personnelle ! Lorsqu'on se déplace en Russie, on entend : bon natchalnik, c'est-à-dire bon chef, bonne situation ; mauvais natchalnik, mauvaise situation. Bon président, bonne société ; mauvais président, temps difficiles. Bon tsar, bonne période ; mauvais tsar, mauvaise période. C'est quelque chose que les gens en Russie ont profondément dans le sang, cette compréhension personnelle de leur société.*

Poutine a su répondre à ce besoin. Il est devenu président à une époque où la société se dégradait. Boris Eltsine, qui avait été président de la Russie de 1991 à 1999, avait des problèmes d'alcool et disparaissait régulièrement de la vie publique pendant des semaines. Il a conduit la Russie dans un chaos social et économique. Un indicateur permet de s'en rendre compte. En 1991, au début du mandat d'Eltsine, le produit intérieur brut de la Russie représentait 518 milliards de dollars ; il n'était plus que de 196 milliards à la fin de son mandat en 1999. Ce sont les chiffres de la Banque mondiale. Cela représente une chute économique de près de deux tiers ! En conséquence, le revenu moyen des gens diminua de deux tiers. Les Russes sont doués pour la survie, mais la période fut très difficile et la mortalité augmenta fortement. Eltsine, dépassé par les événements, démissionna fin 1999 et passa le flambeau à Poutine, alors Premier ministre, qui fut élu président en mars 2000.

Kai Ehlers explique que Poutine n'avait pas de grand programme lors de son élection, mais qu'il était très clair sur ses intentions. Selon Kai Ehlers, Poutine déclara en substance :

> *« Je veux tout d'abord instaurer une dictature de la loi. » Pour lui, cela signifiait : je veux mettre fin au chaos laissé par l'époque d'Eltsine dans le pays, où toutes les structures de solidarité, toutes les structures sociales fiables en général, les structures des partis en tout cas, se sont effondrées, et où la mafia règne en maître. En clair, je veux que les impôts soient rétablis, que les salaires soient à nouveau versés, que les conditions sociales soient assainies, que des assurances soient mises en place, bref, que des règles – les nôtres, pas celles des autres – règnent à nouveau dans le pays. C'était sa première annonce. Sa deuxième annonce était : « je veux que cette Russie retrouve la fonction qui correspond à son rôle historique, à savoir être un nœud d'intégration en Eurasie. » Ce sont les deux annonces avec lesquelles Poutine s'est présenté, de brèves communications seulement, pas de programme élaboré, seulement la volonté déclarée de reconstruire une Russie forte.*

Kai Ehlers voit en Poutine *« un modernisateur autoritaire, à mi-chemin entre le néolibéralisme et la tradition monarchiste, qui veut assainir le pays à partir de cette attitude »*. Ses premières actions furent de consolider les structures administratives du pays et de mettre fin, par la guerre en Tchétchénie, à l'anarchie et à l'insécurité provoquées par les attentats terroristes islamistes dans tout le pays. Poutine régla les anciennes dettes de l'Union soviétique auprès de la Banque mondiale et annula les crédits du FMI, rendant ainsi la Russie financièrement indépendante de l'étranger. L'intégration des oligarques était très importante pour assurer son pouvoir. Il parvint à ce que ceux-ci paient à nouveau des impôts, se sentent responsables des structures sociales et se tiennent en grande partie à l'écart de la politique. En politique étrangère, Poutine aborda l'Occident à bras ouverts et proposa que la Russie rejoigne l'OTAN et l'UE. Mais il se heurta à un refus. Après ces expériences, il se mit à critiquer de plus en plus sévèrement le militarisme et l'hégémonie des États-Unis, par exemple lors de son intervention en 2007 à la Conférence de Munich sur la sécurité.

Le fardeau de la politique étrangère de l'Union soviétique

En matière de politique étrangère, la Russie subit encore les conséquences de la période soviétique.

L'Union soviétique était dominée par un totalitarisme communiste qui émanait de Moscou. En réaction, beaucoup de désespoir et de colère se fixèrent sur Moscou. Aujourd'hui, l'Union soviétique a disparu, mais le désespoir et la colère contre Moscou sont restés et se sont concentrés sur la Russie, qui est gouvernée depuis Moscou.

On comprend ainsi d'où vient la haine de la Russie dans les pays baltes, en Pologne ou en République tchèque, par exemple. L'Union soviétique avait maltraité ces pays. L'écrasement militaire du Printemps de Prague le 21 août 1968 par les troupes du Pacte de Varsovie fut une expérience traumatisante pour de nombreux Tchèques. L'Union soviétique communiste en était responsable, mais elle n'existe plus. Depuis 1991, la Russie pratique à l'égard de ces pays une politique amicale. Elle a même permis à ces pays de rejoindre l'OTAN, bien que cela soit contraire à ses intérêts déclarés en matière de sécurité. Elle leur a fourni une énergie bon marché. Je n'ai pas trouvé d'actions politiques hostiles de la Russie envers ces pays depuis 1991. Derrière la haine actuelle envers la Russie, il n'y a donc pas de faits concrets actuels, mais de vieilles blessures émotionnelles collectives et des traumatismes non résolus datant de l'époque soviétique et tsariste. Tant que ces traumatismes ne seront pas surmontés, l'ambiance entre voisins restera viciée.

En Union soviétique, les aspirations nationalistes étaient réprimées. Le slogan marxiste « Prolétaires de tous les pays, unissez-vous », également appelé « internationalisme prolétarien », était en vigueur. Après la dissolution de l'Union soviétique, il y eut un mouvement de balancier dans l'autre sens. Le nationalisme, jusque-là réprimé, se répandit. De gros problèmes apparurent donc dans certaines anciennes républiques et régions soviétiques. Des millions de Russes se retrouvèrent soudainement en dehors de la Russie, dans des États au sentiment de plus en plus anti-russe. Jusqu'à présent, tout était un seul et même pays, l'Union soviétique, mais le passeport soviétique ne comptait soudain plus. En Lettonie, les Russes de souche furent privés de leurs droits civiques et déclarés non-citoyens. Un nationalisme anti-russe fit également son apparition en Ukraine.

C'est une grande blessure du point de vue russe. Voulant soutenir ces compatriotes opprimés, la population russe s'intéresse de près au sort des Russes dans l'est de l'Ukraine. C'est une raison émotionnelle importante qui a poussé la Russie à s'y engager militairement. La motivation d'aider des frères dans le besoin a déjà déterminé la politique russe à plusieurs reprises.

Libération de la Bulgarie et de la Serbie

La révolte bulgare d'avril 1876 voulait mettre fin à 500 ans de domination ottomane. Mais les Turcs réprimèrent brutalement ce soulèvement, faisant environ 15 000 morts, dont plusieurs milliers de civils, femmes et enfants compris. Les récits et les images de ces atrocités provoquèrent un tollé en Europe. En Russie, Tolstoï, Dostoïevski et Tourgueniev, entre autres, élevèrent la voix. Des initiatives diplomatiques furent prises, mais l'Empire ottoman n'accepta pas d'accorder une autonomie à la Bulgarie. Pendant que les autres nations européennes parlaient, les Russes agissaient. En avril 1877, le tsar russe Alexandre II déclara la guerre à l'Empire ottoman dans le but de « libérer les Bulgares et les autres peuples des Balkans[202] ». Lors de la formation de l'armée russe, des dizaines de milliers de personnes se portèrent volontaires pour combattre « pour la libération des Slaves ». La guerre russo-turque de 1877 à 1878, qui se solda par de lourdes pertes, mit fin à 500 ans de domination turque sur la Bulgarie. Pour les Bulgares, cette libération marque un tournant dans l'histoire de leur pays. C'est sur cette base que se fonde la traditionnelle amitié entre Bulgares et Russes, d'autant plus que les deux peuples sont slaves. Depuis cette époque, on parle traditionnellement en Bulgarie des « frères libérateurs ». La Serbie doit également son indépendance vis-à-vis de l'Empire ottoman à cet engagement russe sacrificiel. Le tsar russe n'a pas agrandi son empire grâce à cette guerre, mais il s'est fait des amis[203].

Cette libération des Ottomans est le contexte historique qui explique pourquoi, en Serbie et en Bulgarie, la propagande de guerre de l'OTAN ne fonctionne que très peu auprès de la population : les Serbes et les Bulgares ne peuvent tout simplement pas penser du mal des Russes, comme la communication de l'OTAN le prétend.

La Russie est-elle impérialiste ?

Le principal argument en faveur d'une participation des pays de l'OTAN à la guerre en Ukraine est que la Russie est impérialiste et qu'il faut donc la combattre.

Le Centre fédéral pour l'éducation politique définit ainsi l'impérialisme :

> *Il désigne la volonté des États d'étendre leur pouvoir bien au-delà de leurs propres frontières. Dans ce but, ils rendent des pays plus faibles dépendants du pays le plus fort, que ce soit sur le plan politique, économique, culturel ou par d'autres méthodes. Il arrive aussi qu'un pays plus fort mène directement une guerre contre un pays plus faible afin d'obtenir le contrôle de ce dernier[204].*

Il existe plusieurs critères permettant d'évaluer l'impérialisme d'un pays : l'extension du territoire de domination, les interventions militaires à l'étranger, les bases militaires étrangères et la doctrine de politique étrangère. Examinons la politique russe selon ces critères.

Extension de la souveraineté

L'empire tsariste de 1547 à 1917 était impérialiste, comme tous les États européens de l'époque. Les tsars ne dominaient cependant pas de colonies sur d'autres continents comme les États européens, mais repoussaient au fil des siècles les frontières en Asie et intégraient les nouveaux territoires dans leur empire. C'est ainsi que l'empire tsariste devint le plus grand pays du monde. L'Alaska en faisait partie, jusqu'à ce que le territoire soit vendu aux États-Unis en 1867 pour 7,2 millions de dollars américains.

L'Union soviétique communiste voulait préserver l'extension de l'empire tsariste en ruine. C'est pourquoi il y eut la guerre civile russe de 1918 à 1922.

Au cours de la Seconde Guerre mondiale, l'Armée rouge occupa de nombreux territoires en Europe de l'Est. L'Union soviétique intégra ces territoires dans sa sphère d'influence. Des régions de l'est de la Pologne ainsi que l'ensemble des pays baltes devinrent des territoires permanents de l'Union soviétique. L'Albanie (1948–1961), la Bulgarie, la Pologne, la Roumanie, la Tchécoslovaquie, la Hongrie et la RDA, fondée en 1949, devinrent des « États satellites » dirigés par les communistes et soumis à l'influence du pouvoir soviétique. Nous le voyons : l'Union soviétique a étendu sa sphère de pouvoir au-delà de ses propres frontières et était donc impérialiste.

En revanche, la Russie a été totalement anti-impérialiste après 1991. Au lieu d'élargir sa sphère de pouvoir, elle l'a radicalement réduite. La dissolution de l'Union soviétique laissa les pays satellites d'Europe de l'Est libres de suivre leur propre voie politique. Mais les quinze républiques de l'Union soviétique furent également libres de se séparer de celle-ci et de faire leur chemin seules. Quatorze le firent. La Russie devint le successeur juridique de l'Union soviétique et se déclara responsable de l'exécution des traités internationaux existants de l'Union soviétique.

La Russie actuelle s'est donc très fortement réduite par rapport à l'empire monarchique et à l'Union soviétique communiste. C'est ce que montre le graphique suivant.

Les frontières de la Russie actuelle et de l'Empire russe de 1914[205]

Si l'on considère la Russie sous le critère de l'extension du territoire de domination, il s'avère que, en tant que successeur juridique de l'Union soviétique, elle était anti-impérialiste. Elle a laissé sept pays satellites d'Europe de l'Est et quatorze républiques soviétiques libres d'accéder à l'indépendance politique.

Après la dissolution de l'Union soviétique, certaines anciennes républiques soviétiques ont toutefois connu un regain de nationalisme qui a provoqué des violences, des massacres et des guerres civiles, ce qui a conduit à plusieurs interventions militaires russes. Les interventions militaires à l'étranger constituent le critère suivant pour évaluer l'impérialisme.

Opérations militaires à l'étranger

Wikipedia publie une liste des opérations militaires de la Russie. Étant notoirement alimentée par les services secrets occidentaux, on peut supposer que rien n'a été oublié. Comme il s'agit maintenant de la Russie et non de l'Union soviétique ou de l'empire tsariste, seules les opérations militaires étrangères à partir de 1991 sont pertinentes[206].

L'Abkhazie, l'Ossétie du Sud et la Géorgie

L'Abkhazie, située au bord de la mer Noire, est habitée par environ 250 000 personnes, principalement des Abkhazes, un peuple qui a sa propre langue. L'Ossétie du Sud est une région montagneuse du Caucase qui compte environ 50 000 habitants ; les Ossètes ont également leur propre langue. Ces deux régions sont situées au nord de la Géorgie et ont fait partie de la République soviétique de Géorgie jusqu'en 1991. Après l'indépendance de la Géorgie en 1991, ces minorités ethniques se sentirent menacées par le renforcement du nationalisme géorgien. Une guerre civile s'en suivit, avec de terribles massacres réciproques. Par la suite, les deux régions se déclarèrent républiques indépendantes. Depuis, la Géorgie n'a plus d'influence sur elles, mais elle n'a pas reconnu leur indépendance et revendique des droits de propriété. La Russie y intervint militairement à la demande de ces régions, ce qui permit d'éviter une nouvelle escalade des guerres civiles : en 1991–1992 lors de la guerre géorgio-ossète du Sud[207] et en 1992–1993 lors de la guerre géorgio-abkhaze[208]. Par la suite, des soldats russes restèrent stationnés dans ces républiques pour assurer la paix. Ils étaient dotés d'un mandat de la « Communauté des États indépendants » (CEI – organisation intergouvernementale regroupant la plupart des États successeurs de l'Union soviétique).

Le sommet de l'OTAN à Bucarest du 2 au 4 avril 2008 laissa entrevoir à la Géorgie la possibilité d'adhérer à l'OTAN. Le gouvernement géorgien en devint surexcité et attaqua militairement les deux républiques sécessionnistes en juillet 2008. J'écris volontairement « surexcité », car il était clair que l'armée russe défendrait la paix dans les deux républiques. Mais le gouvernement géorgien avait espéré un soutien militaire des États-Unis, qui devait empêcher l'entrée de nouvelles troupes russes. L'attaque géorgienne s'intensifia au début du mois d'août pour devenir la guerre des cinq jours du Caucase[209].

Le 8 août 2008, la Géorgie lança une grande offensive ; l'armée géorgienne attaqua également les forces de maintien de la paix russes. D'autres troupes russes arrivèrent de la région frontalière russe pour soutenir les soldats en Abkhazie et en Ossétie du Sud. Les Russes repoussèrent l'armée géorgienne et progressèrent jusqu'au cœur de la Géorgie. Au total, il y eut 850 morts et 3000 blessés. Selon Ron Asmus, un diplomate américain, le gouvernement américain envisagea une intervention militaire, mais finit par y renoncer[210]. La demande d'aide américaine de la Géorgie fut donc rejetée, et la Géorgie fut contrainte de signer un accord de cessez-le-feu le 12 août 2008. L'armée russe se retira. L'escalade de la guerre augmenta les tensions dans la région et provoqua des flux de réfugiés. Mais depuis, la Géorgie laisse les républiques indépendantes en paix sur le plan militaire.

Le conflit en Abkhazie et en Ossétie du Sud avait été provoqué par le nationalisme en Géorgie. Les Abkhazes et les Ossètes ne voulaient pas être opprimés par les Géorgiens, ils proclamèrent leur indépendance et cherchèrent le soutien de la Russie, qui reconnaît les droits des minorités ethniques. C'est sur ce point que beaucoup de Géorgiens sont aveugles – selon mon expérience : ils se sentent uniquement victimes des Russes, au lieu de voir leurs propres erreurs.

L'armée russe a agi en tant que force de paix neutre à partir de 1991, mais lors de l'offensive géorgienne de 2008, la Russie se rangea directement du côté de l'Abkhazie et de l'Ossétie du Sud. Sans cette intervention, il y aurait probablement eu une guerre civile longue, beaucoup plus de morts et de déplacements de population dans ces régions. La Russie ne voulant pas de guerres et de drames de réfugiés à ses frontières, elle tenta d'assurer le calme dans ces deux mini-républiques. On ne peut pas y voir une action impérialiste de sa part.

Transnistrie

La Transnistrie est une autre république séparée. Elle est située à l'est de la République de Moldavie, à la frontière avec l'Ukraine, et compte environ 375 000 habitants. Elle est devenue indépendante en 1992. Les habitants de la Transnistrie se sentaient menacés par le nationalisme de la République de Moldavie, tournée vers la Roumanie. Une brève guerre éclata entre la Moldavie et la Transnistrie, mais prit fin en août 1992 avec l'arrivée des troupes russes stationnées en Transnistrie. La République de Transnistrie est depuis lors soutenue par la Russie, et environ 1500 soldats russes sont restés stationnés pour assurer la paix[211].

Tadjikistan

Une autre intervention militaire russe eut lieu lors de la guerre civile tadjike de 1992–1997. Le Tadjikistan, situé au nord de l'Afghanistan, compte environ 9 millions d'habitants. La Russie soutint militairement le président tadjik au pouvoir et fournit la majeure partie de la force de maintien de la paix de la Communauté des États indépendants (CEI) au cours de la guerre civile. La guerre civile se termina le 27 juin 1997 par un traité de paix signé à Moscou[212].

Il existe trois autres interventions militaires qui eurent lieu suite à une demande d'aide du gouvernement du pays concerné :

– depuis 2015, l'armée russe est active en **Syrie** ;

– en 2020, des soldats russes se rendirent dans le **Haut-Karabakh, en Azerbaïdjan**, en tant que force de maintien de la paix. En 2023, le président Poutine négocia une paix entre l'Arménie et l'Azerbaïdjan, ce qui a mis fin au conflit pour le moment[213] ;

– en 2022, des troupes russes participèrent à la répression des troubles au **Kazakhstan**.

Ce sont là toutes les interventions militaires de l'armée russe à l'étranger de 1999 à 2023, à l'exception de la guerre d'Ukraine. Il s'agissait toujours, à l'exception de la Syrie, d'anciennes républiques soviétiques dans lesquelles le nationalisme avait engendré des conflits insolubles. La Russie se sentait responsable de ces régions et des russophones qui y vivaient en raison de l'histoire, de la proximité des frontières et des liens humains. Le gouvernement russe ne voulant pas de guerres civiles et de foyers d'insécurité à ses frontières, il intervint militairement dans des conflits existants. Il n'y eut cependant pas d'attaques ou de prises de possession par la Russie. Les régions mentionnées ont une population équivalente à celle des districts allemands et sont si insignifiantes sur le plan de la politique mondiale que de nombreux lecteurs de ce livre en entendent peut-être parler pour la première fois. Cela n'a rien à voir avec l'impérialisme.

À ce propos, la guerre d'Ukraine suit le même schéma, comme nous allons le voir : en raison de la montée du nationalisme, plusieurs régions ont fait sécession et une guerre civile a éclaté. Celle-ci ne pouvant être résolue diplomatiquement, l'armée russe est intervenue.

Et les guerres de Tchétchénie ?

Pour démontrer un impérialisme de la Russie, on fait souvent référence aux guerres de Tchétchénie (1994–1996 et 1999–2009). Pourquoi ne les ai-je pas citées ? Tout simplement parce qu'il ne s'agissait pas d'opérations militaires à l'étranger. La Tchétchénie n'est pas un État en soi, mais une partie de la Fédération de Russie avec le statut de république autonome. Les guerres de Tchétchénie n'avaient pas pour but de prendre possession d'un territoire étranger, puisqu'elle faisait déjà partie de la Russie. Elles n'ont donc rien à voir avec l'impérialisme et l'extension du territoire de souveraineté.

La Tchétchénie compte environ 1,5 million d'habitants, pour la plupart de confession musulmane. Les radicaux islamiques cherchèrent à se détacher de la Russie. Ils déclarèrent l'indépendance de la Tchétchénie en 1991, après avoir organisé un référendum. L'indépendance ne fut pas reconnue par le gouvernement russe. Le fait que la Tchétchénie n'était pas une République socialiste soviétique (RSS), mais une République socialiste soviétique autonome (RSSA) au sein de la République soviétique de Russie, joua un rôle dans cette décision. En effet, selon la Constitution soviétique, une RSSA, contrairement à une RSS, n'avait pas le droit de quitter l'Union soviétique[214]. Après la dissolution de l'Union soviétique, il en allait de même dans la Fédération de Russie. Le gouvernement russe sous Boris Eltsine aurait tout de même pu reconnaître l'indépendance de la Tchétchénie, mais il décida de ne pas le faire et lança la première guerre de Tchétchénie.

Il ne s'agissait pas dans le conflit d'une répression de la langue ou de la religion en Tchétchénie, car la Russie est très libérale à cet égard. En Russie, environ 15% de la population totale est musulmane[215]. La liberté de religion y est protégée, tout comme les langues minoritaires. Il y a plus d'une centaine de langues utilisées en Russie, dont 35 sont des langues officielles, en plus du russe[216]. En 1990, Boris Eltsine avait plaidé pour des droits d'autonomie plus étendus pour la Tchétchénie, espérant ainsi apaiser les nationalistes locaux. Mais cela n'a pas abouti.

Il s'agissait pour les extrémistes islamiques de créer un État islamique incompatible avec l'espace juridique de la Russie. Le gouvernement tchétchène mena une politique intérieure anti-russe, tenta d'évincer la langue russe, abolit l'alphabet cyrillique et raviva le système de clans tchétchènes. La discrimination et la violence parfois ouverte poussèrent la plupart des habitants non tchétchènes à prendre la fuite. L'économie de la région s'effondra et la criminalité augmenta. Les troupes tchétchènes reçurent un soutien massif de l'étranger, notamment du monde islamique et de l'Arabie saoudite. Le wahhabisme saoudien et les idées djihadistes s'y installèrent. Entre 1996 et 1999, la charia y fut introduite (la charia est un système de lois islamiques basé sur des interprétations du Coran). Dans le cadre de la terreur islamiste, caractérisée par des attaques arbitraires contre la population civile, les autres influences culturelles furent interdites et la peine de mort prononcée pour des délits même mineurs[217].

Le 11 septembre russe

La Russie a connu son 11 septembre 1999, soit deux ans avant le 11 septembre aux États-Unis. La similitude est surprenante. Deux gratte-ciels de Moscou s'effondrèrent sous l'effet de charges explosives, faisant des centaines de morts. Le pays tout entier était sous le choc. Vladimir Poutine, alors Premier ministre, réagit rapidement et fermement. Les radicaux islamiques de Tchétchénie furent immédiatement soupçonnés et la deuxième guerre de Tchétchénie commença. Poutine mena cette guerre d'une main de fer, avec succès. Les combats militaires prirent fin en quelques mois. Il s'ensuivit toutefois une longue et amère phase de guérilla avec des attentats dans toute la Russie. Ce n'est qu'en 2009 que la guerre prit véritablement fin.

On peut discuter de la question de savoir si les guerres de Tchétchénie auraient pu être évitées par une meilleure diplomatie, si elles ont été menées de manière trop brutale ou si Poutine a utilisé la guerre pour passer du statut d'illustre inconnu à celui de visage connu et se profiler pour les élections présidentielles. On peut se demander si le dynamitage des immeubles n'a pas été orchestré dans ce but par les services secrets russes et mis sur le dos des Tchétchènes. Mais l'accusation selon laquelle les guerres de Tchétchénie prouveraient un impérialisme de la Russie n'a pas de sens. La Tchétchénie faisait et fait toujours partie de la Russie. C'est pourquoi ces guerres n'ont rien à voir avec une extension impérialiste de son territoire de souveraineté.

Bases militaires à l'étranger

Un autre critère d'impérialisme est la présence de bases militaires à l'étranger. Il existe un millier de bases militaires étrangères dans le monde, dont 800, dans 80 pays, sous le contrôle des Etats-Unis. La Russie dispose de neuf bases militaires étrangères, dont six dans les pays de l'ex-Union soviétique, deux en Syrie et une au Vietnam. La Chine ne dispose pour l'instant que d'une base à Djibouti en Afrique de l'Est. Cela signifie que les États-Unis ont étendu leur puissance militaire dans le monde entier et littéralement encerclé leurs deux « principaux concurrents », la Chine et la Russie, avec des bases militaires. Ils sont donc impérialistes. En revanche, la Russie et la Chine n'aspirent pas à une présence militaire mondiale et n'ont donc pratiquement pas de bases militaires à l'étranger[218].

Doctrine de politique étrangère

La Russie a une « doctrine de politique étrangère[219] » qui définit les principes et les objectifs de la politique étrangère du pays. Elle souhaite la formation d'un ordre mondial juste et durable sur la base de l'ONU, dont le rôle « doit être restauré ». Elle demande un ordre international multipolaire avec de nombreux acteurs égaux. Elle rejette un ordre mondial unipolaire dans lequel un État domine tous les autres, se positionnant ainsi clairement contre l'hégémonie des États-Unis. La Russie formule ainsi une politique étrangère anti-impérialiste.

Sergueï Lavrov, le ministre russe des Affaires étrangères, a résumé la doctrine de la politique étrangère dans une interview accordée à *International Affairs* en août 2023. Pour que cela soit plus compréhensible, j'en cite un passage[220] :

> *Le concept de domination occidentale promu par les États-Unis et les pays qui leur obéissent ne prévoit pas un développement harmonieux de l'ensemble de l'humanité. Au contraire, nous sommes confrontés à la quête permanente de la minorité occidentale, qui vise une expansion militaro-politique et financière-économique. Les slogans changent : tantôt ils parlent de mondialisation, tantôt*

d'occidentalisation, d'américanisation, d'universalisation, de libéralisation et ainsi de suite. Mais le fond reste le même : tous les acteurs indépendants doivent être soumis à leur volonté et contraints de jouer selon les règles qui avantagent l'Occident. (...)

Les Américains et leurs satellites tentent de ralentir, voire d'inverser le processus naturel d'évolution des relations internationales dans le cadre de la formation d'un système multipolaire. Ils pensent qu'il est possible de plier le monde entier à leurs besoins en utilisant des méthodes inappropriées et illégales, y compris le recours à la force, les sanctions unilatérales (c'est-à-dire non approuvées par le Conseil de sécurité de l'ONU), les opérations médiatico-psychologiques, etc. (...)

L'establishment politique et économique européen et américain craint à juste titre que la transition vers un système multipolaire s'accompagne de graves pertes géopolitiques et économiques et de l'effondrement définitif de la mondialisation sous sa forme occidentale actuelle. Ils craignent surtout de perdre la possibilité de parasiter le reste du monde et d'assurer ainsi leur propre croissance économique au détriment des autres. (...)

Au vu de ces différents éléments, la Russie moderne considère que sa mission est de maintenir un équilibre global des intérêts et de construire une architecture plus juste des relations internationales. (...) L'une des tâches les plus importantes à cet égard est de raviver la capacité de l'ONU à jouer un rôle central dans l'harmonisation des intérêts des États membres.

Nous sommes loin d'être les seuls dans cette quête. De plus en plus de pays du Sud et de l'Est de la planète commencent à identifier et à formuler leurs intérêts nationaux et à mener une politique visant à les concrétiser dans un esprit de coopération internationale.

Conformément à cette doctrine, la Russie coopère avec d'autres États. L'association des pays BRICS est particulièrement importante à cet égard. L'abréviation BRICS correspond aux premières lettres des cinq États qui en font partie : le Brésil, la Russie, l'Inde, la Chine et l'Afrique du Sud. Des dizaines d'autres pays aspirent à les rejoindre. Si l'on suit leurs réunions, on ne trouve pas d'impérialisme de la part de la Russie, car les discussions se font d'égal à égal.

On ne peut pas trouver d'impérialisme dans la doctrine de la politique étrangère de la Russie, ni dans son attitude dans les associations internationales d'États.

Il en va autrement pour les États-Unis. Ceux-ci disposent de la *National Security Strategy*, qui sert de guide à la politique étrangère du gouvernement américain[221]. Ce document, publié en octobre 2022, réaffirme le caractère prétendument indispensable des États-Unis et la nécessité de leur rôle de leader dans le monde : les crises mondiales ne pourraient être surmontées que par un leadership déterminé des États-Unis. L'ère amicale de l'après-guerre froide étant révolue, il est nécessaire de s'opposer résolument à « l'impérialisme russe » et aux ambitions de la Chine. Aujourd'hui, la confrontation ne se situerait plus entre capitalisme et communisme, mais entre démocratie et autocratie. Selon la *National Security Strategy*, les États-Unis décident de ce qui est juste – soi-disant uniquement pour le bien de tous et pour la démocratie. Il n'est dit nulle part qu'il faudrait résoudre les problèmes internationaux sur la base de l'ONU, par des discussions d'égal à égal entre les États. Aux yeux des États-Unis, l'ONU n'a aucun rôle actif de direction. Ils exposent ainsi eux-mêmes leur hégémonie et leur impérialisme, bien entendu sans utiliser directement ce mot.

L'impérialisme de la Russie n'existe pas dans la réalité, mais seulement sous forme de propagande de l'OTAN

J'ai essayé de trouver l'impérialisme russe à l'aide de ces quatre critères, mais ne l'ai trouvé nulle part. Même en lisant les articles et les commentaires sur l'impérialisme russe, qui sont nombreux, je n'ai encore rien trouvé. Il s'agissait toujours d'une mise en scène et d'émotions. Jusqu'à présent, je n'ai pas trouvé de faits. C'est pourquoi je dois classer l'impérialisme russe parmi les inventions de la propagande. Comme celle-ci a été construite pendant des décennies et répétée en permanence, elle s'est insinuée dans la conscience des gens comme l'apparence de la réalité. Les États-Unis projettent leur propre impérialisme sur la Russie afin de le dissimuler.

À ce stade, une question se pose : si la Russie n'a pas d'ambitions impérialistes, comment la guerre d'Ukraine a-t-elle pu se produire ? Nous examinerons les prémisses de la guerre d'Ukraine dans la deuxième partie de ce livre.

Amères restrictions à la liberté d'expression en Russie

Il n'est pas facile d'écrire sur la Russie, car avec la propagande de guerre, il n'y a plus que le bien et le mal. Mais la réalité se compose de nombreuses couleurs intermédiaires. J'ai essayé de décrire objectivement la politique russe et de la percevoir avant de lui mettre une étiquette. En principe, la Russie est notre voisine européenne, et je dois être aussi impartial et amical avec elle qu'avec tous les autres États.

Mais la Russie n'est pas un État idéal. Il y a là-bas des restrictions à la liberté d'expression qui choquent beaucoup le démocrate invétéré que je suis. Mais cela ne change rien à ce que j'ai rassemblé dans ce chapitre. Le monde n'est pas noir et blanc, la vérité se situe entre les deux. Les restrictions de la liberté d'expression en Russie sont un point fort de la propagande de l'OTAN. Alors que chaque cas russe est largement médiatisé par les grands médias, des cas comparables dans les pays de l'UE sont poussés sous le tapis. Julian Assange n'est que la partie émergée de l'iceberg.

2e partie

Préparation à la guerre

Ange de la paix, Donetsk[222]

Accord de coopération entre l'Ukraine et l'UE

L'accord de coopération avec l'UE a joué un rôle central dans les antécédents de la guerre en Ukraine. Il a déclenché les manifestations de Maïdan, qui ont abouti à un changement de gouvernement anticonstitutionnel. Ce dernier à son tour a déclenché la guerre du Donbass à partir de 2014, qui a finalement dégénéré en guerre d'Ukraine en février 2022.

L'accord de coopération entre l'Ukraine et l'UE est un traité de 2100 pages sur la coopération économique, politique et militaire. Les négociations à ce sujet ont débuté en 2007[223].

Le 9 septembre 2008 s'est tenu à Paris le « sommet UE-Ukraine », au cours duquel l'UE a proposé à l'Ukraine une coopération sans perspective d'adhésion à l'UE. La radio *Deutsche Welle* a rapporté à ce sujet : « *L'argument principal des opposants à l'adhésion est d'une part la résistance à une adhésion à l'UE en Ukraine même. Dans les parties du pays favorables à la Russie, une telle démarche est rejetée par la majorité.* »

Les gouvernements de l'UE savaient donc que l'Ukraine occidentale est davantage liée à l'UE et l'Ukraine orientale à la Russie, culturellement, humainement et économiquement. C'est pourquoi l'adhésion à l'UE a été refusée. Mais l'accord de coopération proposé a également entraîné une division du pays. En effet, il a également contraint l'Ukraine à choisir entre l'UE et la Russie, ce qui a finalement déchiré le pays. Les politiques de l'UE ont ainsi sciemment poussé l'Ukraine dans une épreuve de politique intérieure.

Le journaliste Thomas Röper cite les chiffres essentiels :

> *Avant 2014, l'Ukraine réalisait environ 40% de son commerce extérieur avec les pays de la CEI (les anciens États membres de l'Union soviétique), dont 30% avec la seule Russie. Environ 30% étaient également réalisés avec l'ensemble de l'UE. Cela signifie que les pays de la CEI repré-*

sentaient une part plus importante du commerce exté-
rieur ukrainien que l'UE[224].

Ces chiffres me semblent être une clé pour comprendre le conflit. Thomas Röper poursuit :

> *La Russie a toujours proposé de négocier une fusion de*
> *l'union douanière européenne avec l'union douanière*
> *eurasienne. Cela aurait donné naissance au plus grand*
> *marché intérieur du monde, qui se serait étendu de l'At-*
> *lantique au Pacifique. L'Ukraine ne se serait pas retrou-*
> *vée dans la situation de devoir choisir entre l'UE et la*
> *Russie. Une telle alternative « ou bien, ou bien » devait*
> *poser à l'Ukraine des problèmes de politique intérieure*
> *insolubles.*
>
> *Le journal russe Moskovski Komsomolez a publié le*
> *22 novembre 2013 un commentaire qui résume le*
> *dilemme : « Laisser l'Ukraine choisir entre la Russie et*
> *l'Europe revient à lui dire : s'il te plaît, mon cher, décide*
> *tout de suite quelle main tu veux perdre, la droite ou la*
> *gauche. L'Ukraine ne peut pas être uniquement avec l'UE*
> *ou uniquement avec la Russie. Elle est un pays de transit,*
> *un pont entre deux parties de notre continent[225]. »*

Le commerce entre la Russie et l'Ukraine était partiellement exempt de droits de douane. L'accord de coopération signé en 2014 y a mis fin. L'Ukraine a dû introduire des droits de douane dans ses échanges commerciaux avec la Russie, qui a réagi en imposant des droits de douane. Il ne pouvait pas en être autrement, car sinon les marchandises de l'UE auraient pu entrer en Russie via l'Ukraine sans droits de douane. L'accord a donc conduit à un éloignement économique de la Russie.

L'accord de coopération de l'UE a ainsi placé l'Ukraine dans une situation impossible et programmé les conflits politiques internes et donc, en fin de compte, la guerre. Ce n'était pas un oubli, c'était connu dès le départ et de nombreuses voix bien informées l'ont critiqué. Il est très instructif de se remémorer ces avertissements. Aujourd'hui, alors que la terrible guerre a éclaté en Ukraine, ces paroles nous touchent profondément.

Helmut Schmidt a mis en garde contre une troisième guerre mondiale

L'ancien chancelier Helmut Schmidt (1918–2015) a donné une interview en mai 2014, à l'âge de 95 ans, dans laquelle il qualifiait la politique de la Commission européenne d'incompétente et de mégalomane. Selon lui, elle s'immisce dans la politique mondiale et provoque ainsi le risque d'une guerre ; les « bureaucrates de Bruxelles » ont placé l'Ukraine devant le « simulacre de choix » : devoir choisir entre l'Ouest et l'Est[226].

L'ancien chancelier Helmut Schmidt (2013)[227]

A la question « Voyez-vous l'Europe au bord du gouffre comme en 1914 avant la guerre mondiale ? », Schmidt a répondu : « *La situation me semble de plus en plus comparable. L'Europe, les Américains, les Russes aussi, se comportent comme Christopher Clark l'a décrit dans son livre sur le début de la Première Guerre mondiale : comme des somnambules.* » (…)

Helmut Schmidt poursuit : « *La politique de l'Occident est basée sur une grande erreur : qu'il y aurait un peuple ukrainien, une identité nationale. En réalité, il y a la Crimée, l'Ukraine orientale et l'Ukraine occidentale. La Crimée, autrefois terre des Tatars, n'a rejoint l'Ukraine que dans les années 50, grâce à un 'cadeau' de Khrouchtchev, le chef d'État russe. L'Ukraine occidentale se compose en grande partie d'anciens territoires polonais, tous catholiques romains. Et l'Ukraine* orientale, majoritairement orthodoxe russe, se trouve sur le territoire de la Rus' de Kiev, l'ancien noyau de la Russie. L'Occident ne semble pas vouloir en tenir compte. »

Schmidt jugeait sévèrement les sanctions contre la Russie : *« Ces sanctions n'apportent rien et conduisent simplement à exiger des sanctions encore plus sévères. Et si elles n'ont pas d'effet, quelqu'un demandera un renforcement de l'armement. Et alors nous aboutirons à une guerre armée. »*

Au lieu de cela, Schmidt a plaidé pour que l'on travaille à une solution diplomatique. :*« Je ne soupçonne pas Poutine de vouloir la guerre. Et l'Europe devrait tout faire pour conforter la Russie dans cette attitude, au lieu de radoter, comme le gouvernement de Kiev ou certains dans l'entourage du président américain Obama, sur la troisième guerre mondiale*[228]. *»*

Mais les paroles sans équivoque de Schmidt ne furent pas entendues. Les gouvernements des pays de l'OTAN firent exactement le contraire. L'Ukraine continua à être déchirée entre l'Est et l'Ouest, et les sanctions aggravèrent le conflit.

Günter Verheugen : les politiques européens ont été aveugles aux tensions entre l'Est et l'Ouest de l'Ukraine

Günter Verheugen a réagi à l'interview d'Helmut Schmidt par une lettre ouverte. Cet homme politique connu du FDP et du SPD a été commissaire européen à partir de 1999 et temporairement responsable de l'élargissement à l'Est. Il a soutenu la critique d'Helmut Schmidt sur la politique ukrainienne de l'UE. Il a toutefois rejeté le reproche adressé à la Commission européenne ; les responsables de la crise ukrainienne sont les gouvernements des États membres de l'UE, en particulier le gouvernement allemand.

Voici quelques extraits de la lettre de Verheugen, publiée dans le Spiegel le 19 mai 2014 :

> *Le conflit avec la Russie s'est développé en 2013, lorsque les deux parties, les États-Unis et l'UE d'une part, et la Russie d'autre part, ont élevé le projet d'association de l'Ukraine à l'UE au rang de choix géopolitique. Ce ne*

Günter Verheugen, ancien commissaire européen (2013)[229]

sont pas des fonctionnaires mégalomanes ou des commissaires incompétents qui ont fait cela, mais les responsables politiques de l'Union européenne. (...)

On n'a tout simplement pas parlé avec la Russie de ce que l'association de l'Ukraine [avec l'UE] signifie sur le plan politique et économique. On a balayé les craintes de la Russie de voir le commerce avec l'Ukraine se détériorer. (...)

Les graves erreurs de l'UE qui ont suivi n'ont pas non plus été commises par des bureaucrates bruxellois. Des politiques européens, et non des fonctionnaires, se sont ouvertement solidarisés avec le soi-disant Euro-Maïdan et n'ont pas vu ou voulu voir qu'il ne s'agissait ni d'un mouvement national ni d'un mouvement homogène. Les politiques européens se sont montrés aveugles aux tensions politiques internes entre l'Est et l'Ouest de l'Ukraine.

Sans nécessité, on a soutenu sans réserve le nouveau gouvernement ukrainien après la destitution de Ianoukovitch, bien que ce gouvernement ne jouisse même pas encore de la confiance de la majorité dans son propre pays, qu'il soit anti-russe et qu'il comprenne des éléments ultra-nationalistes. Parce que les élites politiques européennes ne pouvaient plus penser qu'en termes de pro-russe et de pro-européen et privilégiaient le conflit plutôt que le dialogue avec la Russie, ce sont elles – et non les

bureaucrates de Bruxelles – qui ont contribué à déclen-
cher la crise la plus grave de ce siècle en Europe. Une
bonne partie de la responsabilité en incombe à Berlin[230].

Hans-Dietrich Genscher a plaidé pour une zone de libre-échange commune avec la Russie et pour le désarmement verbal

Hans-Dietrich Genscher (1927–2016) a été ministre des Affaires étrangères de l'Allemagne de 1974 à 1992. Tout au long de sa vie, il avait fait preuve d'une grande habileté diplomatique pour mettre fin à la guerre froide et venir à bout de la division de l'Europe.

Le 18 septembre 2014, le magazine *Fokus* a commenté les déclarations de Genscher concernant le conflit en Ukraine[232] :

Pour comprendre Poutine, il est important de s'intéresser à ses motivations : « Poutine est un homme qui a un objectif clair, celui de créer une position qui n'a plus rien à voir avec la position de faiblesse d'un Eltsine », a déclaré Genscher. Selon lui, cela vaut la peine de faire de la politique avec « ce grand pays ». « Il n'y a pas de stabilité en Europe sans la Russie, et encore moins contre la Russie. » Genscher demande en outre de s'en tenir à l'idée d'une zone de libre-échange commune avec la Russie. « Ce serait bien si cela avait débouché sur quelque chose. La

Hans-Dietrich Genscher (2013)[231]

153

question de l'association de l'Ukraine à l'UE aurait alors peut-être été comprise différemment. »

Genscher estime que l'usage actuel du langage dans le conflit avec la Russie et Poutine est dangereux et appelle à la modération : « Je suis d'avis que nous devrions d'abord désarmer le langage tous ensemble. »

« Les mots forts ne nous ont jamais fait avancer. Je ne peux que répéter que le réarmement a souvent commencé par le réarmement des mots. Chaque peuple attend du respect de la part des peuples voisins. Cela vaut également pour le peuple russe », a déclaré Genscher.

L'ancien chancelier Gerhard Schröder a également critiqué, lors d'une matinée organisée par l'hebdomadaire *Die Zeit* le 9 mars 2014, le fait que l'UE n'aurait pas dû formuler un « ou bien ou bien » dans l'accord de coopération, compte tenu de la division culturelle de l'Ukraine. Un « aussi bien que » aurait été plus raisonnable. Schröder a également fait référence aux craintes bien compréhensibles du gouvernement russe à l'idée d'un encerclement[233].

D'un point de vue actuel, les déclarations de ces grandes figures de la politique allemande sont bouleversantes, car elles évoquent déjà l'escalade à venir. Pour Helmut Schmidt et Hans-Dietrich Genscher, il s'agissait d'une sorte de testament politique peu avant leur mort. Mais les gouvernements de l'UE n'ont pas écouté leurs paroles. Ces préoccupations prémonitoires se sont avérées exactes. Le conflit généré par l'accord de coopération de l'UE a connu une escalade jusqu'à la guerre. Cela s'est fait en connaissance de cause.

Il est difficile d'admettre que nous soyons gouvernés par des partis et des gouvernements qui ont créé des situations conflictuelles menant à la guerre, et qui l'ont fait malgré les mises en garde des hommes politiques les plus expérimentés qui ont contribué à façonner l'Allemagne d'après-guerre.

Que voulait le gouvernement de Ianoukovitch ?

En ce qui concerne les étapes de l'escalade du conflit, il est utile de constater que le gouvernement ukrainien de Viktor Ianoukovitch, élu en 2010 et chassé du pouvoir en 2014, ait toujours été qualifié de pro-russe. Le gouvernement Ianoukovitch a négocié l'accord de coopération avec l'UE, il voulait donc un rapprochement avec l'UE. En même temps, il voulait aussi un accord avec la Russie, ce qui était dans l'intérêt de l'Ukraine, puisque 40% de son commerce extérieur se faisait avec les États de la CEI.

Il n'y avait toutefois plus de place pour cette position médiane raisonnable, il n'y avait plus que des pro-UE et des pro-russes.

Mykola Azarov a été Premier ministre de l'Ukraine et a mené les négociations avec l'UE et la Russie. Dans une interview en 2016, il a déclaré[234] :

L'accord de libre-échange entre l'Ukraine et l'UE devait en principe entrer en vigueur en même temps qu'un accord de libre-échange entre l'Ukraine et la Russie. Cela aurait signifié que les frontières ukrainiennes auraient été ouvertes aux marchandises, aux services et aux capitaux des deux côtés, ce qui a entraîné un conflit entre la Russie, l'Ukraine et l'UE, que nous avons dû nous efforcer de résoudre.

Ces négociations se sont avérées très, très difficiles. Au début, nous avons discuté des questions de manière bilatérale à chaque fois. Nous sommes ainsi allés à Bruxelles et nous y avons discuté. Ensuite, nous sommes allés à Moscou et nous y avons discuté. Et comme ces discussions n'ont rien donné, parce qu'aucun accord n'a pu être trouvé des deux côtés, j'ai fait la proposition suivante : « Peu importe où, mais asseyons-nous tous les trois et réglons cette question. »

Et ce n'est qu'en septembre 2013 que la Russie a accepté de participer à de tels pourparlers trilatéraux. Alors qu'il n'avait déjà pas été facile de la convaincre d'accepter une rencontre tripartite, l'UE l'a complètement refusée, en disant : « Ce n'est pas un sujet qui relève d'une discussion tripartite. C'est une affaire entre l'Ukraine et l'Europe uniquement ! » (...)

L'UE a complètement rejeté les discussions tripartites.

Asarov a également expliqué que les conditions financières de l'accord de coopération avec l'UE étaient très défavorables à l'Ukraine. C'est pourquoi le gouvernement ukrainien de Ianoukovitch a suspendu la signature de l'accord de coopération le 21 novembre 2013, afin de poursuivre les négociations plus tard. C'est pourtant ce qui a donné le signal de départ des manifestations de Maïdan à Kiev, qui ont conduit au coup d'État.

Les citoyens des pays de l'UE n'ont pas leur mot à dire

Derrière l'accord de coopération de l'UE se cache une question fondamentale : quelle est la relation entre l'UE et la Russie ? Y a-t-il un espace économique commun et une coopération politique, ou bien l'UE se démarque-t-elle de la Russie ? Il s'agit d'une question historique qui détermine notre vie à tous. Pourtant, les citoyens des pays de l'UE n'ont rien à dire à ce sujet, les décisions sont prises uniquement par les gouvernements et les parlements. Dans une démocratie, le peuple est souverain. « Tout le pouvoir de l'État émane du peuple », dit l'article 20.2 de la Loi fondamentale allemande. Il devrait donc aller de soi que la population puisse décider elle-même de questions concrètes importantes. C'est aussi le cas en Suisse. Tous les trois mois, il y a une journée de votation, lors de laquelle la population se prononce sur des projets individuels au niveau fédéral, cantonal ou communal. Un électeur suisse peut prendre plus d'une vingtaine de décisions par an.

En Allemagne, ce droit d'initiative populaire et de référendum n'existe pas au niveau fédéral, mais seulement de manière limitée au niveau des Länder et des communes. Ainsi, la population n'a pas la possibilité de corriger les décisions du Bundestag et le peuple n'est donc pas souverain. Le pouvoir d'État n'émane pas du peuple. Au lieu d'une démocratie digne de ce nom, nous avons affaire à une oligarchie de partis. En Europe, une véritable démocratie n'existe qu'en Suisse.

Pourquoi la démocratie directe par référendum n'existe-t-elle pas en Allemagne – pas plus que dans les autres pays de l'UE ? Ceux qui se sont engagés pour la démocratie directe – ce que je fais depuis 1982 – ont pu constater à quelle réticence on se heurte au Bundestag : de vrais murs de béton ! Le Bundestag devrait décider d'une réglementation légale de la procédure de référendum. Mais il ne le fait pas. L'oligarchie des partis ne veut pas céder son pouvoir.

L'oligarchie des partis ne se supprime pas elle-même, mais elle fait parfois quelques concessions à la population. Aux Pays-Bas, la loi sur le référendum consultatif est entrée en vigueur le 1er juillet 2015. Elle permettait qu'une loi votée par le Parlement néerlandais puisse être soumise au vote du peuple. Le vote n'est valable que si la participation est supérieure à 30%. Mais la population ne décide pas, elle ne fait que donner un avis, elle n'a donc qu'un rôle consultatif. Le résultat du référendum n'est pas juridiquement contraignant, le dernier mot revient au Parlement. Cette disposition est déjà mieux que rien, mais elle n'est pas l'expression de la souveraineté populaire, car le pouvoir de décision final reste entre les mains des partis : c'est l'oligarchie des partis.

Pour qu'un référendum consultatif ait lieu, il faut qu'au moins 300 000 électeurs néerlandais le demandent par leur signature dans un délai de six semaines. Cela correspond à environ 2,5 % du corps électoral.

Cette loi référendaire a permis à la population hollandaise de s'exprimer sur l'accord de coopération à l'UE. C'était unique et une grande particularité en Europe.

Pays-Bas : référendum contre l'accord de coopération à l'UE

Après le changement de pouvoir par la force à Kiev en février 2014, l'Ukraine et l'UE signèrent l'accord de coopération à l'UE le 27 juin 2014. Pour être validé, celui-ci devait encore être ratifié par tous les parlements des 28 États membres de l'UE. Aux Pays-Bas, le Parlement ratifia l'accord le 7 juillet 2015. L'initiative citoyenne *Geenpijl* (« pas de direction ») saisit immédiatement le référendum. Jusqu'au 28 septembre 2015, 472 849 signatures furent récoltées. Le référendum fut un succès. C'était la première fois dans l'histoire des Pays-Bas que les citoyens lançaient un référendum.

Avant celui-ci, les partisans de l'accord de coopération avec l'UE firent valoir, d'une part, que cela aiderait l'Ukraine à devenir un pays stable, doté d'une démocratie mature, sans corruption et avec une population aisée ; d'autre part, qu'avec un marché de 45 millions d'habitants, l'Ukraine était intéressante pour une nation commerciale comme les Pays-Bas.

Les opposants avancèrent les arguments suivants : l'accord de coopération ferait de l'Ukraine une colonie de l'UE ; il conduirait à une guerre civile en Ukraine ; il apporterait à l'Ukraine une aide et un soutien militaires ; les Pays-Bas seraient ainsi encore plus impliqués dans un conflit géopolitique majeur ; enfin, les relations avec la Russie se détérioreraient encore davantage[235].

Le référendum eut lieu le 6 avril 2016. 61% des votants votèrent non, c'est-à-dire qu'ils rejetaient l'accord. Le taux de participation fut de 32,3%. Le vote a donc été formellement validé[236].

La population hollandaise a donc vu les dangers et les inconvénients de l'accord de coopération avec l'UE, ainsi que le fait que celui-ci était à

6 avril 2016 : lors du référendum, les Néerlandais ont rejeté l'accord de coopération à l'UE.

l'origine de la guerre civile en Ukraine. Elle a donc été plus intelligente que le gouvernement néerlandais.

Le gouvernement néerlandais se retrouva dans une situation difficile : si la Hollande ne ratifiait pas l'accord de coopération à l'UE, celui-ci serait un échec global. C'est pourquoi les autres gouvernements de l'UE et la Commission européenne exercèrent une forte pression sur les Pays-Bas. Le référendum n'était certes que consultatif, mais bien avant le vote, la plupart des partis hollandais avaient déclaré qu'ils respecteraient le résultat. Pour que le gouvernement hollandais ne perde pas la face, des négociations eurent lieu avec l'UE. Lors du sommet européen du 15 décembre 2016, les pays de l'UE acceptèrent de compléter et de clarifier l'accord de coopération de l'UE. Ils acceptaient que l'accord ne créerait pas de statut de candidat à l'UE, qu'il n'y aurait pas de garanties d'aide militaire ou de sécurité pour l'Ukraine, que le soutien financier à l'Ukraine ne serait pas augmenté et que l'accord serait suspendu si la lutte contre la corruption en Ukraine n'était pas suffisante.

Sur la base de ces compléments, le parlement néerlandais ratifia une nouvelle fois l'accord de coopération. Le dernier pays de l'UE ayant ainsi accepté, l'accord entra en vigueur le 1er septembre 2017.

Rétrospectivement, force est de constater que les ajouts décidés lors du sommet de l'UE n'ont eu que très peu d'impact. L'aide financière de l'UE à l'Ukraine a atteint des sommets astronomiques jusqu'en 2023 et les Pays-Bas sont devenus un grand fournisseur d'armes et un formateur militaire pour l'Ukraine.

Comment s'est poursuivie la participation citoyenne aux Pays-Bas ? La loi référendaire a été utilisée une deuxième fois le 21 mars 2018. Il s'agissait de la loi sur les services secrets et de sécurité. L'idée était de donner à ces services des moyens supplémentaires pour surveiller les communications électroniques ainsi que le droit de conserver les données pendant trois ans sans motif de suspicion. Le référendum fut demandé avec 417 354 signatures. Le 21 mars 2018, 49,44% des votants votèrent contre la loi sur le renseignement et 46,53% en sa faveur ; 4,03% votèrent blanc. Le taux de participation fut de 51,54%. Le vote était donc formellement valide[237]. La loi sur le renseignement fut ensuite révisée par le gouvernement néerlandais et adoptée sous une nouvelle forme[238].

L'oligarchie des partis hollandais a donc, à deux reprises, été freinée par la population et contrainte de s'expliquer. C'en était assez, ce n'est pas ce qu'ils avaient imaginé. Un mois encore avant le vote sur la loi sur le renseignement, la deuxième chambre de La Haye décida le 23 février 2018 d'abolir à nouveau la loi sur le référendum consultatif. À cette occasion, un référendum sur l'abolition du droit au référendum n'était pas autorisé[239]. La loi a été abolie en juillet 2018. Les partis de la coalition ont misé sur le fait que les électeurs oublieraient l'abolition du référendum d'ici les prochaines élections.

Résumé

L'accord de coopération de l'UE a exigé de l'Ukraine qu'elle choisisse entre l'UE et la Russie, alors que le pays était lié aux deux espaces économiques et aux deux cultures de manière égale. Cela a renforcé la division de l'Ukraine. Des hommes politiques allemands de renom ont averti que l'accord conduirait à des conflits, voire à une guerre. Malgré cela, les gouvernements de l'UE ont maintenu leur politique d'escalade. La population a été plus intelligente, les Néerlandais ont rejeté l'accord par référendum, mais n'ont finalement pas pu l'empêcher. En Ukraine, l'accord de coopération de l'UE a été à l'origine des manifestations de Maïdan et, par la suite, d'une guerre civile dévastatrice.

Icône de l'archange Michel, 10e siècle, Constantinople[240]

Coup d'État du 22 février 2014 avec le soutien de l'OTAN

Le putsch du Maïdan est un événement clé. L'historien Daniele Ganser en résume l'essentiel. Il esquisse tout d'abord l'intérêt des Etats-Unis[241] :

> *En tant qu'historien et chercheur sur la paix, je mène depuis des années des recherches sur les guerres ouvertes et cachées des États-Unis et j'ai également décrit le putsch en Ukraine dans mon livre Illegale Kriege. « C'était un coup d'État sponsorisé par l'Occident, il n'y a guère de doute à ce sujet », reconnaissait déjà l'ancien collaborateur de la CIA Ray McGovern (...)[242].*

Confrontation des puissances nucléaires

> *La guerre d'Ukraine est un conflit international particulièrement délicat, car il oppose les États-Unis et la Russie, qui disposent tous deux d'armes nucléaires. Comme lors de la crise de Cuba, les deux parties jouent des cartes cachées et tentent d'attirer l'Ukraine dans leur sphère d'influence.*

> *Après la chute du mur de Berlin et l'effondrement de l'Union soviétique, l'Ukraine a déclaré son indépendance de l'Union soviétique en 1991. La faiblesse de Moscou à l'époque a donné à Washington la première occasion d'étendre l'influence américaine en Europe de l'Est et d'intégrer à l'OTAN les anciens pays membres du Pacte de Varsovie autrefois contrôlés par Moscou.*

L'élargissement de l'OTAN vers l'est et le sommet de Bucarest

> *Bien que les États-Unis aient promis à la Russie – dans le cadre de la réunification de l'Allemagne en 1990 –*

que l'OTAN ne s'étendrait pas, c'est exactement ce qui s'est passé. La Pologne, la République tchèque et la Hongrie sont devenues membres de l'OTAN en 1999. Et lors du sommet de l'OTAN en Roumanie, à Bucarest, en avril 2008, le président américain George Bush déclara que l'Ukraine ferait également partie de l'OTAN.

La Russie était furieuse, car l'Ukraine est directement limitrophe de la Russie. Aux États-Unis aussi, des voix se sont élevées pour mettre en garde. « Imaginez l'indignation de Washington si la Chine forgeait une puissante alliance militaire et tentait d'y rallier le Canada et le Mexique », a averti le politologue américain John Mearsheimer, de l'université de Chicago. Selon Mearsheimer, l'Occident a inutilement provoqué la Russie et est donc coupable de la crise en Ukraine[243].

Le sénateur John McCain sur le Maïdan

Sur le Maïdan, la place centrale de la capitale ukrainienne Kiev, un nombre croissant de personnes ont manifesté fin 2013 contre le gouvernement du président Viktor Ianoukovitch et du Premier ministre Nikolaï Azarov. Le célèbre ex-champion du monde de boxe Vitali Klitschko était l'un des meneurs des manifestations et tenait des discours enflammés en étroite concertation avec les États-Unis.

Dans cette situation tendue, l'influent sénateur américain John McCain s'est envolé pour l'Ukraine et a rendu visite à Klitschko et au camp de protestation de Maïdan le 15 décembre 2013. Le sénateur américain a encouragé les manifestants à renverser le gouvernement ukrainien[244].

Imaginez l'indignation à Washington si un parlementaire russe connu s'envolait pour le Canada afin d'aider les manifestants de la capitale Ottawa à renverser le gouvernement canadien.

C'est exactement ce que les États-Unis ont fait en Ukraine.

L'ambassade américaine à Kiev coordonne les protestations

Les leaders des protestations sur le Maïdan avaient leurs entrées à l'ambassade américaine pour y prendre leurs instructions. Certains manifestants étaient armés et s'en prenaient violemment à la police. « Les Américains ont visiblement forcé l'évolution vers la confrontation », se souvient le Premier ministre Nikolaï Azarov, qui a été renversé[245].

A l'ambassade des États-Unis à Kiev, c'est Geoffrey Pyatt, l'ambassadeur américain, qui a soutenu les manifestants et ainsi déstabilisé l'Ukraine. Pyatt était en contact direct avec l'ex-boxeur Klitschko. Les manifestations bien organisées sur le Maïdan ont pris de l'ampleur et les tensions se sont accrues à Kiev.

L'actuel président américain Joe Biden a lui aussi été directement impliqué dans le putsch, puisqu'il a soutenu la manifestation sur le Maïdan. En décembre 2013, Biden, alors vice-président sous Obama, a appelé le président Ianoukovitch dans la nuit et l'a menacé de sanctions s'il faisait évacuer le Maïdan par la police. Ianoukovitch a alors annulé l'évacuation prévue[246].

Les cinq milliards de dollars de Victoria Nuland

Au sein du département d'État américain, Victoria Nuland a été responsable du coup d'État. Sous la direction du secrétaire d'État américain John Kerry, Nuland était une collaboratrice de haut niveau du président Obama en tant que secrétaire d'État adjointe. Sous la présidence de Donald Trump, Nuland a perdu de son influence, mais le président Joe Biden l'a rappelée au ministère des Affaires étrangères en tant que secrétaire d'État. En Ukraine, Nuland voulait renverser le Premier ministre Nikolaï Azarov et le président Viktor Ianoukovitch afin d'attirer le pays dans l'OTAN, comme cela avait été décidé lors du sommet de Bucarest.

Les leaders des manifestations sur le Maïdan allaient non seulement chercher leurs instructions à l'ambassade américaine, mais aussi leur rémunération.

En décembre 2013, deux mois avant le coup d'État, Nuland avait déclaré dans une conférence : « Nous avons investi plus de cinq milliards de dollars pour aider l'Ukraine à garantir la prospérité, la sécurité et la démocratie[247]. »

Cela a également suscité des critiques aux États-Unis. Ron Paul, un ancien membre du Congrès américain, a demandé publiquement : « Nous avons entendu la secrétaire d'État adjointe Victoria Nuland se vanter du fait que les États-Unis ont dépensé cinq milliards de dollars pour le changement de régime en Ukraine. Pourquoi cela est-il acceptable[248] ? »

Le fait qu'une partie des manifestants en Ukraine ait été payée était alors un secret de polichinelle. « Il y a des gens, comme le milliardaire américain George Soros, qui financent les révolutions. Soros a également soutenu le Maïdan, y a payé des gens – qui ont gagné en deux semaines sur le Maïdan plus que pendant quatre semaines de travail en Ukraine occidentale », a expliqué Ina Kirsch, spécialiste de Ukraine, au Wiener Zeitung. « Il y a suffisamment de preuves que des gens ont été payés aussi bien sur le Maïdan que dans la contre-manifestation, l'anti-Maïdan », a déclaré Ina Kirsch, qui s'est rendue sur place à Kiev. « Il y avait des prix pour chaque prestation. Je connais des gens qui ont encaissé le matin sur l'anti-Maïdan, lors de la contre-manifestation contre les manifestations du Maïdan, puis sont allés sur le Maïdan et ont encaissé à nouveau. Ce n'est pas inhabituel en Ukraine[249]. »

Fuck the EU : l'appel téléphonique avant le putsch

La preuve centrale de l'implication des États-Unis dans le coup d'État en Ukraine est une conversation téléphonique interceptée entre Victoria Nuland et Geoffrey Pyatt, l'am-

bassadeur, le 7 février 2014, quelques jours seulement avant le coup d'État.

Lors de cet entretien téléphonique, Nuland indique qui devrait former le nouveau gouvernement en Ukraine après le putsch. « Je ne pense pas que Klitschko doive faire partie du nouveau gouvernement, je pense que ce n'est pas nécessaire et que ce n'est pas une bonne idée », décide Nuland. « Je pense que Iatseniouk est l'homme de la situation, il a l'expérience nécessaire en économie et en politique. »

En effet, Arseni Iatseniouk est devenu Premier ministre en Ukraine après le coup d'État. L'ex-boxeur Vitali Klitschko a dû se contenter du poste de maire de Kiev. Cela prouve que Victoria Nuland a planifié le putsch pour les États-Unis et l'a mené à bien. Elle a également déclaré textuellement dans la conversation téléphonique interceptée que Ban Ki-moon de l'ONU « pourrait aider à rendre l'affaire imparable, et tu sais quoi, on s'en fout de l'UE » (fuck the EU)[250].

Les tireurs d'élite font dégénérer la situation le 20 février 2014

Fin février 2014, la situation sur le Maïdan a dégénéré. Le 20 février, un massacre a eu lieu lorsque des tireurs d'élite non identifiés ont tiré sur des policiers et des manifestants depuis différents immeubles. Il y a eu plus de 40 morts. Le chaos s'est installé. Le gouvernement en place du président Viktor Ianoukovitch et son unité de police Berkut ont immédiatement été tenus pour responsables du massacre, alors qu'ils n'avaient manifestement aucun intérêt à ce que la situation s'envenime, puisqu'ils ne voulaient pas se renverser eux-mêmes. « Le monde ne doit pas regarder un dictateur massacrer son peuple », a commenté Vitali Klitschko, qui voulait renverser le gouvernement, dans le tabloïd allemand Bild.

Le changement de régime a été un succès : le président Ianoukovitch a été renversé et a fui en Russie. Il a ensuite été remplacé par le milliardaire Petro Porochenko qui, en tant que président, a immédiatement déclaré vouloir faire entrer l'Ukraine dans l'OTAN.

Voilà pour le résumé de Daniele Ganser. Le journaliste Thomas Röper a rédigé une description détaillée du coup d'État de Maïdan sur la base de sources publiques dans son gros livre Die Ukraine Krise[251]. Afin de rendre cet événement central et fatidique encore plus clair et accessible, je vais décrire certains événements plus en détail.

Novembre 2013 : début des manifestations et financement par l'Occident

Le 29 novembre 2013, l'accord de coopération à l'UE devait être signé dans le cadre du sommet de l'UE à Vilnius, la capitale de la Lituanie. Le 21 novembre 2013, le gouvernement ukrainien fit savoir qu'il souhaitait suspendre la signature. À la place, une commission trilatérale devrait être créée avec l'UE et la Russie afin de discuter plus avant des questions commerciales. Comme environ 30% du commerce extérieur de l'Ukraine se faisait avec la Russie, le gouvernement craignait qu'il ne connaisse une forte chute si la franchise douanière avec la Russie était supprimée. Or, la suppression de cette franchise était la conséquence directe de l'accord de coopération à l'UE[252]. Le gouvernement Ianoukovitch souhaitait donc maintenir l'Ukraine en tant qu'État pont entre l'Est et l'Ouest. Mais cette commission trilatérale ne vit jamais le jour en raison du refus de l'UE.

Au lieu de cela, le 21 novembre 2013, le jour où la signature de l'accord de coopération avec l'UE fut suspendue, les premières manifestations débutèrent sur le Maïdan de Kiev avec quelques centaines de personnes. Dès le premier jour, Iatseniouk (futur Premier ministre après le coup d'État) et Klitschko (champion du monde de boxe et futur maire de Kiev) s'adressèrent aux manifestants, comme le montrent les images de Hromadskoe.tv, une chaîne de télévision sur Internet qui avait soutenu le Maïdan dès le début et fourni à la presse mondiale de nombreuses images des événements qui s'y déroulèrent. Thomas Röper s'est penché sur le financement de cette chaîne :

> *Hromadskoe.tv, comme d'autres chaînes Internet que nous rencontrerons sur le Maïdan et qui l'ont soutenu, a été financée en amont par l'Occident. Ainsi, le rapport annuel 2013 de Hromadskoe.tv, qui n'est désormais plus consultable sur le web, disait que plus de la moitié des revenus de la chaîne provenaient de l'Occident : près de 80 000 euros de l'ambassade des Pays-Bas, près de 40 000 de l'ambassade des États-Unis et près de 25 000 de l'International Renaissance Fond (George Soros). Cela représente environ 145 000 euros provenant de l'Occident pour des recettes de près de 260 000 euros. Le reste, selon le rapport, est constitué de dons individuels de personnes privées. Pourtant, les coûts de Hromadskoe.tv ne se sont élevés qu'à environ 140 000 euros, ce qui signifie que le financement de l'Occident a couvert à lui seul tous les frais et que la chaîne a pu se constituer des réserves. (...)*
>
> *L'information sur le financement est importante. (...) Dans un conflit où les milliards d'un seul investisseur et les intérêts géopolitiques des superpuissances sont en jeu, et où une guerre risque même éclater par la suite, il vaut la peine de garder à l'esprit la question de savoir qui avait quels intérêts et qui a été financé par qui. La question reste posée : pourquoi les ambassades occidentales et l'investisseur américain Soros financent-ils une chaîne de télévision sur Internet, si ce n'est pour l'utiliser afin d'influencer l'évolution dans leur sens[253] ?*

Les manifestants s'installèrent sur le Maïdan, une grande place centrale de Kiev. Bien qu'un tribunal de Kiev ait interdit l'installation de tentes, la construction d'un village de tentes commença au plus tard le 24 novembre 2013 sous la direction du « commandant » Andrij Parubij, qui fut dès le début une force motrice sur le Maïdan. Parubij était membre fondateur de Svoboda, député de la Rada, et travaillait en étroite collaboration avec le leader de Secteur Droit, Dmytro Yarosh[254].

Les manifestants de Maïdan provenaient de différents groupes sociaux, mais les groupes d'extrême-droite bien organisés jouèrent le rôle de leader.

Visites d'hommes politiques occidentaux sur le Maïdan

Non seulement d'éminents hommes politiques américains firent à plusieurs reprises une apparition sur le Maïdan pour soutenir le camp des protestataires, mais des hommes politiques européens s'y succédèrent. Le 4 décembre 2013, Westerwelle, le ministre allemand des Affaires étrangères, vint dire à plusieurs reprises à Kiev que « la porte de l'UE est toujours grande ouverte ». Les 10 et 11 décembre 2013, Catherine Ashton, représentante de l'UE pour les affaires étrangères, et Victoria Nuland, vice-secrétaire d'État américaine, se rendirent sur le Maïdan, où Nuland aida symboliquement à distribuer de la nourriture aux manifestants. Thomas Röper met cela en perspective :

> *Pour comprendre ce que signifient les visites de politiciens étrangers sur le Maïdan, imaginez par exemple ce qui suit : Pegida mène sur la Potsdamer Platz à Berlin des manifestations de masse non autorisées et sanglantes, qui se prolongent pendant des semaines. Les manifestants exigent la démission du gouvernement et, dans cette situation, le ministre russe ou chinois des Affaires étrangères se rend à Berlin et continue d'encourager les manifestants. Une telle attitude serait immédiatement condamnée comme ingérence dans les affaires intérieures de l'Allemagne. Cette comparaison rend d'autant plus surprenant le fait que le gouvernement ukrainien n'ait pas protesté contre ces visites, ni même tenté de les empêcher[255].*

Tentatives de désescalade du gouvernement Ianoukovitch

Le camp de la protestation non autorisé ne fut pas évacué par la police, comme cela aurait été le cas dans la plupart des États. Bien au contraire : les manifestants occupèrent plusieurs bâtiments gouvernementaux au fil des semaines. Même cela, le gouvernement de Ianoukovitch le laissa faire. Il ne voulait pas d'une escalade.

Après l'aggravation des protestations en janvier 2014, le président Ianoukovitch prit des mesures importantes pour apaiser la situation. Le 28 janvier, Azarov, le Premier ministre, et l'ensemble du gouvernement démissionnèrent et le Parlement ukrainien leva la restriction du droit de manifester décidée précédemment. Le président alla même jusqu'à proposer le poste de Premier ministre à son adversaire Arseni Yatseniouk, qui était l'adjoint de la dirigeante de l'opposition emprisonnée Timochenko, et le poste de vice-Premier ministre à Vitali Klitschko. Mais l'opposition refusa de participer au gouvernement. L'ancien gouvernement resta donc provisoirement en place[257].

Prise du ministère de la justice à Kiev le 27 janvier 2014[256]

En Ukraine, le président a de très nombreux pouvoirs politiques ; il n'est pas comparable au président fédéral en Allemagne, qui ne remplit presque que des tâches représentatives. Selon la Constitution ukrainienne de 1996, le président peut nommer et révoquer le Premier ministre et le cabinet gouvernemental, même sans l'accord du Parlement. En outre, il dirige directement la politique étrangère et les forces armées[258].

Ianoukovitch avait tenté de maintenir l'Ukraine en équilibre et de garder le pays uni. Grâce aux concessions du président, la situation sur le Maïdan se désamorça. Un compromis pacifique semblait possible et évident. Le mandat régulier du président Ianoukovitch, qui était entré en fonction en 2010 à la suite d'une élection démocratique – vérifiée et reconnue par l'Occident –, arrivait à échéance en 2015. Il était prêt à partager le pouvoir avec l'opposition pendant les mois restants et à nommer cette dernière comme gouvernement. Pour l'opposition, il n'y avait donc aucune raison impérieuse de pousser les protestations à l'extrême.

Mais en coulisses, d'autres décisions furent prises : il ne devait pas y avoir de solution démocratique, mais un renversement violent. Le mardi 18 février 2014 eut lieu une explosion de violence – inexplicable au vu de la situation.

18-20 février 2014 : plus d'une centaine de morts sur le Maïdan

À partir du mardi 18 février 2014, les événements commencèrent à s'enchaîner. Thomas Röper écrit[259] :

> *Dès le 17 février, les médias ukrainiens rapportèrent que Secteur droit avait ordonné à ses unités de se tenir prêtes au combat, justifiant cette décision par une « attaque pacifique » contre le Parlement prévue pour le lendemain matin. Dans ce contexte, la question de savoir pourquoi on se tenait prêt à combattre lors d'une « attaque pacifique » est une bonne question. (...)*
>
> *Le 22 février, le journal Die Welt consacra une analyse à cette organisation sous le titre « Le groupe extrémiste*

ukrainien Secteur droit ». L'article indiquait que l'organisation paramilitaire était apparue pour la première fois lors de manifestations fin novembre à Kiev. Il s'agissait de forces d'autodéfense qui interviennent généralement en première ligne et gardent les barricades. À l'échelle nationale, le groupe lui-même estime le potentiel de mobilisation à 5000 personnes, avec une forte tendance à la hausse. Les membres sont connus pour leur allure martiale. Ils portent des uniformes de camouflage, des casques et des masques de ski. Dmitri Yarosh, le leader, admet ouvertement disposer d'armes à feu. « Il y en a assez pour défendre tout le pays », a déclaré début février au magazine américain Time ce philologue de 42 ans originaire de la ville de Dnieprodzerjinsk.

Afin de bien situer les efforts de la police ukrainienne pour empêcher une percée des manifestants vers la Rada [le Parlement ukrainien], il ne faut pas oublier qu'en Allemagne, par exemple, il est également interdit de manifester dans la zone protégée autour du quartier du gouvernement (§ 16 VersG, § 1 BefBezG). Les manifestations et les rassemblements dans les zones protégées autour du Bundestag, du Bundesrat et des parlements régionaux sont en principe interdits, sauf exception, lorsqu'aucune perturbation n'est à prévoir, ce qui est surtout le cas les jours où il n'y a pas de session. Il est difficile d'imaginer (et d'ailleurs contraire à la loi) la police de Berlin laisser des milliers de manifestants cagoulés, prêts à recourir à la violence et armés au moins de pavés et de cocktails Molotov, se rendre au Bundestag sans être dérangés (...).

Le matin du 18 février 2014, de graves affrontements eurent lieu devant la Rada lorsque des manifestants tentèrent de forcer les barrages de police qui l'entouraient. La police utilisa des gaz lacrymogènes et des grenades aveuglantes, les manifestants jetèrent des pierres et des cocktails Molotov sur la police et mirent le feu à des véhicules. (...) Les médias occidentaux, russes et ukrainiens

Matin du 19 février 2014 sur le Maïdan : la maison des syndicats brûle[260].

Le matin du 20 février 2014 sur le Maïdan à Kiev, juste avant les tirs de snipers sur les policiers et les manifestants[261].

> *s'accordent à dire que 25 personnes sont mortes à la suite de ces violences. (...)*
>
> *Le 19 février, Kiev était relativement calme après la « nuit de sang » (Spiegel du 19 février), et le gouvernement et l'opposition se mirent d'accord sur un cessez-le-feu. (...)*
>
> *Bien que le gouvernement et l'opposition aient décidé d'un cessez-le-feu, l'escalade reprit le 20 février, car Secteur droit et d'autres groupes radicaux refusèrent de renoncer à la violence.*

De nouvelles négociations entre le président Ianoukovitch et les leaders des manifestations du Maïdan étaient prévues pour le 20 février au soir. Pour tenter une médiation, les ministres des Affaires étrangères allemand, français et polonais s'envolèrent ce jour-là pour Kiev. En amont de cette rencontre eut lieu un véritable excès de violence.

Moritz Gathmann, un correspondant allemand, rapporta que tôt jeudi 20 février au matin, des bus arrivèrent sur le Maïdan en provenance de l'ouest de l'Ukraine, où des militants extrémistes s'étaient introduits la veille dans une caserne et avaient volé des armes[262]. Mathias Bröckers poursuit :

> *À 9 heures du matin, des militants de l'opposition prirent d'assaut les barricades de la police, tandis que des tireurs d'élite, dont les commanditaires n'ont toujours pas été identifiés, ouvraient le feu. Ils provoquèrent un bain de sang qui éclipsa les événements du 18 février, en visant à la fois les manifestants et les forces de sécurité. La stratégie bien connue consistant à tuer en même temps les représentants de deux parties au conflit, de sorte que chaque groupe suppose que l'autre a tiré sur lui, a fonctionné : le chaos et la colère aveugle s'installèrent[263].*

Touchés par balles, les policiers tirèrent. Tout policier le ferait pour se défendre. Les manifestants utilisèrent également des pistolets et des fusils, comme le montrent les vidéos. Plus de 50 personnes sont mortes des suites de blessures par balle. La grande question est de savoir qui étaient les tireurs d'élite au début de l'échauffourée.

Qui était le commanditaire des tireurs d'élite ?

Ce qui est particulier, c'est que les tireurs d'élite ont tiré à la fois sur les policiers et sur les manifestants. Normalement, les policiers ne tirent pas sur les policiers et les manifestants ne tirent pas sur les manifestants. Les tireurs d'élite devaient donc venir d'une tierce partie qui avait un intérêt particulier à ce que la situation dégénère dans la violence.

Une nouvelle escalade n'était pas dans l'intention du président Ianoukovitch, car il savait qu'elle conduirait finalement à sa chute. Ianoukovitch tenta de désamorcer la situation en rencontrant souvent les manifestants et en leur faisant de larges concessions. Mais une escalade de la violence jusqu'à la chute du gouvernement était sans nul doute ce que cherchait l'implacable Secteur droit de Dmitri Yarosh. Les soupçons se portent également sur les services secrets des États-Unis, car ceux-ci ont souvent été à l'origine de renversements de gouvernement et ne reculent pas devant les morts. Et, comme nous l'avons vu, ce sont eux qui, préparés de longue date, étaient intéressés par un gouvernement radicalement anti-russe et dépendant d'eux en Ukraine, qui n'aurait sans doute pas pu être mis en place par des élections démocratiques légales.

Certains indices laissent penser que les tireurs d'élite étaient des tueurs professionnels mandatés. Mathias Bröckers à ce sujet[264] :

> *En mars, le magazine Monitor de la chaîne ARD envoya une équipe d'enquêteurs à Kiev afin d'analyser plus précisément le contexte des événements du 20 février.[265] Oleksandr Lisowoi, un médecin de l'hôpital n°6 de Kiev qui avait soigné des blessés des deux camps, a dit clairement aux journalistes allemands : « Les blessés que nous avons soignés avaient le même type de blessures par balle, je parle maintenant du type de balles que nous avons extraites des corps : elles étaient identiques. C'est tout ce que je peux dire. » Et un membre haut placé de la commission d'enquête a déclaré à l'ARD [1ère chaine de télévision allemande] : « Les résultats dont je dispose après mon enquête ne correspondent pas aux déclarations du parquet. »*

Comme on le sait, celui-ci avait rendu Ianoukovitch res-
ponsable de l'intervention des tireurs d'élite. Le chef du
parquet était le représentant du parti d'extrême droite
Svoboda, qui n'arriva au pouvoir que suite aux événe-
ments du 20 février.

L'équipe de l'ARD a rapporté des détails essentiels qui
n'apparaissaient pas dans les rapports officiels, par
exemple que les opposants avaient également été sous les
tirs depuis l'hôtel Ukraina, qui se trouvait dans leur dos.
Un témoin a déclaré : « Nous avons été pris sous les tirs
de face et aussi par derrière, notamment depuis le hui-
tième ou le neuvième étage de l'hôtel Ukraina. Dans tous
les cas, c'étaient des professionnels. » Mais ce jour-là,
l'hôtel, où logeaient également de nombreux représen-
tants des médias, était fermement aux mains [de mili-
tants d'extrême-droite du Maïdan]. Selon les recherches
de l'ARD, ces derniers avaient introduit des contrôles à
l'entrée le matin du 20 février, de sorte que seuls ceux qui
possédaient une clé de chambre ou une pièce d'identité
pouvaient entrer dans l'hôtel.

Par ailleurs, l'équipe de l'ARD a rencontré à Kiev un
radio-amateur qui avait enregistré les échanges radio
des tireurs d'élite du gouvernement de Ianoukovitch le
matin du 20 février. On y entend un tireur d'élite deman-
der à ses collègues par radio : « Qui a tiré ? Nos hommes
ne tirent pas sur des personnes non armées. » Peu de
temps après, un autre répond : « Quelqu'un lui a tiré des-
sus. Mais pas nous. » Puis il ajoute : « Y a-t-il d'autres
tireurs ? Et qui sont-ils ? » L'opérateur radio a envoyé
ses enregistrements révélateurs aux autorités chargées
de l'enquête. Mais, selon son témoignage, celles-ci ne s'y
sont pas intéressées [après le putsch, les services d'en-
quête avaient été recomposés par le nouveau gouverne-
ment].

Les recherches critiques du magazine Monitor de la chaîne ARD, diffusé le 10 avril 2014, sont restées une exception. La plupart des médias

mainstream ont répété sans se poser de questions que Ianoukovitch était responsable des morts sur le Maïdan. Pourquoi ? Le nouveau gouvernement de Kiev avait besoin de cette accusation pour garantir sa crédibilité. S'il s'avérait que les tireurs avaient été mandatés par les putschistes et que cette information était largement diffusée dans les médias, il aurait perdu toute crédibilité. Les États-Unis voulaient, après le coup d'État, le gouvernement qu'ils avaient eux-mêmes choisi. C'est pourquoi il était également dans leur intérêt que les commanditaires des tireurs d'élite ne soient pas identifiés.

Au fil des années, de nombreux indices supplémentaires ont été recueillis. Par exemple, en 2017, trois Géorgiens ont avoué à la télévision italienne leur participation aux meurtres commis par les snipers, affirmant y avoir été incités par un politicien de l'opposition ukrainienne et, concrètement, commandés sur place par un Américain – un ex-tireur d'élite d'une unité américaine[266]. Bien sûr, ces aveux peuvent aussi être de la désinformation, mais ce n'est pas certain et devrait donc être examiné de près par des enquêteurs indépendants – ce qui n'a pas été fait. Seule la chaîne russe Sputnik a présenté en février 2018 les billets d'avion des Géorgiens qui ont avoué. Il semble donc qu'ils étaient bien à Kiev à ce moment-là[267].

Pas de conclusions officielles de l'enquête

Le parquet ukrainien n'a pas rendu de conclusions définitives. Les avocats des personnes qui étaient initialement du côté des manifestants et qui ont été blessées par balle ont vivement critiqué le nouveau gouvernement et le parquet, car ils n'ont eu accès à aucun dossier, expertise ou conclusion d'enquête. Ils ont également accusé les autorités compétentes de dissimulation. Des organisations indépendantes ayant critiqué les enquêtes de Kiev rejoignirent ces critiques au cours de l'année, en particulier le Haut-Commissariat des Nations unies pour les réfugiés (HCR) et le Conseil de l'Europe[268].

Pourquoi n'y a-t-il pas eu d'enquête sérieuse ? Les responsables de l'enquête étaient Makhnitsky, le procureur général nouvellement nommé par le gouvernement putschiste, et Nalvaichenko, le nouveau chef des services secrets.

Makhnitsky était un membre actif du parti d'extrême droite et nationaliste Svoboda. Les médias et les gouvernements occidentaux n'ont jamais posé la question de savoir comment il était possible qu'un extrémiste de droite puisse, en tant que procureur général à Kiev, garantir l'État de droit. Nalyvaitchenko était à l'époque membre du parti *Udar*, dirigé par Klitschko, député de la Rada et lié aux réseaux d'extrême droite. Thomas Röper écrit à propos de Nalyvaichenko :

> *Il connaissait le fondateur de Secteur droit, Dmitri Yarosh, pour avoir travaillé avec lui pendant des années ; ensemble, ils ont été soutenus par l'Ordre Trisub, d'extrême-droite, allié à Secteur droit. Sur son site Internet, Trisub cite son slogan, « Dieu, Ukraine, liberté », son cri de guerre, « Heil Ukraine ! Gloire aux héros ! » et expose son idéologie, le « nationalisme ukrainien ». Le Centre fédéral pour l'éducation politique a également qualifié Trisub de « cercle d'extrémistes nationalistes, en partie ultraconservateur et en partie néonazi ». (...)*
>
> *Il n'est toutefois pas sans importance de savoir qui, à Kiev, a mené l'enquête sur les tirs mortels du Maïdan. Le fait que ce soit Machnizky signifiait qu'il aurait également dû enquêter sur ses camarades de parti. Après tout, on soupçonnait les tireurs du côté de l'opposition (...) précisément dans les rangs des radicaux de Svoboda et de Secteur droit. Enfin, dans ce cas, Andrij Parubij, en tant que commandant du Maïdan et responsable de ses forces d'autodéfense, aurait été l'un des suspects potentiels. Et Parubij a lui aussi des racines politiques au sein de Svoboda[269].*

Andrij Parubij devint chef du Conseil national de sécurité et de défense après le coup d'État et, dans ce rôle, fut responsable du début de la guerre du Donbass. Avec Makhnitsky, Nalyvaichenko et Parubij, ce sont trois nationalistes d'extrême droite qui ont accédé à des postes politiques centraux à la suite du coup d'État du Maïdan.

Vendredi 21 février 2014 après-midi : Ianoukovitch satisfait les principales revendications de l'opposition du Maïdan

Après le massacre du 20 février, des négociations eurent lieu jeudi soir et vendredi entre le président Ianoukovitch et les leaders des manifestations du Maïdan. Les ministres des Affaires étrangères allemand, polonais et français, ainsi que Vladimir Loukine, le médiateur russe, participèrent également aux négociations. Celles-ci traînèrent en longueur. Le vendredi 21 février à 16 heures, heure locale, on finit par annoncer qu'un accord avait été conclu. Dans celui-ci, Ianoukovitch acceptait les principales revendications de l'opposition, et une solution démocratique pacifique était prévue avec des élections anticipées[270].

Le ministère allemand des Affaires étrangères fit état de cet accord dans un communiqué de presse publié le vendredi 21 février :

> *Le président Viktor Ianoukovitch et les leaders de l'opposition sont parvenus à un accord provisoire pour résoudre la crise politique interne en Ukraine. (...)*
>
> *Steinmeier, le ministre des Affaires étrangères, a participé à la négociation de l'accord en tant que médiateur. L'accord provisoire entre le gouvernement et l'opposition en Ukraine prévoit un retour à la Constitution de 2004 dans les 48 heures suivant la signature. En outre, un gouvernement transitoire d'unité nationale doit être formé dans les dix jours et la Constitution réformée d'ici septembre 2014. Des élections présidentielles devraient avoir lieu dès qu'une nouvelle Constitution aura été adoptée, mais au plus tard en décembre 2014. Les autorités ukrainiennes compétentes, en collaboration avec l'opposition et le Conseil de l'Europe, devront mener une enquête sur les récents actes de violence et mettre la lumière sur ces événements. (...)*
>
> *Après le départ du ministre français des Affaires étrangères pour un voyage en Chine prévu de longue date, le jeudi soir, Steinmeier et Sikorski sont restés à Kiev et, jusqu'aux premières heures de la matinée, ont négocié*

une solution avec toutes les parties concernées. Le ven-
dredi 21 février, ils ont participé avec les trois leaders de
l'opposition, Klitschko, Yatseniouk et Tyahnybok, à une
réunion du « Conseil du Maïdan ». Cet organisme ras-
semble différents groupes d'opposants au gouvernement
qui avaient jusqu'à présent exigé le départ immédiat du
président Ianoukovitch. Après l'entretien avec les deux
ministres des Affaires étrangères, les représentants du
Conseil du Maïdan ont également soutenu l'accord. La
voie vers la signature était ainsi ouverte[271].

Les ministres des Affaires étrangères de l'Allemagne, de la France et de la Pologne ont également signé l'accord en tant que garants[272]. L'accord prévoyait également que :

Les autorités et l'opposition s'abstiendront de recourir à
la violence. (...) Les deux parties feront de sérieux efforts
pour normaliser la vie dans les villes et les villages, en
se retirant des bâtiments administratifs et publics et en
débloquant les rues, les parcs et les places. Les armes illé-
gales devront être remises au ministère de l'Intérieur
dans les 24 heures suivant l'entrée en vigueur de la loi
spéciale, conformément au point 1 du présent document.
(...) Les autorités et l'opposition réduiront la confronta-
tion. Le gouvernement n'utilisera les forces de l'ordre que
pour la protection physique des bâtiments publics[273].

En principe, Ianoukovitch avait ainsi satisfait les principales exigences de l'opposition, à l'exception de sa propre démission immédiate. Le retour à la Constitution de 2004 devait priver le président de ses pouvoirs, donner le pouvoir aux politiciens de l'opposition au sein du gouvernement de transition et avancer la date des nouvelles élections.

Mais l'accord ne valait pas le papier sur lequel il était écrit. Thomas Röper en dresse le bilan :

Nous savons aujourd'hui que cet accord a été rompu sur
presque tous les points par l'opposition de l'époque et le
nouveau gouvernement. Les réformes constitutionnelles
demandées n'ont toujours pas eu lieu, seule la Constitu-

tion de 2004 a été mise en vigueur. Les élections prési-
dentielles anticipées mentionnées ont été organisées sans
qu'une nouvelle Constitution n'ait été adoptée au pré-
alable. Les enquêtes sur les « violences récentes » n'ont
pas non plus été achevées à ce jour, et le Conseil de l'Eu-
rope n'a fait état d'aucun progrès significatif. Et les forces
armées illégales du Maïdan n'ont jamais été désarmées[274].

Les militants de Secteur droit avaient besoin de ces armes pour continuer à exercer leur tyrannie.

Vendredi 21 février 2014 dans la nuit : Ianoukovitch s'enfuit après avoir été menacé de mort

Les leaders de l'opposition et le Conseil du Maïdan, qui avaient approuvé
l'accord avec Ianoukovitch, ne l'appliquèrent pas. Au contraire, la situation s'envenima. Le Spiegel donna tard dans la soirée du 21 février,
sous le titre « protestations à Kiev : les radicaux posent un ultimatum à
Ianoukovitch », des informations plus détaillées sur la propension à la
violence de Secteur droit :

Des manifestants en colère à Kiev ont rejeté l'accord
conclu vendredi soir entre l'opposition et le gouverne-
ment. Dmitri Yarosh, leader du groupuscule extrémiste
dissident Secteur droit, a annoncé sur le Maïdan qu'il
ne déposerait pas les armes tant que le président Vik-
tor Ianoukovitch n'aurait pas démissionné. Les militants
nationalistes ont été applaudis lorsqu'ils ont annoncé
qu'ils prendraient d'assaut le bureau présidentiel samedi
matin si Ianoukovitch n'était pas parti d'ici là. Des mil-
liers de manifestants ont crié : « Mort au criminel ! »[275].

Thomas Röper raconte les autres événements de la nuit du 21 février[276] :

Dans la nuit, les combattants de Secteur droit ont pris
d'assaut le quartier du gouvernement, qui n'était plus
surveillé depuis le départ de la police de Kiev. Le soir
même, l'Ukrainskaya Pravda a publié un article intitulé
« Parubij : le Maïdan contrôle désormais tout Kiev »,

relatant l'intervention de Parubij sur le Maïdan, au cours de laquelle il a annoncé que le quartier du gouvernement et divers autres bâtiments étaient désormais occupés par les forces d'autodéfense. Celles-ci étaient déjà organisées de manière paramilitaire à ce moment-là, comme cela avait déjà été signalé à plusieurs reprises des semaines auparavant, car il a cité les unités de cent hommes actives par leur numéro : « La 15ᵉ unité est chargée de surveiller le ministère de l'Intérieur. »

La garde personnelle de Ianoukovitch, ne pouvant plus garantir sa sécurité, lui dit que la tempête arrivait et qu'il ne lui restait qu'une quarantaine de minutes[277]. Avant minuit, Ianoukovitch monta dans un hélicoptère et s'envola pour Kharkov, dans l'est de l'Ukraine.

La violence torpille la solution pacifique

Revenons sur les 20 et 21 février. En l'espace de deux jours, l'ordre politique encore en vigueur avait été bouleversé et une zone de non-droit créée. Le levier était actionné pour tout ce qui allait suivre.

Des négociations, qui devaient aboutir à une solution pacifique du conflit, étaient prévues pour le jeudi 20 février. Dans ce but, Frank-Walter Steinmeier, le ministre allemand des Affaires étrangères, ainsi que ses homologues français et polonais, se rendirent à Kiev le matin du 20 février.

Une solution pacifique put être trouvée grâce aux très larges concessions faites par le président Ianoukovitch aux leaders de la contestation du Maïdan ; le compromis le plus important était l'organisation d'élections présidentielles anticipées. Lors de ces élections, un nouveau président aurait pu être élu de manière constitutionnelle et démocratique par la population de l'ensemble de l'Ukraine – donc également par les citoyens des régions orientales. Il n'est pas certain que l'un des leaders de la droite aurait obtenu la majorité.

Le même jour, le 20 février au matin, des coups de feu mortels sont tirés de manière ciblée sur les manifestants et les forces de sécurité de l'État sur le Maïdan. L'horreur de ces événements fait voler en éclats tout ce qu'il restait d'ordre et d'orientation. Les meurtres constituent un choc qui renverse toutes les barrières. Le fait que l'on ne tire pas seulement sur les manifestants – ce que l'on aurait pu mettre sur le dos de Ianoukovitch – mais aussi sur les policiers a pour effet psychologique de susciter une colère pure dans un chaos total, où l'on perd tous ses repères et où tout le connu a disparu.

Les négociations sont ainsi torpillées avant même d'être conclues. Quel que soit le résultat, cela n'a plus d'importance. La violence s'impose. Les combattants violents de Maïdan s'autoproclament désormais forces de sécurité. Les organes de l'État sont obsolètes. Le bloc de droite prend le relais de l'État.

Du fait que des policiers avaient également été abattus lors du massacre et qu'ils étaient donc eux-mêmes victimes de tirs mortels, les forces de sécurité régulières ne pouvaient plus se porter garantes de la sécurité. Ainsi, à y regarder de plus près, on se rend compte que cette irrationalité apparente – tirer à la fois sur des manifestants et sur des policiers – était calculée et ciblée.

Les négociations du jeudi 20 février se poursuivent jusqu'aux premières heures du 21 février. Le vendredi 21 février, l'accord d'une solution pacifique est annoncé. Mais dans le chaos ainsi créé, les forces les plus radicales peuvent l'ignorer et avancer imperturbablement.

Samedi 22 février 2014 : le Parlement, harcelé, dépose Ianoukovitch

Thomas Röper écrit[278] :

> Le 22 février, le Parlement ukrainien, la Rada, s'est réuni dans des conditions mouvementées. Après que la police se fut retirée le jour de la conférence et que les forces d'autodéfense de Maïdan eurent pris d'assaut le quartier du gouvernement dans la nuit, les députés furent obligés, pour se rendre à la Rada, de traverser des groupes d'hommes masqués armés et munis de boucliers métalliques. (...)

Les médias occidentaux ont certes rendu compte de cette surveillance, mais ont omis de poser question : n'y avait-il pas là une intimidation des députés et les votes pouvaient-ils être reconnus dans de telles circonstances ? Interrogation tout à fait justifiée, comme le montre la comparaison suivante : imaginons que les députés du Bundestag doivent, avant un vote important, traverser les rangs d'autonomes ou de hooligans masqués et armés, y compris dans les couloirs du Bundestag et dans l'hémicycle lui-même, en l'absence de toute police. Il ne serait pas surprenant que les députés qui défendent la position contraire à celle des personnes masquées ne participent pas à une telle séance ou, par peur, votent comme le veulent les personnes masquées. On est en droit de se demander si les résultats de tels votes seraient légitimes, alors qu'une partie des députés ne se présente pas ou est trop effrayée pour voter librement.

Certains rapports indiquent que des députés indésirables ont été molestés devant le Parlement et que l'accès leur a été refusé. Mathias Bröckers décrit la situation :

Le résultat [de l'intimidation] est illustré par des images filmées du vote dans la salle du Parlement : les rangs des partis d'opposition étaient densément remplis, tandis que ceux des deux groupes parlementaires, où siégeaient habituellement les communistes et les représentants du « Parti des régions » de Ianoukovitch, étaient restés quasiment vides. Lors du vote sur la destitution de Ianoukovitch, il n'y a pas eu une seule voix contre, mettant en évidence l'atmosphère d'intimidation dans laquelle s'est déroulée cette destitution. Le même week-end, le siège du parti communiste à Kiev a été pris d'assaut par des militants[279].

Des rapports indiquent également que les combattants de l'Euro-Maïdan ont arrêté les députés du parti communiste, et que les bulletins de certains députés auraient été confisquées et utilisées par d'autres au Parlement lors des votes.

Cela me rappelle l'arrivée au pouvoir des nazis allemands, qui s'était accompagnée de la menace, de l'arrestation et de l'assassinat de députés communistes ou sociaux-démocrates du Reichstag par les unités paramilitaires nazies. Le Reichstag se vida tant et si bien qu'il finit par statuer dans le sens des nazis.

Les gouvernements occidentaux et les médias mainstream étaient au courant des circonstances dans lesquelles Ianoukovitch a été destitué. Peu importe. On se réjouit que l'Euro-Maïdan, soutenu par l'Occident, se soit imposé. Le nouveau gouvernement de transition fut immédiatement reconnu et soutenu. Le fait qu'il s'agisse clairement d'une prise de pouvoir anticonstitutionnelle n'avait aucune importance pour les représentants de « l'ordre fondé sur des règles ».

Destitution anticonstitutionnelle de Ianoukovitch

Thomas Röper explique la situation juridique[280] :

Jusqu'à aujourd'hui, Poutine qualifie la destitution de Ianoukovitch de « prise de pouvoir armée » ou de « coup d'État anticonstitutionnel ». Il vaut donc la peine de jeter un coup d'œil à la Constitution ukrainienne[281] pour vérifier s'il s'agit de propagande ou de vérité. L'article 108 de la Constitution ukrainienne régit les circonstances dans lesquelles une présidence peut prendre fin de manière anticipée et mentionne quatre motifs : « 1) démission ; 2) empêchement d'exercer la fonction pour des raisons de santé ; 3) destitution dans le cadre d'une procédure de destitution ; 4) décès ».

Comme Ianoukovitch avait refusé de démissionner, qu'il n'y avait pas de raisons de santé et qu'il n'était pas mort, il devait être destitué par une procédure de destitution, conformément à la Constitution. Cette question est réglée par l'article 111 : « Le président de l'Ukraine peut être démis de ses fonctions de manière anticipée par le Parlement dans le cadre d'une procédure de destitution pour avoir commis une trahison ou un autre crime. La question de la destitution du président de la République dans le cadre d'une procédure de destitution est initiée par la majorité du nombre de membres du Parlement de l'Ukraine déterminé par la Constitution. »

La procédure est ensuite définie : une commission d'enquête avec un procureur et un enquêteur spécial est créée. Sur la base de l'enquête, une décision d'inculpation est prise. Ensuite, l'affaire est examinée par la Cour constitutionnelle. Ce n'est qu'ensuite qu'il y a un vote à la Rada, au cours duquel au moins 75% de l'ensemble des députés doivent voter en faveur de la destitution. Il est intéressant de noter que dans sa loi sur la destitution de Ianoukovitch, la Rada s'est référée [non pas à l'article 111 que nous venons d'expliquer, mais] à l'article 112 de la Constitution, qui n'a pourtant rien à voir avec la destitution, mais qui stipule seulement que le Premier ministre assure l'intérim pendant la période de transition jusqu'à l'élection d'un nouveau président. (...)

Cependant, étant donné que ce jour-là, le samedi 22 février, seul un vote sur la destitution a eu lieu, sans les préparatifs prévus par la Constitution (commission d'enquête, rapport, examen par la Cour constitutionnelle, etc.), la destitution de Ianoukovitch doit être qualifiée d'anticonstitutionnelle. À cela s'ajoute le fait que la majorité de 75% des députés prévue par la Constitution pour une destitution n'a pas été atteinte. En effet, 328 des 450 députés ont voté en faveur de la destitution, soit seulement 73%.

Nous constatons que : premièrement, les étapes de la destitution définies dans la Constitution ukrainienne n'ont pas été respectées ; deuxièmement, la majorité requise au Parlement n'a pas été atteinte ; troisièmement, la loi sur la destitution n'a pas invoqué l'article 111 de la Constitution, mais l'article 112, qui n'a rien à voir avec la destitution d'un président. Il s'agit là de trois violations objectives de la Constitution, raison pour laquelle la destitution de Ianoukovitch était illégale selon la lettre de la loi et constituait une violation de la Constitution.

En raison des circonstances militantes et du caractère manifestement anticonstitutionnel de la destitution, il est légitime de parler de coup d'État. Egon Bahr, l'ancien maître à penser de l'Ostpolitik allemande, a lui aussi déclaré : « *Je ne sais pas quelle est la base légale du gouvernement actuellement en place à Kiev[282].* »

Mais les gouvernements occidentaux ne se souciaient pas de l'inconstitutionnalité. Le coup d'État n'a pas été critiqué. Manifestement, l'état d'esprit dominant était le suivant : nous ne devons respecter les lois que si elles nous sont utiles. Si elles nous gênent, nous pouvons les ignorer. Après coup, des juristes ont inventé des justifications, disant par exemple que le texte de la Constitution était lacunaire et qu'il était donc nécessaire de l'interpréter[283].

Le 27 février 2014, cinq jours après la destitution de Ianoukovitch, le nouveau gouvernement de transition fut confirmé, sous la direction d'Arseni Iatseniouk en tant que nouveau Premier ministre. Il comprenait six membres de son « Parti de la patrie », dont les nouveaux ministres de la Justice et de l'Intérieur. Le parti nationaliste d'extrême droite Svoboda comptait quatre membres, dont le ministre de la Défense. Il y avait également quinze ministres non affiliés à un parti, dont la plupart étaient issus des rangs des leaders du Maïdan. Le ministre de la Culture, Sergei Kvit, de Trisub (droite nationaliste), était proche du chef de Secteur droit, Dimitri Yarosh[284]. Svoboda a également occupé le poste de procureur général avec Makhnitsky et le chef du Conseil national de sécurité et de défense avec Parubij. Là encore, les gouvernements occidentaux n'ont pas émis de réserves.

Quel était le but du coup d'État de Maïdan ?

Les événements ne sont pas faciles à comprendre. Le 21 février après-midi, Ianoukovitch avait signé avec l'opposition un accord par lequel il abandonnait pratiquement le pouvoir. Il avait accepté presque tout ce que l'opposition demandait et avait même ordonné à la police de quitter Kiev. Mais les militants du Maïdan, au lieu d'évacuer les bâtiments administratifs occupés et de démanteler les barricades comme le prévoyait l'accord, bouclèrent le palais présidentiel et d'autres bâtiments gouvernementaux quelques heures seulement après la signature, et cherchèrent à attenter à la vie de Ianoukovitch.

Alors qu'il y avait une solution pacifique négociée, le massacre du Maïdan et le non-respect de l'accord conclu plongèrent l'Ukraine dans le chaos et la division. Pourquoi ? Qui voyait ici un avantage par rapport à la mise en œuvre d'une solution pacifique et démocratique ? J'ai longuement réfléchi à la question et je n'ai trouvé que ces quatre éléments de réponse :

1. Le coup d'État a donné au parti néonazi Svoboda et à Secteur droit une influence disproportionnée au sein du gouvernement. Les partis d'opposition du Maïdan se sont assuré le pouvoir armé au sein de l'État et ont placé les leurs, devenus ministre de l'Intérieur, ministre de la Défense, chef des services de renseignement et président du Conseil de sécurité. Ils ont ainsi créé un centre de pouvoir fort. Par ailleurs, l'accord avec Ianoukovitch prévoyait un gouvernement transitoire d'unité nationale, c'est-à-dire un gouvernement multipartite comprenant tous les partis au Parlement, auquel les communistes, le Parti des régions et d'autres partis auraient dû être associés. L'influence de l'extrême droite aurait alors été nettement moindre.

2. Il ne fallait pas que le président fasse obstruction. Avec le retour à la Constitution de 2004, il avait certes moins d'influence, mais il aurait quand même pu entraver la signature et la promulgation des lois. Le coup d'État a supprimé cette possibilité.

3. Les enquêtes sur Secteur droit concernant les meurtres commis sur le Maïdan ont été empêchées par le fait que les services d'enquête étaient occupés par leurs partisans.

4. Une guerre contre les Russes de l'est de l'Ukraine et une division irréversible du pays devenaient possibles.

Pour que l'on comprenne le quatrième point, il faut que je l'explique un peu. Comme nous l'avons vu, les nationalistes ukrainiens visaient une épuration ethnique, ils voulaient éliminer tout ce qui était russe : « Gloire à l'Ukraine ! », « L'Ukraine aux Ukrainiens », « Ukrainisation »... Dans un pays où 30% des habitants sont de langue maternelle russe, cela ne peut se faire que par un choc, une agression. Pour cela, les néonazis avaient besoin d'un pouvoir de décision, du moins jusqu'à ce que la division soit poussée à un point tel qu'elle ne puisse plus être inversée.

C'est pourquoi les premières actions du gouvernement putschiste ont été :

- d'abroger la loi sur la protection des langues minoritaires ;

- de donner un statut officiel aux unités de cent hommes du Maïdan et de les financer en tant que garde nationale ;

- et, avant même la tenue de nouvelles élections, d'envoyer des militaires dans le Donbass et de faire tirer sur les personnes qui manifestaient contre le coup d'État. Des chars, l'artillerie et l'aviation furent utilisés contre des civils non armés.

L'ordre de marche fut donné le 13 avril 2014 lors d'une réunion du Conseil de sécurité ukrainien à laquelle le chef de la CIA de l'époque participait en mission secrète[285]. Ce fut le début de la guerre du Donbass, qui a duré huit ans, jusqu'à ce qu'elle devienne la guerre d'Ukraine en 2022. Les néonazis avaient atteint leur objectif de détruire durablement l'amitié entre Ukrainiens et Ukrainiens russes.

Le but de ce coup d'État violent était donc de permettre aux militants nationalistes, en tant que minorité, de marquer de leur empreinte l'évolution de l'Ukraine.

Quel était le sens de l'accord du 21 février 2014 ?

Une autre énigme est de savoir à quoi a servi l'accord du 21 février entre les dirigeants du Maïdan et Ianoukovitch, avec la participation de trois ministres des Affaires étrangères. Théoriquement, il aurait permis de trouver une solution pacifique à la crise politique. Or, si les représentants du Maïdan l'ont signé, ils ne l'ont pas appliqué et ont même immédiatement fait le contraire. S'ils ne voulaient pas du tout de l'accord, pourquoi l'ont-ils signé ? Quel était leur avantage ? Ils auraient pu tout aussi bien occuper immédiatement le quartier du gouvernement par la force.

Frank-Walter Steinmeier, alors ministre allemand des Affaires étrangères, participa aux négociations avec ses collègues français et polonais. Ces trois ministres des Affaires étrangères signèrent l'accord en tant que garants. Mais lorsque les militants du Maïdan prirent d'assaut le quartier gouvernemental quelques heures plus tard et tentèrent d'attenter à la vie de Ianoukovitch, ces garants restèrent silencieux. Leur devoir, donc celui de Steinmeier en personne, aurait été de protester immédiatement, puis à chaque nouveau non-respect de l'accord, par exemple lors de la destitution anticonstitutionnelle de Ianoukovitch ou de la formation d'un gouvernement néonazi unilatéral au lieu du gouvernement multipartite prévu. Il aurait été du devoir des garants de veiller à ce que le gouvernement issu du coup d'État ne soit pas reconnu au niveau international. Ils auraient dû réclamer l'application de l'accord et le retour à l'ordre constitutionnel. Les moyens de pression existaient : l'Ukraine était déjà dépendante de l'argent occidental et le simple fait de stopper ces paiements aurait eu un impact considérable. Il aurait pu y avoir des menaces de sanctions, voire leur mise en œuvre. Dans ce cas, elles auraient été justifiées par le droit international, puisque les trois États européens, l'Allemagne, la France et la Pologne, avaient signé l'accord en tant que garants. Mais rien de tel ne se produisit. Bien au contraire, la violation de l'accord par les néonazis ukrainiens et le coup d'État violent furent acceptés en silence et même reconnus avec bienveillance. Là encore, la question se pose : pourquoi les trois ministres des Affaires étrangères ont-ils signé ?

Après avoir longuement réfléchi, j'en suis arrivé à la réponse suivante, qui me semble la plus plausible. Ianoukovitch a été interviewé par le cinéaste Oliver Stone dans le documentaire *Ukraine on Fire*. Indigné, il a raconté qu'il avait négocié et signé un accord, mais que celui-ci n'avait tenu que quelques heures. Dans le film, on percevait nettement sur son visage la blessure d'avoir été ainsi trompé. J'ai réalisé à ce moment-là qu'il ne pouvait probablement pas imaginer se faire avoir d'une manière aussi vicieuse. C'était un piège. En donnant des gages à l'opposition, il s'était déconsidéré et avait affaibli son pouvoir et son autorité. Sa position a eu un impact sur les autorités de Kiev, la police, le Parquet et le Parlement, qui se sont soumis au gouvernement putschiste après sa fuite.

Si l'on pense à l'accord comme à un piège visant à détourner l'attention de Ianoukovitch, à l'affaiblir et donc à le vaincre, il est logique que les représentants du Maïdan et les ministres des Affaires étrangères aient signé un texte qui ne les intéressait pas du tout. L'accord n'aurait été qu'une variante de la technique du bon et du méchant (*good guy/bad guy*) utilisée lors d'interrogatoires ou de négociations pour faire céder une victime. Le « méchant » exerce continuellement des pressions au-delà des limites et ne respecte ni les règles ni les accords, tandis que le « bon » fait semblant de comprendre sa victime, a l'air gentil et sympathique, se montre conciliant et gagne la confiance de la victime. Mais lorsque le méchant redevient brutal, le bon n'aide pas, mais disparaît de la scène. Cette alternance de sentiments se poursuit jusqu'à ce que la victime s'effondre, à bout de forces[286]. De ce point de vue, Ianoukovitch était la victime, les ministres des Affaires étrangères les bons et les militants du Maïdan les méchants. La technique a fonctionné. Une confidente de Ianoukovitch a affirmé que ce dernier était complètement brisé et proche du suicide les jours du putsch[287].

Résumé

L'Ukraine, pays de transit, a des liens économiques et culturels avec l'UE tout comme avec la Russie. Les négociations sur l'accord de coopération avec l'UE l'ont placée dans le conflit insoluble de devoir choisir entre l'UE et la Russie. Le gouvernement ukrainien de Ianoukovitch cherchait à conclure un accord avec les deux parties ; Ianoukovitch voulait une Ukraine indépendante, un État-pont ouvert sur l'Ouest et l'Est. Le 21 novembre 2013, il a suspendu la signature de l'accord de coopération avec l'UE parce que les négociations étaient bloquées sur la question importante d'une plus grande ouverture vis-à-vis de la Russie. Il a donc souhaité poursuivre les négociations. Ce fut le coup d'envoi des manifestations sur le Maïdan. Le Maïdan est la place centrale de la capitale Kiev.

Les manifestants ont exigé de se tourner uniquement vers l'UE, de se détourner de la Russie et de demander la démission immédiate du président Ianoukovitch. Ils représentaient le point de vue de nombreux Ukrainiens de l'Ouest. En revanche, la majorité des Ukrainiens de l'Est ne voulaient pas se détourner de la Russie. De nombreux citoyens mécontents du gouvernement ont manifesté sur le Maïdan. Mais ce sont les groupes bien organisés de Secteur droit et de Svoboda qui ont fini par prendre le contrôle du Maïdan. Les politiciens et les diplomates des pays de l'OTAN ont soutenu, contacté et financé les manifestants. Ces interventions actives avaient commencé plusieurs années auparavant. Victoria Nuland, la vice-secrétaire d'État américaine, a confirmé des investissements de cinq milliards de dollars américains. Les manifestants ont installé un camp de tentes sur le Maïdan et occupé plusieurs bâtiments gouvernementaux. Le gouvernement de Ianoukovitch a évité l'escalade, n'a pas réagi avec fermeté, s'est entretenu avec les représentants du Maïdan et a progressivement cédé à leurs revendications. Le 28 janvier 2014, Azarov, le Premier ministre, a démissionné avec l'ensemble du gouvernement. Les représentants du Maïdan ont été invités à participer à un nouveau gouvernement ukrainien, ce qu'ils ont refusé.

Les groupes d'extrême droite voulaient un bouleversement violent, cherchaient l'escalade et exigeaient le départ immédiat de Ianoukovitch. La situation a dégénéré de manière dramatique. Du 18 au 20 février 2014, il y a eu plus d'une centaine de morts sur le Maïdan. Le 20 février, des négociations en vue d'une solution pacifique étaient prévues et les ministres des Affaires étrangères allemand, français et polonais s'y sont rendus. Le matin du 20 février, des snipers ont tiré sur les manifestants et sur la police. La violence régnait donc en maître. Une solution pacifique et démocratique n'avait plus aucune chance, ce qui s'est vérifié le lendemain.

Du 20 février au soir au 21 février 2014 dans l'après-midi, Ianoukovitch a mené de nouvelles négociations avec les représentants du Maïdan. Les discussions ont été accompagnées par les ministres des Affaires étrangères allemand, français et polonais et par un diplomate russe. Elles se sont conclues par un accord approuvé par toutes les parties. Ianoukovitch a accepté presque toutes les demandes des manifestants, mais n'a pas démissionné immédiatement, souhaitant rester en place jusqu'aux élections présidentielles anticipées. Alors que les représentants du Maïdan avaient signé l'accord, ils ne l'ont pas respecté. Au lieu de cela, le 21 février au soir, des manifestants ont occupé le quartier du gouvernement et menacé Ianoukovitch de mort. Celui-ci a pris la fuite en hélicoptère à minuit.

Le véritable coup d'État du gouvernement a eu lieu le lendemain. En violation de la Constitution ukrainienne, le Parlement de Kiev a décidé de destituer Ianoukovitch sous la pression de la violence. Dans le nouveau gouvernement, les leaders d'extrême droite du Maïdan ont occupé les principaux ministères.

L'Euro-Maïdan a été soutenu et orchestré par les États-Unis et d'autres gouvernements de l'OTAN. Le coup d'État du Maïdan a porté au pouvoir des militants néonazis ukrainiens, en violation de la Constitution et sans élection démocratique, qui ont divisé le pays et l'ont conduit à la guerre du Donbass à des fins de nettoyage ethnique. De ce fait, les gouvernements de l'OTAN sont coresponsables de la guerre d'Ukraine qui s'en est suivie.

Bouddha, Peace Pagoda à Pokhara[288]

Crimée : des décennies de lutte pour l'indépendance

Le coup d'État du Maïdan du 22 février 2014 a été un choc pour de nombreuses personnes dans le sud-est de l'Ukraine. Le journaliste Ulrich Heyden, qui vit à Moscou, s'est souvent rendu dans l'est de l'Ukraine et a résumé ainsi l'état d'esprit de la population :

> *Ce n'est pas qu'il n'y ait eu aucune critique à l'encontre de Viktor Ianoukovitch dans le sud-est russophone de l'Ukraine. Mais Ianoukovitch était synonyme de bonnes relations avec la Russie. C'était important pour les habitants du sud-est de l'Ukraine. Les relations économiques avec la Russie étaient particulièrement étroites dans ces régions. Les habitants du sud-est de l'Ukraine ont vécu la destitution violente de Ianoukovitch comme une humiliation.*

> *Le choc du coup d'État du 22 février a été suivi d'un second coup le 23 février, lorsque le Parlement ukrainien a abrogé la loi sur les langues régionales soutenue par Ianoukovitch et entrée en vigueur en 2012. Cette loi avait accordé à la langue russe le statut de deuxième langue officielle dans les régions où plus de 10% des habitants déclaraient le russe comme leur langue maternelle.*

> *Le troisième coup porté aux pro-russes du sud-est de l'Ukraine a été l'entrée au gouvernement ukrainien, le 27 février, de membres du parti Svoboda, ouvertement fascistes[289].*

Il est donc compréhensible que les habitants du sud-est de l'Ukraine se soient inquiétés de leur avenir et aient réagi en conséquence. Ils voulaient continuer à pouvoir parler et écrire en russe. Ils avaient peur que le commerce avec la Russie, qui assurait de nombreux emplois, en souffre. Et ils avaient peur de la brutalité des militants d'extrême droite, qui se montraient ouvertement hostiles à la population russophone.

En Crimée, le coup d'État du Maïdan a conduit les habitants de cette région autonome à se séparer de l'Ukraine lors du référendum du 16 mars 2014 et à rejoindre la Russie. C'était la volonté des habitants de la Crimée et, comme nous le verrons, cela avait toujours été leur volonté. Mais ce que veulent les habitants d'une région n'intéresse pas les politiciens occidentaux lorsque l'enjeu géopolitique est le pouvoir. Les gouvernements occidentaux ne se sont pas intéressés aux habitants de la Crimée, n'ont pas demandé ce qu'ils voulaient et comment ils allaient. Il fallait simplement toujours dire que « l'annexion de la Crimée par la Russie » était très grave et qu'elle devait être sanctionnée. Je reviendrai plus tard sur le fait qu'elle n'était pas contraire au droit international. Dans ce mépris envers les habitants de la Crimée, la politique occidentale montre son inhumanité et son manque d'empathie. Dans le même temps, la propagande de guerre occidentale a renversé les rôles à 180 degrés, accusant la Russie d'occuper la Crimée et de ne pas la respecter.

Pour comprendre la situation de la Crimée, nous devons étudier son histoire[290].

La Crimée et la Russie

La Crimée est une péninsule de la mer Noire, qui compte environ 2,5 millions d'habitants. Il y fait chaud, il y a de belles plages et le tourisme constitue l'un des principaux secteurs économiques. Le champagne de Crimée est connu dans le monde entier.

Depuis 1774, la Crimée fait partie de la Russie. La noblesse russe a construit de nombreuses résidences d'été en Crimée. Le soleil et la mer attiraient.

Le 19 février 1954, Nikita Khrouchtchev, le chef du PCUS, et le Soviet suprême de l'Union soviétique décidèrent de rattacher la Crimée à la République socialiste soviétique d'Ukraine, loin de la Russie, qui s'appelait alors République socialiste fédérative soviétique de Russie (RSSFR). La Crimée conserva toutefois le statut de région autonome. La RSS ukrainienne n'était alors pas un État en soi, mais une partie fédérale de l'URSS. Ce processus peut être comparé, en Allemagne, au passage d'un district à un autre Land. En 1954, la presse soviétique fit

Le « Nid d'hirondelles » est un château à Gaspra, près de Yalta, en Crimée[291]

Falaises de Karadag, Crimée[292]

peu de cas de ce transfert ; le changement au sein de l'Union soviétique semblait insignifiant. Une dissolution de l'Union soviétique était alors inimaginable[293].

Le transfert de la Crimée fait l'objet d'un débat constitutionnel sur sa validité juridique[294]. Les arguments ne peuvent pas être développés ici, mais ils occupent la politique russe. Le Soviet suprême de la Fédération de Russie, successeur juridique de l'URSS, décida le 21 mai 1992 que le décret de 1954 sur le transfert de la Crimée de la RSS russe à la RSS ukrainienne était sans effet juridique[295]. Le parlement de Crimée a également estimé que ce transfert n'était pas valable. Le 16 mai 2023, l'agence de presse RIA Novosti a déclaré : « *Le président du Parlement de Crimée a donné l'ordre de déposer une plainte auprès de la Cour constitutionnelle afin de faire annuler le décret de 1954 sur la cession de la péninsule à l'Ukraine.* » Des violations juridiques flagrantes auraient été commises[296].

Derrière ces discussions juridiques se cache le fait que, depuis le début, les habitants de Crimée n'ont jamais voulu faire partie de l'Ukraine et ont souvent exprimé cette volonté, comme nous le verrons par la suite. La question qui se pose est la suivante : pourquoi les habitants de la Crimée devraient-ils être privés de leur droit à l'autodétermination ?

Les habitants russophones de Crimée se sentaient liés à la Russie et non à l'Ukraine. De 1774 à 1991, la Crimée a fait partie de la Russie pendant 217 ans. Elle n'a fait partie de l'Ukraine, qui n'existe en tant qu'État que depuis 1991, que pendant 23 ans, jusqu'en 2014. 90% de l'histoire de ces 250 dernières années est russe, 10% ukrainienne.

1991 : la Crimée décide de prendre son indépendance vis-à-vis de l'Ukraine, avant même que celle-ci ne devienne indépendante de Moscou

Le 20 janvier 1991, 93% des habitants de Crimée se prononcèrent par référendum en faveur de la « *refondation de la République socialiste soviétique autonome de Crimée en tant que sujet de l'URSS et participant au Traité d'Union.* » La participation s'éleva à 81% des 1,8 million d'électeurs[297]. Le traité d'union concernait la réforme prévue par Gorbatchev visant à faire de l'Union soviétique une nouvelle union d'États indépendants. La Crimée voulait y participer.

Une République socialiste soviétique autonome (RSSA) était une entité territoriale qui avait plus de droits fédéraux et d'autonomie qu'une région autonome. Le 30 juin 1945, la Crimée avait été déclassée, sortant de la République soviétique de Russie pour devenir une région autonome. C'est ce déclassement qui a été annulé par le référendum. En conséquence, le 13 février 1991, le Parlement ukrainien a redonné à la Crimée le statut de RSSA, partie de la République soviétique d'Ukraine.

Cette décision entraîna des protestations en Crimée. Ainsi, Vadim Mordachov, avocat, militant du mouvement indépendantiste en Crimée et député du Parlement de Crimée, a écrit : « *Le principal problème pour la Crimée était que les résultats du référendum n'ont jamais été appliqués et que la volonté du peuple de Crimée exprimée dans ce référendum a été violée par l'Ukraine (...)[298]*. »

Le référendum ne demandait pas seulement le rétablissement d'une RSSA, mais aussi la participation de la Crimée au traité sur la nouvelle Union. Il s'agissait de la tentative, avortée en août 1991, de Mikhaïl Gorbatchev de refonder l'Union soviétique avec des droits accrus et souverains. Dans ce cas, la Crimée aurait été une république souveraine de l'Union soviétique rénovée et séparée de la RSS d'Ukraine. La volonté exprimée par les habitants de la Crimée en faveur de l'indépendance était claire[299].

Le traité sur la nouvelle Union ne vit cependant pas le jour. Le 19 août 1991, la veille de la signature, le putsch d'août à Moscou s'interposa. Les communistes purs et durs voulaient maintenir l'ancienne Union soviétique et s'opposaient au renouvellement prévu par Gorbatchev. Si le putsch échoua lamentablement, Gorbatchev fut destitué par la suite et la nouvelle union ne peut pas voir le jour. Plusieurs républiques soviétiques perdirent l'espoir d'une nouvelle forme d'Union soviétique et se détachèrent de l'URSS, qui finit par s'effondrer. Les putschistes communistes avaient ainsi obtenu exactement le contraire de ce qu'ils voulaient.

La nouvelle union ayant échoué, la Crimée fut dans l'impossibilité d'y participer en tant que république souveraine.

Ses habitants voulaient donc devenir indépendants de l'Ukraine dès janvier 1991, soit dix mois avant que l'Ukraine ne devienne elle-même indépendante de Moscou, en décembre 1991, et commence à exister en tant qu'État autonome. Mais leur volonté ne put pas pu être concrétisée.

Il est impressionnant de voir avec quelle persévérance la Crimée s'est efforcée d'obtenir son indépendance de l'Ukraine et comment les gouvernements ukrainiens l'en ont constamment empêchée. Je vais décrire ces processus plus en détail afin de montrer qui, en réalité, a annexé la Crimée. Cette réalité est totalement différente de ce que la propagande de guerre occidentale veut nous faire croire, en nous en nous bombardant d'images hypnotiques de la « Russie ennemie » et occultant toute considération objective des événements. Voici les principales étapes.

Le référendum soviétique sur la nouvelle Union du 17 mars 1991

Deux mois après le référendum de Crimée, lors duquel 93% des voix exprimées s'étaient prononcées en faveur d'une république autonome de Crimée au sein d'une nouvelle Union soviétique, le référendum sur le « maintien de l'URSS en tant que fédération d'États égaux et souverains » eut lieu le 17 mars 1991 dans toute l'Union soviétique. Il s'agissait donc de savoir si les citoyens étaient favorables à la nouvelle Union soviétique prévue. Dans la République soviétique d'Ukraine, y compris la Crimée, 70,2% votèrent en faveur de la nouvelle union. Le taux de participation fut de 80%[300]. La deuxième question figurant sur le bulletin de vote était de savoir si la République soviétique d'Ukraine devait devenir une partie souveraine de cette nouvelle Union soviétique. La réponse fut affirmative à 81,7%. Ce n'est que dans l'ouest de l'Ukraine que les nationalistes, dans leurs régions, inscrivirent comme troisième question sur les bulletins de vote : l'Ukraine doit-elle devenir indépendante de l'URSS ? 88,3% des Ukrainiens de l'Ouest répondirent oui[301]. On voit que le pays était déjà divisé à l'époque. Alors que dans l'ensemble de l'Ukraine, 81,7% étaient favorables au maintien de la République soviétique d'Ukraine dans la nouvelle Union soviétique, les Ukrainiens de l'Ouest (oblasts de Lviv, Ivano-Frankivsk et Ternopil) réclamaient l'indépendance de l'Ukraine à 88,3%. Mais globalement, en mars 1991, une nette majorité de l'Ukraine voyait son avenir au sein de la nouvelle URSS.

L'ambiance bascula avec le putsch d'août à Moscou. Le 24 août 1991, quelques jours après la tentative de putsch, le parlement de Kiev déclara l'indépendance de l'Ukraine dans les frontières existantes, Crimée comprise. Immédiatement, le 4 septembre, le parlement de Crimée s'opposa à cette décision et déclara que la Crimée, étant autonome au sein de l'URSS, ne faisait pas partie de l'Ukraine. Le conflit resta sans solution, mais c'est Kiev qui eut le dernier mot[302].

Décembre 1991 : les autorités ukrainiennes refusent d'organiser le référendum d'indépendance prévu par la loi en Crimée

Le 1er décembre 1991, un autre référendum eut lieu en République soviétique d'Ukraine. Lors du référendum du 17 mars, les Ukrainiens avaient voté pour le maintien de l'Union soviétique et la participation de la République soviétique d'Ukraine à cette nouvelle union. Maintenant, le 1er décembre 1991, il s'agissait de l'indépendance de l'Ukraine vis-à-vis de l'Union soviétique. L'Ukraine occidentale avait déjà voté à ce sujet le 17 mars, mais cette question était désormais soumise à la décision de tous les Ukrainiens. Sur les 38 millions d'électeurs, 84,2% participèrent au vote. Une majorité écrasante de 92,3% vota pour l'indépendance par rapport à l'URSS. C'était le résultat inverse du vote du 17 mars 1991.

En Crimée, cependant, seuls 54% étaient favorables à l'indépendance vis-à-vis de l'URSS[303]. Le taux de participation n'y fut que de 63%, car beaucoup avaient boycotté le « référendum ukrainien »[304]. Lors de ce référendum, il n'était pas demandé aux citoyens de Crimée s'ils voulaient être dans une Ukraine indépendante ou rester dans l'URSS. Ils ne pouvaient donc pas voter sur l'indépendance de la Crimée vis-à-vis de l'Ukraine.

Cette situation, dans laquelle la Crimée ne fut pas autorisée à voter sur son indépendance, constituait une violation flagrante du droit. Le référendum sur l'indépendance de l'Ukraine du 1er décembre 1991 avait eu lieu sur la base de la loi soviétique sur la procédure de résolution des questions liées au retrait d'une république de l'Union de l'URSS du 4 avril 1990. Cette loi stipule sans ambiguïté, dans son article 3[305] :

Dans une république de l'Union dont le territoire comprend des républiques autonomes, des territoires autonomes et des districts autonomes, le référendum est organisé séparément dans chaque unité territoriale autonome. Les peuples des républiques autonomes, des régions et des districts se voient garantir le droit de décider en toute indépendance de leur maintien dans l'URSS ou dans la république de l'Union qui se retire, ainsi que de leur statut juridique d'État.

La Crimée était une république autonome (ASSR). Mais les dirigeants de Kiev lui ont refusé son droit, inscrit dans la loi, de décider elle-même si elle devait faire partie de l'Ukraine ou non. Le résultat aurait certainement été clair : en Crimée, il y aurait eu une majorité pour rester dans l'URSS en tant que république de Crimée autonome, n'appartenant pas à l'Ukraine. Cette violation du droit équivaut à une annexion illégale de la Crimée par l'Ukraine.

Revenons sur les événements de cette année 1991

Depuis quelques années, Gorbatchev aspirait à une nouvelle forme d'Union soviétique. C'est sur cette base que, le 20 janvier 1991, les habitants de Crimée ont voté pour que la Crimée soit une république autonome dans cette nouvelle union, ce qui aurait signifié pour elle devenir autonome et indépendante de la République soviétique d'Ukraine. Le 17 mars 1991, un référendum fut organisé dans toute l'Union soviétique sur le maintien de l'URSS en tant que nouvelle union d'États souverains égaux. Dans la République soviétique d'Ukraine, Crimée comprise, 70,2% votèrent en faveur de la nouvelle union et de la participation à celle-ci. Lors de ce même référendum, les Ukrainiens de l'Ouest devaient en outre répondre à la question de savoir si l'Ukraine devait être indépendante de l'URSS et ne pas faire partie de cette nouvelle union. En Ukraine occidentale, 81,7% répondirent oui. En août 1991, une tentative de putsch contre Gorbatchev et les projets de nouvelle union eut lieu à Moscou, mettant fin à la tentative de maintien de l'Union soviétique sous de nouvelles règles. Le parlement de Kiev déclara alors immédiatement l'Ukraine autonome et indépendante de l'Union soviétique. Le parlement de Crimée s'y opposa en septembre

1991, et déclara la Crimée autonome au sein de l'URSS et indépendante du gouvernement de Kiev. Mais cette déclaration n'eut pas d'effet juridique. Le gouvernement de Kiev continuait à revendiquer la Crimée comme partie intégrante de l'Ukraine. Le 1er décembre 1991, la population ukrainienne vota en faveur de l'indépendance vis-à-vis de l'URSS avec un total de 92,26% des suffrages exprimés, créant ainsi l'Ukraine en tant qu'État indépendant. La Crimée n'a pas pu décider séparément de son avenir, bien que cela ait été prévu dans la loi sur l'organisation du référendum citée ci-dessus.

Pourquoi l'Ukraine veut-elle posséder la Crimée, même contre la volonté des habitants de cette région ? Il ne s'agit probablement pas seulement des plages de sable et du soleil, mais de l'importance géopolitique de cette péninsule liée à la présence du port militaire de Sébastopol, à partir duquel elle peut contrôler la mer Noire.

Mai 1992 : le Parlement de Crimée déclare l'indépendance de la Crimée

Les responsables politiques de la péninsule se sont opposés à l'appropriation par l'Ukraine. Le 26 février 1992, le Parlement de Crimée modifia le nom officiel du pays, qui devenait « République de Crimée ».

Le 5 mai 1992, le Parlement de Crimée déclara la République de Crimée indépendante de l'Ukraine et fixa au 15 août 1992 un référendum sur l'indépendance, dont la Crimée avait été privée lors du référendum ukrainien de décembre 1991[306]. En outre, le Parlement de Crimée adopta une Constitution de la République de Crimée. Sous la pression de Kiev, cette Constitution fut toutefois complétée le 6 mai 1992 par une phrase stipulant que la Crimée faisait partie de l'Ukraine[307]. Kiev avait fait pression tout en proposant des négociations. Le New York Times a écrit[308] : « *Leonid M. Kravtchouk, le président ukrainien, a manié la carotte et le bâton : il a promis à la Crimée une large autodétermination tout en menaçant de dissoudre son Parlement et même de recourir à la force si la péninsule poursuivait sa campagne.* » En raison de ces pressions, le Parlement de Crimée suspendit le 13 mai 1992 la déclaration d'indépendance et le référendum prévu pour le 15 août, en imposant un moratoire[309].

Le journal ukrainien *Lb.ua* a écrit : « *Pour convaincre, Kiev a augmenté la présence de soldats en Crimée. Comme l'a déclaré Mykola Melnyk, le commandant adjoint de la garde nationale ukrainienne à l'époque, les unités n'ont pas eu recours à la violence ; elles ont seulement tenté de bloquer quand nécessaire les mouvements pro-russes. Le lieutenant-général estime qu'à l'époque, l'Ukraine a eu de la chance qu'Eltsine ne soutienne pas ouvertement les séparatistes de Crimée et ne tente pas d'envoyer des troupes russes en Crimée[310]. »*

Les négociations entre le gouvernement de Kiev et le Parlement de Crimée se poursuivirent et, le 30 juin 1992, les droits de la Crimée au sein de l'État ukrainien furent étendus. La Crimée obtint des droits souverains en matière de finances, d'économie, de culture, d'administration et de droit ; seules les affaires étrangères, la défense et la politique monétaire restèrent sous la souveraineté ukrainienne[311]. C'était un compromis.

Un peu plus d'un an plus tard, le 14 octobre 1993, le Parlement de Crimée, profitant de ces pouvoirs légaux accrus, créa la fonction de président de Crimée. Les événements s'envenimèrent à nouveau.

Avril 1994 : les habitants de Crimée décident de son indépendance de la Crimée lors d'un référendum

Le 30 janvier 1994, les citoyens de Crimée élurent Youri Mechkov à leur présidence avec 72,9% des voix. Sa campagne électorale avait un objectif principal : l'unité avec la Russie[312].

Youri Mechkov, en tant que président élu de la Crimée, organisa alors par décret trois référendums, qui eurent lieu en même temps que les élections régionales et nationales du 27 avril 1994. Lors de ces élections, le Bloc russe, dirigé par Youri Mechkov, remporta 54 des 98 sièges du Parlement de Crimée. Lors du premier des trois référendums, les citoyens votèrent pour que la double nationalité soit possible conformément à la Constitution de la République de Crimée du 6 mai 1992 (82,8% de votes positifs). Ainsi, les habitants de Crimée pouvaient avoir des passeports de la République de Crimée et de Russie ou d'Ukraine en même temps. Le deuxième référendum prévoyait que les décrets présidentiels auraient temporairement force de loi (77,9% de oui). Et le troisième, celui sur l'indépendance de la Crimée, qui avait été suspendu en 1992 sous la pression de Kiev, fut organisé ultérieurement. 78,4% des votants se prononcèrent en faveur de l'indépendance de la Crimée vis-à-vis de l'Ukraine et de l'établissement de relations avec l'Ukraine par le biais de traités et d'accords[313]. Ce référendum sur l'indépendance eut lieu malgré le fait que la Commission électorale centrale d'Ukraine et le président ukrainien Leonid Kravtchouk l'aient déclaré illégal[314].

En l'espace de quatre ans, les citoyens de Crimée avaient donc voté à deux reprises, lors de référendums organisés le 20 janvier 1991 et le 27 avril 1994, à une large majorité en faveur de l'indépendance de la Crimée vis-à-vis de l'Ukraine.

Mars 1995 : coup d'État en Crimée par le gouvernement ukrainien

Cependant, le gouvernement de Kiev réagit au résultat du référendum de 1994 non pas en accordant plus d'autonomie à la Crimée, mais en lui retirant toute l'autonomie dont elle bénéficiait autrefois. Le 17 mars 1995, le parlement ukrainien annula la constitution de Crimée de 1992, démit de ses fonctions le président de Crimée, Youri Mechkov, et abolit sa fonction[315].

L'abrogation de la Constitution de Crimée et la destitution du président n'étaient pas un processus conforme à l'État de droit, mais un coup d'État perpétré par le gouvernement ukrainien. Celui-ci avait envoyé à cet effet des unités militaires spéciales et des soldats d'élite à Simferopol, la capitale de la Crimée. Le New York Times a rapporté le 19 mars 1995 : « *Environ 200 soldats du ministère ukrainien de l'Intérieur sont arrivés à Simferopol, la capitale de la Crimée, et ont désarmé les agents de sécurité de Meshkov[316].* » Youri Mechkov fut arrêté, embarqué dans un avion à destination de Moscou et accusé d'activités hostiles à l'État et de promotion de la sécession de la Crimée. À Moscou, il travailla comme enseignant. Lorsqu'il tenta de rentrer en Crimée en 2010, il fut immédiatement expulsé par les services secrets ukrainiens. Ce n'est qu'en 2014 qu'il put retourner en Crimée, où il mourut en 2019[317].

Le 20 mars 1995, le journal *taz* rapporte les protestations du parlement de Crimée : « *Après les décisions du parlement ukrainien [sur l'inter-*

vention violente en Crimée], le Parlement de Crimée s'est réuni samedi en session extraordinaire. Sergei Zekov, le président du Parlement, y a souligné que l'Ukraine n'avait pas le droit de démettre le président Mechkov de ses fonctions. « Le président de la République a été élu par le peuple et seul le peuple peut décider de son avenir », a-t-il déclaré. Dans leur déclaration finale, les parlementaires ont menacé Kiev d'organiser un [nouveau] référendum sur l'indépendance. Si un tel référendum avait lieu, un oui à la séparation de l'Ukraine était considéré comme certain[318]. » Le Parlement de Crimée a également lancé un appel au président russe Boris Eltsine pour qu'il aide la Crimée. Mais Eltsine n'a pas bougé.

Si ce putsch contre le président de Crimée a été possible, c'est notamment parce que la Crimée n'avait pas sa propre armée, mais aussi parce que le président Mechkov s'était brouillé avec le Parlement de Crimée à l'automne 1994 et avait perdu son prestige auprès de la population. Six mois avant son éviction violente par les soldats d'élite ukrainiens, le Parlement de Crimée avait à nouveau limité les pouvoirs du président en ne lui laissant qu'un rôle représentatif, sans droit de former un gouvernement. En retour, Mechkov avait tenté de dissoudre le Parlement. Le pouvoir en place à Kiev a profité de ces querelles et de cette faiblesse politique.

Le président ukrainien de l'époque, Leonid Koutchma, a décrit ouvertement l'action de Kiev pour le journal ukrainien *Lb.ua*. Il a déclaré : *« Il était nécessaire d'exploiter les contradictions dans le camp pro-Moscou. Au final, nous avons réussi à les faire descendre au niveau de la lutte entre le Parlement et le président de la Crimée, qui mettaient beaucoup de zèle à se dépouiller mutuellement de leur pouvoir. Et lorsque Mechkov se retrouva isolé, au sens propre du terme, j'ai donné l'ordre d'une opération spéciale (...). Les gardes du corps de Mechkov ont été désarmés et lui-même a été déporté à Moscou[319]. »*

Lb.ua poursuit : *« Le premier commandant adjoint de la garde nationale ukrainienne, Mykola Melnik, nous a raconté que Leonid Koutchma, président de l'Ukraine, avait tenu une réunion avec le personnel militaire avant le départ du groupe d'intervention en Crimée. Il a défini la mission : « Les gars, vous êtes des professionnels. (...) La Crimée doit être ukrainienne, mais sans effusion de sang », a déclaré Mel-*

nyk à Lb.ua. (...) Arrivés en Crimée, les gardes nationaux éloignèrent les séparatistes de Crimée et les communistes du 32ᵉ corps d'armée du ministère de la Défense de Crimée, et surveillèrent le Parlement, la résidence de Mechkov et d'autres institutions publiques. (...) Un matin, un groupe de forces spéciales ukrainiennes dirigé par le colonel Sh. fit irruption dans la résidence de Mechkov. Les gardes du corps de ce dernier furent désarmés, et lui-même mis dans un avion et envoyé à Moscou. (...) Après l'expulsion de Mechkov, Koutchma nomma son gendre Anatoliy Franchuk Premier ministre du gouvernement de Crimée. »

L'expulsion de Mechkov et l'abrogation de la Constitution constituent un véritable coup d'État. L'annexion militaire succéda ainsi en 1995 à l'annexion juridique de la Crimée par l'Ukraine en 1991.

La mise sous tutelle de la Crimée continua : le 31 mars 1995, le président ukrainien Koutchma prit un décret plaçant la Crimée sous l'administration directe du gouvernement central de Kiev.

Pour la Russie, ces événements étaient importants, car Sébastopol est le port d'attache de la flotte russe de la mer Noire. La ville est également considérée comme un symbole national en Russie, notamment en raison de son rôle dans la guerre de Crimée (1853–1856) et dans la Seconde Guerre mondiale. En juillet 1993, le parlement russe avait déclaré Sébastopol ville russe en territoire étranger sur le modèle de Gibraltar. Il fallut attendre le traité naval de mai 1997 pour régler le sort de la marine russe en Crimée. La Russie loue depuis lors une partie du port militaire pour sa flotte de la mer Noire.

Les résultats des élections en Crimée ont toujours été pro-russes

Le fait que les habitants de la Crimée ne voulaient rien avoir à faire avec le nationalisme ukrainien a toujours été visible lors des élections en Ukraine.

Lors du deuxième tour de l'élection présidentielle du 21 novembre 2004, 82% des électeurs votèrent pour Viktor Ianoukovitch en Crimée et 89% à Sébastopol. Ianoukovitch défendait une politique d'ouverture envers la Russie. Un peu plus de cinq ans plus tard, le 7 février 2010, lors des élections présidentielles ukrainiennes, 79% des électeurs de Crimée et 84% des électeurs de Sébastopol votèrent pour Ianoukovitch, qui sortit vainqueur du scrutin face à la dirigeante de l'opposition, Ioulia Tymochenko. Les habitants de Crimée ont donc régulièrement voté à une écrasante majorité pour des candidats pro-russes et non pour des candidats anti-russes, unilatéralement pro-occidentaux ou nationalistes ukrainiens[320].

Le résultat des élections au Parlement de Crimée le 31 octobre 2010 fut également pro-russe. 80 des 100 sièges furent attribués au Parti des régions du président Ianoukovitch, trois autres au parti Unité russe, qui se prononçait ouvertement en faveur de l'adhésion de la Crimée à la Russie. Enfin, le parti communiste, également non pro-occidental, obtint cinq sièges. Ainsi, 88 des 100 sièges du Parlement furent attribués à des partis pro-russes ou critiques envers l'Ouest[321].

Ces résultats, obtenus lors d'élections démocratiques incontestablement correctes, exprimaient la position politique de la population de Crimée.

2013 : réactions inquiètes à l'Euro-Maïdan

Après cette énumération des aspirations à l'indépendance dont témoignait la population de Crimée, on peut comprendre ses réactions à l'Euro-Maïdan 2013–2014. Le Parlement de Crimée s'était clairement positionné contre les manifestations du Maïdan. Les 21 et 27 novembre 2013, dès le début des protestations, il adopta deux résolutions dans lesquelles il soutenait la ligne du gouvernement dans les négociations sur l'accord de coopération avec l'UE, à savoir ne pas se fermer à la Russie, et condamna les manifestations du Maïdan. La « Pravda ukrainienne » a écrit : « *Selon les députés du Parlement de Crimée, l'opposition du Maïdan encourage l'hystérie autour de l'accord de coopération, recourt au chantage politique, divise la société et déstabilise la situation sociale et politique du pays*[322]. »

Compte tenu des événements ultérieurs du coup d'État du Maïdan, c'était une estimation anticipée et juste.

Le 2 décembre 2013, le Parlement de Crimée s'adressa au président Ianoukovitch en lui demandant de rétablir l'ordre dans le pays, si nécessaire en déclarant l'état d'urgence.

Le 11 décembre 2013, le gouvernement de Crimée publia une déclaration appelant la population de Crimée à soutenir le Maïdan :

> *Aujourd'hui, la Crimée est confrontée à un choix : soit subir une maïdanisation violente, soit donner une réponse ferme aux forces anti-État et anti-Crimée. C'est pourquoi nous nous adressons à chacun d'entre vous pour qu'il manifeste clairement notre position commune, indépendamment de son appartenance ethnique, de sa religion et de ses opinions politiques. Personne à Kiev ne doit s'abandonner à l'illusion que la Crimée se laisse imposer une volonté étrangère.*

De telles résolutions « anti-Maïdan » et des appels au président pour qu'il mette de l'ordre dans le pays furent nombreux. Le 11 décembre 2013, le journal ukrainien *Analitik* publia un résumé des résolutions adoptées dans toutes les régions du sud-est de l'Ukraine, à savoir les districts de Donetsk, Lougansk, Kherson, Odessa, Kharkov, Poltava, Tcherkessk et Nikolaïevsk, c'est-à-dire de tout le sud-est de l'Ukraine. Partout, ces appels obtinrent de larges majorités dans les parlements régionaux, nulle part moins de 80% des députés ne votèrent en faveur de ces appels.

Il n'était donc pas surprenant qu'une résistance bien organisée se soit immédiatement mise en place dans l'est et le sud de l'Ukraine après le coup d'État à Kiev fin février 2014.

2014 : le référendum sur l'indépendance de la Crimée

En Crimée, la réaction au coup d'État de Maïdan fut immédiate. Le 6 mars 2014, le Parlement de Crimée décida d'organiser le 16 mars un référendum portant sur deux questions[323] :

1. êtes-vous favorable à l'unification de la Crimée avec la Russie en tant que sujet de la Fédération de Russie ?

2. êtes-vous favorable au rétablissement de la Constitution de la République de Crimée de 1992 et au statut de la Crimée en tant que partie de l'Ukraine ?

La Constitution de Crimée de 1992 prévoyait une grande autonomie de la Crimée. Le gouvernement ukrainien l'avait abrogée par décret en 1995, en même temps que le putsch militaire contre le président Mechkov.

Le 16 mars 2014, 83% des 1,5 million d'électeurs participèrent à ce référendum. Parmi eux, 97,5% votèrent pour l'adhésion à la Russie et seulement 2,5% pour une plus grande autonomie au sein de l'Ukraine. Le même jour, le Parlement de Crimée proclama l'indépendance, par 85 voix contre 0, et déposa une demande d'adhésion à la Fédération de Russie. Le Parlement russe approuva l'adhésion le 20 mars 2014 par 443 voix contre 1, et le Conseil de la Fédération le lendemain à l'unanimité par 155 voix[324].

Il aura donc fallu trois référendums au total – en 1991, 1994 et 2014 – pour que les citoyens de Crimée obtiennent leur indépendance de l'Ukraine.

Pas de reconnaissance

Cependant, l'Ukraine ne reconnut pas le référendum du 16 mars 2014, ce qui était prévisible au vu des antécédents décrits. Au lieu de respecter la volonté des électeurs, Arseni Iatseniouk, le nouveau Premier ministre de Kiev, tira à boulets rouges, avec des propos incendiaires, sur les citoyens de Crimée. Le jour du référendum, le journal ukrainien *Vesti* cita Iatseniouk en ces termes sous le titre « Iatseniouk ouvre la chasse aux séparatistes dans tout le pays » :

> *Nous les retrouverons tous, dans un an, dans deux, nous les amènerons devant les tribunaux, et les tribunaux ukrainiens et internationaux les jugeront. La terre sous leurs pieds brûlera. (...) Nous faisons tout ce qui est possible pour que tous ceux qui se sentent aujourd'hui en sécurité sous la protection des mitrailleuses russes sachent qu'ils... assumeront leurs responsabilités.*

Tous les pays occidentaux ont également refusé de reconnaître la volonté des habitants de la Crimée. Le référendum n'a tout simplement pas été reconnu, mais considéré comme une farce, comme imposé par la Russie. Soi-disant, on n'aurait obtenu ce résultat en faveur de la Russie qu'en menaçant la population ou en falsifiant les résultats. Un alibi pour l'occupation de la Crimée. L'ambiance et l'attitude des habitants de Crimée et de l'est de l'Ukraine n'ont été rapportées que sporadiquement par la télévision allemande juste avant l'escalade des manifestations du Maïdan. Ensuite, plus jamais. L'évolution historique n'a de toute façon pas été mentionnée. Après le coup d'État à Kiev, les médias occidentaux ont été unanimes à dire que Poutine, le dictateur assoiffé de pouvoir, avait occupé la Crimée. Un référendum démocratique en Crimée contredisait l'image de l'Occident au sujet de la méchante Russie, où personne ne veut vivre volontairement. Il était impensable que la population de Crimée veuille appartenir de son plein gré à la Russie. La propagande anti-russe héritée de la guerre froide et la diabolisation de Poutine dans les médias occidentaux mainstream avaient fait leur effet.

Critique du référendum sur l'indépendance

Comme s'il fallait une raison supplémentaire pour rejeter le référendum, on critiqua l'absence d'observateurs électoraux de l'OSCE (Organisation pour la sécurité et la coopération en Europe). Ceux-ci avaient pourtant été invités par la Russie et la Crimée, mais ils ne sont pas venus. L'OSCE ne s'est pas sentie autorisée à le faire pour de prétendues raisons juridiques. En réalité, la présence d'observateurs de l'OSCE aurait conféré au référendum une plus grande légitimité internationale. Mais cela allait à l'encontre des intérêts de la politique occidentale.

Thomas Röper fait le point sur le déroulement du référendum[325] :

> *Après le refus de l'OSCE et de l'UE d'envoyer des observateurs, des observateurs ont tout de même assisté au référendum. C'est ce qu'a notamment rapporté l'édition russophone d'EuroNews le 16 mars dans son newsticker sur le référendum : « 135 observateurs de 23 pays ont été enregistrés pour travailler lors du référendum. Selon les*

informations, aucune violation n'a été observée lors des élections. » (...)

Le Berliner Tagesspiegel du 17 mars 2014 citait Torsten Koplin, député du Parti de gauche au parlement régional : « L'observation politique est un moyen de développer le processus non-violent », disait-il. Il s'est lui-même rendu à Yalta, y a visité douze bureaux de vote et s'est entretenu avec la directrice municipale des élections et le vice-maire. (...) Mais fondamentalement, le député du Landtag, chef de la commission des finances au Landtag de Schwerin et ancien vice-président du parti pour le Land, était très satisfait. « Tout s'est déroulé sans aucune réclamation », a-t-il déclaré. Il a estimé que le fait que de nombreux électeurs aient déposé leurs bulletins non pliés dans des urnes en verre indiquait que la population de Crimée se montrait très ouverte et sûre d'elle. (...)

L'une des critiques formulées à l'encontre du référendum, sur lesquelles on a pu tomber ici ou là, concernait l'utilisation d'urnes en verre et de bulletins de vote sans enveloppes : le scrutin n'aurait donc pas été secret. Sans vouloir juger cette critique, il convient de noter que le référendum s'est déroulé selon les règles ukrainiennes, car en Ukraine, les urnes sont toujours en verre et il n'y a pas d'enveloppes pour les bulletins de vote. Chacun est libre de plier son bulletin de vote autant de fois qu'il le souhaite avant de le déposer dans l'urne. Si les urnes en verre et l'absence d'enveloppes sont des critiques, celles-ci s'appliquent donc également à toutes les autres élections en Ukraine, avant et après le référendum en Crimée, quel qu'ait été le résultat du scrutin. (...)

On peut aussi critiquer la brièveté de la période de préparation. Et ici surtout, le fait qu'il n'y ait eu en Crimée que de la « publicité électorale » pour l'union avec la Russie et que les représentants d'une autre opinion n'aient pas eu l'occasion de diffuser leur point de vue. Malgré toutes les critiques formulées en Occident et à Kiev, il ne s'est pas trouvé un seul expert pour affirmer que la Crimée aurait pris une décision différente dans d'autres circonstances. La majorité de la population était pro-russe et des raisons économiques plaidaient en faveur d'une union avec la Russie, même pour les parties non russes de la population.

Le référendum ayant eu lieu après le coup d'État sanglant de Maïdan, les tensions en Ukraine étaient très élevées. Il est donc important de noter que la Crimée était paisible avant le référendum et qu'il n'y a pas eu d'effusion de sang. Thomas Röper rapporte à ce sujet[326] :

Dans les jours qui précédèrent le référendum du 16 mars, les soldats russes bien organisés et leurs soutiens ont pris le contrôle de positions clés en Crimée et encerclé des casernes et des bases militaires ukrainiennes. Des situations critiques se sont certes produites sporadiquement, mais aucun combat n'a eu lieu. L'incident le plus grave concernait des tirs d'avertissement en l'air. La Russie a ensuite justifié ces actions par la nécessité d'empêcher l'armée ukrainienne de perturber un déroulement ordonné du référendum. Cette version a été confirmée par plusieurs commentateurs (comme Mme Krone-Schmalz). Les membres de l'armée ukrainienne ont été laissés libres de changer de camp (ce que beaucoup ont fait) ou de quitter les casernes désarmés et de rejoindre l'Ukraine sans armes.

Des soldats russes étaient stationnés en Crimée, c'est ce qui avait été convenu avec l'Ukraine. Il est compréhensible que la présence de la police et de l'armée ait été renforcée dans une situation critique pour l'ordre public. Mais rien ne prouve que la population ait été intimidée par la présence des soldats lors du référendum. Seule l'armée ukrainienne fut intimidée, car dans cette situation, on craignait une intervention militaire de l'État central de Kiev et une guerre[327].

Pour pouvoir ignorer le vote des habitants de Crimée, les médias occidentaux mainstream disent que des soldats russes auraient envahi la Crimée et contraint la population. Trois sondages réalisés par des instituts occidentaux montrent également que cette histoire est fausse.

Les sondages confirment le référendum

En juin 2014, l'institut de sondage Gallup, basé à Washington, demanda aux habitants de Crimée si les résultats du référendum du 16 mars 2014 sur la sécession de l'Ukraine et l'appartenance à la Russie reflétaient la volonté de la population. 82,8% des personnes interrogées confirmèrent que c'était le cas. En fonction de l'appartenance ethnique, 93,6% des Russes ethniques déclarèrent que le vote était légitime, et 68,4% des Ukrainiens ethniques étaient du même avis. À la question de savoir si l'adhésion à la Russie améliorerait leur vie et celle de leur famille, 73,9% répondirent par l'affirmative et 5,5% par la négative[328].

En février 2015, un sondage réalisé par l'institut de sondage allemand GfK montra que l'attitude des habitants de la Crimée décrite ci-dessus n'avait pas changé. À la question « Êtes-vous favorable à l'annexion de la Crimée par la Russie ? », 82% des personnes interrogées répondirent par « oui, certainement » et 11% par « oui, en grande partie ». Seuls 2% dirent qu'ils ne savaient pas et 2% répondirent par la négative. 3% n'indiquèrent pas leur position.

L'enquête GfK demanda également si les médias ukrainiens avaient donné une image juste de la Crimée. Seulement 1% des personnes interrogées déclarèrent que les médias ukrainiens donnaient des informations totalement véridiques et seulement 4% que ces informations étaient plus souvent véridiques que frauduleuses. En d'autres termes, plus de 90% des personnes interrogées estimaient que les informations ukrainiennes étaient frauduleuses et ne reflétaient pas la réalité de la vie en Crimée. En règle générale, les médias mainstream occidentaux relaient les informations des médias ukrainiens sans les remettre en question, comme si aucun autre point de vue n'était envisageable. Il existe ainsi chez nous un monde parallèle manipulé et illusoire.

Le sondage GfK révéla également une Ukraine profondément divisée. Seuls 19% dans l'est de l'Ukraine et 26,8% dans le sud-est étaient d'avis que l'Ukraine devrait adhérer à l'Union européenne, tandis que 84,2% dans l'ouest estimaient que l'Ukraine avait naturellement sa place dans l'UE. Dans le nord, 60% et dans le centre du pays, 50% étaient favorables à une adhésion à l'UE. Le journal Forbes a commenté : *« La divi-*

sion par l'appartenance politique menace en fin de compte l'intégrité territoriale de l'Ukraine. »

Un sondage d'opinion représentatif réalisé en avril 2014 par le centre de recherche américain Pew est parvenu aux mêmes conclusions. La question de savoir si le référendum de Crimée devait être reconnu a de nouveau révélé les divisions du pays : à l'ouest, seuls 11% étaient pour, à l'est 40%, chez les Ukrainiens russophones 61% et en Crimée 88%. Pour la Crimée, ce chiffre se recoupe étonnamment bien avec le résultat du référendum, compte tenu de la participation. En Russie également, 89% des personnes interrogées souhaitaient que le référendum soit reconnu au niveau international. La satisfaction des habitants de Crimée à l'égard de leur gouvernement régional – 83% – était remarquable[329].

Ces trois études provenant de l'Occident montrent que, lors du vote sur la sécession, la grande majorité des habitants de Crimée ne pensaient pas avoir été dupés ou forcés à faire quelque chose qu'ils ne voulaient pas. Mais elles n'ont pas incité les médias occidentaux mainstream à modifier leur récit. La propagande de guerre n'est pas une question de vérité.

Depuis 2014, les États-Unis et l'UE se sont fort indignés de voir la Crimée « annexée » par la Russie et ont immédiatement déclaré une guerre économique à la Russie, avec des milliers de sanctions. Ils pensaient devoir sauver les habitants de la Crimée d'eux-mêmes, mais ceux-ci étaient heureux d'être là où ils étaient.

Inscription dans la propagande de guerre

La représentation de l'appropriation de la Crimée par la Russie étant un point central de la disposition des populations occidentales à approuver des sanctions et une guerre allant jusqu'à un certain racisme envers la Russie, examinons à nouveau ce point sous l'angle de la propagande de guerre et de son impact psychologique.

Depuis que Poutine a affirmé la souveraineté de la Russie en tant que pays égal à d'autres et mis fin au bradage du pays sous son prédécesseur Eltsine, depuis qu'il est devenu clair que la Russie ne se désintégrait pas elle aussi après l'effondrement de l'Union soviétique, mais qu'elle se reprenait et se renforçait malgré toutes les difficultés, Poutine est de plus en plus diabolisé. « La Russie est l'empire du mal », cette phrase du président américain Ronald Reagan, prononcée dans les dernières années de la Guerre froide, flotte dans la conscience collective des populations occidentales jusqu'à nos jours. Elle reprend immédiatement ses droits lorsque le président du pays est présenté comme un autocrate criminel.

Les Occidentaux ne peuvent donc pas croire que la population de Crimée décide d'adhérer à la « Russie de Poutine » lors d'un référendum. Les 97% de voix en faveur de l'adhésion rappellent les élections dans les pays socialistes, par exemple en RDA, où l'on n'avait d'autre choix que de voter pour le SED, et où peu importait que le chiffre soit exact ou non ; les élections étaient une farce. Si l'on cache l'histoire du mouvement autonome en Crimée et ses affinités avec la Russie, et si l'on n'évoque qu'en passant l'extrême droite, la haine de la Russie et la discrimination massive de la population russophone par le nouveau gouvernement de Kiev, l'observateur occidental ne peut croire qu'à l'agressivité de l'Ours russe, qui s'est emparé de manière prédatrice d'une partie d'un pays démocratique et épris de liberté. Car les protestations sur le Maïdan nous ont été présentées comme un soulèvement de la population contre un régime oppressif – comparable à la révolution pacifique de la RDA. On peut le comprendre ; c'est la démocratie de base. Et comme cela a conduit à un nouveau gouvernement, c'est désormais un pays de gentils, de démocrates, qui deviendra vraisemblablement membre de l'UE et de l'OTAN. Un pays de valeurs occidentales, par opposition à la sinistre Russie et à son dictateur. Tout ce qui se passe est classé à partir de cette image du bien et du mal. La remise en question est superflue, voire hérétique. Comme le droit international fait partie du bien, on croit et on reprend immédiatement l'affirmation selon laquelle la Russie a agi en violation du droit international.

En fait, comme nous le verrons dans le chapitre suivant, la sécession de la Crimée par rapport à l'Ukraine était conforme au droit international. Le référendum de Crimée était un acte démocratique, tandis que le nouveau gouvernement de Kiev est arrivé au pouvoir à la suite d'un coup d'État violent et d'une intervention étrangère. Mais nous n'en entendons pas parler. On en reste donc à une répartition bien/mal infantile et émotionnelle. On se laisse ainsi mener.

Contexte géopolitique : les États-Unis voulaient installer des bases militaires en Crimée

La Crimée est stratégiquement importante pour la mer Noire. Celui qui domine la Crimée contrôle la mer Noire et donc une grande partie de la flotte de la Russie. Un coup d'œil sur la carte montre que les navires russes peuvent traverser la mer Noire pour atteindre la Méditerranée, puis le vaste monde via le canal de Suez ou le détroit de Gibraltar. Pour la Russie, l'accès à la mer Noire est essentiel.

Les États-Unis travaillaient pour leur part à la domination de la mer Noire et à l'établissement de bases militaires en Crimée. Le référendum et le rattachement de la Crimée à la Russie firent échouer ces plans.

René-Burkhard Zittlau[330] s'est penché sur la question dans un article[331]. La *Naval Engineering Facilities Command* (NAVFAC) est une unité du Pentagone dont le budget annuel se chiffre en milliards. Elle est responsable de la planification, de la conception, de la construction et de l'entretien des installations côtières de la marine américaine dans le monde entier. Le 5 septembre 2013, la NAVFAC a publié sur son site Internet l'appel d'offres pour la rénovation de l'école n°5 de Sébastopol. Les offres devaient être remises avant la fin octobre 2013. C'était juste avant le début des manifestations sur le Maïdan. Les travaux de rénovation devaient être terminés dans un délai d'un an.

La NAVFAC n'est pas une organisation humanitaire, mais construit et entretient des installations militaires pour le Pentagone. Si elle a commandé des travaux d'aménagement à Sébastopol, cela signifie que les États-Unis avaient prévu d'y installer une base militaire, pratiquement nez à nez avec la flotte russe de la mer Noire. Que ce projet de construction n'ait été qu'une aide humanitaire, comme cela a parfois été affirmé, est peu crédible[332]. Le 15 avril 2014, l'appel d'offres fut annulé « en raison de la situation actuelle en Ukraine ».

René Zittlau explique qu'en vertu du traité de Montreux de 1936, les bateaux des États-Unis ne pouvaient être présents sur place que par rotation, pas plus de 21 jours, parce que les États-Unis ne sont pas un État riverain. Mais ce traité ne s'applique pas aux forces armées de terre et de l'air. Ainsi, selon René Zittlau, les États-Unis avaient différents projets : utiliser la base aérienne militaire de Belbek en Crimée pour des avions espions, des bombardiers et des avions de chasse ; réactiver une base sous-marine souterraine à Sébastopol ; faire exploiter les sous-marins ukrainiens qui devaient y être stationnés par du personnel de l'OTAN ; installer des missiles américains dans les bunkers du site de Sotka ; établir sur le mont Kiziotach, où l'URSS avait construit un bunker nucléaire, un poste de commandement avancé ; et créer à Feodosia, à l'est de la Crimée, un terrain d'entraînement pour les militaires de l'OTAN. Zittlau : *« Dans tous ces projets, il s'agissait d'organiser le contrôle de la mer Noire en général et de la flotte russe de la mer Noire en particulier. »*

Avec de tels plans de bases militaires, on comprend mieux pourquoi l'OTAN insiste si fortement sur la reconquête de la Crimée. Et l'on comprend aussi mieux pourquoi le gouvernement russe a accueilli si rapidement la Crimée, contrairement aux républiques du Donbass.

Comme rien ne se passait en Crimée, les États-Unis s'engagèrent dans d'autres endroits de la mer Noire en Ukraine. En août 2017, la marine américaine annonça officiellement que des travaux avaient commencé à l'aéroport militaire de Kharkov, une ville portuaire à l'ouest de la Crimée, en collaboration avec l'armée ukrainienne[333].

L'Ukraine coupe l'eau et l'électricité aux habitants de Crimée

Que s'est-il passé en Crimée après le référendum sur l'indépendance ? Nous avons vu que dès le jour du référendum, le Premier ministre ukrainien a menacé les électeurs de Crimée en disant que « la terre brûlerait sous leurs pieds ». Ce n'étaient pas des paroles en l'air. L'Ukraine a immédiatement lancé des agressions.

La péninsule de Crimée est reliée par le nord au continent ukrainien. Le transport et l'approvisionnement passent par la région de Kherson en Ukraine. Les nationalistes ukrainiens ont profité de ce point faible pour couper les artères vitales matérielles de la Crimée.

L'approvisionnement en eau constituait un point faible, la Crimée étant l'une des régions d'Europe qui possède le moins de réserves d'eau. Dans le canal de Crimée du Nord, l'eau de l'immense fleuve Dniepr s'écoulait vers la Crimée de façon à couvrir 85% des besoins en eau. Le canal, long de 403 km, a une profondeur maximale de 6 mètres et une largeur de 10 à 15 mètres. Le réseau du système de canaux s'étend sur 1500 km et constitue le système d'irrigation le plus grand et le plus complexe d'Europe.

En avril 2014, l'Ukraine ferma le canal, privant ainsi la Crimée d'une grande partie de son approvisionnement en eau[336]. Avec l'aide de la Russie, de nouvelles conduites furent construites pour pallier le manque d'eau[337]. En avril 2017, l'Ukraine acheva la construction d'un nouveau barrage sur le canal de Crimée du Nord, ce qui coupa complètement la Crimée du système d'eau ukrainien. L'agriculture de Crimée, qui dépend fortement de l'eau du Dniepr, est depuis lors confrontée à une pénurie d'eau. Pendant huit ans, de 2014 à 2022, la population de Crimée a souffert de la sécheresse.

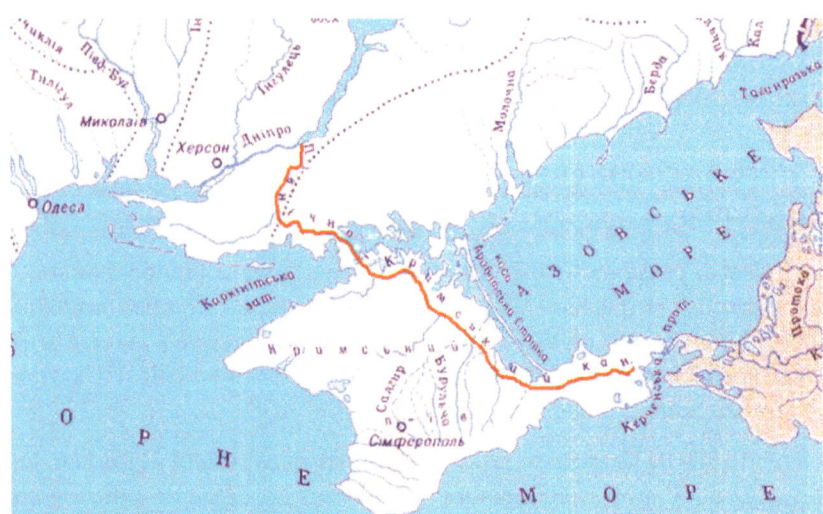

Le canal du Nord de la Crimée a servi à irriguer la Crimée jusqu'en 2014 puis à nouveau à partir de 2022[334].

Dans les premiers jours qui suivirent l'entrée en guerre de la Russie en février 2022, les soldats russes firent sauter le barrage, ce qui permit au canal de Crimée du Nord de se remplir à nouveau et de réalimenter la Crimée en eau. On comprend ainsi pourquoi le contrôle de la région de Kherson, où passe le canal, était si important pour la Russie.[338]

L'électricité constituait un deuxième point faible. En 2014, la Crimée ne produisait elle-même qu'environ 30% de ses besoins en électricité et dépendait de l'Ukraine pour son approvisionnement.[339] En novembre 2015, des nationalistes ukrainiens firent sauter plusieurs lignes électriques. La Crimée fut privée d'électricité pendant des semaines, l'état d'urgence fut déclaré, les hôpitaux mirent en marche des générateurs diesel[340]. La Russie posa des câbles sous-marins pour relier la Crimée au réseau électrique russe, ce qui prit du temps. Ce n'est que le 11 mai 2016 que le président Poutine put débloquer la quatrième et dernière partie des lignes électriques russes vers la Crimée[341].

Le troisième point faible était le transport. La liaison terrestre vers la Crimée passait par l'Ukraine. Mais le gouvernement ukrainien bloqua les liaisons ferroviaires et les routes vers la Crimée. Euronews rap-

Le canal du Nord de la Crimée a été fermé par le gouvernement ukrainien le 26 avril 2014[335].

porte le 28 décembre 2014 : « *L'Ukraine a temporairement étendu aux voitures et aux camions son blocus des transports sur la péninsule annexée par la Russie. C'est ce qu'ont confirmé les autorités douanières de Crimée. Dans l'après-midi, les points de passage auraient été rouverts, mais uniquement pour les véhicules venant d'Ukraine[342].* » Le blocus de la circulation signifiait que l'approvisionnement alimentaire de la Crimée était menacé, que les gens ne pouvaient plus rendre visite à leurs proches, que le commerce était quasiment impossible et que l'économie stagnait. Le transport de marchandises entre la Russie et la péninsule devait se faire par voie maritime ou aérienne. À cet effet, de nouveaux ferrys ferroviaires et automobiles furent mis en place via le détroit de Kertch à l'est de la Crimée. Malgré tout, les temps d'attente pouvaient atteindre 30 heures. La construction du pont de Crimée devint une priorité absolue. Il fut inauguré en mai 2018. Avec ses 19 km de long, c'est le pont le plus long d'Europe. Il existe désormais à nouveau une liaison terrestre entre la Russie et la Crimée[343].

Le gouvernement ukrainien affirme toujours vouloir libérer la Crimée de l'occupation illégale de la Russie, puisque la Crimée fait partie du territoire de l'Ukraine. Or les habitants de la Crimée ne sont pas traités comme des citoyens ukrainiens jouissant de droits fondamentaux, mais comme des ennemis qu'il faut assiéger et affamer. Pendant huit ans, Kiev a fait tout ce qui était en son pouvoir pour rendre la vie difficile à ses anciens citoyens sécessionnistes : couper l'eau, l'électricité, bloquer la circulation, empêcher le commerce et empêcher l'approvisionnement alimentaire. Pour les habitants de la Crimée, le pouvoir de Kiev représente une menace existentielle bien réelle contre laquelle il faut se protéger. Ce n'est pas ainsi qu'il gagnera le cœur des habitants de la Crimée. Après cette expérience, il est probable que seule la force pourra les contraindre à faire à nouveau partie de l'entité étatique ukrainienne. C'est également l'avis des dirigeants ukrainiens, qui ont ouvertement menacé de recourir à des actes de terrorisme d'État.

Le chef des services secrets ukrainiens annonce l'élimination physique des habitants de Crimée

Le chef du service de renseignement militaire ukrainien HUR, Kirilo Boudanov, a annoncé dans une interview télévisée le 19 mai 2023 l'élimination physique des habitants de Crimée après une victoire ukrainienne.

Le chef des services secrets ukrainiens Kirilo Boudanov en interview, capture d'écran

Interrogé sur la première ville de Crimée où il se rendrait en cas de victoire ukrainienne, Boudanov a répondu qu'il irait à Sébastopol, car c'est là qu'il avait passé son enfance. L'intervieweur a alors rappelé qu'avec la conquête de la Crimée, « *trois millions de personnes déloyales reviendraient* ». À ce moment-là, Boudanov a interrompu le journaliste en disant : « *Ce ne sont pas seulement des gens déloyaux. Ce sont des gens dont la psyché a changé.* »

À la question du journaliste de savoir comment traiter ces personnes, Boudanov a répondu : « *C'est très simple : un juste châtiment. Une juste punition pour certains de leurs actes ne peut être, selon nous, que l'élimination physique. Nous aurons beaucoup à faire. Cela vous étonnera peut-être, mais tout cela ne s'arrêtera pas après notre victoire[344].* »

Ce n'étaient pas que des mots. Dans une interview précédente, Boudanov avait déjà laissé entendre que l'Ukraine était derrière les tentatives d'assassinat de journalistes russes comme Daria Dougina, Vladlen Tatarsky et Zakhar Prilepine, et annoncé vouloir continuer à tuer des Russes partout dans le monde[345]. Et sur la chaîne YouTube ukrainienne *Rizni Lyudi*, Boudanov a justifié les meurtres comme suit :« *La racaille sera punie un jour ou l'autre dans tous les pays du monde. Seule l'élimination peut être un châtiment bien mérité pour de tels actes*[346]. »

La brutalité haineuse de ces déclarations est concrètement insupportable, il faut bien reprendre son souffle... Et l'Allemagne et l'UE soutiennent ces dirigeants ukrainiens...

Boudanov est à prendre très au sérieux. Ce n'est pas un nationaliste fanatique, mais en tant que chef des services de renseignement militaire ukrainiens, il est influent et joue un rôle central dans la direction des forces armées ukrainiennes. En février 2023, il était même pressenti pour devenir le futur ministre de la Défense[347]. En tant que chef des services secrets, il ne s'exprime pas à titre personnel, mais ses déclarations doivent être considérées comme des déclarations officielles du gouvernement ukrainien.

Le service de renseignement militaire ukrainien HUR est responsable du renseignement, de l'espionnage et des opérations spéciales. Le HUR se définit lui-même comme « l'une des structures des forces armées les plus aptes au combat ». De nombreux bataillons sont directement subordonnés au service secret, comme le régiment Kraken ou la Légion étrangère ukrainienne[348]. Le HUR supervise toutes les autres unités militaires de l'armée ukrainienne.

Le ton agressif de Boudanov fait partie de la charte officielle de HUR. En 2016, le président Petro Porochenko avait introduit un nouveau logo HUR pour l'exprimer[349].

Le logo du service de renseignement militaire HUR décrypté

Logo du service de renseignement militaire ukrainien HUR[350]

Que voit-on sur le logo du service de renseignement militaire ukrainien HUR ? Une chouette plane au-dessus du globe terrestre et transperce le centre de la Russie avec une épée martiale ; elle est bien plus grande et plus puissante que la Russie. La chouette symbolise la sagesse et la capacité de voir dans l'obscurité, mais aussi une ruine imminente, un *mauvais présage,* elle est traditionnellement considérée comme la compagne des sorciers noirs et des sorcières. La chouette apparaît ici comme un gendarme mondial, un rôle que seul le gouvernement des États-Unis revendique habituellement. L'objectif de la chouette n'est pas de défendre l'Ukraine, mais de détruire la Russie. On a du mal à retrouver l'Ukraine elle-même dans le logo.

Lors de l'interview dans laquelle il annonçait l'élimination physique des habitants de la Crimée, Boudanov a montré une carte qu'il avait réalisée et sur laquelle on pouvait voir la Russie morcelée en de nombreux petits pays. La Russie doit être détruite en tant qu'État, et divisée en petits États sans importance géopolitique et se faisant mutuellement concurrence. L'interview de Boudanov ne laisse évidemment aucune place à l'idée que l'Ukraine, qui est plusieurs fois plus petite que la Russie, pourrait se surestimer dans ce grand objectif et être elle-même détruite. Le fait que la Russie possède des bombes atomiques qui pourraient être utilisées en cas de menace existentielle de l'État selon la doctrine militaire russe ne mérite pas non plus un instant de réflexion. Conformément au logo HUR, ce n'est pas non plus nécessaire. Sur celui-ci, on peut lire en latin : *Sapiens Dominabitur Astris*, soit, en français : « Les sages régneront sur les étoiles ». Celui qui peut dominer les étoiles peut bien sûr aussi dominer la Russie. Manifestement, le réalisme et la modestie ne font pas partie des principes directeurs des services secrets ukrainiens.

Au-dessus de la chouette, on voit le trident Trysub, le symbole national de l'Ukraine, qui était déjà utilisé sur les pièces de monnaie de la Rus' de Kiev au 9ᵉ siècle[351]. Cela signifie que la chouette est inspirée et guidée par la nation ukrainienne qui la surplombe. L'Ukraine est le signe quasi sacré sous lequel la chouette déploie son pouvoir. En conséquence, un film publicitaire de HUR se termine par ce logo et par le slogan « Ukraine above all ! (Ukraine über alles ! L'Ukraine au-dessus de tout !)[352]. On voit ici à nouveau de manière effrayante combien l'idéologie des néonazis ukrainiens s'est propagée à travers tout l'appareil d'État.

Afin de mieux comprendre le logo de la chouette du HUR ukrainien, je me suis posé la question suivante : avec quelle symbolique travaille le service secret militaire russe GRU ? Bien sûr, le GRU est bien capable de commettre toutes sortes d'infamies, et il a organisé des meurtres. Mais le logo du GRU est très différent de celui du HUR ukrainien.

Logo du GRU, le service de renseignement militaire russe[353]

On voit un blason noir rempli d'une étoile rouge rayonnante. Au centre se trouve une sphère avec trois flammes, qui rappelle un cœur en feu. Le mouvement va du centre vers l'extérieur, il semble calme, fort, mais pas agressif ni envahissant. Le blason est entouré de plantes qui expriment la force vitale et le lien avec la nature et la terre. Au-dessus de l'étoile rouge à cinq pétales se trouve un aigle à deux têtes tenant dans ses serres une épée et une couronne de laurier, rayonnante de puissance. Au cœur de l'aigle se trouve Saint-Georges à cheval, vainqueur du dragon. Il culmine dans une couronne qui pourrait être un stéphanos, une couronne épiscopale utilisée dans l'Église orthodoxe. Le logo transmet donc la force du centre, du cœur, et un lien religieux, spirituel. En fin de compte, c'est à Dieu qu'il faut rendre des comptes. Certes, ce modèle ne joue sans doute pas souvent un rôle dans le travail concret du GRU, mais le logo lui-même le rappelle.

Revenons à la Crimée. Boudanov, le chef des services secrets, a menacé les habitants de Crimée d'une extermination physique[354]. D'autres représentants du gouvernement ukrainien ne vont pas aussi loin, ils menacent « seulement » d'extermination économique, de privation de droits, de rééducation et d'expulsion.

« Douze étapes vers la désoccupation de la Crimée »

Le chef du Conseil de sécurité ukrainien, Alexeï Danilov, a présenté début avril 2023 un plan en douze points pour la « désoccupation » »de la Crimée[355]. Ce n'est pas rien. Le programme a été préparé par les collaborateurs du Conseil national de sécurité avec le concours de nombreux experts, a écrit Danilov. Le Conseil de sécurité est un organe constitutionnel de l'Ukraine chargé de coordonner et de contrôler les activités des organes exécutifs dans le domaine de la sécurité et de la défense nationales. Il est donc l'instance suprême en matière de questions militaires[356].

Alexeï Danilov, chef du Conseil de sécurité ukrainien[357]

Qu'est-ce qui attend les habitants de la Crimée si le gouvernement ukrainien atteint son objectif de conquérir la Crimée ? Le plan en douze points prévoit :

– Le point 1 consiste à effacer tout souvenir de l'histoire russe et soviétique de la péninsule en changeant le nom des villes, des rues et des places, et en démolissant des monuments.

– Le deuxième point est la poursuite de tous les « collaborateurs », en passant au crible tous les habitants de Crimée pour savoir s'ils collaborent avec les « forces d'occupation russes ». Le droit de vote et d'éligibilité sera retiré pour « toute forme de soutien à l'administration d'occupation », ce qui devrait concerner la grande majorité des habitants. La population de la Crimée reconquise serait ainsi privée de droits et exclue de tout processus politique en Ukraine.

– Selon le point 3, des procédures pénales distinctes seront ouvertes contre tous les fonctionnaires qui ont continué à travailler après 2014. Les employés du secteur public qui ont continué à travailler, même sans commettre d'« infraction », perdront leur emploi et leurs droits à la retraite, et seront interdits d'emploi à vie.

– Dans ce plan, le Conseil de sécurité ukrainien part du principe d'une victoire totale de l'Ukraine contre la Russie, car au point 4, il veut obliger la Russie à extrader vers l'Ukraine toutes les personnes qui, selon l'Ukraine, ont commis des délits. Cette règle s'appliquera également aux citoyens russes qui, selon la loi russe, ne peuvent pas être extradés à l'étranger.

– Le point 5 mentionne explicitement les journalistes et autres experts qui doivent faire l'objet d'une « attention particulière ». Ils seront tous jugés selon le droit ukrainien et privés de leurs biens et de leurs droits à la retraite.

– Le point 6 prévoit la déportation de tous les Russes qui se sont installés dans la péninsule après février 2014.

– Selon le point 7, les contrats et actes juridiques conclus en Crimée après 2014 sont déclarés nuls. Tous les biens acquis conformément à la législation russe seront confisqués. Cela signifie par exemple que les personnes qui y ont acheté un appartement ou une entreprise après 2014 seront expropriées.

– Le point 8 prévoit le dynamitage du pont de Crimée.

– Les points 9 à 11 sont consacrés « au filtrage et à la rééducation » des habitants de la Crimée, en utilisant « l'expérience de la dénazification en Allemagne ». Thomas Röper commente :

> *Il s'agit aussi, ironiquement, de l'accusation de soutien actif à l'occupation russe dans la reconstruction des villes ukrainiennes après leur destruction à la suite de l'occupation russe. C'est donc de l'ironie pure, car on peut peut-être reprocher beaucoup de choses à la Russie, mais elle a construit et rénové les villes de Crimée qui étaient tombées en ruine après 25 ans de domination ukrainienne, et elle a construit de nouvelles autoroutes. Ceux qui sont allés en Ukraine savent qu'à l'exception de Kiev, il n'y a pratiquement pas eu de mesures d'entretien des infrastructures depuis 30 ans. L'Ukraine est dans un état épouvantable parce qu'elle a été rackettée par les gouvernements et les oligarques ukrainiens. Même dans le centre des grandes villes comme Kherson, certaines rues ne sont pas asphaltées, mais restent de simples chemins de terre.*

– Le point 12 vise à rebaptiser la ville portuaire de Sébastopol, connue dans le monde entier sous ce nom, en « objet numéro 6 ». Il s'agit ainsi d'effacer la prétendue falsification de l'histoire russe que le nom historique de la ville est censé représenter.

Mykhaïlo Podolyak[358], un conseiller présidentiel ukrainien, a confirmé le plan en douze points lors d'une interview à la radio, ajoutant :

> *Dès que nous entrerons en Crimée, nous devrons effacer tout ce qui est russe en son sein. (…) Nous devrions fermer complètement tout ce qui a trait à l'espace culturel russe. Il n'y aura plus qu'un espace culturel ukrainien ou un espace culturel global. Il ne doit pas y avoir de « russité ». Et nous ne devrions pas discuter pour savoir si on a*

le droit ou non de parler russe. (...) Si quelqu'un en Crimée
ne veut pas vivre selon les lois et les règles de l'Ukraine, il
doit partir volontairement.

Podolyak est un peu plus concret que Danilov sur la question de savoir ce que Kiev entend par « collaboration coupable » :

De nombreuses personnes doivent être légalement sanc-
tionnées pour avoir abandonné leur passeport ukrainien
pour en prendre un russe.

Depuis le passage à la Russie en 2014, presque tous les habitants de la Crimée ont des passeports russes, car ils ne peuvent pas obtenir ou faire renouveler des passeports ukrainiens. La sanction prévue par Podolyak est donc prévue pour pratiquement tous les habitants.

Le plan est clair. L'objectif déclaré du gouvernement ukrainien est le nettoyage ethnique de la Crimée ainsi que d'autres régions du sud-est de l'Ukraine. Une conquête de la Crimée par les Ukrainiens représenterait pour les habitants de la Crimée une discrimination, une oppression et une expulsion abominables.

Ces menaces à l'encontre des habitants de la Crimée constituent le plan officiel du gouvernement ukrainien. Ce n'est pas de la propagande russe, ce sont les déclarations du gouvernement ukrainien. J'aimerais écrire autre chose. J'aimerais écrire que le gouvernement ukrainien respecte les différences culturelles et considère les Ukrainiens russes de Crimée comme des citoyens égaux, et non comme des parias ou des sous-hommes qu'il faut réprimer et expulser. Mais pour pouvoir l'écrire, il me faudrait inventer et mentir.

En Crimée même, les différents groupes ethniques ne sont pas réprimés. Dans mes recherches, je n'ai pas trouvé de haine envers l'ukrainien. Il y a des écoles ukrainiennes et, après la sécession de l'Ukraine, un lycée ukrainien a été ouvert à Simferopol[359]. De nombreux efforts sont faits pour les droits des Tatars de Crimée, qui ont été terriblement maltraités et déportés en Union soviétique. Ainsi, la faculté de langue tatare de Crimée, fermée par l'Ukraine, a rouvert ses portes. Des efforts sont faits pour prendre en compte les différences culturelles. L'idée d'un État ethniquement unifié est considérée comme absurde et inhumaine. Même si, dans la pratique, beaucoup de choses ne se déroulent probablement pas comme on le souhaiterait – une bureaucratie stoïque et l'incapacité humaine normale y veillent déjà –, un effort est visible.

La grande majorité de la population de Crimée souhaite faire partie de la Russie. Pourquoi devrions-nous l'en empêcher et la punir pour cela ?

Pourquoi les habitants de la Crimée se voient-ils refuser le droit à l'autodétermination ? Ne bénéficient-ils pas des droits de l'homme ? N'ont-ils pas leur mot à dire ? La Crimée a été occupée par l'Ukraine en 1991, d'abord juridiquement puis, en 1995, par un coup d'État militaire. Ses habitants se sont prononcés à trois reprises par référendum en faveur de l'indépendance vis-à-vis de l'Ukraine. Pourquoi ne le reconnaît-on pas ? Après que le gouvernement ukrainien eut coupé l'eau, l'électricité et les voies de communication suite au référendum sur l'indépendance en 2014, les habitants de la Crimée ne veulent plus rien avoir à faire avec Kiev. L'écrasante majorité de la population veut vivre en Russie. Plusieurs milliers d'entre eux sont prêts à se battre et à mourir pour cette cause. Pourquoi n'en tient-on pas compte ?

À ce propos, il en va de même pour le Donbass, dans l'est de l'Ukraine. En 2019, le journal pro-occidental *Kyiv Post* a constaté que seuls 5% des habitants de Lougansk et de Donetsk espéraient que l'Ukraine allait reconquérir ces régions. 16% des habitants souhaitaient des républiques populaires indépendantes. Une majorité – plus de 60% – souhaitait rejoindre la Fédération de Russie[360]. C'était en 2019 ; à l'automne 2022, ces régions ont rejoint la Russie à l'issue de référendums.

Ainsi, lorsque l'UE et l'Allemagne envoient des armes et de l'argent à l'Ukraine pour qu'elle s'empare de la Crimée et de l'Ukraine orientale, il s'agit de briser la volonté de la population locale. L'envoi d'armes et d'argent soutient la destruction physique et économique, la privation de droits, la rééducation et l'expulsion de la population russe de Crimée et d'Ukraine orientale, ouvertement annoncées et visées par le Conseil de sécurité de Kiev.

L'UE et l'Allemagne soutiennent donc une épuration ethnique néonazie. C'est inconcevable au vu de l'histoire allemande. Un déni révoltant.

Le refus de la politique occidentale, des médias dominants et d'une grande partie de la population occidentale de prendre acte de la volonté des habitants de la Crimée et d'examiner objectivement les événements est tout aussi moralement répugnant. Le mépris, le fait de détourner le regard et l'ignorance constituent des violences psychologiques et une faute lourde.

Justice[361]

La sécession de la Crimée était-elle conforme au droit international ?

Au lieu de parler avec les habitants de la Crimée et du sud-est de l'Ukraine et d'écouter ce qu'ils veulent, les gouvernements de l'OTAN ont qualifié la sécession de la Crimée de « contraire au droit international ». Celle-ci serait contraire au principe de l'intégrité territoriale. Cet argument, répété en permanence, a été ainsi imprimé dans l'opinion publique et dans les sentiments des gens. Que cela signifie-t-il ? Et est-ce vrai ?

Je vais analyser la situation juridique de la sécession de la Crimée de manière plus détaillée, afin que chacun puisse y réfléchir par lui-même et s'en imprégner. Ces arguments s'appliquent mutatis mutandis aux sécessions d'autres régions de l'est de l'Ukraine.

Deux points de vue constituent la toile de fond de nombreuses discussions politiques ou juridiques. L'une est que l'État n'est pas une fin en soi, mais que sa seule raison d'être est de servir la liberté, l'autodétermination et la dignité des personnes ; l'être humain doit toujours rester au centre. L'autre position est que l'État et le gouvernement ont besoin de beaucoup de pouvoir pour maintenir l'ordre ; les hommes doivent s'y soumettre, le système est plus important. Cette idée n'est généralement pas exprimée aussi clairement, car à l'ère de la démocratie et des droits de l'homme, tout doit avoir une belle apparence, même si ce qui se passe derrière est complètement différent. On retrouve ces deux positions dans le droit international : il y a le principe du « droit des peuples à disposer d'eux-mêmes[362] », qui s'intéresse davantage aux personnes, et le principe de l'« intégrité territoriale[363] », qui s'intéresse davantage au pouvoir étatique.

La sécession vue par l'Ukraine

Du point de vue de l'Ukraine, les choses sont claires : la sécession de certaines parties de l'Ukraine n'est possible qu'après un référendum national, car la Constitution ukrainienne stipule dans son article 73

que « *c'est exclusivement par un référendum organisé dans toute l'Ukraine que les questions relatives à la modification du territoire de l'Ukraine seront tranchées[364].* » Or, lors de la sécession de la Crimée et des autres régions de l'est de l'Ukraine, il y a eu un référendum uniquement dans la région concernée et non dans toute l'Ukraine, ce qui est donc contraire à la Constitution.

C'est exact, toutefois : le coup d'État anticonstitutionnel du Maïdan a tellement ébranlé et annulé les fondements de l'ordre constitutionnel ukrainien que la Crimée et les régions du Donbass ne pouvaient plus se fier à la Constitution ukrainienne. On peut douter que celle-ci ait encore été valide après un coup d'État, une situation de guerre et l'intervention déterminante de puissances étrangères, comme les États-Unis. La zone de non-droit ainsi créée a été comblée par les référendums. C'est l'avis de David C. Hendrickson, un expert américain en droit international, dans un long essai historiquement fondé : le droit à l'autodétermination avait été « *transféré aux habitants de la Crimée et du Donbass par l'abrogation préalable de la Constitution[365].* »

Un deuxième argument est que l'intégration de la Crimée dans la RSS d'Ukraine en 1954 était déjà illégale, car cette décision avait été prise par des organes d'État qui n'étaient pas autorisés à le faire par la Constitution soviétique. On peut donc se demander si la Crimée pouvait faire partie de l'Ukraine. De plus, à l'époque, les citoyens de Crimée n'avaient pas été consultés. La décision avait tout simplement été prise dans leur dos[366].

Un troisième argument particulièrement fort en faveur de l'illégalité de l'appartenance de la Crimée à l'Ukraine est que, lors du référendum sur l'indépendance de décembre 1991, la Crimée s'est vu refuser un vote propre sur sa future appartenance, alors que la loi sur le référendum le prévoyait explicitement. Et en 1995, le gouvernement ukrainien a fait un coup d'État contre le président de Crimée et tout simplement abrogé la constitution de Crimée par décret. Des actes illégaux.

Le quatrième argument est indiscutable : quand le droit national entre en conflit avec le droit international, c'est le droit international qui compte et non le droit national. Examinons donc le droit international.

La sécession basée sur le droit international prime sur le droit national

En droit international, il existe le principe de l'inviolabilité des frontières, selon lequel la sécession de la Crimée était une violation illégale de l'intégrité de l'État ukrainien. D'autre part, il existe le principe du droit des peuples à disposer d'eux-mêmes, qui peuvent décider librement dans quel État ils souhaitent vivre. Ainsi, la population de Crimée avait le droit de se séparer de l'Ukraine et de décider si elle voulait créer son propre État ou rejoindre un autre État. Qu'en est-il ?

Le droit des peuples à disposer d'eux-mêmes est inscrit dans la Charte des Nations Unies, qui constitue le fondement du droit international, à l'article 1, paragraphe 2 :

> *Les objectifs des Nations Unies sont : ... de développer entre les nations des relations amicales fondées sur le respect du principe de l'égalité des droits et de l'autodétermination des peuples, et de prendre d'autres mesures appropriées pour renforcer la paix universelle.*

Et c'est ainsi que, de manière facilement compréhensible, Wikipedia écrit également sur le droit des peuples à disposer d'eux-mêmes :

> *Le droit des peuples à disposer d'eux-mêmes est l'un des droits fondamentaux du droit international. Il stipule qu'un peuple a le droit de décider librement de son statut politique, de sa forme d'État et de gouvernement et de son développement économique, social et culturel. Cela inclut sa liberté vis-à-vis de la domination étrangère. Ce droit à l'autodétermination permet à un peuple de former son propre État national ou de s'associer librement à un autre État[367].*

L'inviolabilité des frontières (intégrité territoriale) est définie dans la Charte des Nations unies, article 2, paragraphe 4 :

> *Tous les membres s'abstiennent, dans leurs relations internationales, de recourir à la menace ou à l'emploi de la force, soit contre l'intégrité territoriale ou l'indépen-*

dance politique d'un État, soit de toute autre manière incompatible avec les buts des Nations Unies.

La contradiction entre ces deux principes n'est pas apparue pour la première fois dans le contexte de la Crimée ; il y a eu des cas antérieurs auxquels on peut se référer. La Cour internationale de justice (CIJ) de La Haye s'est prononcée sur ce sujet dans le cadre d'une procédure détaillée et d'un avis final le 22 juillet 2010. Il s'agissait de la légalité de la déclaration unilatérale d'indépendance du Kosovo vis-à-vis de la Serbie du 17 février 2008. Le Kosovo avait également déclaré son indépendance sans le consentement de la Serbie. En 1999, les pays de l'OTAN soutinrent cette décision et bombardèrent lourdement la Serbie, en violation incontestable du droit international[368].

L'avis consultatif de la Cour internationale de justice conclut que « la déclaration unilatérale d'indépendance du Kosovo du 17 février 2008 n'est pas contraire au droit international ». Une sécession unilatérale est couverte par le droit international, même si elle est contraire aux lois du pays. C'est généralement le cas lors des sécessions, car peu de gouvernements aiment laisser partir des parties du pays, celui-ci perdant alors en taille et en pouvoir. C'est précisément pour cette raison que ce processus est couvert par le droit international.

La phrase centrale de la Cour Internationale de Justice est :

Selon la CIJ, il ne découle pas du principe de l'intégrité territoriale une interdiction des déclarations d'indépendance. Ce principe ne s'applique que dans les relations interétatiques et non dans le domaine national.

L'inviolabilité des frontières ne concerne donc que la question de savoir si un État peut envahir militairement un autre État. Il ne s'agit pas de conflits internes ni de séparations de parties du pays. L'intégrité territoriale ne s'applique pas à l'intérieur des États, mais uniquement entre les États. Selon la Cour internationale de justice, l'intégrité territoriale ne touche donc absolument pas au droit à l'autodétermination des peuples.

Cela signifie que la Serbie ne pouvait pas invoquer l'intégrité territoriale lorsque le Kosovo s'est détaché. De la même manière, l'Ukraine ne pouvait pas l'invoquer lorsque la Crimée ou d'autres régions se sont détachées.

La question qui se pose ici est la suivante : pourquoi les pays de l'OTAN se réfèrent-ils constamment à l'intégrité territoriale des États, alors que celle-ci n'est pas du tout valable sur le plan national et que l'Ukraine ne peut pas s'en prévaloir ? En droit international, c'est clair. Qu'est-ce qui est trompeur ?

La position de la Cour internationale de justice a été soutenue par les pays de l'OTAN, comme on peut le voir dans leurs réponses à la Cour[369]. Il est intéressant de noter que la Russie s'est montrée plus réservée à ce sujet, estimant lors de la procédure d'audition qu'un droit à la sécession ne devrait être possible que dans des circonstances vraiment extrêmes, par exemple en cas d'attaque armée de l'État mère menaçant l'existence du peuple concerné au sein de cet État[370]. Dans le cas de la Crimée et des Républiques populaires du Donbass, dont l'existence était menacée par des attaques armées de l'État mère, la Russie a donc reconnu leurs déclarations d'indépendance. Mais les pays de l'OTAN ne les ont pas reconnues, contrairement à ce qu'ils avaient déclaré dans le cas du Kosovo. Il s'agit là encore d'un cas d'hypocrisie des pays de l'OTAN selon la devise : le droit n'est valable que lorsqu'il sert nos intérêts.

Si l'on se demande quelle est la différence entre le Kosovo et la Crimée, voici ce qui saute aux yeux : au Kosovo, les États-Unis disposent de la gigantesque base militaire de Camp Bondsteel, qui abrite 7000 soldats, tandis que les soldats américains n'ont pas accès à la Crimée[371]. Cela explique la différence de traitement entre le Kosovo et la Crimée. Il n'y a pas de justification juridique.

Avant qu'une partie du pays puisse déterminer son appartenance à un autre État, elle doit d'abord se déclarer elle-même indépendante. Elle doit donc remplir les critères d'un État indépendant. La Crimée remplit-elle ces critères ?

Du point de vue du droit public, il existe trois critères pour l'existence d'un État : il doit y avoir un peuple, des frontières et un système juridique exécutoire. La Crimée remplissait ces trois critères. Le peuple de l'État est apparu lors du référendum, les frontières de l'État étaient claires, car la Crimée existait en tant que région depuis des siècles, et la

Crimée avait une administration publique indépendante. Les fonctionnaires de Kiev n'étaient pas du tout nécessaires.

La déclaration d'indépendance de la Crimée était donc légale au regard du droit international, tout comme son adhésion ultérieure à la Fédération de Russie. Sa déclaration d'indépendance est même plus légitime que celle du Kosovo, puisqu'elle a fait l'objet d'un référendum, alors que les citoyens du Kosovo n'ont pas pu en décider eux-mêmes.

Les créations d'États doivent-elles être reconnues au niveau international ?

À ce stade, le contre-argument est toujours que l'indépendance de la Crimée n'est pas reconnue internationalement.

Que signifie ce contre-argument ? On ne le sait absolument pas. À partir de quand quelque chose est-il considéré comme internationalement reconnu ? Lorsqu'un autre État le reconnaît ? Lorsque deux États le reconnaissent ? Lorsqu'une grande puissance le reconnaît ? Lorsque l'ONU admet un État en tant que membre ?

Là encore, nous pouvons consulter l'avis consultatif de la Cour internationale de justice dans l'affaire du Kosovo. La Cour écrit clairement qu'une déclaration d'indépendance n'a pas besoin d'être reconnue par qui que ce soit :

> *Dans son avis consultatif du 22 juillet 2010, la Cour internationale de justice (CIJ) de La Haye a estimé que la déclaration unilatérale d'indépendance du Kosovo du 17 février 2008 ne violait pas le droit international. (...)*
>
> *Dans son avis, la CIJ part du principe qu'une déclaration d'indépendance est conforme au droit international lorsqu'elle ne contrevient à aucune règle applicable du droit international. En revanche, une légitimation par une norme de droit international n'est pas nécessaire.*

Il n'y a pas besoin de « légitimation par une norme de droit international public ». Il n'y a donc pas de règle contraignante applicable, comme une reconnaissance par d'autres États. Chaque État décide librement de reconnaître ou non la souveraineté d'un pays après une déclaration unilatérale d'indépendance. Certains peuvent la reconnaître, d'autres non ; c'est le cas du Kosovo, dont l'indépendance n'a même pas été reconnue par tous les membres de l'UE. Si les États-Unis ou les États membres de l'UE ne reconnaissent pas l'indépendance unilatérale de la Crimée, il ne s'ensuit pas que celle-ci soit invalide. Le droit à l'autodétermination des peuples s'applique. Personne n'a la possibilité d'annuler cet acte juridique. Un autre État ne peut que rendre la vie difficile à l'État indépendant, par exemple en n'acceptant pas ses passeports pour entrer dans le pays.

Le passage de la Crimée à la Russie était-il une annexion ?

Tout le monde a entendu mille fois la formule « annexion contraire au droit international ». Mais qu'est-ce qu'une annexion ? Selon la définition du droit international, une annexion est l'appropriation par la force du territoire d'un État par un autre État. Une annexion se fait le plus souvent par des moyens militaires[372]. Une sécession signifie, en droit international, la séparation d'une partie d'un État dans le but de former un nouvel État souverain ou de se joindre à un autre État[373].

Les électeurs de Crimée ont décidé eux-mêmes par référendum de faire sécession. Cette décision a été suivie d'une déclaration d'indépendance de l'État. La République autonome de Crimée a ensuite déposé une demande d'adhésion à la Fédération de Russie, que celle-ci a acceptée. Il s'agissait donc d'une sécession pacifique de la Crimée par rapport à l'Ukraine. L'admission ultérieure de la Crimée par la Russie était également conforme au droit international. En effet, la Russie n'a pas conquis un morceau de l'Ukraine, mais a accueilli un État indépendant qui s'était auparavant retiré de l'Ukraine. Même si la séparation de la Crimée est contraire à la Constitution ukrainienne, la Russie n'est pas liée par celle-ci et a donc pu accéder à la demande d'adhésion de la Crimée[374].

L'examen serein des événements montre donc que le passage de la Crimée était une sécession légitime, prévue par le droit international, et non une annexion[375].

Mais les pays de l'OTAN ont passé sous silence cette légitimité en droit international, car ils n'auraient pas pu justifier leur politique de sanctions et d'agressions envers la Russie. À la place, on a imposé un élément de langage, sans cesse répété et gravé dans la conscience publique, « l'annexion de la Crimée en violation du droit international », et inventé l'idée d'une « annexion masquée ». Il s'agirait donc d'une annexion déguisée, invisible – d'ailleurs on n'a rien vu, car il n'y a pas eu de violence visible.

Par annexion masquée, on veut suggérer que le référendum n'a pas été organisé par la population, mais mis en scène par la Russie uniquement pour la forme, que les gens ont été forcés de voter pour le rattachement de la Crimée à la Russie avec une kalachnikov dans le dos. Étant donné que « le Russe » est présenté comme le méchant depuis la propagande des nazis allemands, pendant la Guerre froide et à nouveau dans un passé récent, et enfin Poutine comme un autocrate avide de pouvoir qui ne recule devant aucun crime, cette désignation d'annexion masquée, qui apparaît comme une vérité, sert à formater le jugement des populations sous l'influence de la propagande occidentale. Mais en réalité, elle est arbitrairement créée de toutes pièces et contredit tous les faits et toutes les réalités. L'image du mal est établie. Il est toujours plus facile et plus obscur de construire sur cette base.

Une annexion masquée ?

En déployant des soldats russes en Crimée en dehors de leurs bases, afin de retenir l'armée ukrainienne dans ses casernes, la Russie a enfreint le « Traité entre l'Ukraine et la Russie sur l'utilisation des bases de la flotte russe de la mer Noire. » Selon ce traité, la Russie était autorisée à stationner des soldats en Crimée, mais ceux-ci ne pouvaient pas être actifs en dehors de leurs bases[376]. Il s'agissait certes d'une violation manifeste du traité, mais cela ne permet pas de parler d'une « annexion masquée ». Il s'agissait simplement d'éviter une intervention de l'armée ukrainienne en Crimée ou d'autres débordements violents, ce que l'on craignait à juste titre dans une situation tendue. Ce déploiement de soldats ne fit que garantir le déroulement correct et pacifique du référendum. On peut difficilement organiser un référendum si des coups

de feu retentissent dans la ville, si de nombreuses personnes n'osent même pas sortir dans la rue pour se rendre au bureau de vote ou si des bureaux de vote sont pris d'assaut. Il n'est pas avéré que les militaires russes aient intimidé ou influencé le comportement des électeurs.

Le risque d'une escalade de la violence devint très sérieux après le référendum, lorsqu'on apprit que le gouvernement ukrainien avait donné l'ordre de tirer sur les soldats russes. Mais les soldats ukrainiens en Crimée refusèrent, de sorte que la situation resta pacifique et que de nombreux soldats ukrainiens partirent sans armes. À ce sujet, un rapport de *Fokus* du 22 mars 2014[377] :

> *« Les navires de guerre ukrainiens en Crimée ont un ordre de tir qu'ils n'ont pas encore respecté. » C'est ce qu'explique le ministre ukrainien de la Défense, Ihor Tenioukh. « La situation en Crimée est complexe », déclare-t-il à Kiev après une réunion du cabinet. Selon lui, la Russie a réussi à s'emparer des navires « malgré l'ordre donné à tous les commandants d'utiliser des armes ». Malheureusement, les capitaines auraient décidé eux-mêmes sur place de leur action afin d'éviter toute effusion de sang.*

De toute façon, les soldats ukrainiens n'auraient probablement eu aucune chance de gagner un combat ; il s'agissait d'un ordre pour un commando suicide sans aucun sens militaire. Mais le ministre de la Défense du parti néonazi Svoboda déclara que les capitaines n'avaient « malheureusement » pas exécuté l'ordre.

Revenons à l'annexion masquée : le principal argument qui s'oppose clairement à cette affirmation propagandiste a déjà été présenté en détail. L'indépendance vis-à-vis de l'Ukraine était une volonté constante de la population de Crimée depuis des décennies, qui s'était manifestée lors de précédents référendums, élections et sondages d'opinion. Le référendum sur l'indépendance, loin d'être forcé, n'a fait qu'exprimer la volonté originelle de la population.

Toute l'histoire du monde est faite de sécessions

Outre celles de la Crimée et de l'Ukraine orientale, de très nombreuses sécessions ont eu lieu sans l'accord de l'État central. Dans tous ces cas, les pays de l'OTAN ne se sont pas émus.

Presque chaque fondation d'État a découlé d'un acte souverain de proclamation. En Suisse, le serment du Grütli de 1291 est l'archétype de la fondation souveraine de la Confédération. Les conjurés des cantons suisses primitifs se sont rencontrés sur une prairie de montagne cachée au bord du lac des Quatre-cantons, se sont unis par le serment du Grütli et ont ainsi brisé la domination des baillis tyranniques des Habsbourg.

C'est pourquoi le serment du Grütli, acte de naissance de la Suisse, est tenu en haute estime dans sa culture du souvenir, et fêté chaque 1er août.

Friedrich Schiller a résumé le serment du Grütli dans son « Guillaume Tell » en ces termes :

> *Nous voulons être un seul peuple de frères,*
> *Que les malheurs et les dangers ne séparent jamais*
> *Nous voulons être libres comme l'étaient nos pères,*
> *Plutôt la mort que la vie en esclaves.*
> *Nous voulons mettre notre confiance*
> *en Dieu tout puissant*
> *Et ne pas craindre le pouvoir des hommes.*

On trouve des sécessions dans l'histoire de presque tous les autres pays. Toute l'histoire du monde est faite de sécessions. Le colonialisme mondial s'est terminé par des sécessions contre la volonté des puissances coloniales.

Mais les sécessions ne sont pas rares non plus dans l'histoire récente. Rassemblons les cas importants :

Le 25 juin 1991, la **Slovénie** s'est déclarée unilatéralement indépendante de la Yougoslavie par décision parlementaire. Après avoir adopté sa propre Constitution en décembre 1991, elle a été reconnue en l'espace de quelques semaines par tous les États de la Communauté européenne de l'époque. Nous avons donc une situation absolument comparable à celle de la Crimée et des Républiques populaires du Donbass : une partie d'un État se déclare unilatéralement indépendante et son indépendance est reconnue dès que cette région indépendante dispose de sa propre Constitution. La Crimée avait déjà sa propre Constitution, elle n'avait donc pas besoin de s'en doter[378]. Après sa sécession, elle existait donc en tant qu'entité étatique légitime au regard du droit international. Le fait qu'aucun État occidental ne l'ait reconnue est certes difficile pour la Crimée, mais ce n'est pas une condition préalable à son droit à l'existence en vertu du droit international.

La **Croatie** est devenue indépendante de la Yougoslavie par le référendum du 19 mai 1991, avec un taux de participation de 93,2%. Cependant, les droits des Serbes résidant en Croatie ayant été réduits, une guerre civile éclata dans les régions peuplées de Serbes et dura quatre ans[379].

Macédoine : le 8 septembre 1991, 96,4% des électeurs votèrent pour l'indépendance par rapport à la Yougoslavie. Le référendum fut suivi par 75,7% des électeurs. La plupart des minorités albanaise et serbe boycottèrent le référendum, à l'appel de leurs représentants politiques. Le référendum resta toutefois pacifique par la suite[380].

Bosnie-et-Herzégovine : le 1er mars 1992, 99,4% des votants en Bosnie-et-Herzégovine se prononcèrent en faveur de la souveraineté de l'État lors d'un référendum largement boycotté par la population serbe. Le taux de participation fut de 63%. Ce résultat ne suffit pas à pacifier la situation et la guerre de Bosnie, qui dura trois ans, fit jusqu'à 100 000 morts[381].

Monténégro : lors du référendum de 1992, la population décida de rester dans la Yougoslavie. Les tensions politiques entre le Monténégro et la Serbie s'étant accrues, un nouveau référendum sur l'indépendance eut lieu le 21 mai 2006. Avec une participation de 86% des 485 280 électeurs, 55,5% votèrent pour la séparation d'avec la Serbie et 44,5% pour le maintien au sein de la Serbie[382].

Érythrée : le 24 mai 1993, après une guerre d'indépendance de trente ans, 99,8% des votants se prononcèrent en faveur de l'indépendance vis-à-vis de l'Éthiopie lors d'un référendum supervisé par l'ONU. Le référendum aboutit à l'indépendance de l'Érythrée. Par la suite, des conflits frontaliers éclatèrent avec l'Éthiopie[383].

Kurdistan irakien : le 25 septembre 2017, 93% des électeurs votèrent pour que la région autonome du Kurdistan irakien devienne indépendante de l'Irak. 72% des 4,5 millions d'électeurs participèrent au vote. Le gouvernement central irakien lança alors une offensive militaire, reprenant aux Kurdes des territoires situés en dehors de la région autonome officielle. Le Kurdistan irakien resta toutefois indépendant de facto vis-à-vis de l'Irak[384].

Catalogne : le 1er octobre 2017, 90% des électeurs votèrent pour l'indépendance de la Catalogne vis-à-vis de l'Espagne, avec un taux de participation de 43%. Si le taux de participation fut aussi faible, c'est parce que les opposants à la sécession avaient appelé au boycott du vote. Les forces de police espagnoles tentèrent d'empêcher le référendum, effectuèrent des descentes, confisquèrent des bulletins de vote et du matériel électoral, arrêtèrent des fonctionnaires qui avaient participé aux préparatifs, bloquèrent des sites internet, prirent le commandement de la police catalane et tentèrent d'occuper des bureaux de vote le jour du vote et d'entraver les votants, blessant plusieurs centaines de personnes. La Cour constitutionnelle espagnole annula le vote le 17 octobre 2017. Le 27 octobre, le Sénat espagnol plaça la Catalogne sous administration judiciaire, tandis qu'au même moment, le Parlement catalan proclamait l'indépendance. Par la suite, de nombreux hommes politiques catalans furent arrêtés et condamnés à des années de prison. Ici, la sécession échoua face à la résistance acharnée de l'État espagnol, ce qui reste une blessure ouverte et douloureuse pour de très nombreux Catalans[385].

Il est clair que la Crimée et les régions de l'est de l'Ukraine ne sont pas seules. Des sécessions ont régulièrement lieu face à la résistance d'un État central. Toutes n'aboutissent pas. On peut trouver d'autres référendums sur l'indépendance sur le moteur de recherche de la démocratie directe : www.sudd.ch

L'argumentation des gouvernements de l'OTAN ne tient donc pas debout. Si ces derniers ont reconnu les sécessions énumérées, pourquoi ne l'ont-ils pas fait dans le cas de la Crimée ou du Donbass ? La réponse est évidente : parce que cela ne correspondait pas à leurs intérêts. Pour éviter que la question ne se pose, ils ont recours à la diabolisation, aux insinuations et aux fortes interférences émotionnelles. Il faut constater objectivement : il ne s'agit pas du droit international, mais d'intérêts géopolitiques, de propagande de guerre et de construction d'une image d'ennemi vis-à-vis de la Russie.

Le référendum de Crimée eut lieu le 16 mars 2014. Dès le lendemain, les États-Unis et l'UE réagirent en prenant les premières sanctions contre la Russie. Le 18 mars, ils commencèrent à envisager d'exclure définitivement la Russie du groupe des pays du G8[386]. Il s'agissait là d'étapes supplémentaires d'une hostilité de plus en plus marquée, qui étaient apparemment déjà dans les tuyaux.

Le mémorandum de Budapest

Revenons à l'avis consultatif de la Cour internationale de justice (CIJ) de La Haye. On y lit : « *Dans son avis, la CIJ part du principe qu'une déclaration d'indépendance est conforme au droit international lorsqu'elle ne contrevient à aucune règle applicable du droit international.* »

La sécession de la Crimée a-t-elle enfreint une règle applicable du droit international ? Le droit international est constitué par les traités interétatiques. Dans ce contexte, on a mis régulièrement en avant le mémorandum de Budapest du 5 décembre 1994, dans lequel la Russie se serait engagée envers l'Ukraine à garantir l'inviolabilité des frontières ukrainiennes. La sécession de la Crimée, disait-on, serait en contradiction avec cet engagement.

Qu'est-ce que le mémorandum de Budapest ? C'est un texte court en six points qui tient sur une page[387]. Dans ce mémorandum, le Kazakhstan, la Biélorussie et l'Ukraine promettaient de renoncer aux armes nucléaires. En contrepartie, les États-Unis, la Grande-Bretagne et la Russie s'engageaient à être des puissances garantes de la souveraineté, de l'intégrité territoriale et de l'indépendance politique et économique de ces trois pays. En cas d'attaque nucléaire contre eux, les États garants devaient déclencher directement des mesures du Conseil de sécurité des Nations unies. Ces trois pays étaient entrés en possession d'armes nucléaires suite à la dissolution de l'URSS. Le mémorandum de Budapest était une condition préalable à la signature et à la ratification du Traité de non-prolifération nucléaire et du Traité d'interdiction des essais nucléaires. Jusqu'en 1996, toutes les armes nucléaires des trois anciennes républiques soviétiques ont été transférées en Russie qui, en tant qu'État successeur de l'URSS, a le droit de posséder des armes nucléaires[388].

La Russie a-t-elle violé l'assurance d'intégrité territoriale du mémorandum de Budapest ? Non, car nous avons vu que le rattachement de la Crimée à la Russie n'était pas une annexion, mais une sécession. La Russie a accueilli un État indépendant qui avait quitté l'Ukraine de manière autonome. Elle ne s'est pas emparée de la Crimée par la force et n'a pas violé l'intégrité territoriale de l'Ukraine.

De plus, le mémorandum de Budapest n'était pas un traité international contraignant, mais une déclaration d'intention politique juridiquement non contraignante. Le politologue russe Vladislav Belov fait remarquer que le mémorandum n'a pas été ratifié par le Parlement russe. Il ne peut donc être considéré que comme une déclaration d'intention du gouvernement russe de l'époque sous Boris Eltsine, et non comme un document contraignant en droit international[389]. C'est également l'avis d'Anka Feldhusen, ambassadrice d'Allemagne à Kiev, dans une interview publiée le 3 novembre 2020 rapportée par un journal ukrainien :

> *Le Mémorandum de Budapest est une déclaration politique et rien de plus, ce n'est pas un accord international. Je me souviens qu'en 2014, quand on a parlé pour la première fois du mémorandum de Budapest, on m'a appelée d'Allemagne pour me demander ce que c'était. J'étais en Ukraine lorsqu'il a été signé en 1994, mais personne ne s'en souvenait. Il s'agit d'une déclaration politique, ce qui signifie qu'il est tout simplement impossible d'obtenir ces garanties aujourd'hui[390].*

Les États-Unis ont également approuvé ces déclarations. Dans le cadre des discussions sur les sanctions américaines contre la Biélorussie, ils déclarèrent le 12 avril 2013 que le mémorandum de Budapest n'était pas juridiquement contraignant[391].

Si le mémorandum de Budapest n'est pas juridiquement contraignant, toutes les discussions relatives au transfert de la Crimée sont d'emblée superflues. La tentative de l'invoquer comme argument contre la légitimité du rattachement de la Crimée à la Russie est une tentative d'enfumage avec des arguments fallacieux, comme souvent en politique.

Toutefois, les États-Unis et la Grande-Bretagne ont eux-mêmes enfreint le mémorandum en s'impliquant sur le Maïdan, car une telle action était clairement contraire au contenu du mémorandum, à savoir « respecter la souveraineté (point 1 de l'accord) et l'indépendance politique (point 2) de l'Ukraine.

Résumé : l'indépendance de la Crimée est couverte par le droit international

Nous avons pu constater que l'évaluation de la sécession de la Crimée au regard du droit international est très différente de celle présentée par les médias mainstream et les politiciens des pays de l'OTAN. On ne peut pas parler de violation du droit international. Au contraire, le droit international protège le droit à l'autodétermination des peuples ; la sécession d'une région est possible, même si elle est contraire aux lois et à la volonté de l'État central. La Cour internationale de justice de La Haye l'a d'ailleurs clairement confirmé le 22 juillet 2010. Le principe de l'inviolabilité des frontières ne s'applique qu'entre États, mais pas en cas de conflit interne ou de sécession. Une sécession est un acte juridique souverain, une reconnaissance par d'autres États n'est pas nécessaire. Au cours de l'histoire, il y a toujours eu des sécessions. La création de la Suisse par le serment du Grütli en est un exemple très connu.

Huit ans de guerre dans le Donbass

Immédiatement après le coup d'État de Maïdan, le 21 février 2014, les protestations et les manifestations anti-Maïdan ont fortement augmenté dans le sud-est de l'Ukraine. De très nombreuses personnes, inquiètes, descendirent dans la rue. Mais les consommateurs des médias occidentaux mainstream n'en virent rien, car les manifestations anti-Maïdan ne furent pas couvertes. Le silence est un outil de propagande majeur. On a ainsi créé dans l'esprit des gens l'illusion que la population de toute l'Ukraine soutenait le gouvernement putschiste de Maïdan. Or, ce n'était pas le cas, le pays était divisé. C'est pourquoi les nouveaux dirigeants de Kiev se concentrèrent immédiatement sur le réarmement et la stabilisation de leur pouvoir militaire.

Les combattants du Maïdan sont nommés à la garde nationale

Dès le 13 mars 2014, la Rada décida de créer une garde nationale pouvant compter jusqu'à 60 000 hommes. Le magazine *Focus* annonçait : « *La nouvelle Garde nationale ukrainienne devrait être composée principalement de volontaires des groupes dits d'autodéfense du Maïdan et pourrait venir en aide à l'armée régulière de l'Ukraine, forte de 130 000 hommes. Elle devrait garantir la sécurité de l'État, défendre les frontières et éliminer les groupes terroristes, a déclaré le nouveau chef du Conseil de sécurité et de défense nationale, Andriy Parubiy, qui était auparavant le commandant des troupes du Maïdan*[393]. »

Les combattants de Maïdan de Secteur droit et de Svoboda, illégalement armés, n'avaient pas rendu leurs armes comme cela avait été convenu, mais les avaient conservées et continuaient à patrouiller dans le quartier du gouvernement de Kiev plusieurs semaines après le coup d'État du Maïdan. Désormais, ils recevaient une mission et un financement de l'État en tant que garde nationale ! Ils étaient récompensés pour leurs actes illégaux. Imaginez qu'en Allemagne, les skinheads prêts à toute violence deviennent une troisième force armée, à côté de la police et de l'armée...

Bouddha[392]

Cette création de la Garde nationale rappelle, qu'on le veuille ou non, l'histoire allemande : la *Sturmabteilung* (SA) était l'organisation paramilitaire de combat du NSDAP [parti national-socialiste] sous la République de Weimar. Elle joua un rôle décisif dans la montée du national-socialisme en protégeant ses rassemblements et en « prenant d'assaut » les manifestations adverses. À l'approche des élections au Reichstag le 31 juillet 1932, on approcha de la guerre civile, avec 300 morts et plus de 1100 blessés, situation à laquelle la SA contribua largement. Elle se déchaîna sans retenue contre les opposants politiques. Même avant la prise du pouvoir en 1933, la SA se consacrait, outre à la propagande, à des combats de rue et à des attaques contre les sociaux-démocrates, les communistes et les juifs. Le 30 janvier 1933, la SA, qui comptait désormais plus de 400 000 membres, célébra la nomination d'Hitler au poste de chancelier du Reich par une retraite aux flambeaux à Berlin cette nuit-là. Le 22 février, le ministre prussien de l'Intérieur, Hermann Göring, créa la police auxiliaire. Elle se recrutait principalement dans les rangs de la SA, qui était ainsi intégrée à l'appareil du pouvoir de l'Etat[394].

L'Allemagne en interne aujourd'hui : des soldats d'extrême droite sont renvoyés de l'armée fédérale. L'extrémisme de droite est systématiquement utilisé pour discréditer les personnes qui ne plaisent pas. Il est devenu un argument massue. L'Allemagne vis-à-vis de l'Ukraine : aucune protestation de la part des politiques et des médias mainstream lorsque l'Ukraine a formé une garde nationale depuis les rangs d'organisations néonazies.

Les formations paramilitaires jouèrent ensuite un rôle important dans la guerre du Donbass à partir de 2014 et se développèrent au fil des années pour atteindre jusqu'à 102 000 hommes, comme l'a rapporté l'agence de presse Reuters en janvier 2022[395].

Arrière-plan néonazi de la Garde nationale

En font partie la brigade Azov, le bataillon Aidar, le régiment Dnipro et le régiment Donbass, ainsi que 80 autres groupements. Le 29 septembre 2014, le journal télévisé de la chaîne ARD – non suspecte de propagande russe – rapporta à propos du bataillon *Aidar : « Le bataillon Aidar, en particulier, est tristement célèbre. Il comprend des nationa-*

listes ukrainiens de droite, dont certains se parent de croix gammées et d'autres symboles nazis, comme insignes sur leurs vêtements de camouflage ou comme tatouages sur le corps. Les leaders et de nombreux membres sont des néonazis avoués et des membres de groupes d'extrême droite[396]. » En 2014, Amnesty International a documenté des crimes de guerre commis par le bataillon Aidar : enlèvements, vols, mauvais traitements, extorsions et exécutions sommaires[397].

La brigade Azov est connue pour son ancrage dans la mouvance néonazie internationale et puise ouvertement dans l'idéologie nazie[398]398. Les médias occidentaux enjolivent généralement cette situation. Pourtant, certaines sonnettes d'alarme ont été tirées. En 2020, l'*Atlantic Council*, un think tank lié à l'OTAN et au gouvernement américain, a averti que « le régiment Azov ne s'est pas dépolitisé »[399] et que « l'Ukraine a un vrai problème de violence d'extrême droite »[400]. En mars 2022, *NBC News* écrivait que « le problème nazi en Ukraine est réel »[401]. Le média américain *The Hill* déclarait que le problème du néonazisme en Ukraine « n'avait rien à voir avec la propagande du Kremlin »[402]. Et l'hebdomadaire new-yorkais *The Nation* écrivait : « Les médias occidentaux blanchissent le bataillon Azov »[403].

Le bataillon Azov s'est rendu célèbre dans le monde entier et a été vénéré en héros en Ukraine lorsqu'il s'est battu jusqu'au dernier dans la ville de Marioupol en 2022, alors que la situation était totalement désespérée sur le plan militaire. Il était encerclé et d'autres troupes ukrainiennes se trouvaient à plus de 100 km. Alors que de nombreux habitants de Marioupol devaient se cacher dans des caves pendant des semaines, il mena un combat de rue qui entraîna la destruction de 60% des bâtiments. Bien que l'armée russe ait annoncé presque quotidiennement des heures et des couloirs d'évacuation, le bataillon Azov empêcha les habitants de les utiliser pour fuir. Elle appliqua à Marioupol le principe de la terre brûlée : si l'ennemi doit s'emparer de la ville, il faut que les destructions l'empêchent le plus possible d'en profiter. Pour cela, il faut une bonne dose de fanatisme.

Les symboles du bataillon Azov sont le Wolfsangel et le Soleil noir[405]. Le Wolfsangel noir (N avec un trait au milieu) était l'insigne de la 2e division blindée SS *Das Reich* de la Waffen-SS. Cette unité SS tua des dizaines de milliers de juifs et de civils « suspects » en Ukraine. Après

Insignes de la brigade Azov jusqu'au changement en août 2015[404]

Symbole occulte du Soleil noir dans le sol de la salle des généraux SS, Wewelsburg, Allemagne[408]

avoir été transférée en France en février 1944, elle y poursuivit les massacres sanglants de civils[406]. Jusqu'en 2004, le Wolfsangel était également l'insigne du Parti social-national d'Ukraine (SNPU), qui changea de nom en 2004 pour devenir Svoboda[407].

Sur l'insigne d'Azov, on voit en blanc le soleil noir. Signe distinctif utilisé au niveau international par les milieux néonazis, c'est à l'origine un ornement de sol dans la salle des chefs de groupe du château de Wewelsburg. Ce château, dans le district de Paderborn, était le centre spirituel de la SS. Le soleil noir était un symbole occulte central de la SS.

Du fait que la croix gammée représente l'idéologie, la tyrannie et les crimes du national-socialisme, l'utilisation de symboles en forme de croix gammée est interdite depuis 1945 en Allemagne, en Autriche et dans d'autres États. En Allemagne, son usage peut être puni de trois ans de prison (code pénal, paragraphe 86). En Ukraine, la situation est différente : chez les gens d'Azov, la croix gammée est d'usage courant.

L'utilisation de ces symboles nazis par les combattants Azov signifie qu'ils se connectent au champ de force des nazis et des fascistes et qu'ils se sentent ainsi renforcés. Ce champ de force n'a pas été dissous, il continue d'agir aujourd'hui, raison pour laquelle ces symboles sont si importants pour eux. Leur utilisation n'est pas extérieure, elle renvoie au noyau idéologique qui les motive réellement.

Pourquoi le gouvernement ukrainien avait-il besoin de paramilitaires ?

La question se pose : pourquoi le gouvernement de Kiev ne s'est-il pas contenté de l'armée normale, pourquoi a-t-il eu besoin des unités paramilitaires en si grand nombre ? Une réponse est donnée par Jacques Baud, un officier suisse qui a été colonel de l'armée suisse, qui a travaillé pour le service de renseignement suisse et pour l'OTAN, et qui est l'auteur de plusieurs livres sur les questions militaires. Ses analyses sur la guerre en Ukraine comptent parmi les meilleures, car il parle toujours de manière réaliste et en s'appuyant sur une vaste expertise[411].

En 2015 et 2016, Jacques Baud a été mandaté par l'OTAN pour se rendre à plusieurs reprises en Ukraine, alors en guerre contre les régions du Donbass. L'armée ukrainienne avait du mal à trouver des

Des membres du bataillon Azov sur leur base à Ursuf, sur le bâtiment en arrière-plan la croix gammée et le drapeau de l'UPA, l'armée des bandéristes, juillet 2014[409]

Combattants du bataillon Azov avec un drapeau nazi, 2018[410]

recrues. Jacques Baud en donne la raison principale : « *à l'époque, les soldats ne voulaient pas se battre parce qu'ils ne voulaient pas être confrontés à leurs compatriotes russophones[412]*. »

Selon un rapport du ministère britannique de l'Intérieur, les réservistes, dans leur écrasante majorité, ont refusé de participer aux entretiens de recrutement. Lors de l'enrôlement des réservistes en mars et avril 2014, 70% ne se sont pas présentés à la première convocation, 80% à la deuxième, 90% à la troisième et 95% à la quatrième. La situation ne s'est pas améliorée : en octobre et novembre 2017, 70% des conscrits ne se sont pas présentés[413]. Le suicide est également devenu un problème. Entre 2014 et 2018, 615 soldats se sont suicidés[414]. Les désertions se sont multipliées, atteignant jusqu'à 30% des forces armées dans certains théâtres d'opérations, souvent au profit des combattants de la liberté dans les territoires de l'Est[415]. De jeunes Ukrainiens ont refusé de se battre contre leurs compatriotes dans le Donbass. Ils ont préféré partir à l'étranger, ce qui explique, du moins en partie, la diminution de la population du pays. Baud rapporte :

> *Le ministère ukrainien de la Défense s'est alors tourné vers l'OTAN pour qu'elle l'aide à rendre ses forces armées plus « attrayantes ». Comme j'avais déjà travaillé sur des projets similaires dans le cadre des Nations unies, l'OTAN m'a demandé de participer à un programme visant à restaurer l'image des forces armées ukrainiennes. Mais c'est un processus de longue haleine et les Ukrainiens voulaient aller vite.*

> *Pour pallier le manque de soldats, le gouvernement ukrainien a donc eu recours à des milices paramilitaires. Elles sont notamment composées de mercenaires étrangers, souvent des activistes d'extrême droite. En 2020, elles représentaient environ 40% des forces armées ukrainiennes et comptaient quelque 102 000 hommes, selon Reuters. Ils sont armés, financés et formés par les États-Unis, la Grande-Bretagne, le Canada et la France. Plus de 19 nationalités y sont représentées, dont des Suisses. Les pays occidentaux ont donc clairement créé et soutenu des milices d'extrême-droite ukrainiennes[416].*

Les soldats ordinaires étant peu désireux de tirer sur leurs compatriotes, il était nécessaire pour le gouvernement ukrainien de recruter des combattants politisés, ultranationalistes et fanatiques pour lutter contre la population du Donbass.

13 avril 2014 : le gouvernement ukrainien entre en guerre

Dans l'est de l'Ukraine apparurent des protestations contre le nouveau gouvernement issu du coup d'État. Le 6 avril 2014, des manifestants pro-russes occupèrent certains bâtiments administratifs à Donetsk et à Lougansk[417]. Kiev réagit immédiatement. Le président par intérim mais non élu de l'Ukraine, Alexandre Tourtchinov, annonça dans la presse des « mesures antiterroristes[418] ».

Avec le coup d'État, le ton avait rapidement changé à Kiev. Ianoukovitch, le président évincé par le coup d'État, avait laissé se dérouler les manifestations du Maïdan et les occupations de bâtiments pendant des mois, sans lancer de mesures antiterroristes, mais en organisant des réunions pour négocier. De tels gestes de conciliation étaient désormais révolus. La nouvelle brutalité fit également son entrée au Parlement. Le Spiegel rapportait le 8 avril 2014 : « *La question de savoir comment résoudre le conflit dans l'est de l'Ukraine excite les esprits à Kiev : lors d'une séance parlementaire, des membres du parti populiste de droite au pouvoir, Svoboda (Liberté), en sont venus aux mains. Le chef des communistes, Pyotr Simonenko, avait rendu le candidat nationaliste à la présidence responsable de la menace de scission de l'Ukraine. Les coups ont alors volé[419].* » Le Spiegel montre la vidéo de cette rixe indigne. Pour les gouvernements de l'OTAN, ce ne fut toutefois pas l'occasion de remettre en question leur soutien au gouvernement issu du coup d'État, dans lequel siégeaient également des membres du parti d'extrême droite Svoboda.

Dans l'est de l'Ukraine, la situation évolua de plus en plus vers la sécession. Le 8 avril 2014, un conseil populaire, sorte de gouvernement de transition, se forma dans les rangs des manifestants à Donetsk[420].

Le 13 avril 2014, l'organe suprême du gouvernement de Kiev, le Conseil national de sécurité de l'Ukraine, se réunit et décida de lancer une opération antiterroriste dans l'est de l'Ukraine, impliquant l'armée[421]. Cela signifie qu'à partir de ce moment-là, non seulement la police mais aussi l'armée furent déployées contre les manifestants, avec des chars, des missiles et des avions. C'est cette réunion du Conseil de sécurité qui a donné le coup d'envoi de la guerre du Donbass, devenue la guerre d'Ukraine en février 2022.

Les gouvernements de l'OTAN, qui avaient vivement protesté contre l'utilisation de la police lors des tentatives d'évacuation du Maïdan, restèrent muets sur l'utilisation de l'armée contre leur propre population.

Le 13 avril 2014 également, on apprit que John Brennan, le chef de la CIA, s'était rendu secrètement à Kiev ce week-end-là, sous un faux nom, et qu'il y avait rencontré des représentants des « structures militaires et de sécurité » ukrainiennes. Les médias russes annoncèrent que le chef de la CIA avait suggéré à Kiev de « prendre des mesures antiterroristes contre les séparatistes dans l'est du pays ». Si le voyage éclair secret de Brennan fut confirmé par la Maison Blanche, rien n'a fut dit sur le contenu des entretiens. On peut toutefois supposer que les entretiens avec Brennan avaient pour objet le lancement de la guerre du Donbass, qu'il a encouragé[422].

Les premières missions de combat

Le 15 avril 2014, l'opération commença par l'occupation militaire de l'aéroport de Kramatorsk, situé à environ 80 km au nord de la ville de Donetsk. A Slaviansk, des soldats gouvernementaux ouvrirent le feu sur des barrages routiers tenus par des manifestants. Plusieurs personnes furent blessées. Le 16 avril, les médias rapportèrent que des unités de l'armée avaient fait défection et rejoint les manifestants avec au moins dix véhicules blindés. La défection d'unités de l'armée se poursuivit. Le 17 avril, six chars et leurs unités rejoignirent les manifestants à Kramatorsk. L'opération antiterroriste s'arrêta, les troupes gouvernementales, avec quinze chars, se retirèrent de la région de Donetsk[423]. L'armée était donc aussi divisée que le pays tout entier. Ces rapports confirment les descriptions de Jacques Baud selon lesquelles de nombreux soldats ne voulaient pas utiliser la force contre leurs propres compatriotes.

Pas d'armée russe dans le Donbass

La Russie a été accusée à maintes reprises par les gouvernements de l'OTAN d'armer les milices de l'est de l'Ukraine et d'utiliser des soldats russes, et donc d'être responsable de la guerre du Donbass. Selon le message souvent répété dans les médias, c'était la faute de la Russie. Or cette affirmation ne repose sur aucune preuve tangible. Les centaines d'observateurs de l'OSCE présents dans l'est de l'Ukraine n'ont pas signalé de livraisons d'armes russes et n'ont pas vu de soldats russes. Dans ce contexte, les rapports de Jacques Baud sont très significatifs : ce sont des rapports de première main, car il était lui-même en Ukraine pour le compte de l'OTAN sur ce sujet.

Jacques Baud raconte :

> *En 2014, j'étais responsable au sein de l'Otan de la lutte contre la prolifération des armes légères, et nous essayions de repérer les livraisons d'armes russes aux rebelles dans l'est de l'Ukraine pour voir si Moscou était impliqué. Les informations que nous avons reçues à l'époque provenaient presque exclusivement des services secrets polonais et ne correspondaient pas aux informations de l'OSCE. Malgré des affirmations assez grossières, il n'y a pas eu de livraisons d'armes et de matériel militaire en provenance de Russie. Les rebelles ont été armés par des soldats russophones d'unités ukrainiennes qui étaient passés du côté des rebelles. Au fil des défaites ukrainiennes, les rangs des autonomistes ont été grossis par des bataillons de chars, d'artillerie ou de défense antiaérienne au complet[424].*

Ces résultats d'enquête correspondent à d'autres rapports, mais ont beaucoup plus de poids, car Jacques Baud travaillait sur place en tant qu'enquêteur des services secrets de l'OTAN à ce sujet. Le journaliste Ulrich Heyden, qui s'est souvent rendu dans le Donbass, a lui aussi résumé la situation :

> *Jusqu'à présent, l'Ukraine n'a pas fourni de preuves de l'affirmation selon laquelle les troupes russes auraient occupé le Donbass. Aucun nom de commandants russes*

censés donner des ordres à Donetsk et Lougansk n'a été publié. Et il n'y a pas non plus de photos ou de vidéos de troupes ou d'équipements militaires russes dans le Donbass[425].

Au cours des huit années de la guerre du Donbass, des volontaires sont venus de Russie, mais ils l'ont fait de leur propre chef. Parmi eux se trouvaient également d'anciens agents des services secrets et des soldats. Il n'y a toutefois pas eu d'engagement officiel de l'armée russe ni de livraison d'armes dans le Donbass.

Les événements s'enchaînent : terreur d'État et espoir de démocratie directe

La menace de l'armée ukrainienne et des nouveaux bataillons paramilitaires ne cessait de croître dans le sud-est de l'Ukraine. Dans le même temps, les fédéralistes du Donbass clarifiaient démocratiquement la situation. Le 24 avril 2014, les conseils populaires de Donetsk et de Lougansk fixèrent le 11 mai 2014 comme jour de vote pour un référendum sur l'indépendance. À partir de là, les événements se précipitèrent.

Le 2 mai 2014 eut lieu le massacre d'Odessa, au cours duquel des unités néonazies attaquèrent un campement anti-Maïdan de 400 manifestants et les poussèrent dans la Maison des syndicats, à laquelle ils mirent ensuite le feu. Ceux qui tentèrent de s'échapper du bâtiment en feu furent abattus. On compta 48 morts. Ce massacre eut l'effet d'une onde de choc dans l'est de l'Ukraine et en Russie. Les médias occidentaux l'ont largement passé sous silence.

Le 7 mai 2014, Poutine appela à un report du vote. Il espérait une solution diplomatique afin que les régions du Donbass puissent rester au sein de l'Ukraine. Il déclara :

> *Nous pensons que le plus important est d'établir un dialogue direct et à part entière entre les autorités de Kiev et les représentants du sud-est de l'Ukraine. C'est pourquoi nous demandons aux représentants du sud-est de l'Ukraine, qui sont favorables à la fédéralisation du pays, de reporter le référendum du 11 mai afin de créer les conditions nécessaires à un tel dialogue[426].*

Mais les représentants des régions du Donbass ne répondirent pas à cet appel et organisèrent les référendums. Cet appel vain de Poutine montre que le gouvernement russe n'a pas favorisé la sécession des régions du Donbass, mais cherché une solution au sein de l'Ukraine, tout comme il a tenté de le faire plus tard avec les accords de Minsk. Poutine freina fortement, ce qui déçut de nombreuses personnes dans le Donbass. C'est la vérité historique. C'est exactement le contraire de la propagande de guerre occidentale, qui stigmatise la Russie et la traite comme une puissance impérialiste cherchant à conquérir le plus de pays possible. Si le gouvernement russe avait voulu intégrer l'Ukraine de l'Est, cela aurait été très facile en 2014. Après les référendums d'indépendance, la Russie n'aurait eu qu'à proposer aux Républiques populaires d'intégrer la Fédération de Russie, et d'autres référendums y auraient été organisés sur cette question. En cas de majorité dans ce sens, l'intégration aurait pu être mise en œuvre très facilement à l'époque ; l'armée ukrainienne était faible et l'armée russe aurait pu facilement protéger les Républiques populaires après l'intégration. Mais rien de tel ne s'est produit. La Russie n'a pas voulu les intégrer et n'a même pas reconnu leurs déclarations d'indépendance. Elle ne l'a fait que le 21 février 2022, après huit ans de guerre du Donbass et l'échec de tous les efforts diplomatiques.

Dans le sud-est de l'Ukraine, la terreur d'État et les actions d'intimidation contre la population devenaient chaque jour plus menaçantes. Ce fut particulièrement visible le 9 mai 2014 dans la ville portuaire de Marioupol. Le journaliste Ulrich Heyden en a rendu compte :

> *Le jour même de la victoire sur l'Allemagne hitlérienne, qui a été célébrée par un défilé à Marioupol, des soldats ukrainiens, des gardes nationaux et des unités paramilitaires tentèrent de terroriser la population par la violence. Dans le centre de Marioupol, les soldats ukrainiens tirèrent au hasard sur des manifestants et des passants non armés, firent le vide dans les bureaux administratifs de la région, intimidèrent les habitants à coups de fusil en les pourchassant sur des barricades avec leurs chars. Les habitants tentèrent spontanément d'arrêter les chars ukrainiens avec leurs mains nues et de persuader les soldats de se retirer.*

Le matin du 9 mai, des soldats ukrainiens avaient déjà tiré à l'arme lourde sur le centre de police de Marioupol. Le bâtiment prit feu. Les policiers tentèrent de se sauver en sautant par la fenêtre. Le bâtiment brûla. Sept personnes moururent, 39 furent blessées.

Les instances officielles de Kiev justifièrent la fusillade en disant qu'une soixantaine de séparatistes avaient attaqué le siège de la police. Le blogueur dokzlo a donné une tout autre explication à l'assaut : selon lui, les tirs sur le bâtiment avaient été motivés par un appel à l'aide du chef de la police municipale, Valeri Androchuk. Celui-ci n'avait été nommé que récemment par le gouvernement de Kiev. Lorsqu'il ordonna à ses subordonnés de tirer sans sommation sur les « provocateurs » qui étaient apparemment nombreux à participer au défilé de la fête de la victoire, ses subordonnés ne voulurent pas exécuter l'ordre.

Pour se faire respecter, le chef de la police blessa l'un de ses subordonnés d'un coup de feu tiré avec son arme de service, puis se barricada dans son bureau. De là, il appela les militaires ukrainiens à l'aide. Ceux-ci arrivèrent avec des chars ainsi que des membres de la garde nationale et des groupes paramilitaires et commencèrent à tirer sur le bâtiment. Les habitants du quartier étaient indignés. Ils criaient : « Ne touchez pas à notre police », « Sortez de notre ville », « Fascistes ! ». Pendant ce temps, le chef de la police tenta de s'échapper du bâtiment, mais il aurait été enlevé par des opposants au gouvernement et emmené en voiture vers une destination inconnue.

Les massacres d'Odessa et de Marioupol dressèrent de nombreux habitants de l'est de l'Ukraine contre le gouvernement putschiste de Kiev et contribuèrent probablement à augmenter le nombre de votes favorables lors des référendums.

Les référendums sur l'autonomie dans le Donbass le 11 mai 2014

Malgré tous les obstacles, les référendums de Donetsk et de Lougansk eurent lieu le 11 mai. Ulrich Heyden décrit l'ambiance :

> *Les élections dans la partie orientale de l'Ukraine sont, comme en Russie, un événement festif depuis l'époque soviétique. Voter, c'est aujourd'hui encore une sorte de devoir civique. C'est avec sérieux et sens du devoir que les gens se sont rendus aux urnes malgré la guerre. Il y avait les habituelles urnes en plexiglas, des isoloirs aux rideaux de couleur unies et des tables où l'on vérifiait les passeports et les votes des électeurs inscrits sur les listes électorales préparées à l'avance. Le gouvernement de Kiev ayant bloqué les listes électorales officielles, les commissions électorales ont utilisé les listes d'enregistrement des habitants comme registre des électeurs[427].*

Dans les régions du Donbass contrôlées par le gouvernement de Kiev, le référendum n'eut pas lieu, ou seulement dans des conditions très difficiles. Et des obstructions se produisirent à plusieurs reprises :

> *Le scrutin ne s'est pas déroulé partout dans le calme. Dans la ville de Krasnoarmeïsk, dans la région de Donetsk, des membres d'une unité armée de Dniepopetrovsk ont bloqué le bureau de vote situé dans les locaux de l'administration régionale. Comme les hommes étaient venus avec des voitures blindées de la « banque privée », les observateurs ont supposé qu'il s'agissait de membres de l'équipe de sécurité du propriétaire de la banque privée, Igor Kolomoïsky. Lorsque, pour protester contre le blocage du bureau de vote, les citoyens non armés de la ville barrèrent la route aux membres de l'unité spéciale, ces derniers, apparemment pris de panique, tirèrent sur une foule non armée. Comme l'a rapporté sur Twitter le correspondant de la radio Echo Moskwy, pro-occidentale, un citoyen non armé a été tué et plusieurs personnes blessées.*

La question soumise au vote à Donetsk le 11 mai 2014 était la suivante[428] : « Soutenez-vous l'acte d'indépendance de l'État de la République populaire de Donetsk ? ». Et à Lougansk : « Soutenez-vous l'acte d'indépendance étatique de la République populaire de Lougansk ?. »

Les résultats à Donetsk :
Participation au vote 74,9%
Votes valides 2 511 441
Oui 89,8%, non 10,2%

Les résultats à Lougansk :
Participation au vote 75,0%
Votes valides 1 349 360
Oui 96,2%, non 3,8%

Dans les Républiques populaires, les résultats furent accueillis avec des cris de joie et un grand espoir.

Peu d'observateurs d'autres pays assistèrent aux référendums. Les commissions électorales étaient donc presque les seules à garantir l'exactitude du dépouillement.

Les référendums furent fortement critiqués par le gouvernement de Kiev et les pays de l'OTAN. Les points critiques ont été l'intimidation des opposants, l'ouverture prématurée des bureaux de vote, des fraudes et des violences pendant le vote[431]. Faute d'observateurs électoraux en nombre suffisant, il est impossible de vérifier ces reproches. Étant donné que de nombreuses régions étaient quasi en état de guerre, que le gouvernement de Kiev avait tenté d'empêcher l'organisation du référendum et qu'on n'avait pas pu recourir partout à une administration bien rodée mais qu'il avait fallu improviser, il s'est sans doute passé beaucoup de choses que l'on ne voudrait pas voir se produire lors d'un référendum. Mais le soutien était si important qu'il est très improbable que des irrégularités aient pu modifier le résultat global.

Ces critiques persistantes à l'égard des référendums sont hypocrites. En effet, aucun des détracteurs occidentaux n'a jamais demandé à ce qu'ils soient reportés dans de meilleures conditions, qui auraient alors pu être contrôlées par des observateurs électoraux internationaux. Les critiques n'avaient donc pas pour but de créer de bonnes conditions,

Donetsk, 12 mai 2014 : les gens célèbrent le référendum[429]

Donetsk, 12 mai 2014 : Denis Pouchiline, chef de l'État de la République populaire de Donetsk, célèbre le référendum (au centre)[430]

mais de démolir l'expression de la volonté des électeurs du Donbass et de trouver des excuses pour ne pas respecter les référendums.

Plusieurs sondages ont montré que ceux-ci reflétaient effectivement la volonté des habitants du Donbass.

Dans un sondage représentatif réalisé par l'Institut de sociologie de Kiev et dont les données ont été recueillies entre le 8 et le 16 avril 2014, 41,1% des habitants de Donetsk se sont prononcés en faveur d'une décentralisation de l'Ukraine avec transfert de pouvoirs aux régions, 38,4% se sont prononcés plus largement en faveur de la transformation de l'Ukraine unitaire en une fédération, c'est-à-dire une alliance de régions indépendantes, et seuls 10,6% étaient favorables à la structure unitaire actuelle inchangée. La grande majorité souhaitait donc devenir nettement plus indépendante de Kiev, comme l'a montré le référendum du 11 mai. Autre résultat intéressant : dans ce sondage d'opinion, seuls 27,5% étaient favorables à l'adhésion à la Fédération de Russie. Il n'y avait donc pas encore de majorité dans ce sens à ce moment-là. Mais cette question n'était pas non plus à l'ordre du jour des référendums[432].

Une autre enquête de l'Institut de recherche sociale et d'analyse politique de Donetsk est parvenue à des résultats similaires[433].

Un sondage d'opinion réalisé sur place le jour et la veille des référendums par des correspondants du *Frankfurter Allgemeine Zeitung*, du *Washington Post* et de cinq autres médias a révélé que 94,8% des votants allaient voter pour l'indépendance. Ce sondage, qui n'avait pas de prétention représentative, avait été réalisé afin d'obtenir une base pour l'évaluation ultérieure du résultat du référendum, étant donné qu'aucun observateur indépendant n'était présent. Même parmi ceux ayant déclaré qu'ils ne voteraient pas, une majorité de 65,6% était favorable à l'indépendance vis-à-vis de l'Ukraine[434].

Mais les voix des habitants du Donbass furent ignorées et méprisées par l'étranger. Les déclarations d'indépendance des Républiques populaires ne furent reconnues par aucun autre État. Elles sont néanmoins devenues indépendantes et ont développé leur propre État.

L'autonomie des Républiques populaires

Le Donbass se compose de deux régions, Donetsk et Lougansk. Les Républiques populaires comprenaient à partir de 2015 la partie sud-est des régions de Donetsk et de Lougansk avec les grandes villes du même nom. Plus de quatre millions de personnes y vivent. La partie nord-ouest des deux régions était contrôlée par l'armée ukrainienne jusqu'en 2022. Dans le graphique suivant, les régions de Donetsk et de Lougansk sont délimitées par une ligne rouge, les Républiques populaires sont colorées en rouge, les territoires contrôlés par l'Ukraine en jaune.

En rouge : l'extension des Républiques populaires de Donetsk et de Lougansk jusqu'en 2022[435]

Depuis les référendums d'indépendance de 2014, l'État ukrainien n'a plus joué aucun rôle au sein des Républiques populaires, qui ont développé leur propre État. Elles ont créé leurs propres administrations, gouvernements et parlements et organisé leurs élections ; il n'y a plus eu d'élections ukrainiennes dans les républiques du Donbass. Les fonctionnaires, policiers et juges fidèles à Kiev ayant émigré vers l'Ukraine centrale, les administrations ont dû être partiellement reconstruites.[436]

Kiev coupa les vivres aux Républiques populaires. Le 3 novembre 2014, soit à peine six mois après les référendums sur l'indépendance, le Conseil de sécurité ukrainien décida de ne plus verser les prestations sociales aux habitants des Républiques populaires. En réalité, les paiements – allocations familiales, aide sociale et tous les autres types de prestations publiques – avaient été suspendus dès l'été 2014. L'Ukraine priva également de leur retraite pour laquelle ils avaient cotisé toute leur vie des centaines de milliers de retraités, qui furent contraints d'aller chercher leur pension en personne dans le centre de l'Ukraine ; pour cela, ils devaient faire des voyages de plusieurs heures tous les mois et traverser la zone de guerre, ce qui était quasiment impossible pour les personnes âgées. Ces retraités furent privés de leurs moyens de subsistance. Sans la nourriture russe qui leur était remise dans les centres de distribution, ils seraient morts de faim[437]. Les Républiques populaires durent remplacer toutes les prestations sociales existantes et les fournir elles-mêmes de manière autonome. Elles ont été soutenues financièrement par la Russie, aucune aide n'a été apportée par d'autres États.

Les habitants des Républiques populaires ne recevaient plus non plus de passeports ukrainiens ; les Républiques populaires ont émis leurs propres passeports, expression claire d'un État souverain autonome. Avec ces passeports, les habitants du Donbass pouvaient se rendre en Russie pour y travailler ou y faire des études. Mais comme les passeports des Républiques populaires n'étaient pas acceptés par les autres États, des passeports russes étaient nécessaires pour pouvoir effectuer d'autres voyages. Après l'élection de Zelensky en 2019, la Russie facilita l'obtention de passeports russes. Des centaines de milliers d'habitants des Républiques populaires l'acceptèrent avec reconnaissance, devenant des citoyens russes grâce à une deuxième nationalité.

L'Ukraine imposa un blocus économique aux Républiques du Donbass. Grâce à la contrebande nocturne et à la corruption des soldats frontaliers, le commerce de marchandises était encore possible de manière limitée, mais seul le passage par la frontière russe garantissait un approvisionnement alimentaire suffisant. De plus, des convois d'aide humanitaire arrivaient régulièrement de Russie. De l'Ouest, pratiquement aucun camion ne parvenait aux personnes dans le besoin et seules quelques très petites associations d'aide privées étaient actives. L'Ukraine suspendit également les livraisons de gaz et d'électricité aux Républiques populaires et interrompit le trafic ferroviaire entre Kiev et le Donbass.

Les deux républiques créèrent leurs propres banques centrales afin de garantir un flux monétaire et utilisaient le rouble russe. En 2014, la Banque nationale d'Ukraine cessa de servir les comptes bancaires et les distributeurs automatiques de billets dans les Républiques populaires. Ceux qui recevaient encore des grivnas ukrainiens devaient les faire changer par des prestataires de services qui facturaient des frais élevés.

Les Républiques populaires du Donbass étaient donc découplées de l'Ukraine et autonomes en matière de politique, d'administration, de législation, de juridiction, de monnaie, d'économie et de prestations sociales. L'État ukrainien n'y jouait plus aucun rôle dans la vie publique depuis 2014, mais n'apparaissait plus que comme une menace extérieure. L'Ukraine ne leur a laissé que des infrastructures bombardées et des morts. Rien qu'en 2014, 567 écoles, jardins d'enfants et conduites d'eau ont été détruits par des bombardements dans l'ensemble du Donbass. Des milliers d'habitations ont dû être réparées

Les médias occidentaux mainstream n'ont pratiquement rien dit de l'indépendance effective des deux nouvelles Républiques populaires du Donbass. C'est une réalité dont on n'a tout simplement pas entendu parler. L'indépendance de l'État est pourtant un facteur très important pour évaluer la situation. Car les référendums sur l'indépendance n'étaient pas seulement une manifestation d'opinion, mais des actes démocratiques réels de création d'État. Qu'est-ce qu'un État ? Selon la doctrine dominante des trois éléments, il faut pour constituer un État un territoire, un peuple et un pouvoir, c'est-à-dire un gouvernement et une administration efficaces et indépendants vis-à-vis de l'extérieur et de l'intérieur, expression de la souveraineté de l'État[438]. Les Républiques populaires du Donbass remplissaient ces trois critères et ont prouvé leur souveraineté étatique pendant des années.

L'Ukraine a mené une guerre d'agression contre les Républiques populaires du Donbass à partir de 2014, en violation du droit international

Les référendums d'indépendance du 11 mai 2014 ont établi les Républiques populaires de Donetsk et de Lougansk en tant qu'États souverains indépendants. Il s'agissait de sécessions de l'Ukraine. La création d'un État ne dépend pas de la reconnaissance par d'autres États, mais a toujours été historiquement un acte souverain du peuple de l'État lui-même (pour plus de détails, voir le chapitre « La sécession de la Crimée était-elle conforme au droit international ? », page …).

Mais si les Républiques populaires du Donbass sont des États indépendants, alors l'opération militaire déclenchée par Kiev est une guerre d'agression menée par l'Ukraine contre ces républiques, en violation du droit international. Au mépris du droit international (voir l'interdiction du recours à la force dans l'article 2, point 4, de la Charte des Nations unies), l'Ukraine a bombardé un peuple voisin souverain, a voulu le soumettre et s'emparer de ses biens. Telle est la réalité hideuse qui ressort d'une observation sereine.

Il est très surprenant que la guerre d'agression menée par l'Ukraine contre les Républiques populaires du Donbass, contraire au droit international, ne soit absolument pas prise en compte dans les discussions en Occident. Les mécanismes de la propagande de guerre fonctionnent manifestement très bien. Les capacités de réflexion et de perception sont tellement réduites par la propagande permanente et la peur sans cesse alimentée d'être socialement exclu et sanctionné à cause des pensées « erronées », qu'on cesse de concevoir et de penser l'évidence. C'était pourtant évident ; même les présidents ukrainiens l'ont dit sans ambages.

Porochenko : les enfants du Donbass doivent rester dans des caves

En mai 2014, l'oligarque Petro Porochenko fut élu président de l'Ukraine. Il rencontra la chancelière allemande Angela Merkel à seize reprises au cours de son mandat jusqu'en 2019[439]. Porochenko bénéficiait du soutien inconditionnel de l'Allemagne et de l'UE. C'est à peine croyable, car il a mené la guerre contre le Donbass et imposé le blocus économique aux citoyens sécessionnistes des Républiques populaires. Sa haine envers ses anciens concitoyens était si grande qu'il a tenté de les affamer. Les lecteurs des médias dominants n'en ont rien su, pas plus qu'ils n'ont su que Porochenko parlait ouvertement d'envoyer les Ukrainiens de l'Est dans un enfer de guerre. Lors d'une apparition à Odessa le 20 octobre 2014, il expliqua dans son discours pourquoi l'Ukraine allait gagner à coup sûr la guerre contre les séparatistes : « *Chez nous, il y aura du travail, chez eux non. Chez nous, il y aura des retraites, pas chez eux. Chez nous, il y aura des aides pour les retraités et les enfants, pas chez eux. Nos enfants vont à l'école et au jardin d'enfants, chez eux ils restent dans des caves.* » Effectivement, les enfants des Républiques populaires ont souvent dû se protéger des bombardements de l'armée ukrainienne en se réfugiant dans des caves. Ces tirs sur les civils avaient été ordonnés par le gouvernement ukrainien et Porochenko lui-même. Dans son discours, Porochenko en rajoutait une couche : les habitants du Donbass n'auraient pris les armes que « *parce qu'ils ne savent rien faire d'autre* ». De telles paroles ne pouvaient que susciter le dégoût chez les habitants d'une région industrielle comptant de nombreuses mines et aciéries[440].

Le gouvernement ukrainien avait retiré à la population des Républiques populaires les droits civils essentiels, les « expatriant » de facto et reconnaissant ainsi indirectement l'indépendance des républiques.

Zelensky : les habitants des Républiques populaires doivent s'installer en Russie

La chaîne de télévision *DOM*, créée en mars 2020, déclara qu'elle émettrait 24 heures sur 24 en langue russe, y compris dans les Républiques populaires. Elle considérait que sa mission était de « *ramener*

les citoyens des territoires temporairement occupés à la culture, à la vie politique et sociale de l'Ukraine. » Financée par l'État ukrainien, elle disposait en 2020 d'un budget équivalent à huit millions d'euros. La directrice était Julia Ostrowska, qui avait auparavant dirigé la production du collectif d'humoristes *Kwartal 95*, au sein duquel Zelensky avait fait carrière. DOM avait des similitudes avec la station de radio *Rias Berlin* et la *Deutschlandfunk*, fondées en 1946 dans le secteur américain de Berlin, qui avaient pour mission, pendant la guerre froide, de relier les habitants de la RDA à la voie de l'Allemagne de l'Ouest.[441]

Dans sa première interview à DOM, Zelensky qualifia les citoyens ukrainiens « qui aiment la Russie » d'« invités » qui devaient s'installer en Russie dès que possible.

Zelensky considérait les habitants des Républiques populaires comme des invités, c'est-à-dire qu'ils n'étaient plus citoyens de l'Ukraine. Il avait ainsi indirectement reconnu l'indépendance des républiques, même s'il revendiquait en même temps leur territoire.

Cette déclaration de Zelensky suscita l'indignation de nombreux Ukrainiens de l'Est et de Russes. Pour Maxim Fadeev, producteur de musique russe issu d'une famille juive, les paroles de Zelensky rappelaient le ministre de la propagande nazie Joseph Goebbels, qui avait estimé en 1929 dans son article « Le Juif » que les Juifs n'avaient pas leur mot à dire dans les questions allemandes. Pour lui, celui qui appartient au judaïsme était « un étranger, un étranger au peuple, qui ne jouit que du droit d'hospitalité parmi nous ». Selon Fadeev, si l'on remplace le mot juif par russe, on obtient une citation de l'interview de Zelensky.

Dans l'interview, Zelensky espérait qu'une partie de la population des Républiques populaires les quitterait volontairement. C'était modéré par rapport aux nationalistes qui avaient toujours déclaré vouloir créer des « camps » après la reconquête de la Crimée et du Donbass. C'est dans ce sens que s'exprima par exemple en 2018 Vasili Vovk, un ancien général du SBU, les services secrets ukrainiens, responsable des enquêtes, qui avait fait sa formation au KGB. Dans ces camps, on devait examiner « qui a participé à des activités terroristes ». Il faut savoir que pour Kiev, les Républiques populaires étaient des entités terroristes, c'est-à-dire que tout soutien ou toute collaboration à leur administration était considéré comme un acte terroriste.

Aperçu de huit années de guerre du Donbass

La guerre du Donbass a connu plusieurs phases[442].

Première phase : Kiev à l'offensive, à partir d'avril 2014

Pour situer dans le temps : le coup d'État du Maïdan a eu lieu en février et les référendums dont nous venons de parler en mai. À partir du 13 avril, Kiev envoya des troupes dans le Donbass, dans le cadre d'une « opération antiterroriste ». Comme les soldats ukrainiens étaient peu enclins à se battre contre des compatriotes pacifiques, les actions de choc et punitives dans le Donbass furent menées par des bataillons de la droite nationale comme Dniepr-1, Tornado, Azov et Aidar. Tous furent impliqués dans des crimes de guerre tels que torture, meurtre, enlèvements et pillages. Ces crimes furent sporadiquement poursuivis par la justice ukrainienne. Mais dans l'ensemble, ces bataillons de volontaires avaient le feu vert pour agir et ont ainsi tenté de briser la volonté de résistance de la population. Dans les villes de Lougansk, Donetsk, Gorlovka et dans de nombreux villages, les gens ont vécu dans des caves pendant plusieurs semaines de l'été 2014 en raison des attaques de missiles et d'avions de combat.

Deuxième phase : le Donbass à l'offensive, à partir d'août 2014

Face à la violence militaire de l'Ukraine, une armée de milice se constitua à l'été 2014 dans le Donbass, soutenue également par des volontaires de Russie et d'autres pays. A partir d'août 2014, cette armée de milice passa à l'offensive et réussit à encercler l'armée ukrainienne près de la ville d'Ilovaïsk et, en février 2015, près de la ville de Debaltsevo. Cette phase offensive se termina avec les accords de Minsk-2 en février 2015. Nous allons y regarder de plus près.

Troisième phase : 2017/2018 – Guerre de position, « guerre rampante » et chasse aux commandants du Donbass

Après Minsk-2 commença une guerre de position, les deux camps se retranchant dans des tranchées et s'embusquant. Le front du Donbass, long d'environ 500 km, était constitué d'une zone grise revendiquée par les deux camps et dans laquelle des combats avaient lieu. L'armée ukrainienne bombardait sans cesse des villages et des villes, les forces du Donbass ripostaient.

Du côté ukrainien commença une guerre dite rampante, au cours de laquelle les soldats ukrainiens rampaient jusqu'à des villages peu habités situés entre les fronts pour tenter de les conquérir ; en partie avec succès.

En outre, les forces spéciales ukrainiennes commencèrent à tuer les chefs d'armée et les dirigeants politiques les plus connus des Républiques populaires dans des attaques à la bombe. Entre 2015 et 2018, des commandants connus comme Mikhaïl Tolstykh, Arsen Pavlov, Alexeï Mosgovoï et le président de la République populaire de Donetsk, Alexandre Zakhartcheno, furent assassinés dans des attentats. Les chefs d'armée étaient considérés comme des héros populaires, comme l'ont montré les cérémonies funéraires, auxquelles participèrent des milliers de personnes[443].

Quatrième phase : brève détente en 2019

Le journaliste Ulrich Heyden écrit :

> *L'élection de Volodymyr Zelensky en avril 2019 marqua le début d'une brève étape de détente. Zelensky avait été élu parce qu'il promettait la paix pour le Donbass. Le nouveau président prit même le risque de se disputer avec des membres du bataillon Azov lorsqu'en octobre 2019, près du village de Solotoje, il tenta personnellement de convaincre des membres d'Azov de se retirer des troupes, comme convenu avec la partie adverse[444]. La phase de détente prit fin en janvier 2020, lorsque Kiev exigea l'accès à la frontière russe dans la zone de conflit[445].*

Cinquième phase : nouvelle hystérie guerrière en 2021

> *Ulrich Heyden : Depuis le printemps 2021, le conflit dans le Donbass s'était dangereusement intensifié. L'armée ukrainienne intensifiait les tirs sur la ligne de contact. Les médias et les politiques occidentaux exigeaient le retrait des troupes russes de la frontière russo-ukrainienne. Les médias occidentaux affirmaient que la Russie prévoyait une intervention en Ukraine.*

> *Les grands médias allemands ont toutefois passé sous silence le fait que l'état-major ukrainien avait élaboré des*

plans concrets pour la reconquête des régions séparées. Kiev voulait mettre en œuvre ces plans « avec l'aide de la communauté internationale ».

La doctrine militaire ukrainienne du 25 mars 2021[446] stipule que l'Ukraine n'a pas assez d'argent pour atteindre une parité de forces militaires avec la Russie. Le succès de la stratégie ukrainienne dépendait du « soutien politique, économique et militaire de l'Ukraine par la communauté internationale dans le conflit géopolitique avec la Fédération de Russie ».

Le commandant en chef des forces armées ukrainiennes, Ruslan Khomtchak, déclara le 30 mars 2021 dans un entretien avec la journaliste Alesia Bazmann : « Les forces armées ukrainiennes se préparent à différentes variantes, y compris à une attaque. Nous formons des bases d'entraînement. Des partenaires nous aident. Nous ne pouvons pas faire autrement. Si on me demande aujourd'hui si nous sommes prêts : nous sommes prêts. (...) Donetsk est une ville de plusieurs millions d'habitants. Si nous passons à l'attaque, il y a donc un risque de mort de nombreux civils. Il faut évaluer les risques pour savoir qui veut se battre contre nous[447]. »

Sixième phase : avec l'entrée en guerre de la Russie en février 2022, la guerre du Donbass est devenue la guerre d'Ukraine

Cette sixième phase a été l'occasion de rédiger ce livre.

Au moins 14 000 morts

L'ONU estime qu'entre 2014 et 2021, la guerre du Donbass a fait environ 14 000 morts[448]. Une grande partie des morts a touché les Républiques populaires. Les présidents des Républiques populaires ont annoncé la mort d'environ 9000 civils[449].

Il y avait de nombreuses possibilités de se trouver au mauvais endroit au mauvais moment, comme par exemple la femme sur la photo.

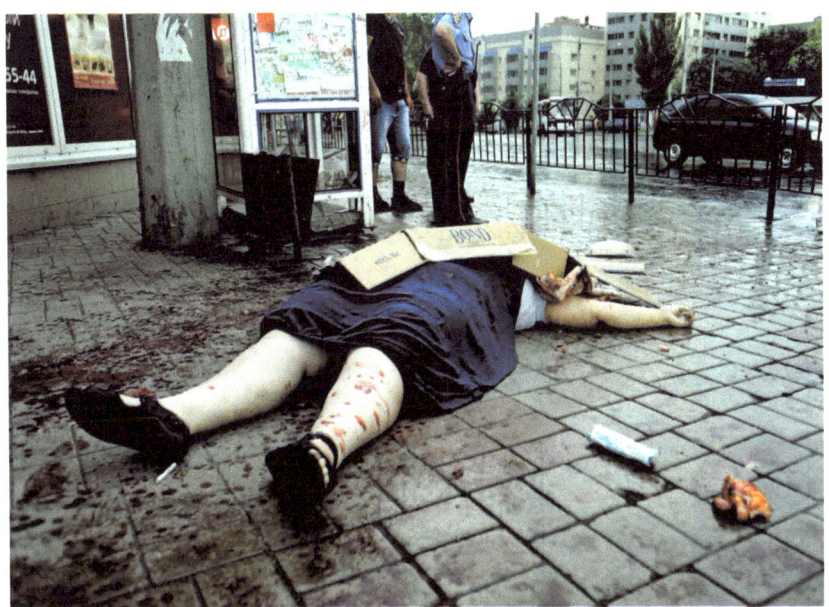

Victimes de la guerre, Donetsk, 26 mai 2014[450]

Allée des anges à Donetsk en mémoire des enfants morts à cause de la guerre[451]

Pour rendre hommage aux enfants qui ont perdu la vie pendant la guerre du Donbass, la République populaire de Donetsk a créé l'Allée des anges. Ce parc est dédié à une centaine d'enfants. Une arche de roses forgées, qui représentent Donetsk, est entrelacée avec des douilles de mitrailleuse, qui représentent la guerre, et des colombes, qui représentent la paix. En dessous, une plaque de granit porte les noms et l'âge des enfants assassinés. Une douille d'obus de 152 millimètres sert de cloche commémorative pour toutes les victimes de cette guerre.

75% des victimes civiles causées par les forces gouvernementales

La Mission spéciale d'observation de l'OSCE (SMM), qui avait un mandat d'observation dans le Donbass, était présente avec des caméras de surveillance et des équipes sur toute la ligne de front. Il existe ainsi de nombreux rapports sérieux sur les effets de la guerre du Donbass.

Le 9 novembre 2020, l'OSCE a publié un rapport sur les victimes civiles dans la zone de conflit pour la période allant du 1er janvier 2017 au 15 septembre 2020[452]. Selon ce rapport, près de 75% des victimes civiles étaient des habitants des Républiques populaires, c'est-à-dire des zones qui n'étaient pas contrôlées par Kiev. Comme les forces gouvernementales n'avaient aucune raison de tirer sur les zones qu'elles contrôlaient elles-mêmes, leurs armes étaient dirigées vers les Républiques populaires. Autrement dit, 75% des morts civils ont été victimes des forces gouvernementales, même si des civils sont également morts dans les zones contrôlées par Kiev. L'utilisation des armes par les milices des Républiques populaires a causé la mort de 25% des victimes civiles enregistrées, selon l'OSCE.

1 558 579 violations du cessez-le-feu de 2016 à 2021

L'OSCE, avec plus d'un millier de collaborateurs, circulait dans le Donbass pour observer et publia des rapports quotidiens recensant les violations du cessez-le-feu[453]. Avec Minsk-2, un cessez-le-feu avait de fait été convenu. Mais la réalité était tout autre. De 2016 à 2021, l'OSCE a enregistré un nombre inimaginable – 1 558 579 – violations du cessez-le-feu par des armes lourdes telles que chars, canons de gros calibre et lance-roquettes, par des armes légères telles que lance-grenades, mortiers, canons antichars et antiaériens portables, et mitrailleuses, ainsi que par des armes légères comme des fusils et des pistolets[454].

1 558 579 divisé par sept ans, cela fait 222 654 violations du cessez-le-feu par an, soit 610 par jour. Autrement dit, en moyenne, une balle par jour et par kilomètre a été tirée sur le front du Donbass, qui s'étend sur environ 500 km.

La guerre du Donbass n'a jamais connu de répit. Il n'y a certes pas eu de grandes batailles entre 2015 et 2021, mais la guerre a été constante et permanente. Les gens étaient toujours menacés. Cette situation a également empêché le développement économique dans le Donbass, car aucun entrepreneur n'investit des sommes importantes tant qu'un obus risque de tomber sur l'entreprise. Ce graphique tiré du rapport de l'OSCE pour 2021 montre à quel point le danger était réel :

Ceasefire violations (CFVs)

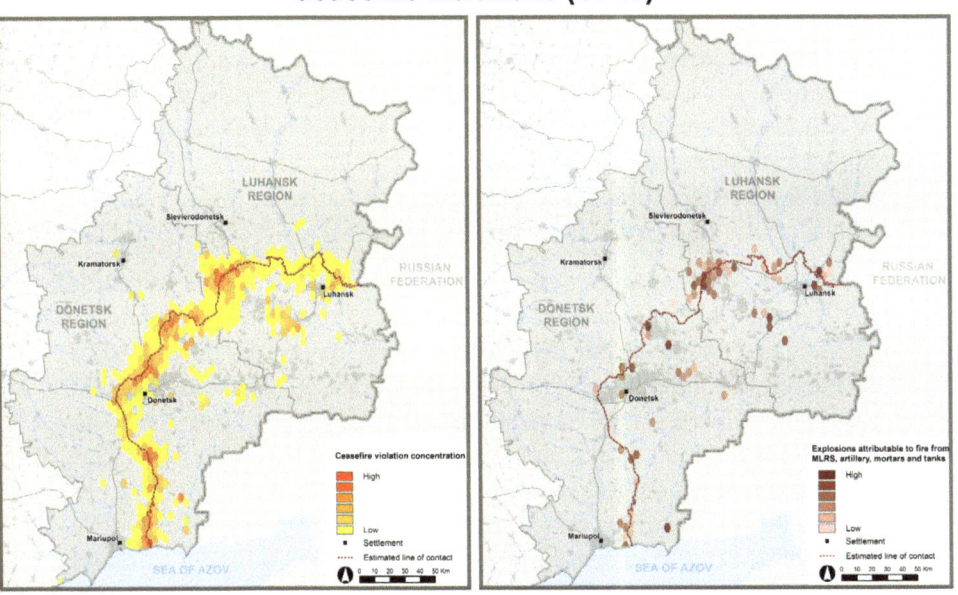

Violations du cessez-le-feu enregistrées par l'OSCE dans le Donbass en 2021[455]

Les images montrent la division du Donbass. La ligne rouge représente le front, à gauche et à droite nous voyons la zone grise, remplie de points jaunes sur l'image de gauche. La zone plus petite à droite sous le front représente les Républiques populaires telles qu'elles étaient à l'époque, avec les capitales Donetsk (1 million d'habitants) et Lougansk (400 000 habitants). Les territoires situés à gauche au-dessus du front étaient contrôlés par l'Ukraine. Sur l'image de gauche, on voit la répartition régionale de toutes les violations du cessez-le-feu, marquées de jaune à rouge. Une zone d'environ 30 km de large était vraiment dangereuse. Comme les deux grandes villes sont proches du front, elles étaient aussi régulièrement visées par des tirs. L'image de droite montre, par les points rouges, les impacts d'artillerie lourde et de lance-roquettes. Il y eut également quelques impacts dans le centre du pays.

Crimes de guerre de l'Ukraine dans la guerre du Donbass

La guerre du Donbass de 2014 à 2022 a laissé de profondes blessures dans la population, car de nombreux crimes de guerre ont été commis contre des civils par l'armée ukrainienne. Bien sûr, il y a également eu des crimes de guerre commis par les armées de milice des Républiques populaires. Mais, selon ces dernières, ils étaient bien moins nombreux, ce que les différences de motivations des deux armées rendent plausible. Le rapport de l'OSCE confirme que 75% des victimes civiles sont tombées sur le territoire des Républiques populaires du Donbass et non dans la partie sous contrôle ukrainien.

Après huit ans de bombardements et d'actes terroristes, les habitants des Républiques populaires se sont sentis victimes des nationalistes ukrainiens et méprisés par les gouvernements de l'OTAN et les médias occidentaux mainstream, qui ont activement et systématiquement passé sous silence ou nié leurs souffrances. Des rapports et des documentations détaillés confirment les crimes de guerre commis par l'armée ukrainienne pendant la guerre du Donbass. Ils n'ont toutefois pas été pris au sérieux ni lus en Occident, mais rejetés comme étant de la propagande russe. Les destins et les photos figurant dans ces rapports ne sont pourtant pas des inventions, ils sont bien réels et vous collent à la peau si vous y plongez.

Le comité d'enquête russe[456] a rédigé pour les années 2014 et 2015 un rapport de 352 pages intitulé « La tragédie du sud-est de l'Ukraine :

livre blanc des crimes »[457]. De nombreux destins individuels et des photos y sont documentés.

La représentation russe auprès de l'ONU à Genève a publié en février 2022 une exposition en ligne sur les crimes de guerre commis dans le Donbass. Il s'agit d'un reportage photo bouleversant avec des images de morts et de destructions dans le Donbass[458]. On lit dans l'introduction :

> *Depuis 2014, le Comité d'enquête de la Fédération de Russie a analysé des centaines d'infractions terroristes et extrémistes contre la paix et la sécurité de l'humanité commises pendant le conflit armé. Sur la base des faits constatés, le comité a engagé 467 procédures pénales. (...) La plupart des décès ont été causés par les tirs des forces gouvernementales ukrainiennes, qui ont utilisé des explosifs, ainsi que des armes légères et de petit calibre. Au cours de l'enquête, plus de 146 000 personnes ont été interrogées et plus de 22 000 personnes ont été reconnues comme victimes, dont environ 2500 mineurs. (...) Avec l'aide du comité d'enquête, les avocats russes ont traité plus de 39 000 dossiers et ont préparé et déposé 7500 requêtes auprès de la Cour européenne des droits de l'homme (CEDH) au nom de ceux qui ont souffert des actions des autorités ukrainiennes. Dans le cadre de ces plaintes, le montant total des dommages à indemniser s'élève à plus de 350 millions d'euros.*

Mais les espoirs placés dans la CEDH ont été vains, celle-ci n'a pas traité les plaintes du Donbass.

Dans leur livre *Ukrainische Kriegsverbrechen und Menschenrechtsverletzungen 2017–2020* (Crimes de guerre et violations des droits de l'homme en Ukraine 2017–2020), Maxim Grigoriev et Dmitri Sablin ont minutieusement examiné sur 450 pages d'autres crimes de guerre ukrainiens commis pendant la guerre du Donbass[459].

Le ministère russe des Affaires étrangères publie en outre chaque année un rapport intitulé *The Human Rights Situation in Ukraine*, qui contient, outre le point de vue politique du gouvernement russe, de nombreux faits[460].

Bâtiments publics détruits

Les chiffres suivants permettent de se faire une idée de l'ampleur des destructions causées par la guerre du Donbass. Les Républiques populaires ont publié le nombre d'infrastructures civiles endommagées de 2014 à 2022.

Damaged civil infrastructure	DPR	LPR	TOTAL
	April 2014 – December 2022	April 2014 – December 2022	
Medical institutions	151	45	196
Educational institutions	699	146	845
Social, production and trading facilities	1342	261	1603
Critical infrastructure facilities	84	24	108
Electricity, water, heat and gas supply facilities	890	174	1064
TOTAL	3166	650	3816

Infrastructures civiles endommagées dans les Républiques populaires du Donbass[461]

Au total, il y a eu 3816 destructions de cliniques, d'écoles, d'institutions sociales, d'entreprises de production et de commerce et d'installations d'approvisionnement en électricité et en eau. Pour donner un ordre d'idées : la ville de Berlin, avec ses 3,5 millions d'habitants, compte au total 834 écoles d'enseignement général. Dans les Républiques populaires, qui comptent environ quatre millions d'habitants, 699 écoles et jardins d'enfants ont été endommagés par des tirs.

Cette liste ne comprend pas les bâtiments d'habitation, dont les destructions pourraient être dix fois plus importantes. De 2014 à février 2022, les Républiques populaires ont été bombardées quotidiennement, mais cette fréquence a fortement augmenté à partir de février 2022 (ces deux périodes ne sont pas séparées dans le tableau).

Selon les Républiques populaires, il ne s'agit pas d'installations militaires mais de bâtiments civils, ce qui – si cela est vrai – doit être considéré comme un crime de guerre commis par l'armée ukrainienne. Un bombardement d'une telle ampleur ne peut pas être une erreur de tir, mais certainement une stratégie délibérée.

Ces chiffres mettent en évidence l'épuisement de la population dû à la guerre du Donbass. Mais n'oublions pas que dans la réalité, il ne s'agit pas de chiffres : car derrière chaque chiffre, il y a un enfant, une femme, un homme, il y a des personnes et leurs destins personnels et concrets.

La jeune journaliste Alina Lipp, arrivée dans le Donbass à l'été 2021, a été choquée par les destructions et les conditions de vie dans la zone grise. Elle y est restée même après l'entrée en guerre de la Russie en février 2022, et rapporte quotidiennement les événements sur son canal Telegram, y compris les bombardements en cours de la population civile du Donbass par l'armée ukrainienne. Elle ne supportait pas que cette souffrance de la population soit systématiquement passée sous silence dans les médias mainstream occidentaux. Elle a filmé ses expériences concrètes et ses entretiens avec les habitants. On peut visionner ses documentaires sur son site web www.neuesausrussland.com. Alina Lipp était auparavant membre des Verts, active dans la protection de l'environnement, mais elle a constaté avec effroi qu'en Allemagne, les médias mainstream l'avaient violemment diffamée ; elle a même été menacée d'une peine de prison par le parquet parce qu'elle était journaliste sur le terrain et qu'elle parlait du Donbass avec compassion pour les habitants.

Résumé

Immédiatement après le coup d'État du Maïdan, une garde nationale a été créée à partir de militants qui se référaient ouvertement au nazisme. Ces associations de volontaires se sont développées au fil des années pour atteindre environ 100 000 hommes. En raison de leur motivation radicale, ces formations ont été utilisées dans la lutte contre les régions « sécessionnistes » du Donbass. Dans l'armée ukrainienne normale, le problème moral était que de nombreux soldats ne voulaient pas tirer contre leurs compatriotes. Le 13 avril 2014, le gouvernement ukrainien a lancé la guerre du Donbass et a envoyé des militaires contre des manifestants dans l'est de l'Ukraine. Le 11 mai, la population de Donetsk et de Lougansk a voté pour l'indépendance de l'Ukraine. Les deux Républiques populaires ont alors construit leur propre État, légal au regard du droit international, et sont devenues dans les faits indépendantes de Kiev. Mais cet acte démocratique n'a pas empêché la guerre du Donbass. Les dirigeants de Kiev ont réagi par la haine et l'agression militaire. De 2014 à 2022, la guerre du Donbass a coûté la vie à au moins 14 000 personnes, des millions ont fui, des milliers de bâtiments publics et des dizaines de milliers de maisons privées ont été détruits. L'OSCE a recensé plus de 1,5 million de violations du cessez-le-feu.

Témoignages de témoins oculaires dans le Donbass

Ulrich Heyden est un journaliste qui vit depuis 30 ans à Moscou et s'est souvent rendu dans l'est de l'Ukraine. Il est l'un des rares journalistes à faire des reportages sur place. Dans son livre *Der längste Krieg in Europa seit 1945 : Augenzeugenberichte aus dem Donbass*[463]. *(La guerre la plus longue en Europe depuis 1945 : récits de témoins oculaires dans le Donbass)*, il a rassemblé des reportages réalisés ces dernières années. Ce livre m'a ouvert les yeux, car Ulrich Heyden s'intéresse avec amour et objectivité à chaque personne, de sorte que l'on peut faire preuve d'empathie. Il fait exactement ce que les médias occidentaux mainstream, principalement occupés à construire des images hostiles, ne font pas, à savoir raconter comment les gens se sentent là-bas et ce qu'ils pensent.

Pour que les huit années de guerre du Donbass ne restent pas abstraites, voici quelques témoignages rendant compte de l'ambiance, prises par Ulrich Heyden dans la République populaire de Lougansk début 2020, après six ans de guerre du Donbass, avant l'entrée en guerre de la Russie en février 2022.

Sur la ligne de front à Lougansk (février 2020)

Comment la guerre a-t-elle commencé ? Les troupes russes ont occupé l'est de l'Ukraine, écrivent les médias allemands. Mais je n'ai pas vu de troupes russes à Lougansk. Je ne veux pas exclure que des militaires russes y soient engagés comme volontaires. Mais personne ne s'est présenté à moi en tant que militaire russe. (...)

Pour la République populaire de Lougansk, une date clé de la guerre a été l'intervention de l'armée de l'air ukrainienne, le 2 juin 2014, contre des cibles dans la zone urbaine de Lougansk. Selon la police de Lougansk et des experts, vingt missiles ont été tirés par des avions de combat ukrainiens Sukhoï sur les bâtiments de l'administration régionale de Lougansk. Huit personnes ont perdu la vie. (...)

Guan-yin, Bodhisattva de la compassion, statue de 67 m de haut, Linh Ung Pagoda à Da Nang, Vietnam[462]

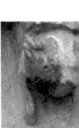

Nous avons visité la ville de Pervomaïsk, située à l'ouest de Kirovsk. Le trajet était agréable. Le soleil brillait. Et la légère couche de neige sur les champs scintillait d'un blanc si innocent qu'on pensait à tout sauf à la guerre. Mais alors que nous traversions Pervomaïsk, j'ai entendu à deux reprises, au loin, le vrombissement des pièces d'artillerie.

Pervomaïsk comptait 38 000 habitants avant la guerre. La ville possède six mines de charbon désaffectées et de grands immeubles en préfabriqué, mais aussi beaucoup de petites maisons. Sur de nombreuses façades et balcons, on voit encore les traces d'éclats de projectiles. Les fenêtres et les toits détruits par les balles pendant la phase chaude de la guerre 2014–2015 ont été remplacés et réparés. Les débris des maisons effondrées ont été enlevés. Mais on voit encore des bâtiments gravement endommagés.

Oleg Orlov, de l'organisation moscovite des droits de l'homme Memorial, critique envers le Kremlin, qui s'est rendu à Pervomaïsk fin 2014, a lui aussi été choqué. Dans son blog, Orlov rapporte que « certains quartiers de cette ville ont été complètement détruits par l'artillerie ukrainienne. Il n'y a pratiquement pas une maison dans la ville qui n'ait pas été endommagée d'une manière ou d'une autre. »

Pendant la phase chaude de la guerre 2014–2015, les habitants de Pervomaïsk vivaient dans les caves de leurs maisons et faisaient la cuisine dans la cour. Les habitants pensaient alors que leur ville avait été détruite comme Stalingrad. Une partie de la population a fui en Ukraine ou en Russie. Il n'y avait presque plus d'eau potable et pas assez de nourriture. (...)

600 actions en justice devant les tribunaux européens

Dans la municipalité de Pervomaïsk, je suis témoin d'une réunion de citoyens. Environ 25 femmes, certaines avec des enfants, se sont fait conseiller par des collaborateurs de l'organisation de défense des droits de l'homme Memorial de Lougansk sur la manière dont elles peuvent, en tant que victimes de la guerre, déposer des plaintes en indemnisation auprès de la Cour européenne des droits de l'homme à Strasbourg. Pourquoi seules les femmes sont-elles venues ? « Les hommes travaillent », m'a-t-on expliqué.

Au total, 600 plaintes ont déjà été déposées auprès de la Cour pénale internationale de La Haye par des victimes de la zone de front de la République populaire de Lougansk, avec l'aide de Memorial-Lugansk, explique Sergei Below, de l'association. En outre, 300 plaintes pour crimes de guerre ukrainiens et « génocide » ont été déposées auprès de la Cour européenne des droits de l'homme à Strasbourg. (…)

Le stress précipite la mort des personnes âgées. Mais les enfants aussi souffrent. Une jeune mère a amené son fils à la réunion des citoyens à la mairie. Elle raconte qu'il souffre beaucoup de la guerre. Il fait régulièrement dans son pantalon. D'autres parents me racontent que leurs enfants scolarisés se font pipi dessus pendant la journée.

L'économie de la ville de front qu'est Pervomaïsk tourne au ralenti. Les salaires s'élèvent en moyenne à 100 euros par mois. De nombreux hommes sont partis en Russie, où ils peuvent gagner jusqu'à 1400 euros par mois.

Comme le rapporte la municipalité, les six mines de charbon ont été fermées en raison des tirs de l'armée ukrainienne. Seules les entreprises des secteurs de l'industrie alimentaire, de la construction mécanique et de la métallurgie sont encore en activité, selon la municipalité. (…)

Le directeur de l'hôpital : « Des centaines de vies sauvées »

Pour terminer mon séjour à Pervomaïsk, j'ai visité l'hôpital municipal, situé à la périphérie de la ville. Nikolai Suchow, le médecin-chef, âgé de 65 ans, aurait pu prendre sa retraite depuis longtemps, mais il est toujours en activité. Il explique que pendant la période chaude de la guerre, de nombreux médecins ont quitté l'hôpital. Comme il ne pouvait pas partir lui aussi, il a continué, comme huit autres médecins. Aujourd'hui, l'hôpital compte 50 médecins, principalement des chirurgiens et des anesthésistes.

Des bombes sont tombées sur cet hôpital de deux étages en 2014–2015. Le toit a été détruit, raconte le médecin-chef. Les dégâts ont été réparés. Aujourd'hui, l'hôpital donne une impression d'ordre et de propreté. Il compte 250 lits, dont 192 sont occupés, selon le médecin-chef. Le fait que tous les lits ne soient pas occupés est lié à la migration.

« *Chaque fois qu'il y a des tirs, les gens quittent la ville. Quand c'est calme, ils reviennent.* »

L'hôpital dispense surtout les premiers soins. Comme il n'est qu'à 3 km de la ligne de démarcation avec l'Ukraine, de nombreuses personnes viennent pour des blessures par éclats d'obus. Mais beaucoup demandent également une aide psychologique, qui est également fournie. L'hôpital peut prodiguer les premiers secours dans leur intégralité. Pour les autres traitements, il faut voir s'il dispose des médicaments nécessaires. Les médicaments sont généralement fournis par les proches pour la suite du traitement.

Dans une salle de soins de six lits, je rencontre quatre infirmières, Lena, Sveta, Jelena et Alona. Pendant la phase chaude de la guerre, on travaillait sur trois tables d'opération, raconte Lena. On soignait tout le monde, civils et soldats. On ne demandait pas de quel côté du front venaient les blessés. Les quatre disent être ukrainiennes.

Heureusement, il y a maintenant un générateur, dit le médecin-chef. Lorsqu'il y a des tirs, l'électricité est souvent coupée. (...)

Je demande aux infirmières ce qu'elles espèrent. « Nous espérons que la guerre se termine bientôt », répond Lena. Ses collègues approuvent. Le médecin-chef ajoute : « Nous espérons une intégration rapide dans la Fédération de Russie. » (...)

Directrice d'école : « Pour les petits, c'est terrible »

Lorsque je visite l'école n° 13 dans la vieille ville de Lougansk, je demande à Veronika Anatolievna, la directrice adjointe, de me parler du monument dans le parc Schors (monument fait de petits anges et de jeunes arbres pour les enfants tués à Lougansk pendant la guerre). Elle me répond : « Il faut expliquer aux enfants que les enfants aussi meurent. Ils doivent le savoir pour que cela ne se reproduise pas. Beaucoup ont eux-mêmes vécu la guerre. Ils la connaissent déjà. » (...)

Pendant les cours, on essaie de faire comprendre aux enfants le conflit dans le Donbass en établissant des parallèles historiques. « En cours d'histoire, nous abordons par exemple le conflit entre la Grande-Bretagne et l'Irlande, qui a toujours existé à certaines périodes de l'histoire. Nous étudions la Yougoslavie et la sécession du Kosovo. Nous discutons avec les enfants des similitudes avec notre conflit et de ce qui est différent. » (...)

Trois heures de cours d'ukrainien par semaine

Je visite une classe où l'on enseigne actuellement l'ukrainien. L'enseignement de la langue et de la littérature ukrainiennes a été réduit de cinq à trois heures depuis 2014, rapporte le directeur de l'école.

Tout dans cette classe rappelle l'Ukraine : une grande peinture murale représente des bergers ukrainiens coupant du pain et jouant du luth, d'autres tableaux sont des portraits d'écrivains ukrainiens.

Il y a 25 élèves dans la classe. Ils ont l'air d'élèves tout à fait ordinaires et n'ont pas peur de répondre aux questions. Ils ont 13 ans. Lorsque je leur demande s'ils sont russes et ukrainiens, les élèves répondent par l'affirmative. Quand je leur demande s'ils rendent visite à leurs proches en Ukraine, ils répondent presque d'une seule voix « oui ». Et si les voyages en Ukraine sont intéressants ? La réponse est à nouveau un « oui » collectif.

Les réponses à la question de savoir quels métiers ils souhaitent exercer un jour arrivent elles aussi rapidement. « Avocat, cuisinier, éducateur. » Un garçon dit qu'il veut devenir programmeur et qu'il suit déjà des cours. Lorsque je leur demande quels sont leurs loisirs, les élèves répondent : « les danses modernes et le judo. » Ils racontent qu'ils ont déjà oublié les bombardements de 2014 et 2015. Une fille dit : « Nous ne voulons pas entendre ça. »

Je demande à la directrice adjointe de l'école si l'ukrainien est encore parlé. Elle répond qu'il n'y a aucune interdiction de la langue ukrainienne. Mais les élèves sont déjà davantage passés au russe. L'ukrainien n'est toutefois pas devenu une « langue de l'ennemi ». (...)

« Personne ne pouvait imaginer qu'il y aurait une guerre »

Entretien avec Olga et Boris Drigody en janvier 2020. Ils vivent à Lougansk, capitale de la République populaire du même nom. Ils ont fondé l'organisation « Avenir du Donbass » et organisent la distribution de l'aide humanitaire qui est acheminée depuis six ans depuis la Thuringe grâce à des donateurs allemands.

Question : Comment vivez-vous la sixième année de la guerre et du blocus ?

Olga : C'est très difficile de vivre dans ces conditions. En tout cas, cela pèse beaucoup sur le moral. Sans parler du fait que c'est usant. Et le pire, c'est que le peuple n'a plus du tout la foi. Il y a un aspect profondément dépressif.

Question : Comment cela a-t-il commencé ? D'après ce que je sais, ce n'était pas le cas en 2014, la première année de la guerre, ni en 2015. À l'époque, il y avait encore une sorte d'euphorie et un grand espoir que tout s'arrête rapidement.

Olga : Bien sûr, c'est ce que tout le monde pensait. Personne ne pouvait imaginer qu'il y aurait une guerre.

Question : Et ils avaient l'espoir ou l'attente d'une union avec la Russie ?

Olga : Oui.

Question : Ou vers plus d'autonomie ?

Olga : Le peuple tout entier, tous ceux qui ont participé au référendum, avaient l'espoir qu'il y aurait des changements positifs et qu'on ne nous obligerait pas à parler une autre langue, qu'on cesserait de nous humilier. C'est pourquoi nous sommes allés voter. Personne n'a pensé qu'on allait nous tuer. Personne ne pouvait l'imaginer. Nous étions sûrs que le calme reviendrait d'ici le printemps. Lors du référendum, nous avons voté pour que notre voix serve à prendre une décision et que le problème soit résolu politiquement. L'idée qu'il puisse y avoir une guerre ne nous a pas effleurés, même si des gens en ont parlé, mais nous ne les avons pas crus.

Boris : Cela peut paraître paradoxal, mais dans les parties du Donbass où se trouvent Lougansk et Donetsk, on défend ce qu'on appelle les valeurs démocratiques, européennes, communément admises. C'est le droit de vote, le droit de prendre des décisions par la voie constitutionnelle, par des élections, et non par un coup d'État militaire. Vous comprenez ? Par la voie pacifique, par la voie juridique. Si une personne est élue, il faut lui donner la possibilité de mettre en œuvre sa politique et la volonté de la majorité. Nous sommes libres d'utiliser la langue dans laquelle nous parlons, libres en général d'être ami avec qui l'on veut, vous comprenez ?

Question : Y a-t-il chez vous des personnes qui parlent ukrainien ?

Boris : Bien sûr que oui. Je parle ukrainien. J'ai toujours été fier de parler ukrainien.

Olga : Notre fils étudiait dans une classe ukrainienne.

Boris : Mais dès que cela passe par la force et la contrainte, les gens commencent à se rebeller. Non, nous n'avons pas oublié la langue ukrainienne et nous l'utilisons, mais avec un certain malaise qui, comme pour tout usage de la force, s'installe rapidement.

Olga : La langue la plus importante ici a toujours été le russe.

« *Nos républiques sont les derniers bastions de la démocratie ukrainienne* »

Boris : Dans l'ensemble, nos républiques sont les derniers bastions de la démocratie et de la liberté ukrainiennes. Et c'est précisément pour cela que je plaisante, par exemple, sur le fait que maintenant que Zelensky a été élu, nous devrions faire venir la marque Ukraine chez nous et les territoires restants pourraient être rebaptisés « Studio Kvartal 95 » – c'est le nom du studio de cinéma fondé par Zelensky. Ceux qui le souhaitent peuvent se joindre à nous, personne n'a quoi que ce soit contre l'Ukraine.

Question : Attendez, je n'ai pas compris la blague. Vous voulez dire que Zelensky n'est pas un démocrate ?

Boris : Bien sûr que non ; selon nous, tout ce qui est venu après le coup d'État de 2014, après la prise de pouvoir par les armes, n'est pas légitimé juridiquement. Nous ne participons pas aux élections ukrainiennes. (...)

Question : Boris a dit que la République populaire de Lougansk était un bastion de la démocratie. Pourriez-vous donner quelques exemples afin que ce soit clair pour les gens qui ne sont jamais venus chez vous ?

Boris : Nous respectons le système électoral. Les gens votent. Tous les mythes disant que cela se passe sous la pression et la violence sont tellement irréalistes et drôles que tout le monde en rit.

Lors des élections du Premier ministre en novembre 2018, il faisait très froid, jusqu'à moins 20 degrés, et les gens faisaient la queue pendant trois ou quatre heures pour voter. C'était la toute première élection. Beaucoup voulaient voter.

C'est alors que l'on a entendu dire en Ukraine que l'on avait utilisé des fusils automatiques pour forcer les gens à voter. Je peux donc dire que lorsque le moment est venu de fermer les bureaux de vote, la police a fait en sorte d'empêcher que les bureaux de vote, une fois fermés, ne soient pris d'assaut. La durée du vote a été prolongée dans ces bureaux. Pour que tous ceux qui n'avaient pas encore voté puissent le faire. Comprenez-vous comment l'information a été retournée ? (...)

Question : Y a-t-il des progrès économiques ?

Boris : Tant que la guerre officielle ne sera pas terminée et que la paix ne sera pas arrivée, je ne pense pas que quelqu'un permettra aux grandes entreprises d'investir. Il est évident pour tout le monde que tout serait à portée des projectiles, donc personne n'investira ni ne lancera de grande production. (...)

Question : En Allemagne, on montre très souvent des sondages d'opinion réalisés en Ukraine et censés prouver que les gens y sont pour et non contre le gouvernement.

Olga : Ce n'est pas tout à fait ça. Les gens de l'autre côté de la ligne de démarcation savent comment se comporter, surtout dans les zones frontalières. Ils ont peur et ont appris à se taire. Dans leur âme, c'est différent. Quand nous les appelons, ils nous demandent toujours : « Quand venez-vous nous chercher ? » Ou alors ils se plaignent. Je ne citerai pas de noms. Une amie m'a téléphoné pour me dire : « le jour de son anniversaire, mon mari a bu 100 grammes de vodka et mis de la musique russe. J'ai eu peur et je lui ai demandé d'éteindre la musique. » Ce à quoi il a répondu : « J'ai hâte que la guerre se termine, que nous soyons tous ensemble et que je puisse chanter en russe. » C'est ça que disent les gens.

Quan Yin, Na Klua Chinese temple, Thaïlande[464]

La violation de l'accord de Minsk

Ralph Bosshard est historien ; il a été lieutenant-colonel de l'armée suisse, a suivi une formation à l'Académie d'état-major général de Moscou et, en tant que Senior Planning Officer dans la *Special Monitoring Mission to Ukraine* de l'OSCE, il a observé la guerre du Donbass sur place. Il connaît donc toutes les parties au conflit de par sa pratique professionnelle. Dans son essai « Ukraine : une guerre annoncée », il écrit :

> *La guerre actuelle en Ukraine n'a pas éclaté de nulle part, mais a commencé après huit ans de torpillage de la solution contraignante en droit international du paquet de mesures de Minsk, d'obstruction des instruments de mise en œuvre de l'accord et de détournement d'importants mécanismes de prévention des conflits*[465].

Les accords de Minsk-2 du 12 février 2015 représentaient une grande chance de paix dans le Donbass. Les Républiques populaires de Donetsk et de Lougansk devaient obtenir un statut d'autonomie avec des droits de souveraineté culturels et économiques reconnus dans la Constitution ukrainienne, afin de faire à nouveau partie de l'Ukraine. Les étapes pour parvenir à cet objectif étaient décrites avec précision dans l'accord.

Mais le gouvernement ukrainien a repoussé pendant des années la mise en œuvre de l'accord. Ce fut une misérable tactique pour tout faire traîner en longueur, jusqu'à ce qu'il y renonce complètement et officiellement en janvier 2022. C'est tragique, car l'application de Minsk-2 aurait mis fin à la guerre du Donbass dans l'est de l'Ukraine et évité la guerre d'Ukraine à partir de février 2022. La rupture des accords de Minsk a été l'une des principales préparations à la guerre. Les responsables de l'accord de Minsk en Ukraine et dans les États garants, l'Allemagne et la France, ont entre-temps explicitement reconnu que l'accord n'avait pas du tout été conclu pour être appliqué, mais uniquement pour permettre de gagner du temps afin de réarmer l'armée ukrainienne. Ce n'était donc qu'une ruse de traître pour rendre l'Ukraine « apte à la guerre ».

Dans les médias occidentaux mainstream, l'expression « Accords de Minsk » est apparue à maintes reprises, mais presque toujours associée à des accusations renvoyant la faute à la Russie. Or selon l'accord, la Russie n'avait rien à faire, elle devait seulement, en tant qu'État garant, surveiller la mise en œuvre et exercer une influence correspondante sur les Républiques populaires du Donbass.

Les médias grand public n'ont pas expliqué l'accord, ou alors de manière si fragmentaire qu'il était impossible de comprendre de quoi il s'agissait. Je n'ai en effet pas trouvé d'article dans un média grand public qui explique clairement Minsk-2. Normalement, dans une formation de journaliste, on apprend à décrire des faits de manière à ce que les lecteurs y comprennent quelque chose. C'est du moins ce que l'on faisait autrefois. Aujourd'hui, apparemment, il s'agit davantage de distraire ou d'anesthésier l'esprit par des bribes d'informations incomplètes, tout en y ancrant des émotions et des jugements de valeur –les gens deviennent des zombies. J'ai ensuite souvent entendu dans les conversations que la Russie n'avait pas respecté les accords de Minsk. Mais aucun de mes interlocuteurs n'a été en mesure de me dire, en réponse à une question, ce que contenaient les accords de Minsk et ce que, concrètement, la Russie n'avait pas respecté. La propagande a donc été efficace et a atteint son objectif de manipulation.

Nous allons essayer de nous placer sur un terrain de vérité en commençant par le début : comment l'accord est-il né ? Quel est son contenu ? Et comment a-t-il été traité ?

Comment les accords de Minsk ont-ils été conclus ?

Ulrich Heyden décrit la genèse des accords de Minsk[466] :

> *Deux accords de cessez-le-feu pour le Donbass, Minsk-1 et Minsk-2, ont été conclus dans la capitale de la Biélorussie en septembre 2014 et en février 2015. Ces deux accords avaient été précédés par des défaites catastrophiques de l'armée ukrainienne. Les accords ont mis fin à une guerre chaude dans le Donbass et empêché l'armée ukrainienne, encore inexpérimentée et mal équipée au combat, de subir de nouvelles défaites humiliantes. Mais ils ont également*

empêché les bataillons de volontaires des Républiques populaires, prêts à se battre, de conquérir d'autres territoires dans le sud-est russophone de l'Ukraine.

Le chaudron d'Ilovaïsk

Lorsqu'on traverse en voiture la frontière entre la ville russe de Rostov-sur-le-Don et la République populaire de Donetsk, on passe par la petite ville d'Ilovaïsk. En 2017, la route qui traverse la ville était encore parsemée de nids de poule sommairement réparés. De nombreuses maisons avaient été bombardées. C'était la conséquence de l'une des plus grandes batailles de la guerre du Donbass et de la première grande défaite de l'armée ukrainienne, suivie de l'accord de cessez-le-feu de Minsk-1.

La ville d'Ilovaïsk est un nœud ferroviaire. Celui qui contrôle la ville peut couper Donetsk de la République populaire de Lougansk et de la Russie. C'est la raison pour laquelle les forces armées ukrainiennes ont commencé à s'en emparer le 10 août 2014. Mais les forces armées des Républiques populaires ont fait échouer cette tentative au cours de violents combats.

Le 28 août 2014, les forces ukrainiennes étaient encerclées à Ilovaïsk et entourées par les forces du Donbass.

Selon Kiev, 336 soldats ukrainiens ont été tués dans les combats, 289 blessés, 158 portés disparus et 128 faits prisonniers.

Selon Andrei Kots, un correspondant militaire russe, c'est Vladimir Poutine qui a sauvé les encerclés de l'anéantissement total. Le président russe avait appelé les forces armées des Républiques populaires à libérer les troupes ukrainiennes du chaudron si elles déposaient leurs armes, ce qui a été fait.

Le chaudron de Debaltsevo

La deuxième grande défaite des troupes ukrainiennes, qui a été suivie par l'accord de cessez-le-feu Minsk-2 en février 2015, a été le chaudron autour de la ville de Debaltsevo.

Debaltsevo était aussi l'un des principaux nœuds ferroviaires d'Ukraine. Mais il y avait une deuxième raison pour laquelle les forces armées des Républiques populaires ont commencé à attaquer Debaltsevo le 20 janvier 2015 : la ville était située dans une « poche ukrainienne » très avancée dans le territoire de la République populaire de Donetsk.

Les troupes ukrainiennes, qui comptaient au total entre 3000 et 7000 hommes, n'ont pas réussi à repousser l'attaque des forces du Donbass. Le correspondant militaire russe estimait que les forces de l'armée du Donbass comptaient entre 6000 et 10 000 hommes.

Selon des correspondants, entre 250 et 3000 soldats et officiers ukrainiens sont morts dans le chaudron de Debaltsevo. L'armée du Donbass a capturé de nombreux chars et véhicules de combat d'infanterie ainsi que des « tonnes de munitions ».

La bataille de Debaltsevo a été la deuxième action militaire d'envergure des forces du Donbass, qui venaient de se former et manquaient encore d'organisation. Mais la combativité de ces troupes de volontaires était considérable. Elles étaient convaincues de leur force, non seulement pour des raisons militaires, mais aussi parce qu'elles supposaient que la population russophone du sud-est de l'Ukraine sympathisait avec l'armée du Donbass et souhaitait son succès.

De nombreux volontaires avec lesquels j'ai parlé à l'époque m'ont dit qu'ils commenceraient par libérer toute la région de Donetsk. Depuis 2015, seules 40% des anciennes régions administratives ukrainiennes de

Donetsk et de Lougansk sont sous le contrôle des Républiques populaires. Ensuite, ils « continueraient jusqu'à Kiev ».

Mais l'accord de Minsk a coupé l'herbe sous le pied des soldats du Donbass. Car la Russie, qui soutenait les Républiques populaires sur le plan de la propagande et des finances, s'est orientée depuis Minsk-2 vers une mise en œuvre conséquente de l'accord. De nombreux volontaires russes qui combattaient dans le Donbass sont rentrés chez eux. Ils ne voyaient pas l'intérêt d'une guerre de position ou considéraient tout simplement leur présence dans le Donbass comme superflue.

Nous verrons que ce moment de la genèse des accords de Minsk permet de comprendre pourquoi ils n'ont pas été appliqués.

Quel est le contenu des accords de Minsk-2 ?

L'accord réglait le cessez-le-feu, les droits de contrôle de l'OSCE, la libération de tous les prisonniers, une amnistie pour les soldats des milices du Donbass, la reconnaissance par Kiev des frontières des Républiques populaires, l'organisation d'élections régionales dans les républiques, la reprise des relations sociales et économiques, le contrôle de la frontière nationale, le retrait de tous les militaires étrangers et la création d'un « groupe de contact trilatéral » pour accompagner toutes ces étapes.

La pièce maîtresse de l'accord de Minks-2 était l'engagement pris par le gouvernement ukrainien d'accorder d'ici fin 2015 à la population russophone du Donbass, par le biais d'une modification constitutionnelle, des droits étendus aux minorités sous la forme d'un statut autonome de Républiques populaires. Les régions autonomes peuvent décider elles-mêmes des questions culturelles et économiques et sont largement indépendantes du gouvernement central. En Italie, par exemple, le Tyrol du Sud, la Sardaigne et la Sicile ont un statut autonome, comme en France la Corse et au Danemark le Groenland. Il existe également de nombreuses régions autonomes en Russie. Le statut d'autonomie est un moyen bien connu d'éviter les tensions ethniques au sein d'un État.

Les négociations eurent lieu en même temps que la bataille de Debalt-sevo. La défaite prévisible de l'armée ukrainienne mit les négociateurs ukrainiens sous pression : ils avaient besoin d'un cessez-le-feu avant que l'armée ukrainienne ne soit entièrement détruite.

Le président ukrainien Petro Porochenko, les deux chefs des Républiques populaires Vladislav Dejnego et Denis Pouchiline et, pour les États garants, Vladimir Poutine (Russie), Angela Merkel (Allemagne) et François Hollande (France) participèrent aux négociations dans la capitale biélorusse, Minsk, en tant que chefs de file[467]. Les négociations durèrent 17 heures au total. Selon le *Badische Zeitung*, Poutine expliqua la longue durée des négociations principalement par le fait que Porochenko ne voulait pas parler directement avec les dirigeants des régions « rebelles »[468]. Si cela est vrai, c'était un mauvais présage, car l'accord prévoyait avant tout que Kiev reconnaisse les républiques du Donbass, parle avec elles et parvienne à des accords concrets. L'accord fut signé par les personnes mentionnées le 12 février 2015[469].

Dans l'accord, des délais clairs étaient fixés pour toutes les étapes. Je les décris point par point afin que nous puissions vérifier nous-mêmes la mise en œuvre.

L'accord de Minsk-2 du 12 février 2015 comportait 13 articles. Voici ce qui devrait être fait :

– **1.** À partir du 15 février 2015 : cessez-le-feu général.

– **2.** Jusqu'au 26 février 2015 : retrait de toutes les armes lourdes ; selon le type d'armes, les zones de sécurité ont une largeur de 50 km, 70 km ou 140 km. L'OSCE surveille.

– **3.** À partir du 12 février 2015 : l'OSCE a la capacité de contrôler efficacement le cessez-le-feu et le retrait des armes à l'aide de satellites et de drones.

– **4.** À partir du 17 février 2015 : début du dialogue entre le gouvernement de Kiev et les représentants des Républiques populaires sur les modalités des élections locales et les futures dispositions pour ces régions. Les discussions se déroulent sur la base de la « loi sur la procédure spéciale pour l'autonomie locale dans les régions administratives séparées de Donetsk et de Lougansk ». Cette loi avait été adoptée par le Parlement de Kiev le 16 septembre 2014, conformément à Minsk-1, mais n'était pas encore entrée en vigueur[470]. Elle devait désormais entrer en vigueur avant le 12 mars 2015. En conséquence, le Parlement de Kiev confirme les frontières des Républiques populaires par une résolution avant le 12 mars 2015.

— **5.** La loi d'amnistie convenue à Minsk-1 le 5 septembre 2014 et adoptée par le Parlement de Kiev en septembre 2014 entre en vigueur, de manière à garantir que les personnes ayant pris part aux combats dans les Républiques populaires ne soient plus poursuivies en justice. L'amnistie est importante, car si les combattants des milices du Donbass craignent de se retrouver en prison après avoir déposé les armes, ils ne le feront pas. Jusqu'à présent, ils étaient punis par Kiev en tant que terroristes. L'amnistie était indispensable à la réconciliation.

— **6** au 3 mars 2015 : libération de tous les prisonniers des deux parties.

— **7.** Distribution sans risque de l'aide humanitaire aux personnes dans le besoin.

— **8.** Les relations sociales et économiques entre l'Ukraine et les Républiques populaires sont entièrement rétablies, de même que le paiement des transferts sociaux, des pensions, des salaires et des factures. L'imposition se fait selon le droit fiscal ukrainien. Les banques des Républiques populaires sont à nouveau reliées au réseau de paiement de l'Ukraine.

— **9.** Avant la fin 2015, après les élections locales et après une solution politique globale et l'adoption d'une nouvelle Constitution ukrainienne : le gouvernement ukrainien obtient le contrôle total de la frontière de l'État dans toute la zone de conflit, c'est-à-dire notamment de la frontière entre les Républiques populaires et la Russie. La nouvelle Constitution est élaborée en accord avec les représentants des Républiques populaires, conformément au paragraphe 11.

— **10.** Retrait de toutes les formations armées étrangères, de l'équipement militaire et des mercenaires du territoire de l'Ukraine, sous la surveillance de l'OSCE. Désarmement de tous les groupes illégaux.

– **11.** Avant la fin 2015, finalisation d'une réforme constitutionnelle ukrainienne visant à la décentralisation (y compris référence aux spécificités des régions séparées de Donetsk et de Lougansk, et ce en concertation avec les représentants de ces régions) et adoption d'une législation permanente sur le statut spécial de ces régions. Ce statut spécial inclut notamment le droit à l'autodétermination linguistique, le droit de disposer de sa propre police et la participation des instances de l'autonomie locale à la nomination des chefs des parquets et des tribunaux. Le développement économique, social et culturel relève désormais de la compétence de l'autonomie locale, qui peut conclure des accords avec les instances gouvernementales de Kiev.

– **12.** Les questions relatives aux élections locales sont examinées et coordonnées avec les représentants des Républiques populaires dans le cadre du groupe de contact trilatéral. Les élections étaient observées par l'OSCE. Le groupe de contact trilatéral est composé des deux chefs des Républiques populaires, du deuxième président de l'Ukraine, d'un diplomate de l'OSCE et un de la Russie.

– **13.** Le travail au sein du groupe de contact trilatéral s'intensifie pour le suivi permanent de la mise en œuvre de l'accord.

Voilà pour les dispositions de Minsk-2. L'accord définissait également le rôle de la Russie, de la France et de l'Allemagne : « Les chefs d'État et de gouvernement contribueront à ce processus et exerceront leur influence sur les parties respectives afin de faciliter la mise en œuvre de ce paquet de mesures. » Il fut convenu d'un mécanisme de surveillance qui se réunirait à intervalles réguliers afin de contrôler la mise en œuvre de Minsk-2.

L'accord fait bon effet. Il mise sur la coopération et le respect mutuel. Il y souffle un esprit de paix. Il souligne à plusieurs endroits que l'Ukraine reconnaît les Républiques populaires et entame un dialogue avec leurs représentants afin de négocier les modalités des élections régionales, de la réforme constitutionnelle et des droits spéciaux des Républiques populaires du Donbass. Les accords de Minsk prouvent que la Russie ne souhaitait pas s'approprier les républiques, mais que celles-ci devaient rester une partie de l'Ukraine.

17 février 2015 : la plus haute légitimité conférée à l'accord de Minsk, approuvé en tant que résolution du Conseil de sécurité de l'ONU

Pour la Russie, l'accord de Minsk était très important, car elle l'a présenté dès sa signature au Conseil de sécurité de l'ONU. Celui-ci l'a soutenu par une décision unanime. Avec la résolution 2202 du Conseil de sécurité du 17 février 2015, l'accord de Minsk n'était plus seulement un accord entre États, mais avait la bénédiction du Conseil de sécurité de l'ONU, dont les décisions constituent le droit international suprême.

Néanmoins, les avis divergeaient quant à son caractère contraignant. Dans un document de travail[471] publié en janvier 2022, le service scientifique du Bundestag allemand constatait que la Russie avait toujours insisté sur le fait que les accords de Minsk étaient contraignants et devaient être appliqués à la lettre, tandis que le gouvernement ukrainien avait défendu la position selon laquelle il s'agissait seulement d'une déclaration d'intention non contraignante, qui ne devait pas être respectée à la lettre.

Donbass : les opposants aux accords de Minsk éliminés par des méthodes mafieuses

Les accords de Minsk ne firent pas l'unanimité dans le Donbass. Vu le succès de l'armée de milice, de nombreux soldats préféraient continuer à se battre et évincer l'armée ukrainienne des autres régions du Donbass. Or cela n'était plus possible avec Minsk-2. À la place fut créé un front immobile d'environ 500 km, appelé zone grise, qui divisait le Donbass.

Mais le gouvernement russe voulait que les Républiques populaires continuent à faire partie de l'Ukraine et qu'une solution diplomatique soit trouvée avec Kiev. Les gouvernements des Républiques populaires acceptèrent Minsk-2, tandis que certains chefs d'armée radicaux le refusèrent. L'intensité des affrontements s'accrut. Ulrich Heyden fit un reportage depuis Lougansk[472] :

> *Fin décembre 2014, le parquet de Lougansk avait ouvert une procédure pénale contre des membres du bataillon*

Batman de l'armée de milice de Lougansk. Des membres de l'unité, accusés d'avoir torturé treize habitants et tué un prisonnier, furent arrêtés. Les combattants de Batman se justifièrent en disant qu'à part eux, personne n'était intervenu contre les espions, les trafiquants de drogue et les voleurs.

Comme le chef du bataillon Batman, l'ancien capitaine de police Bednov, s'était opposé à un désarmement, le ministère de l'Intérieur de la République de Lougansk porta un coup fatal le 1ᵉʳ janvier 2015. La Volkswagen T-4 blindée de Bednov fut prise sous un feu croisé de fusils et de lance-grenades au détour d'une rue, tuant Bednov et six de ses compagnons.

Le parquet de la République de Lougansk déclara que Bednov avait été tué lors d'une fusillade. Ce citoyen ukrainien avait été ministre de la Défense de la République de Lougansk pendant deux semaines, en août 2014. L'unité qu'il dirige, dans laquelle combattent également de nombreux volontaires de Russie, est considérée comme la plus combative de la région. Bednov était opposé aux accords de Minsk, qui prévoient un cessez-le-feu et un statut spécial pour les régions de Lougansk et de Donetsk au sein de l'Ukraine.

Ce meurtre de Bednov ressemble à un assassinat mafieux. Les Républiques populaires étant en guerre depuis avril 2014, la situation était plus violente que dans des conditions normales. Cette histoire permet de voir à quel point les dirigeants des Républiques populaires s'étaient engagés avec détermination et, si nécessaire, brutalement, pour l'application des accords de Minsk au sein de l'Ukraine.

Le gouvernement ukrainien ne parle pas aux Républiques populaires

La mise en œuvre des accords de Minsk fut un désastre annoncé. Dès le début, le gouvernement ukrainien bafoua l'accord en refusant le dialogue prévu avec les représentants des Républiques populaires. Des discussions auraient dû avoir lieu sur les élections régionales, le statut d'autonomie et les modifications de la Constitution, et déboucher sur des accords communs. Ce dialogue avec les Républiques populaires est explicitement mentionné dans les accords de Minsk aux points 4, 9, 11, 12 et 13. Mais c'est précisément ce que le gouvernement de Kiev ne voulait absolument pas faire. Il a préféré l'enfumage et les semblants d'actions.

Le point central des accords de Minsk était une décentralisation de l'Ukraine avec un statut spécial pour les républiques du Donbass inscrit dans la Constitution. Heiko Pleines, du Centre de recherche sur l'Europe de l'Est à l'université de Brême, fit un rapport début 2022[473] :

> *Début mars 2015, le président ukrainien de l'époque, Petro Porochenko, mit en place une commission constitutionnelle pour cette tâche, à laquelle il invita des représentants de l'est de l'Ukraine – mais pas de séparatistes [c'est-à-dire pas de représentants des Républiques populaires]. Lorsque, fin août 2015, le Parlement débattit du projet qui en résultait, de violentes émeutes éclatèrent devant le bâtiment, entraînant la mort de quatre policiers. Les membres nationalistes de la coalition gouvernementale démissionnèrent pour protester contre la loi.*

Depuis lors, la modification de la Constitution est restée en suspens.

Le mot « séparatistes » est souvent utilisé pour désigner les représentants et les partisans de l'indépendance des régions du Donbass.

Toute modification de la Constitution sans la participation des représentants des Républiques populaires est contraire aux accords de Minsk. Il est bien évident que jamais ces républiques n'accepteront une constitution ukrainienne qu'elles n'ont pas contribué à négocier et qui ne tient pas compte de leurs intérêts. Porochenko voulait simplement leur laisser une autonomie locale afin d'empêcher une autonomie et une fédéralisation complètes[474]. Dans les accords de Minsk, la formulation était tout autre.

Mais même cette action fictive est allée beaucoup trop loin pour les nationalistes ukrainiens. Ceux-ci exercèrent une forte pression sur l'opinion publique en organisant des manifestations violentes et en assassinant les policiers. « Les acteurs nationalistes parviennent toujours à forcer les dirigeants politiques à adapter leur politique », a écrit Sabine Fischer de la *Stiftung Wissenschaft und Politik*[475].

Heiko Pleines, de l'université de Brême, résume ainsi le cœur du problème :

> *De son côté, l'Ukraine n'est pas prête à légitimer par des négociations directes les représentants des Républiques populaires non reconnues par la communauté internationale, qu'elle qualifie de terroristes. (...) L'Ukraine veut surtout éviter que les séparatistes, qui dépendent de la Russie, aient leur mot à dire sur les élections locales et la réforme constitutionnelle. Mais dans le même temps, les accords de Minsk prévoient clairement une concertation avec les séparatistes sur ces sujets.*

Comment les étapes de l'accord ont-elles été mises en œuvre ?

Voyons en détail comment les accords de Minsk ont été appliqués, ou pas.

– Points 1 à 3 : ils concernent le cessez-le-feu, le retrait des armes lourdes et la surveillance par l'OSCE. Les deux parties – l'Ukraine et les Républiques populaires – n'ont cessé de violer ces points et de jouer au chat et à la souris avec l'OSCE lorsqu'elle tentait de surveiller le retrait des armes, comme il ressort de ses rapports quotidiens[476]. Même si, dans l'ensemble, les deux parties ont violé ces points de l'accord, 75% des violations du cessez-le-feu ayant entraîné la mort de civils ont été commises par l'Ukraine, comme nous l'avons déjà vu.

– Point 4 : Kiev n'a pas mené de dialogue avec les représentants des Républiques populaires sur les modalités des élections régionales et les régimes d'autogestion, et n'a pas reconnu les frontières des républiques populaires. Même la loi sur la procédure spéciale d'autonomie locale dans les régions séparées des régions administratives de Donetsk et de Lougansk, adoptée par le Parlement de Kiev en septembre 2014, n'est pas entrée en vigueur[477]. Cette façon de procéder semble être une stratégie de Kiev : adopter des lois et ensuite ne pas les mettre en vigueur, de façon à prétendre avoir fait quelque chose.

– Point 5 : Kiev n'a pas non plus appliqué la loi d'amnistie pour les milices du Donbass. Les nationalistes s'y étaient vivement opposés[478].

– Point 6 : il n'y a pas eu non plus de libération de tous les prisonniers, mais seulement des échanges limités. En février 2016, la *Konrad-Adenauer-Stiftung* a rapporté que l'Ukraine détenait un millier de personnes originaires des Républiques populaires, contre seulement 133 pour les séparatistes. Mais comme parmi ces derniers, seuls quatre ont pu recevoir la visite de la Croix-Rouge, Kiev a supposé que beaucoup étaient déjà morts et n'étaient utilisés qu'à des fins de négociation[479].

– Point 7 : Kiev a continué d'empêcher l'accès de l'aide humanitaire aux Républiques populaires via le territoire ukrainien ; le blocus des transports imposé en janvier 2015 n'a pas été levé. La Russie a fourni plusieurs fois par mois de l'aide, des médicaments, des matériaux de construction et des denrées alimentaires afin de subvenir aux besoins urgents de la population des Républiques populaires. L'OSCE en a fait état dans ses rapports des observateurs de la frontière. Rien n'arrivait de l'ouest, à travers l'Ukraine[480].

– Point 8 : Kiev n'a rien fait, les Républiques populaires sont restées coupées de l'Ukraine sur le plan économique et financier. Les frontières entravant la circulation officielle des marchandises sont restées fermées, les banques déconnectées du système de paiement de l'Ukraine, et aucune prestation sociale n'a été transférée. Les retraités de la République populaire de Lougansk disposaient d'un seul point de passage, un pont piétonnier délabré, pour aller chercher leur pension en Ukraine tous les mois – à pied. Ce pont délabré était emprunté chaque jour par des milliers de personnes. Après l'élection de Zelensky en 2019, la passerelle a au moins été réparée.

– Point 9 : Kiev a refusé de discuter avec les représentants des Républiques populaires de la réforme constitutionnelle et des élections régionales, alors qu'un accord aurait dû être trouvé sur ce point avant la fin 2015. Selon les termes de l'accord de Minsk, les conditions d'un contrôle des frontières extérieures des Républiques populaires par l'Ukraine n'étaient donc pas remplies et l'Ukraine n'a donc pas obtenu ce droit. Il est compréhensible que les républiques n'aient pas voulu de soldats ukrainiens sur leur territoire tant qu'une solution politique globale n'était pas trouvée. Si l'armée ukrainienne contrôlait les frontières avec la Russie, elle pouvait couper les voies de transport vitales en provenance de Russie, de sorte que les républiques n'auraient plus eu aucune issue au blocus de la faim imposé par Kiev.

Mais contrairement au contenu des accords de Minsk, le gouvernement de Kiev a fait du contrôle des frontières une condition préalable à la poursuite de leur mise en œuvre et n'a eu de cesse d'accuser la Russie d'empêcher le processus de Minsk. Au lieu de négocier d'égal à égal avec les Républiques populaires, Kiev n'avait en tête que de les frapper à un point vulnérable et de les faire chanter. Kiev était consciente que cette approche était contraire à la lettre et à l'esprit des accords de Minsk.

La tâche des gouvernements allemand et français aurait été d'influencer le gouvernement ukrainien et de le presser de respecter les accords de Minsk. Ils ne le firent pas.

– Point 10 : l'Ukraine a clairement enfreint l'interdiction des soldats et du matériel militaire étrangers. Les États-Unis ont déployé chaque année un nombre croissant de troupes en Ukraine pour former l'armée ukrainienne, et l'OTAN a effectué de nombreuses manœuvres en Ukraine. La Russie n'avait pas de troupes officielles dans les Républiques populaires et ne pouvait donc pas en retirer[482].

La passerelle très endommagée et de plus en plus dangereuse de Stanytsia, 2016. C'était le seul point de passage de la République populaire de Lougansk vers l'Ukraine[481].

– **Point 11 :** Kiev a refusé une réforme constitutionnelle octroyant un statut spécial aux Républiques populaires,

– ainsi que la négociation des conditions d'une élection régionale conformément au **point 12.**

– Le seul point de l'accord de Minsk qui a été mis en œuvre est le **point 13** : des réunions de la Commission trilatérale ont été organisées, mais elles n'ont pratiquement rien donné.

Depuis la signature des accords de Minsk, les médias et les politiques occidentaux n'ont cessé d'affirmer que la Russie ne les appliquait pas et qu'on ne pouvait donc pas lever les sanctions contre elle. Il s'agissait manifestement de pure propagande antirusse, car la Russie n'est mentionnée dans l'accord qu'en tant qu'État garant et elle n'avait rien d'autre à mettre en œuvre. Elle avait exercé des pressions sur les Républiques populaires conformément à sa mission.

Nous avons vu que l'Ukraine n'a respecté aucun point de l'accord, et que les Républiques populaires ont respecté uniquement les points 1 à 3. Selon la propagande du Spiegel, les pays de l'OTAN n'ont pas exhorté Kiev à appliquer l'accord, préférant accuser la Russie. Cette affirmation ne repose sur rien et il est consternant de constater que des journalistes occidentaux ont écrit pendant de nombreuses années de telles absurdités sans être le moins du monde submergés par la honte.

Les signataires des accords de Minsk n'ont jamais voulu les appliquer ; ils voulaient seulement gagner du temps pour réarmer l'Ukraine

Rétrospectivement, il n'est pas surprenant que les accords de Minsk n'aient pas été mis en œuvre et que la paix n'ait pas été instaurée dans le Donbass. Car tous les signataires occidentaux avaient d'autres intentions, ce qu'ils ont entre-temps reconnu publiquement. Il est intéressant de voir comment on a misé sur la mémoire à court terme de la population : jusqu'en 2021, c'était toujours la Russie qui, soi-disant, ne voulait pas mettre en œuvre l'accord. Puis soudain, les politiques occidentaux déclarèrent ouvertement qu'ils n'avaient jamais voulu l'appliquer. Pas de tollé public.

Nous avons vu que les accords de Minsk ont été conclus parce que l'armée ukrainienne était encerclée sans espoir de victoire. L'ancien président ukrainien, Porochenko, avait besoin d'un cessez-le-feu rapide pour sauver ses soldats. Et il avait besoin de temps pour se réarmer. Il a donc signé l'accord et fait semblant de s'y intéresser, comme il l'a confirmé le 20 juin 2022 lors d'une interview télévisée, dans le cadre de laquelle il a déclaré qu'il n'avait jamais eu l'intention d'appliquer l'accord de Minsk, mais que celui-ci devait seulement donner à l'Ukraine le temps de s'armer. Et il a ajouté que l'accord avait rempli sa mission de ce point de vue. Personne n'avait l'intention de mettre en œuvre l'accord[483].

L'ancienne chancelière allemande Angela Merkel a déclaré en décembre 2022 dans une interview avec le *Zeit* :

> *Et l'accord de Minsk de 2014 était une tentative de donner du temps à l'Ukraine. Celle-ci a également utilisé ce temps pour devenir plus forte, comme on le voit aujourd'hui. L'Ukraine de 2014-2015 n'est pas l'Ukraine d'aujourd'hui. Comme on l'a vu avec la bataille pour Debaltsevo [ville ferroviaire du Donbass, région de Donetsk] début 2015, Poutine aurait pu facilement l'envahir à ce moment-là. Et je doute fort que les pays de l'OTAN auraient pu faire autant à l'époque qu'aujourd'hui pour aider l'Ukraine[484].*

En 2015 encore, Merkel avait hypocritement souligné que tout devait être fait pour mettre en œuvre les accords de Minsk[485].

Son collègue français François Hollande, également signataire des accords de Minsk, a avoué le 28 décembre 2022, comme Merkel avant lui, dans une interview accordée à un journal de Kiev[486] :

> *Oui, Angela Merkel a raison sur ce point. (...) Il était très important de savoir comment l'Occident allait utiliser ce répit pour empêcher de nouvelles tentatives russes. (...) Depuis 2014, l'Ukraine a renforcé sa position militaire. (...) Elle a été mieux formée et mieux équipée. C'est le mérite des accords de Minsk d'avoir donné cette possibilité à l'armée ukrainienne.*

L'amère vérité est que, dès le début, l'Occident et le gouvernement de Kiev n'avaient pas l'intention de résoudre pacifiquement la guerre du Donbass que Kiev a entamée en avril 2014. Ces politiques avaient compris qu'en 2015, l'Ukraine était en position d'infériorité face aux Républiques populaires et à la Russie. Ils ont donc inventé le pseudo-plan de paix des accords de Minsk pour gagner du temps et réarmer l'Ukraine. Ce réarmement a ensuite été financé à coups de milliards depuis 2014.

Les politiciens qui agissent de la sorte ne se soucient manifestement pas des conséquences destructrices de leurs actes. Face à une escroquerie aussi malveillante, la confiance s'effondre totalement.

- Pourquoi, en Russie, quelqu'un se donnerait-il à nouveau la peine de négocier quoi que ce soit avec ces gens ?

- Pourquoi, dans le reste du monde – Chine, Inde, Moyen-Orient, Afrique, Amérique du Sud – quelqu'un prendrait-il un jour la peine de négocier quoi que ce soit avec ces gens ?

- Pourquoi, en Allemagne, quelqu'un devrait-il encore se fier à une quelconque déclaration de ces personnes ?

En Allemagne, la plupart des gens ne se rendent probablement pas encore compte de cette escroquerie. Mais la nouvelle commence à se répandre dans les pays qui ne font pas partie de la bulle de l'OTAN.

Pareil pour d'autres hommes politiques...

Cet exemple illustre la décadence morale de la classe politique. D'autres dirigeants politiques ont tenu le même discours.

L'ancien Premier ministre britannique Boris Johnson a déclaré dans une interview à la chaîne de télévision ukrainienne Rada, la chaîne du Parlement ukrainien, que les accords de Minsk et les discussions qui ont suivi étaient un « simulacre diplomatique » :

> *Nous avons alors imposé quelques sanctions, avons lancé ce simulacre diplomatique – [les discussions sur la mise en œuvre des accords de Minsk] – et nous n'avons rien obtenu[487].*

Des millions de personnes espèrent la paix, mais les politiciens de l'OTAN lancent un « simulacre diplomatique » pour préparer une guerre...

La retranscription de la conversation téléphonique du 20 février 2022 entre le président français Macron et Poutine montre que la France a elle aussi tenu l'Ukraine à l'écart d'une solution pacifique grâce aux accords de Minsk. France Info rapporte cette conversation : « *Vladimir Poutine aborde à nouveau le sujet et déplore que les séparatistes ne soient pas entendus. 'On n'en a rien à foutre des propositions des séparatistes !', rétorque le président français, ajoutant qu'elles ne sont pas prévues par les accords [de Minsk][488].* » – Comme presque personne dans le public ne connaît le contenu des accords de Minsk, cette énormité passe quasiment inaperçue. Nous avons pourtant vu que le dialogue avec les séparatistes était au cœur de l'accord. Macron le nie tout simplement. Cela signifie que nous sommes gouvernés par une génération de dirigeants qui sont ignorants ou menteurs, qui se croient intelligents et se gonflent d'arrogance.

Dans la liste des récalcitrants aux accords de Minsk, nous devons également inclure Zelensky, le président de l'Ukraine, qui a indiqué dans une interview accordée au Spiegel en février 2023 qu'il ne voulait pas non plus appliquer les accords de Minsk après son élection à partir de 2019[489].

L'ambassade américaine freine les accords de Minsk

L'opposition des États-Unis aux accords de Minsk est documentée par un incident survenu lors de la première année de présidence de Zelensky. Le Washington Post l'a rapporté[490] :

William B. Taylor Jr., alors haut fonctionnaire à l'ambassade américaine, s'est rappelé avoir rencontré Zelensky dans son bureau à l'été 2019 et s'être intéressé à la « formule Steinmeier », une interprétation des accords de Minsk nommée d'après l'ancien ministre allemand des Affaires étrangères, dont le président ukrainien espérait qu'elle pourrait déboucher sur un accord avec le Kremlin.

« Personne ne sait ce que c'est », s'est souvenu Taylor à propos de sa réponse. « Steinmeier ne sait pas ce que c'est. »

Selon Taylor, Zelensky a pris son téléphone et montré un document expliquant la formulation, pensant que l'on pourrait trouver quelque part dans les détails du langage juridique un compromis viable avec Moscou.

« C'est une idée horrible », a répondu Taylor.

La formule de Steinmeier était une contribution judicieuse à la mise en œuvre des accords de Minsk[491]. Mais le plus haut représentant américain en Ukraine s'y opposa en la critiquant.

Le leader nationaliste Dmitri Yarosh : « Une guerre totale contre l'ennemi éternel »

La plus forte opposition aux accords de Minsk est toutefois venue des nationalistes ukrainiens. L'un de leurs principaux leaders est Dmitri Yarosh. Partisan de Stepan Bandera, il a fondé en 2013 Secteur droit, branche armée des forces d'autodéfense du Maïdan. Dmitri Yarosh a joué un rôle déterminant dans le renversement du président Ianoukovitch et, le 21 février 2014, il a proclamé dans un discours enflammé qu'il fallait poursuivre la « révolution nationale » plutôt qu'accepter les nouvelles élections négociées avec Ianoukovitch. Il a donc joué un rôle clé dans le putsch du Maïdan et la guerre du Donbass qui s'en est suivie[492].

À partir de 2014, il a été commandant de bataillons de volontaires ukrainiens dans le Donbass et temporairement député à la Rada. En 2015, il est devenu conseiller de l'état-major ukrainien afin de maintenir le contact avec les bataillons de volontaires[493]. Ce lien était nécessaire parce que les unités de combat de Secteur droit et les autres associations de volontaires ne dépendaient pas de l'armée, mais du ministère de l'Intérieur. Selon la presse, nombre de ces bataillons comptaient jusqu'à 100 000 soldats en 2021, soit plus d'un tiers de l'ensemble de l'armée. Il s'agissait donc d'un facteur de pouvoir important en Ukraine, avec Dmitri Yarosh en position centrale.

« Pour Yarosh, la lutte contre la Russie dure depuis des siècles[495], 2014 et 2022 ne sont que des épisodes », écrit Overton Magazine. « Selon lui, la lutte ira jusqu'à la destruction de l'État ennemi. Il demande la formation d'une 'nouvelle génération de guerriers ukrainiens' par une organisation de jeunesse paramilitaire d'État et, de manière générale,

une militarisation de l'État[496]. » – C'est ainsi que le néonazi Yarosh imagine l'avenir.

Après qu'en août 2022, un rapport d'Amnesty International minutieusement documenté[497] eut osé critiquer la conduite de la guerre par les forces armées ukrainiennes, qui s'étaient retranchées dans des jardins d'enfants, des hôpitaux et des zones résidentielles, provoquant des contre-attaques russes sur ces lieux et sacrifiant ainsi des civils ukrainiens pour se protéger, Dmitri Yarosh se lança dans son style habituel : Amnesty est une « *organisation anti-ukrainienne qui sert les intérêts du pays agresseur... Amnesty International a toujours été des trous du cul et des parasites* ». Les crimes de guerre ukrainiens ne le préoccupent pas. Selon lui, Amnesty devait prendre la suite du « navire russe » (probablement le *Moskva* coulé par l'armée ukrainienne) ; autrement dit, l'organisation devait être abattue et coulée[498].

Le magazine Overton commentait : « *C'est avec des gens comme ça que, pour l'Occident et le gouvernement fédéral, on défend la liberté et la démocratie ?.* »

Dmitri Yarosh, chef de Secteur droit[494]

Le 20 février 2022 – soit quatre jours avant l'entrée en guerre de la Russie – Yarosh annonça sur son canal Facebook, suivi par plus de 200 000 personnes, un « *nettoyage systématique des villes et villages ukrainiens des collaborateurs et de la racaille* ». Les citoyens ukrainiens devaient « *se préparer à une guerre totale contre l'ennemi éternel, l'Empire russe : les Ukrainiens doivent détruire l'agresseur partout où il se présente, avec tout ce qui est à leur disposition. (...) La tâche de chaque Ukrainien est de tuer le plus d'occupants possible.... »* Selon lui, l'armée de volontaires ukrainienne était en pleine préparation au combat[499]. Cette citation montre que les nationalistes ukrainiens voulaient littéralement la guerre contre la Russie et l'appelaient de leurs vœux sanguinaires.

Voilà pour ce qui est de la pensée et des sentiments de Yarosh, qui avait un rôle de direction dans les unités de volontaires ukrainiennes. En ce qui concerne les accords de Minsk, Yarosh fit une déclaration claire.

« Zelensky sera pendu s'il trahit l'Ukraine et met en œuvre les accords de Minsk »

Le 21 avril 2019, Volodymyr Zelensky a remporté les élections présidentielles ukrainiennes avec 72% des voix. Il a obtenu de nombreuses voix de l'est de l'Ukraine car, pendant la campagne électorale, il avait promis la paix et la réconciliation avec les Républiques populaires du Donbass.

Cela ne plut pas du tout à Dmitri Yarosh. Quelques semaines après l'élection, le 27 mai 2019, il fit une annonce claire dans une longue interview[500] au journal sur ce que Zelensky devait faire et sur ce qui lui coûterait la vie. Yarosh ne voyait lui aussi dans les accords de Minsk qu'une astuce pour gagner du temps en vue d'un réarmement de l'Ukraine :

> *Yarosh : Les accords de Minsk – je ne cesse de le répéter – sont une occasion de réarmer l'AFU [Armée ukrainienne], de se rapprocher des meilleurs standards mondiaux en matière de système de sécurité et de défense nationale. C'est une occasion de manœuvrer. Mais pas plus.*

L'application des accords de Minsk signifierait la mort de notre État. Ils ne valent pas une goutte de sang des garçons et des filles, des hommes et des femmes qui sont morts dans cette guerre. Pas une goutte.

Et cela doit être compris. Porochenko a joué le jeu de Minsk, et l'a bien joué. C'est un fait. Il a joué la montre.

Pendant ce jeu diplomatique, nous avons pu mieux nous préparer à une éventuelle invasion russe à grande échelle.

Question : Pensez-vous qu'il est temps d'abandonner Minsk ?

Yarosh : Sans aucun doute.

Yarosh considère le président nouvellement élu comme malléable :

Zelensky est un politicien inexpérimenté. Et c'est l'entourage qui fait le roi.

C'est pourquoi Volodymyr Zelensky reçoit un message clair :

Yarosh : Zelensky est très dangereux pour nous, les Ukrainiens. Je le sens.

Question : Quel est le danger ?

Yarosh : Pour nous, ses déclarations sur la paix à tout prix sont dangereuses. Volodymyr ne sait tout simplement pas quel est le prix de cette paix. Il a peut-être participé à des concerts à proximité du front. Mais lorsque mes garçons ont été déchiquetés par des obus russes et qu'il a fallu ramasser ces morceaux pour les envoyer à leurs mères, le prix est en quelque sorte tout autre.

Il ne doit comprendre qu'une seule vérité : il ne faut pas humilier les Ukrainiens. (...)

Zelensky a dit dans son discours d'investiture qu'il était prêt à perdre son audience, sa popularité, sa position. Non, il va perdre la vie. Il sera pendu à un arbre sur Khrechchatyk s'il trahit l'Ukraine et les gens qui sont morts pendant la révolution et la guerre. Il est très important qu'il comprenne cela.

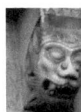

Khrechchatyk est la rue principale centrale de Kiev. Il y a beaucoup de grands arbres. Zelensky a compris.

Les déclarations de Yarosh ne peuvent être comprises que comme une menace de mort. Dans la plupart des pays, une personne qui menace de tuer le président est arrêtée et traduite en justice. Il n'est rien arrivé à Yarosh, il semble trop bien ancré dans le système de pouvoir ukrainien.

Les nationalistes poussent le gouvernement à agir

D'autres groupes et bataillons de droite ont fait souffler un vent similaire sur Zelensky[501], comme l'a rapporté le site *Nachdenkseiten*[502] :

Lorsque Zelensky s'est rendu dans le Donbass en octobre 2019 pour faire campagne dans les zones tenues par les rebelles russophones, il a été confronté à des membres en colère du bataillon néonazi Azov, qui manifestaient sous le slogan « Non à la capitulation ». Dans une discussion enregistrée sur vidéo, Zelensky se dispute avec un membre du bataillon Azov au sujet de la demande du président de retirer les troupes : « Je suis le président de ce pays. J'ai 41 ans. Je ne suis pas un perdant. Je suis venu vous voir et je vous ai dit : déposez les armes », a supplié Zelensky. (...)

Zelensky s'est heurté à une autre résistance : les mêmes forces d'extrême-droite ont mis en place un poste de contrôle armé pour retarder le retrait de l'armée ukrainienne. Des milliers de manifestants d'extrême-droite et nationalistes, acclamés par l'intelligentsia libérale et portant des torches, ont également défilé à Kiev. (...)

Bien que Zelensky ait été hésitant à l'égard des accords de Minsk visant à résoudre la question des minorités, il a poursuivi les discussions sur leur mise en œuvre. L'extrême-droite a exprimé sa position violente à chaque occasion, notamment en août 2021, où au moins huit policiers ont été blessés lors de manifestations armées devant le bâtiment présidentiel.

Les menaces d'extrême-droite contre Zelensky ont sans aucun doute fait échouer un accord de paix qui aurait pu empêcher l'invasion russe. Deux semaines seulement avant l'invasion de l'Ukraine par les troupes russes, le New York Times a estimé que Zelensky prendrait des risques politiques extrêmes pour ne serait-ce qu'envisager un accord de paix avec la Russie, car son gouvernement pourrait être ébranlé et peut-être renversé par des groupes d'extrême-droite s'il acceptait un accord de paix qui, selon eux, accorde trop à Moscou.

Yuri Hudymenko, leader du parti d'extrême droite Axe démocratique, a même menacé Zelensky d'un coup d'État : « Si quelqu'un du gouvernement ukrainien tente de signer un tel document, un million de personnes descendront dans la rue et ce gouvernement cessera d'être un gouvernement. »

Ces exemples montrent à quel point les militants d'extrême droite font la loi et sont ancrés dans l'État et la société ukrainiens. Ils poussent le gouvernement à agir. Ils représentent une minorité au sein de la population, mais leur action militante et agressive leur permet d'exercer une influence déterminante sur l'orientation du gouvernement.

Probablement par peur justifiée des bataillons néonazis suréquipés et par considération des arbres de la rue Khrechchatyk à Kiev, Zelensky a rapidement mis fin à la réconciliation promise en Ukraine, principale raison de son élection. Un statut d'autonomie pour les républiques du Donbass n'avait aucune chance.

Novembre 2021 : la Russie perd ce qui lui reste de confiance

En vue de la mise en œuvre des accords de Minsk, plusieurs rencontres au niveau gouvernemental, dites « au format Normandie », eurent lieu entre l'Allemagne, la France, la Russie et l'Ukraine. Mais elles furent perturbées en novembre 2021 par une épreuve de force[503].

Une nouvelle rencontre était prévue pour fin 2021. Lors de la préparation, les ministres des Affaires étrangères allemand et français rejetèrent le projet russe de déclaration finale, car la Russie y exigeait un dialogue direct entre Kiev et le Donbass, ce qui constituait en effet le point central des accords de Minsk. Lorsque, en novembre 2021, Berlin et Paris qualifièrent cette demande d'inacceptable, ils enterrèrent de facto les accords de Minsk.

Les ministres des Affaires étrangères de l'Ukraine, de l'Allemagne et de la France se rencontrèrent malgré tout le 15 novembre 2021, accusant publiquement la Russie de refuser d'appliquer les accords de Minsk.

Lavrov, le ministre russe des Affaires étrangères, s'emporta et publia l'ensemble de la correspondance diplomatique qui avait précédé la rencontre, soit 28 pages au total, que tout le monde peut télécharger[504]. Il s'agit d'une démarche tout à fait exceptionnelle dans le domaine de la diplomatie. Lavrov l'annonça à ses collègues dans une lettre qui se terminait par les mots suivants :

> *Je suis sûr que vous comprenez la nécessité de cette démarche non conventionnelle, car il s'agit de dire la vérité à la communauté internationale sur qui remplit les obligations de droit international convenues au plus haut niveau, et de quelle manière.*

Cette publication inhabituelle de la correspondance diplomatique marque un tournant important. La réaction abrupte de Lavrov s'explique par le fait que le gouvernement russe a perdu en novembre 2021 le peu de confiance qu'il avait dans les pays de l'OTAN. L'espoir d'une paix dans le Donbass s'était définitivement effondré. Le gouvernement russe avait compris que l'Ukraine, soutenue par l'OTAN, voulait résoudre le conflit par la guerre. Ce tournant a été confirmé par Dmitri Rogozine, membre du gouvernement russe de 2011 à 2018, dans une interview : « *Il n'est devenu clair qu'à la fin de l'année 2021 que les accords de Minsk étaient manifestement une grande tromperie[505].* »

Résumé

Nous avons donc vu que les nationalistes ukrainiens étaient violemment opposés à la paix dans le Donbass et menaçaient même de tuer et de faire un coup d'État. Le président Porochenko, qui avait signé les accords de Minsk-2, n'a jamais voulu les mettre en œuvre, mais seulement gagner du temps pour se réarmer. L'Allemagne et la France, en tant qu'États garants, auraient eu la possibilité de faire pression sur l'Ukraine pour qu'elle applique l'accord, car la menace de ne plus recevoir de milliards de l'UE aurait fait des merveilles. Des sanctions contre l'Ukraine auraient également été justifiables, puisque l'Ukraine avait elle-même approuvé l'accord. Mais les pays de l'OTAN n'étaient pas intéressés par la mise en œuvre des accords de Minsk, comme l'ont reconnu plus tard Merkel, Hollande et d'autres dirigeants politiques. L'OTAN avait d'autres intérêts géopolitiques : réarmer l'armée ukrainienne afin de nuire à la Russie et de l'affaiblir.

Le président du Conseil national de sécurité et de défense ukrainien, Dmitri Danilov, a déclaré le 31 janvier 2022 que l'application des accords de Minsk détruirait le pays[506]. Il a ainsi utilisé le même slogan que le leader nationaliste Dmitri Yarosh auparavant. L'Ukraine se retirait ainsi officiellement des accords de Minsk. L'escalade était de mise. Pour les Républiques populaires du Donbass et pour la Russie, la dernière planche de salut, une solution diplomatique, avait sombré. La diplomatie n'était qu'un leurre et était arrivée à son terme. Quelques semaines plus tard, la Russie entrait dans la guerre qu'elle voulait éviter depuis si longtemps.

Interdiction de la langue et racisme en Ukraine

La guerre du Donbass de 2014–2022 aurait pu prendre fin si les deux républiques du Donbass avaient obtenu le statut de région autonome au sein de l'Ukraine, avec des droits fédéraux étendus, comme le prévoyaient les accords de Minsk. Les républiques étaient prêtes – notamment sous la pression de la Russie – à faire partie de l'Ukraine, même si elles s'y étaient refusé lors des référendums d'indépendance de 2014.

En Europe, certains pays ont plusieurs langues officielles qui sont enseignées dans les écoles. En Suisse, il s'agit de l'allemand, du français, de l'italien et du romanche ; en Belgique, du français, du flamand et de l'allemand ; en Irlande, de l'anglais et de l'irlandais (gaélique).

Sans le respect et le soutien actif de leurs langues respectives, ces États seraient depuis longtemps divisés et se seraient désagrégés. En Belgique, il y aurait une guerre civile si les Wallons obligeaient les Flamands à parler français. En Suisse, les Romands francophones se sépareraient des cantons suisses alémaniques s'il venait à l'idée de ces derniers d'étouffer le français en Suisse romande. Pour la sensibilité suisse, ce serait une idée totalement absurde et impensable. Le pays est fier de sa diversité linguistique qui, dans la vie pratique, nécessite bien sûr un certain travail de traduction.

Cette solution aurait été si simple. En tant que régions autonomes, les républiques du Donbass auraient conservé le russe comme langue officielle et scolaire, et obtenu le droit de lever des impôts régionaux et de légiférer, tout en faisant partie de l'Ukraine.

Mais c'est précisément ce que les nationalistes ukrainiens au pouvoir ne voulaient en aucun cas. Leur objectif était une Ukraine ethniquement purifiée. C'est pourquoi ils ont interdit et refoulé la langue russe, ce que les Ukrainiens russes ont vécu comme une attaque existentielle contre leur identité. Jusqu'en 2022, le racisme est devenu de plus en

Angel of Peace, Dublin, Irlande[507]

plus dominant en Ukraine, et il a constitué une cause centrale de la guerre d'Ukraine.

J'ai été effrayé de constater à quel point les médias grand public pratiquent la désinformation. Ils n'ont tout simplement pas mentionné l'interdiction de la langue, passant ainsi sous silence l'une des principales raisons de la guerre. Ils ont préféré établir la règle linguistique de la « guerre d'agression non provoquée de la Russie », qu'ils ont gravée dans la conscience publique en la répétant sans cesse. Parallèlement, les souffrances de la population de l'Ukraine occidentale ont été médiatisées afin de susciter des sentiments de compassion et de solidarité à leur égard, tandis que celles des Ukrainiens de l'Est dans le Donbass ont été systématiquement passées sous silence – ces gens-là n'avaient droit ni à la compassion ni à la solidarité. Le message ainsi véhiculé était : « Les Ukrainiens sont les bonnes victimes, les Russes les méchants coupables. »

L'affaire a également touché des personnes qui pensent normalement de manière indépendante. Chaque fois que j'ai dit à un partisan de la livraison d'armes à l'Ukraine qu'il y avait une loi interdisant l'utilisation de la langue russe dans l'espace public, ils ont nié ou m'ont regardé d'un air irrité avant de passer rapidement à autre chose.

Sondage : les Ukrainiens de l'Ouest veulent interdire le russe, tandis que ceux de l'Est respectent la langue ukrainienne

Le centre de recherche américain *Pew Research Center* a mené en Ukraine, après le coup d'État du Maidan, un vaste sondage qui a été publié le 8 mai 2014[508]. Ce sondage a montré à quel point le pays était divisé et l'est encore aujourd'hui : l'ouest de l'Ukraine n'acceptait pas un lien plus étroit avec la Russie au détriment d'un rattachement à l'UE, et l'est n'acceptait pas un rattachement à l'UE au détriment des relations avec la Russie. Une situation aussi inextricable ne peut être résolue que par des compromis, et non par l'affirmation autocratique d'une partie contre l'autre et l'imposition de sa volonté.

Voici quelques résultats de ce sondage : à l'Ouest, 60% des personnes interrogées qualifiaient le nouveau gouvernement issu du coup d'État du Maidan de bon et 28% de mauvais. À l'Est, c'était l'inverse : 24% le trouvaient bon, 67% mauvais. Chez les Ukrainiens russophones, 12% approuvaient le gouvernement du Maidan et 82% le désapprouvaient.

Les réponses à la question de savoir si l'ukrainien ou le russe devait être la seule langue officielle du pays, ou si les deux langues devaient être officielles, étaient inquiétantes. L'ukrainien a été choisi comme seule langue officielle par 66% des personnes interrogées à l'ouest, 26% à l'est, 10% des Ukrainiens russophones et 0% en Crimée. Le russe en tant que seule langue officielle a reçu 0% de soutien à l'Ouest, 1% à l'Est et parmi les Ukrainiens russophones, et 21% en Crimée. Et les deux langues comme langues officielles étaient soutenues à 30% à l'Ouest, 73% à l'Est, 86% chez les Ukrainiens russophones et 74% en Crimée.

Ces résultats de sondage sont frappants et mettent le doigt sur le problème : les Ukrainiens de l'Ouest n'avaient aucun respect pour les Ukrainiens de l'Est et voulaient majoritairement, à 66%, évincer le russe et discriminer ainsi les Ukrainiens de l'Est. La situation était différente pour les Ukrainiens de l'Est : seul 1% voulait imposer le russe aux Ukrainiens de l'Ouest, et 73% étaient au contraire favorables aux deux langues comme langues officielles. Ce sondage a révélé que les Ukrainiens de l'Ouest étaient majoritairement des oppresseurs sans empathie de la culture des Ukrainiens de l'Est, tandis qu'à l'inverse, les Ukrainiens de l'Est respectaient les Ukrainiens de l'Ouest dans leur langue. La majorité des Ukrainiens de l'Ouest n'ayant aucune compréhension pour les Ukrainiens de l'Est, l'escalade était inévitable. C'est là que l'UE et les États-Unis, qui avaient et ont toujours une grande influence sur l'Ukraine occidentale, auraient dû intervenir. Les résultats de cette enquête étaient connus des ministères des Affaires étrangères de l'UE. Mais rien n'a été fait.

Interdiction de la langue russe

L'éviction de la langue russe en Ukraine a commencé peu après la création de l'Ukraine en 1991. Les lois et les règlements interdirent le russe dans certains domaines d'application et limitèrent drastiquement l'enseignement du russe dans les écoles. Olga Sukharevskaya, une ancienne diplomate ukrainienne, a écrit : « *En 1990, l'Ukraine comptait 4633 écoles où le russe était la principale langue d'enseigne-ment. Au début de l'année scolaire 2010–2011, il n'y en avait plus que 1149*[509]. » Le russe est toutefois resté une langue populaire dans la vie quotidienne en Ukraine.

L'éviction du russe s'accéléra avec le coup d'État du 22 février 2014. Dès le lendemain, le 23 février, la Rada de Kiev abrogea la loi existante sur les langues régionales. Cette loi accordait à la langue russe le statut de deuxième langue officielle dans les régions où plus de 10% des habitants déclaraient le russe comme langue maternelle. L'abolition de cette loi annonçait clairement ce dont il s'agissait lors du coup d'État du Maïdan. L'éviction du russe était la chose la plus importante pour les nationalistes, même si l'Ukraine, en tant que pays pauvre de l'Europe, avait suffisamment de problèmes auxquels il aurait fallu s'attaquer.

La décision de la Rada du 23 février 2014 ne fut pas immédiatement mise en œuvre, mais se retrouva devant la Cour constitutionnelle. Parallèlement, l'éviction des langues se poursuivit par d'autres moyens. Une nouvelle version de la loi sur l'éducation, adoptée en septembre 2017, prévoyait le passage à l'ukrainien dans les écoles secondaires et les universités à partir de 2018, dans les écoles primaires à partir de 2020 et dans les écoles où l'enseignement était dispensé dans les langues minoritaires de l'UE (c'est-à-dire pour les minorités polonaise, hongroise et roumaine) à partir de 2023[510].

L'éviction de la langue culmina avec la loi sur la « garantie de la fonction de la langue ukrainienne comme langue d'État ». Cette loi fut signée par le président de l'époque, Petro Porochenko, cinq jours avant la fin de son mandat, le 15 mai 2019.

La loi oblige les citoyens à utiliser l'ukrainien dans tous les domaines de la vie publique, y compris l'administration publique, la médecine, les sciences, les services, l'éducation, les médias et l'internet.

Le principal parti d'opposition, la Plateforme pour la vie – qui n'était pas encore interdite à l'époque – critiqua vivement la loi, la qualifiant de nouvelle tentative de diviser la société sur la base de la langue. Dans une déclaration publiée sur le site Internet du parti, on pouvait lire : *« En Ukraine, les droits des citoyens russophones individuels et de communautés entières sont bafoués. Le gouvernement bafoue ouver-*

tement les normes de la Constitution, qui protège les droits de tous les citoyens du pays, indépendamment de leur appartenance ethnique, de leurs opinions politiques et de leur religion[511]. »

La loi fut portée devant la Cour constitutionnelle de Kiev, qui considéra toutefois qu'elle était conforme à la Constitution.

La loi prévoit des exceptions pour l'anglais, les langues de l'Union européenne et les langues de certaines petites ethnies d'Ukraine comme le tatar de Crimée. Mais il n'y a pas d'exception pour le russe, bien que 29,6% des Ukrainiens le considèrent comme leur langue maternelle, selon le rapport du 9 décembre 2019 de la Commission de Venise du Conseil de l'Europe. Le rapport considérait donc la différence de traitement du russe comme une violation du principe de non-discrimination[512].

Les principaux points de la loi sur les langues

La loi, imprimée en petits caractères, fait 30 pages et est très détaillée. Les dispositions entrent en vigueur de manière échelonnée jusqu'en 2024. On peut en consulter une traduction officielle en anglais sur le site Internet de la Rada de Kiev. Conformément à la loi, il n'existe pas de traduction en russe. Pour que l'on puisse saisir et ressentir la dimension de cette loi, je résume les formulations parfois compliquées et explique leur signification pratique[513].

– Article 1. La langue ukrainienne est la seule langue d'État (langue officielle) en Ukraine. – Cela signifie qu'il n'y a plus de deuxième langue officielle, comme dans les décennies précédentes.

– Article 2. La loi exige l'utilisation de la langue ukrainienne dans la vie publique et commerciale. – Cela signifie que l'on ne peut plus parler russe, hongrois ou roumain que dans les conversations purement privées et lors des rites religieux.

– Article 3. L'objectif de la loi est d'établir l'ukrainien comme langue d'État, *« comme instrument de consolidation de la société ukrainienne, comme moyen de renforcer l'unité étatique et l'intégrité territoriale de l'Ukraine, son statut d'État indépendant et sa sécurité nationale. »* –

Ces mots expriment l'idéologie du nationalisme ukrainien, qui aspire à une Ukraine ethniquement « pure » et veut construire l'État sur cette base. Les 30% de russophones n'ont pas leur place dans cette idéologie, ils doivent « s'ukrainiser » ou émigrer.

– Article 6. Tout citoyen ukrainien doit maîtriser la langue d'État, l'ukrainien.

– Article 9. Tous les titulaires de fonctions politiques et tous les collaborateurs de l'administration publique doivent maîtriser la langue d'État et l'utiliser dans le cadre de leurs obligations officielles. Ils doivent le prouver par un certificat d'État. – Or dans la réalité, certains Ukrainiens ne parlent pas bien l'ukrainien ; ils sont alors exclus des fonctions politiques et de la fonction publique.

– Article 10. La Commission nationale pour les normes de la langue d'État évalue le niveau de maîtrise de la langue au moyen de tests écrits et d'un entretien, et délivre des certificats.

– Article 12. Il faut non seulement maîtriser l'ukrainien, mais aussi l'utiliser au quotidien : « *La langue de travail dans les activités des autorités gouvernementales, des autorités de la République autonome de Crimée, des autorités locales autonomes, des entreprises d'État et municipales, des institutions et des organisations, y compris la langue des conférences, des événements, des réunions et de la communication quotidienne, est la langue d'État.* » – On peut voir le fait que les autorités de Crimée soient également mentionnées ici comme une mesure de relations publiques, car la loi ne s'applique pas en Crimée, qui est rattachée à la Russie depuis 2014.

– Bien que tout soit dit dans l'article 12, la loi stipule à nouveau que l'ukrainien est la langue de travail obligatoire dans certains domaines publics : dans les règlements, les registres et la gestion des documents de l'administration publique (article 13), dans les procédures judiciaires (article 14), dans les forces armées ukrainiennes et autres formations militaires (article 15), dans les services pénitentiaires et les services secrets (article 16), dans les contrôles frontaliers et douaniers (article 17) et dans les élections (article 18). L'article 18, paragraphe 4, stipule que « *le matériel électoral diffusé à la télévision et à la radio, placé dans des supports publicitaires extérieurs, distribué sous forme de tracts et de journaux ou publié sur Internet doit être rédigé dans la langue de l'État. »* – Les partis et candidats pro-russes ne peuvent donc plus faire campagne en russe.

– Les articles 20 à 38 réglementent ensuite en détail l'utilisation de l'ukrainien dans l'espace public.

– Article 21, éducation : l'ukrainien est la langue d'enseignement dans tous les établissements d'enseignement. Tous les examens d'État sont organisés en ukrainien. Outre l'ukrainien, les écoles ne peuvent enseigner que l'anglais ou d'autres langues officielles de l'UE. – Cela signifie qu'un locuteur natif ukrainien ne peut plus apprendre le russe à l'école. Le russe devrait ainsi disparaître de plus en plus de la vie quotidienne et être vécu par les gens comme un corps étranger. Dans les États où les cultures se respectent mutuellement, il va de soi que l'on enseigne l'autre langue nationale dans les écoles afin d'éviter que les groupes ethniques se sentent étrangers les uns par rapport aux autres. Par exemple, le français est toujours enseigné en Suisse alémanique. C'est précisément ce principe unissant les cultures qui est empêché par la loi ukrainienne sur les langues.

– La loi établit à plusieurs endroits une distinction entre les membres des minorités nationales (par exemple Russes, Hongrois et Roumains) et les peuples autochtones d'Ukraine (par exemple Tatars de Crimée, Karaïtes et Chaks de Crimée). – Les peuples autochtones ont plus de droits que les minorités nationales.

– L'article 21, paragraphe 1, stipule que la langue des minorités nationales peut être enseignée dans les écoles primaires dans des groupes séparés, en plus de l'ukrainien. – « Groupes séparés » signifie que seuls les locuteurs natifs russes reçoivent des cours de russe, mais que les locuteurs natifs ukrainiens ne peuvent pas y participer. Chez les peuples autochtones, le droit à un enseignement linguistique propre n'existe pas seulement à l'école primaire, mais aussi au niveau secondaire. Le fait que des dizaines de milliers de Tatars de Crimée ou quelques milliers de Karaïtes soient mieux traités que des millions de Russes ou des centaines de milliers de Hongrois est une chicane qui ne s'explique que par l'idéologie du nationalisme ukrainien.

– Article 22, science : la langue de la science en Ukraine est la langue d'État. « *Les publications scientifiques sont publiées dans la langue d'État, en anglais et/ou dans d'autres langues officielles de l'Union européenne.* » L'article s'applique également aux thèses et aux manifestations scientifiques. – Le russe est donc explicitement banni de la science en Ukraine.

– Article 23, culture : toutes les manifestations culturelles, artistiques, récréatives et de divertissement sont organisées en ukrainien. La règle s'applique également aux musées, aux visites et aux activités touristiques. Les annonces, les billets d'entrée et les inscriptions doivent également être rédigés en ukrainien. – Le russe est ainsi éliminé de la vie culturelle.

– Article 23, paragraphe 6, films et cinéma : les films ukrainiens doivent être distribués et projetés en ukrainien. Les films étrangers ne sont distribués, et notamment montrés à la télévision, que s'ils sont doublés ou sous-titrés dans la langue d'État. Si des langues autres que l'ukrainien sont parlées dans un film, ces passages doivent être sous-titrés en ukrainien. Mais dans les cinémas, le pourcentage de ces projections avec sous-titres ne doit pas dépasser 10%. – Cela signifie une large interdiction des films en russe.

– Article 24 : la télévision et la radio émettent également en ukrainien. Les chaînes de télévision sont soumises à un quota de 90% d'émissions en ukrainien.

– Article 25, médias de masse imprimés : la situation est très difficile pour les médias imprimés, qui doivent toujours proposer une édition en ukrainien, même s'ils sont publiés dans une autre langue. « *Sur chaque site où sont distribués des médias de masse imprimés, ces médias imprimés dans la langue d'État doivent représenter au moins 50% des titres de médias imprimés distribués sur un tel site.* » – Les journaux et magazines russes sont ainsi détruits économiquement, car une version traduite obligatoire, une deuxième impression et un deuxième canal de distribution coûtent beaucoup d'argent, qui ne peut que rarement être récupéré par les clients lisant l'ukrainien. L'anglais et les langues des peuples autochtones, comme le tatar de Crimée, font à nouveau exception à la règle ; elles sont préférées au russe.

– Article 26, commerce du livre : les éditeurs doivent « *publier dans la langue nationale au moins 50% des titres de livres qu'ils publient au cours de l'année civile concernée.* »

– Article 27, logiciels informatiques et interfaces de sites Internet : les logiciels, les pages Internet et les pages de réseaux sociaux doivent être en ukrainien. L'article s'applique aux sites des institutions et organisations nationales ou locales, aux « *médias de masse enregistrés en Ukraine et aux entités économiques qui vendent des biens et fournissent des services en Ukraine.* » Les sites peuvent également proposer une version dans une autre langue, mais la « *représentation dans la langue d'État doit présenter au moins les mêmes informations en termes de volume et de contenu que ses versions en langue étrangère et être chargée par défaut pour les utilisateurs en Ukraine.* »

– Article 28, publicité : toutes les informations accessibles au public doivent être présentées en ukrainien, par exemple « *les publicités, les panneaux indicateurs, les avis, les enseignes, les messages, les légendes et autres informations textuelles, visuelles et audio placées en public, qui servent à l'information générale ou peuvent être utilisées pour informer le public sur des biens, des travaux, des services (...).* »

– Article 29, événements publics : les événements de toute nature liés aux institutions de l'État ou des collectivités locales se déroulent en ukrainien.

– Article 30, services : tous les employés des services des entreprises, institutions, magasins et restaurants sont tenus de ne parler qu'ukrainien. Tout client se plaignant d'un service en russe fait risquer une amende au service concerné ; ce n'est que sur sa demande expresse qu'il peut être servi dans une autre langue que l'ukrainien. La règle s'applique à toutes les entreprises, quelle que soit leur forme juridique, pour les contacts oraux et écrits et pour toutes les informations sur les biens et les services. – Cette réglementation interfère profondément dans la vie interpersonnelle. Un serveur russophone dans une région russophone doit s'adresser à ses clients en ukrainien ou risque une amende d'un mois de salaire. Cette réglementation crée des interdictions professionnelles de fait, car il existe à l'Est des Russes ethniques qui ne parlent pas suffisamment l'ukrainien. Tout Ukrainien d'une autre ethnie qui jusqu'à présent n'avait pas besoin de l'ukrainien dans sa région et qui ne le parle donc pas pourrait perdre son emploi, car il n'a le droit de parler qu'en ukrainien avec ses clients et ses partenaires commerciaux.

– L'article 31 réglemente l'ukrainien pour les documentations techniques et de conception, et l'article 32 pour la publicité dans les médias imprimés et à la télévision et à la radio.

– L'article 33 impose l'ukrainien dans l'ensemble du système de santé pour les traitements et les documents écrits. Comme pour les services, le russe ne peut être utilisé que si le patient le demande expressément.

– L'article 34 prévoit l'ukrainien pour les événements sportifs et l'article 35 pour les télécommunications et la poste. *« Les adresses des expéditeurs et des destinataires des envois postaux et des messages transmis à l'intérieur de l'Ukraine doivent être dans la langue d'État ».* – Autrement dit, les lettres adressées en russe ne seront plus distribuées.

– L'article 36 concerne l'ukrainien dans le domaine des transports, l'article 37 l'ukrainien *« dans le domaine de la tenue des dossiers, de la gestion des documents, de la correspondance et des rapports des associations publiques, des partis politiques et des autres personnes morales ».*

– Article 50 : pour faire respecter les interdictions linguistiques, il prévoit la nomination par le cabinet des ministres de l'Ukraine d'un « commissaire à la protection de la langue d'État », disposant de larges pouvoirs d'investigation. Les inspecteurs linguistiques peuvent assister aux réunions de tous les organes de l'État et demander des documents aux organisations publiques et aux partis politiques. Toute personne peut envoyer une plainte au commissaire si, par exemple, on ne s'est pas adressé à elle en ukrainien dans un restaurant, un magasin ou un cabinet médical. Le commissaire aux langues décide et impose des amendes allant de 5100 à 6800 hryvnas, ce qui représente environ 180 à 240 dollars américains et correspond à peu près à un salaire mensuel normal. Des sanctions sont également prévues pour humiliation publique ou insulte à la langue d'État.

Si j'ai décrit cette loi en détail, c'est pour illustrer l'intensité de l'éviction du russe en Ukraine. L'interdiction linguistique est très large. Les gens sont mis sous tutelle par l'État ukrainien jusqu'au plus profond de leur vie. L'ukrainien est imposé partout, on ne peut parler comme on le souhaite qu'en famille, entre amis ou à l'église.

Les conséquences pratiques de la loi sur les langues font régulièrement l'objet d'anecdotes. L'agence de presse Tass écrivait en février 2023 : *« Les médias ukrainiens ont rapporté que le propriétaire d'un café d'Odessa avait refusé de parler ukrainien à une cliente, prétextant qu'il ne maîtrisait pas bien la langue. La femme a insisté et exigé que le menu, rédigé en russe, soit modifié. Le propriétaire a alors dit que le café fermait et la cliente a dû quitter le café, ce qui l'a amenée à porter plainte auprès de la police[514]. »*

Readovka a annoncé : *« Lioubov Vorobiova, une enseignante de philosophie, a été suspendue de son travail à l'université fiscale d'État d'Irpen, dans la région de Kiev, pour avoir utilisé le russe. Elle avait enseigné pendant 35 ans à l'université[515]. »*

Outre la loi sur les langues, il existe d'autres lois discriminatoires.

La loi raciale ukrainienne divise les Ukrainiens en personnes de première et de deuxième classe selon des critères raciaux

Sous le fascisme, il y avait des lois raciales en Allemagne (1935), en Italie (1938) et en Croatie (1941)[516]. C'est le contraire de la protection des minorités, qui est inscrite dans de nombreux traités internationaux. Mais 80 ans plus tard, il y a de nouveau une loi raciale en Europe : en Ukraine.

Le projet de loi présenté le 18 mai 2021 par le président Zelensky[517], puis adopté par la Rada, est rédigé de manière compliquée et ressemble même, à première vue, à une loi de protection des minorités. Mais c'est tout le contraire : elle prive les minorités de leurs droits. Elle divise les Ukrainiens en personnes de deux classes ; seuls les Ukrainiens ethniques sont protégés et encouragés, tous les autres sont discriminés. Thomas Röper a étudié la loi de près[518] :

Le texte du projet de loi de l'administration présiden-
tielle ukrainienne divise les personnes vivant en Ukraine
en autochtones et en non-autochtones. La traduction de
l'expression utilisée est un peu difficile car, littéralement,
il faudrait sans doute la traduire par « enracinés » et
« non-enracinés ». La loi porte sur la question de savoir
quels peuples sont enracinés en Ukraine et lesquels ne le
sont pas. Selon cette classification, les citoyens ukrainiens
auront à l'avenir des droits différents.

Selon le texte de la loi, les peuples autochtones sont ceux
dont les groupes ethniques sont nées sur le territoire de
l'Ukraine et qui n'ont pas d'État propre en dehors de
l'Ukraine. Selon le projet de loi de Zelensky, les autres
attributs des peuples autochtones sont l'existence d'une
langue et d'une culture distinctes, ainsi que d'organes tra-
ditionnels, sociaux, culturels ou représentatifs. Un point
important est que ces ethnies doivent se considérer elles-
mêmes comme des peuples « indigènes » de l'Ukraine.

La formulation est intéressante, parce qu'elle exclut de la
liste des autochtones toutes les personnes autres que les
Ukrainiens ethniques, les Tatars de Crimée, les Karaïtes
et les Chaks de Crimée. Cela signifie que les Russes, les
Biélorusses, les Juifs, les Polonais, les Hongrois, les Bul-
gares, les Arméniens, les Moldaves, les Grecs et les repré-
sentants d'autres ethnies qui ont vécu pendant des siècles
en Ukraine et qui y vivent toujours ne sont pas inclus
dans la classe privilégiée des autochtones.

Selon le projet de loi, les peuples autochtones d'Ukraine
se verront accorder des droits étendus dans les domaines
de l'éducation, de la culture, de l'économie et de la langue.
Ils pourront par exemple ouvrir leurs propres médias ou
établissements d'enseignement, dans lesquels ils pour-
ront travailler dans leur langue maternelle, ce qui sera à
l'inverse interdit aux autres groupes ethniques d'Ukraine.
Et bien entendu, seuls les peuples autochtones bénéficient
de l'intégralité du soutien juridique et financier de l'État.

> *La loi leur accorde notamment des garanties et une pro-*
> *tection juridique contre « tous les actes visant à les pri-*
> *ver des signes d'appartenance ethnique, à les assimiler*
> *ou à les intégrer de force sous quelque forme que ce soit,*
> *ainsi qu'une protection contre la haine raciale, ethnique*
> *ou religieuse dirigée contre eux ».*
>
> *Ainsi, (…) une grande partie de la population ukrainienne*
> *(Russes, Biélorusses, Juifs, Polonais, Hongrois, Bulgares,*
> *Arméniens, Moldaves, Grecs et autres) devient du jour au*
> *lendemain un peuple de seconde zone.*

Cette loi raciale donne une base juridique à la discrimination des minorités ethniques en Ukraine, car ces minorités ne sont pas protégées contre la « haine raciale, ethnique ou religieuse ». C'est sur cette base que se fonde la loi sur les langues que nous venons de décrire et qui discrimine les langues des non-autochtones. La minorité hongroise en fait partie.

Oppression de la minorité hongroise

À la suite de la Seconde Guerre mondiale et de la conférence de Yalta en 1945, la Transcarpatie a été rattachée à l'Ukraine. Bien entendu, on n'a pas demandé aux habitants dans quel État ils souhaitaient vivre. La Transcarpatie se situe à l'extrême ouest de l'Ukraine actuelle et partage ses frontières avec la Roumanie, la Hongrie, la Slovaquie et la Pologne. De nombreux groupes ethniques y vivent, dont 150 000 Hongrois[519]. La plupart d'entre eux ont une double nationalité, à savoir un passeport ukrainien et un passeport hongrois.

Lorsque l'Ukraine adopta en 2017, dans le cadre de la campagne d'ukrainisation, une loi stipulant que seul l'ukrainien pouvait être parlé dans les écoles à partir de la cinquième année, des tensions apparurent entre Budapest et Kiev. Le gouvernement hongrois de Viktor Orban accusa le gouvernement du président de l'époque, Petro Porochenko, de réprimer la culture et les libertés des Hongrois. Il annonça vouloir entraver la poursuite du rapprochement de Kiev avec l'OTAN et l'UE, comme l'a rapporté le *Süddeutsche Zeitung* le 8 mars 2021[520]. Mais la discrimination de la minorité hongroise se poursuivit. Le journal commente :

« Désormais, un décret du président ukrainien Volodymyr Zelensky alimente les discussions. Selon le 'Kyiv Post', le président veut faire élaborer une loi qui interdirait aux citoyens possédant une double nationalité d'occuper des postes municipaux ou étatiques, de devenir membre d'un parti politique, d'exercer des fonctions politiques ou d'avoir accès aux secrets d'État. La participation aux élections pour les détenteurs d'un double passeport est également à l'ordre du jour. »
– Que ressentez-vous face à de telles idées ?

La situation de la minorité hongroise ne cessant de se détériorer, le ministre hongrois des Affaires étrangères, Péter Szijjártó, prononça un discours devant le Conseil des droits de l'homme des Nations unies à Genève le 1ᵉʳ mars 2023. Il déclara : *« L'Ukraine veut prendre des mesures pour éliminer les minorités nationales avec des fonds de l'UE. C'est frustrant, révoltant et scandaleux. »*

Szijjártó souligna qu'il était inacceptable que, depuis 2014, l'Ukraine réduise systématiquement les droits des minorités nationales et rende impossible, par le biais de plusieurs lois, le fonctionnement de leurs établissements d'enseignement. Les 99 écoles de la minorité hongroise en Ukraine doivent fermer en septembre 2023. Un certain nombre de directeurs d'école et d'enseignants hongrois ont déjà été licenciés. En outre, les examens du baccalauréat et la formation professionnelle dans la langue maternelle des minorités ont été supprimés.

Péter Szijjártó fit référence à un projet de loi adopté à Kiev qui prévoit que les familles inscrivant leurs enfants dans une école de langue ukrainienne plutôt que dans une école de langue hongroise ou russe reçoivent une prime d'un millier d'euros, disant que cette mesure représentait un « pas sérieux vers l'élimination d'une minorité »[521].

L'État ukrainien a donc utilisé une partie des milliards d'euros reçus de l'UE pour réprimer les minorités. Une discrimination fondée sur la langue ou l'appartenance culturelle est du racisme. L'UE a financé ce racisme sans s'en offusquer ; elle n'a pas conditionné l'aide financière à l'Ukraine au respect des droits des minorités. Après le discours de Péter Szijjártó devant le Conseil des droits de l'homme de l'ONU à Genève, plus personne ne peut dire qu'il n'était pas au courant de cette politique raciste de l'UE.

Pas de répression de l'ukrainien dans les régions passées à la Russie

Quelle est donc la situation linguistique en Crimée ou dans les quatre régions de Donetsk, Lougansk, Zaporijjia et Kherson qui ont rejoint la Russie par référendum le 27 septembre 2022[522] ? Je n'ai pas trouvé d'informations indiquant que la langue ukrainienne y était réprimée ou que la haine envers la langue ukrainienne y était répandue. Mais par exemple, le 11 juin 2023, j'ai trouvé dans les médias russes l'annonce d'un décret du gouverneur de la région de Kherson, qui était passée à la Russie et où l'on parle principalement russe. Le décret porte un titre alambiqué : « *Utilisation de l'ukrainien et du krimtarate pour la communication et la gestion des dossiers dans les administrations d'État et les administrations locales.* » Les citoyens peuvent utiliser ces langues lorsqu'ils s'adressent aux services officiels et reçoivent une réponse dans la même langue[523]. L'ukrainien et le tatar de Crimée sont donc devenus des langues officielles à Kherson, aux côtés du russe.

Ce décret illustre la tolérance linguistique et culturelle de la Russie. La Russie est un État multiethnique qui compte une centaine de langues appartenant à différentes familles linguistiques. Le russe, qui est partout la langue officielle, permet la communication entre les différents peuples, mais il existe 35 autres langues officielles. Dans la politique russe, il est bien connu qu'une cohabitation pacifique entre différents peuples n'est possible que si leurs cultures et leurs langues respectives se respectent mutuellement[524].

L'UE s'est transformée en un projet raciste

L'UE prétend également être en faveur de la protection des minorités ethniques, mais dans la pratique, il en va autrement. Elle soutient le racisme en Ukraine à très grands frais, politiquement, financièrement et militairement.

On peut également deviner la vérité derrière les beaux discours en Lettonie, qui a été admise dans l'UE en 2004. Ce pays balte d'environ 1,8 million d'habitants compte une importante minorité russophone, qui représente environ 30% de la population. Il possède une loi qui divise les citoyens lettons en deux catégories, à savoir les citoyens ordinaires et les « non-citoyens ». En 2022, ces derniers représentaient environ 10% de la population lettone et appartenaient presque tous à la minorité russophone.

Lors de l'indépendance de la Lettonie en 1991, seuls ses habitants qui étaient déjà citoyens avant juin 1940, ainsi que leurs descendants directs, ont obtenu la citoyenneté lettone. Environ un tiers de la population lettone, soit plus de 700 000 habitants, s'est vu refuser la citoyenneté et a été déclaré non-citoyen. Au fil des décennies, le pourcentage de non-citoyens est tombé à 10%, suite à des décès, des émigrations ou des naturalisations[525].

Les non-citoyens sont soumis à de nombreuses restrictions de leurs droits humains et civils. Ils n'ont pas le droit de vote ou d'éligibilité aux élections, et ils sont exclus de certaines professions (par exemple, ils ne peuvent pas travailler comme fonctionnaires, policiers ou notaires). Contrairement aux citoyens lettons, ils n'ont pas le droit de voyager sans visa dans un certain nombre de pays. Ils ne peuvent se rendre dans les pays de l'UE que pour des séjours de courte durée et ne bénéficient pas de la libre circulation ; ils n'ont donc pas le droit de déménager dans les pays de l'UE. En 2013, le Comité letton des droits de l'homme a recensé 80 différences entre les droits des non-citoyens et ceux des citoyens[526]. Une telle situation au sein de l'UE ne suscite aucune critique.

Les États de l'UE avaient déjà défendu le concept nationaliste lors de la chute de la Yougoslavie en 1991, comme l'a expliqué l'auteur Andreas Wehr dans un essai[527]. C'est également l'idée d'Antje Vollmer, vice-présidente du Bundestag allemand et membre des Verts de la première heure, décédée en mars 2023. Elle était d'avis que l'État pluriethnique de Yougoslavie aurait pu être préservé si « on » n'avait pas cédé trop vite à la pression nationale des Slovènes et des Croates et entretenu la nouvelle image des Serbes en tant qu'ennemis agressifs. Elle présentait ainsi les conséquences fatales de la reconnaissance de la Slovénie, de la Croatie et de la Bosnie-Herzégovine, menée en premier lieu par l'Allemagne : « *On aurait pu éviter la guerre civile bosniaque, Srebrenica, la destruction de Sarajevo, des centaines de milliers de morts et de personnes traumatisées, la guerre d'agression de l'OTAN contre Bel-*

grade, contraire au droit international, la reconnaissance du Kosovo en tant qu'État indépendant, contraire au droit international, et les multiples remous de nouveaux chauvinismes nationaux[528]. »

La privation des droits fondamentaux des personnes non vaccinées pendant les mesures contre le covid constitue un autre chapitre amer du racisme.

L'UE s'est manifestement transformée en un projet raciste et nationaliste. Elle a ainsi trahi son impulsion fondatrice essentielle, à savoir l'instauration de la paix entre les peuples après la Seconde Guerre mondiale. La principale raison historique d'une adhésion à l'UE disparaît donc. Il faudrait à mon avis quitter cette dernière le plus rapidement possible et viser à la place une nouvelle association d'États pacifiques et neutres.

Pour ceux qui pensent que cette conclusion est exagérée, considérez les lois racistes de l'Ukraine décrites dans ce chapitre et comparez-la à la déclaration suivante de la présidente de la Commission européenne, Ursula von der Leyen. Y a-t-il un rapport entre les deux ? Elle a dit en février 2023 à Kiev :

L'Ukraine est devenue le centre de notre continent. L'endroit où nos valeurs sont choyées, où notre liberté est défendue et où l'avenir de l'Europe s'écrit[529].

Conclusion : l'interdiction de la langue et la loi raciale ont empêché une solution pacifique à la guerre du Donbass

Avec la loi sur l'interdiction de la langue et la loi sur l'appartenance ethnique, on voit clairement apparaître un racisme qui doit conduire à l'épuration ethnique de l'Ukraine. Les nationalistes fascistes ont réussi à imposer leurs objectifs au Parlement de Kiev. L'interdiction de la langue a été votée en 2019, la loi sur la race en 2021 – donc en pleine guerre du Donbass. Avec ces lois, les nationalistes ont empêché une solution pacifique à la guerre. Pourquoi les habitants russes des Républiques populaires du Donbass devraient-ils s'engager auprès des dirigeants de Kiev si ces derniers veulent interdire leur langue et les reléguer au rang de citoyens de seconde zone ? Ces lois ont été un signal clair que Kiev n'est pas intéressé par la paix et l'entente. L'enterrement officiel des accords de Minsk le 31 janvier 2022 n'était alors qu'un point final et, en même temps, le point de départ d'une nouvelle étape dans l'escalade.

Peace Angel, Foresthill, Californie[530]

Restriction de la liberté d'expression et persécution politique

La loi sur la langue et la loi sur la race ont discriminé la population d'origine russe, enfonçant la hache de la division. La guerre du Donbass est ainsi devenue de facto insoluble. En ce sens, ces lois ont constitué des éléments importants pour la préparation de la guerre en Ukraine.

La restriction de la liberté d'expression et la persécution politique en Ukraine ont également joué un rôle. Apparues avec le début de la guerre du Donbass en 2014, elles ont mis en œuvre le dixième principe de la propagande de guerre : « Quiconque met en doute notre propagande travaille pour l'ennemi et est donc un traître. » Pour qu'une population soutienne une guerre, il faut une exacerbation absolue. Il ne doit y avoir que le bien et le mal. Rien entre les deux. Le pluralisme des opinions doit disparaître, l'opposition doit être éliminée. Pour une guerre, il faut une image claire de l'ennemi, à laquelle croit la quasi-totalité de la population, qui peut alors être motivée par les émotions : la peur et la colère. Trop de voix qui demandent de la compréhension pour l'autre camp ou critiquent la position du gouvernement perturbent la mobilisation psychologique de masse. C'est pourquoi, avant et pendant une guerre, ainsi que dans tout système totalitaire, les critiques dérangeantes sont réduites au silence. C'est ce que le psychologue belge Mattias Desmet a mis en évidence de manière évidente dans son livre *Die Psychologie des Totalitarismus*[531].

C'est aussi exactement ce que l'on a observé en Ukraine à partir de 2014 : les forces d'équilibre du pays ont été rendues inopérantes, expulsées ou emprisonnées. En 2021, la répression s'est rapidement intensifiée et l'Ukraine s'est transformée en dictature autoritaire.

Des voyous prennent d'assaut le bureau de la rédaction et forcent le rédacteur en chef à démissionner

Le 20 mars 2014, le Spiegel, qui n'est pas suspect de propagande russe, a écrit :

> *Igor Miroshnychenko frappe des journalistes, incite à la haine contre les juifs – et siège comme député au Parlement ukrainien. (...) Le membre éminent de Svoboda siège à la commission des médias du Parlement, mais il a une conception douteuse de la liberté de la presse. Comme la chaîne « Premier canal national » diffusait mardi le discours du chef du Kremlin Vladimir Poutine, qui parlait entre autres de l'annexion de la Crimée, un commando du parti, mené par Igor Miroshnychenko, a fait irruption dans ses bureaux. Il a frappé, poussé et pris à la gorge le rédacteur en chef, qui a signé sa démission peu de temps après, bien entendu de manière totalement « volontaire »*[532].

Dans l'article du Spiegel en ligne, on peut également voir la vidéo de cette prise d'assaut du bureau de la télévision. Les casseurs nationalistes ont filmé eux-mêmes leurs violences et ne se sont manifestement pas inquiétés de devoir rendre des comptes. La vidéo a un effet intimidant. Tous les journalistes ukrainiens l'ont probablement regardée et ont ainsi vu de leurs propres yeux Alexander Panteleimonov, chef de la chaîne de télévision de la société publique de radiodiffusion ukrainienne, intimidé, signer sa démission sous les coups. L'intention de la publication de cette vidéo est claire : « Punir un homme, en éduquer cent. » Après cette humiliation publique du responsable, combien de journalistes ukrainiens oseront encore faire des reportages critiques sur le gouvernement nationaliste ?

Le chef de la bande de voyous, Igor Miroshnychenko, était le vice-président du Comité ukrainien pour la liberté d'expression au Parlement de Kiev. Est-ce une blague ? Non, le nom de ce comité a été choisi à dessein : étant donné que le gouvernement nationaliste issu du coup d'État voulait conduire le pays à l'adhésion à l'UE, il fallait au moins une façade démocratique.

Que s'est-il passé ensuite ? Certains médias mainstream occidentaux ont rapporté la bagarre qui s'est déroulée dans le bureau du chef de la télévision publique ukrainienne[533]. Des hommes politiques et des organisations, par exemple l'OSCE, ont émis quelques protestations internationales. La radio autrichienne a rapporté les faits[534] :

> *Dans une lettre adressée au président intérimaire Alexander Tourtchinov, l'Organisation pour la sécurité et la coopération en Europe (OSCE) a indiqué qu'il s'agissait du deuxième incident de ce type en l'espace de quelques jours. Selon elle, un groupe s'était récemment introduit dans les bureaux de la chaîne de télévision nationale dans la ville de Tchernigiv, au nord de l'Ukraine, afin de forcer son directeur Arkadi Bilibaev à démissionner.*

Suite à ces protestations, le gouvernement putschiste se distancia de Miroshnychenko et le parquet de Kiev promit d'ouvrir une enquête préliminaire[535]. C'est ce qui fut fait. La vague d'indignation médiatique se calma rapidement et dès le 26 mars 2014, le journal viennois *Die Presse* rapportait que le nouveau gouvernement de Kiev avait officiellement destitué le chef de la télévision, Alexandre Panteleimonov, car c'était un « propagandiste du président déchu Viktor Ianoukovitch[536] ». Le gouvernement putschiste avait ainsi légalisé a posteriori les actes de violence de Miroshnychenko. Je n'ai pas trouvé un seul article de presse qui prenne la défense de Panteleimonov.

Que signifie cet événement ? Les nationalistes ont compris qu'ils pouvaient faire usage de la brutalité afin d'intimider des journalistes gênants et qu'ils n'avaient aucune résistance sérieuse à attendre de la part des politiques et des médias occidentaux. Ceux-ci leur demandent seulement de faire quelques beaux discours sur la démocratie, après quoi la réalité n'intéresse plus personne. Les nationalistes ont appris cette leçon et ont continué.

Le massacre d'Odessa

Le massacre d'Odessa du 2 mai 2014 a été ignoré à l'époque et l'est encore aujourd'hui par les médias occidentaux. À Odessa, un camp de tentes anti-Maïdan réunissait quelques centaines de manifestants contre le gouvernement putschiste devant la Maison des syndicats. Le 2 mai 2014, des militants nationalistes de Secteur droit, dont certains étaient venus de l'ouest de l'Ukraine, se rassemblèrent et attaquèrent le camp à coups de matraque. Les néo-nazis poussèrent les manifestants dans la Maison des syndicats, les y bloquèrent, puis mirent le feu au bâtiment avec des cocktails Molotov. Tous ceux qui tentèrent de s'échapper du bâtiment en feu furent tabassés. Depuis la rue, on tira même sur ceux qui se montraient ne serait-ce qu'à la fenêtre de l'immeuble en feu[537]. Il y eut 48 morts et d'innombrables blessés. Certains ont préféré sauter par la fenêtre du haut bâtiment plutôt que de mourir dans les flammes. Les autorités et la police tolérèrent le massacre[538].

Personne n'a jamais été puni pour ce crime, bien que les participants puissent être identifiés sur de nombreuses photos et vidéos. De plus, l'un des organisateurs de ce massacre devint par la suite porte-parole du Parlement ukrainien et le second organisateur député sur les listes du parti de l'ancien président Porochenko[539]. Dans ses rapports annuels sur la situation des droits de l'homme en Ukraine, le Haut-Commissariat des Nations unies pour les réfugiés (HCR) critique le fait que le gouvernement de Kiev n'a jamais élucidé ce massacre.

Le massacre d'Odessa a été un choc émotionnel dans l'est de l'Ukraine et en Russie. Les partisans de la fédéralisation n'ont pas seulement été persécutés et discriminés, ils ont été ouvertement assassinés. Quel était le message du massacre d'Odessa ? Un commentaire sur le réseau a résumé l'ambiance : « *Regardez ! Nous pouvons tuer ici 48 personnes sous les yeux du monde entier sans être un tant soit peu inquiétés. Seuls les proches des victimes qui portent plainte sont inquiétés. C'est exactement ce qui se passera désormais dans chaque ville d'Ukraine'. Tel était le message des nazis au reste du monde. Si les gens ont ensuite pris les armes dans le Donbass, c'est parce qu'ils avaient compris le message. Ils n'avaient pas besoin de Poutine pour les exciter. Ils savaient d'eux-mêmes ce qui se jouait.* »

Le massacre d'Odessa est presque inconnu en Occident, mais il joue un rôle important dans la mémoire collective de l'Ukraine de l'Est. Chaque année, le 2 mai, des manifestations de deuil et de commémoration sont organisées.

La maison des syndicats à Odessa après l'incendie et le massacre du 2 mai 2014[540]

Odessa, 4 mai 2014 : des personnes sont venues rendre hommage aux 48 manifestants tués. Une bougie a été allumée et des fleurs déposées dans une fenêtre détruite par laquelle un désespéré a sauté pour échapper à la mort dans les flammes[541].

Odessa, 2 mai 2021 : des photos des victimes du massacre d'Odessa en 2014 sur un mur près de la Maison des syndicats. Sept ans après le massacre, des centaines de personnes se sont rendues sur les lieux pour rendre hommage aux victimes[542].

Odessa, 2 mai 2021 : un homme prie devant la Maison des syndicats d'Odessa. Des personnes ont apporté des fleurs pour les victimes et les ont déposées autour de la Maison des syndicats[543].

Odessa, 2 mai 2021 : pendant la commémoration du massacre d'Odessa, des nationalistes ukrainiens défilent dans les rues avec des drapeaux pour montrer leur pouvoir[544].

Après le massacre d'Odessa, presque plus personne n'osait manifester
en faveur du fédéralisme dans la ville.

Ulrich Heyden a réalisé un documentaire impressionnant avec de
nombreux témoignages et des documents filmés originaux sur le massacre, intitulé *Lauffeuer – Eine Tragödie zerreißt Odessa zu Beginn
des ukrainischen Bürgerkrieges* (Feu de paille – Une tragédie déchire
Odessa au début de la guerre civile ukrainienne)[545].

Avec ce film, Ulrich Heyden s'est mis à dos le gouvernement de Kiev.
En 2016, il a été interdit d'entrée en Ukraine. La raison officielle était
qu'en 2015, il avait visité le Donbass en passant par la Russie et non par
l'Ukraine, comme cela était prescrit. Pourquoi avait-il choisi cet itiné-
raire ? Il a expliqué : « *Je craignais également que des nationalistes et
des fascistes ukrainiens ne m'attaquent dans la rue en Ukraine, comme
cela est arrivé à de nombreux opposants depuis 2014. Plusieurs opposants ukrainiens ont été assassinés depuis 2014 : en 2015, l'écrivain
pro-russe Oles Busina et en 2016, le journaliste libéral pro-occidental
Pavel Cheremet[546].* »

Meurtres politiques

La crainte d'Ulrich Heyden est fondée, car il existe de nombreux témoignages d'opposants au régime ukrainien qui ont été assassinés ou sont morts dans des circonstances mystérieuses. Thomas Röper a rassemblé des cas connus de la période post-Maïdan[547] :

– Août 2014 : Valentina Semeniouk-Samsonenko, présidente du Fonds de la propriété d'État de l'Ukraine, a été abattue.

– Janvier 2015 : Nikolay Sergienko, ancien chef adjoint des chemins de fer, a été abattu.

– Janvier 2015 : Alexey Kolesnik, ancien représentant de la région de Kharkov, a été retrouvé pendu.

– Février 2015 : Andreï Kusmenko, chanteur populaire sous le nom d'artiste Kusma Skriabin, est mort dans d'étranges circonstances, dans un accident de la route, après avoir publié une chanson contre la guerre.

– Février 2015 : Sergey Walter, ancien maire de Melitopol, a été retrouvé pendu.

– Février 2015 : Mikhaïl Tchetchetov, ancien représentant du Parti des régions, dont le gouvernement a été balayé lors du Maïdan, s'est tué en se jetant d'une fenêtre.

– Mars 2015 : Stanislav Melnik, ancien député du Parti des régions, a été abattu.

– Mars 2015 : Alexander Pekluschenko, ancien gouverneur de Zaporijjia, a été abattu.

– Mars 2015 : Sergey Melnitchuk, ancien procureur d'Odessa, s'est tué en tombant d'une fenêtre.

– Avril 2015 : Sergey Sukhobok, journaliste de Donetsk, a été assassiné.

– Avril 2015 : Olga Moros, rédactrice en chef du journal *Neteschenski Vestnik*, est morte la nuque brisée.

– Avril 2015 : Oleg Kalchnikov, député de la Rada du Parti des régions, a été abattu.

– Avril 2015 : Oles Busina, journaliste et écrivain d'opposition, a été abattu.

Thomas Röper a rassemblé des photos des personnes assassinées :

Les médias occidentaux mainstream n'ont pas rapporté ces assassinats, probablement motivés par des raisons politiques, et les gouvernements occidentaux n'ont demandé aucune enquête indépendante. Mais en Ukraine, ces nouvelles sur l'assassinat de personnes connues ont créé un climat d'intimidation et de peur, car elles atteignent quelque chose dans l'âme. Involontairement, une protestation contre le gouvernement nationaliste se lie à l'inquiétude pour sa propre vie.

Meurtre sur ordre de l'État

Qui sont les assassins ? C'est la question que pose ouvertement le journal londonien *The Economist* le 5 septembre 2023 dans son reportage « Aperçu du programme d'assassinat ukrainien ». Après l'intensification des protestations contre le coup d'État du Maïdan en 2014, le service de renseignement intérieur ukrainien SBU a créé la cinquième direction d'élite du contre-espionnage, chargée de tuer les « collaborateurs » : « *Ils étaient abattus, explosés, pendus et même, à l'occasion, empoisonnés avec de la fausse eau-de-vie.* » The Economist poursuit[548] :

> *Valentin Nalivaychenko, le chef du SBU de l'époque, explique que les dirigeants ukrainiens d'alors avaient décidé qu'une politique d'incarcération des collaborateurs ne suffirait pas. Les prisons étaient surpeuplées, mais peu de gens se laissaient décourager. « Nous sommes arrivés à contrecœur à la conclusion que nous devions éliminer les terroristes », dit-il. Un ancien officier de la direction décrit la situation de la même manière. « Nous devions leur apporter la guerre. »*

« Liste noire » pour les journalistes et les opposants

Le site web *myrotvorets.center* est une liste noire d'hommes politiques, de journalistes et de personnalités qui ne sont pas d'accord avec le gouvernement ukrainien. Myrotvorets se traduit par « faiseur de paix ». Or, on n'y trouve que haine et agressivité. Le site a des liens avec le service de renseignement intérieur ukrainien SBU et le ministère de l'Intérieur de l'Ukraine[549].

Un maximum de données personnelles y sont publiées, y compris les adresses des domiciles, afin de rendre vulnérables les « ennemis de l'État ». L'éditorialiste Oles Busina et le politicien Oleg Kalachnikov ont été assassinés chez eux en 2015, peu après que Myrotvorets eut publié leurs adresses.

En mai 2016, Myrotvorets a publié plus de 4000 noms, numéros de téléphone et adresses électroniques de journalistes nationaux et étrangers ayant réalisé des reportages dans l'est de l'Ukraine[550]. « Indignés, horrifiés, profondément choqués », telles sont les réactions des journalistes à la publication de leurs données personnelles. « Tout le pays peut être fier de ces gars », a défendu Anton Gerachtchenko, conseiller du ministre ukrainien de l'Intérieur de l'époque, Arsen Avakov, en évoquant l'activité du « site de dénonciation[551] ». En octobre 2019, l'ONU a demandé la fermeture[552] du site, mais le Parlement de Kiev l'a refusée[553].

Sur la page d'accueil de Myrotvorets, l'inscription « Langley, VA, USA » est clairement visible dans le coin supérieur droit. En dessous figurent « Warszawa, Polska » et l'adresse électronique pour une prise de contact. Il s'agit donc d'une mention légale abrégée. Langley est une petite commune de l'État américain de Virginie, juste à l'extérieur de Washington DC, mondialement connue parce qu'elle abrite le quartier général de la CIA, le service de renseignement extérieur des États-Unis. On peut se demander si la CIA est à l'origine de ce site. Sur la page d'accueil de Myrotvorets, on trouve aussi : « *Login for Special Services,* Для спецслужб України, *For Foreign Special Services* » Donc login pour les services secrets, une fois pour les services secrets de l'Ukraine, une fois pour les services secrets étrangers. Il est remarquable que les services secrets étrangers aient accès à un tel site via une page de connexion à part.

Rapports du Haut-Commissariat des Nations unies aux droits de l'homme

Il n'est pas facile d'évaluer correctement depuis l'extérieur la situation des droits de l'homme dans un pays, raison pour laquelle j'ai recherché des faits clairs. Le massacre d'Odessa est bien documenté. Les assassinats politiques créent un climat de peur dans l'opposition, même si l'on ne peut pas en vérifier les circonstances exactes. Myrotvorets, la liste publique des personnes à abattre, fait froid dans le dos.

Les rapports semestriels du Haut-Commissariat des Nations unies aux droits de l'homme (HCDH) sur la situation des droits de l'homme en Ukraine constituent une autre source importante. Le 31e rapport portait sur la période d'août 2020 à janvier 2021[554]. Thomas Röper l'a analysé[555] :

Dans le présent rapport, la critique de la situation dans les régions contrôlées par Kiev occupe la plus grande partie. La première partie, qui concerne les zones de guerre civile dans l'est de l'Ukraine, va de la page 6 à la page 11 et critique les deux belligérants. La critique de la situation sous le contrôle de Kiev commence à la page 11 et se poursuit jusqu'à la page 25. Vient ensuite la critique de la situation en Crimée, qui occupe les pages 26 à 28.

On peut déjà voir là que la plupart des critiques concernant les droits de l'homme en Ukraine portent principalement, et de loin, sur les régions contrôlées par Kiev. Examinons ici les critiques. Je laisse de côté celles concernant les zones de guerre civile, ceux qui le souhaitent peuvent les lire dans le rapport ; en temps de guerre, les droits de l'homme posent malheureusement toujours un problème. J'examinerai ici la situation des droits de l'homme dans les régions où il n'y a pas de guerre, c'est-à-dire dans la partie de l'Ukraine contrôlée par Kiev et en Crimée.

Dans la zone sous contrôle ukrainien, le HCR a critiqué :

1. des décisions de justice rendues par contumace en Ukraine, privant ainsi les condamnés (généralement des personnes originaires des Républiques populaires) d'importantes possibilités de défense ;

2. les violations des droits de l'homme commises par des soldats et des fonctionnaires ukrainiens, qui n'ont pas été poursuivies par les tribunaux ukrainiens, dont les procès ont été retardés sous des prétextes fallacieux ou dont les auteurs n'ont pas été punis ;

3. l'empêchement et l'ajournement de l'élucidation des tirs mortels du Maïdan et de la tragédie d'Odessa par le gouvernement de Kiev, ce que le HCR critique dans chaque rapport depuis 2014 ;

4. aucune protection contre les attaques d'opposants militants par la police ukrainienne, cela concerne aussi bien les manifestations de la minorité russe que celles des partisans de la communauté LGBT ;

5. huit agressions en six mois contre des journalistes et des blogueurs qui couvraient la corruption au sein du gouvernement. Un journaliste a été brutalement battu à coups de batte de baseball par des inconnus après avoir publié un rapport sur les fonctionnaires et les députés corrompus ;

6. incitation à la haine contre les minorités roumaines, hongroises et russes et contre les Roms en Ukraine ;

7. la loi sur les langues, qui criminalise l'utilisation de langues autres que l'ukrainien, est une violation des droits de l'homme et de la protection des minorités ;

8. incitation à la haine contre les personnes qui ont émis des critiques sur la loi sur les langues après son entrée en vigueur à la mi-janvier.

Le HCR a donc constaté des violations importantes des droits de l'homme en Ukraine. En comparaison, la situation était détendue en Crimée, où le HCR a déploré :

1. l'interdiction des Témoins de Jéhovah (qui sont interdits aussi en Russie car il semble qu'ils aient dévalorisé les autres religions) ;

2. l'expulsion de 105 Ukrainiens non enregistrés en Crimée, qui n'avaient ni passeport russe ni permis de séjour russe ;

3. une peine de prison pour un Tatar de Crimée condamné pour appartenance au groupe islamiste interdit Hizb ut-Tahrir (également interdit en Allemagne pour extrémisme islamiste).

La critique à l'encontre de la Crimée consistait donc uniquement à dire que celle-ci, en tant que partie de la Russie, appliquait le droit russe. Expulser des personnes sans permis de séjour est une pratique courante dans la plupart des États. On peut discuter de l'interdiction des Témoins de Jéhovah et de Hizb ut-Tahrir. Mais il ne s'agit pas ici d'une procédure d'interdiction arbitraire, l'administration de Crimée n'a fait qu'appliquer la situation juridique russe actuelle. Celle-ci n'est pas légale aux yeux de l'UNHCR uniquement parce que l'Occident n'a pas accepté le passage de la Crimée à la Russie.

Une chaîne de télévision critique a été attaquée au lance-grenades

Le 13 juillet 2019, le siège de la chaîne de télévision *112 Ukraina* à Kiev a été visé par un lance-grenades. La façade a été endommagée. La chaîne appartenait à Taras Kosak, député au Parlement de la « Plateforme d'opposition Pour la vie »[556]. La raison : dans une émission, il avait fait débattre des Russes et des Ukrainiens et prôné l'entente plutôt que la guerre et l'incitation à la guerre. L'émission a été suivie de procédures pénales pour trahison et financement du terrorisme. Mais comme si cela ne suffisait pas, l'autorité de surveillance des médias ukrainiens a ouvert une enquête dans le but de retirer à *112 Ukraina* sa licence de diffusion.

... et finalement interdite

L'interdiction a été prononcée le 2 février 2021 par le Conseil national de sécurité et de défense, l'organe suprême du gouvernement ukrainien en matière de sécurité. Les dernières chaînes de télévision critiques, *112 Ukraina* et *News One*, avec sept chaînes régionales, se sont vu retirer leur licence. Afin qu'elles ne puissent pas non plus continuer à travailler sur Internet, leurs chaînes YouTube ont été supprimées[557]. La Plateforme d'opposition *Pour la vie* , qui avait une ligne ouverte sur la Russie et était le principal parti d'opposition, a ainsi perdu ses principaux médias et donc l'accès au public. Les députés de la plate-forme ont réagi en lançant une procédure de destitution de Zelensky, qui s'est bien entendu enlisée[558].

L'Occident n'a pas protesté contre cette suppression frappante de la liberté de la presse. En revanche, l'ambassade américaine à Kiev s'est félicitée : il s'agit de « *contrer l'influence malveillante de la Russie. Nous devons tous travailler ensemble pour empêcher que de fausses informations soient utilisées comme arme dans la guerre de l'information contre des États souverains[559]* ». En d'autres termes, la liberté d'expression ne vaut aux yeux des États-Unis que pour ceux qui sont de leur avis. La censure est ouvertement soutenue par le gouvernement américain.

Début 2021 : rupture de digue sur la voie de la dictature

Nous avons vu que la situation de la liberté d'expression et des droits de l'homme en Ukraine était déjà très mauvaise depuis le coup d'État du Maïdan en 2014. Mais début 2021, une véritable digue a cédé, emportant les derniers vestiges de la démocratie et de l'État de droit. Le gouvernement de Zelensky a aboli la liberté d'expression et instauré une dictature.

La *Bundeszentrale für politische Bildung* allemande définit ainsi le mot dictature : « *La dictature signifie qu'une personne ou un petit groupe de personnes règne seul. (...) Dans une dictature, les dirigeants décident seuls de ce que la police et les autres doivent faire dans l'État. On peut aussi dire qu'ils détiennent seuls le pouvoir. Ils font ce qu'ils veulent. (...) Dans une dictature, celui qui dit quelque chose de mal sur les dirigeants est souvent emprisonné. La violence contre les personnes qui veulent un autre gouvernement fait aussi généralement partie du quotidien d'une dictature. Dans une dictature, la personne ou le parti au pouvoir ne respecte pas les lois et la Déclaration des droits de l'homme*[560]. »

Le mot dictature est-il exagéré pour l'Ukraine ? Examinons les événements. Chacun pourra ensuite décider de la manière dont il souhaite les classer.

Les sanctions comme instruments de pouvoir contre les opposants politiques intérieurs

Les chaînes de télévision critiques n'ont pas été interdites dans le cadre de la législation ukrainienne. Plutôt que suivre une voie juridique, le Conseil de sécurité de l'Ukraine a simplement décidé de les sanctionner. Le président Zelensky a annoncé les sanctions par décret.

Qu'est-ce qu'une sanction ? C'est une mesure imposée par des États à d'autres États. En droit international, une telle sanction n'est autorisée que si elle est décidée par le Conseil de sécurité de l'ONU. Cette condition ne s'applique toutefois à quasiment aucune des sanctions imposées au cours des dernières décennies, qui étaient et sont donc contraires au droit international et constituent des instruments de pouvoir arbitraires.

Les sanctions constituent donc un instrument de politique internationale, mais pas de politique intérieure. En politique intérieure, ce sont les lois d'un pays qui s'appliquent, et les lois nationales ne prévoient pas de sanctions. Si, à l'intérieur d'un pays, quelqu'un enfreint les lois en vigueur, il peut être dénoncé dans le cadre de la loi et sanctionné par un tribunal.

Dans les États autoritaires, il arrive régulièrement que les procédures judiciaires soient inéquitables (procès-spectacles) et que les tribunaux punissent plus sévèrement que ce qui serait justifié. Mais ces États organisent également des procédures judiciaires sur la base de la loi afin de justifier formellement les mesures de répression. Toutefois, dans le cas des sanctions, il n'y a pas de procédure judiciaire et il ne s'agit pas non plus de violations d'une quelconque loi. Les sanctions sont un instrument de pouvoir purement politique.

Les dictatures mettent donc les opposants hors d'état de nuire en recourant à de fausses lois ou en les faisant tout simplement disparaître. À ma connaissance, aucun dictateur n'a jamais eu l'idée d'appliquer des sanctions contre des opposants politiques intérieurs. C'est une invention de l'Ukraine que d'imposer des sanctions aux détracteurs du gouvernement à l'intérieur du pays. L'avantage pour le pouvoir en place est qu'il peut les imposer à sa guise et qu'il n'est pas tenu par la loi.

Concrètement, l'interdiction des chaînes de télévision s'est déroulée de la manière suivante : selon les enquêtes des services secrets ukrainiens, Taras Kozak, un entrepreneur, possédait non seulement les chaînes de télévision, mais aussi des mines de charbon dans les Républiques populaires de Donetsk et de Lougansk. Ces mines fournissaient du charbon à des clients dans les républiques et y payaient des impôts. Les Républiques populaires étant des « organisations terroristes », Taras Kozak contribuait ainsi au financement du terrorisme. C'est pourquoi il a été sanctionné, bien qu'il soit citoyen ukrainien et membre du parlement de Kiev. C'est dans le cadre des sanctions prises à son encontre que les chaînes de télévision critiques se sont vu retirer leur licence[561].

Le président Zelensky a justifié les sanctions contre les chaînes de télévision dans un message sur Twitter le 3 février 2021[562] : « *Les sanctions sont une décision difficile à prendre. L'Ukraine soutient fortement la liberté d'expression. Mais pas la propagande financée par l'État agresseur, qui entrave l'Ukraine dans sa marche vers l'intégration euro-atlantique. Le combat pour l'indépendance est un combat dans la guerre de l'information pour la vérité et les valeurs européennes. »*

Dans ce tweet, Zelensky s'est exprimé clairement : il ne s'agit pas de respecter la loi. Dans la lutte contre l'adversaire politique, on peut imposer des sanctions de manière arbitraire. En outre, pour le gouvernement ukrainien, la « liberté d'expression » ne s'applique pas à ceux qui expriment une opinion différente. Et ce qui frappe, vu d'aujourd'hui, c'est le choix des mots. Même si la Russie n'avait pas de soldats en Ukraine en 2021, Zelensky a tout de même parlé d'État agresseur. Cette diabolisation était donc indépendante des événements réels. Une répétition constante l'a gravée très tôt dans la conscience publique, ce qui a préparé la future guerre d'Ukraine sur le plan de la propagande.

Démolition au pas de charge de la démocratie

Le gouvernement Zelensky a misé sur la rapidité pour démanteler la liberté d'expression. Après avoir éliminé les derniers médias critiques, il n'y avait plus d'inhibitions.

Le 16 février 2021, un mandat d'arrêt fut lancé contre Anatolij Sharij, qui se trouvait alors dans un lieu inconnu à l'étranger. Les services secrets ukrainiens l'accusaient de haute trahison en raison de ses activités journalistiques. Sharij était un journaliste et blogueur critique à l'égard du gouvernement du Maïdan, qui comptait plus d'un million d'abonnés sur YouTube, était très connu en Ukraine et dont les articles critiques et fondés étaient très appréciés.

Le 19 février 2021, ce fut le tour du leader de l'opposition au parlement ukrainien, Viktor Medventchouk. Le Conseil de sécurité de l'Ukraine sanctionna le chef du parti Plateforme d'opposition – Pour la vie, et gela ses avoirs et ceux de sa femme. Il lui interdit toute transaction commerciale et lui imposa des restrictions de voyage. Les sommes en jeu étaient importantes, sa fortune aurait dépassé les 620 millions de dollars[563]. Le même sort fut réservé à l'épouse de Taras Kozak, qui avait déjà fait l'objet de sanctions, ainsi qu'à cinq citoyens russes et 19 entreprises[564]. Loin d'être un petit parti dissident, la Plateforme de l'opposition était devenue le deuxième parti aux élections de 2019, derrière celui du président Zelensky, et était le premier parti d'opposition au Parlement de Kiev[565].

Ce coup porté à Medventchouk fut suivi d'une série d'actions contre le parti d'opposition. Le 26 février 2021, les services secrets ukrainiens, faisant la preuve de leur pouvoir, verrouillèrent les bureaux des députés pendant des heures[566]. Ils organisèrent des descentes au domicile et au bureau de Medventchouk[567], qui fut assigné à résidence avec des chaînes aux pieds[568]. Des descentes de police et des perquisitions eurent également lieu chez ses parents, ses amis et ses proches camarades de parti[569].

Au printemps 2022, Viktor Medventchouk réussit à échapper à son assignation à résidence, mais fut capturé par les services secrets ukrainiens. En septembre, à l'initiative du gouvernement russe, il fut échangé contre des soldats ukrainiens prisonniers, ce qui lui permit d'émigrer en Russie[570]. La plateforme d'opposition fut interdite en 2022 et ses biens confisqués.

Pour mieux faire comprendre ces événements : imaginons que le gouvernement berlinois décide, parce qu'il n'est pas d'accord avec le gouvernement, d'imposer des sanctions à un leader de l'opposition, Friedrich Merz, qu'il l'exproprie et le retienne chez lui avec des chaînes aux pieds, mesures contre lesquelles il ne dispose d'aucune protection juridique efficace. Au final, c'est toute la CDU qui est interdite, les bureaux du parti sont fermés et tous les biens du parti confisqués. Comment réagiriez-vous ? Pour ma part, rien que l'idée me fait froid dans le dos. Mais en Ukraine, c'est ce qui s'est réellement passé avec le leader de l'opposition et le plus grand parti d'opposition !

Le démantèlement des derniers vestiges de la démocratie se poursuivit à un rythme effréné. Le 25 février 2021, le gouvernement de Kiev interdit 426 sites Internet. Parmi eux, beaucoup n'étaient pas explicitement critiques à l'égard du gouvernement, mais neutres ou critiques, comme le journal économique *RBC*. *LiveJournal*, une plateforme sur laquelle on pouvait tenir publiquement un journal intime et qui était très populaire, a également été interdite : apparemment, le gouvernement n'appréciait pas ce que les citoyens ukrainiens y publiaient sur leur vie dans le pays. Quatre chaînes Telegram critiques à l'égard du gouvernement furent interdites parce que leurs propriétaires faisaient l'objet de poursuites pénales pour avoir prétendument tenté de déstabiliser l'Ukraine[571]. Le 11 mars 2021, le Conseil de sécurité décida de créer un « Centre contre la désinformation » afin de mieux surveiller la censure. Ce centre devait « devenir un bouclier fiable pour les citoyens et l'État des menaces contre l'information[572] ». – Cela rappelle le ministère de la vérité de George Orwell dans son roman 1984.

En l'espace de quelques semaines, les principaux médias critiques et l'opposition en Ukraine furent éliminés, transformant ainsi le pays en une dictature. Qu'est-ce qui se cache derrière tout cela ? En y réfléchissant, trois éléments m'ont frappé.

Trois raisons à cela : Zelensky en chute, Biden en poste, préparation de la guerre

Premièrement, l'image publique de Zelensky était en train de chuter rapidement. Il avait été élu président en avril 2019 avec 73% des voix. Mais en janvier 2021, sa cote de popularité chuta à moins de 20%, selon un sondage de l'Institut international de sociologie de Kiev[573]. L'élection de Zelensky avait également été une protestation contre le nationalisme du président Porochenko, mais peu après son élection, il changea de cap pour suivre celui de Porochenko dans pratiquement tous les domaines politiques. Face à sa propre faiblesse, il était logique de faire taire l'opposition.

Selon les sondages, la Plateforme d'opposition – Pour la vie de Medventchouk était au coude à coude avec le parti des Serviteurs du peuple de Zelensky. Les élections régionales d'octobre 2020 virent la victoire du parti de Medventchouk dans six régions : Odessa, Nikolaïev, Kherson, Zaporijjia, Donetsk et Lougansk. Les Serviteurs du peuple de Zelensky obtinrent un résultat plus modeste, une majorité dans quatre régions seulement : Czernowitz, Chytomyr, Soumy et Dnipropetrovsk. Selon un sondage de l'Institut de recherche sociologique et de marketing de Kiev, 23,5% des personnes interrogées voteraient pour les Serviteurs du peuple en cas d'élections nationales, mais 20,2% pour la plate-forme d'opposition[574]. Les sanctions et les interdictions ont éliminé ce principal concurrent.

Deuxièmement, il y avait eu un changement de pouvoir aux États-Unis. Le 20 janvier 2021, l'investiture du président Joe Biden eut lieu à Washington. En tant que vice-président sous Obama, Joe Biden avait été responsable de l'Ukraine au sein du gouvernement américain, et donc également de l'influence américaine lors du coup d'État du Maïdan en 2014. Dans les médias, il apparaissait toujours comme un activiste anti-russe. Avec son fils Hunter Biden et Porochenko, le président de l'époque, il a été impliqué dans de grands scandales de corruption en Ukraine, comme l'ont montré des enregistrements téléphoniques publiés le 19 mai 2020 à Kiev.[575] Cette problématique complexe ne peut pas être traitée ici. Avec Biden, la politique étrangère des États-Unis se fit plus agressive.

Troisièmement, 2021 a été l'année de la préparation à la guerre par la propagande. Les médias occidentaux accusaient la Russie d'agression quasi quotidiennement. Dans le même temps, de nombreuses manœuvres de l'OTAN se déroulèrent avec la participation de l'Ukraine. Rappelons que selon les principes de la propagande de guerre, il ne doit y avoir que le bien et le mal, et que les critiques doivent être réduites au silence. L'ambiance était désormais à la guerre, aussi bien en Ukraine que dans les pays de l'OTAN. Il fallait donc éliminer l'opposition dans le pays.

Résumé

Les droits de l'homme et la liberté d'expression ont été très malmenés en Ukraine depuis 2014. Les bureaux des rédactions furent pris d'assaut par des groupes de voyous nationalistes et les principaux journalistes contraints de démissionner par la force. Le massacre d'Odessa, au cours duquel 48 fédéralistes furent tués par des militants nationalistes sous les yeux de la police, fut un choc pour l'opposition en Ukraine. Les meurtriers étaient connus, mais n'ont jamais été poursuivis ; ils ont par la suite occupé des postes politiques. Il y a eu beaucoup d'assassinats politiques, d'où une atmosphère de peur : ceux qui critiquaient le gouvernement devaient s'attendre à être assassinés. L'ONU a documenté de très nombreuses violations des droits de l'homme en Ukraine. Au début de l'année 2021, une limite a été franchie, en même temps que l'entrée en fonction du président américain Joe Biden. L'Ukraine est devenue une dictature autoritaire. Les rares chaînes de télévision critiques furent interdites, tout comme des centaines de sites Internet. Le président du principal parti d'opposition, Viktor Medventchouk, fut arrêté et exproprié. Des sanctions furent également prises à l'encontre d'autres détracteurs du gouvernement. Avec l'élimination de l'opposition, l'atmosphère en Ukraine était désormais celle d'une préparation à la guerre.

Élargissement de l'OTAN vers l'est

Jusqu'à présent, nous nous sommes intéressés aux prémices de la guerre en Ukraine, mais ce n'est que la moitié de l'histoire. L'autre moitié est la relation entre l'OTAN et la Russie. Ici, plusieurs points de vue sont nécessaires. Commençons par l'élargissement de l'OTAN vers l'est. L'adhésion envisagée de l'Ukraine à l'OTAN constituait pour la Russie une ligne rouge, ce qu'elle avait souvent souligné, et a été une raison officielle de l'entrée en guerre de la Russie en février 2022. Pour mieux faire comprendre la situation, examinons les antécédents.

OTAN et Pacte de Varsovie

La Seconde Guerre mondiale a permis aux États-Unis de devenir la première puissance mondiale et a marqué le début de la Guerre froide. Il y avait d'un côté les États-Unis et les pays occidentaux, de l'autre, l'Union soviétique et les pays qu'elle influençait.

L'OTAN a été créée le 4 avril 1949. Douze pays, dont le Canada, la Grande-Bretagne, la France et l'Italie, ont signé le document fondateur. Dans son discours fondateur, le président américain Truman souligna qu'il s'agissait d'une communauté de défense qui ne souhaitait pas la guerre. Mais en même temps, il déclara que l'OTAN aspirait à une influence mondiale : « *Le pacte de l'Atlantique Nord n'aura pas d'effet négatif, mais positif sur la paix dans le monde. Son influence ne se fera pas seulement sentir dans les pays couverts par le pacte, mais partout dans le monde. Il ne se limite pas aux intérêts des pays membres[577].* »

Cette revendication fut perçue comme une menace par l'Union soviétique. Dès le début, l'URSS ne considérait pas l'OTAN comme une alliance défensive, mais comme un agresseur. L'adhésion de l'Allemagne le 6 mai 1955 et son réarmement ont conduit, en réaction, à la signature du Pacte de Varsovie le 14 mai 1955, avec l'URSS, la Pologne, la Tchécoslovaquie, la Bulgarie, la Hongrie, la Roumanie, l'Albanie et la RDA.

Ange de la paix à Suifenhe City, Chine[576]

L'OTAN et le Pacte de Varsovie se sont affrontés pendant 36 ans. En 1991, le Pacte de Varsovie s'est auto-dissous, contrairement à l'OTAN qui ne voulait pas se dissoudre malgré la disparition de son adversaire initial, l'Union soviétique. Christian Müller, de *Globalbridge*, commente à ce sujet en février 2022 : « *La Russie n'a pas seulement permis la réunification de l'Allemagne, elle s'est aussi complètement retirée militairement de l'ex-RDA, tandis que les États-Unis entreposaient des bombes atomiques de dernière technologie à l'ouest de l'Allemagne. Et alors que les États-Unis exploitent près d'un millier de bases militaires dans le monde,[578], la Russie ne possède qu'une seule base militaire en dehors de l'ancienne Union soviétique : en Syrie, pour se garder un accès ouvert à la Méditerranée[579]*. »

« Pas d'extension de l'OTAN vers l'Est » était la base de la réunification de l'Allemagne. De droite à gauche : le ministre des Affaires étrangères Hans-Dietrich Genscher (RFA), le ministre-président Lothar de Maizière (RDA) et les ministres des Affaires étrangères Roland Dumas (France), Edouard Chevardnadze (URSS), Douglas Hurd (Grande-Bretagne) et James Baker (États-Unis) signent le 12 septembre 1990 à Moscou l'accord dit « Deux plus quatre » (traité sur le règlement final concernant l'Allemagne)[580].

« Pas d'élargissement de l'OTAN vers l'est » : la Russie a été systématiquement trompée

La fin de la Guerre froide et la réunification de l'Allemagne ont constitué des actes importants de la Russie sous la présidence de Mikhaïl Gorbatchev. Tout au long du processus de réunification de l'Allemagne en 1990–1991, les grands dirigeants occidentaux donnèrent à Gorbatchev l'assurance que l'OTAN ne s'étendrait pas vers l'est, préservant ainsi les intérêts de sécurité de l'Union soviétique. Ce fut la base diplomatique du traité « Deux plus quatre », qui ouvrit la voie à la réunification de l'Allemagne et fut signé à Moscou le 12 septembre 1990.

Les « Archives de la sécurité nationale » de l'Université George Washington ont examiné des documents déclassifiés provenant d'archives situées aux États-Unis, en Union soviétique, en Allemagne, en Grande-Bretagne et en France. Après avoir découvert une cascade d'assurances données par des politiciens occidentaux, elles les ont publiées le 12 décembre 2017[581].

Les documents montrent que les plaintes russes selon lesquelles la Russie a été induite en erreur concernant l'élargissement de l'OTAN vers l'est reposent sur de nombreuses notes écrites et des conversations de haut niveau qui eurent lieu simultanément.

Je présente ci-dessous des extraits traduits du rapport des Archives de la sécurité nationale. Je les cite en détail afin que l'on puisse se faire une idée fidèle de la situation et saisir l'ampleur de la tromperie à l'égard de la Russie[582] :

> *Le président George H.W. Bush avait assuré à Gorbatchev, lors du sommet de Malte en décembre 1989, que les États-Unis n'exploiteraient pas les révolutions en Europe de l'Est pour nuire aux intérêts soviétiques. (...)*
>
> *Les premières assurances concrètes des chefs d'État et de gouvernement occidentaux concernant l'OTAN ont été données le 31 janvier 1990, lorsque le ministre ouest-allemand des Affaires étrangères, Hans-Dietrich Genscher, a prononcé à Tutzing (Bavière) un grand discours public*

sur la réunification allemande. L'ambassade américaine à Bonn a fait savoir à Washington que Genscher avait clairement indiqué que les changements en Europe de l'Est et le processus d'unification allemande ne devaient pas conduire à une « atteinte aux intérêts de sécurité soviétiques ». C'est pourquoi l'OTAN devait exclure « une extension de son territoire vers l'est, c'est-à-dire un rapprochement des frontières soviétiques ». La dépêche de Bonn mentionnait également la proposition de Genscher de maintenir le territoire est-allemand en dehors des structures militaires de l'OTAN, même dans une Allemagne réunifiée.

Cette dernière idée d'un statut spécial pour le territoire de la RDA a été inscrite dans le traité définitif d'unification allemande, signé le 12 septembre 1990 par les deux plus quatre ministres des Affaires étrangères. L'idée citée en premier lieu, à savoir « exclure tout rapprochement avec les frontières soviétiques », n'est pas inscrite dans les traités, mais consignée dans de nombreux protocoles de discussion entre les Soviétiques et les plus hauts interlocuteurs occidentaux (Genscher, Kohl, Baker, Gates, Bush, Mitterrand, Thatcher, Major, Woerner et autres). Ceux-ci assuraient en 1990 et jusqu'en 1991 la protection des intérêts de sécurité soviétiques et l'intégration de l'URSS dans de nouvelles structures de sécurité européennes. (...)

La « formule de Tutzing » est immédiatement devenue le cœur d'une série de discussions diplomatiques importantes au cours des dix jours suivants, qui ont abouti à la rencontre décisive entre Kohl et Gorbatchev le 10 février 1990 à Moscou. Le chef du gouvernement ouest-allemand y a obtenu l'accord de principe de l'Union soviétique pour une Allemagne réunifiée au sein de l'OTAN, tant que l'OTAN ne serait pas élargie à l'est. (...)

Dans les discussions qui ont précédé cette promesse faite à Kohl, il a été explicitement question de l'élargissement de l'OTAN, ainsi que des pays d'Europe centrale et orientale et de la manière dont on pouvait convaincre les Soviétiques d'accepter la réunification. Par exemple, lorsque Genscher a rencontré le ministre britannique des Affaires étrangères, Douglas Hurd, le 6 février 1990, les archives britanniques ont noté ses paroles : « Les Russes doivent avoir la certitude que si, par exemple, le gouvernement polonais quittait un jour le pacte de Varsovie, il ne rejoindrait pas l'OTAN le lendemain. »

Après avoir rencontré Genscher sur le chemin des discussions avec les Soviétiques, Baker, le secrétaire d'État américain, a répété exactement la formulation de Genscher lors de sa rencontre avec le ministre des Affaires étrangères Édouard Chevardnadze le 9 février 1990 ; et, plus important encore, en face à face avec Gorbatchev.

Ce n'est pas une fois, mais trois fois, que Baker a tenté la formule « pas un centimètre vers l'est » lors de la rencontre du 9 février 1990 avec Gorbatchev. Il a approuvé la déclaration de Gorbatchev lorsque celui-ci a souligné que « l'élargissement de l'OTAN était inacceptable ». Baker a assuré à Gorbatchev que « ni le président ni moi-même n'avons l'intention de tirer des avantages unilatéraux des processus en cours ». Baker a également déclaré que les Américains comprenaient qu'« il est important, non seulement pour l'Union soviétique, mais aussi pour d'autres pays européens, d'avoir des garanties que si les États-Unis maintiennent leur présence en Allemagne dans le cadre de l'OTAN, aucun pouce de la compétence militaire actuelle de l'OTAN ne s'étendra vers l'est ».

Baker a ensuite écrit à Helmut Kohl, qui devait rencontrer le dirigeant soviétique le lendemain. (...) Il rapporte : « Et puis je lui [Gorbatchev] ai posé la question suivante : 'Préféreriez-vous voir une Allemagne unifiée en dehors de l'OTAN, indépendante et sans forces américaines, ou préféreriez-vous une Allemagne unifiée liée à l'OTAN, avec l'assurance que la compétence de l'OTAN ne se déplacerait pas d'un pouce de sa position actuelle vers l'est ?' Il *a répondu que les dirigeants soviétiques envisageaient sérieusement toutes ces options [...]. Puis il a ajouté : 'Il est certain que toute extension de la zone de l'OTAN serait inacceptable' ». Entre parenthèses, Baker ajouta en faveur de Kohl : « Inversement, l'OTAN pourrait être acceptable dans sa zone actuelle. »*

Bien informé par le secrétaire d'État américain, le chancelier ouest-allemand a compris l'importance de la ligne de fond soviétique et assuré à Gorbatchev, le 10 février 1990 : « Nous pensons que l'OTAN ne devrait pas étendre le champ de ses activités. » Après cette rencontre, Kohl a eu du mal à contenir son enthousiasme face à l'accord de principe de Gorbatchev sur la réunification allemande. (...)

Après Genscher, Kohl et Baker, ce fut le tour du ministre britannique des Affaires étrangères, Douglas Hurd. (...) Hurd a réaffirmé le message Baker-Genscher-Kohl lors de sa rencontre avec Gorbatchev à Moscou le 11 avril 1990, en déclarant que la Grande-Bretagne avait clairement « reconnu l'importance de ne rien faire qui puisse nuire aux intérêts et à la dignité de l'Union soviétique ».

Au sujet de la conversation entre Baker et Chevardnadze le 4 mai 1990, Baker a rapporté au président Bush : « J'ai assuré à Chevardnadze que le processus ne produirait ni gagnants ni perdants. Au contraire, il donnera naissance à une nouvelle structure européenne légitime, une structure qui ne sera pas exclusive, mais inclusive. »

Le 18 mai 1990 à Moscou, Baker l'a répété directement à Gorbatchev, en lui citant ses « neuf points », parmi lesquels la transformation de l'OTAN, le renforcement des structures européennes, le maintien d'une Allemagne sans armes nucléaires et la prise en compte des intérêts soviétiques en matière de sécurité. Baker a commencé son exposé par ces mots : « Avant de dire quelques mots sur la question allemande, je voudrais souligner que notre poli-

tique ne vise pas à séparer l'Europe de l'Est de l'Union soviétique. Nous avons déjà eu cette politique par le passé. Mais aujourd'hui, nous sommes intéressés par la construction d'une Europe stable, et nous le faisons avec vous. »

Le chef d'État français, François Mitterrand, (...) a dit à Gorbatchev le 25 mai 1990 à Moscou qu'il était « personnellement favorable à la dissolution progressive des blocs militaires » ; puis il a continué la cascade de garanties en disant que l'Occident devait « créer des conditions de sécurité pour l'Union soviétique, ainsi que pour la sécurité européenne dans son ensemble ». Mitterrand a écrit immédiatement à Bush, dans une lettre commençant par « Cher George » et relatant son entretien avec le dirigeant soviétique, que « nous ne refuserons certainement pas de donner les garanties qu'il est en droit d'attendre pour la sécurité de son pays ».

Lors du sommet de Washington du 31 mai 1990, Bush s'est donné beaucoup de mal pour assurer à Gorbatchev que, au sein de l'OTAN, l'Allemagne ne serait jamais dirigée contre l'URSS : « Et bien sûr, même en pensée, nous n'avons pas l'intention de nuire à l'Union soviétique de quelque manière que ce soit. »

La « Dame de fer » est également intervenue après le sommet de Washington lors de sa rencontre avec Gorbatchev le 8 juin 1990 à Londres. Margaret Thatcher a anticipé les mesures que les Américains prendraient (avec son soutien) lors de la conférence de l'OTAN début juillet pour soutenir Gorbatchev en décrivant la transformation de l'OTAN en une alliance plus politique et moins menaçante sur le plan militaire. Elle a dit à Gorbatchev : « Nous devons trouver des moyens de donner à l'Union soviétique la confiance que sa sécurité est assurée. (...) Cela pourrait se faire dans le cadre de la CSCE, qui serait aussi un forum permettant à l'Union soviétique de participer pleinement à la discussion sur l'avenir de l'Europe. »

[La CSCE, Conférence sur la sécurité et la coopération en Europe, était une succession de conférences organisées à partir de 1973 par plus de 50 États de l'OTAN, du Pacte de Varsovie ; sa position était neutre].

La déclaration de Londres sur l'OTAN du 5 juillet 1990 a eu, selon la plupart des rapports, un effet plutôt positif sur les discussions à Moscou et a fourni à Gorbatchev des munitions importantes pour contrer ses partisans de la ligne dure lors du congrès du parti qui se tenait à ce moment-là.

Lors de sa conversation téléphonique avec Gorbatchev le 1 juillet, Bush a voulu réaffirmer le succès des discussions entre Kohl et Gorbatchev du 15 juillet 1990 et le message de la déclaration de Londres. Il a déclaré : « Nous avons donc essayé de répondre aux préoccupations que vous avez exprimées à mon égard et à l'égard d'autres, et nous l'avons fait de la manière suivante : par notre déclaration commune sur le renoncement à la violence, par notre invitation à vous rejoindre au sein de l'OTAN, par notre accord pour ouvrir l'OTAN à des contacts diplomatiques réguliers avec votre gouvernement et les gouvernements des pays d'Europe de l'Est, et par notre offre de donner des assurances sur la taille future des forces armées d'une Allemagne unifiée – une question dont je sais que vous avez discuté avec Helmut Kohl. Nous avons également modifié fondamentalement notre approche militaire en ce qui concerne les forces conventionnelles et nucléaires. Nous avons l'idée d'une CSCE élargie, plus forte, avec de nouvelles institutions auxquelles l'URSS pourrait participer et ainsi faire partie de la nouvelle Europe. »

Il ressort des documents que Gorbatchev a accepté l'Allemagne réunifiée au sein de l'OTAN à la suite de cette cascade d'assurances et sur la base de sa propre analyse selon laquelle l'avenir de l'Union soviétique dépendait de son intégration en Europe, dont l'Allemagne serait l'acteur décisif. Lui et la plupart de ses alliés pensaient qu'une sorte de maison européenne commune était possible et qu'elle évoluerait parallèlement à la transformation de l'OTAN en un espace européen plus vaste et plus intégré, et que les dispositions prises après la fin de la Guerre froide tiendraient compte des intérêts de sécurité soviétiques. L'alliance avec l'Allemagne devait permettre non seulement de surmonter la guerre froide, mais aussi de renverser l'héritage de la Grande Guerre patriotique.

En mars 1991 encore, selon le journal de l'ambassadeur britannique à Moscou, le Premier ministre britannique John Major a assuré personnellement à Gorbatchev : « Nous ne parlons pas de renforcer l'OTAN. » Lorsque le ministre soviétique de la Défense, le maréchal Dmitri Yasov, a demandé ensuite à Major si les chefs d'État et de gouvernement d'Europe de l'Est étaient intéressés par une adhésion à l'OTAN, le Premier ministre britannique a répondu : « Rien de tel n'arrivera. »

Lorsque des députés russes du Soviet suprême se sont rendus à Bruxelles en juillet 1991 pour visiter l'OTAN et rencontrer Manfred Woerner, le secrétaire général de l'OTAN, ce dernier a déclaré aux Russes que « nous ne devrions pas permettre que [...] l'URSS soit isolée de la communauté européenne ». Selon le compte rendu de l'entretien russe, « Woerner a souligné que le Conseil de l'OTAN et lui-même étaient opposés à l'élargissement de l'OTAN (13 des 16 membres de l'OTAN soutenaient cette position). »

Gorbatchev avait donc la certitude que l'Occident ne menacerait pas la sécurité de l'Union soviétique et n'élargirait pas l'OTAN.

Dans un autre rapport daté du 16 mars 2018, the *National Security Archive* s'intéressent à ce que Boris Eltsine, le successeur de Gorbatchev, a entendu de la part des hommes politiques occidentaux[583] :

Des documents déclassifiés provenant d'archives américaines et russes révèlent que des fonctionnaires améri-

cains ont fait croire au président russe Boris Eltsine en 1993 que le Partenariat pour la paix[584] [ndlr : une coopération informelle entre des pays membres et non membres de l'OTAN] était l'alternative à l'élargissement de l'OTAN et non son précurseur. En revanche, ils ont répété aux Russes que le futur système de sécurité européen inclurait la Russie et ne l'exclurait pas.

En mai 1995, lors d'une rencontre à Budapest, Boris Eltsine a clairement fait comprendre à Bill Clinton que l'élargissement de l'OTAN vers l'Est était une ligne rouge :

Pour moi, accepter l'extension de l'OTAN plus près des frontières de la Russie serait une trahison envers le peuple russe[585].

Les promesses des gouvernements occidentaux ont été immédiatement rompues

Bien que tous les dirigeants politiques occidentaux aient promis le contraire, l'OTAN a poursuivi l'élargissement à l'est après la réunification allemande. Elle n'a pas non plus créé de système de sécurité européen avec la Russie. En 1999, la Pologne, la République tchèque et la Hongrie ont été intégrées à l'OTAN, suivies par onze autres pays, comme le montre le graphique ci-dessous.

Les documents publiés prouvent très clairement que les gouvernements de l'OTAN ont menti au gouvernement russe concernant l'élargissement de l'OTAN vers l'est. Gorbatchev a été bercé par une cascade de promesses. La Russie aurait-elle accepté la réunification allemande si la feuille de route de l'élargissement de l'OTAN à l'est avait déjà été visible ?

Il n'est pas surprenant que cette tromperie ait provoqué une irritation croissante et une perte de confiance du côté russe. Mais ce qui est effrayant, c'est que les politiques occidentaux n'ont même pas honte de cette tromperie. On préfère répéter qu'il n'y a pas eu d'engagement du tout, ou que Gorbatchev n'a pas conclu de contrat, que les paroles ne veulent rien dire... Mais entre des gens normaux et des hommes d'affaires et d'État honnêtes, une parole suffit.

// NATO-OSTERWEITERUNG 1949-2020

★ **1949**: NATO-Gründungsmitglieder* (Belgien, Dänemark, Frankreich, Italien, Luxemburg, Niederlande, Norwegen, Portugal & Grossbritannien)

★ **1952**: NATO-Beitritt von der **Türkei** & **Griechenland**

★ **1955**: NATO-Beitritt von **West-Deutschland**

★ **1982**: NATO-Beitritt von **Spanien**

★ **1990**: NATO-Beitritt von **Ost-Deutschland**

★ **1999**: NATO-Beitritt von **Polen, Tschechien** & **Ungarn**

★ **2004**: NATO-Beitritt von **Bulgarien, Estland, Lettland, Litauen, Rumänien, Slowakei** & **Slowenien**

★ **2009**: NATO-Beitritt von **Albanien** & **Kroatien**

★ **2017**: NATO-Beitritt von **Montenegro**

★ **2020**: NATO-Beitritt von **Nordmazedonien**

+++ aktuelle **NATO-Beitrittsinteressenten** Bosnien-Herzegowina, Ukraine & Georgien eingekreuzt

::: aktuelles Staatsterritorium **Russlands** gepunktet

DANIELE GANSER

Graphique de l'Institut suisse de recherche sur la paix et l'énergie (SIPER)

Une grande question demeure : pourquoi Gorbatchev s'est-il laissé abuser ? Pourquoi n'a-t-il pas insisté sur une exclusion, par un contrat contraignant, de l'élargissement de l'OTAN vers l'est ? Je n'ai pas encore trouvé de réponse concluante à cette question. Le traité Deux plus quatre concernant l'unité allemande, il n'aurait pas été le lieu pour exclure l'élargissement. Mais la Russie aurait pu insister pour qu'un traité correspondant soit conclu au préalable avec les pays de l'OTAN. Même si un traité n'est certes pas une sécurité durable, il n'est pas aussi facile à balayer que les protocoles et les engagements oraux.

En 1990, les États-Unis et l'OTAN se trouvaient à un carrefour décisif. D'une part, il aurait été possible de créer une structure de sécurité européenne globale qui ne tracerait pas de nouvelles frontières en Europe, qui accueillerait la Russie et qui surmonterait les blocs. D'autre part, il y avait la possibilité que les États-Unis et l'OTAN s'approprient les États de l'ancien bloc de l'Est, excluent la Russie et élargissent l'OTAN jusqu'à atteindre directement les frontières de la Russie. Les États-Unis et l'OTAN ont refusé avec détermination cette opportunité historique de coopération et ont opté pour la seconde.

Les États-Unis, avec le président Bill Clinton, en furent en grande partie responsables. *« En décembre 1994, lors d'une réunion à la Maison*

Blanche, le président Clinton et le vice-président Al Gore ont secrètement précisé que le temps de l'élargissement de l'OTAN vers l'est était désormais venu », écrit Mary Elise Sarotte[586]. Les États-Unis y voyaient une possibilité d'étendre leur puissance. Les États-Unis ont des intérêts, pas des partenaires.

Contrairement à ses promesses, l'OTAN a ensuite accéléré l'adhésion des pays d'Europe de l'Est. Il est important de comprendre qu'une adhésion à l'OTAN n'est pas une chose acquise, car elle nécessite toujours l'accord de tous les membres actuels de l'OTAN. Ceux-ci auraient pu à tout moment s'en tenir à leur promesse envers la Russie et ne pas accepter de nouveaux membres. Mais ils ne l'ont pas fait. Comme les membres actuels de l'OTAN doivent approuver à l'unanimité une admission, il aurait même suffi qu'un seul pays adopte une position honnête pour empêcher tout élargissement de l'OTAN vers l'est. Or, aucun pays de l'OTAN n'a voulu tenir ses promesses vis-à-vis de la Russie.

La guerre d'Ukraine à partir de 2022 s'est embrasée non seulement à cause de la guerre non résolue du Donbass, mais aussi à cause de l'élargissement de l'OTAN vers l'est. Le président Poutine avait toujours clairement indiqué que l'adhésion de l'Ukraine et de la Géorgie à l'OTAN constituait une ligne rouge et qu'elle était considérée comme une menace inacceptable pour la sécurité de la Russie. La frontière ukrainienne n'est qu'à 1000 km de Moscou. Des missiles tirés depuis cette région peuvent s'abattre sur la ville en quelques minutes.

En 2007, Poutine a tenu un long discours lors de la conférence sur la sécurité à Munich. Il a proposé à l'Occident une collaboration partenariale dans presque tous les domaines. Mais sur un point, il a clairement dit « non » : la Russie n'acceptera jamais que le monde soit dirigé et dirigé uniquement et de manière monopolistique par la grande puissance américaine. Et il a clairement expliqué que, du point de vue russe, l'élargissement de l'OTAN vers l'est ne pouvait être compris que comme une menace[587].

En 2008, l'Ukraine et la Géorgie ont reçu une perspective d'adhésion lors du sommet de l'OTAN à Bucarest, sans que cela ne les impressionne. L'OTAN a soutenu l'Ukraine dans la construction de ses forces armées, a formé des soldats et envoyé des armes pour plusieurs milliards. En tant que non-membre, l'Ukraine a participé à des opérations militaires dirigées par l'OTAN (ISAF, KFOR et OAE) ainsi qu'à plusieurs programmes et manœuvres de l'OTAN. Même si elle n'avait pas encore formellement adhéré à l'OTAN, la coopération avec l'OTAN était de plus en plus étroite, allant de l'alignement des niveaux hiérarchiques militaires[588] à l'enseignement obligatoire de l'anglais[589] pour les officiers ukrainiens. Les gouvernements ukrainiens n'ont cessé de réclamer l'adhésion à l'OTAN. En modifiant sa Constitution en février 2019, l'Ukraine a fait de l'adhésion à l'UE et à l'OTAN un objectif d'État à valeur constitutionnelle[590].

Le 17 décembre 2021, la Russie a demandé aux États-Unis et à l'OTAN de lui donner l'assurance écrite que l'OTAN ne compterait plus de pays membres à la frontière de la Russie et que la poursuite du réarmement des pays de l'OTAN à la frontière serait stoppée. Ces garanties de sécurité ont été rejetées. C'est même le contraire qui s'est produit : l'OTAN a accéléré et intensifié les livraisons d'armes à l'Ukraine, et l'armée ukrainienne a intensifié les bombardements des Républiques populaires pendant la guerre du Donbass.

Aux yeux de la Russie, les possibilités diplomatiques étaient ainsi épuisées. Le 24 février 2022, le soutien militaire demandé par les républiques du Donbass a commencé par l'entrée en guerre de la Russie. Le malheur a suivi son cours.

La coresponsabilité de l'OTAN dans la guerre en Ukraine : les mises en garde contre l'élargissement de l'OTAN vers l'est n'ont pas manqué

Presque tous les médias occidentaux ont parlé de la guerre en Ukraine comme s'il s'agissait d'une surprise totalement inattendue. Mais depuis 1994, les meilleurs hommes politiques et politologues mettaient expressément en garde contre une extension de l'OTAN vers l'est. L'OTAN est coresponsable de cette guerre, les yeux dans les yeux, et donc intentionnellement.

Le magazine *Globalbridge* a recueilli de nombreuses voix. En voici une sélection[591] :

George F. Kennan, historien et diplomate, en poste à l'ambassade des États-Unis à Moscou de 1933 à 1937, a lancé un avertissement drastique dans le New York Times le 5 février 1997 : « *L'opinion est, franchement, qu'un élargissement de l'OTAN serait l'erreur la plus désastreuse de la politique américaine de toute la période depuis la guerre froide.* »

Jack F. Matlock Jr, ambassadeur américain en Union soviétique de 1987 à 1991, a été très clair en 1997 : « *Je pense que la recommandation du gouvernement d'accepter de nouveaux membres dans l'OTAN à l'heure actuelle est une erreur. Si elle devait être approuvée par le Sénat américain, elle risquerait d'entrer dans l'histoire comme la plus grande erreur stratégique depuis la fin de la guerre froide.* » L'élargissement de l'OTAN pourrait conduire « *à la plus grande menace pour la sécurité* ». Aujourd'hui, nous savons à quel point il avait raison.

William Burns, qui deviendra directeur de la CIA en 2021, a averti en 2008, alors qu'il était ambassadeur en Russie, que « *l'adhésion de l'Ukraine à l'OTAN est la plus éclatante des lignes rouges pour l'élite russe (et pas seulement pour Poutine)* ». Il a averti Condoleezza Rice, alors secrétaire d'État : « *Je n'ai encore trouvé personne qui juge l'adhésion de l'Ukraine à l'OTAN comme autre chose qu'un défi direct aux intérêts russes.* » S'il s'agissait de l'Ukraine, a averti Burns, « *il ne pourrait y avoir aucun doute sur le fait que Poutine riposterait durement* ».

Ces avertissements n'étaient ni subtils ni réservés : « erreur la plus fatale », « erreur stratégique majeure », « la plus éclatante des lignes rouges », « riposter durement »... Et ils venaient de ceux qui devaient bien le savoir. Les gouvernements de l'OTAN l'ont complètement ignoré.

En octobre 1995, un scandale a contraint Willy Claes, alors secrétaire général de l'OTAN, à démissionner. Ruud Lubbers était prêt à le remplacer. Mais lorsqu'il s'est avéré que Lubbers s'opposait aux projets des États-Unis d'élargir l'OTAN vers l'est, les États-Unis ont décidé, selon James Steinberg, directeur de la planification politique au département d'État américain, d'empêcher l'ascension de Lubbers à la tête de l'OTAN – une histoire moins connue sur l'ignorance des avertissements et le pilotage de l'OTAN par les États-Unis. Les États-Unis ont préféré placer à la tête de l'OTAN Javier Solana, lequel a clairement indiqué qu'il « suivrait le point de vue américain » sur la question de l'élargissement de l'OTAN vers l'est.

Non seulement des hauts fonctionnaires américains, mais aussi de nombreux scientifiques avaient mis en garde

Ted Galen Carpenter, ancien directeur du *Cato Institute* aux États-Unis, a écrit dans un article en 1997[591] :

> *Les changements intervenus après la Guerre froide dans l'orientation militaire de l'OTAN renforcent les craintes russes. Pendant la Guerre froide, les dirigeants occidentaux pouvaient argumenter, de manière crédible, que l'Alliance ne servait qu'à protéger le territoire des pays membres contre les agressions. Mais depuis que l'OTAN s'est aventurée dans des opérations hors zone, notamment en Bosnie, et que d'éminents partisans de l'Alliance, comme l'ancien secrétaire d'État James Baker, plaident pour que l'OTAN intervienne partout et en toutes circonstances lorsque la paix et la stabilité en Europe sont menacées, l'Alliance poursuit désormais clairement des objectifs à la fois offensifs et défensifs. (…)*
>
> *Une OTAN élargie est une idée redoutable et potentiellement catastrophique. Au lieu de panser les plaies de la Guerre froide, elle risque de créer une nouvelle division de l'Europe et une série d'obligations de sécurité dangereuses pour les États-Unis.*

Noam Chomsky, professeur émérite de linguistique au Massachusetts Institute of Technology (MIT), l'un des intellectuels les plus connus des États-Unis, a mis en garde en 2015 contre l'admission de l'Ukraine dans l'OTAN[591] :

> *Nous pouvons par exemple imaginer comment les États-Unis auraient réagi pendant la guerre froide si le Pacte de Varsovie s'était étendu à l'Amérique latine et si le Mexique*

et le Canada envisageaient désormais de rejoindre le
Pacte de Varsovie.

John Paul Keating, Premier ministre australien de 1991 à 1996, écrivait en septembre 1997[591] :

> Je pense que la décision d'élargir l'OTAN est une erreur
> majeure en matière de politique de sécurité en Europe.
> (...)
>
> Sous Mikhaïl Gorbatchev, les Russes ont concédé que l'Allemagne de l'Est pouvait rester dans l'OTAN en tant que
> partie d'une Allemagne réunifiée. Mais aujourd'hui, une
> demi-douzaine d'années plus tard seulement, l'OTAN
> s'est rapprochée de la frontière occidentale de l'Ukraine.
> La seule interprétation possible de ce message est la suivante : bien que la Russie soit devenue une démocratie,
> elle reste dans la conscience de l'Europe occidentale l'État
> à surveiller, l'ennemi potentiel. (...)
>
> Quelle que soit la poudre aux yeux du Conseil conjoint
> permanent OTAN-Russie, tout le monde sait que la Russie est la raison de l'élargissement de l'OTAN.

John J. Mearsheimer est une voix très en vue qui a clairement
mis en cause l'Occident dans ce qui s'est passé en Ukraine en 2014, y
compris la réunification de la Crimée avec la Russie. Mearsheimer est
professeur de sciences politiques à l'université de Chicago et spécialisé
dans les relations internationales. À l'automne 2014, il a publié dans
le mensuel américain de renommée internationale *Foreign Affairs* un
long article intitulé « Pourquoi la crise ukrainienne est la faute de l'Occident », dont nous citons ici quelques passages[591] :

> Les États-Unis et leurs alliés européens portent la plus
> grande part de responsabilité dans la crise. La racine du
> mal est l'élargissement de l'OTAN, l'élément central d'une
> stratégie plus large visant à sortir l'Ukraine de l'orbite
> de la Russie et à l'intégrer à l'Occident. Parallèlement,
> l'élargissement de l'UE à l'est et le soutien de l'Occident
> au mouvement pro-démocratique en Ukraine – à com-

mencer par la Révolution orange en 2004 – ont également été des éléments déterminants. Depuis le milieu des années 1990, les dirigeants russes s'opposent fermement à l'élargissement de l'OTAN et ont clairement indiqué ces dernières années qu'ils ne resteront pas les bras croisés si leur voisin stratégiquement important se transforme en bastion occidental. (...)

Aucun chef d'État russe ne tolérerait qu'une alliance militaire, qui était jusqu'à récemment l'ennemi juré de Moscou, envahisse l'Ukraine. Aucun chef d'État russe ne resterait non plus les bras croisés alors que l'Occident y installe un gouvernement qui veut intégrer l'Ukraine à l'Occident. (...)

Washington peut ne pas aimer la position de Moscou, mais elle devrait comprendre la logique qui la soustend. C'est le b.a.-ba de la géopolitique : les grandes puissances sont toujours sensibles aux menaces potentielles à proximité de leur territoire. Après tout, les États-Unis ne tolèrent pas non plus que des grandes puissances éloignées déploient des forces militaires quelque part dans l'hémisphère occidental, et encore moins à leurs frontières. Imaginez l'indignation de Washington si la Chine mettait en place une impressionnante alliance militaire et tentait d'y inclure le Canada et le Mexique ! Au-delà de cette logique, les dirigeants russes, à de nombreuses occasions, ont fait savoir à leurs homologues occidentaux qu'ils considéraient l'expansion de l'OTAN en Géorgie et en Ukraine comme inacceptable, de même que toute tentative de dresser ces pays contre la Russie – un message que la guerre russo-géorgienne de 2008 a également mis en évidence. (...)

Il existe toutefois une solution à la crise ukrainienne, même si elle exige de l'Occident une réflexion fondamentalement nouvelle sur le pays. Les États-Unis et leurs alliés devraient abandonner leur plan d'occidentalisation de l'Ukraine et tenter plutôt de faire de ce pays un tam-

pon neutre entre l'OTAN et la Russie, comme l'Autriche l'a été pendant la guerre froide. Les dirigeants occidentaux devraient reconnaître que l'Ukraine est si importante pour Poutine qu'ils ne peuvent pas y soutenir un régime anti-russe. Cela ne signifierait pas qu'un futur gouvernement ukrainien devrait être pro-russe ou anti-OTAN. Au contraire, l'objectif devrait être une Ukraine souveraine qui n'appartienne ni au camp russe ni au camp occidental. (...)

Il est temps de mettre fin au soutien occidental à une nouvelle révolution orange. Néanmoins, les États-Unis et l'Europe devraient encourager l'Ukraine à respecter les droits des minorités, notamment les droits linguistiques de la population russophone. (...)

Les États-Unis et leurs alliés européens sont désormais confrontés à un choix en ce qui concerne l'Ukraine. Ils peuvent poursuivre leur politique actuelle, ce qui aggraverait les hostilités avec la Russie et détruirait l'Ukraine – un scénario dans lequel tout le monde serait perdant. Ou ils peuvent choisir une autre voie et s'engager en faveur d'une Ukraine prospère mais neutre, qui ne constitue pas une menace pour la Russie et permet à l'Occident d'améliorer ses relations avec Moscou. Avec cette approche, toutes les parties seraient gagnantes.

Tout cela, John J. Mearsheimer l'avait déjà écrit à l'automne 2014[592]. En 2022, après l'entrée en guerre de la Russie, il a déclaré qu'il avait toujours cette opinion exprimée à l'époque et que son pronostic s'était malheureusement pleinement confirmé[593].

Un principe de droit international : le respect mutuel des intérêts de sécurité

Pour justifier l'élargissement de l'OTAN vers l'est, les gouvernements occidentaux et les médias mainstream rappellent toujours que chaque État a le droit de choisir librement ses alliances militaires. Ce droit apparaît effectivement dans plusieurs accords internationaux ; mais en même temps, il comporte toujours la restriction selon laquelle le choix d'une alliance doit tenir compte des « intérêts de sécurité de chacun ». Concrètement, cela signifie que l'élargissement de l'OTAN vers l'est n'est pas couvert par le droit international, car il est contraire aux intérêts de la Russie en matière de sécurité, comme elle l'a toujours clairement fait savoir.

Afin que personne, si possible, ne parvienne à cette conclusion logique, on occulte systématiquement le respect mutuel des intérêts de sécurité dans le débat public et juridique dans les pays de l'OTAN. On n'en parle tout simplement pas, on ne cite que le libre choix de l'alliance[594]. L'occultation et le silence sont les principaux moyens de propagande.

J'ai rassemblé ici les accords dans lesquels le principe du respect des intérêts de sécurité de chacun est inscrit.

1975. Acte final d'Helsinki

L'« Acte final de la Conférence sur la sécurité et la coopération en Europe (CSCE) » a été signé par 35 États le 1ᵉʳ août 1975 à Helsinki. Ce document est le résultat de la politique de détente dans le conflit Est-Ouest qui a débuté dans les années 1960[595]. Il y est dit :

> *Dans le développement de leur coopération d'égal à égal, les États participants (...) s'efforceront, comme leurs pairs, de promouvoir la compréhension et la confiance mutuelles, les relations amicales et de bon voisinage entre eux, la paix, la sécurité et la justice internationales. Ils s'efforceront également, en développant leur coopération, d'améliorer le bien-être des peuples (...) ils tiendront compte de l'intérêt de tous (...) (p. 9)*
>
> *Les États participants se fonderont sur les considérations essentielles suivantes : (...) le respect des intérêts de tous*

les États participant à la Conférence sur la sécurité et la coopération en Europe en matière de sécurité, qui sont inhérents à leur égalité souveraine (p. 17)

Il convient de souligner ici les formulations suivantes : « coopérer d'égal à égal », « tenir compte des intérêts de tous » et « respecter les intérêts de tous en matière de sécurité ».

1990. Traité Deux-plus-quatre

Le traité Deux plus quatre du 12 septembre 1990 a réglé la réunification de l'Allemagne. Le préambule stipule qu'il convient d'établir un ordre de paix qui tienne compte « des intérêts de chacun en matière de sécurité[596]. »

1990. Charte de Paris

Le 21 novembre 1990, lors d'un sommet spécial de la CSCE, la Charte de Paris a été adoptée par 32 pays européens ainsi que par les États-Unis et le Canada[597]. Elle stipule :

Maintenant que la division de l'Europe touche à sa fin, nous allons nous efforcer d'atteindre une nouvelle qualité dans nos relations en matière de sécurité, dans le plein respect mutuel de la liberté de choix. La sécurité est indivisible et la sécurité de chaque État participant est indissociable de celle de tous les autres. Nous nous engageons donc à coopérer pour consolider la confiance et la sécurité entre nous et pour promouvoir la maîtrise des armements et le désarmement (p. 3).

La phrase suivante mérite d'être soulignée : « La sécurité est indivisible et la sécurité de chaque État participant est indissociable de celle de tous les autres ».

1997. Acte fondateur OTAN-Russie

L'Acte fondateur OTAN-Russie du 27 mai 1997[598] parle de « *sécurité coopérative* », « *l'OTAN et la Russie ne se considèrent pas comme des adversaires* » et « *du principe selon lequel la sécurité de tous les États de la communauté euro-atlantique est indivisible* ».

1999. Document d'Istanbul

La Charte de sécurité européenne de l'OSCE a été adoptée par 55 États européens, asiatiques et américains le 19 novembre 1999 à Istanbul[599]. Son objectif est d'établir une « plate-forme pour la sécurité coopérative ». La Charte de sécurité européenne constitue, avec l'Acte final d'Helsinki (1975), la Charte de Paris (1990) et la Déclaration du sommet d'Astana (2010) qui lui a succédé, la base d'un système d'engagements politiques et d'un concept de sécurité global. Elle stipule que :

> *8) Chaque État participant a le même droit à la sécurité. Nous réaffirmons le droit inhérent à chaque État participant de choisir librement ses arrangements de sécurité, y compris les traités d'alliance, ou de les modifier au fur et à mesure de leur évolution. Chaque État a également le droit à la neutralité. Chaque État participant respectera les droits de tous les autres à cet égard. Ils ne consolideront pas leur sécurité au détriment de celle des autres États. Au sein de l'OSCE, aucun État, groupe d'États ou organisation n'a plus de responsabilité que d'autres dans le maintien de la paix et de la stabilité dans l'espace de l'OSCE, et aucun d'entre eux ne peut considérer une quelconque partie de l'espace de l'OSCE comme sa zone d'influence.*

Les deux phrases suivantes sont importantes : « Chaque État participant respectera les droits de tous les autres à cet égard. Ils ne consolideront pas leur sécurité au détriment de celle des autres États. »

Ce principe de respect mutuel des intérêts de sécurité est encore réaffirmé dans le paragraphe suivant :

> *9) Nous organiserons nos relations conformément au concept de sécurité commune et globale, dans un esprit de partenariat égalitaire, de solidarité et de transparence. La sécurité de chaque État participant est indissociable de la sécurité de tous les autres.*

2010. Déclaration commémorative d'Astana

Cinquante-six États participants ont pris part au Sommet de l'OSCE à Astana, la capitale du Kazakhstan[600]. La déclaration finale du 3 décembre 2010 stipule, comme le document d'Istanbul, que « *la sécurité de chaque État participant est indissociable de la sécurité de tous les autres. Chaque État participant a le même droit à la sécurité* ».

L'élargissement de l'OTAN à l'est va à l'encontre des intérêts de sécurité de tous

Tous les accords mentionnés sont des décisions politiques et non des traités contraignants en droit international. En tant que *soft law*, ils orientent cependant les actions.

Conformément au respect des « intérêts de sécurité de tous », l'élargissement de l'OTAN vers l'est n'aurait pas dû avoir lieu. En effet, la Russie a toujours clairement fait savoir qu'elle considérait cela comme une menace pour ses intérêts de sécurité. La réaction russe a été particulièrement forte lors de l'adhésion envisagée à l'OTAN de l'Ukraine et de la Géorgie, pays limitrophes de la Russie. Pourtant, l'Ukraine et la Géorgie se sont vu promettre à plusieurs reprises une adhésion à l'OTAN. Les accords cités prévoient toutefois qu'il ne peut y avoir d'admission dans une alliance militaire si c'est au détriment de la sécurité d'autres États. Le mépris des intérêts de la Russie en matière de sécurité est une violation grossière des nombreux accords signés par les gouvernements de l'OTAN eux-mêmes.

Les avertissements des dépêches d'ambassade

Les dépêches envoyées par les ambassades occidentales de Moscou à leurs gouvernements montrent à quel point les gouvernements de l'OTAN ont délibérément ignoré les intérêts de la Russie en matière de sécurité et se sont dirigés vers la catastrophe de la guerre. Ces dépêches secrètes ont été publiées par Wikileaks[601]. Elles prouvent que l'adhésion de l'Ukraine à l'OTAN était activement encouragée par les États-Unis.

Dans une dépêche de l'ambassadeur américain à Kiev de septembre 2009, on lit sous le titre « La voie à suivre » que les analystes considèrent le point suivant comme essentiel :

L'intégration de l'Ukraine à l'Ouest et l'élargissement de l'OTAN sont des objectifs à poursuivre avec une discrétion délibérée. Il n'y a aucune perspective de progrès rapide dans ce domaine, et nous pouvons convenir que nous sommes en désaccord avec le gouvernement russe tout en poursuivant nos efforts pour promouvoir l'intégration de l'Ukraine dans l'Ouest[602].

Et en mars 2008, l'ambassadeur des États-Unis à Moscou a noté :

Les experts en matière de défense et de sécurité constatent que l'élargissement de l'OTAN est l'une des rares questions de sécurité qui fasse l'objet d'un consensus presque total parmi les décideurs, les experts et le public informé russes : ils sont farouchement opposés à l'élargissement de l'OTAN vers l'est, notamment en ce qui concerne l'Ukraine et la Géorgie. Aleksandr Belkin, directeur général adjoint du Conseil de la politique étrangère et de défense, a déclaré que l'Ukraine était le dernier bastion. « Si l'Ukraine devenait membre de l'OTAN, l'encerclement de la Russie serait complet ». Il a déclaré qu'il y avait un consensus presque total parmi l'élite politique russe sur le fait que la tentative de l'OTAN d'intégrer l'Ukraine était un acte hostile[603].

Malgré les nombreuses craintes qu'une poursuite de la politique d'élargissement de l'OTAN vers l'est puisse conduire à l'instabilité et à la guerre civile en Ukraine et à une confrontation entre les États-Unis et la Russie, on ne trouve malheureusement dans aucune dépêche d'ambassade des indications que des efforts aient été entrepris pour sortir de cette voie de confrontation.

Résumé : les gouvernements de l'OTAN ont menti, bafoué le droit international et poussé à la guerre

Nous avons donc vu que les gouvernements de l'OTAN ont systématiquement menti à nos voisins russes quant à l'élargissement de l'OTAN vers l'est. La confiance a ainsi été détruite. Les promesses des gouvernements de l'OTAN ne valaient pas un clou.

Ce qui est grave, c'est que les politiciens de l'OTAN n'ont même pas honte de ces mensonges. Les gens normaux possèdent une boussole interne, et ils ont honte lorsqu'ils manquent à leur parole et essaient de se rattraper. Un tel sens moral n'existe pas chez les gouvernements de l'OTAN.

Nous avons également vu que l'élargissement de l'OTAN vers l'est est en contradiction avec le principe du respect des intérêts de sécurité de tous, qui est ancré dans de nombreux accords internationaux. L'Occident ne veut tout simplement rien savoir sur ce non-respect de ce principe de droit international, selon la devise : « Les règles ne s'appliquent que lorsqu'elles nous sont utiles. »

Nous avons également montré qu'il y avait eu des avertissements dramatiques de la part d'hommes politiques, de diplomates et de scientifiques concernant l'élargissement de l'OTAN vers l'est, selon lesquels celui-ci pourrait conduire à une guerre. Mais cela n'a pas freiné les gouvernements de l'OTAN sur leur lancée. Comme prévu, la guerre d'Ukraine a éclaté en 2022. Les gouvernements de l'OTAN se sont délibérément dirigés vers cette catastrophe, qui tuera des centaines de milliers de personnes, et en traumatisera et blessera des millions d'autres.

En réalité, les gouvernements de l'OTAN ne se sont jamais préoccupés des habitants de l'Ukraine. Il est évident qu'ils ont sciemment orienté ce crime. Par le silence et la propagande, ils ont transformé leurs populations en partisans consentants de la guerre et construit un nouveau racisme envers les Russes et la Russie.

Te Rongo Marae Roa, dieu maori de la paix, Palmerston North, Nouvelle-Zélande[604]

La Russie, figure d'ennemi en construction depuis longtemps

Toute guerre commence par une guerre de l'information. La guerre en Ukraine n'a pas dérogé à cette règle. On commence toujours par construire une image de l'ennemi et par susciter la peur. La guerre de l'information est très variée, subtile, et surtout longue et intergénérationnelle.

L'image de l'ennemi, en construction depuis longtemps, prend alors le dessus sur tout le reste : les États-Unis, c'est bien, l'Ukraine, c'est bien, la Russie, c'est mal. Ce préjugé permet ensuite de situer tout le reste en conséquence. Les gens croient alors par exemple que la Russie bombarde une centrale nucléaire gardée par des soldats russes, qui alimente en électricité des régions contrôlées par la Russie et qui, en cas de catastrophe nucléaire, contaminerait une grande partie de la Russie. L'image fabriquée de l'ennemi fait alors en sorte que l'absurdité de cette affirmation ne saute pas aux yeux. Une fois qu'elle est solidement construite et bien ancrée chez de très nombreuses personnes, on peut raconter n'importe quoi.

Je ne peux pas m'intéresser de manière détaillée au vaste sujet de la guerre de l'information dans ce chapitre, mais seulement prendre quelques exemples afin de le rendre plus compréhensible.

Qui a vaincu le fascisme allemand ?

Le 9 mai 2023, à l'occasion de l'anniversaire de la capitulation de l'Allemagne, la porte-parole de la Maison Blanche, Karine Jean-Pierre, a exprimé lors d'une conférence de presse le point de vue officiel américain selon lequel ce sont surtout les États-Unis qui ont gagné la guerre contre le fascisme. Elle a déclaré : « *Cette semaine, comme vous le savez tous, marque l'anniversaire de la fin de la Seconde Guerre mondiale en Europe et de la victoire des États-Unis et des forces alliées sur le fascisme et l'agression sur le continent*[605]. »

En réalité, c'est pourtant l'Union soviétique qui a porté la plus grande partie du fardeau de la guerre. Elle a détruit la Wehrmacht allemande. Les soldats américains n'ont foulé le sol européen que lorsque les grandes batailles étaient terminées et que la guerre était pour l'essentiel déjà décidée. La Russie a perdu 27 000 000 personnes, les États-Unis 400 000. L'Armée rouge a causé 80% des pertes de la Wehrmacht allemande[606]. Mais les États-Unis se présentent comme le vainqueur des nazis et passent sous silence la part beaucoup plus importante de l'Union soviétique. Cette ligne d'approche est suivie depuis des décennies. Hollywood y a contribué de manière décisive.

C'est ainsi qu'a été construite l'image des États-Unis comme ami et aidant. En réalité, nous pourrions aussi être reconnaissants à la Russie d'avoir mis fin à la domination nazie. Mais on en parle rarement, car la gratitude fait partie des sentiments qui perturbent l'image de l'ennemi. Le fait que la Wehrmacht allemande et les commandos spéciaux SS qui l'ont suivie aient tué 27 millions de Russes pourrait susciter un profond sentiment de culpabilité et un désir de réconciliation. Cependant, comme ces sentiments ne correspondent pas non plus à l'image de l'ennemi, le sujet est occulté. Mais les crimes de guerre commis par l'Armée rouge vers la fin de la Seconde Guerre mondiale – commis contre la population civile allemande, en particulier contre les femmes – ont été soulignés dans la conscience collective comme étant des atrocités barbares et ont entretenu l'image de l'ennemi.

En revanche, les bombardements systématiques des villes allemandes par l'Angleterre et les États-Unis sont traités avec désinvolture, comme s'il s'agissait d'averses, d'actes inévitables pour libérer la population allemande du joug nazi. En réalité, ces assassinats ciblés de civils et la destruction de bâtiments civils constituaient un crime de guerre à grande échelle. Mais on ne le dit pas, car une telle qualification ne correspond pas au schéma bien/mal souhaité.

De cette manière, la propagande de l'image de l'ennemi sévit constamment dans d'innombrables domaines thématiques et avec de nombreux moyens. L'exemple présenté ci-dessous n'est qu'un exemple parmi des centaines d'autres.

États-Unis : enregistrement des représentants d'intérêts étrangers

Aux États-Unis, la loi FARA (*Foreign Agents Registration Act*) existe déjà depuis 1938. Elle vise à empêcher les ingérences étrangères dans la politique américaine. En vertu de cette loi, toute personne exerçant une activité politique aux États-Unis pour le compte d'un pays étranger et ne s'enregistrant pas en tant qu'agent étranger est passible d'une amende pouvant atteindre 250 000 dollars et d'une peine d'emprisonnement pouvant aller jusqu'à cinq ans[607].

Un représentant d'intérêts étranger est appelé « agent étranger ». Sa définition est très large : toute personne qui agit sous la direction d'un donneur d'ordre étranger et qui participe aux États-Unis à des activités politiques ou à des activités de relations publiques, qui travaille comme collaborateur d'un service d'information ou comme conseiller politique, qui collecte ou verse des fonds, ou qui fait du lobbying auprès des autorités américaines. La définition de « donneur d'ordre étranger » est également très large : il peut s'agir d'un gouvernement ou d'un parti politique étranger, ou de n'importe quelle personne ou institution publique ou privée en dehors des États-Unis[608].

Les agents étrangers sont tenus de divulguer au *Department of Justice/ NSD FARA Unit* les accords qu'ils ont conclus avec des mandants étrangers, d'indiquer les montants et les sources des financements reçus et de fournir un compte rendu de toutes les activités qu'ils ont menées au nom de donneurs d'ordre étrangers. Les documents d'information qu'ils diffusent, que ce soit sous forme physique ou électronique, doivent être accompagnés d'une mention indiquant qu'ils ont été élaborés pour le compte d'un mandant étranger. Le texte de la mention est le suivant : « *This material is distributed by (name of registrant) on behalf of (name of foreign principal). Additional information is available at the Department of Justice, Washington, DC.* » Des copies de ce matériel sont à envoyer au ministère de la Justice pour contrôle.

Le site Internet du ministère américain de la Justice (www.fara.gov) contient une base de données des 3656 agents étrangers signalés (au 8 mars 2023)[609].

Dans une brochure d'information, le ministère américain de la Justice appelle à dénoncer les cas suspects d'agents étrangers non enregistrés : « *If you suspect you've encountered an unregistered agent of a foreign government, contact your local FBI field office or the Department of Justice's FARA Unit*[610]. » Sur le site de la FARA, on trouve également une sélection de condamnations, dont certaines à de longues années de prison.

Thomas Röper a parlé de Maria Butina, qu'il a rencontrée personnellement :

> *« La loi FARA est appliquée de manière très restrictive aux États-Unis. Maria Butina, alors étudiante russe, a été condamnée en 2018 à 18 mois de prison en vertu de cette loi. Son délit consistait à avoir noué des contacts avec le lobby américain des armes, en tant que passionnée d'armes. Le fait qu'elle ait parlé des armes à certains lobbyistes américains a suffi pour qu'elle soit condamnée à plus d'un an de prison*[611]. »

Une influence politique étrangère cachée est une ligne rouge indépassable aux États-Unis, qui se défendent bec et ongles contre les influences politiques étrangères, même lorsqu'elles n'ont pas eu lieu. La prétendue ingérence russe dans la campagne électorale américaine Trump/Clinton de 2016 a été pendant des années un des sujets les plus souvent traités. Entre-temps, il est apparu qu'il n'y avait pas eu d'ingérence russe ; il s'agissait d'une mise en scène électorale des démocrates américains, comme l'ont montré la publication des fichiers Twitter[612] et les procédures judiciaires[613]. C'est également un exemple de la construction propagandiste de l'image de l'ennemi russe.

L'opinion publique américaine étant allergique à l'influence politique étrangère, la loi sur les agents étrangers des États-Unis n'est critiquée nulle part. Au cours de mes recherches, je n'ai pas trouvé une seule voix critique. C'est pourquoi le *Foreign Agents Registration Act* est très peu connu.

La loi sur les agents étrangers est bonne aux États-Unis, mauvaise en Russie

Mais il en va tout autrement de la loi sur l'enregistrement des agents étrangers en Russie ; les médias en regorgent. Ils ne cessent de répéter qu'elle vise à entraver la société civile et la démocratie. Le Spiegel a par exemple titré : « Répression contre les ONG : le Kremlin stigmatise les militants des droits civiques en les qualifiant d'"agents étrangers"[614]. »

La loi russe sur les agents étrangers, adoptée en 2012, s'inspirait de la loi correspondante des États-Unis. Elle oblige toute organisation politiquement active en Russie et financée par l'étranger à divulguer ses finances aux autorités et à identifier les publications en conséquence. Ce sont les mêmes règles que celles en vigueur aux États-Unis. Elle n'interdit pas la réception et l'utilisation de fonds étrangers et ne limite pas les activités des organisations, mais garantit la transparence, en permettant aux lecteurs d'un média de savoir si celui-ci est soutenu financièrement par l'étranger. L'obligation d'étiquetage va de soi pour les produits alimentaires, par exemple : les clients doivent pouvoir savoir où et par qui le produit a été produit et quels sont ses ingrédients. Normalement, la transparence fait partie des valeurs d'une démocratie. Mais cette règle ne doit elle aussi s'appliquer qu'à la loi américaine sur les agents étrangers, et non à la loi russe : la transparence y est synonyme de répression.

Immédiatement après l'introduction de la loi en Russie en 2012, aucun enregistrement n'a été effectué. De nombreuses organisations financées par l'étranger ont refusé de se conformer à ses exigences, si bien qu'à partir de 2013, les autorités russes ont effectué des contrôles dans 300 bureaux. Fin 2016, 148 organisations avaient été enregistrées et invitées à se conformer à la réglementation. En cas de refus, elles étaient condamnées à des amendes allant de 200 000 à 900 000 roubles (ce qui correspondait à l'époque à 3000 à 13 500 euros)[615]. *Memorial*, une organisation de défense des droits de l'homme fondée en 1988 pour enquêter sur les crimes staliniens, n'a pas respecté les règles d'identification pendant des années et a finalement été interdite par la Cour suprême russe en 2021[616]. Après que la filiale de la chaîne d'État russe RT aux États-Unis a été contrainte de s'enregistrer comme agent étranger, le Parlement russe a adopté en novembre 2017 un amendement à la loi qui permet également de classer les médias opérant en Russie comme agents étrangers[617].

La loi russe ne concernait au départ que les organisations, contrairement à la loi américaine qui s'applique à tout individu. Ce n'est qu'en 2020 que la Russie, emboîtant le pas, l'a étendue aux personnes individuelles[618].

Depuis décembre 2022, les noms des agents étrangers sont publiés en Russie de la même manière qu'aux États-Unis. Au 1er décembre 2022, la liste comptait 493 inscriptions, dont environ 170 organisations[619]. Aux États-Unis, 3656 agents sont enregistrés et publiés, soit nettement plus.

Les deux lois sur les agents étrangers veillent à ce que la représentation d'intérêts étrangers soit rendue transparente, mais pas interdite. On peut être contre ces lois si l'on approuve les influences étrangères dissimulées. De nombreux médias mainstream et hommes politiques occidentaux critiquent la loi russe en affirmant que les ONG financées par l'Occident en Russie sont entravées dans leur travail. Mais comme ils ne critiquent pas non plus la loi américaine correspondante, qui entrave tout autant les ONG financées par l'étranger aux États-Unis, c'est de l'hypocrisie.

Mais c'est ainsi que fonctionne la propagande. Les discussions et les reportages médiatiques sur la loi russe sur les agents étrangers, qui durent depuis des années, sont une contribution typique à la construction de l'image à long terme de l'ennemi russe.

La loi sur les agents étrangers en Géorgie est mauvaise elle aussi

Selon les États-Unis, les lois sur les agents étrangers qui rendent transparente l'influence des organisations américaines sont indésirables, non seulement en Russie mais aussi dans d'autres États, car elles perturbent leur influence secrète.

A partir du 7 mars 2023, Tbilissi en Géorgie a connu plusieurs jours de manifestations violentes avec des voitures incendiées et un assaut contre le Parlement. La cause en était une loi sur les agents étrangers, adoptée par le Parlement géorgien, qui obligeait les organisations recevant 20% ou plus de leurs fonds de sources étrangères à s'enregistrer. Une « version américaine » plus stricte de la loi, qui imposait la même obligation aux individus, a été rejetée.

Le journaliste Thomas Oysmüller a fait un reportage sur *tkp.at*[620] :

> *Les États-Unis affirment que la loi est inspirée par le Kremlin et qu'elle menace gravement les organisations américaines. (...) Il est évident que les États-Unis et la CIA sont impliqués. La forte influence américaine sur la Géorgie n'est guère contestable non plus. USAID, une organisation proche de la CIA, a commencé ses « activités » en Géorgie en 1992 et mis à disposition des fonds à hauteur de 1,8 milliard de dollars. (...) La veille de l'éclatement des troubles, Todd Robinson, secrétaire d'État adjoint des États-Unis, est arrivé à Tbilissi. Il a déclaré aux journalistes : « Il s'agit d'une loi basée sur les intérêts de la Russie, pas sur ceux de la Géorgie. Nous pensons qu'il est dans l'intérêt de la Géorgie de travailler plus étroitement à son intégration euro-atlantique. Cette loi n'y contribue pas. » Le département d'État américain a annoncé des sanctions contre ceux qui tentent de réprimer la protestation.*

Ainsi donc, les États-Unis annoncent des sanctions contre les fonctionnaires et les hommes politiques géorgiens qui interviennent contre les manifestants violents ? Pourquoi le secrétaire d'État américain s'immisce-t-il d'ailleurs avec autant d'audace dans la politique intérieure de Tbilissi ? Et qu'a-t-il contre une loi sur les agents étrangers qui est plus inoffensive que le modèle américain ? Hypocrisie.

De toute évidence, le problème ici n'était pas cette loi ; il s'agissait d'affaiblir, voire de destituer le gouvernement géorgien, qui ne participait pas aux sanctions contre la Russie.

À ce propos : en mars 2023, on a appris que l'UE préparait une loi sur les agents étrangers[621]. C'est bien sûr à nouveau une bonne chose.

C'est ainsi que se déroule la guerre de l'information et qu'elle agit à long terme. Les choses s'enchaînent. Une fois le visage du mal établi,

Mosquée de la paix à Sharm El Sheikh, Égypte[622]

le prochain mal sera sans aucun doute attribué à ce même mal. Nous sommes en permanence dans une guerre de l'information. Elle est visible à chaque coin de rue. Et c'est ainsi que l'on crée et influence les pensées et les sentiments des gens.

Comment fonctionne la géopolitique

Ce livre montre en détail comment la guerre en Ukraine a été systématiquement préparée par les pays de l'OTAN et également par le gouvernement ukrainien, et comment le gouvernement russe a été poussé à entrer en guerre en février 2022. Un grand problème de compréhension réside dans le fait qu'en tant que personne normale, on peut difficilement s'imaginer que des politiciens provoquent une guerre de manière aussi consciente et de sang-froid.

C'est précisément cette question qu'aborde le journaliste Thomas Röper dans un texte sur le fonctionnement de la géopolitique, que je reproduis ci-dessous[623].

*

de Thomas Röper

« Je constate régulièrement que la plupart des gens ne savent pas vraiment ce qu'est la géopolitique et comment elle fonctionne. C'est pourquoi je donnerai ici quelques éléments de base pour la comprendre.

La plupart des gens ont été profondément bouleversés sur le plan émotionnel par les événements en Ukraine. C'est compréhensible, car la tragédie qui s'y déroule est vraiment terrible. Mais c'est un inconvénient majeur, car lorsque l'on est sous le coup des émotions, la pensée analytique est désactivée.

Géostratégie et émotions

Cet appel aux émotions est voulu, car celui qui est dans les émotions, c'est-à-dire en colère, effrayé, indigné et ainsi de suite, voit sa capacité à penser de manière rationnelle désactivée. Et celui qui ne pense pas rationnellement, mais émotionnellement, peut facilement être dirigé par le biais de ses émotions. C'est un moyen éprouvé pour diriger les masses.

Mais si nous voulons comprendre la géopolitique, nous devons analyser de manière totalement sèche et « insensible ». La géopolitique est

comme un jeu d'échecs et nous savons tous que personne n'a jamais gagné une partie d'échecs avec des émotions, mais que c'est toujours celui qui analyse le mieux et le plus froidement qui gagne. Cela vaut également pour l'observateur d'une partie d'échecs, qui ne peut comprendre le jeu et les stratégies des joueurs que s'il observe le jeu aussi froidement et objectivement que les joueurs le jouent.

En géopolitique, ces observateurs du jeu sont les analystes, dont je fais partie. Il faut observer les événements politiques comme une partie d'échecs. Si, aux échecs, on éprouve de la compassion pour le pion qui est retiré du champ, battu comme le fameux pion sacrifié, c'est qu'on n'a pas compris le jeu. Le pion n'est qu'une pièce et on l'a sacrifié pour générer un avantage pour son camp, par exemple en échange d'un fou.

L'échiquier géopolitique

En géopolitique, les pays et les peuples sont les pions. Pour comprendre la géopolitique, il faut penser comme un géostratège. Et pour un géostratège, peu importe qu'un pays soit détruit et que des centaines de milliers de personnes soient assassinées, ce qui compte pour le géostratège, c'est que son camp en ait tiré un avantage et que l'autre

camp en ait été affaibli. Le pays détruit et les centaines de milliers de morts innocents représentent le pion sacrifié. Et le géostratège n'a pas plus de compassion pour eux que le joueur d'échecs pour le pion en bois qu'il a échangé contre un fou de l'adversaire.

C'est cynique, mais c'est la réalité de la géopolitique. Je suis heureux d'être « seulement » analyste. J'observe et, tout en travaillant sur mes analyses, je peux faire abstraction de mes sentiments. Je ne pourrais pas être un géostratège qui prend ces décisions qui, « si nécessaire », entraînent la mort de centaines de milliers de personnes.

Pour comprendre la géopolitique, nous devons savoir qu'elle fonctionne comme je viens de le décrire et que les décideurs considèrent le monde comme un échiquier dont les pays et leurs peuples sont les pions. Les États puissants – principalement les États-Unis, la Russie et la Chine – sont les joueurs et tous les autres États sont les pions, c'est ainsi que nous devons nous représenter les choses, de manière un peu simplifiée, il est vrai. Les autres pays sont plus ou moins importants et puissants, certains ne sont que des pions, d'autres des fous, des cavaliers ou des tours. Mais ils dépendent des décisions des joueurs, ils ne sont malgré tout que des pions.

Intérêts ou amitié ?

Maintenant que nous avons compris que la géopolitique n'a que peu de choses à voir avec l'humanité, la question de savoir s'il existe des amitiés entre les États n'a plus vraiment lieu d'être. La réponse est non, il n'y a pas d'amitié en géopolitique, même si les politiciens aiment nous dire que les États-Unis ou la France, par exemple, sont les amis de l'Allemagne.

En géopolitique, il s'agit d'intérêts tangibles. Si la Russie et la Chine, par exemple, sont aujourd'hui « amies proches », c'est parce qu'elles ont les mêmes intérêts dans de très nombreux domaines. Elles sont intéressées par la stabilité en Asie, car aucun État n'aime avoir des troubles à proximité de ses frontières. La Russie est intéressée par la technologie et la puissance industrielle de la Chine, la Chine a besoin des matières premières de la Russie et également d'un soutien dans les domaines technologiques où la Russie est leader.

À cela s'ajoute le fait que les deux États sont littéralement contraints par les États-Unis à coopérer, car les États-Unis les ont officiellement déclarés comme adversaires et les combattent ouvertement depuis des années par des sanctions et d'autres moyens. Les États-Unis veulent rester la première puissance mondiale, c'est-à-dire conserver la domination du monde. C'est ce qu'on appelle un monde unipolaire, dans lequel il n'y a qu'un seul pôle de pouvoir.

La Russie et la Chine partagent donc l'intérêt de briser ce pôle de puissance qui les a déclarées ennemies et les combat. Il s'agit d'un comportement défensif de leur part, car ce ne sont pas eux qui ont déclaré les États-Unis comme adversaires et qui ont introduit des sanctions et d'autres mesures contre les États-Unis, c'est l'inverse : depuis de nombreuses années, les États-Unis couvrent la Russie et également la Chine de sanctions, de « mesures punitives » économiques, et tentent de trouver des alliés contre elles.

La Russie et la Chine aspirent à un ordre mondial dans lequel il n'y a pas de puissance dominante qui puisse et veuille imposer ses règles à tous les autres pays. Elles aspirent à un monde multipolaire dans lequel il existe plusieurs pôles de puissance égaux qui discutent de leurs intérêts sur un pied d'égalité et cherchent des solutions sans que l'un ne domine l'autre.

Lorsque des États s'unissent, il n'y a pas d'amitié derrière, mais les intérêts communs.

La préhistoire

Les États-Unis se retrouvent sous pression sur l'échiquier, car ils ont connu l'apogée de leur puissance dans les années 1990 et 2000 et n'ont ensuite cessé de perdre leur influence. Dans les années 1990, l'Union soviétique s'était effondrée, la Russie était faible et la Chine était encore un pays en retard. Les États-Unis pouvaient agir dans le monde comme bon leur semblait, et ils l'ont fait. Ils étaient la puissance mondiale, l'empire, comme les historiens appellent une puissance mondiale.

Mais dans les années 2000, la Russie s'est remise sur pied sous Poutine et l'ascension de la Chine a été fulgurante. Dans les années 2010, la Chine était déjà une puissance mondiale sûre d'elle, la Russie était encore sur sa réserve et pas encore vraiment sûre de sa force.

La décision en Russie est venue avec le Maïdan de 2014, lorsqu'elle s'est vue contrainte de s'opposer aux ambitions des États-Unis dans leur « arrière-cour ». Il s'est avéré qu'elle était déjà suffisamment consolidée et forte économiquement pour survivre aux sanctions par lesquelles les États-Unis l'ont punie pour sa « rébellion » contre le coup d'État du Maïdan. Elle est même devenue plus forte encore sous la pression des sanctions, ce qui, dans un premier temps a seulement irrité les responsables à Washington, avant de les effrayer de plus en plus. Les sanctions ont littéralement glissé sur la Russie.

La Chine n'a été approchée que plus tard par les États-Unis : à partir de 2017, sous le président Trump, qui l'a déclarée adversaire numéro un parce qu'elle commençait à menacer la domination économique des États-Unis. La domination militaire des États-Unis reposant sur leur domination économique, la Chine est en réalité leur adversaire le plus important, plus que la Russie.

Là j'anticipe, mais cela explique pourquoi les États-Unis voulaient d'abord s'occuper de la Russie : ils la considéraient comme faible (surtout économiquement) et pensaient apparemment pouvoir l'affaiblir de manière décisive par les sanctions, dans une sorte de blitzkrieg économique, avant de s'attaquer à la Chine.

L'Eurasie

La clé de la puissance mondiale, de la Worldwide Dominance, *comme disent les États-Unis, est la domination de l'Europe et de l'Asie, de ce que l'on appelle le continent eurasien. Celui qui domine cette région domine le monde. C'est la raison pour laquelle les États-Unis considèrent traditionnellement la Russie comme un adversaire dangereux.*

La Russie elle-même n'a pas d'intentions agressives envers qui que ce soit, elle a plus de terres et de ressources naturelles qu'elle n'en a besoin et sera occupée pour les cent prochaines années à développer son immense pays. Mais c'est là le problème : la Russie est un immense pays sur le continent eurasien et donc un problème pour les États-

Unis, si elle ne se soumet pas à leur volonté. Et c'est précisément cette soumission que refuse la Russie, redevenue sûre d'elle sous Poutine.

Le fait que la Russie n'a aucune intention agressive n'est pas le fruit de mon imagination fertile ou de la propagande russe, c'est ce que l'un des think tanks les plus puissants des États-Unis, la RAND Corporation, a mis en évidence dans une étude de 2019. On y lit : « La Russie ne cherche pas la parité militaire avec les États-Unis. » La Russie ne veut donc même pas être aussi forte que les États-Unis. Et encore moins plus forte. Celui qui se contente d'être plus faible militairement que son adversaire n'a certainement aucune intention agressive. Loin de s'en réjouir, les États-Unis s'en sont irrités et ont donc réfléchi à la manière de la provoquer pour qu'elle réagisse enfin de manière agressive. Pour ce faire, la RAND Corporation proposait 47 mesures, parmi lesquelles « l'augmentation des armes américaines et des conseils américains à l'Ukraine[624] ».

Cela peut vous paraître incompréhensible, mais c'est une conséquence logique si l'on pense en termes géopolitiques. Les États-Unis ont dû former une coalition pour défier la Russie et la mettre à genoux, car tant qu'elle leur désobéit, même sans menacer qui que ce soit, elle entrave, ne serait-ce que par sa taille, la prétention des États-Unis à devenir la puissance dominante en Eurasie.

Mais comment forger une coalition contre un voisin pacifique ? C'est très simple : en l'irritant tellement qu'il ne peut plus réagir de façon pacifique. Ensuite, on peut dire aux autres : « Regardez, la Russie est dangereuse, nous devons nous unir pour l'arrêter ! »

Le cynisme est la marque du fonctionnement de la géopolitique, et c'est pourquoi la conclusion de la RAND Corporation selon laquelle la Russie n'avait aucune intention agressive a été une mauvaise nouvelle pour les États-Unis.

Les pièces du jeu d'échec

Après l'effondrement de l'Union soviétique, l'Ukraine était le pays d'Europe de l'Est présentant le meilleur potentiel. Elle disposait d'une industrie, certes moribonde, mais néanmoins performante, avec des produits tout à fait compétitifs : construction aéronautique, construction navale, technologie spatiale, technologie nucléaire et industrie lourde. De plus, elle est riche en ressources minières comme le charbon et possède les sols les plus fertiles d'Europe, et probablement même du monde.

Mais à l'Ouest, on ne voulait pas de concurrence dans l'industrie et cela tombait bien, car lors de la privatisation encouragée par l'Occident, des oligarques avides et court-termistes s'étaient emparés des meilleurs morceaux du pays. L'Ukraine n'a jamais exploité son potentiel, elle est restée un poids plume en Europe. Aux échecs, on dirait qu'elle est un pion. Elle aurait pu devenir une dame, mais qui a intérêt à ce qu'un adversaire potentiel devienne soudain une dame sur l'échiquier ?

Mais en raison des liens familiaux étroits qui existaient entre les gens à l'époque soviétique et des liens économiques étroits entre l'Ukraine et la Russie, l'Ukraine était un pion très important. Avec la Russie, elle aurait pu devenir une dame, et la Russie elle-même aurait pu se développer beaucoup plus rapidement.

Empêcher cette évolution était déjà l'un des principaux objectifs des géostratèges de Washington dans les années 1990, comme l'a expliqué en détail l'influent géostratège Zbigniew Brzezinski dès 1997 dans son important ouvrage de référence « Le grand échiquier ». Ce livre raconte en substance ce qui s'est passé au cours des deux décennies suivantes : les États-Unis ont massivement encouragé les forces anti-russes en Ukraine afin de créer la division entre elle et la Russie. C'est ainsi que l'Ukraine, la potentielle dame russe, est restée un pion faible.

Le fait que les Ukrainiens vivent dans la pauvreté depuis trente ans n'a aucune importance pour les géostratèges, car la géopolitique est cynique et ne respecte pas l'être humain.

La bataille pour les pions

La Russie devenant de plus en plus forte, les États-Unis ont estimé que le risque que l'Ukraine se tourne vers elle s'était accru, car la Russie était devenue un partenaire attractif pour de nombreux voisins. Si un rapprochement avec la Russie avait conduit à une plus grande prospérité pour les Ukrainiens, l'Ukraine aurait pu quitter la zone d'influence des États-Unis, ce qui, de leur point de vue, était inacceptable.

Les intérêts de la Russie étaient différents. La Russie ne voulait pas faire de l'Ukraine un satellite. En raison des élargissements de l'OTAN vers l'est et de la politique de plus en plus conflictuelle de l'UE, elle était intéressée par un pont vers l'Europe. De son point de vue, l'Ukraine aurait dû devenir, premièrement, un tampon entre l'OTAN et la Russie et, deuxièmement, un pont vers l'Europe par lequel seraient passés l'économie, le commerce et les échanges culturels.

L'intérêt de la Russie et le grand objectif de Poutine, qu'il a esquissé dès 2001 dans son discours au Bundestag[625], était le grand espace commun allant de Lisbonne à Vladivostok, dans lequel l'industrie et la technologie européennes auraient formé, avec les ressources minérales et la main-d'œuvre russes, une puissance commune dans laquelle l'UE et la Russie auraient dépendu l'une de l'autre, sans que l'une puisse dominer l'autre. L'Ukraine était la dernière clé de cet objectif, une fois que les États-Unis eurent attiré les États baltes dans l'OTAN qu'ils dominaient et que la Biélorussie eut été mise au ban de l'Occident.

C'est pourquoi l'objectif premier des États-Unis en Europe était de séparer définitivement et durablement l'Ukraine de la Russie. Le coup d'État du Maïdan, orchestré et financé par les États-Unis, qui a porté au pouvoir à Kiev des gouvernements anti-russes, voire néonazis[626], a été une victoire importante pour les États-Unis. Mais ces derniers avaient tiré les leçons du passé, car il y avait déjà eu auparavant la Révolution orange de 2004, qui n'avait toutefois pas été définitive et après laquelle un président plutôt pro-russe avait à nouveau remporté les élections. Celui-ci avait été chassé du pouvoir par le Maïdan en 2014.

Pour éviter la répétition de résultats électoraux « non voulus », les États-Unis avaient besoin de quelque chose qui puisse séparer manière irréversible l'Ukraine et la Russie. Et pour cela, quoi de mieux qu'une guerre ? Dans mon livre sur la crise ukrainienne de 2014, j'ai montré que c'était [probablement] le chef de la CIA[627] qui avait ordonné aux dirigeants de Kiev de l'époque de lancer la guerre dans le Donbass. Il *était présent incognito à Kiev lors de la réunion décisive du Conseil de sécurité ukrainien, comme la Maison Blanche a dû l'admettre quelques jours plus tard seulement.*

La guerre dans le Donbass a été la véritable victoire des États-Unis, car elle a permis de dresser la population ukrainienne contre la Russie et, surtout, en empêchant la Crimée et le Donbass, peuplés par les Russes, de participer aux élections en Ukraine, ils se sont assurés que seules les forces anti-russes gagneraient les élections.

Le pion Ukraine était définitivement tombé sous le contrôle des États-Unis.

Le sacrifice du pion

Cela fait, les États-Unis avaient toujours pour objectif majeur de vaincre leurs deux adversaires dans la lutte pour le pouvoir en Eurasie. Le Maïdan n'était qu'une petite étape, mais importante. La lutte contre la Chine est un autre sujet, c'est pourquoi nous restons sur la Russie.

La Russie n'en est pas moins devenue de plus en plus forte, et les sanctions imposées à partir de 2014 sous tous les prétextes possibles n'y ont rien changé. Alors que les experts occidentaux prédisaient en 2014 la faillite et l'effondrement imminents de la Russie, l'économie russe s'est développée, ses réserves de devises ont doublé et le niveau de vie de ses habitants s'est maintenu.

La RAND Corporation, déjà mentionnée, a rédigé en 2019 une autre étude de 354 pages[628] dans laquelle elle élaborait en détail la manière d'affaiblir la Russie. J'ai consacré une série de vingt articles à cette étude, dans laquelle j'ai montré ce que les États-Unis avaient prévu pour affaiblir la Russie. Presque tout ce qui était proposé dans l'étude a été mis en œuvre par la suite[629]. On ne se rend pas compte du pouvoir de ces géostratèges aux États-Unis.

Le meilleur moyen d'affaiblir un adversaire géopolitique est de le pousser dans une coûteuse guerre par procuration. Le principe n'est pas nouveau, nous l'avons vu au Vietnam et en Afghanistan. Une guerre par procuration est coûteuse pour l'adversaire, elle coûte des vies humaines, ce qui peut conduire au mécontentement, à l'instabilité et à l'agitation à l'intérieur du pays, et, à l'extérieur, elle peut être exploitée à des fins de propagande pour dresser d'autres pays contre l'adversaire et l'affaiblir ainsi en politique étrangère.

La stratégie de la RAND Corporation prévoyait notamment de provoquer la Russie en déployant des armes nucléaires près de ses frontières. En ce qui concerne l'Ukraine, on pouvait lire noir sur blanc dans l'étude de la RAND-Corporation[630] que les États-Unis n'avaient aucun intérêt à une paix dans le Donbass, mais qu'ils voulaient utiliser la guerre dans le Donbass selon leurs besoins afin d'irriter la Russie et de générer des coûts pour elle.

Fin février 2022, lors de la conférence sur la sécurité de Munich, le président Zelensky a ouvertement menacé de développer et de déployer ses propres armes nucléaires en Ukraine[631]. Un président ne dit pas cela sur un coup de tête. Celui qui annonce publiquement une telle chose soit l'a déjà mise en œuvre, soit est sur le point de le faire.

Mais surtout, Zelensky ne pouvait pas l'annoncer sans le soutien de Washington. De plus, les hauts représentants de l'Occident l'ont applaudi pour cette déclaration au lieu de le contredire immédiatement.

La Russie face à un dilemme

Ce que la RAND Corporation cherchait à obtenir s'est donc produit : la Russie avait le choix entre la peste et le choléra ; elle pouvait autoriser des armes nucléaires à sa frontière – qui plus est sous le contrôle d'un État gouverné par des anti-russes radicaux – ou tenter de l'empêcher militairement au dernier moment. Elle a opté pour cette dernière solution, ce qui était tout à fait dans l'intérêt de la RAND Corporation et donc des États-Unis.

Une guerre par procuration coûteuse pour la Russie a été déclenchée en Ukraine, que les États-Unis ont exploitée de toutes leurs forces pour affaiblir la Russie sur le plan économique, former des coalitions contre elle, etc. Avec cette guerre par procuration, les États-Unis espéraient enfin pouvoir affaiblir définitivement la Russie et la mettre à genoux, ce qu'ils proclamaient ouvertement quand on disait à Washington que l'objectif était de détruire l'économie russe.

Comme je l'ai dit, la géopolitique est inhumaine et cynique. Mais c'est ainsi qu'elle fonctionne.

Aujourd'hui, nous savons que la stratégie américaine n'a pas fonctionné. La Russie n'est pas à terre ; les États-Unis ont désormais un problème, celui de consommer leurs propres ressources pour soutenir l'Ukraine contre la Russie ; et la Chine, le véritable adversaire principal des États-Unis, reste pour le moment le tiers qui regarde en souriant.

*

Voilà pour l'analyse de Thomas Röper.

Bouddha Maitreya de 35 mètres de haut, symbole de la paix mondiale, Nubra Valley, Inde[632]

L'OTAN a organisé l'escalade

On comprend mieux le mécanisme de l'escalade qui a conduit à la guerre en Ukraine si on l'examine dans une perspective temporelle longue. J'ai décrit avec précision les étapes particulièrement importantes de l'escalade dans les chapitres précédents de ce livre. Dans ce qui suit, j'esquisse de nombreuses autres étapes de la construction du conflit.

Avant d'entrer dans les détails, je voudrais citer Benjamin Abelow. Cet expert en politique des armes nucléaires a écrit un petit livre remarquable : « Comment l'Occident a amené la guerre en Ukraine », qui a été traduit dans son intégralité par le journal suisse *Weltwoche et publié en accès libre*[633]. Abelow y décrit son idée de base, qui convient parfaitement ici :

> *Je pense que le récit occidental est faux. Sur des points essentiels, il est à l'opposé de la vérité. La véritable cause de la guerre ne se trouve pas dans l'expansionnisme effréné de Poutine ou dans les délires paranoïaques des stratèges militaires du Kremlin, mais dans une histoire de trente ans de provocations occidentales contre la Russie, qui ont commencé avec la dissolution de l'Union soviétique et se sont poursuivies jusqu'au début de la guerre. Ces provocations ont placé la Russie dans une situation intolérable, pour laquelle, selon Poutine et son état-major militaire, la guerre était la seule solution viable. Dans mon argumentation, j'accorde une attention particulière aux États-Unis et je les critique très sévèrement, car ils ont joué un rôle décisif dans l'élaboration de la politique occidentale.*

> *Ma critique de l'Occident n'a pas pour but de justifier l'invasion de Moscou ou de disculper les dirigeants russes. Je ne suis pas un défenseur de Poutine. En dépit de tout ce que je vais dire, je pense qu'il avait des alternatives à la guerre. Mais je cherche à le comprendre en essayant d'évaluer rationnellement la séquence causale qui l'a poussé à déclencher une guerre.*

A partir de 1963 : instauration de la confiance, détente et conclusion d'accords

Avant le début de la guerre en Ukraine, il y eut une phase de trente ans d'escalade. Encore avant, il y eut une période de détente et de désescalade, qui mit fin à la Guerre froide. Pendant celle-ci, de 1947 à 1989, le bloc de l'OTAN avec les États-Unis et celui du Pacte de Varsovie avec l'Union soviétique s'affrontèrent par tous les moyens, y compris des guerres par procuration ; seule une guerre chaude entre les blocs fut évitée.

À partir de 1963, une politique de détente commença par des discussions, l'instauration de la confiance et la conclusion d'accords. En Union soviétique, cette détente était appelée « coexistence pacifique ». Egon Bahr, un spécialiste allemand de politique étrangère, a inventé l'expression « le changement par le rapprochement ».

L'établissement de la confiance et la détente ont été un processus de plusieurs dizaines d'années, comptant de nombreuses étapes. Pour que l'on puisse s'en faire ici une idée concrète et les ressentir, nous allons en voir brièvement les principales :

– Accord d'interdiction des essais nucléaires du 5 août 1963 : premier accord important entre les États-Unis et l'URSS, il interdisait les essais d'armes nucléaires dans l'air, dans l'espace et sous l'eau.

– Traité SALT I du 26 mai 1972 : il gelait le nombre d'armes stratégiques offensives à distance des deux blocs pour cinq ans.

– Traité ABM du 28 mai 1972 : il prévoyait une limitation des systèmes de défense antimissile antibalistique. Le traité ABM a été le premier traité à limiter non pas les armes offensives, mais les armes défensives, augmentant ainsi la vulnérabilité mutuelle des grandes puissances. Le raisonnement sous-jacent était qu'aucun pays ne mènerait une première frappe nucléaire s'il ne pouvait pas se protéger contre la contre-attaque qui suivrait inévitablement, la seconde frappe.

- Acte final de la CSCE du 1er août 1975 : signé par 35 États de l'Est et de l'Ouest, il prévoyait le démantèlement des systèmes d'armes, l'inviolabilité des frontières, le règlement pacifique des différends, la non-ingérence dans les affaires intérieures et le respect des droits de l'homme et des droits fondamentaux. De nombreuses autres conférences de la CSCE eurent lieu au cours des années suivantes. En 1994, elles donnèrent naissance à l'OSCE (Organisation pour la sécurité et la coopération en Europe).

- Traité SALT 2 du 18 juin 1979 : il engageait les deux parties à limiter de manière égale les missiles nucléaires à longue et moyenne portée. Les États-Unis n'ont plus respecté les dispositions du traité à partir de 1986.

- Traité INF du 8 décembre 1987 : il prévoyait la destruction de tous les missiles nucléaires terrestres de courte et moyenne portée (entre 500 et 5500 kilomètres), ainsi que le droit d'inspecter les installations de l'autre pays. Conformément au traité, les États-Unis détruisirent 846 missiles, l'Union soviétique 1846, tout en étant contrôlés par l'autre partie. Le dernier missile fut démantelé en mai 1991.

- Document de Vienne de l'OSCE du 6 décembre 1990 : il servait au contrôle des armements conventionnels et prévoyait des informations réciproques sur les armes et les soldats.

- Traité START du 31 juillet 1991 : il limitait à nouveau le nombre d'armes nucléaires des deux blocs et permettait des inspections mutuelles. Le traité de suivi New START fut signé le 8 avril 2010.

- Charte de sécurité européenne de l'OSCE du 19 novembre 1999 avec 55 États signataires : « Tout État a le droit d'adhérer à une alliance ou de rester neutre.... » Ce faisant, il est tenu de respecter les intérêts de sécurité des uns et des autres, donc pas d'adhésion au détriment des intérêts des autres.

- Traité Ciel ouvert du 24 mars 1992 : il permettait un survol mutuel par photos, radars et vidéos et constituait une mesure de confiance dans le contrôle des armements.

- Acte fondateur OTAN-Russie du 29 mai 1997 : il régissait les relations, la coopération et la sécurité entre l'OTAN et la Russie et créait le Conseil OTAN-Russie.

- Traité Deux plus quatre du 12 septembre 1990 : l'Union soviétique accepta la réunification de l'Allemagne et retira de la RDA ses quelque 400 000 soldats[634].

- Discours de Poutine au Bundestag allemand du 25 septembre 2001 : son discours fut interrompu seize fois au total par des applaudissements. Poutine tendit la main à l'Allemagne et à l'Europe, déclara que la Guerre froide était terminée et souhaita une nouvelle coopération entre partenaires.

- Après le 11 septembre 2001, Poutine proposa immédiatement l'aide russe aux États-Unis. Il autorisa les États-Unis à utiliser une base militaire russe en Asie centrale pour acheminer du matériel en Afghanistan[635].

Six mois plus tard, c'est le choc

Le 13 juin 2002, le président Bush dénonça le traité ABM visant à limiter les systèmes de défense antimissile. Par la suite, les États-Unis déployèrent des lanceurs antibalistiques dans les nouveaux pays orientaux de l'OTAN – « contre l'Iran », selon le gouvernement américain. Mais l'Iran est à 5000 km de là et ne s'intéresse absolument pas à la Pologne ou à la Roumanie, qui n'ont donc pas besoin de défense aérienne contre les missiles iraniens. Ces lanceurs peuvent également accueillir des armes nucléaires offensives – comme des missiles de croisière Tomahawk équipés d'ogives nucléaires – et les lancer sur la Russie. Celle-ci se montra très critique envers ces nouvelles dispositions.

Bush résilia le traité ABM sans en informer Poutine au préalable. Poutine fut horrifié. Dans son esprit, la Russie était un partenaire égal des États-Unis, tout comme l'Union soviétique l'avait toujours été pendant la Guerre froide. Mais ce n'était plus le cas : les États-Unis ne tenaient plus compte de la Russie.

Les États-Unis considéraient la Russie comme un perdant qui doit se soumettre

Il me semble important d'avoir clairement à l'esprit le point suivant, car il explique beaucoup de choses : alors que la plupart des gens étaient simplement heureux que la division Est-Ouest de la Guerre froide disparaisse enfin et que l'espoir naisse que les peuples puissent désormais vivre en paix les uns avec les autres, le monde était tout autre pour les géopoliticiens américains. Pour eux, les États-Unis avaient gagné la bataille et leur concurrent, l'Union soviétique, l'avait perdue. C'est pourquoi la Russie n'avait désormais plus rien à dire sur la politique mondiale. L'Union soviétique s'était auto-dissoute, le Pacte de Varsovie également. Aux yeux des géopoliticiens américains, il ne s'agissait pas d'un acte de réconciliation ; tout simplement, les États-Unis avaient été plus forts. Alors que pendant la guerre froide, il y avait encore deux puissances mondiales, les États-Unis et l'Union soviétique, il n'y avait désormais plus qu'une seule, les États-Unis. Aux yeux des géostratèges américains, la Russie s'était abaissée au rang de puissance régionale. Par conséquent, le gouvernement américain changea de politique et passa d'une détente prudente à l'escalade et à la provocation. Voici quelques étapes supplémentaires.

Perte de confiance entre l'Est et l'Ouest

– Élargissement de l'OTAN à l'Est le 29 mars 2004 : sept États rejoignirent l'OTAN, dont des pays frontaliers de la Russie avec les États baltes. Les intérêts de la Russie en matière de sécurité ont été délibérément ignorés.

– Guerre d'Irak à partir du 20 mars 2003 : les États-Unis utilisèrent la force militaire sans mandat de l'ONU pour renverser un président, à nouveau sans concertation préalable avec la Russie.

– Révolutions de couleur en 2003 en Géorgie et en 2004 en Ukraine : ces deux changements de gouvernement à la frontière avec la Russie furent activement encouragés par les États-Unis.

– Discours de Poutine lors de la conférence sur la sécurité à Munich le 10 février 2007[636] : Poutine critiqua en termes clairs la prétention monopolistique des États-Unis à la puissance mondiale, le retard dans le désarmement et un nouvel élargissement de l'OTAN vers l'est qui allait porter atteinte aux intérêts de la Russie en matière de sécurité. On sent dans ce discours la déception de Poutine. Quelques années auparavant, il avait proposé une zone économique commune à l'Europe et à la Russie ainsi que l'adhésion de la Russie à l'OTAN et avait été applaudi pour cela. Mais ces propositions se perdirent dans le néant auprès des gouvernements occidentaux. La Russie n'était pas considérée comme un partenaire à part entière.

– Sommet de l'OTAN à Bucarest le 4 avril 2008 : l'OTAN proposa à l'Ukraine et à la Géorgie de devenir membres de l'OTAN. Ce faisant, elle se moquait bien des préoccupations de la Russie en matière de sécurité.

– Nous avons déjà considéré d'autres étapes importantes de l'escalade : l'accord d'association de l'UE, le coup d'État du Maïdan, les sanctions après le rattachement de la Crimée à la Russie, la guerre du Donbass et la rupture des accords de Minsk.

– Les États-Unis lancèrent un vaste programme de développement de l'armée ukrainienne. Selon le *Congressional Research Service*, il s'agissait de plus de quatre milliards de dollars américains entre 2014 et 2021. L'un des objectifs de ce programme était d'améliorer « l'interopérabilité avec l'OTAN », bien que l'Ukraine n'en soit pas du tout membre[637].

– En 2017, le gouvernement américain commença à vendre des armes létales à l'Ukraine, alors qu'auparavant, de 2014 à 2017, il ne fournissait que des produits militaires non létaux[638].

– Le 1er février 2019, les États-Unis résilièrent unilatéralement le traité INF, ce qui leur permit de déployer à nouveau de manière incontrôlée des missiles nucléaires basés au sol d'une portée maximale de 5000 km, qui sont dirigés, entre autres, contre la Russie.

– Le 22 novembre 2020, les États-Unis résilièrent unilatéralement le traité Ciel ouvert. Depuis, la Russie ne peut plus effectuer de vols de reconnaissance au-dessus des États-Unis et elle a également résilié le traité en 2021.

Nous le voyons bien : pas à pas, la confiance entre la Russie et les États-Unis, y compris les pays de l'OTAN, a été progressivement détruite. L'escalade s'est poursuivie. On s'acheminait vers la guerre. La situation s'est encore aggravée en 2021.

2021, année des préparatifs de guerre

En 2021, les États-Unis, la Grande-Bretagne et le Canada ont fait de nombreux préparatifs de guerre contre la Russie. Les médias occidentaux n'en ont pas parlé, mais tout est accessible dans des documents publics. Hauke Ritz et Ulrike Guérot se sont penchés sur la question dans leur livre *Endspiel Europa* et ont dressé une liste terriblement impressionnante des différentes mesures, en donnant à chaque fois leurs sources[639]. J'en cite ci-dessous un assez long extrait.

Si l'on étudie en détail les préparatifs de guerre occidentaux, il apparaît clairement que l'Ukraine avait pour rôle d'entamer une guerre avec la Russie au nom de l'Occident, guerre qui devait ensuite être soutenue militairement et logistiquement par les États membres de l'OTAN, sans que l'Alliance dans son ensemble ne soit directement impliquée dans la guerre. Ce processus devait être accompagné d'une guerre économique (sanctions), d'une guerre de l'information (propagande antirusse) et d'un encerclement nucléaire de la Russie, assuré principalement par le bouclier antimissile en Roumanie et en Pologne ainsi que par des destroyers basés en mer. Toutes ces mesures correspondaient à l'aspiration des États-Unis à la Full Spectrum Dominance et visaient à affaiblir la Fédération de Russie à plusieurs niveaux, au point que le pays perde son équilibre et que des conflits internes conduisent à la chute du gouvernement. Une description des activités menées au cours de la dernière année avant le début de la guerre devrait suffire à étayer la thèse ci-dessus :

Le 24 mars 2021, l'Ukraine adopta une stratégie militaire qui engageait le gouvernement à prendre toutes les mesures nécessaires, y compris militaires, pour réintégrer la Crimée et les républiques de Donetsk et de Lougansk. En mars 2021 également, le ministère britannique de la Défense déclara vouloir renforcer ses activités en mer Noire. Le même mois débuta l'exercice militaire Defender Europe 21, auquel participèrent 28 000 soldats de 26 pays y dans le voisinage immédiat de l'Ukraine.

En avril 2021, les gouvernements turc et ukrainien publièrent une déclaration commune dans laquelle la Turquie soutenait les mesures visant à rétablir l'intégrité territoriale de l'Ukraine.

En mai et juin 2021, plusieurs manœuvres conjointes eurent lieu entre l'Ukraine et les pays occidentaux. Steadfast Defender 2021 *impliqua 9000 soldats de 20 pays de l'OTAN. En juin 2021, les représentants des gouvernements ukrainien et britannique se mirent d'accord sur le* Naval Capabilities Enhancement Programme, *dans le cadre duquel des navires de guerre britanniques devaient être vendus à l'Ukraine. En juin 2021 également, l'exercice* Noble Jump *se déroula dans le cadre de la manœuvre* Defender Europe 21, *à laquelle participèrent 13 nations et 4000 soldats en Roumanie, pays voisin de l'Ukraine. Lors du sommet de l'OTAN à Bruxelles, les États membres de l'OTAN renouvelèrent l'engagement qu'ils avaient pris en 2008 à Bucarest en faveur d'une future adhésion de l'Ukraine.*

Du 28 juin au 20 juillet 2021 eut lieu l'exercice militaire Sea Breeze, *sous commandement américano-ukrainien en mer Noire, auquel participèrent 32 navires, 40 avions et hélicoptères et 5000 soldats de 24 nations. Du 12 au 19 juillet se déroula l'exercice militaire* Breeze 2021, *qui impliqua 30 navires et 2000 soldats. Le 7 juillet 2021, le Parlement européen indiqua dans une décision que l'UE pourrait jouer un rôle important dans le soutien de la politique menée par l'OTAN. Toujours en juillet 2021, l'exercice* Three Swords *réunit 1200 soldats ukrainiens, polonais, lituaniens et américains. Les manœuvres ukraino-britanniques* Cossak Mace 2021 *eurent lieu le même mois ; y participèrent, outre 900 soldats ukrainiens, 500 soldats de différents pays de l'OTAN.*

En août 2021, le Royaume-Uni annonça qu'il organisait une formation pour la marine ukrainienne. Le 23 août 2021, le secrétaire général adjoint de l'OTAN participa à la réunion de lancement de la plateforme de Crimée. En août 2021 également, une formation de chasseurs britanniques survola la capitale ukrainienne à l'occasion des célébrations du 30ᵉ anniversaire de la séparation d'avec l'Union soviétique.

En septembre 2021, les manœuvres Rapid Trident 2021, *organisées par l'Ukraine et les États-Unis, impliquèrent à nouveau 4000 soldats ukrainiens et 2000 soldats d'autres pays, dont, outre les États-Unis, le Canada, six pays de l'UE ainsi que la Géorgie, la Moldavie, la Turquie, la Jordanie et le Pakistan. L'exercice militaire* Joint Endeavour *eut également lieu en septembre 2021 avec un total de 8000 soldats, dont*

250 parachutistes britanniques déployés en Ukraine par vol direct depuis la Grande-Bretagne. En septembre 2021 fut publiée une déclaration commune sur le partenariat stratégique américano-ukrainien.

En octobre 2021, le secrétaire américain à la défense, Lloyd Austin, se rendit à Kiev pour travailler avec l'Ukraine à la mise en œuvre de l'accord de défense stratégique. En octobre 2021 eut également lieu l'exercice britannico-ukrainien Warrior Watchers, *qui permit de travailler la défense des aérodromes. En octobre 2021, les médias firent état d'un document de travail interne du Service européen pour l'action extérieure (SEAE), dans lequel il était envisagé que l'UE lance également une mission de formation militaire autonome pour l'Ukraine.*

En novembre 2021, le Royaume-Uni et l'Ukraine signèrent un accord en vertu duquel l'Ukraine recevrait 1,7 milliard de livres sterling pour le développement de sa marine. Le 10 novembre 2021 fut signée la « Charte de partenariat stratégique américano-ukrainienne », qui stipule que « les États-Unis (…) n'accepteront jamais la tentative d'annexion de la Crimée par la Russie[640] ». Le 10 novembre également, les médias américains firent état d'un déploiement de l'armée russe le long de la frontière ukrainienne. Ce qui ne fut pas rapporté, c'est qu'il y eut parallèlement un déploiement de troupes ukrainiennes le long de la frontière avec les républiques indépendantes de Donetsk et de Lougansk, ainsi qu'à la frontière avec la Crimée, avec pour conséquence une super-puissance des unités militaires ukrainiennes le long de la frontière avec les deux républiques. La Russie vit dans le déploiement ukrainien une préparation à la guerre, dans le contexte de la stratégie militaire déjà mentionnée.

Le 8 décembre 2021, un communiqué commun entre la Grande-Bretagne et l'Ukraine souligna une nouvelle fois le statut de l'Ukraine en tant que « partenaire de l'OTAN en matière d'opportunités renforcées ». Le 14 décembre 2022, le Parlement ukrainien adopta la loi sur l'autorisation des unités armées des forces militaires sur le territoire de l'Ukraine. Cette loi fait référence aux manœuvres Rapid Trident 2022, Cossak Mace *2022,* Light Avalance *2022,* Silver Sabre *2022,* Sea Breeze *2022,* Riverine *2022,* Maple Arch *2022 et* Viking *2022, prévues pour l'année 2022, et autorise la présence prolongée de troupes étrangères en Ukraine.*

Vers le 27 janvier, l'échange de lettres diplomatiques entre Moscou et les États-Unis échoua. Les États-Unis rejetaient les principales exigences russes, comme le renoncement à l'élargissement de l'OTAN vers l'est et le démantèlement de la présence de l'OTAN conformément à l'Acte OTAN-Russie de 1997, ainsi que le renoncement au déploiement de missiles à courte et moyenne portée.

Le 7 février 2022, le ministre ukrainien des Affaires étrangères déclara, lors d'une conférence de presse en présence de Baerbock, la ministre allemande des Affaires étrangères, qu'il n'y aurait pas de dialogue direct entre son gouvernement et les rebelles prorusses dans l'est de l'Ukraine. Il admettait ainsi publiquement ne pas vouloir appliquer les accords de Minsk. (...) Le 14 février 2022, le président américain Joe Biden déclara qu'il s'attendait à une attaque de la Russie contre l'Ukraine le 16 février. Et en effet, le 16 février, l'Ukraine commença à pilonner de plus en plus les républiques de Donetsk et de Lougansk. Le 18 février, les tirs avaient déjà été multipliés par 34 par rapport au 14 février. Si l'Ukraine avait elle-même planifié une offensive, on aurait pu s'attendre à ce qu'elle commence de la même manière, à savoir par des tirs d'artillerie massifs. D'une certaine manière, on pourrait donc tout aussi bien déclarer que la guerre a commencé le 16, le 17 ou le 18 février.

Voilà ce que disent Hauke Ritz et Ulrike Guérot. Tous ces événements survenus avant le début de la guerre montrent clairement que tant l'Ukraine que ses partenaires occidentaux s'étaient activement préparés à une guerre avec la Russie en 2021. Le retrait précipité des troupes de l'OTAN et des États-Unis d'Afghanistan en août 2021 va aussi dans ce sens. Beaucoup s'étaient demandé pourquoi il avait été si rapide : la vraie raison était-elle que l'on voulait se concentrer sur un autre conflit ?

Armes biologiques en Ukraine

Le Pentagone ne s'est pas contenté d'envoyer des armes et de l'argent et de former des soldats ukrainiens, il a également financé 46 laboratoires biologiques en Ukraine. Le Pentagone est le ministère de la Défense des États-Unis, ce n'est pas une agence de santé ou une organisation caritative. Quand il fait quelque chose, c'est dans un but militaire ; dans le cas des laboratoires biologiques, il ne peut s'agir que d'armes biologiques. Pourquoi travaille-t-on sur des armes biologiques en Ukraine avec le soutien du Pentagone ? Ces armes ne sont certainement pas destinées à la population ukrainienne ; elles ne sont généralement utilisées en Ukraine que contre la Russie ou les républiques sécessionnistes du Donbass.

Des armes biologiques du Pentagone en Ukraine, cela semble rocambolesque. Est-ce vraiment le cas ?

Il est incontestable que le Pentagone a soutenu financièrement 46 laboratoires biologiques en Ukraine, puisqu'il l'a lui-même reconnu dans un communiqué de presse le 9 juin 2022[641]. Auparavant, le gouvernement russe n'avait cessé de parler des laboratoires biologiques ukrainiens et de publier régulièrement des informations supplémentaires à ce sujet[642]. Il les considérait comme une menace existentielle. Mais les États-Unis refusèrent un contrôle international de ces laboratoires[643]. Avant même le début de la guerre en février 2022, des fiches d'information sur certains laboratoires financés par le Pentagone avaient été publiées sur le site Internet de l'ambassade américaine à Kiev. Ces fiches furent ensuite retirées de la page d'accueil, mais on peut encore les trouver[644].

Tandis que les médias occidentaux rejetèrent simplement l'existence de ces laboratoires biologiques en décrétant que c'était de la propagande russe, d'autres pays y prêtèrent davantage d'attention. Le gouvernement chinois, en particulier, n'avait cessé d'exiger des États-Unis qu'ils clarifient les faits ; en effet, le Pentagone exploite plus de 200 laboratoires dans le monde, y compris dans les environs de la Chine. Manifestement, la pression mondiale a été si forte que le Pentagone a finalement était obligé de s'exprimer : il confirma le financement des laboratoires et écrivit qu'ils étaient destinés à détruire les armes biologiques provenant des stocks soviétiques, ce qui n'était pas très convaincant, car il ne faut pas trente ans pour un tel travail. Le Pentagone déclara également qu'il ne s'était occupé que de la prévention sanitaire en Ukraine ; or ce n'est la tâche d'un ministère de la Défense étranger dans aucun pays au monde et l'excuse est donc totalement absurde.

Victoria Nuland, la vice-secrétaire d'État américaine, admit indirectement l'existence des programmes d'armes biologiques américains en Ukraine. Lors d'une audition au Congrès le 8 mars 2022[645], on lui demanda si l'Ukraine disposait d'armes biologiques. Sa réponse, évasive, fut la suivante : « *L'Ukraine dispose d'installations de recherche biologique dont nous craignons en effet que des troupes russes, des forces armées russes puissent tenter de prendre le contrôle.* » Nuland était sous serment lors de l'audition, elle ne pouvait donc pas simplement dire que l'Ukraine ne disposait pas d'armes biologiques si cela ne correspondait pas à la vérité. Ne pouvant se contenter de dire non, elle fut donc obligée de trouver une réponse évasive. Il convient de noter dans sa réponse que si les programmes du Pentagone en Ukraine ne concernaient que les soins de santé, pourquoi Nuland s'inquiétait-elle que les forces russes puissent en prendre le contrôle ? Il devait donc y avoir des choses dangereuses dans les laboratoires. C'est ce que confirma l'OMS qui, le 11 mars 2022, soit seulement trois jours plus tard, recommanda vivement à l'Ukraine de détruire les agents pathogènes hautement dangereux afin d'éviter une éventuelle dissémination. Toutes ces informations proviennent de sources occidentales[646].

Thomas Röper s'est penché sur les publications russes relatives aux laboratoires biologiques. Le 14 juin 2022, il a résumé[647] :

> *Étant donné que la Russie a mis la main sur l'un des laboratoires biologiques américains en Crimée en 2014, les services secrets russes devaient déjà savoir avant le début de l'opération sur quoi les États-Unis menaient leurs recherches en Ukraine. Entre-temps, le ministère russe de la Défense a publié de nombreux documents à ce sujet, d'où il ressort que les États-Unis ont mené des recherches sur d'éventuelles attaques biologiques contre la Russie, en cherchant par exemple à infecter les oiseaux migrateurs avec des agents pathogènes avant qu'ils ne quittent l'Ukraine pour la Russie.*
>
> *Au cours de l'opération russe, le ministère russe de la Défense a publié à plusieurs reprises des documents saisis qui donnent des détails sur les programmes américains d'armes biologiques. Certains sont américains. Or l'au-*

thenticité des documents n'a pas été contestée. Les États-Unis ont réagi en qualifiant tout en bloc de « propagande russe », sans rien réfuter. Et à l'ONU, ils tentent d'empêcher les auditions sur le sujet au lieu de prouver aux Russes, preuves à l'appui, qu'il s'agit d'une falsification de leur part.

On ne sait pas si et quand une attaque à l'arme biologique contre la Russie était prévue, mais le fait est que le Pentagone a mené des recherches sur la possibilité d'une telle attaque en Ukraine. Il est possible qu'elle ait été imminente, ce qui pourrait être une autre raison de l'intervention de la Russie fin février 2022.

Ces craintes d'une attaque d'armes biologiques contre la Russie peuvent être des spéculations – ou non. Le fait est qu'elles ont été alimentées par la manœuvre *Polaris 21*, qui s'est déroulée du 18 novembre au 3 décembre 2021. Comptant parmi les plus grandes manœuvres militaires jamais organisées par la France, elle visait à préparer des scénarios de guerre intensive[648]. La France et d'autres pays de l'OTAN se sont ainsi entraîné à la guerre contre la Russie. Cela indiquait d'une part à l'Ukraine que l'OTAN la soutiendrait dans une guerre contre la Russie, et d'autre part à la Russie que la guerre contre elle était clairement une menace.

Dans la légende des manœuvres de *Polaris 21*, on imaginait que la Russie libérait une arme biologique en Crimée en guise d'attaque contre l'Ukraine[649]. Ce qui est totalement illogique, car pourquoi la Russie mettrait-elle en danger sa propre population en Crimée ? À Moscou, cette légende pourrait toutefois avoir déclenché la crainte que les États-Unis planifient une attaque à l'arme biologique depuis l'Ukraine et veuillent ensuite en accuser la Russie. Quoi qu'il en soit, celle-ci a jugé que cette manœuvre constituait une menace.

Décembre 2021 : la Russie propose aux États-Unis et à l'OTAN des garanties de sécurité réciproques

Le 13 décembre 2021, le président américain Biden et le président russe Poutine ont tenu un sommet vidéo. Selon le communiqué de presse du Kremlin, Poutine a souligné au cours de l'entretien que « *l'OTAN fait des tentatives dangereuses pour pénétrer le territoire ukrainien et renforcer ses capacités militaires à proximité de nos frontières. La Russie a donc tout intérêt à obtenir des garanties fiables et juridiquement contraignantes afin d'empêcher l'élargissement de l'OTAN vers l'est et le déploiement de systèmes d'armes offensifs dans les pays voisins de la Russie*[650]. »

La Russie a tenté une nouvelle fois d'apaiser la menace par des accords contractuels. Les éléments suivants montrent à quel point elle a entre-temps évalué la situation : pour la première fois dans l'histoire, un gouvernement publiait les détails des négociations en cours, alors que normalement, celles-ci se déroulent à huis clos. La Russie a agi très rapidement. Elle a publié ses propositions de garanties de sécurité mutuelles dès le lendemain de l'entretien vidéo[651].

Celles-ci contenaient les revendications principales suivantes :

- L'invitation de l'OTAN de 2008 à l'Ukraine et à la Géorgie est annulée.
- La présence de l'OTAN sera ramenée au niveau de l'Acte fondateur OTAN-Russie de 1997, ce qui signifie que les forces étrangères de l'OTAN seront retirées d'Europe de l'Est.
- Aucun missile à courte ou moyenne portée ne sera déployé en des lieux depuis lesquels il pourrait attaquer le territoire de l'autre partie.
- Les armes nucléaires américaines seront retirées d'Europe.
- Afin d'éviter tout incident, un corridor sera établi le long des frontières de la Russie et des pays de l'OTAN, dans lequel aucune manœuvre militaire ne pourra plus être effectuée. Les navires et les avions militaires devront également respecter certaines distances par rapport aux frontières.
- Des entretiens militaires auront lieu régulièrement.

Les projets d'accords présentés par la Russie étaient formulés de bout en bout. Toutes les exigences, qui partaient du principe d'une prise en compte réciproque et équivalente des intérêts de sécurité, semblaient très raisonnables. Il devrait aller de soi que les traités existants, comme l'Acte fondateur OTAN-Russie de 1997, soient respectés. Et la suppression en Europe de tous les missiles nucléaires à moyenne portée de l'OTAN et de la Russie serait très rassurante pour les populations, car ils ne pourraient alors plus être lancés et ne menaceraient plus personne. Personne non plus n'a besoin de manœuvres militaires provocatrices dans les régions frontalières. Étant donné que la Russie n'a pas installé d'armes nucléaires à Cuba, au Mexique ou au Canada, les États-Unis n'ont pas non plus besoin de le faire en Europe. Et l'Ukraine pourrait vivre avec un statut de neutralité aussi bien que l'Autriche, la Finlande ou la Suisse, qui sont des États neutres depuis des décennies.

Dans le chapitre sur les accords de Minsk, nous avons vu qu'en novembre 2021, soit trois mois avant l'entrée en guerre de la Russie en février 2022, les ministres des Affaires étrangères de la France et de l'Allemagne avaient clairement fait savoir qu'ils n'étaient pas du tout intéressés par une mise en œuvre de ces accords, ce à quoi le ministre russe des Affaires étrangères avait réagi avec irritation en publiant les échanges de lettres. Ce renoncement aux accords de Minsk accroissait nettement le risque d'une guerre en Ukraine. Face à cette menace, le gouvernement russe a tenté de négocier des garanties de sécurité mutuelles entre l'OTAN et la Russie, comme décrit ci-dessus.

Au vu de l'ambiance surchauffée en 2021, on aurait pu s'attendre à ce que l'Occident se réjouisse de cette nouvelle initiative diplomatique de désescalade de la part de la Russie et que des négociations sérieuses aient désormais lieu.

Les préparatifs de guerre se poursuivent

Mais non. On a continué en secret à préparer la guerre. Dès novembre 2021, soit trois mois avant le début de la guerre, Washington et Bruxelles travaillaient sur de très vastes sanctions contre la Russie, comme nous le verrons dans le chapitre consacré à la guerre économique. Cela signifie en réalité qu'ils n'avaient jamais mené les négociations sérieusement et qu'ils pensaient déjà à une guerre en Ukraine.

L'ambassadeur américain en Suisse, Scott Miller, a raconté dans une interview de novembre 2022[652] que les États-Unis avaient des informations sur l'invasion provenant des services de renseignement et qu'il les avait montrées au gouvernement suisse début janvier 2022. La Suisse devait participer aux sanctions contre la Russie. Comme les discussions entre la Russie et les États-Unis sur les garanties de sécurité proposées étaient encore en cours à ce moment-là, on peut voir dans cette déclaration de Miller la confirmation que les États-Unis avaient décidé depuis longtemps de ne pas négocier sérieusement et qu'ils étaient pleinement conscients des conséquences, à savoir l'intervention russe en Ukraine.

La loi sur le prêt-bail (*lend-lease*) pour l'Ukraine[653] fut présentée aux États-Unis le 19 janvier 2022. Elle levait les obstacles bureaucratiques à la livraison d'armes américaines et permettait à l'Ukraine de ne payer les armes que les décennies suivantes[654]. La date où la loi a été présentée au Congrès montre également que les États-Unis se préparaient ouvertement à la guerre. La guerre n'était donc pas une surprise, contrairement à qui a ensuite été présenté dans les médias mainstream occidentaux.

L'OTAN et les États-Unis rejettent les garanties de sécurité réciproques

Voici une présentation plus détaillée des tout derniers événements avant le déclenchement de la guerre en Ukraine. Fin janvier 2022, le gouvernement russe reçut les réponses décevantes de l'OTAN et des États-Unis[655]. Les principaux points de la proposition de garanties de sécurité réciproques étaient rejetés. Les négociations étaient donc mortes. Les réponses déclarées secrètes ont été transmises au journal espagnol *El Pais*, qui les a publiées[656].

Le 17 février 2023, Moscou envoya une nouvelle lettre soulignant l'importance des négociations :

> *Sans la volonté de la partie américaine de négocier des garanties fermes et juridiquement contraignantes de notre sécurité de la part des États-Unis et de leurs alliés, la Russie devra réagir, notamment en prenant éventuellement des mesures militaires[657].*

C'était un dernier avertissement clair : « en prenant éventuellement des mesures militaires. » C'est au plus tard à ce moment-là qu'il a été dit sans équivoque à tous les responsables politiques de l'OTAN qu'un refus de négociations avec la Russie conduirait à une guerre en Ukraine. La guerre et toute cette détresse auraient pu être évitées si les États-Unis et l'OTAN avaient enfin renoncé à leurs provocations et leurs blocages. Cette lettre du 17 février 2023 constituait la dernière initiative de la Russie pour préserver la paix. L'Occident savait pertinemment que la somme de ses mesures ne laisserait pas d'autre choix à la Russie que d'intervenir militairement en Ukraine.

Günther Moewes résume bien la situation :

> *Les États-Unis et l'OTAN ont délibérément ignoré ou rejeté toutes les exigences, notes verbales et projets d'accords de Poutine. Il est exclu qu'ils n'aient pas su dans quelle situation ils le plaçaient. Ils ont ainsi délibérément rendu la guerre inéluctable. La phrase suivante devrait donc être inscrite dans la charte de l'ONU : « Toute nation, tout gouvernement ou toute organisation militaire qui refuse de négocier avant une guerre sera désormais considéré comme agresseur[658]. »*

Ce serait la bonne conclusion, conformément à la maxime de Machiavel : « Ce n'est pas celui qui prend les armes le premier qui est l'instigateur du malheur, mais celui qui y contraint. »

Népal Quan Yin, bodhisattva de la compassion, Buon Me Thuot, Vietnam[659]

Le gouvernement ukrainien voulait une grande guerre

Le gouvernement ukrainien souhaitait la guerre avec la Russie depuis au moins 2019 et l'a provoquée en conséquence. Cela n'est guère connu de l'opinion publique occidentale, car les médias mainstream ont raconté le contraire : pour eux, les Ukrainiens sont victimes de la brutalité des Russes. Ce message marketing était nécessaire pour faire accepter socialement les immenses livraisons d'armes et d'argent à l'Ukraine, soit plus de 150 milliards d'euros jusqu'en février 2023. C'est une somme inimaginable qui correspond à peu près à toutes les dépenses de l'État et des communes du Danemark en un an[660].

Mais si le conflit avait été raconté de cette manière, c'est-à-dire que des nationalistes fanatiques et enragés sont au pouvoir en Ukraine et qu'ils n'ont eu cesse de provoquer jusqu'à ce que la Russie entre en guerre, personne n'aurait compris pourquoi il fallait encore soutenir ces nationalistes au prix de grands sacrifices personnels. On l'aurait alors compris : en Ukraine, les victimes d'un gouvernement qui a poussé l'escalade jusqu'à une fin sanglante sont surtout les gens ordinaires.

Dans ce chapitre, je décris les étapes de cette escalade. Elles sont toutes étayées par des documents et des sources qui ne peuvent pas être soupçonnées de propagande russe.

2019 : le conseiller de Zelensky souhaite une grande guerre avec la Russie

Oleksij Arestovytch est l'un des principaux conseillers du président ukrainien Zelensky. Il était responsable de la communication stratégique dans le domaine de la sécurité nationale et de la défense. En tant que conseiller du président, Arestovytch publiait des briefings vidéo quotidiens sur la situation du moment, ce qui lui a valu une grande notoriété auprès du public.

En 2019, il a expliqué dans une interview à la chaîne ukrainienne *Apostrof TV* que l'Ukraine n'était pas suffisamment forte pour être neutre

Oleksij Arestovytch, conseiller du président ukrainien Zelensky[662]

et qu'elle devait donc rejoindre une plus grande puissance. Or, comme l'OTAN n'est pas sûre de vouloir l'Ukraine, une grande guerre avec la Russie est nécessaire pour qu'elle l'admette en son sein. Cette grande guerre serait la meilleure solution. Voici des extraits centraux de cette remarquable interview de mars 2019[661] :

> *Arestovytch : Il y a 99,9% de chances que notre prix pour l'adhésion à l'OTAN soit une grande guerre avec la Russie. Et si nous ne rejoignons pas l'OTAN, la Russie prendra le contrôle de notre pays dans les 10-12 ans à venir. C'est maintenant que nous devons prendre une décision.*
>
> *Question : Et que vaut-il mieux faire dans un tel cas ?*
>
> *Arestovytch : Bien sûr, une grande guerre avec la Russie et le passage à l'OTAN après la victoire sur la Russie.*
>
> *Question : Quand ?*
>
> *Arestovytch : La période la plus critique est 2020-2022. (...) Mais dans ce conflit, nous serons soutenus très activement par l'Occident – avec des armes, de l'équipement, de l'aide, de nouvelles sanctions contre la Russie et très pro-*

bablement l'introduction d'un contingent de l'OTAN, une
zone d'exclusion aérienne, etc. Nous ne perdrons donc pas
ce conflit, et c'est déjà une bonne chose.

Oleksij Arestovytch pense donc qu'une grande guerre avec la Russie est la meilleure solution. Il la veut pour que l'Ukraine soit admise dans l'OTAN. Il part du principe que l'Ukraine recevra un tel soutien de l'OTAN qu'elle ne perdra pas la guerre, même si la Russie est bien plus grande. Dans cette guerre, il s'attend également à ce que des soldats de l'OTAN combattent la Russie et à ce que des avions de l'OTAN soient massivement déployés pour imposer une zone d'exclusion aérienne.

Ce qui est surprenant, c'est sa prédiction temporelle, d'une précision quasi visionnaire, de la grande guerre qui devrait commencer entre 2020 et 2022. Comment le « savait »-il ? Et pourquoi faut-il une grande guerre ?

À cette question, Arestovytch répond dans l'interview que la guerre du Donbass est la porte d'entrée. Le gouvernement ukrainien n'y mettra pas fin, mais poursuivra l'escalade jusqu'à ce que la Russie ne puisse plus se contenter d'observer et intervienne militairement. Arestovytch, littéralement :

> *Nous ne parlerons pas d'une quelconque condition pour*
> *la fin de la guerre [dans le Donbass]. Au contraire, cela*
> *incitera très probablement la Russie à lancer une opéra-*
> *tion militaire majeure contre l'Ukraine. Car ils devront*
> *flinguer nos infrastructures et tout mettre en ruine ici.*

Ce qui est « sympathique » chez Arestovytch, c'est qu'il dit les choses clairement. On comprend ainsi pourquoi l'Ukraine n'a pas appliqué les accords de Minsk-2, ni permis la paix dans l'est de l'Ukraine. On comprend également pourquoi les troupes ukrainiennes dans le Donbass tiraient quotidiennement sur les villes et les villages des Républiques populaires. Enfin, on comprend pourquoi Arestovytch savait qu'il y aurait une grande guerre d'ici 2022 : parce que le gouvernement ukrainien l'avait lui-même provoquée et avait ainsi le calendrier dans les mains. Il voit le fait que l'Ukraine soit réduite en ruines comme une sorte de dommage collatéral inévitable pour l'adhésion à l'OTAN, qu'il faut accepter.

L'officier de renseignement suisse Jacques Baud classe les déclarations d'Arestovytch comme suit[663] :

> *Partant du principe que l'économie de la Russie était comparable à celle de l'Italie, on supposait qu'elle serait tout aussi vulnérable. L'Occident – et les Ukrainiens – pensaient donc que les sanctions économiques et l'isolement politique de la Russie conduiraient rapidement à son effondrement, sans qu'il y ait de défaite militaire. C'est ce qui ressort de l'interview d'Oleksij Arestovytch, conseiller et porte-parole de Zelensky, en mars 2019. Cela explique également pourquoi Zelensky n'a pas tiré la sonnette d'alarme début 2022, comme il le dit dans son interview au Washington Post. Je pense qu'il savait que la Russie réagirait à l'offensive préparée par l'Ukraine dans le Donbass (raison pour laquelle le gros de ses troupes était déployé dans cette région) et pensait que des sanctions entraîneraient rapidement son effondrement et sa défaite. C'est ce qu'avait également « prédit » Bruno Le Maire[664], le ministre français de l'économie. De toute évidence, les Occidentaux ont pris des décisions sans connaître leur adversaire.*

> *Comme l'a dit Arestovytch, l'idée était que la défaite de la Russie serait le ticket d'entrée de l'Ukraine dans l'OTAN. Les Ukrainiens ont donc été poussés à préparer une offensive dans le Donbass pour forcer la Russie à réagir, et à obtenir facilement sa défaite par des sanctions dévastatrices. C'est cynique et cela montre à quel point l'Occident, mené par les Américains, a utilisé l'Ukraine pour atteindre ses propres objectifs. (...)*

> *En réalité, les sanctions n'ont pas eu l'effet escompté et l'Ukraine a été entraînée dans des combats qu'elle avait certes provoqués, mais pour lesquels elle n'était pas préparée sur le long terme.*

Il est effarant de dire que l'Ukraine a elle-même préparé, voulu et provoqué la guerre avec la Russie. Ces déclarations prophétiques d'Arestovytch sont-elles confirmées par la politique ukrainienne et la suite des événements ?

Le chef du Conseil de sécurité ukrainien Danilov : préparation à la guerre avec la Russie depuis 2019

En 2019, le gouvernement ukrainien a pris la décision de faire la guerre à la Russie, a déclaré Alexeï Danilov, le puissant chef du Conseil de sécurité ukrainien. Il est surprenant de voir avec quelle franchise on dit les choses à Kiev. On peut être sûr que les médias occidentaux mainstream ne les rapporteront pas. Danilov a expliqué dans une interview que le gouvernement ukrainien avait décidé, après la réunion au format Normandie début décembre 2019, de rejeter désormais ouvertement les accords de Minsk et d'entrer dans la phase chaude de la guerre contre la Russie[665]. L'interview a eu lieu fin août 2022, donc après six mois de guerre en Ukraine, avec la chaîne de télévision ukrainienne NTA. Danilov :

> *Nous nous sommes préparés à la guerre, préparés à grande échelle. Et le fait qu'aujourd'hui nous ayons déjà 180 jours de guerre derrière nous et que nous soyons sur notre territoire, que nous n'y ayons pas renoncé, montre encore une fois que nous nous sommes préparés à la guerre. Et plus précisément, nos préparatifs ont commencé après les 8 et 9 décembre 2019. (...) Lorsque notre président Zelensky a rejeté à Paris les conditions que la Russie, la France et l'Allemagne nous ont proposées les 8 et 9 décembre 2019, il a répondu – et c'est le moins qu'on puisse dire : « Non, mes amis, il n'y aura pas de Minsk-3, nous nous battrons pour notre pays. » Le lendemain, nous avons commencé à comprendre qu'une grande guerre avec la Russie était imminente.*

La paix aurait été si facile...

Il faut le répéter encore et encore : la paix aurait été si simple !

Il aurait suffi que Kiev accorde l'autonomie fédérale au Donbass et peut-être à d'autres régions du sud-est de l'Ukraine, comme le prévoyaient les accords de Minsk. Qu'y a-t-il de mal à ce que les gens du Donbass parlent et écrivent en russe ? Laissez-les parler et vivre comme ils l'entendent ! Les régions du Donbass seraient restées dans l'Ukraine, qui aurait continué à bénéficier de la puissance économique de ces régions industrielles.

Le fédéralisme est en fait la chose la plus normale au monde. L'Italie s'en sort bien en laissant les Tyroliens du Sud parler allemand.

Il aurait été facile de satisfaire la Russie avec un traité assurant que l'Ukraine n'entrerait pas dans l'OTAN, mais resterait neutre. C'est tout ce que voulait la Russie. Qu'est-ce qui est préférable ? La paix et la souveraineté et ne pas être dans l'OTAN, ou la guerre, la destruction et la haine et être dans l'OTAN ?

Et puis il y a les relations économiques : qu'y a-t-il de mal à commercer avec la Russie et la CEI comme avec l'UE ? Plus il y a de clients, de marchés et de partenaires commerciaux, mieux c'est, dirait tout commerçant normal.

Cela aurait été si facile !

Mais le nationalisme et le fanatisme ont poussé l'Ukraine à la guerre.

L'investiture de Joe Biden en tant que nouveau président des États-Unis a eu lieu le 20 janvier 2021. Le rythme du cheminement vers la guerre s'est alors considérablement accéléré. J'ai déjà décrit l'élimination de la presse critique et de l'opposition ukrainiennes au printemps 2021.

La nouvelle doctrine militaire annonce la guerre avec la Russie

En 2015, le président Porochenko, élu après le coup d'État du Maïdan, avait mis en place une doctrine militaire ukrainienne qui, premièrement, définissait la Russie comme l'ennemi principal de l'Ukraine[666] et, deuxièmement, annonçait l'alignement des forces armées ukrainiennes sur les normes de l'OTAN d'ici 2020[667].

Le président Zelensky alla beaucoup plus loin. Le 24 mars 2021, il fit entrer en vigueur, sous forme de décret, la « stratégie de désoccupation et de réintégration de la Crimée » adoptée par le Conseil de sécurité ukrainien[668]. Le communiqué de presse résume la situation en ces termes : « *Ce document définit une série de mesures de nature diplomatique, militaire, économique, informative, humanitaire et autre, visant à rétablir l'intégrité territoriale et la souveraineté de l'État ukrainien dans des frontières internationalement reconnues, par la désoccupation et la réintégration de la Crimée.* »

Il s'agissait donc explicitement aussi de mesures de nature militaire par lesquelles Kiev voulait récupérer la Crimée. Par conséquent, avec ce document stratégique officiel, le gouvernement ukrainien annonçait une attaque militaire sur la Crimée et donc une guerre avec la Russie. Depuis 2014, la Crimée faisait à nouveau partie de la Russie de sa propre volonté, conformément au droit international, que le gouvernement ukrainien et l'OTAN soient d'accord ou non.

Un jour plus tard, le 25 mars 2021, le président Zelensky mir en vigueur une nouvelle doctrine militaire de l'Ukraine, également adoptée par le Conseil de sécurité ukrainien[669]. Le document prévoit la poursuite de l'intégration de l'Ukraine dans l'architecture de sécurité de l'OTAN et réitère l'exigence de reconquérir la Crimée, y compris par des moyens militaires.

Comment cette nouvelle doctrine militaire fut-elle accueillie en Russie ? Le président Poutine s'est exprimé à ce sujet dans son discours du 21 février 2022[670] :

> *En mars 2021, l'Ukraine a adopté une nouvelle stratégie militaire. Ce document, presque exclusivement consacré à la*

confrontation avec la Russie, vise à attirer les États étrangers dans un conflit avec notre pays. La stratégie prévoit la mise en place d'une sorte de clandestinité terroriste en Crimée et dans le Donbass. Elle esquisse également les contours de la guerre à prévoir qui, selon les stratèges actuels de Kiev, devrait se terminer – je cite à partir d'ici – « avec l'aide de la communauté internationale, dans des conditions favorables à l'Ukraine. » Et aussi, comme Kiev s'exprime aujourd'hui, et je cite également ici, écoutez plus attentivement, « avec le soutien militaire de la communauté internationale, dans une confrontation géopolitique avec la Fédération de Russie. » Au fond, ce n'est rien d'autre que la préparation d'une action militaire contre notre pays – contre la Russie.

La nouvelle doctrine militaire a donc été prise au sérieux en Russie et effectivement comprise comme une annonce de guerre. On s'attendait à ce que la guerre éclate avec la participation de « la communauté internationale dans une confrontation géopolitique avec la Russie ».

Ces deux documents ont officiellement confirmé les déclarations d'Arestovytch et de Danilov citées plus haut : l'Ukraine planifiait une guerre avec la Russie et la préparait concrètement. L'Ukraine avait donc le rôle d'agresseur ; elle n'était pas la victime. La réalité est donc exactement l'inverse de ce que nous racontent les médias mainstream et les gouvernements de l'OTAN. C'est très facile à voir : il suffit de regarder les documents officiels du gouvernement de Kiev.

2021 : escalade dans le Donbass

Les paroles furent rapidement suivies d'actes. L'atmosphère se tendit sérieusement dès avril 2021. L'armée ukrainienne, qui recevait de plus en plus d'armes en provenance des États-Unis, déploya de nouvelles troupes dans l'est de l'Ukraine. La Russie déplaça des troupes vers la frontière ukrainienne. La guerre était préparée par la propagande. Presque chaque jour, le Pentagone annonçait que tout était de la faute de la Russie. Du côté russe aussi, le ton monta. Le 8 avril 2021, le chef adjoint de l'administration présidentielle russe, Dmitri Kozak, déclara à la télévision russe : « *Si un massacre comme celui de Srebrenica se répète en Ukraine, la Russie protégera ses citoyens vivant dans le Donbass[671].* » Il semblerait que l'Ukraine était sur le point d'entrer en guerre avec la Russie en avril et mai 2021, mais qu'elle s'est fait siffler et remettre au pas par les États-Unis, alors occupés à se retirer d'Afghanistan. Un sommet entre les présidents Poutine et Biden eut lieu à la mi-juin. Les événements réels étaient très opaques mais, à cette époque, le baromètre de stress des rapports médiatiques parlait un langage clair.

L'armée ukrainienne se concentre dans le Donbass

Il est important de comprendre qu'en 2021, l'armée ukrainienne s'était regroupée sur la ligne de cessez-le-feu dans le Donbass et que les Républiques populaires du Donbass s'attendaient donc à une attaque. Selon certains rapports, jusqu'à 120 000 hommes, soit environ la moitié de l'armée ukrainienne, y étaient concentrés. Pour le savoir exactement, il faudrait avoir accès aux renseignements par satellite des services secrets ou aux données de planification de l'armée ukrainienne. Quoi qu'il en soit, l'Occident n'a pas fait état de ce déploiement massif de troupes ukrainiennes, mais seulement de mouvements de troupes russes à proximité de la frontière ukrainienne.

La puissance de l'armée ukrainienne à la frontière de la République populaire de Donetsk a cependant été confirmée sans aucun doute par la suite de la guerre en Ukraine. L'artillerie ukrainienne a bombardé la ville de Donetsk presque quotidiennement jusqu'à l'été 2023. De nombreux bâtiments résidentiels et civils ont été touchés, et des blessés et des morts étaient signalés presque chaque jour. Dans la région de Donetsk, l'armée ukrainienne était profondément enterrée dans des bunkers et des tunnels construits au cours des huit années de la guerre du Donbass. En un an et demi, l'armée russe n'a pas réussi à prendre ces fortifications. En revanche, en 2022, elle a pu progresser facilement au nord et au sud, car il y avait beaucoup moins de soldats ukrainiens. Par conséquent, il est certain que l'armée ukrainienne était densément concentrée dans la région de Donetsk, ce qui, évidemment, a été perçu comme une menace par les Républiques populaires. En effet, s'il y avait vraiment 120 000 soldats ukrainiens, ils auraient été plus puissants que leurs quelque 40 000 miliciens.

Début 2022 : dernières étapes sur la voie de la guerre

Dès le début de l'année 2022, les médias ont vu leur baromètre du stress s'emballer à nouveau et ne cesser de grimper. On peut suivre le début concret de la guerre en Ukraine dans leurs rapports.

Le 12 janvier 2022, Burns, le directeur de la CIA, se rendit à Kiev pour rencontrer le président Zelensky. Ces réunions spéciales portent généralement sur des sujets assez importants[672].

Le 13 janvier 2022, le président américain Biden s'entretint au téléphone avec Zelensky[673]. À cette occasion, il assura que les États-Unis réagiraient immédiatement et avec certitude à « toute nouvelle agression russe ». Les articles ne précisent évidemment pas ce qui a été discuté lors de ces entretiens. On peut se demander s'il s'agissait de lancer une attaque dans le Donbass qui obligerait la Russie à riposter. Même si ce n'est que pure spéculation, ces rencontres eurent en tout cas des conséquences immédiatement visibles, qui toutes allaient dans le sens d'un tel projet.

Le 14 janvier 2022, l'ambassade américaine à Kiev ferma ses portes et les employés furent évacués vers Lviv, dans l'ouest de l'Ukraine. Dans le sens inverse, les livraisons d'armes en provenance des pays de l'OTAN continuèrent, comme l'a rapporté un article de *CNBC*[674]. Le même jour, le géant britannique de la réassurance Lloyds annonça la suspension temporaire de toutes les assurances couvrant les risques de conflit dans l'espace aérien ukrainien[675]. Le nombre de vols charters en jets privés fit un bond, les riches ukrainiens quittaient le pays à tour de bras[676]. Les députés de Kiev commencèrent eux aussi à partir à l'étranger[677]. Le 14 janvier 2022, le *Washington Post* a consacré un long article à l'équipe du Tigre[678], officiellement créée en novembre 2021. Cette équipe, qui réunissait des représentants de l'armée américaine, des services de renseignement américains et de nombreux ministères américains, préparait des réactions à une entrée en guerre attendue de la Russie. On peut y lire : « *Parmi les plus grandes préoccupations de l'équipe du Tigre figure la tentative de la Russie de répandre le faux récit selon lequel c'est l'Ukraine qui prépare une offensive dans l'est de l'Ukraine avec le soutien de l'Occident et que la Russie en est la victime.* » Tout à l'opposé de cette déformation propagandiste des faits par l'Occident, qui montre ainsi que la guerre était pour lui décidée, le Kremlin voyait encore le 14 février des solutions diplomatiques possibles ; le *Guardian* titrait ainsi : « *Vladimir Poutine considère que le dialogue sur la crise ukrainienne est encore possible[679].* » Dans le même temps, un diplomate russe de haut rang déclarait au Guardian que la Russie avait le droit de mener une contre-attaque contre l'Ukraine si elle avait l'impression que Kiev menaçait la population de l'est de l'Ukraine[680]. À l'époque, 700 000 habitants des Républiques populaires possédaient un passeport russe et étaient donc des citoyens russes[681]. Dans son rapport quotidien du 14 février, la Mission spéciale d'observation de l'OSCE indiquait que « *violant les lignes de retrait, la Mission a observé 22 chars dans une zone contrôlée par le gouvernement ukrainien* ». Il s'agissait d'un nombre inhabituellement élevé de chars T-72, à 70 km au nord-ouest de Louhansk.

Le 15 février 2022, Reuters a rapporté qu'une semaine auparavant, des pourparlers de paix avaient eu lieu entre l'Ukraine, la Russie, la France et l'Allemagne, mais qu'ils s'étaient achevés sans percée. « *Après les pourparlers, l'Ukraine a déclaré qu'elle ne céderait pas aux pressions de Moscou pour négocier directement avec les séparatistes, tandis que la Russie a accusé Kiev de faire des propositions absurdes[682].* »

C'était la suite du désastre des accords de Minsk, mais, en février 2022, cela avait une autre signification. En effet, depuis le printemps 2021, une invasion de l'Ukraine par la Russie était constamment prédite, surtout par les États-Unis. Le danger que la diplomatie arrive effectivement à sa fin et que quelque chose de grave puisse se produire était à portée de main. Mais le gouvernement Zelensky resta impassible. Il continua à refuser – malgré le danger imminent de guerre – de discuter avec les représentants élus des Républiques populaires. Autrement dit, Kiev, qui voulait la guerre, a donc rejeté obstinément cette dernière possibilité de désescalade.

Pendant ce temps, le Parlement russe, la Douma, finissait par s'impatienter. Le 15 février 2022, il décida d'inviter le président Poutine à reconnaître les deux républiques du Donbass comme des États indépendants, en lui laissant le choix de la date. Depuis 2014, elles n'avaient pas été reconnues, car la Russie ne voulait pas torpiller les accords de

Minsk, qui prévoyaient un avenir pour elles en tant que régions autonomes au sein de l'Ukraine.

Le 15 février 2022, une conversation téléphonique eut également lieu entre le ministre russe des Affaires étrangères Sergueï Lavrov et le secrétaire d'État américain Antony Blinken. CGTN rapporte à ce sujet : *« Lavrov a notamment souligné le caractère inadmissible de la rhétorique agressive fomentée par Washington et ses plus proches alliés, et a appelé à un dialogue pragmatique sur l'ensemble des questions soulevées par la Russie, en mettant l'accent sur le principe de sécurité indivisible. »* C'était bien sûr une demande désespérée de Lavrov, car ce dialogue n'avait déjà jamais eu lieu ces dernières années... Mais on voit bien là les efforts malgré tout encore intenses de la Russie pour trouver une solution diplomatique.

Le 16 février 2022, les violations du cessez-le-feu et les tirs de grenades sur la ligne de contact dans le Donbass se multiplièrent rapidement. L'OSCE recensa 591 incidents, soit quatre fois plus que les jours précédents (rapport 37/17.02.22).

Le 17 février 2022, un jeudi, le Conseil de sécurité des Nations unies tint une réunion sur la situation en Ukraine. Antony Blinken, le secrétaire d'État américain, « révéla » dans son discours comment la Russie allait mener la guerre en Ukraine. Le *Chicago Tribune* a écrit : *« Il a informé les diplomates qu'un événement soudain, apparemment violent, mis en scène par la Russie pour justifier l'invasion, ferait pencher la balance. (...) Nous ne connaissons pas exactement le prétexte – un soi-disant attentat terroriste à la bombe à l'intérieur de la Russie, une attaque de drone mise en scène, une attaque simulée, voire réelle... avec des armes chimiques »*, a-t-il dit[683]. Le même jour, les violations du cessez-le-feu s'intensifièrent encore dans le Donbass.

L'agence de presse Reuters a cité le 18 février 2022 le ministre russe des Affaires étrangères Sergueï Lavrov : *« Nous sommes très préoccupés par les rapports des derniers jours : hier [17 février] et avant-hier [16 février], il y a eu une forte augmentation des tirs d'armes interdites par les accords de Minsk[684]. »* Les Républiques populaires se mirent alors à évacuer la population par bus[685].

Le 19 février 2022, d'autres obus volèrent dans le Donbass et les évacuations se poursuivirent. Reuters a rapporté : « *Les leaders séparatistes soutenus par la Russie dans l'est de l'Ukraine ont déclaré une mobilisation militaire de grande ampleur au lendemain de l'ordre d'évacuation des femmes et des enfants vers la Russie, évoquant le risque d'une attaque imminente des forces ukrainiennes. Kiev a nié en bloc et Washington a déclaré que cette accusation faisait partie du plan de la Russie visant à créer un prétexte pour une invasion de l'Ukraine[686]. »*

Ce jour-là, le président ukrainien Zelensky était à Munich et, dans une situation déjà très tendue, il fit monter d'un cran supplémentaire le mécanisme de l'escalade.

L'Ukraine menace de se doter de l'arme nucléaire

Le 19 février 2022, à la Conférence sur la sécurité de Munich, Zelensky menaça de doter l'Ukraine de l'arme nucléaire[687]. Concrètement, il annonça que l'Ukraine pourrait se retirer du mémorandum de Budapest. Dans ce mémorandum, d'anciens États soviétiques (Biélorussie, Kazakhstan et Ukraine) s'étaient engagés en 1994 à remettre leurs armes nucléaires à la Russie et à y renoncer également à l'avenir, et avaient reçu en contrepartie des garanties de sécurité de la part de la Russie, des États-Unis et de la Grande-Bretagne. Zelensky a remis en question cet engagement à renoncer aux armes nucléaires.

Étant donné que l'Ukraine possède de nombreuses centrales nucléaires, et qu'elle dispose du matériel et du savoir-faire technique nécessaires à la fabrication de bombes atomiques, il est très réaliste de penser qu'elle pourrait rapidement se doter de l'arme nucléaire après s'être retirée du Mémorandum de Budapest. Comme, dans sa doctrine militaire, elle avait annoncé une guerre avec la Russie, celle-ci estimait que la perspective d'un armement nucléaire ukrainien était une menace inacceptable pour sa sécurité. C'est ce qui se disait en Russie.

Pour qu'on comprenne bien : les grandes puissances se sentent avant tout en sécurité grâce à leur armement nucléaire et veulent éviter autant que possible d'y voir des menaces ou des concurrents. Par exemple, les États-Unis sont devenus complètement fous lorsque s'est posée la question de savoir si l'Iran ou la Corée du Nord possédaient des armes

nucléaires, alors que ces deux pays sont très éloignés des États-Unis. Il s'agit ici de déterminer si les « États voyous » – comme les États-Unis les appellent – sont autorisés à avoir des armes nucléaires. L'armement nucléaire de l'Ukraine représente pour la Russie une menace similaire, sauf que l'Ukraine n'est qu'à quelques minutes de missiles des grandes villes russes.

Le gouvernement de Kiev savait bien entendu que l'annonce d'un armement nucléaire serait considérée comme une menace majeure en Russie et susciterait des réactions en conséquence. La situation était déjà tendue au maximum, mais Kiev avait décidé d'en rajouter une couche – et de finir par provoquer une guerre.

La responsabilité incombe ici clairement à l'Ukraine : quand on veut la paix on ne frappe pas l'adversaire aux endroits qui lui font le plus mal. On ne le fait que si l'on cherche la bagarre. L'annonce par Zelensky d'un armement nucléaire était carrément suicidaire.

Cela me rappelle ma jeunesse, lorsque je vendais des cigarettes dans un chapiteau pour une fête de la bière. Il y avait toujours des groupes d'hommes ivres qui s'affrontaient et se provoquaient. Les tensions s'accumulaient généralement sur une longue période, jusqu'à ce qu'un côté finisse par trouver exactement les mots et les gestes qui provoquaient une explosion chez les autres. Alors, les coups et les tables se mettaient à voler.

Pour comprendre comment l'armement nucléaire ukrainien fut perçu du point de vue russe, voici quelques extraits d'un reportage diffusé par la télévision russe le 27 février 2022, quelques jours après l'entrée en guerre de la Russie[688] :

> *En décembre, Moscou a soumis aux États-Unis et à l'OTAN des propositions de garanties de sécurité juridiquement contraignantes[689]. Parmi les points les plus importants figuraient le refus d'accepter l'Ukraine et la Géorgie dans l'OTAN, la garantie de ne pas déployer d'armes offensives à proximité des frontières russes et la volonté de rétablir l'infrastructure militaire de l'OTAN au niveau de 1997, quand l'Acte fondateur OTAN-Russie avait été signé. Mais toutes ces propositions ont été rejetées en bloc par l'Occident, qui soutenait les aspirations de l'Ukraine à rejoindre l'OTAN.*

Les aérodromes ukrainiens sont situés à proximité immédiate de la frontière russe. Comme l'a dit Poutine, les avions tactiques de l'OTAN qui y sont stationnés, y compris leurs armes de précision, peuvent frapper l'intérieur du territoire russe jusqu'à la ligne Volgograd-Kazan-Samara-Astrakhan. Et les missiles balistiques terrestres que le Pentagone a déjà mis au point depuis que les États-Unis se sont retirés du traité INF pourraient couvrir toute la partie européenne de la Russie et même atteindre des régions au-delà de l'Oural.

« Le temps de vol vers Moscou serait de moins de 35 minutes pour les missiles de croisière Tomahawk, de 7 à 8 minutes pour les missiles balistiques de la région de Kharkov et de 4 à 5 minutes pour les missiles hypersoniques. C'est ce qui s'appelle avoir le couteau sur la gorge », a déclaré le président russe.

Et ce sont précisément les plans que l'Occident, selon Moscou, est en train de forger en encourageant les forces antirusses.

« Les principaux pays de l'OTAN soutiennent les nationalistes extrémistes et les néonazis en Ukraine afin d'atteindre leurs propres objectifs. L'ensemble des événements et l'analyse des informations reçues montrent qu'un affrontement entre la Russie et ces forces est inévitable. Ce n'est qu'une question de temps : ils se préparent, ils attendent le moment propice. Maintenant, ils veulent aussi des armes nucléaires. Nous ne le permettrons pas », a assuré Vladimir Poutine.

Même si l'on estime que ce point de vue est exagéré, par exemple parce que l'OTAN est pacifique et que la Russie n'est donc pas menacée, il convient de percevoir que ce point de vue est différent en Russie. Les déclarations citées sont le point de vue officiel russe, qui a déterminé l'action du gouvernement russe. Les recherches que nous avons menées jusqu'à présent et les enseignements que nous en avons tirés nous montrent que la position de la Russie est tout à fait justifiée.

Le début de la guerre d'Ukraine : l'OSCE compte les violations du cessez-le-feu

Du 16 février 2022 à l'entrée en guerre de la Russie le 24 février, une puissante escalade militaire eut lieu dans le Donbass. Grâce aux rapports quotidiens de l'OSCE, nous disposons à ce sujet d'une base chiffrée neutre[690]. Au moyen de caméras de surveillance et d'équipes d'observation, l'OSCE a compté les violations du cessez-le-feu. Celles-ci ont fortement augmenté à partir du 16 février, comme le montre le graphique ci-dessous. Rien que le 19 février, jusqu'à 19 h 30, on a compté environ 2400 grenades et autres tirs, représentés dans la barre bleue. À côté, on trouve à titre de comparaison les barres orange avec les moyennes beaucoup plus faibles des violations du cessez-le-feu des sept jours précédents, des 30 jours précédents et de toute l'année 2021.

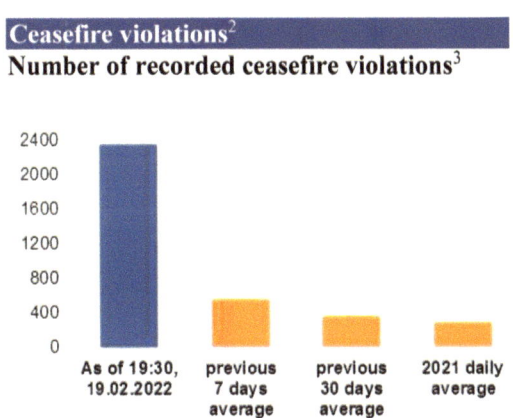

Augmentation des violations de l'armistice à partir, d'après le Daily Report 40/2022 de l'OSCE, 21 février 2022[691]

L'OSCE a également établi des cartes indiquant les lieux des impacts. À titre d'exemple, voici la carte du 21 février 2022, jour de la reconnaissance des Républiques populaires par la Russie. Comme il peut y avoir plusieurs explosions et impacts à un même endroit, la couleur des points varie entre le jaune (peu) et le rouge (beaucoup) sur cette carte. Sur la suivante, on voit d'un seul coup d'œil qu'il y a eu beaucoup plus d'explosions dans les Républiques populaires (en dessous de la ligne de contact rouge) que dans les zones contrôlées par l'Ukraine (au-dessus de la ligne rouge). Partant du principe qu'une partie au conflit ne tire pas sur elle-même, mais sur l'adversaire, cela signifie que l'armée ukrainienne a tiré nettement plus souvent dans les Républiques populaires que l'inverse.

Lors de la collecte des données, l'OSCE fait la distinction entre « *explosions, projectiles in flight, muzzle flashes, illumination flares, bursts*

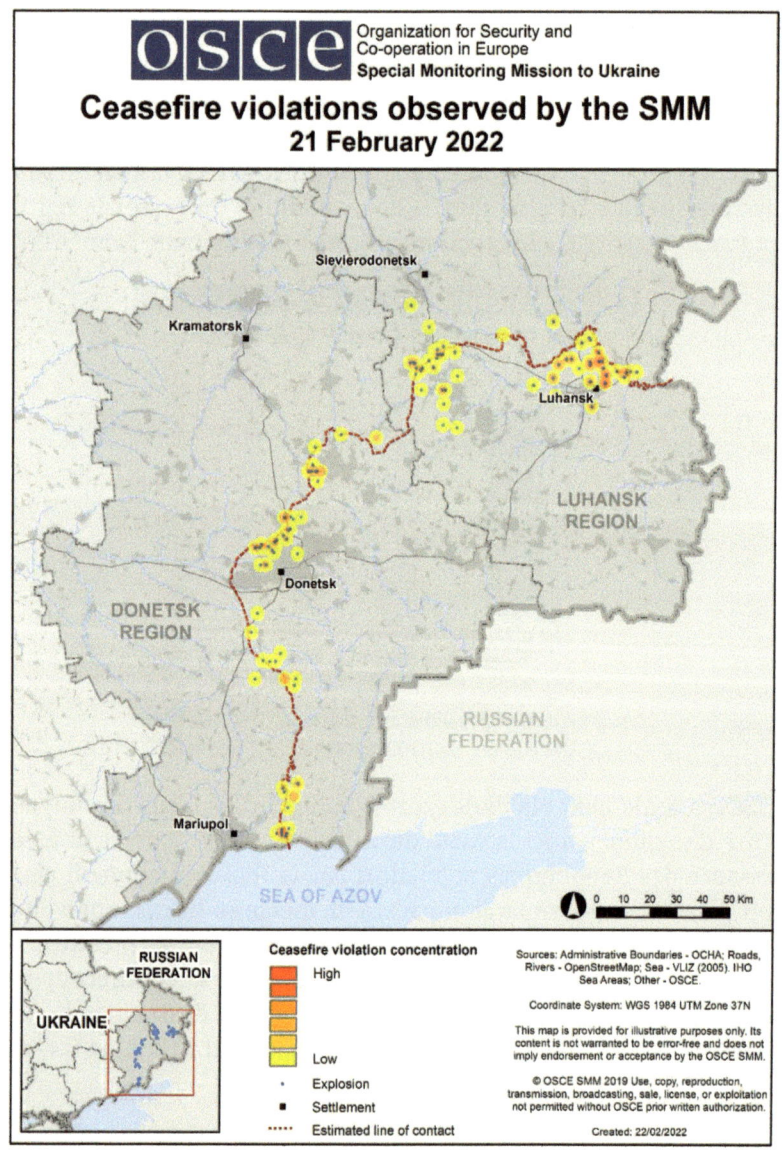

and shots ». En français : explosions, projectiles en vol, grenades flash, fusées éclairantes, rafales de feu et tirs. Les explosions sont indiquées sur la carte par des points. Ce sont des impacts, c'est-à-dire des obus qui touchent une cible. Les grenades flash, saisies séparément, ne sont pas représentées sur la carte.

Pour avoir une idée plus précise de l'escalade, j'ai examiné les rapports quotidiens et établi le tableau suivant. J'ai ensuite étudié chaque carte et compté les points, en les répartissant selon qu'ils se situaient sur le territoire des Républiques populaires, sur le territoire du gouvernement de l'Ukraine ou, plus vaguement, sur la frontière.

Évaluation des rapports journaliers de l'OSCE sur les violations du cessez-le-feu dans le Donbass

N° de rapport date	Violations-du cessez-le-feu	Sites d'explosions Territoire par le régi gouvernement ukrainien	Républiques populaires du Donbass	Frontière
35/15.2.22	174	3	7	0
36/16.2.22	153	7	4	0
37/17.2.22	591	12	16	1
38/18.2.22	870	19	21	2
39/19.2.22	1.566	30	60	4
40/20.-21.2.22	3.231	40	108	7
41/22.2.22	1.927	22	73	7
42/23.2.22	1.710	38	61	9
Total	**10.222**	**171**	**350**	**29**

Cette compilation est claire : il y a eu 350 sites d'explosions dans les Républiques populaires, contre seulement 171 dans les zones gouvernementales ukrainiennes. Cela signifie qu'au cours de cette période, l'armée ukrainienne a tiré sur deux fois plus de lieux dans les Républiques populaires que les milices du Donbass dans les zones gouvernementales ukrainiennes. En ce sens, l'armée ukrainienne a été beaucoup plus agressive, ce qui fait penser à une attaque réelle de l'Ukraine sur les Républiques populaires du Donbass à partir du 17 février 2022.

Au-delà de l'analyse des cartes, est-il possible de voir plus précisément, à partir des différentes données de l'OSCE, quelle a été la dynamique de l'escalade ? J'ai tenté de le faire, mais les données ne le permettent pas par elles-mêmes. Les rapports quotidiens présentent des tableaux avec les différents cas enregistrés. Mais j'ai buté sur les problèmes suivants : 1. la collecte des données est globalement incomplète ; 2. l'OSCE compte un grand nombre de projectiles en l'air en indiquant leur direction, mais il faudrait d'abord classer manuellement les cas pour savoir si ces projectiles sont entrés dans les Républiques populaires ou en sont sortis ; 3. il faudrait enregistrer numériquement toutes les données pour pouvoir les analyser ; 4. il faudrait un logiciel adapté. Ce serait un projet intéressant pour des analystes professionnels.

Résumé

L'Ukraine voulait une grande guerre avec la Russie et espérait ainsi intégrer l'OTAN. C'est ce qu'a déclaré en 2019 Oleksiy Arestovych, le célèbre conseiller présidentiel. Alexeï Danilov, l'influent chef du Conseil de sécurité de Kiev, a expliqué qu'en décembre 2019, le gouvernement de Zelensky avait décidé de rejeter ouvertement la possibilité de paix offerte par les accords de Minsk et qu'il se préparait massivement à la guerre. Ce sont là les déclarations des plus hauts représentants du gouvernement ukrainien.

Après l'investiture du président américain Biden début 2021, tout s'est accéléré. Tout d'abord, les médias critiques et l'opposition en Ukraine ont été éliminés. En mars 2021, le Conseil de sécurité de Kiev a adopté une stratégie visant à conquérir la Crimée, notamment par la voie militaire. La nouvelle doctrine militaire de l'Ukraine annonçait également ouvertement une guerre avec la Russie.

Les paroles ont été suivies d'actes : en 2021, l'armée ukrainienne s'est concentrée à la frontière avec les Républiques populaires. Mais les médias mainstream occidentaux n'ont fait état que des concentrations « en miroir » de l'armée russe dans la zone frontalière ukrainienne. Parallèlement, tout au long de l'année 2021, la propagande de guerre a

L'Ange flottant, par Ernst Barlach, Cologne[692]
« Pour moi, le temps s'est arrêté pendant la guerre. Il ne s'inscrivait dans rien d'autre de terrestre. Il flottait. C'est de ce sentiment que j'ai voulu me souvenir dans cette figure du destin flottant dans le vide. » Ernst Barlach

été diffusée dans les médias jusqu'à la surchauffe, avec la participation très active du gouvernement américain. Malgré la menace de guerre imminente, le gouvernement de Kiev refusait encore début février 2022 de parler aux représentants des Républiques populaires. À partir du 16 février 2022, les violations du cessez-le-feu dans le Donbass ont rapidement augmenté, et les Républiques populaires ont commencé à évacuer la population. Les rapports de l'OSCE montrent que l'armée ukrainienne a tiré des obus sur deux fois plus d'endroits dans les Républiques populaires que, inversement, les milices du Donbass dans les zones gouvernementales ukrainiennes. Le 19 février 2022, lors de la conférence sur la sécurité de Munich, Zelenski a menacé de doter l'Ukraine de l'arme nucléaire, ce qui a déclenché les sirènes d'alarme en Russie. Le gouvernement ukrainien a donc saisi toutes les occasions de provoquer la « grande guerre avec la Russie ». Même après la reconnaissance des Républiques populaires par la Russie et l'accord d'assistance du 21 février 2022, l'armée ukrainienne n'a pas cessé de bombarder les Républiques populaires, même si cela devait, conformément à l'accord d'assistance, conduire à l'entrée en guerre de la Russie.

Entrée en guerre de la Russie le 24 février 2022

Le matin du 24 février, les troupes russes commencèrent à envahir l'est de l'Ukraine. La terrible guerre du Donbass se transformait en une guerre d'Ukraine, encore plus terrible.

Il y eut beaucoup d'agitation dans les médias occidentaux, qui ont fait semblant d'être surpris et passé sous silence le fait que l'Ukraine était en guerre depuis 2014. Mais parfois, la vérité s'est tout de même échappée. Ainsi, le secrétaire général de l'OTAN, Stoltenberg, a déclaré en février 2023 : « *... parce que la guerre n'a pas commencé en février de l'année dernière. Elle a commencé en 2014 (dans l'original anglais : ... because the war didn't start in February last year. It started in 2014)*[693]. »

Cette déclaration était un lapsus exceptionnel. La règle dans les médias occidentaux était de répéter des millions de fois les mêmes éléments de langage : « guerre d'agression non provoquée et contraire au droit international ». Ils devaient être gravés dans la conscience publique comme un fait irréfutable de façon à consolider l'image d'ennemi, à savoir que la Russie était un criminel hors-la-loi.

Le droit international fut ainsi détourné à des fins de propagande de guerre. En effet, l'entrée en guerre de la Russie peut se justifier stricto sensu comme conforme au droit international. Mais il n'y eut aucune discussion à ce sujet. Au lieu d'une clarification juridique, on a préféré reléguer l'expression « contraire au droit international » au rang d'argument massue dans la guerre contre la Russie.

Comme ce constat – l'entrée en guerre de la Russie n'était pas contraire au droit international –constitue pour la plupart des gens une énormité, je vais résumer ici brièvement le contexte dont il découle, avant de l'expliquer en détail.

Le droit international public prévoit que la population d'une partie d'un pays peut se déclarer État indépendant par une décision prise à la majorité, pour autant qu'elle remplisse la condition de disposer d'une

structure organisationnelle propre. La reconnaissance de cette indépendance par d'autres États n'est pas nécessaire pour que la démarche soit valable en droit international. C'est ce qui s'est passé pour les républiques du Donbass et pour la Crimée. Les républiques du Donbass sont des États indépendants au regard du droit international (pour plus de détails, voir à partir de la page...). Les attaques militaires de l'Ukraine, avec des tirs d'artillerie et de missiles sur des cibles civiles et militaires dans les territoires de ces États, constituent une guerre d'agression de l'Ukraine contre les Républiques populaires du Donbass, contraire au droit international. Tant que la Russie ne reconnaissait pas ces républiques en tant que telles, elle ne pouvait pas leur venir en aide militairement, conformément au droit international. Mais à partir du moment où elle les a reconnues, elle était en droit d'apporter une aide militaire à un État attaqué par un agresseur en violation du droit international et à la demande de ce dernier. Il faut ajouter qu'une grande partie de la population du Donbass avait déjà la citoyenneté russe. En ce sens, l'attaque contre les républiques était une attaque contre des citoyens russes.

Tout cela n'apparaît pas dans le récit occidental, qui nie la volonté exprimée par les habitants de la Crimée et des républiques du Donbass. L'image de la Russie comme ennemi permet de tout présenter comme un acte de violence arbitraire de sa part. J'ai décrit et démontré en détail que ce n'était pas le cas. Ainsi, il ressort des faits et de l'analyse que l'Ukraine a mené une guerre d'agression contraire au droit international et que, conformément au droit international, la Russie a prêté main forte aux républiques du Donbass dans le cadre de leur légitime autodéfense. Ce n'est pas la Russie qui est l'agresseur en violation du droit international, c'est l'Ukraine. L'augmentation massive des tirs de l'armée ukrainienne sur les Républiques populaires à partir du 17 février 2022, à laquelle celles-ci ont répondu par une riposte nettement plus faible, avait pour but de forcer la Russie à entrer en guerre.

J'insiste expressément sur le fait que cette considération du droit international ne représente pas une justification de la guerre. Car même si une guerre est juridiquement admissible, elle est toujours terrible et génère des souffrances infinies. Je pense toutefois qu'il est important de considérer séparément la question du jugement juridique et celle du sens moral.

Je vais maintenant expliquer plus en détail pourquoi l'entrée en guerre de la Russie n'était pas contraire au droit international.

Participation à la guerre selon le droit international

La Charte de l'ONU, qui constitue la base du droit international, mentionne trois raisons qui justifient une participation à une guerre :

1. lorsqu'un État est attaqué, il peut se défendre en vertu de l'article 51. Les mesures d'autodéfense doivent être immédiatement notifiées au Conseil de sécurité ;

2. l'État attaqué peut également demander l'aide d'autres États. Selon l'article 51, le droit de légitime défense peut également être exercé collectivement ;

3. le Conseil de sécurité peut, en vertu de l'article 42, décider d'un mandat pour une opération militaire visant à maintenir ou à rétablir la paix et la sécurité internationales. Ce mandat a alors la priorité sur le droit de légitime défense de l'article 51.

Pour la guerre en Ukraine, cela signifie que l'Ukraine a attaqué les deux Républiques populaires du Donbass. Celles-ci se sont défendues conformément au point 1. Elles ont demandé l'aide militaire de la Russie conformément au point 2. Le Conseil de sécurité de l'ONU n'a pas pris de décision conformément au point 3. Regardons de plus près ce qui s'est passé.

21 février 2022 : reconnaissance des Républiques populaires et accord d'assistance mutuelle

Pour les habitants des Républiques populaires du Donbass, le 21 février 2022 fut un grand jour, fêté jusqu'au bout de la nuit. Le président russe Poutine les avait reconnues et avait conclu un accord d'assistance avec elles. Huit ans qu'elles attendaient cela... L'espoir de paix grandissait.

Pour pouvoir situer cet événement, replaçons-nous dans son contexte. Depuis le 17 février 2022, les tirs d'artillerie de l'armée ukrainienne augmentaient fortement, comme nous l'avons vu. Le 18 février à midi,

Denis Pouchiline, le chef du gouvernement de la République populaire de Donetsk, déclara que la population de la région de Donetsk serait évacuée vers la région russe voisine de Rostov. Denis Pouchiline a écrit dans une déclaration : « *Le président ukrainien Vladimir Zelensky donnera prochainement l'ordre aux militaires de passer à l'offensive et de mettre en œuvre un plan d'invasion du territoire des Républiques populaires de Donetsk et de Lougansk[694]*. »

L'évacuation de la population de la République populaire de Donetsk commença dès l'après-midi. Un rapport décrit l'atmosphère : « *Les premiers bus pour l'évacuation arrivent déjà dans les villes et villages du Donbass ! Pendant ce temps, les sirènes de la protection civile et des services d'urgence retentissent. Des files d'attente se forment également devant les banques. On dit que la grande attaque ukrainienne contre le Donbass est imminente[695].* » La République populaire de Lougansk appela également les habitants à se réfugier en Russie[696].

La manière dont le gouvernement de Kiev avait concrètement préparé une invasion du Donbass n'est pas prouvée avec certitude, même si c'était l'intention fondamentale de Kiev, comme nous l'avons vu dans le dernier chapitre. La réalité de l'attaque d'artillerie de l'Ukraine contre les Républiques populaires ne fait aucun doute[697].

Pourquoi celles-ci n'avaient-elles pas été reconnues par la Russie pendant les huit années qui ont suivi les référendums d'indépendance de 2014 ? Si la Russie avait eu un intérêt à intégrer le Donbass, elle aurait pu le faire relativement facilement en 2014, tout comme elle l'a fait avec la Crimée. Les sanctions occidentales existaient de toute façon, et une union avec le Donbass ne les aurait guère durcies. Mais la Russie, qui voulait une solution au sein de l'Ukraine, a forcé les accords de Minsk malgré l'opposition des Républiques populaires. Tant qu'elle poursuivait cet objectif, elle ne reconnaissait pas leur indépendance afin de maintenir la possibilité qu'elles deviennent des parties autonomes de l'Ukraine.

La reconnaissance des républiques du Donbass fit l'objet de vifs débats à la Douma, le Parlement russe. C'est ce que rapporte le journaliste Thomas Röper le 21 février 2022[698] :

Le Parti communiste russe (qui n'est plus un parti communiste, mais plutôt ce que le SPD était autrefois en Allemagne) est le seul parti à demander, depuis le début du conflit en 2014, la reconnaissance diplomatique des républiques du Donbass. Leur argument est que c'est le seul moyen de protéger les habitants de ces régions des tirs de Kiev, car Kiev n'oserait guère les bombarder si la Russie les reconnaissait officiellement comme des États et les plaçait sous sa protection. Il n'y a jamais eu de majorité à la Douma pour cela, car les craintes d'aggraver ainsi le conflit étaient plus grandes chez les autres partis. (...) Dans les mois précédant février 2022, l'ambiance a changé en raison du comportement agressif de Kiev, mais surtout en raison des livraisons d'armes quasiment effrénées de l'Occident à l'Ukraine. Depuis, la Russie craint que Kiev ne lance une attaque sur le Donbass et ne tente de résoudre le conflit par la force. Le fait qu'une attaque de Kiev signifierait des combats de rue dans des zones densément peuplées et des tirs d'artillerie massifs a fait évoluer les positions ces derniers temps. Les appels à la reconnaissance des républiques du Donbass se sont multipliés, même en dehors du Parti communiste.

En outre, étant donné que les passeports des Républiques populaires n'étaient reconnus par aucun autre État que la Russie et que Kiev refusait d'y délivrer des documents, les habitants du Donbass avaient la possibilité, depuis 2019, de demander des passeports russes, ce qui leur permettait également d'obtenir la citoyenneté russe. Ainsi, début 2022, plus de 700 000 citoyens russes vivaient dans les Républiques populaires, dont la Russie se sentait naturellement responsable.

La Douma a donc changé d'avis parce que Kiev déclarait de plus en plus ouvertement qu'elle voulait résoudre la guerre du Donbass par la force et ne pas appliquer les accords de Minsk. C'est ainsi que l'espoir de paix de Minsk fut perdu et que la Douma russe exigea, le 15 février 2022, la reconnaissance des républiques du Donbass. Elle laissait toutefois la décision finale au président.

Kiev réagit de manière provocatrice à cette décision de la Douma le 17 février 2022, en multipliant les tirs d'artillerie sur les Républiques populaires.

Le président Poutine prononça ensuite, le 21 février 2022, un discours de fond sur l'histoire de l'Union soviétique et sur les erreurs qu'avaient commises Lénine et Staline en fusionnant les républiques de manière artificielle et totalitaire, ce qui aboutissait aux problèmes actuels. Poutine parla également du mépris des intérêts russes par l'OTAN[699]. Il fit ensuite référence à l'horreur de huit années de guerre dans le Donbass. *« Maintenant, il ne se passe pratiquement plus un jour sans que des villes et des villages du Donbass ne soient bombardés. »* Selon lui, l'engagement en faveur des accords de paix de Minsk et de la « préservation de l'intégrité territoriale de l'Ukraine » n'avait servi à rien puisque le gouvernement de Kiev ne cherchait qu'une solution militaire à la question du Donbass. À la fin de son discours, Poutine déclara qu'il reconnaissait immédiatement l'indépendance et la souveraineté de la République populaire de Donetsk et de la République populaire de Lougansk. L'avertissement suivant, adressé au gouvernement de Kiev, est important :

> *Et nous demandons à ceux qui ont pris et conservent le pouvoir à Kiev de cesser immédiatement les hostilités. Dans le cas contraire, la responsabilité de la poursuite éventuelle de l'effusion de sang pèsera exclusivement sur la conscience du régime qui dirige le territoire ukrainien.*

Le décret de reconnaissance des deux républiques du Donbass prévoyait ensuite l'envoi de troupes russes dans le Donbass pour « assurer la paix[700] ».

La Russie a donc reconnu les deux républiques du Donbass le 21 février 2022. Elles ne sont pas devenues indépendantes pour autant, mais cette reconnaissance a eu des conséquences importantes. Elles comptaient déjà plus de 700 000 habitants avec un passeport russe ; elles pouvaient demander l'aide de la Russie contre l'agression militaire de l'Ukraine ; et il était légal que des militaires russes viennent à leur secours. Maintenant, l'attaque de l'Ukraine contre les républiques du Donbass, contraire au droit international, était en fait une attaque contre la Russie elle-même.

Thomas Röper a commenté ainsi la reconnaissance et l'accord d'assistance le jour même :

> *Tout d'abord, cela devrait permettre à la paix de s'installer enfin dans l'est de l'Ukraine, si Kiev ne veut pas d'une guerre chaude avec la Russie. Après tout, tirer sur les zones habitées des républiques non reconnues est différent de tirer sur l'armée russe. C'est pourquoi, dans le Donbass, la rue fête également la reconnaissance russe.*

Cet espoir de paix a malheureusement été vain.

Malgré l'accord d'assistance avec la Russie, l'armée ukrainienne poursuit sa guerre d'agression dans le Donbass

Dans son discours du 21 février 2022, le président Poutine avait adressé un avertissement clair au gouvernement de Kiev, lui demandant de cesser immédiatement les hostilités, et des troupes russes avaient été envoyées dans le Donbass pour y maintenir la paix. La situation avait ainsi considérablement changé par rapport aux huit années de guerre du Donbass qui avaient précédé. Grâce à la reconnaissance des républiques et à l'accord d'assistance, il était clair que tout nouveau bombardement des Républiques populaires devait avoir des conséquences militaires pour la Russie.

Kiev ne mit toutefois pas fin aux tirs sur les Républiques populaires après le 21 février, mais les multiplia encore une fois de manière ostentatoire. Force est donc de constater que Kiev a poursuivi sa guerre d'agression et même activement cherché la guerre avec la Russie. Si le gouvernement de Kiev avait voulu éviter la guerre avec la Russie, il aurait immédiatement donné l'ordre d'arrêter toutes les opérations de combat. Mais il ne l'a pas fait. Si les obus avaient cessé d'arriver du côté ukrainien, on aurait pu voir si les milices du Donbass allaient cesser leurs tirs. Dans tous les cas, il n'y aurait plus eu de raison valable pour l'invasion des soldats russes. Mais le gouvernement de Kiev, en poursuivant son agression, a préféré fournir une raison à l'intervention de l'armée russe, conforme au droit international.

L'opération militaire russe est conforme au droit international selon l'article 51 de la Charte de l'ONU

Après la reconnaissance par la Russie des deux républiques du Donbass le 21 février 2022, leurs chefs de gouvernement écrivirent au président Poutine, le 23 février, pour lui demander une aide militaire afin de repousser les attaques ukrainiennes[701]. Le 24 février, Poutine annonça dans un discours le début de l'opération militaire russe en Ukraine[702]. Dans son discours, il se référait à l'article 51 de la Charte de l'ONU, qui régit le droit à la légitime défense :

> *Dans ce contexte, conformément à l'article 51 de la sep-*
> *tième partie de la Charte des Nations unies, j'ai décidé,*
> *avec l'autorisation du Conseil de la Fédération de Rus-*
> *sie, et conformément aux traités d'amitié et d'assistance*
> *mutuelle avec la République populaire de Donetsk et la*
> *République populaire de Lougansk ratifiés par l'Assem-*
> *blée fédérale le 22 février dernier, de mener une opéra-*
> *tion militaire.*

L'intervention de l'armée russe a donc été justifiée par l'article 51 de la Charte de l'ONU, qui prévoit une aide militaire à un pays agressé.

Les Républiques populaires ont-elles été attaquées ? Oui. La guerre d'agression de l'Ukraine contre le Donbass a commencé avec la décision du Conseil de sécurité de Kiev le 13 avril 2014 et, jusqu'en 2021, a coûté la vie à plus de 14 000 personnes. À partir du 17 février 2022, les tirs d'obus sur les républiques du Donbass se sont multipliés. Le 21 février, la Russie a reconnu les Républiques populaires et conclu un accord d'assistance avec elles, et Poutine a demandé au gouvernement ukrainien de Kiev de cesser immédiatement les tirs. Kiev l'a ignoré et a fait le contraire : des milliers d'autres obus se sont abattus sur les habitants du Donbass. Le 23 février, les républiques du Donbass ont demandé par écrit l'aide de la Russie. Les conditions pour une assistance militaire selon l'article 51 de la Charte de l'ONU étaient ainsi réunies.

À cela s'ajoute le fait qu'en vertu des accords de Minsk-2, qui avaient reçu la plus haute reconnaissance en droit international par décision du Conseil de sécurité de l'ONU, la Russie avait, en tant que puissance garante, une responsabilité particulière de protection de l'intégrité de la population dans les républiques du Donbass.

Cette justification par le droit international n'a pas été discutée en Occident ; elle a même été dissimulée à l'opinion publique. Pour diaboliser la Russie, il a fallu le slogan répété des millions de fois de « guerre d'agression brutale non provoquée et contraire au droit international », afin d'ancrer dans les émotions du grand public que la Russie ne respectait aucune loi, qu'elle était dangereuse et mauvaise.

Résumé

Après la reconnaissance par la Russie des Républiques populaires de Donetsk et de Lougansk et le pacte d'assistance mutuelle le 21 février 2022, après la poursuite et finalement l'intensification massive des tirs de l'armée ukrainienne sur les deux Républiques populaires, et après l'appel à l'aide des Républiques populaires à la Russie le 23 février 2022, la Russie avait le devoir d'entrer en guerre. Les voies diplomatiques étaient arrivées à leur terme. Cette « intervention militaire spéciale » a été légitimée à juste titre par Poutine, en vertu de l'article 51 de la Charte de l'ONU, comme étant conforme au droit international. L'extension de la guerre du Donbass à la guerre d'Ukraine est une évolution très grave. Mais personne n'avait avancé d'alternative réaliste jusqu'alors. Pour cela, il aurait fallu que l'Ukraine respecte l'intérêt des Républiques populaires du Donbass à être autonomes et que l'OTAN respecte les intérêts de sécurité de la Russie. Mais l'OTAN et l'Ukraine n'y étaient pas prêtes.

Le 21 février 2022, la Russie et les deux Républiques populaires du Donbass ont conclu un pacte d'assistance mutuelle. Il était clair pour l'Ukraine qu'un nouveau bombardement d'artillerie dans le Donbass entraînerait une intervention de la Russie. Le gouvernement ukrainien n'a toutefois pas mis fin à ces actes de guerre, mais les a au contraire intensifiés. Il est donc prouvé que la guerre en Ukraine et l'invasion des troupes russes, qui a commencé le 24 février 2022, ont été activement provoquées par le gouvernement ukrainien.

Discussion sur l'entrée en guerre

L'application de l'article 51 de la Charte des Nations unies a été contestée : même si des demandes d'aide aux Républiques populaires sont venues de Donetsk et de Lougansk, ce n'est pas pertinent. Aucune région d'un État ne peut demander à un autre État d'intervenir.

On a donc contesté que les Républiques populaires du Donbass soient des États indépendants. On affirme que leurs déclarations d'indépendance n'ont aucune signification. Dans le chapitre « La sécession de la Crimée était-elle conforme au droit international ? » (page...), j'ai traité cette question en détail sur le plan juridique, vous pouvez éventuellement le relire. Nous avons vu que, conformément aux lignes directrices de la Cour internationale de justice de La Haye, la déclaration d'indépendance de la Crimée était un acte souverain qui ne nécessitait pas la reconnaissance d'autres États. Il en va de même pour l'indépendance des républiques du Donbass. Mais ceux qui contestent la souveraineté des républiques du Donbass n'abordent délibérément pas ces arguments, préférant passer sous silence les lignes directrices de la Cour internationale de justice afin de les faire oublier. Le professeur Stephan Sander-Faes l'a expliqué à l'aide de plusieurs exemples[703].

Même si l'on ne reconnaît pas la souveraineté des Républiques populaires, ce qui est possible, cela ne change absolument rien du point de vue du droit international, puisqu'elles se sont déclarées unilatéralement indépendantes et souveraines dans un acte d'autodétermination le 7 avril 2014, quoi qu'en pensent les autres.

Autres arguments contre l'applicabilité de l'article 51 de la Charte des Nations unies

Les républiques du Donbass n'étaient pas membres de l'ONU : un argument contre la légitime défense selon l'article 51 de la Charte de l'ONU est que les républiques du Donbass n'étaient pas membres de l'ONU, de sorte que celle-ci ne s'applique pas. Mais cet argument ne tient pas, car la Charte de l'ONU régit également les relations avec

les non-membres. L'article 2, paragraphe 6, stipule : « *L'Organisation fait en sorte que les États qui ne sont pas membres des Nations Unies agissent conformément à ces principes dans la mesure nécessaire au maintien de la paix et de la sécurité internationales.* » Autrement dit, les règles de la Charte de l'ONU s'appliquent également aux non-membres, de sorte que les républiques du Donbass peuvent elles aussi s'y référer.

Une attaque de l'armée russe sur des territoires situés en dehors du Donbass n'est pas de la légitime défense : on avance que l'armée russe ne s'est pas limitée à la défense du Donbass, mais a occupé d'autres territoires ukrainiens et s'est même avancée jusqu'aux alentours de Kiev. Il s'agit toutefois d'une considération militaire et non de droit international. L'article 51 de la Charte de l'ONU ne précise pas comment la légitime défense doit être concrètement mise en œuvre. Dans le Donbass, la moitié de l'armée ukrainienne était stationnée et enterrée dans des bunkers construits pendant des années. Dans la suite de la guerre, on a constaté que l'armée russe n'a pas réussi à repousser l'armée ukrainienne dans cette région pendant très longtemps ; la terrible bataille de Bakhmout a duré une année entière. Pour cette raison, il semble qu'il ait été militairement judicieux de frapper l'armée ukrainienne à des endroits plus vulnérables et de l'affaiblir ainsi afin d'empêcher de nouvelles attaques contre les deux républiques du Donbass. Mais comme je l'ai déjà dit, il s'agit d'une discussion militaire, ce n'est pas une question de droit international.

Piège de l'escalade ? La légitime défense selon l'article 51 de la Charte des Nations unies a également été contestée : selon les dires, les rapports de l'OSCE n'ont pas clairement démontré que l'augmentation des combats à partir du 17 février 2022 dans le Donbass était le fait de l'armée ukrainienne ; c'était davantage une escalade entre les deux parties au conflit. Comme la Russie voulait envahir l'Ukraine, il se pourrait aussi que les milices des Républiques populaires aient intensifié la pluie d'obus afin de provoquer des réactions de l'armée ukrainienne et de pouvoir ensuite présenter une justification pour l'invasion russe – donc un piège. Tel est le raisonnement. Le fait que l'armée ukrainienne n'ait pas mis fin aux tirs après la déclaration d'assistance de la Russie le 21 février 2022 s'oppose clairement à cette argumentation. Si l'Ukraine avait effectivement été attirée dans un piège par les milices du Donbass, son armée aurait dû reconnaître le piège au plus tard ce jour-là, et elle aurait alors cessé ses tirs pour ne pas être attaquée par la Russie.

La guerre est toujours un crime

Après la Première Guerre mondiale, et plus encore après la Seconde, cette idée s'est imposée. C'est pourquoi la Charte des Nations unies, qui est un droit international contraignant pour tous, interdit la guerre de manière générale. Un État qui attaque militairement un autre pays commet un crime. Les Nations unies ont le droit d'agir contre ce crime. Le pays ainsi envahi est en droit de se défendre militairement et d'appeler d'autres nations à l'aide. C'est la situation juridique.

Mais cela ne justifie pas moralement la guerre au cas par cas. Elle n'est jamais justifiée. Lorsque les troupes russes ont franchi les frontières de l'Ukraine, l'horreur était grande. On disait que la guerre ne devait plus exister aujourd'hui, qu'elle n'était pas une option, en aucune circonstance. Mais peu de temps après, on a prononcé des discours enflammés en faveur de la guerre que l'Ukraine mène contre la Russie. La guerre était donc un choix possible. Les émotions et, pour finir, une certaine lubricité ont balayé toute réflexion. La guerre est archaïque. Dans la frénésie de l'obsession, on a oublié qu'il doit s'agir de paix et non de guerre. Le fait que la guerre soit toujours un crime, que la guerre ne soit jamais moralement justifiable, n'a aucune importance quand on cherche à savoir qui est l'agresseur et qui est l'autodéfense selon le droit international.

À la fin de la guerre en Ukraine, des centaines de milliers de soldats des deux camps et des dizaines de milliers de civils seront morts et des millions de personnes auront été traumatisées et affectées. Quelques chiffres le montrent clairement. Le 13 mars 2023, les autorités compétentes de la République populaire de Donetsk ont annoncé que depuis l'escalade de la guerre le 17 février 2022, 4457 civils, dont 272 enfants, avaient perdu la vie dans la République populaire. 94 civils avaient été blessés par des mines antipersonnel interdites tirées par l'armée ukrainienne. Des dommages de guerre ont été causés à 10 068 bâtiments d'habitation, 2484 infrastructures civiles et 1268 véhicules[704].

« Opération militaire spéciale » ou guerre ?

Du point de vue de la Russie, l'intervention militaire en Ukraine n'est pas une guerre, mais une « opération militaire spéciale ». Le gouvernement russe a souligné qu'il faisait tout pour épargner la population civile ukrainienne, qui est un peuple frère. Au début de la guerre d'Ukraine en février 2022, le gouvernement russe a souligné qu'il ne s'agissait pas d'une occupation de l'Ukraine, mais d'une dénazification, d'une démilitarisation et d'une indépendance des Républiques populaires du Donbass dans leurs frontières d'origine. Au début de la guerre, les troupes russes étaient donc peu nombreuses. La théorie militaire exige de l'agresseur une supériorité des forces d'au moins trois contre un. Pour conquérir et occuper la vaste Ukraine et sécuriser les frontières, il aurait certainement fallu un million de soldats. Or, du côté russe, il n'y avait pas plus de 170 000 soldats, moins que du côté ukrainien (on ne dispose pas de chiffres exacts). Juridiquement, le statut d'opération militaire spéciale avait une signification pour la Russie, car il ne permettait pas, d'après ce que j'ai pu découvrir, de faire appel à des conscrits, mais uniquement à des soldats professionnels, des volontaires et des réservistes. Compte tenu de l'ampleur des conflits militaires et des souffrances qu'ils engendrent, je ne parle dans ce livre que de guerre.

Quelles autres possibilités qu'une entrée en guerre la Russie aurait-elle eues ?

Ce n'est pas la Russie, mais l'Ukraine qui a lancé une guerre d'agression contre les républiques du Donbass, en violation du droit international. Conformément au droit international, la Russie est venue au secours des personnes attaquées à leur demande légitime. Cette entrée en guerre de la Russie a toutefois constitué une terrible escalade. Cela aurait-il pu être évité ? Y aurait-il eu d'autres solutions en février 2022 ?

Y avait-il une marge de manœuvre diplomatique ? La Russie avait cherché sans succès des solutions négociées conformément aux accords de Minsk depuis 2015, c'est-à-dire pendant sept ans. Les propositions russes d'accords de sécurité avec l'OTAN et les États-Unis de décembre 2021 sont également restées lettre morte. Qu'aurait-on pu faire de plus ? J'y ai longuement réfléchi, je n'ai rien trouvé. Pour négocier, il faut toujours que toutes les parties concernées soient présentes. Mais pour les États-Unis, l'enjeu était leur puissance mondiale et l'affaiblissement, voire un démembrement de la Russie ; les pays de l'OTAN ont trotté derrière eux, et le gouvernement ukrainien a maintenu sa ligne nationaliste avec fanatisme et obstination. Nous avons vu qu'aucune de ces parties n'était intéressée par une solution diplomatique. Entre-temps, tous les responsables de l'OTAN et de l'Ukraine ont déclaré qu'ils n'avaient jamais voulu appliquer les accords de Minsk. Le gouvernement russe avait pourtant patiemment recherché cet accord pendant sept ans. Mais cela n'a eu pour effet que d'accorder à l'Ukraine ces années, dont elle a profité pour agrandir son armée et la réarmer. Nous verrons plus loin que les négociations de paix, qui avaient débuté en mars 2022 et semblaient prometteuses, ont également été minées par les Occidentaux. Ce n'était pas le fait de la partie russe, celle-ci avait négocié et une solution de paix était déjà en vue.

L'invasion de l'armée russe aurait-elle pu être limitée au territoire des Républiques populaires du Donbass ? Conformément au pacte d'assistance, l'armée russe aurait pu seulement assumer des tâches défensives dans les Républiques populaires, mais pas envahir les territoires occupés par les Ukrainiens. En cas de tirs d'artillerie de l'armée ukrainienne, l'armée russe aurait pu tenter de neutraliser les canons par des tirs de riposte. Mais où cela aurait-il mené ? Comme durant les huit années précédentes, le conflit serait simplement resté circonscrit au Donbass. Mais cela n'y aurait absolument pas créé de perspectives de paix durable et de développement économique. Et cela n'aurait pas non plus résolu – du point de vue russe – les problèmes de l'adhésion à l'OTAN et de l'armement nucléaire de l'Ukraine.

La guerre aurait-elle pu être menée avec moins d'intensité ? La Russie a essayé de le faire dès le début. La stratégie russe déclarée était d'épargner autant que possible la population civile en Ukraine. Bien sûr, la propagande de guerre occidentale prétend le contraire. Cependant, c'est un fait facilement vérifiable que les réseaux d'électricité, de télécommunication et de transport de l'Ukraine, ainsi que l'approvisionnement en eau au-delà des zones de front, n'ont pas été endommagés par les missiles et les drones russes de février 2022 à l'automne 2022. Ce n'est qu'après l'attaque ukrainienne sur le pont de Crimée, qui fait partie du territoire de la Crimée et n'est donc pas un territoire ukrainien, que la Russie, en réaction à cette attaque, a commencé à détruire des infrastructures à l'intérieur de l'Ukraine. À ce stade, il est instructif de jeter un bref coup d'œil pour comparer avec les stratégies utilisées dans les guerres déclenchées par les États-Unis et l'OTAN : en Irak ou en Serbie, par exemple, le réseau électrique, l'approvisionnement en eau et les ponts de ces pays ont été détruits dès les premiers jours de la guerre. Cette tactique a bien sûr surtout plongé la population civile dans la mort, la souffrance et la misère, mais l'OTAN et les États-Unis ont déclaré sans ménagement qu'il s'agissait de dommages collatéraux inévitables de la guerre. En juillet 2023, le pont de Crimée a été endommagé une deuxième fois par des drones ukrainiens. La Russie a alors dirigé des missiles vers des usines à Odessa, où ces drones auraient été construits. Les critiques internes à la Russie ont déclaré que la guerre qu'elle menait était bien trop défensive et qu'elle n'aurait pas dû laisser à l'Ukraine des bases à Odessa, qui ont permis l'attaque de drones[705]. Le gouvernement russe s'est souvent vu reprocher de mener la guerre de manière trop défensive et trop lente.

La Russie aurait-elle pu se contenter de ne rien faire ? Cela aurait conduit dix millions d'Ukrainiens enracinés en Russie à s'y réfugier pour échapper à l'internement et à l'oppression des nationalistes ukrainiens. Dans la société russe, laisser tomber l'Ukraine de l'Est aurait suscité une grande incompréhension, et aurait été vécu comme une trahison envers les frères et sœurs russes. La confiance en soi de la Russie aurait été profondément ébranlée, avec des conséquences majeures. Soyons clairs : si le gouvernement ukrainien n'avait pas à craindre de résistance, il s'emparerait de la Crimée. Les États-Unis ouvriraient alors un port militaire en mer Noire et la Russie risquerait de perdre cet accès maritime important. En Ukraine, la haine des Russes serait entretenue et les nationalistes ukrainiens, avec les États-Unis et leurs pays membres de l'OTAN, poursuivraient leur objectif de détruire la Russie, de l'encercler, de l'affaiblir, d'installer un gouvernement docile, de la découper en petits États et de la dominer. L'Ukraine deviendrait un membre officiel de l'OTAN, et se verrait par conséquent dotée de l'arme nucléaire. Dans tous les cas, des missiles nucléaires américains seraient déployés à la frontière russe. On peut comprendre que ne rien faire n'était pas un choix possible pour la Russie.

Le mieux aurait bien sûr été une voie politique non violente avec les moyens du Mahatma Gandhi. Cette voie est la plus stable et la plus prometteuse à long terme, j'en suis fondamentalement sûr. Néanmoins, c'est une simple vision de l'esprit, car il manque à la fois le Mahatma Gandhi russe et la base sociale. Vladimir Poutine n'est pas le Mahatma Gandhi et ne le deviendra pas. Dans la politique russe, Poutine est déjà une colombe modérée. Beaucoup d'autres voix ont un ton beaucoup plus militaire et désagréablement provocateur, comme celle de Dmitri Medvedev, qui a été président russe de 2008 à 2012 et qui occupe depuis 2020 un rôle central en tant que vice-président du Conseil de sécurité russe. Une voie gandhienne n'est pas possible à partir de rien, elle nécessite une longue préparation et un large environnement.

Même si je souhaite une solution meilleure que l'escalade de la guerre, je n'arrive pas à avancer sur la question suivante : qu'est-ce que la Russie et les deux Républiques populaires auraient vraiment pu faire concrètement d'autre tant que l'Ukraine et l'OTAN ne sont pas également prêtes à une désescalade et à des négociations ouvertes ? Je n'ai jamais entendu quelque chose de convaincant, y compris dans le débat public ici. À ce stade, je reste perplexe et je suis heureux de pouvoir adopter une position neutre et non impliquée dans le conflit.

Le plus important est que la guerre se termine le plus rapidement possible et qu'on trouve une solution négociée qui soit acceptable pour toutes les parties. Une solution négociée est toujours faite de compromis. Or, c'est précisément ce que l'OTAN et le gouvernement ukrainien ont continuellement refusé de faire. Ils préfèrent travailler à une prolongation de la guerre. C'est ce que nous aborderons dans la troisième partie de ce livre.

3e partie

Prolongation de la guerre

Notre Dame de la Belle Verrière, cathédrale de Chartres[706]

Financement, livraison d'armes et aide militaire

L'OTAN finance entièrement l'armée de l'Ukraine

Le projet de budget ukrainien pour 2023 prévoit 31,4 milliards d'euros de recettes et 63,2 milliards de dépenses. Le poste de dépenses le plus important est l'armée, avec 28 milliards d'euros[707]. En 2023, 45% des dépenses publiques sont donc affectées à l'armée[708]. Parallèlement, seule la moitié du budget est financée par les impôts, l'autre moitié nécessitant des emprunts. En d'autres termes, l'Ukraine ne peut payer par ses propres moyens que les dépenses normales de l'État, et l'armée est entièrement financée à crédit.

L'Ukraine n'obtiendra des crédits que de la part des pays occidentaux ou du FMI, car ceux-ci peuvent effacer les dettes en cas de besoin. Le marché normal des capitaux devrait lui être fermé, car un pays en guerre est bien trop incertain pour les fonds de pension, les assurances et les investisseurs normaux ; seuls les investisseurs très spéculatifs et les hedge funds osent s'aventurer dans ses obligations d'État. La situation financière de l'Ukraine est sombre : la dette publique par rapport au produit national brut est passée de 49% en 2021 à 100% en 2023[709], soit un doublement en deux ans.

En plus du budget national, il faut ajouter les livraisons directes d'armes occidentales et les versements affectés à l'aide humanitaire. Dans son *Ukraine Support Tracker*, le *Kiel Institute for the World Economy* recense les promesses de soutien à l'Ukraine. Du 24 février 2022 au 24 février 2023, les États-Unis ont promis 71,3 milliards d'euros, dont 43 d'aide militaire. Les États et les institutions de l'UE ont contribué à hauteur de 61,7 milliards d'euros, dont 22,6 d'aide militaire. Les autres pays ont apporté 23 milliards. Le Kiel Institute recense les promesses et non les livraisons effectives. Au total, il s'agit de 156 milliards d'euros, ce qui correspond à cinq fois les recettes fiscales ukrainiennes sur une année. Des chiffres à digérer !

Il faut reconnaître une chose au gouvernement Zelensky, qui n'a cessé de quémander plus d'argent et plus d'armes : il a eu beaucoup de succès. De nombreux États ont besoin d'argent et tentent d'en obtenir, mais il est sans doute unique qu'un pays réussisse à soutirer cinq fois ses propres recettes aux bailleurs de fonds internationaux.

Ces chiffres suffisent à conclure que l'Ukraine est en faillite en tant qu'État et ne dépend plus que des pays de l'OTAN. Seule, elle ne pourrait pas se payer de soldats. L'armée ukrainienne et toutes les armes sont entièrement financées par l'OTAN – c'est-à-dire également par nos impôts.

Sans les milliards occidentaux, la guerre serait immédiatement terminée. Faute d'armée, l'Ukraine conclurait un traité de paix avec la Russie et les Républiques populaires de l'est de l'Ukraine, en faisant bien sûr des concessions.

L'Ukraine propose la guerre à prix cassés

Pourquoi les pays de l'OTAN dépensent-ils autant d'argent ? Pourquoi s'intéressent-ils autant au financement de la guerre en Ukraine ? Le récit officiel est que nous sommes moralement obligés d'aider les pauvres Ukrainiens dans leur lutte pour la liberté contre les méchants Russes. Mais il arrive aussi que certains disent les choses clairement.

Jack Kean est un général américain à la retraite, président de l'influent *Institute for the Study of War*[710] et analyste stratégique en chef de la chaîne de télévision *Fox News*[711]. Lors d'une interview réalisée le 12 octobre 2022, il a avoué sincèrement :

> *L'investissement des États-Unis en Ukraine en vaut la peine. Les 66 milliards de dollars en 2022 ne représentent que 1,1% de notre budget national. (…) Donc, ce que nous obtenons pour 66 milliards de dollars, c'est que l'Ukraine se batte, qu'elle détruise littéralement l'armée russe sur le champ de bataille.*

Selon le général Kean, les soldats ukrainiens mènent donc une guerre peu coûteuse contre la Russie. Pour seulement 66 milliards de dollars, ils se battent contre la grande armée russe. « L'investissement des

États-Unis en Ukraine en vaut la peine ». On n'obtient nulle part ailleurs un si bon résultat à si bon marché. C'est une guerre à prix cassés. La mort des soldats ukrainiens et la destruction du pays ne méritent pas d'être évoquées dans de telles considérations.

Cette façon de penser est courante parmi les leaders politiques américains. Le sénateur républicain américain Mitt Romney, originaire de l'Utah, était le candidat du Parti républicain aux élections présidentielles de 2012, mais il a perdu contre Barack Obama. En août 2023, il a déclaré lors d'une visite dans une entreprise de défense[712] :

> *Et d'ailleurs, dépenser une somme équivalente à environ 5% de notre budget militaire... pour aider les Ukrainiens, c'est à peu près la meilleure dépense que nous ayons jamais faite en matière de défense nationale. Nous ne perdons pas de vies humaines en Ukraine. Et les Ukrainiens se battent héroïquement contre la Russie, qui a 1500 armes nucléaires pointées sur nous. Nous affaiblissons et détruisons donc l'armée russe pour un montant très faible.*

La partie ukrainienne est également consciente qu'elle fait une offre très bon marché à l'Occident, comme l'a déclaré l'ambassadeur d'Ukraine à Londres, Vadym Prystaïko, dans une interview publiée dans *Newsweek* le 7 janvier 2023[713] :

L'Occident a maintenant une chance unique. Il n'y a pas beaucoup de nations dans le monde qui se permettraient de sacrifier autant de vies humaines, de territoires et de décennies de développement pour vaincre un ennemi juré.

Sans l'OTAN, l'armée ukrainienne n'aurait pas d'armes

Les livraisons d'armes à l'Ukraine ont été largement médiatisées. Chaque jour, nous entendions le souhait de recevoir davantage d'armes. Or l'Ukraine n'en produit plus.

On peut résumer ainsi l'actualité de la guerre :

- 1ère phase : à partir de février 2022, l'armée ukrainienne a combattu avec ses propres stocks d'armes. À l'été 2022, celles-ci étaient en grande partie épuisées ou détruites. Sans l'OTAN, la guerre aurait pris fin à ce stade.

- 2e phase : en 2022, les pays de l'OTAN ont rassemblé toutes les armes de conception soviétique dans leurs stocks et les ont envoyées en Ukraine. La guerre a ainsi continué.

- 3e phase : au début de l'année 2023, cet équipement avait également été fortement décimé. Lors de la vague de livraison suivante, ce sont des armes de fabrication occidentale qui ont été envoyées en Ukraine. La guerre a ainsi continué.

Tout le monde a pu suivre ces trois phases, car les médias parlaient en permanence de ces livraisons d'armes. Celles-ci donnent une image fidèle du déroulement de la guerre ; les rapports quotidiens sur le front en revanche ne permettent pas de savoir ce qui s'est réellement passé.

L'OTAN apporte un soutien militaire

Il est incontestable, car confirmé par les Occidentaux, que l'OTAN a envoyé à l'armée ukrainienne des données militaires collectées par ses satellites, ses avions et ses drones de reconnaissance[714], ce qui a rendu possibles de nombreuses missions de l'armée ukrainienne.

L'accompagnement étroit du commandement de l'armée ukrainienne par des officiers occidentaux est certain. On ne sait pas combien d'entre eux travaillent en Ukraine même, mais ce qui est sûr, c'est que des milliers de soldats occidentaux sont sous contrat avec l'armée ukrainienne. Étant donné qu'il s'agit d'anciens soldats et de soldats libérés de l'armée à cette fin, on ne peut pas considérer cela comme un soutien direct de l'OTAN en personnel.

Confirmation a été donnée que plus de 60 000 soldats ukrainiens ont été formés à l'Ouest.

L'OTAN, qui s'occupe de tout ce dont on a besoin pour une guerre, est donc un belligérant actif. Seule la mort sur le front est laissée aux soldats ukrainiens et aux nombreux volontaires d'autres pays.

Officiellement, les politiciens de l'OTAN nient toute participation à la guerre. On se rend facilement compte qu'il s'agit d'une tromperie si l'on prend un exemple : quelqu'un ordonne un meurtre, cherche un tueur, l'équipe d'armes et le paie bien. Tout tribunal, s'il dispose de preuves suffisantes, condamnera également le commanditaire du meurtre et pas seulement le tueur qui a exécuté le contrat.

En juin 2023, le service scientifique du Bundestag allemand a rédigé un document juridique sur la question de savoir « quand un État devient-il une partie au conflit[715] ». Selon ses critères, l'Allemagne et les pays de l'OTAN sont depuis longtemps des parties en guerre en raison des livraisons massives d'armes, des programmes de formation militaire visant à améliorer la force de frappe de l'armée ukrainienne et des informations continues des services de renseignement pour la conduite de la guerre par Kiev.

Résumé

Sans le financement, les livraisons d'armes et l'aide militaire de l'OTAN, la guerre aurait pris fin au bout de quelques mois.

Dieu de la paix Lono, Hawaï, statue de 1790[716]

Une guerre économique contraire au droit international par le biais de sanctions

Le Conseil des droits de l'homme de l'ONU condamne la politique de sanctions des pays de l'OTAN

Le 3 avril 2023, le Conseil des droits de l'homme de l'ONU[717] a demandé l'abolition de toutes les sanctions unilatérales. Les médias occidentaux mainstream n'en ont pas parlé, car cela ne correspondait pas à l'image que l'on veut diffuser[718]. Cette décision importante est une condamnation frontale de la politique de sanctions mise en place par les pays de l'OTAN.

La résolution s'intitule : « *Les effets négatifs des mesures coercitives unilatérales sur l'exercice des droits de l'homme[719]*. » Le Conseil des droits de l'homme des Nations unies y est très clair : il demande à tous les États de « *cesser d'adopter, de maintenir, d'appliquer ou de respecter des mesures coercitives unilatérales* », car celles-ci « *sont contraires à la Charte des Nations unies et aux normes et principes régissant les relations pacifiques entre les États.* » Le Conseil des droits de l'homme de l'ONU indique ainsi sans équivoque que les sanctions des pays de l'OTAN sont contraires au droit international.

Arrêtons-nous ici : le Conseil des droits de l'homme de l'ONU constate que toutes les sanctions prises par les États-Unis et l'UE contre la Russie, l'Iran, la Syrie et d'innombrables autres États sont contraires au droit international. Elles sont donc illégales.

La résolution se dit « *alarmée par le coût humain disproportionné et arbitraire des sanctions unilatérales et par leur impact négatif sur les populations civiles, en particulier les femmes et les enfants, dans les États ciblés* », et « *profondément préoccupée par l'impact négatif des mesures coercitives unilatérales sur le droit à la vie, le droit de chacun de jouir du meilleur état de santé physique et mentale et du meilleur niveau de soins médicaux qu'il soit capable d'atteindre, le droit*

de ne pas souffrir de la faim et le droit à un niveau de vie suffisant, à l'alimentation, à l'éducation, au travail et au logement, ainsi que le droit au développement et le droit à un environnement propre, sain et durable. » Les sanctions entraînent de « *graves violations des droits de l'homme des populations concernées* » avec « *des conséquences particulières pour (...) les personnes âgées et les personnes handicapées* ».

La résolution a été présentée par l'Azerbaïdjan au nom du Mouvement des pays non-alignés, qui représente 120 pays[720]. Le Conseil des droits de l'homme de l'ONU est composé de 47 membres. Le vote sur la résolution a été clair : 33 États ont voté pour, 13 contre et un État, le Mexique, s'est abstenu. Les 13 États qui ont voté contre étaient tous des membres ou des candidats à l'OTAN : Allemagne, Belgique, Finlande, France, Géorgie, Lituanie, Luxembourg, Monténégro, Roumanie, République tchèque, Ukraine, Royaume-Uni et États-Unis.

Les sanctions ne sont donc qu'une arme de l'OTAN. Seuls les pays de l'OTAN attaquent d'autres pays par des sanctions. Le reste du monde les rejette, car elles sont contraires au droit international et inhumaines. On le voit bien : l'OTAN s'oppose au reste du monde.

Les pays suivants ont voté pour la suppression des sanctions unilatérales : Algérie, Argentine, Bangladesh, Bénin, Bolivie, Cameroun, Chili, Chine, Costa Rica, Cuba, Côte d'Ivoire, Érythrée, Gabon, Gambie, Honduras, Inde, Qatar, Kazakhstan, Kirghizstan, Malawi, Malaisie, Maldives, Maroc, Népal, Pakistan, Paraguay, Sénégal, Somalie, Afrique du Sud, Soudan, Ouzbékistan, Émirats arabes unis et Vietnam (la Russie n'était pas membre du Conseil des droits de l'homme des Nations unies en avril 2023).

Cette résolution du Conseil des droits de l'homme de l'ONU est, comme toutes les résolutions de l'ONU, une recommandation politique et, en tant que telle, n'est pas contraignante en droit international. Seules les décisions du Conseil de sécurité des Nations unies sont contraignantes en droit international[721]. Le Conseil de sécurité de l'ONU se compose de cinq États permanents et de cinq États en rotation. Les cinq membres permanents (France, Russie, États-Unis, Chine et Grande-Bretagne), qui ont un droit de veto pour l'adoption de résolutions, sont appelés « puissances de veto ». Comme, avec son veto, un membre permanent peut empêcher une décision du Conseil de sécurité de l'ONU, il n'y a pas de décision du Conseil de sécurité de l'ONU contre les sanctions des pays de l'OTAN, puisque les États-Unis, la France et la Grande-Bretagne ont un droit de veto à ce sujet.

Les sanctions, c'est la guerre

Le président américain Joe Biden a ouvertement expliqué l'approche de guerre économique des sanctions dans un discours prononcé fin mars 2023 en Pologne[722] :

> *Ces sanctions économiques constituent un nouveau type d'art économique, qui peut faire des dégâts et rivaliser avec la puissance militaire.*

Lors des guerres médiévales, les châteaux et les villes étaient assiégés, coupés de l'approvisionnement et affamés ; les récoltes étaient détruites ou l'eau empoisonnée. Les sanctions actuelles sont une forme moderne de ce type de guerre.

L'auteur Valentin Wember explique à ce sujet[723] :

> *Pour le grand public, les sanctions lancées puis appliquées par les gouvernements américains sont considérées comme « pas trop graves ». « Après tout, sanctionner n'est pas faire la guerre ». Cette vision des choses n'est pas seulement hautement problématique, elle est fausse. Les sanctions sont une guerre. Elles causent des centaines de milliers de morts. Ce ne sont donc pas des mesures inoffensives qui évitent la guerre. C'est le contraire qui est vrai. Les sanctions sont déjà la guerre, et il faut une machine médiatique pour le dissimuler. Les sanctions ne sont rien d'autre qu'une arme d'un autre type ; dès qu'elle est utilisée, la guerre a commencé. Mais c'est occulté. Contrairement aux images des ravages causés par les tirs d'artillerie et les bombardements, on ne montre presque jamais celles des milliers de morts victimes des sanctions économiques. Au Venezuela, les sanctions américaines ont entraîné la mort de 40 000 personnes. Pour les auteurs des sanctions, 40 000 vies anéanties sont totalement insignifiantes. Mais en réalité, il s'agit de milliers et de milliers de tragédies dans les familles détruites. Les sanctions sont de facto des punitions collectives et, en tant*

que telles, une violation des droits de l'homme. Les sanctions sont un terrorisme économique brutal qui, comparé aux attentats terroristes de New York, Londres, Madrid, Paris et Berlin, provoque beaucoup plus de morts.

Les États-Unis n'ont aucun scrupule à tuer même des centaines de milliers d'enfants par le biais de sanctions, comme l'a montré l'exemple de l'Irak. L'Irak a été sanctionné entre 1991 et 2003. Selon les estimations, c'est surtout la privation de soins médicaux qui a coûté la vie à 1,5 à 2 millions de civils irakiens en temps de paix présumée. La secrétaire d'État américaine de l'époque, Madeleine Albright, a déclaré dans une interview télévisée[724] :

Question : Nous avons entendu dire qu'à ce jour (ndlr : jusqu'en 1996), un demi-million d'enfants sont morts en Irak. C'est plus qu'après l'attaque nucléaire d'Hiroshima. Est-ce que cela vaut la peine de payer ce prix ?

Madeleine Albright : Je pense que c'est un choix très difficile. Mais le prix en valait la peine.

Cette déclaration vous coupe le souffle...

Les guerres économiques de l'OTAN

Les États-Unis ont de plus en plus souvent recours aux sanctions. Selon un rapport du département du Trésor américain, 9421 institutions et individus de nombreux pays étaient sanctionnés par le gouvernement américain fin 2021, soit une augmentation de 933% depuis 2000[725]. Ce chiffre ne tient pas compte de l'énorme quantité de sanctions imposées à la Russie depuis 2022.

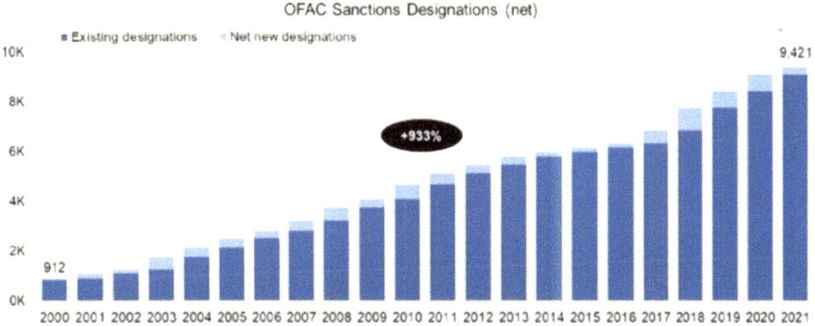

Nombre de sanctions américaines par année[726]

Les sanctions des États-Unis ont un impact fort parce que le dollar américain joue le rôle de monnaie mondiale. Les *Nachdenkenseiten* expliquent ce que cela signifie concrètement[727] :

> *Ainsi, il est presque impossible pour des pays sanction-nés comme la Syrie ou Cuba d'acheter des médicaments sur le marché international. D'une part, parce qu'en rai-son des sanctions financières imposées par les banques cen-trales, ces produits médicaux ne peuvent pas être achetés, même s'ils ne sont pas officiellement sanctionnés (Syrie), ou parce que Cuba, par exemple, n'a pas le droit d'acheter des marchandises dans lesquelles au moins 10% des bre-vets sont américains, conformément au règlement améri-cain des sanctions (contraire au droit international). Or, il n'existe actuellement presque aucun produit médical qui ne contienne au moins ce pourcentage de brevets américains. Les États-Unis dominent presque totalement ce domaine.*

Selon l'historien américain Nicholas Mulder, un tiers de la population mondiale totale souffre actuellement de sanctions américaines[728]. Cette carte (situation en 2022) montre en différentes couleurs tous les pays qui sont actuellement sanctionnés à des degrés divers par les États-Unis (en vert foncé) :

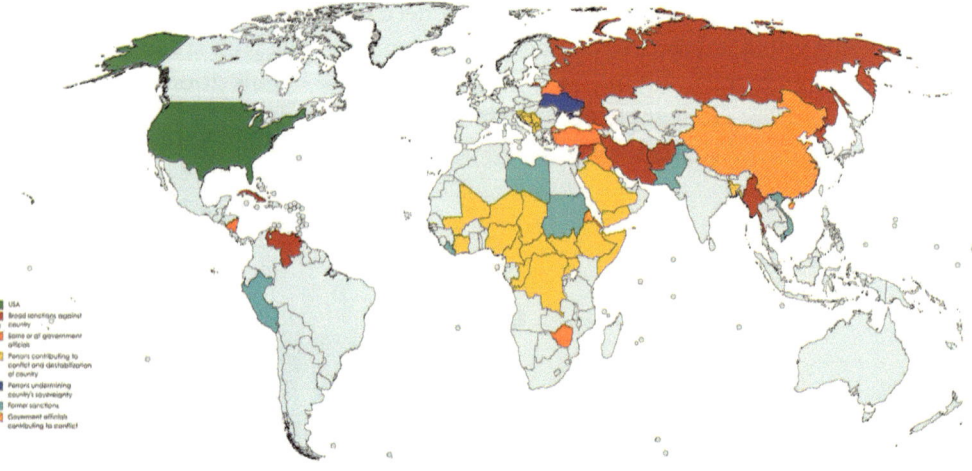

Sanctions contre la Russie

Dès le début de l'intervention militaire russe en Ukraine le 24 février 2022, les États-Unis et l'UE ont imposé des sanctions d'une ampleur sans précédent, les unes après les autres. Depuis février 2022, 25 930 sanctions ont été imposées dans le monde entier contre des institutions, des entreprises ou des personnes russes, comme le montre une évaluation de la base de données *OpenSanctions*[729] par *Correctiv*[730].

L'objectif déclaré des sanctions était d'affaiblir l'économie russe afin de rendre les coûts économiques de la guerre insupportables pour la Russie[731]. Pour ce faire, le pays a été largement coupé du système financier international et 300 milliards de dollars de réserves de devises de la Banque centrale de Russie ont été gelés auprès des banques centrales de l'UE et des États-Unis[732]. De nombreux hommes politiques de l'UE et de l'Ukraine, dont la présidente du Conseil de l'UE Ursula von der Leyen, ont exigé que cet argent soit utilisé pour la reconstruction de l'Ukraine. Les biens de nombreux hommes d'affaires et entreprises russes ont également été confisqués.

Le gel des réserves de change, qui est le type de sanction le plus large et le plus sévère, a été rarement prononcé : il n'a été utilisé jusqu'à présent que contre l'Iran, la Corée du Nord et la Syrie[733].

Que sont les réserves de change ? Ce sont les avoirs de la Banque centrale de Russie sur les comptes des banques centrales d'autres pays. Une utilisation de cet argent contre la volonté de la Russie y est à juste titre vécue comme un vol.

À quoi servent les réserves de change ? Par exemple, un virement effectué d'un compte en euros d'un pays de l'UE vers un compte en roubles en Russie passe normalement par les banques centrales. C'est pourquoi celles-ci possèdent des comptes en devises étrangères permettant la compensation courante entre elles. Lorsqu'une entreprise allemande transfère un montant à un partenaire commercial russe, le montant arrive, par l'intermédiaire de la banque commerciale de l'entreprise, à la *Deutsche Bundesbank* et y reste en tant qu'avoir en euros. La Bundesbank effectue alors un virement correspondant au taux de change actuel de son compte en roubles auprès de la Banque centrale de Russie vers la banque commerciale du partenaire russe. Pour que la Bundesbank puisse effectuer ce virement en roubles, elle a donc besoin de réserves de devises en roubles sur son compte à la banque centrale russe. C'est ainsi que se déroulent les opérations de paiement internationales.

Le gel des réserves de devises a bloqué les comptes en devises étrangères de la banque centrale russe, empêchant ainsi le trafic normal des paiements entre la Russie et l'UE et les États-Unis. Cette mesure rend impossible le commerce de marchandises et empêche le paiement des factures dans le trafic international de marchandises. Une usine de tracteurs russe ne peut plus commander de composants en Allemagne et inversement, car il n'y a plus de possibilité de régler les factures. Il ne reste plus qu'à passer par des États qui ne participent pas aux sanctions, comme l'Inde ou la Chine. Le fabricant allemand exporte alors vers la Chine et le partenaire commercial chinois continue d'exporter vers la Russie. Ou encore : les commerçants indiens achètent du pétrole à la Russie et le revendent en Europe, bien entendu avec une forte majoration. C'est l'une des raisons pour lesquelles les prix de l'énergie ont connu une telle hausse en Europe en 2022.

Bien que la banque centrale russe ait été supprimée, les banques commerciales internationales russes peuvent prendre en charge le trafic des paiements jusqu'à un certain point, dans la mesure où elles n'ont pas également été sanctionnées et exclues du système de paiement SWIFT. Les livraisons de gaz russe aux pays de l'UE peuvent par exemple être payées auprès de la *Gazprombank*. Mais ces paiements sont limités, car une banque commerciale n'est justement pas une banque centrale.

Lorsqu'un pays exporte plus de marchandises qu'il n'en importe, on parle d'excédent de la balance commerciale. Il s'agit donc d'un excédent de biens exportés, vendus à l'étranger, par rapport aux biens importés de l'étranger. Les excédents de la balance commerciale s'accumulent sur les différents comptes en devises de la banque centrale d'un pays. Ces comptes en devises sont tenus par les banques centrales étrangères.

Les importantes réserves de change de la Banque centrale de Russie, qui dépassent 600 milliards de dollars dans le monde et s'élèvent à environ 300 milliards de dollars dans l'UE et aux États-Unis, constituent l'expression financière de l'excédent commercial de la Russie. Lorsque celle-ci vend quelque chose, les avoirs en devises étrangères augmentent sur les comptes de la Banque centrale de Russie. Lorsqu'elle achète quelque chose à l'étranger, ils diminuent. La Russie a livré davantage à d'autres pays qu'elle ne leur a acheté. Du point de vue de l'économie nationale, les réserves de change sont des factures à payer. L'UE et les États-Unis doivent encore donner à la Russie une contrepartie pour l'énergie et les matières premières livrées, à hauteur de 300 milliards. Si les réserves de devises sont confisquées, cela signifie : « C'est bien que vous nous ayez livrés ces dernières années, mais nos pays ne paieront rien, même si c'était convenu. » Dans le langage courant, on dirait que c'est de l'arnaque. Dans l'acception générale, c'est un crime puni par un tribunal.

La quasi-totalité de la classe politique des pays de l'OTAN participe à ce vol. Ces États sont donc des délinquants. Mais aucune justice ne s'occupe de cette délinquance d'État.

Jacques Baud, l'officier de renseignement suisse, rapporte les calculs des politiciens de l'OTAN lors de l'imposition des sanctions contre la Russie[734] :

> *Partant du principe que l'économie de la Russie était comparable à celle de l'Italie, on supposait qu'elle serait tout aussi vulnérable. L'Occident – et les Ukrainiens – pensaient donc que les sanctions économiques et l'isolement politique de la Russie conduiraient rapidement à son effondrement, sans qu'il y ait de défaite militaire. (...) Excités par les rapports (fantaisistes) sur les pertes russes et croyant ouvrir la voie à un changement de régime, les chefs d'État et de gouvernement ont ajouté sanctions sur sanctions, en rejetant toute possibilité de négociation. Comme l'a dit le ministre français de l'économie Bruno Le Maire, l'objectif était de provoquer l'effondrement de l'économie russe et de faire souffrir le peuple russe[735]. C'est une forme de terrorisme d'État : on veut faire souffrir la population pour l'inciter à se révolter contre ses dirigeants (ici Poutine). Ce n'est pas une invention. Richard Nephew, chef du département des sanctions du départe-*

ment d'État sous Obama et actuellement coordinateur de la lutte contre la corruption mondiale, décrit en détail ce mécanisme dans son livre « L'art des sanctions[736] ». Ironie du sort, c'est exactement la même logique que l'État islamique a invoquée pour expliquer ses attentats en France en 2015-2016[737].

Les sanctions relatives à la guerre en Ukraine ont été préparées des mois auparavant

Lorsque l'intervention militaire de la Russie a commencé le 24 février 2022, tous les hommes politiques ont fait mine d'être surpris et choqués, dans le but de créer l'émotion nécessaire au sein de la population pour lui faire accepter les conséquences étendues des sanctions. Mais en réalité, ce n'était pas une surprise pour les États-Unis et l'UE, car ils avaient déjà tout préparé depuis des mois.

Le 23 mars 2022, le chancelier allemand Olaf Scholz a déclaré au Bundestag : « En collaboration avec nos partenaires internationaux, nous avons imposé des sanctions qui n'ont pas leur pareil. Pendant des mois, nous les avons préparées dans les moindres détails pour qu'elles touchent les bonnes personnes, pour qu'elles soient efficaces. Nous avons cherché à obtenir un soutien dans le monde entier[738]. » – Des mois avant mars 2022 signifie clairement la fin de l'automne 2021.

C'est ce qu'a confirmé la présidente du Conseil des ministres de l'UE, Ursula von der Leyen, lors de la conférence sur la sécurité de Munich en février 2023 : selon elle, les sanctions européennes et américaines contre la Russie ont été élaborées dès décembre 2021, donc à un moment où Lavrov et Poutine invitaient l'Ukraine et l'Occident à négocier pour résoudre le conflit et faisaient des propositions concrètes d'accords de sécurité[739]. L'UE et les États-Unis n'ont pas répondu à ces propositions et il n'y eut aucune négociation. Bien au contraire : ils avaient déjà commencé à charger les canons de la guerre économique, afin qu'ils soient prêts à tirer au moment où la Russie tomberait dans le piège et déploierait son armée. Pour Ursula von der Leyen, il s'agissait bien sûr de se préparer à cette éventualité non souhaitée, comme elle l'a dit dans l'interview.

L'effet boomerang des sanctions

L'un des thèmes favoris de la guerre de l'information était l'impact des sanctions contre la Russie. Selon l'OTAN, la Russie allait beaucoup souffrir. Selon les Russes, c'était le contraire : seule l'Europe souffrirait, la Russie s'en soucierait peu et les exigences posées par les sanctions ne feraient que rendre l'économie russe plus stable.

Le rouble russe est devenu plus fort qu'auparavant, comme on peut le constater par soi-même sur un graphique de taux de change. Les sanctions n'ont pas non plus eu d'impact important sur la vie quotidienne des Russes : certains restaurants et magasins fermés par des Occidentaux ont rapidement rouvert sous de nouveaux noms et avec une société russe. Certaines entreprises ont toutefois été durement touchées, car elles ont perdu leurs marchés du jour au lendemain et n'ont pas pu compenser cette perte.

En revanche, l'effet boomerang sur l'Europe a été énorme et ressenti par tous. Suite aux sanctions, le prix du gaz naturel a atteint 18 fois sa moyenne historique en août 2022. En mars 2023, le prix était retombé à 2,5 fois. Durant l'hiver 2022–2023, il n'y a pas eu de coupures de courant ou de troubles majeurs. C'était la bonne nouvelle.

La mauvaise nouvelle, c'est que ce ne sont pas les décisions intelligentes de nos politiques qui ont permis d'éviter la catastrophe, mais le fait que l'hiver 2022–2023 a été l'un des plus chauds depuis le début des relevés. De ce fait, la demande en gaz naturel a été drastiquement réduite ; si les températures avaient été normales, la situation aurait pu devenir périlleuse[740].

Mais il y a d'autres mauvaises nouvelles. Garder la lumière allumée et brûler du gaz revenait cher. En septembre 2022, les pays européens avaient dépensé 768 milliards d'euros en subventions énergétiques, dont 265 pour la seule Allemagne[741]. En 2022, les pays de l'OCDE (dont l'Europe se taille la part du lion) ont dépensé environ 18% de leur produit intérieur brut pour l'énergie, contre seulement 10% l'année précédente[742].

Ces chiffres montrent clairement à quel point les économies de l'UE ont été affectées par les sanctions. Les prix de l'énergie sont un facteur moteur de la forte dépréciation monétaire (-10%) dans l'UE en 2022, ce qui signifie qu'en raison des sanctions contre la Russie, tous les citoyens de l'UE ont perdu 10% de leurs revenus et de leurs économies rien qu'en 2022. Le directeur général de l'Association allemande des chambres de commerce et d'industrie (DIHK) a fait remarquer à ce sujet à l'été 2022 : *« Nous nous appauvrissons tous, tout simplement. Pour l'Allemagne, je leur fais un dessin : je ne serais pas surpris qu'à la fin, nous soyons de 20 à 30% plus pauvres*[743] *»*

Mais pour les gouvernements de l'UE, ce n'est pas une raison pour lever les sanctions. La guerre économique est plus importante pour eux ; on ne fait pas d'omelettes sans casser des œufs. Certainement que Madeleine Albright dirait ici aussi : « Le prix en valait la peine. »

Inefficacité des sanctions contre la Russie

En août 2023, la Banque mondiale a clairement montré l'incompétence des gouvernements européens et de leurs parlements. Contrairement aux promesses des hommes politiques, les sanctions contre la Russie n'ont eu aucun effet sur l'économie du pays. Au contraire : la Russie, dépassant l'Allemagne, est devenue la plus grande économie d'Europe. Selon les calculs de la Banque mondiale, son produit intérieur brut s'élevait en 2023 à 5,33 billions de dollars américains, ce qui la plaçait au cinquième rang mondial, tandis que l'Allemagne, avec un PIB de 5,31 billions de dollars, n'était plus qu'en sixième position[744]. La Russie n'a manifestement eu aucun mal à remplacer le commerce avec l'Europe, qui a disparu, par une réorientation vers l'Inde, la Chine et d'autres pays.

Le résultat du *Global Wealth Report 2023* de la banque suisse UBS est sans appel : les chiffres parlent d'eux-mêmes. Malgré la guerre en Ukraine et les sanctions russes, la fortune totale en Russie a augmenté de 600 milliards de dollars américains en 2022. Le nombre de millionnaires russes a également augmenté d'environ 56 000 en 2022 pour atteindre 408 000. Les Russes sont devenus plus riches. En revanche, en Amérique du Nord et en Europe, la fortune totale a diminué de 10 900 milliards de dollars en 2022, et il y avait un million de millionnaires américains en moins à la fin de l'année 2022, même si, selon la banque, les États-Unis abritent toujours plus de 50% des particuliers très fortunés dans le monde[745]. Si les riches ont perdu autant d'argent en Europe et aux États-Unis, à quel point la situation a-t-elle empiré pour les pauvres, qui avaient déjà du mal à joindre les deux bouts ?

Imposer des sanctions contre la Russie, c'était se tirer deux une balle dans le pied. En réalité, les responsables de ces décisions devraient démissionner pour incompétence et préjudice aux populations et à l'économie. Mais ils ne le feront pas, car ils peuvent compter sur l'absence de contrôles efficaces de l'action gouvernementale dans les États occidentaux.

L'un des effets inattendus des sanctions contre la Russie est qu'elles ont affaibli le rôle du dollar américain et de l'euro dans le commerce mondial. Une fois que les sanctions eurent coupé la Russie du dollar américain et de l'euro, on a pu largement passer à d'autres monnaies. Voici les chiffres : au deuxième trimestre 2023, 40% des exportations russes ont été facturées en roubles, contre 14% au deuxième trimestre 2021. Le rouble a donc été davantage utilisé au niveau international. Les monnaies des pays malveillants qui avaient sanctionné la Russie ne représentaient plus que 34% des exportations russes, contre 85% en 2021. La Russie a donc pu réduire fortement l'utilisation du dollar américain et de l'euro en peu de temps. Quant aux devises des pays neutres (comme le yuan chinois et la roupie indienne), elles ont augmenté pour les exportations, passant à 27%, contre 1% en 2021. Ces chiffres indiquent une tendance à long terme à la dédollarisation, et à la fin de la domination du dollar dans les transferts financiers et la finance mondiale[746].

Pourquoi les sanctions sont-elles contraires au droit international ?

Presque toutes les sanctions violent les traités et les lois existants, ainsi que les droits de l'homme et du citoyen. Existe-t-il une base juridique pour des interventions d'une telle ampleur ?

La base du droit international en vigueur est la Charte des Nations unies[747], le traité fondateur des Nations unies signé le 26 juin 1945 peu après la fin de la Seconde Guerre mondiale. Selon la Charte, les sanctions ne sont autorisées que si elles sont décidées par le Conseil de sécurité de l'ONU. Toutes les autres sanctions imposées constituent une violation du droit international. Mais que dit la Charte ?

Selon la Charte de l'ONU, toute tentative d'ingérence dans les affaires intérieures d'un autre État est interdite, comme l'indiquent clairement les articles 1 et 2. L'interdiction d'ingérence est encore une fois soulignée en particulier à l'article 2, paragraphe 7. La phrase est écrite de manière un peu compliquée, c'est pourquoi je la résume d'abord : « on ne peut pas déduire de la Charte de l'ONU le droit à une ingérence dans les affaires d'un État. »

> *Charte des Nations unies, article 2, paragraphe 7 : Aucune disposition de la présente Charte n'autorise les Nations Unies à intervenir dans des affaires qui relèvent essentiellement de la compétence nationale d'un État ni n'oblige ses Membres à soumettre des affaires de ce genre à une procédure de règlement aux termes de la présente Charte ; toutefois, ce principe ne porte en rien atteinte à l'application des mesures de coercition prévues au Chapitre VII.*

Cela signifie que ni les États individuels, ni les groupes d'États, ni l'ONU elle-même ne peuvent s'immiscer dans les affaires intérieures d'un autre État. Selon la Charte, il n'existe aucune situation qui puisse justifier une ingérence. Une seule exception à cette règle fondamentale est mentionnée au chapitre VII. Que dit-il ?

Le chapitre VII s'ouvre sur l'article 39, qui dispose que :

> *Le Conseil de sécurité constate l'existence d'une menace contre la paix, d'une rupture de la paix ou d'un acte d'agression et fait des recommandations ou décide quelles mesures seront prises conformément aux Articles 41 et 42 pour maintenir ou rétablir la paix et la sécurité internationales.*

Ainsi, avant d'en arriver à l'imposition de sanctions ou même à une intervention militaire autorisée par le Conseil de sécurité de l'ONU, ce dernier doit d'abord constater une menace ou une menace contre la paix. La barrière pour l'imposition de sanctions a donc été placée très haut dans le droit international. Si le Conseil de sécurité de l'ONU souhaite imposer des sanctions, l'article 41 s'applique et stipule que :

> *Le Conseil de sécurité peut décider quelles mesures n'impliquant pas l'emploi de la force armée doivent être prises pour donner effet à ses décisions, et peut inviter les Membres des Nations Unies à appliquer ces mesures. Celles-ci peuvent comprendre l'interruption complète ou partielle des relations économiques et des communications ferroviaires, maritimes, aériennes, postales, télégraphiques, radioélectriques et des autres moyens de communication, ainsi que la rupture des relations diplomatiques.*

Au cours des dernières décennies, le Conseil de sécurité de l'ONU a imposé plusieurs sanctions qui étaient couvertes par le droit international. En voici quelques-unes connues[748] :

- Irak 1990 : embargo économique (finalement levé en 2003).
- Yougoslavie 1998 : embargo sur les armes de 1998 à 2001[749].
- Corée du Nord 2006 : sanctions économiques en réponse aux essais d'armes nucléaires[750].
- Libye 2011 : zone d'exclusion aérienne au-dessus de la Libye et « toutes les mesures nécessaires pour protéger la population » ; toute occupation du territoire libyen, sous quelque forme que ce soit, par une puissance étrangère a toutefois été exclue[751].
- Mali 2018 : interdiction de voyager et gel des avoirs de certaines personnes[752].
- Haïti 2022 : interdictions de voyager, gel des avoirs et embargo ciblé sur les armes à l'encontre des personnes et des entités qui menacent la paix et la sécurité en Haïti[753].
- Au fil des décennies, il y a également eu des sanctions contre le Soudan, l'Afrique centrale et quelques autres pays.

Presque toutes ces sanctions étaient couvertes par le droit international. Toutes les autres sanctions imposées par les pays de l'OTAN contre la Russie, la Biélorussie, le Venezuela, la Syrie, Cuba, etc. sont contraires au droit international. Elles constituent une ingérence illégale dans les affaires d'un autre État. Criminalité d'État.

Entre-temps, une sorte d'industrie des sanctions s'est développée. La base de données *opensanctions.org*, qui rassemble toutes les sanctions dans le monde, avait, en juin 2023, recensé plus de 368 412 entités sanctionnées. On y trouve 569 301 personnes, 195 960 entreprises, 52 467 organisations et 32 975 personnes morales[754]. La quasi-totalité de ces sanctions sont contraires au droit international.

Mais qui se préoccupe de ces violations du droit ? Le Conseil des droits de l'homme de l'ONU a quand même commencé à s'en occuper. La résolution qu'il a adoptée à une large majorité contre la politique de sanctions des États membres de l'OTAN n'a au fond rien de particulier. Il exigeait « seulement » que les pays de l'OTAN respectent le droit international. Or, les pays de l'OTAN ne le veulent pas. Ils ont donc voté en bloc contre la résolution au sein du Conseil des droits de l'homme de l'ONU.

Ce qui est effrayant, c'est que décider aujourd'hui de sanctions dans les pays de l'OTAN semble aller de soi. Les parlements approuvent à une large majorité, la violation du droit international est tout simplement occultée. Les médias et l'opinion publique ne discutent pas non plus de l'illégalité. Nous sommes ici confrontés à un effondrement social consternant de la conscience juridique. « Légal, illégal, on s'en fout ! » Le droit, c'est ce qui sert nos intérêts. Celui qui a le pouvoir s'impose. Les pays de l'OTAN utilisent tout simplement des méthodes mafieuses.

Distorsion du droit

Alors même que les choses sont claires, certains juristes parviennent tout de même à donner aux sanctions un joli vernis juridique, afin que les politiciens puissent les adopter la conscience tranquille. Je prendrai comme exemple l'essai *Wirtschaftssanktionen gegen Russland und ihre rechtlichen Grenzen* (Sanctions économiques contre la Russie et leurs limites juridiques) du professeur Matthias Valta, du 28 février 2022[755]. Dans cet essai, l'auteur pose la question suivante : « Pourquoi est-ce l'Union européenne qui agit et non le Conseil de sécurité des Nations unies ou l'Allemagne ? » Sa réponse : étant donné que la Russie dispose d'un droit de veto au Conseil de sécurité de l'ONU, ce dernier ne décidera pas de sanctions contre elle, donc c'est l'UE qui doit le faire. – Ah ah, comme la voie juridique ne permet pas d'obtenir le résultat souhaité, on contourne la voie de l'État de droit pour imposer ce résultat. Pour illustrer l'absurdité de cette logique, imaginez que, parce que les élections au Bundestag, impliquant tous les électeurs allemands, n'aboutissent pas au résultat souhaité, on fait élire le prochain Bundestag uniquement par les Bavarois (ou les Hambourgeois).

En vertu du droit international, l'UE n'a pas le pouvoir de décider de sanctions. Selon la Charte de l'ONU, cette compétence est expressément réservée au Conseil de sécurité de l'ONU. Par précaution, le professeur Valta n'aborde même pas ce point.

L'article 2, paragraphe 7, de la Charte des Nations unies interdit dans tous les cas l'ingérence d'un État ou d'un groupe d'États dans les affaires intérieures d'un autre État. Un tel pouvoir d'ingérence « ne peut être déduit de la Charte de l'ONU », dit-il avec certitude. Le professeur Valta dit, à juste titre, que les sanctions russes constituent une ingérence dans les affaires intérieures de la Russie. Mais il retourne ensuite la situation de manière à trouver une issue : la Russie a si gravement enfreint « l'interdiction du recours à la force et la souveraineté territoriale de l'Ukraine » que, dans la balance, l'interdiction d'ingérence ne s'applique pas. Cette argumentation contredit à 100% la formulation littérale de l'article 2, paragraphe 7. C'est pourquoi l'auteur, par précaution, n'aborde même pas cette contradiction.

Pour moi, il s'agit d'un cas typique de distorsion du droit. L'objectif est clair : étant donné qu'il faut sanctionner la Russie, nous continuons à triturer des mots à consonance juridique jusqu'à obtenir ce que nous voulons.

Résumé

Les sanctions des pays de l'OTAN constituent une guerre économique. Et elles sont contraires au droit international, car elles sont en contradiction avec la Charte de l'ONU. Pour ces raisons, le Conseil des droits de l'homme de l'ONU a demandé aux pays de l'OTAN de mettre fin à toutes les sanctions. Par effet boomerang, les sanctions contre la Russie nuisent davantage à l'Europe qu'à la Russie. Les sanctions étant une arme de guerre, la guerre ne prendra fin que lorsqu'elles seront toutes levées. Ce n'est qu'à ce moment-là que nos États cesseront d'être des belligérants.

Guerre de l'information

Avec l'entrée en guerre de la Russie le 24 février 2022, une propagande d'une ampleur inimaginable a commencé dans les pays de l'OTAN. Toute une armada de collaborateurs des services secrets, des services de presse gouvernementaux, des organisations de lobbying et des rédactions étaient occupés jour et nuit à gérer la perception et le débat publics. L'ancien officier de renseignement suisse Jacques Baud a décrit certaines conséquences dans une interview en septembre 2022[758] :

> *En passant sous silence de nombreux aspects de ce conflit, les médias occidentaux nous ont donné une image caricaturale et artificielle de la situation, ce qui a conduit à une polarisation des esprits. La mentalité qui s'est ainsi largement répandue rend pratiquement impossible toute tentative de négociation.*
>
> *La présentation unilatérale et partiale faite par les médias grand public n'a pas pour but de nous aider à résoudre le problème, mais d'encourager la haine envers la Russie. Ainsi, l'exclusion dans les compétitions des sportifs handicapés, des chats russes[759] et même des arbres russes[760], le licenciement des chefs d'orchestre, le tabou qui pèse sur des écrivains russes comme Dostoïevski[761] ou même le changement de nom des tableaux[762] visent à exclure la population russe de la société. En France, on a même bloqué les comptes bancaires de personnes simplement parce qu'elles avaient des noms à consonance russe[763]. Les réseaux sociaux Facebook et Twitter ont systématiquement bloqué la divulgation des crimes ukrainiens sous prétexte de « discours de haine », mais autorisent[764] l'appel à la violence contre les Russes.*

Vidar au musée de Glauberg, (qui y est décrit comme un prince celte)[756]. Dans la mythologie nordique, Vidar, fils du dieu Odin, est un dieu Ase silencieux aux grandes oreilles qui entendent. Il vainc le loup Fenris, qui recouvre le monde de mensonges. Mais Vidar n'y parvient pas seul. Il a collecté à travers les âges les restes de cuir des chaussures des hommes et en a fait une chaussure magique, avec laquelle il donne un coup de pied dans la gorge de Fenris. Puis il lui déchire la gueule en deux et ainsi le terrasse[757].

Aucune de ces mesures n'a eu le moindre effet sur le conflit, si ce n'est d'attiser la haine et la violence contre les Russes dans nos pays. La manipulation est telle que nous préférerions voir les Ukrainiens mourir plutôt que de chercher une solution diplomatique.

Deux types de guerre

Selon Jacques Baud, on peut distinguer, dans ce qui se passe en Ukraine, deux types de guerre : celle-ci est davantage menée « dans l'espace politique et informationnel » du côté ukrainien, alors que du côté russe, elle est davantage menée « dans l'espace physique et opérationnel ». Les deux camps ne se battent pas dans les mêmes espaces.

Baud a décrit de telles situations en 2003 dans son livre « La guerre asymétrique ou la défaite du vainqueur », où il expose les limites d'une guerre de l'information : « le problème, c'est qu'à la fin, la réalité du terrain l'emporte. »

Technique de l'image miroir

Selon Baud, les médias mainstream occidentaux ont construit une réalité virtuelle qui attribue le mauvais rôle à la Russie. *« Ceux qui ont suivi attentivement le déroulement de la crise pouvaient presque dire qu'ils présentaient la Russie comme le 'reflet en miroir' de la situation en Ukraine. »* Une grande partie de ce qui allait mal pour l'Ukraine a été projetée sur la Russie.

La technique du miroir – le principe des 180 degrés – est une clé pour comprendre de nombreux rapports médiatiques. Quand la centrale nucléaire de Zaporijjia, gardée par des soldats russes et nécessaire à l'approvisionnement en électricité des régions contrôlées par la Russie, a été attaquée à la grenade, Kiev a dit que les soldats russes s'étaient tirés dessus. Si l'on apprend que le nombre de soldats ukrainiens tués dépasse déjà les 100 000, Kiev affirme que ce nombre de pertes est celui de l'armée russe. Quand l'armée ukrainienne détruit des villes entières (par exemple Marioupol ou Bakhmout) dans des combats de rue sans espoir, selon le principe de la terre brûlée, au lieu de se retirer ou de se rendre, les Russes sont rendus responsables de la destruction de nombreuses maisons – qu'ils ont ensuite reconstruites : à Marioupol, des quartiers entiers ont été reconstruits par des équipes de construction russes jusqu'à l'été 2023. Si des missiles ont détruit une prison renfermant des prisonniers de guerre ukrainiens, avec de très nombreux morts, Kiev dit que la Russie avait réduit sa propre prison en cendres à coups de missiles. Quand le barrage de Kakhovka a été détruit (destruction que l'armée ukrainienne avait annoncée des mois auparavant), ce qui a principalement entraîné des inondations dans les régions contrôlées par la Russie et la destruction de ses installations de défense, les Russes sont bien évidemment, selon Kiev, les auteurs d'un acte aussi grave. Ces accusations n'ont jamais été prouvées. On pourrait en citer des pages et des pages. La technique du miroir a été utilisée en permanence.

Pour ne pas attirer l'attention sur ces incohérences, les médias mainstream occidentaux ont diffusé presque toujours le seul point de vue de Kiev et de l'OTAN, même si celui-ci était illogique, et ne présentaient pas le point de vue russe. Ainsi, les consommateurs de médias ne pouvaient pas ressentir la distorsion entre les deux récits et ne pouvaient donc pas se faire leur propre opinion.

Audiatur et altera pars, en français « que l'on entende aussi l'autre côté », ou principe du contradictoire, était la règle qu'appliquaient les anciens Romains avant de rendre un jugement. Nous devons y revenir. Afin d'empêcher les Occidentaux de prendre directement connaissance d'autres points de vue, les portails médiatiques russes *Russia Today* et *Sputnik* ont été interdits dans les pays de l'OTAN. La liberté d'expression, droit fondamental essentiel et fondement de la démocratie, n'a aucune importance pour les gouvernements de l'OTAN qui défendent les « valeurs occidentales », selon la devise : « Nous ne sommes tenus de respecter les lois que si elles nous sont utiles. »

Bien sûr, la propagande russe[765] existe aussi, mais en tant que personne majeure, on peut s'y repérer par soi-même, on n'a pas besoin d'une industrie de la censure financée par l'État et d'une pensée assistée. Ce genre de choses est l'apanage des États totalitaires.

Les médias mainstream comme arme de la guerre de l'information

Il fut un temps où les journalistes apprenaient que, lorsqu'ils devaient rapporter un événement dont ils ne pouvaient pas rechercher eux-mêmes les sources originales, ils étaient obligés de donner les points de vue des différentes personnes impliquées. Apparemment, ce n'est plus le cas aujourd'hui, ils ne doivent rendre que le point de vue ukrainien ; en temps de guerre, on applique justement les dix principes de la propagande de guerre.

Les dix principes de cette propagande de guerre – présentés au début du livre – représentent en effet un bon moyen pour séparer le bon grain de l'ivraie. Il suffit de se demander si un article de presse les respecte ou non. Si un ou plusieurs de ces principes y sont appliqués et qu'aucune source indépendante vraiment solide n'est citée, il s'agit alors de propagande de guerre.

Helmut Scheben, un journaliste qui a travaillé toute sa vie comme reporter pour la télévision suisse et le journal télévisé allemand, a raconté dans un article comment il a « perdu la foi dans les grands médias[766] » :

> *Il y a quelques années encore, je n'aurais jamais imaginé que mon passage matinal à la boîte aux lettres pour y chercher les journaux s'accompagnerait d'une discrète note de dégoût et d'ennui. J'aime avoir du papier à la main pour mon café du matin, plutôt que de regarder un écran. Mais, d'année en année, la lecture prend de moins en moins de temps. Cela s'explique d'abord par le fait que de nombreux sujets ne m'intéressent plus, par exemple l'éternel feuilleton de la royauté britannique, les problèmes LGBTQ quotidiens obligatoires, la sensibilité MeToo des groupies lors des concerts de rock ou les enquêtes parlementaires visant à déterminer pourquoi les banques du casino financier vont droit dans le mur.*
>
> *Or nos principaux médias présentent les véritables problèmes de la plupart des gens, la guerre en Ukraine, l'escalade du conflit entre les États-Unis et la Chine, c'est-à-dire*

des processus qui changent actuellement la vie de millions de contribuables et qui pèseront sur les générations futures (réarmement, inflation, politique énergétique, politique de sanctions, asile, etc.) d'un point de vue tellement réducteur qu'il me laisse pantois. Le déni de réalité est tellement évident qu'il confine à la rage.

Sur cent articles, il n'y en a pas cinq qui donnent le point de vue de l'autre partie à la guerre

Je me suis donné la peine, à titre d'exemple, de vérifier si le Tagesanzeiger de Zurich, auquel je suis abonné, était partial. Depuis l'attaque de la Russie en février 2022 jusqu'à la fin de l'année 2022, j'ai consulté une centaine d'articles traitant directement de la guerre en Ukraine. Au centième, j'étais épuisé de lire toujours la même chose. Presque tous décrivent la souffrance et l'héroïsme de l'Ukraine occidentale dans la guerre d'agression russe et – sous des couleurs criardes – les crimes de la Russie.

Les connaisseurs en systèmes d'armes et en géostratégie répètent inlassablement pourquoi la Russie doit être vaincue, et les investigateurs ne connaissent plus rien d'autre que la chasse à quelque Russe dont on pourrait encore exproprier la fortune.

Sur cent articles, je n'en ai pas trouvé cinq qui relatent ce qui se passe de l'autre côté du front. La souffrance des Ukrainiens pro-russes sous les attaques des missiles et les tirs d'artillerie des Ukrainiens ne mérite aucune mention. Pour nos grands médias, les gens eux-mêmes semblent ne pas y exister. Les reportages sont exclusivement réalisés dans l'optique de l'OTAN, c'est-à-dire dans l'optique d'un lobby de l'armement qui fonctionne dans le monde entier comme un pied de biche de l'ordre américain.

La partialité des rapports provient de la partialité des sources. Outre les inévitables services secrets britanniques (on ne sait pas encore très bien si 007 y participe), nos sources quotidiennes d'information sont le président Zelensky et son entourage à Kiev, ses amis à Bruxelles, Londres, Washing-

ton, ainsi que les experts et les groupes de réflexion de l'OTAN qui y sont associés. Les Russes apparaissent principalement comme des criminels qui nient leurs crimes.

Contenu de la propagande de l'OTAN

Il est facile de se perdre dans la propagande quotidienne et de ne plus voir que l'arbre qui cache la forêt. La plupart des informations sur la guerre en Ukraine n'étant pas nécessaires à la compréhension des événements, je n'approfondirai pas dans ce livre les nombreuses histoires anecdotiques. Mais je vais les citer rapidement, car elles trainent partout. Quels étaient les principaux contenus de la propagande de l'OTAN ?

– Premièrement, il n'y a pas d'antécédents dans la guerre en Ukraine. Les médias mainstream ont vendu à leurs lecteurs et téléspectateurs crédules le déclenchement de la guerre comme une invasion russe non provoquée – conformément au deuxième principe de la propagande de guerre : « L'adversaire est le seul responsable de la guerre. » Dans ce livre, j'ai présenté en détail les multiples préparatifs de guerre de l'OTAN et de l'Ukraine. Il ne peut être question de « non provoqué ». Bien au contraire, la longue absence de réaction forte de la part de la Russie est surprenante.

– Deuxièmement, les médias mainstream ont voulu faire croire à leur public que la Russie utilisait l'énergie, les céréales et d'autres matières premières comme arme – conformément au sixième principe de la propagande de guerre : « L'ennemi utilise des armes illicites. » C'est ce qu'on peut lire dans le projet de recherche *Swiss Policy Research*[767] :

> *En fait, c'est l'inverse qui s'est produit[768] : alors que la Russie veut continuer à exporter et à gagner de l'argent, les sanctions occidentales bloquent les gazoducs russes, les pétroliers, ainsi que les exportations de céréales[769] et d'engrais. L'accord ukrainien sur les céréales [qui autorisait la navigation en mer Noire] a été utilisé pour l'attentat à la bombe sur le pont de Crimée[770] et le gazoduc russe Nord Stream a été dynamité en septembre[771]. La hausse*

des prix de l'énergie est donc imputable aux États-Unis et à l'UE, et non à la Russie.

– Un troisième grand axe de la propagande de l'OTAN était que les troupes russes avaient commis de nombreux crimes de guerre – conformément au cinquième principe de la propagande de guerre : « L'ennemi commet des atrocités de manière ciblée ; lorsque cela nous arrive, c'est involontaire et seulement au cas par cas. » Les histoires de crimes de guerre génèrent très facilement l'émotion. C'est ce que résumait *Swiss Policy Research* en février 2023[772] :

En réalité, jusqu'à présent, la majorité des crimes de guerre et des attaques délibérées contre des civils ont été commis par des troupes et des milices ukrainiennes[773], tandis que la Russie a tenté d'éviter les victimes civiles. Pour dissimuler ce fait, trois techniques bien connues sont utilisées : premièrement, les actions ukrainiennes sont présentées comme des actions russes ; deuxièmement, les actions ukrainiennes sont ignorées ou minimisées ; troisièmement, les actions russes sont inventées, déformées ou exagérées.

Parmi les exemples les plus connus, on peut citer le bombardement prétendument russe du théâtre de Marioupol (démolition par les troupes d'Azov[774]) ; le bombardement prétendument russe d'une maternité à Marioupol (des témoins oculaires ont contredit les faits[775], les auteurs ne sont pas clairement identifiés) ; le prétendu 'massacre de Boutcha' (morts par des tirs d'artillerie ukrainiens[776] et exécution[777] de « collaborateurs », plus exécution par les Russes[778] d'une douzaine de partisans et espions, ainsi que tirs[779] sur des civils qui s'approchaient des colonnes militaires) ; les bombardements prétendument russes de la gare de Kramatorsk, du camp de prisonniers près d'Elenovka et de la centrale nucléaire près de Zaporijjia (tous des bombardements ukrainiens[780]) ; les bombardements prétendument russes de « centres commerciaux » et d'« écoles » (bases[781] et dépôts d'armes[782] ukrainiens) ; les missiles prétendument russes qui ont frappé la Pologne ainsi que des immeubles d'habitation à Kiev et Dnipro (missiles anti-aériens ukrainiens[783]) ; ainsi que des histoires inventées[784] sur de prétendus viols de masse et chambres de torture russes, alors que des dizaines d'exécutions de masse[785] et de tortures[786] de prisonniers de guerre sont déjà documentées du côté ukrainien. Ces faits, ainsi que les bombardements quotidiens[787] de la ville de Donetsk par les troupes ukrainiennes, ne sont toutefois guère évoqués dans les médias.

Il est certain que des crimes de guerre ont également été commis du côté russe. La guerre fait souvent remonter ce qu'il y a de pire dans l'homme. La question est de savoir s'il s'agit de cas isolés ou d'une action systématique. Un crime de guerre russe systématiquement commis en Ukraine est la destruction de l'infrastructure énergétique par des drones et des missiles. Celle-ci a commencé en octobre 2022 en réponse au crime de guerre ukrainien consistant à bombarder le pont de Crimée. L'armée russe a tenté d'éviter les victimes civiles directes, mais les coupures de courant ont déclenché une crise humanitaire.

– Quatrièmement, la propagande de l'OTAN s'est félicitée de la fable selon laquelle les soldats russes mouraient en masse, alors que l'armée ukrainienne n'avait pratiquement pas de pertes – conformément au septième principe de la propagande de guerre. Toutes les informations officielles des deux côtés sur le nombre de morts sont vides de sens, car ce sont probablement des récits de propagande. Pour une évaluation plus réaliste, la réflexion suivante est utile : il est bien connu que la Russie avait le plus souvent une supériorité d'artillerie de 10 contre 1[788], ce qui signifie que l'armée russe a tiré dix fois plus d'obus que l'armée ukrainienne. Les tirs d'artillerie étant la principale cause de mortalité dans les guerres modernes, il doit y avoir eu plus de victimes du côté ukrainien.

– Cinquièmement, la propagande a créé un sentiment selon lequel l'Ukraine pouvait et allait vaincre la Russie et qu'il fallait donc tout faire pour la soutenir. L'un des plus grands mystères est de savoir comment on peut croire à de telles absurdités. En 2021, l'Ukraine avait un produit intérieur brut d'environ 200 milliards de dollars, la Russie de 1779, soit neuf fois plus[789]. Pour une évaluation réaliste, quelques chiffres suffisent : en 2022, l'Ukraine comptait environ 30 millions d'habitants, la Russie environ 150, soit cinq fois plus. Début 2022, l'Ukraine comptait environ 250 000 soldats actifs[790], la Russie 1 014 000[791], soit quatre fois plus. La Russie était le deuxième exportateur mondial d'armes après les États-Unis[792], l'Ukraine avait une industrie de défense si petite que je n'ai pas pu trouver de chiffres à ce sujet. En raison de l'absence de production d'armes, elle dépend presque entièrement des livraisons d'armes étrangères. Malgré l'aide massive de l'Occident, il lui manque les soldats et la capacité économique nécessaires pour pouvoir soutenir une guerre contre la Russie. Celle-ci possède des bombes atomiques et, selon sa doctrine militaire, elle est prête à les utiliser en cas de menace existentielle pour l'État. L'Ukraine n'a pas de bombes atomiques. Ces faits sont suffisants pour une évaluation militaire réaliste. C'est par fanatisme aveugle et suicidaire que le gouvernement de Kiev a poussé la population ukrainienne dans une guerre contre la Russie. N'importe quelle personne logique aurait dit que cela ne servait à rien, que c'était une guerre sans issue, qu'il fallait arrêter tout de suite, que n'importe quelle solution négociée valait mieux que d'être écrasé par ce géant supérieur.

Pourquoi les médias grand public ont-ils malgré tout évoqué une victoire prévisible de l'Ukraine sur la Russie ? Il s'agissait de présenter aux populations des pays de l'OTAN les énormes livraisons d'armes et d'argent comme prometteuses pour une victoire des Ukrainiens, étonnamment combatifs, et de faire accepter les pertes financières subies par les Occidentaux en raison des sanctions contre la Russie. Et il fallait aussi construire ce sentiment de victoire pour les Ukrainiens afin de les motiver à aller au front, même s'ils y mouraient. Tout cela s'effondrerait comme un château de cartes si l'on disait la vérité : l'Ukraine n'a aucune chance contre le géant russe et toutes les armes, tout l'argent et toutes les vies humaines sont donc gaspillés.

À ce stade, la question se pose naturellement de savoir comment l'OTAN a réussi à acquérir une telle influence sur les médias de masse. Cette question ne peut pas être traitée ici ; elle pourrait faire l'objet d'un livre à part entière. On trouve beaucoup de choses à ce sujet chez *Swiss Policy Research*[793].

Boutcha, un tournant

Boutcha est une banlieue de Kiev comptant 37 000 habitants. Après que l'armée russe se fut retirée de Boutcha le 31 mars 2022, des corps y furent retrouvés, gisant à découvert sur la route ou à moitié recouverts de terre dans des fosses communes. Le gouvernement ukrainien accusa la Russie d'avoir massacré des civils, tandis que le gouvernement russe parlait d'une mise en scène de l'Ukraine « sous fausse bannière ». Je ne vais pas expliquer ici ce qui s'est réellement passé à Boutcha ; je vais plutôt considérer les effets de la propagande de guerre.

Le 29 mars 2022, les délégations de négociation de la Russie et de l'Ukraine s'étaient réunies à Istanbul. Une solution de paix était en vue. Deux jours plus tard, le 31 mars, les troupes russes se retirèrent de Boutcha, à la suite de quoi les troupes ukrainiennes y entrèrent. Deux jours après le retrait des troupes russes et l'entrée des troupes ukrainiennes, le 2 avril, les premiers corps furent découverts et des photos très impressionnantes publiées. Le 9 avril, le Premier ministre britannique Boris Johnson rendit une visite surprise au président Zelensky à Kiev. Suite à cela, le gouvernement ukrainien rompit les négociations de paix. Le 26 avril eut lieu la conférence Rammstein, au cours de laquelle les alliés occidentaux se mirent d'accord pour fournir une aide militaire massive et systématique à Kiev.

Boutcha fut le sujet principal des médias pendant plusieurs jours. Des politiciens occidentaux s'y rendirent en série pour souligner l'importance des atrocités commises et se faire photographier devant des sacs mortuaires, alors que les faits n'étaient absolument pas clarifiés. Mais l'émotion l'emporta. Avec Boutcha, la « bestialité des Russes » fut si profondément marquée dans les esprits que la rupture des négociations de paix était une évidence : il ne faut pas négocier avec quelqu'un qui commet un tel crime, alors que l'on parle justement de paix et d'accords, et il ne faut pas non plus conclure la paix. Il doit être vaincu comme une bande de criminels, et jugé et puni comme tel. Boutcha a torpillé les négociations de paix. L'ambiance a basculé. La Russie n'était plus un partenaire de négociation possible, mais seulement un criminel.

Le massacre de Boutcha suit le même schéma que le massacre de Maïdan du 20 février 2014, au cours duquel des tireurs d'élite avaient abattu des policiers et des manifestants. Les deux fois, un excès de violence émotionnelle empêcha l'autodétermination de l'Ukraine : en 2014, une élection démocratique à laquelle auraient également participé les habitants de la Crimée et du Donbass ; en 2022, la volonté du gouvernement ukrainien de parvenir à la paix.

Le massacre de Boutcha a donc été un tournant qui rendait impossible toute solution négociée. Une commission d'enquête indépendante devrait déterminer s'il s'agissait d'un *false flag* (attaque sous faux drapeau). Il faut garder à l'esprit que les accès de violence mis en scène pour susciter des émotions sont des actions de propagande typiques pour justifier une guerre ou une tyrannie.

Exemples : le 31 août 1939, un commando SS allemand attaqua l'émetteur de Gleiwitz, près de la frontière polonaise, sur le territoire du Reich allemand. Cet acte fut mis sur le dos de soldats polonais. Le lendemain, la Seconde Guerre mondiale commençait, avec l'invasion allemande de la Pologne.

Le lendemain de l'incendie du Reichstag, le 27 février 1933, pour lequel la propagande allemande avait immédiatement désigné un communiste néerlandais comme unique incendiaire, les droits fondamentaux de la Constitution de Weimar furent abolis. La persécution systématique des opposants politiques au NSDAP par la police et les SA commençait.

Les États-Unis ont utilisé les attentats contre les immeubles de Manhattan le 11 septembre 2001 comme motif pour mener une lutte mondiale et illimitée contre le terrorisme. Ils ont ensuite lancé les guerres contre l'Afghanistan (2001) et l'Irak (2003).

La première guerre en Irak, en 1990, a été lancée par l'histoire mensongère des couveuses à des fins de propagande. Une société de relations publiques new-yorkaise avait imaginé cette histoire et choisi la fille adolescente de l'ambassadeur du Koweït aux États-Unis pour la raconter devant le Congrès américain, ce qui eut un impact émotionnel irrépressible : celle-ci raconta que dans un hôpital koweïtien, des soldats irakiens avaient arraché des bébés de leurs couveuses puis jetés sur le sol froid, où ils étaient morts sans défense.

La propagande de guerre fonctionne toujours selon les mêmes principes.

Témoignages

Les médias mainstream travaillent souvent avec des reportages sur des personnes originaires d'Ukraine, illustrés par des photos parfaites. Bien entendu, seules des personnes sélectionnées s'expriment ; ces impressions personnelles sont censées intensifier et confirmer le récit en vigueur de manière particulièrement réaliste. J'ai préféré présenter des témoignages personnels issus de ma propre expérience.

*

Je connais quelqu'un qui, depuis quelques années, apprenait le russe en faisant une fois par semaine un zoom avec un professeur qui habite en Ukraine, non loin du théâtre de la guerre. Ce jeune homme ne quitte plus la maison depuis des mois et ne se montre plus ni dans le village ni dans la rue. Sa mère fait les courses pour lui. Il veut ainsi éviter d'être enrôlé dans l'armée ukrainienne. Il est donc vrai que tous les Ukrainiens ne sont pas passionnés par la guerre.

*

Un musicien ukrainien talentueux, un homme très idéaliste que j'ai rencontré en 2022, était très affecté par la guerre dans son pays. Émotionnellement, il était à fond du côté de l'Ukraine occidentale et certain que l'Ukraine allait gagner la guerre. J'ai objecté que c'était très improbable, vu que la Russie a cinq fois plus de soldats que l'Ukraine et une grande industrie de l'armement qui exporte des armes dans le monde entier, alors que l'Ukraine ne produit pratiquement pas d'armes elle-même ; selon moi, il valait mieux négocier la paix. Mais il ne voulait pas en entendre parler. Pour lui, les soldats ukrainiens étaient plus courageux que les soldats russes et l'armée russe ne valait de toute façon rien. Il n'y avait pas de place dans sa pensée et ses sentiments pour l'idée que l'Ukraine puisse perdre militairement, que la guerre pourrait être inutile et que des gens meurent tout aussi inutilement. Lorsque je lui ai demandé pourquoi la loi sur les langues interdisait aux Ukrainiens de l'Est d'utiliser le russe dans l'espace public, il a nié l'existence même de la loi. Comme je n'en avais évidemment pas d'imprimé sur moi et qu'il n'y avait pas non plus d'ordinateur connecté à Internet, nous n'avons

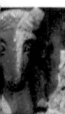

pas pu en terminer avec ce sujet. Je n'ai pas osé poser la question de savoir ce qu'il y avait de si grave à laisser partir le Donbass et la Crimée, puisque leurs habitants en avaient de toute façon assez de l'Ukraine.

*

Une de mes connaissances fait des études à Saint-Pétersbourg. Dans la résidence universitaire, elle est l'une des rares étudiantes originaires d'un pays occidental ; les autres sont surtout des Arabes et des Asiatiques. J'ai demandé : pourquoi sont-ils si nombreux ? Réponse : les riches familles de ces continents envoient leurs jeunes étudier en Russie, à laquelle on attribue un grand potentiel de développement. On s'attend à de bonnes perspectives professionnelles si les jeunes asiatiques et arabes savent parler le russe et sont familiarisés avec les us et coutumes russes.

*

Une amie a des parents âgés en Russie dont elle doit régulièrement s'occuper. L'interdiction des vols vers la Russie a rendu les voyages compliqués. En automne 2022, elle s'est rendue en bus en Lettonie pour entrer en Russie. Le bus était plein à craquer de réfugiés ukrainiens qui voulaient également se rendre en Russie. Je me suis demandé : pourquoi font-ils un détour de plusieurs milliers de kilomètres ? La réponse : ces Ukrainiens avaient peur de fuir directement vers la Russie, car ils craignaient d'être abattus en chemin si leur intérêt pour la Russie devenait visible. C'est pourquoi ils avaient d'abord fui vers la Pologne, puis vers les pays baltes. Ces craintes étaient peut-être exagérées, mais c'étaient leurs sentiments. Comme les réfugiés ukrainiens étaient longuement contrôlés par les gardes-frontières russes, qui tentaient de repérer d'éventuels agents des services secrets ayant l'intention de perpétrer des attentats en Russie, le bus est resté un jour et demi à la frontière. Pour mon amie, l'attente a été une torture épuisante, elle n'a plus jamais voulu prendre le bus pour aller en Russie.

*

Une connaissance téléphone de temps en temps à des membres de sa famille russes et ukrainiens. Elle m'a rapporté que chez certains, la colère envers l'Allemagne avait augmenté après la livraison de chars à l'Ukraine. Un de ses contacts russes a déclaré qu'il faudrait larguer des bombes sur l'Allemagne si celle-ci était en guerre avec la Russie. Plus la guerre dure, plus l'escalade émotionnelle s'accentue et plus les gens s'inquiètent.

*

Une personne de ma connaissance se rend une fois par an à Moscou en tant que conférencier. Il avait l'impression qu'au début de l'été 2022, les gens étaient très oppressés, presque déprimés. Il le voyait à des postures légèrement voûtées des gens dans la rue, ainsi qu'à des conversations qu'il avait eues. La condamnation et la diabolisation de tous les Russes à cause de la guerre en Ukraine et la rupture des relations par les États membres de l'UE les déstabilisaient et leur faisaient mal, car de nombreux Russes se sentent liés à l'Europe. Au début de l'été 2023, il est revenu de Moscou avec d'autres impressions : il a vu les gens se redresser et reprendre confiance en eux. Il a dû y avoir cette année-là un grand travail de digestion émotionnelle et un repositionnement intérieur.

*

J'aimerais ajouter à cette collection de témoignages personnels un entretien vidéo avec Britt, une femme médecin allemande qui a vécu quinze ans en Suisse, mais qui a émigré en Russie en 2022[794]. Un passage intéressant de la vidéo se trouve à partir de la 38e minute :

> *Question : Qu'est-ce qui vous plaît particulièrement dans votre nouveau lieu de résidence en Russie ?*
>
> *Britt : Les gens. Leur façon d'être ensemble, ça n'existe nulle part. Je n'ai pas vu ça en RDA, je n'ai pas vu ça en Bavière et je n'ai pas vu ça en Suisse non plus. Bien sûr, je me suis fait des amis partout, mais la cordialité et le fait de laisser l'autre vivre, de ne pas toujours devoir donner son avis sur chaque chose, de laisser l'autre faire et de montrer de l'intérêt...*
>
> *Question : Donc donner la liberté à l'autre sans se désintéresser de lui, sans l'ignorer ?*

Britt : Exactement. Ce qui me rend le plus amère, c'est qu'en Allemagne, on parle tellement de tolérance et qu'on ne fasse absolument pas preuve de tolérance. Cette tolérance, on l'a ici en Russie. Les gens doivent le savoir. On a même cette tolérance envers les Ukrainiens. Pendant un an et demi, je n'ai entendu personne ici parler avec haine ou colère contre les Ukrainiens. Les gens ont aussi beaucoup de connaissances et de membres de leur famille en Ukraine. Je n'ai jamais entendu un seul mot négatif sur les Ukrainiens pendant cette année et demie. On ne le voit pas assez en Allemagne, il faut le vivre.

J'apporte cette citation parce qu'elle témoigne pour moi du fait qu'en Russie, la guerre n'a pas créé d'hostilité entre les gens. C'est ce qui distingue la propagande de guerre russe de celle de l'Occident. Alors qu'en Occident, nous diabolisons les Russes en tant que peuple, les Russes ne le font pas avec les Ukrainiens malgré la guerre. Cela correspond également au ton des médias russes et du gouvernement russe, pour autant que j'aie pu le saisir. Celui-ci est toujours dirigé uniquement contre les nationalistes ukrainiens et l'hégémonie du gouvernement américain, mais pas contre la population ukrainienne, qui est plutôt décrite comme victime, et pas davantage contre la population des États-Unis ou des pays de l'OTAN.

*

C'est ce que confirme également une connaissance. Elisabeth Herzog, originaire d'Allemagne, a visité la Sibérie pendant plusieurs semaines à la fin de l'été 2022. Elle a consigné ses impressions de voyage et ses rencontres dans le reportage *Sehnsucht nach Frieden* pour le magazine *Die Drei*[795]. Elle y décrit de nombreuses rencontres :

Une lointaine connaissance vient à ma rencontre, elle me saute au cou et s'exclame à plusieurs reprises, incrédule : « Tu es venue quand même ! » Plus tard, lors d'une pause dans un concert, une jeune femme inconnue s'approche de moi et me demande d'où je viens. Après avoir appris mon pays d'origine, elle me dit avec une telle gratitude qu'elle me laisse sans voix : « Merci d'être venue quand même !. » Cela me va droit au cœur de voir ce que vivent les gens ici, comment ils se sentent coupés du monde auquel ils appartiennent et avec lequel ils veulent construire un avenir. (...)

Je réalise l'ampleur de la confrontation quand je vois que presque tout le monde me dit soit qu'il est né en Ukraine, soit qu'il a de la famille en Ukraine, qu'il y a beaucoup de mariages mixtes. C'est vraiment une guerre fratricide ! Une enseignante me raconte : « C'est terriblement douloureux d'en parler. Je suis originaire d'Ukraine. Les Russes et les Ukrainiens sont un seul et même peuple. Il aurait fallu se parler. Pourquoi déclencher une guerre ? Nous n'en parlons pas beaucoup entre nous, parce que nous ne savons pas du tout ce qui se passe vraiment là-bas et parce que ça fait mal. Il y a exactement cent ans, c'était la guerre civile [la guerre civile russe de 1918–1922], nous avons déjà souffert de tout cela. »

Elisabeth Herzog résume les impressions de son voyage :

Je n'ai rencontré personne qui ait dit du mal des Ukrainiens et des Allemands. Plutôt une grande perplexité vis-à-vis de l'Europe et surtout de l'Allemagne, ils ne comprennent pas pourquoi ils sont soudain tous détestés à ce point. (...) Une chose est néanmoins devenue claire, quelle que soit l'opinion ou l'attitude des gens en particulier : tous aspirent à la paix le plus rapidement possible.

*

Les expériences directes et les contacts de personne à personne sont un bon médicament contre la guerre de l'information.

En Ukraine, la haine pure et simple

Ce que ces impressions personnelles montrent, à savoir qu'il y a peu de haine en Russie envers la population ukrainienne, j'ai également pu le constater en observant les médias russes. Même les fauteurs de guerre comme l'ancien président russe Dmitri Medvedev, qui n'a pas de mots assez durs pour le gouvernement de Kiev, ne disent rien contre la population ukrainienne[796].

En Ukraine, dans l'espace public, le son de cloche est différent. Là-bas, la haine envers le peuple russe est pure et simple. C'est ce qu'a rapporté le Spiegel le 24 juillet 2023[797] :

> *Le maire d'Odessa, Hennadij Troukhanov, s'est adressé directement aux agresseurs dans un message vidéo en russe, et a exprimé sa haine. « J'aimerais que vous sachiez à quel point Odessa vous hait – pas seulement vous hait, mais vous méprise », a déclaré Troukhanov dans une vidéo sur Telegram. « Au cours de cette guerre, on vous a traités de différents noms : ruskistes, orques, bâtards, vermine, mais c'étaient encore des noms amicaux. Vous êtes simplement des créatures sans famille, sans histoire, sans morale, sans valeurs et sans avenir. »*

Le contexte de cette tirade haineuse du maire d'Odessa était le suivant : en juillet 2023, l'armée ukrainienne bombarda avec des drones le pont de Crimée, la seule voie de communication terrestre vers la Crimée. Le pont fut endommagé, un couple fut tué et leur fille adolescente grièvement blessée. Le pont de Crimée est une ligne rouge pour la Russie. Après la première attaque réussie contre ce pont en octobre 2022, l'armée russe avait commencé à bombarder l'infrastructure électrique de l'Ukraine, qu'elle avait épargnée durant les six premiers mois de la guerre afin de ménager au maximum la population. Il était donc évident qu'un nouvel attentat sur le pont de Crimée entraînerait de nouvelles représailles de la part de l'armée russe. Réagir à une escalade par une contre-escalade peut être destructeur, mais c'est ainsi que fonctionne la logique de guerre. L'armée russe commença alors à bombarder les installations portuaires d'Odessa. Bien sûr, le maire d'Odessa était au courant de tout cela. Mais dans sa déclaration publique, il n'exprima pas de condoléances pour le couple tué par l'armée ukrainienne sur le pont de Crimée, ni ne se plaignit auprès du gouvernement de Kiev en demandant pourquoi celui-ci avait ordonné l'attentat, qui avait de fortes chances de conduire au bombardement d'Odessa. Il préféra se lancer dans une tirade haineuse contre les Russes.

La haine est la plus destructrice et la plus menaçante de toutes les émotions que les gens puissent connaître. Ici, le maire avait totalement déshumanisé les Russes : porcs, bâtards, vermine…

Les Républiques populaires du Donbass étaient bombardées depuis 2014, les villes russes de la région frontalière sont continuellement bombardées par l'armée ukrainienne avec des roquettes et des grenades depuis 2022, mais les maires concernés n'ont pas poussé de tels cris de haine contre la population ukrainienne. Thomas Röper explique cette différence de la manière suivante[798] :

> *Pourquoi cultive-t-on en Ukraine la haine des Russes et de tout ce qui est russe, alors que dans le Donbass et en Russie, ce ne sont pas les Ukrainiens qui sont détestés, mais leur régime ?*
>
> *La raison en est que les médias russes font toujours une séparation stricte entre la population et le gouvernement, tandis que les médias occidentaux cultivent toujours la haine contre les personnes (« les Russes ») qui soi-disant commettent des atrocités.*
>
> *Même pendant la Seconde Guerre mondiale, les médias soviétiques faisaient la distinction entre les nazis et les Allemands. À l'époque, on ne diffusait pas de haine contre « les Allemands », mais contre le gouvernement nazi allemand et contre les coupables, c'est-à-dire des criminels de guerre concrets. Mais jamais contre les Allemands dans leur ensemble.*
>
> *Il en va de même aujourd'hui. En Russie, on critique le régime de Kiev et les gouvernements occidentaux, mais jamais les personnes qui vivent dans un pays. On n'impute pas les éventuels crimes à un peuple entier, mais aux auteurs concrets ou à leurs supérieurs au sein du gouvernement concerné.*

Ange de la paix à Berlin-Tempelhof, par Martin Schauss [799]

La répression en Ukraine ressemble à celle d'une dictature totalitaire

Dans le chapitre « Restriction de la liberté d'expression et persécution politique », j'ai décrit comment des conditions dictatoriales ont été établies en Ukraine depuis le coup d'État du Maïdan en 2014, et de manière accrue avant le début de la guerre en Ukraine en 2021. Depuis février 2022, la suppression de la liberté d'expression et la persécution politique ont encore fortement augmenté. L'opposition a été totalement interdite. L'Ukraine est devenue un système totalitaire. C'est important pour la prolongation de la guerre, car la critique de la guerre dans le pays affaiblit la volonté de se battre.

Je rassemble ci-dessous ce que j'ai trouvé dans ma recherche d'une image réaliste de la situation des droits de l'homme et de la liberté d'expression en Ukraine.

Mars 2022 : le gouvernement de Kiev interdit les partis d'opposition et met les médias au pas

Le 18 mars 2022, le Conseil national de sécurité de l'Ukraine a interdit onze partis d'opposition, dont la « Plateforme d'opposition – pour la vie[800] ». Leurs biens ont été confisqués. Tous les médias ont également été subordonnés à l'État et mis au pas[801]. L'Ukraine est ainsi devenue officiellement un État totalitaire : l'opposition est interdite, les médias sont mis au pas. Ceux qui n'y croient pas peuvent lire eux-mêmes les décrets dont les liens figurent dans les notes de bas de page, ce qui est facilement réalisable avec un programme de traduction en ligne.

Au même moment, les médias mainstream soufflaient à la population occidentale que l'Ukraine défendait les « valeurs occidentales » et notre « liberté ». Les rédactions de ces médias connaissaient bien sûr l'interdiction de l'opposition et la mise au pas des médias en Ukraine. Mais nous ne voyons chez eux aucun scrupule à construire un monde parallèle fantomatique qui n'a rien à voir avec la réalité.

Après l'interdiction des partis d'opposition, le président Zelensky s'est demandé ce que l'on pouvait faire de leurs députés, qui siégeaient toujours au Parlement puisqu'ils avaient été élus. Il a alors eu l'idée de faire voter par la Rada une loi qui priverait ces députés de leurs mandats et a déposé un projet de loi en ce sens[802].

La censure des médias a été encore renforcée par une nouvelle loi sur les médias adoptée par la Rada de Kiev le 13 décembre 2022[803]. Cette loi élargit les pouvoirs du Conseil national de la télévision et de la radio, dont les membres sont nommés pour moitié par le président et pour l'autre moitié par le Parlement, où le parti présidentiel a la majorité. La clique au pouvoir a donc tout en main.

Cette autorité a désormais le droit de donner des instructions contraignantes aux rédactions de tous les médias, d'imposer des amendes et d'interdire les médias en ligne et la presse écrite. Elle peut exiger des fournisseurs d'accès qu'ils bloquent des sites Internet sans décision de justice, ainsi qu'ordonner à YouTube et Facebook de supprimer du matériel, et à Google de retirer des informations de ses résultats de recherche. La nouvelle loi sur les médias a transformé le Conseil de la télévision et de la radio en une puissante instance de censure.

La population ukrainienne est ainsi manipulée de manière uniforme. L'officier suisse Jacques Baud en décrit les conséquences dans une interview du 3 octobre 2023 : « *Les Ukrainiens ne sont pas correctement informés sur la guerre. Ils ont l'impression que leur pays est en train de gagner. De nombreux articles dans la presse ukrainienne montrent que les soldats ukrainiens ont été trompés par les médias : on leur dit que les Russes sont affaiblis, qu'ils n'ont plus de munitions et qu'ils sont mal commandés. Mais lorsqu'ils sont sur le front, ils voient que c'est exactement le contraire. (...) L'image qu'ont les Ukrainiens ne correspond pas à la réalité[804].* »

Loi contre la collaboration et les persécutions

Une autre loi importante est la loi sur la sédition (n° 7116) adoptée par la Rada de Kiev le 9 mars 2022. La peine maximale pour collaboration avec les Russes et sédition a été fixée à la prison à vie pour les personnes, avec confiscation des biens. L'accusation de collaboration a donné lieu à une chasse aux fonctionnaires qui « n'étaient pas d'accord avec la ligne du gouvernement ». Le président Zelensky a déclaré en juillet 2022 que plus de 700 procédures avaient été engagées contre des fonctionnaires[805].

Katya Sedgwick, une journaliste américaine, a enquêté sur la dureté avec laquelle certains dissidents ont été traités par la justice et la foule ukrainiennes[806]. Parmi les accusés au sens de la loi figuraient des maires[807], des conseillers municipaux[808] et des fonctionnaires des villes[809] qui se sont rendus à l'armée russe et ont coopéré avec elle après le retrait des forces armées ukrainiennes. La loi s'applique également aux personnes qui transmettent des informations sur les mouvements de troupes. Et elle prévoit même des sanctions pour les Ukrainiens qui tiennent simplement des propos positifs sur la Russie.

« Depuis l'adoption de la loi, j'ai recueilli des informations sur des citoyens choisis au hasard qui entrent dans cette dernière catégorie », écrit Katya Sedgwick. Voici quelques-unes de ses trouvailles :

> *Dans un message sur le canal Telegram KharkivLife, il est par exemple question d'un « malfaiteur » démasqué par la police. Le malfaiteur en question est une femme de 40 ans qui a déclaré dans une conversation privée enregistrée par une personne en qui elle avait apparemment confiance : « J'attends la Russie, oui. Vous savez pourquoi ? Parce que je suis pour la Russie et que je suis une personne à l'âme russe. » Elle fait désormais l'objet d'une enquête pour collaboration. (...)*

> *Dans une autre vidéo postée sur KharkivLife, une habitante du quartier, âgée de 34 ans et terrifiée, s'est excusée publiquement d'avoir « exprimé activement sa haine envers les défenseurs de l'Ukraine ». Son crime a été découvert dans le cadre de la surveillance des médias sociaux de routine, probablement par les services de sécurité. Après une « discussion » avec la police, elle a décidé de demander pardon. (...)*

> *En avril 2022, Vitaly Kim, le gouverneur de la région de Nikolaev, d'apparence sympathique, a déclaré dans une*

interview à la chaîne ukrainienne 24 : « Aujourd'hui, un blogueur russe a été abattu dans sa voiture [à Niko-laev]. Cela signifie qu'il y a toujours des traîtres russes en Ukraine, et que tous les traîtres seront exécutés. Je n'ai pas peur de ce monde : il en sera ainsi. Et nous ne serons pas non plus en mesure d'empêcher les gens d'abattre les traîtres. »

Il a ajouté que l'Ukraine disposait de la meilleure cyber-sécurité au monde, qu'elle serait en mesure de poursuivre n'importe qui et que « personne ne pourra échapper à la justice ».

Le blogueur tué était accusé d'avoir informé les forces armées russes de mouvements de troupes ukrainiennes. Si c'était effectivement son crime, aucun État ne le laisse-rait bien sûr continuer à opérer. Mais en Ukraine, où la loi permet d'être jugé pour incitation à la haine, il a été assassiné en pleine rue par les services de sécurité sans procès, et un haut responsable du gouvernement a appelé au lynchage.

Les lynchages ont apparemment lieu avec l'approba-tion de canaux Telegram vérifiés et officiels. Je n'ai pas vu de cadavres, mais beaucoup d'humiliations de préten-dus collaborateurs et sympathisants de la Russie offerts en spectacle : des gens à genoux, parfois nus, attachés à des poteaux par des films de plastique, et présentant des marques de coups récents.

Je n'ai pas trouvé d'estimation de la fréquence à laquelle la foule s'attaque aux dits traîtres. Le gouvernement ukrainien enquête actuellement sur des milliers de colla-borateurs présumés.

La loi sur la collaboration prévoit une sanction pour les « crimes de la pensée » : des mots, des phrases qui n'ont pas été prononcés en public, mais dans le cadre de conversations privées, d'une messagerie privée ou d'un message SMS. Il s'agit d'une intrusion totale dans la vie privée des citoyens, jusque dans leurs pensées et leurs sentiments.

Maxim Goldarb, un émigré critique par rapport au gouvernement, constate dans un article[810] qu'en mars 2023, il y avait 380 jugements dans le registre des décisions de justice, pour des appels téléphoniques privés, de simples conversations dans la rue ou des likes sous des contributions sur Internet.

> *Ainsi, en juin 2022, à Dnipro, un habitant de Marioupol a été condamné à cinq ans de prison avec une période de mise à l'épreuve de deux ans pour avoir affirmé en mars 2022 que les tirs sur la population civile et les infrastructures civiles de Marioupol avaient été effectués par des soldats des Forces armées d'Ukraine (APU).*

> *Un autre jugement, basé sur les résultats d'une conversation téléphonique de mars 2023, a été prononcé à l'encontre d'un habitant d'Odessa, condamné à deux ans avec sursis pour avoir tenu des conversations « antipatriotiques et hostiles à l'État » via un téléphone portable.*

> *Ont également été condamnés ceux qui n'ont pas diffusé de telles publications, mais qui les ont seulement likés [exprimé leur approbation sur les réseaux sociaux]. (...)*

> *Ainsi, en mai 2022, à Ouman, une retraitée a été condamnée à deux ans de prison avec un an de sursis pour avoir « par opposition aux autorités ukrainiennes actuelles... mis des likes sur le réseau Internet Odnoklassniki pour une série de publications justifiant l'agression armée de la Fédération de Russie contre l'Ukraine. »*

Surveillance complète d'Internet

Avec l'ordonnance n° 67/850 du 30 janvier 2023 du Centre national pour la gestion opérationnelle et technique des réseaux de télécommunications (NKRZI), les fournisseurs d'accès en Ukraine doivent installer un programme permettant de bloquer certains sites Internet de manière centralisée et d'identifier les visiteurs. Cela pourrait devenir un modèle pour d'autres États totalitaires. *Overton Magazine* explique :

> *Le gouvernement ukrainien pratique depuis longtemps déjà le blocage des sites Internet, y compris de médias*

indésirables. Désormais, ce sera encore plus simple et plus rapide. Si les fournisseurs d'accès ont installé le programme, une liste d'adresses à bloquer sera automatiquement téléchargée toutes les quinze minutes sur leur serveur à partir de la ressource indiquée dans le programme.

Mais cette mesure ne rend pas seulement les contenus Internet indésirables inaccessibles aux internautes. Chaque internaute qui accède aux sites interdits voit ses données enregistrées et transmises aux autorités. Bien entendu, seule ladite « propagande russe » doit être bloquée, ce qui sous-entend que les gens sont trop stupides pour avoir leur jugement propre et qu'ils ne doivent donc être exposés qu'à la bonne propagande[811].

Ce nouveau programme de surveillance crée des possibilités de traquer les « collaborateurs » sur l'ensemble du territoire.

Les opposants risquent la prison ou la mort

Depuis février 2022, la répression s'est fortement accrue. Il y a maintenant des milliers d'opposants arrêtés ou disparus, certains ont été tués. En voici quelques exemples[812] :

Le 7 mars 2022, six militants de l'organisation d'opposition « Patriotes pour la vie » ont disparu sans laisser de traces à Severodonetsk et, en mai 2022, l'un des leaders du groupe Azov, Maxime Zhorin, a publié sur Internet une photo de leurs cadavres, déclarant qu'ils avaient été exécutés et que leur meurtre était lié à leur position et avait été exécuté par des structures paramilitaires. (…)

En mars 2022, Olena Berezhnaya, avocate, militante des droits de l'homme et connue pour ses positions antifascistes, a été arrêtée à Kiev et placée en détention provisoire pour suspicion de haute trahison en vertu de l'article 111 du code pénal, pour avoir parlé du système sans foi ni loi en Ukraine devant le Conseil de sécurité des Nations unies en décembre 2021. (…)

En mars 2022, l'historien Alexander Karevin, connu pour son engagement citoyen, a disparu sans laisser de trace après que des agents du SBU se furent rendus à son domicile. Karevin avait à plusieurs reprises vivement critiqué l'action des autorités ukrainiennes dans le domaine des sciences humaines, de la politique des langues et de la politique de la mémoire historique.

La ville ukrainienne de Dnipro (anciennement Dnepropetrovsk) comptait des groupes de gauche particulièrement actifs, contre lesquels les services secrets ukrainiens ont brutalement agi à partir de début mars 2022. Des dizaines d'activistes ont été arrêtés et ont depuis disparu sans laisser de traces[813].

Listes des personnes à abattre sur Internet

Le site *Myrotvorets* existe depuis 2014[814]. Géré par une ONG, il est soutenu par le gouvernement ukrainien, notamment le ministère de l'Intérieur et les services secrets SBU[815]. On y trouve des milliers de personnes de nombreux pays que l'ONG a déclarées opposantes à l'Ukraine. En septembre 2022, 314 journalistes figuraient sur la liste, certains avec leur adresse, ce qui constitue une invitation à nuire à ces personnes. Thomas Röper, qui figure sur la liste, écrit :

Ce qui est encore plus choquant, c'est que près de 300 mineurs figurent également sur la liste. Parmi eux, on trouve par exemple Faina Savenkova, une jeune fille de 14 ans originaire de Lougansk, dont le « crime » est d'avoir écrit des lettres ouvertes à des hommes politiques et à des activistes, y compris à l'ONU, dans le monde entier, pour demander la fin des bombardements terroristes de sa ville natale de Lougansk, menés par l'armée ukrainienne depuis 2014. (...) De nombreuses personnes qui y étaient répertoriées ont été assassinées peu après. (...) La journaliste Daria Dugina, assassinée à Moscou, n'avait été inscrite sur la liste que peu de temps avant le meurtre. Après la mort de personnes publiées sur la liste, leur photo est légendée en lettres rouges avec le mot « liquidé ». Il n'est donc pas exagéré de qualifier le site de Myrotvorets de « liste ukrainienne des gens à abattre[816] ».

La journaliste Daria Douguina, âgée de 29 ans, a été tuée le 20 août 2022 dans l'explosion d'une voiture piégée à Moscou par des agents ukrainiens[817].

Pour faciliter la recherche de « collaborateurs, propagandistes et terroristes », un autre site web a été lancé : https://evocation.info.

Sur celui-ci se trouvaient, en juin 2023, 67 « propagandistes » et 1766 « collaborateurs », dont certains étaient barrés d'une croix rouge. Le site dit :

> *Nous savons tout sur les auteurs de ces actes : leurs noms, leurs antécédents, où ils vivent et avec qui ils sont mariés. Nous sommes convaincus qu'en attirant l'attention sur eux, nous contribuerons à les retrouver et à les punir.*

Les suspects sont clairement classés par région ukrainienne et, pour la plupart d'entre eux, l'adresse du domicile, le numéro de téléphone et le numéro de passeport sont indiqués. C'est certainement très dangereux pour les personnes recherchées qui vivent dans des régions contrôlées par l'Ukraine. Le site appelle clairement à faire justice soi-même : « *Tout traître et collaborateur doit être puni. D'abord pénalement, et ensuite – selon les cas.* »

Érosion de l'État de droit : les tribunaux passent sous le contrôle du gouvernement

Maxim Goldarb, qui est actuellement le président de l'Union des forces de gauche, était, avant le coup d'État du Maïdan, auditeur en chef et contrôleur des finances du ministère ukrainien de la Défense. L'Union des forces de gauche est un parti d'opposition ukrainien fondé en 2007 qui défend le socialisme démocratique et a notamment pour objectifs de mettre un terme à la privatisation à outrance d'entreprises publiques stratégiques ainsi qu'à la vente de terres agricoles à de grands groupes étrangers, et de donner à l'Ukraine une orientation géopolitique neutre. Le parti s'est également engagé à faire du russe la deuxième langue officielle et à renforcer les zones rurales. Ces objectifs ont été suffisants pour qu'il soit interdit en 2022 avec d'autres partis de gauche et exproprié de ses biens. Ses membres travaillent depuis lors dans la clandestinité ou en exil. Certains de ses dirigeants ont été enlevés et sont depuis considérés comme disparus sans laisser de traces, comme le fondateur du parti, Vassili Volga[818].

Maxim Goldarb, homme politique ukrainien d'opposition et président de l'Union des forces de gauche[819].

Maxim Goldarb souffre beaucoup de l'état actuel de son pays et décrit dans un article paru dans *Nachdenkseiten* le déclin de l'État de droit[820]. En voici quelques citations :

> *Tout régime qui tente de devenir dictatorial s'efforce en premier lieu de supprimer l'indépendance de la justice. C'est malheureusement le cas dans mon pays, l'Ukraine.*

> *(...)*

> *Au cours des dix dernières années, le système judiciaire ukrainien a subi quatre réformes fondamentales et d'innombrables changements, et les juges ont été soumis à d'interminables procédures d'accréditation et de réévaluation, de révocation, de rotation et même de persécutions.*

> *Cependant, les tentatives des autorités de détruire ce qui restait d'indépendance judiciaire et de soumettre complètement le pouvoir judiciaire ont atteint leur paroxysme sous la présidence de Volodymyr Zelensky. Dès 2021, le président ukrainien a tenté de prendre le contrôle de la Cour constitutionnelle d'Ukraine, qui contrôle la constitutionnalité des décisions du président et du Parlement. En 2020, la Cour constitutionnelle a déclaré partiellement inconstitutionnelle la réforme judiciaire initiée par le président et adoptée ensuite par la Verkhovna Rada, et a également déclaré inconstitutionnels plusieurs articles de la loi sur la prévention de la corruption. Tout cela a fortement mécontenté Zelensky, qui a menacé les juges de la Cour constitutionnelle depuis son bureau.*

> *Le président n'a pas le pouvoir de révoquer les juges de la Cour constitutionnelle, qui sont indépendants, et seule la Cour constitutionnelle elle-même peut, dans quelques cas expressément prévus par la Constitution, prendre les décisions de mettre fin prématurément à leurs pouvoirs. Toutefois, afin d'écarter de la Cour les juges qui ne sont pas sous son contrôle, le président a publié en mars 2021 un décret par lequel il a tenté de révoquer le chef de la Cour*

constitutionnelle, Alexander Tupitsky, et le juge Alexander Kasminin. Ce faisant, il a violé la loi de manière grossière et outrepassé ses pouvoirs de manière criminelle. À cette fin, M. Zelensky a publié un décret abrogeant les décrets présidentiels de 2013 qui avaient nommé ces juges à la Cour constitutionnelle conformément à la Constitution. L'illégalité de ces mesures présidentielles était si évidente et flagrante que la Cour suprême a fait droit aux plaintes de Tupitsky et de Kasminin, a reconnu l'illégalité des décrets présidentiels correspondants et les a annulés.

En représailles, le 27 mai 2022, Tupitsky, le président de la Cour constitutionnelle, à la demande des procureurs du Parquet général, a été inscrit sur la liste internationale des personnes recherchées avec l'accusation (!) d'avoir quitté illégalement l'Ukraine en mars 2022, bien que cette infraction n'existe pas sous cette forme.

L'indépendance des tribunaux mise à mal

Le travail de la Cour constitutionnelle a été bloqué de fait en 2022. (...) Les autorités ont adopté une approche encore plus dure pour résoudre le « problème » du tribunal administratif de district de Kiev (OASK), dont les juges ne voulaient pas devenir des serviteurs de la fonction présidentielle. L'OASK était le tribunal chargé de contrôler la légalité des actes des plus hauts fonctionnaires de l'État, y compris du président.

C'est ainsi que le tribunal administratif régional avait annulé la décision d'augmenter les tarifs de l'électricité et déclaré illégale l'augmentation du prix du gaz pour la population ; il avait annulé la décision de rebaptiser l'avenue Moskovski et l'avenue du Général Vatutin à Kiev en l'honneur des dirigeants nationalistes ukrainiens qui avaient collaboré avec les nazis – respectivement avenue Stepan Bandera et avenue Roman Choukhevytch ; il avait reconnu que les symboles de la division SS Galicie étaient de nature nazie et pris de nombreuses autres décisions qui déplaisaient aux autorités.

Le tribunal indésirable a tout simplement été dissous et les juges licenciés. Le 13 décembre 2022, le parlement de Kiev a adopté le projet de loi n° 5369 sur la dissolution du tribunal administratif de district de Kiev, élaboré par le bureau présidentiel.

Maxim Goldarb poursuit en expliquant que l'accès des citoyens à la justice est devenu difficile parce qu'il manque des milliers de juges. On ne nomme pas de nouveaux juges parce que les organes chargés de cette tâche ne fonctionnent pas. Le Haut Conseil de la Justice (HJC) a été paralysé deux jours avant le début de la guerre, dix de ses membres ayant démissionné avec effet immédiat le 22 février 2022. Zelensky avait créé un « conseil d'éthique », composé pour moitié de ressortissants étrangers, chargé de déterminer si un candidat à un poste au sein du Haut Conseil répondait aux critères de déontologie et d'intégrité. Les membres du Haut Conseil ont démissionné en signe de protestation, parce qu'un tel organe n'est pas prévu par la Constitution de l'Ukraine et ouvre la porte à la manipulation et à l'arbitraire. De toute évidence, Zelensky a voulu exercer une influence sur le choix des membres du Haut Conseil de la justice en créant le Conseil d'éthique.

Justice d'autodéfense et pilori comme aux pires heures du Moyen-Âge

Parallèlement à l'érosion de l'État de droit, une justice d'autodéfense rappelant le Moyen Âge le plus sombre s'est propagée en Ukraine. On trouve sur Internet d'innombrables vidéos montrant des personnes attachées avec du ruban adhésif à des lampadaires, des arbres ou des panneaux de signalisation dans des villes ukrainiennes, puis humiliées, battues et même fouettées par la foule[821].

Thomas Röper a visionné de nombreuses vidéos et comprend les paroles prononcées dans ces enregistrements : « *Officiellement, il s'agit de pillards, mais cela ne justifie pas non plus l'auto-justice ni le regard ostensiblement détourné de la police qu'on peut voir sur certaines vidéos et images. Toutefois, il apparaît clairement dans de nombreuses vidéos qu'il ne s'agit pas de pillards, mais de personnes qualifiées de pro-russes, comme on peut l'entendre*[822]. »

Voici quelques images :

Interdictions religieuses

L'Église orthodoxe ukrainienne (UOK) s'appelait jusqu'en 2022 « Église orthodoxe ukrainienne du Patriarcat de Moscou ». Suite à la guerre d'Ukraine, l'UOK a déclaré le 27 mai 2022 sa totale autonomie et indépendance vis-à-vis du Patriarcat de Moscou. Cette délimitation ne l'a cependant pas protégée des persécutions de l'État ukrainien et des nationalistes. L'UOK est l'une des plus grandes églises d'Ukraine ; elle compte environ 12 000 paroisses et 219 monastères.

Tout a commencé par des descentes des services de renseignement intérieurs ukrainiens dans 350 bâtiments religieux. En décembre 2022, le président Zelensky a décidé que le gouvernement présenterait un projet de loi sur l'impossibilité pour les organisations religieuses liées à des centres d'influence dans la Fédération de Russie d'opérer en Ukraine. Il est donc possible d'interdire des paroisses et des monastères, voire l'Église entière. Le parti de Porochenko « Solidarité européenne » et plusieurs parlements locaux d'Ukraine occidentale ont demandé que l'UOK soit privée de son monastère troglodyte de Kiev, mondialement connu, et qu'elle soit totalement interdite[823]. Certains de ses ecclésiastiques ont déjà été jugés et condamnés pour collaboration, et une cinquantaine d'autres font l'objet d'une enquête[824]. Treize chefs (primats) de l'UOK ont été privés de la citoyenneté ukrainienne par décret présidentiel et donc de la possibilité de séjourner en Ukraine. En mars 2023, le célèbre conseiller de la présidence ukrainienne, Mykhailo Podolyak, a déclaré dans une interview télévisée sur la chaîne ukrainienne *24 Kanal* que l'Église orthodoxe ukrainienne devait être « physiquement nettoyée », comme tout ce qui est pro-russe[825]. Des groupes nationalistes se sont immédiatement emparés de la nouvelle et ont commencé à harceler les fidèles et les prêtres, et à prendre d'assaut les lieux de culte[826].

Maxim Goldarb met en perspective le souhait de détruire cette Église[827] :

> *Après avoir liquidé de facto l'opposition politique en interdisant tous les partis de gauche et autres partis d'opposition, après avoir détruit la liberté d'expression et placé tous les médias restants en Ukraine sous un contrôle*

strict, le président s'attaque à la seule grande structure qui subsiste en Ukraine et qui ne s'est pas encore soumise aux autorités : l'Église orthodoxe ukrainienne. Si ce plan réussit, on pourra parler en Ukraine non seulement de l'instauration d'un régime autoritaire, mais aussi d'un régime totalitaire qui, par des méthodes terroristes, contrôlera sans exception tous les aspects de la vie dans le pays.

35e rapport du HCR sur les droits de l'homme

Le tableau dressé jusqu'à présent est sévère. Qu'en pense l'ONU ? Le 35e rapport du Haut-Commissariat des Nations unies aux droits de l'homme (HCR) s'est penché sur la période du 1er août 2022 au 31 janvier 2023, c'est-à-dire sur la période de la guerre en Ukraine[828].

Le rapport énumère d'abord les violations des droits de l'homme dans les territoires contrôlés par la Russie. Il traite ensuite, de manière tout aussi détaillée, les violations dans les territoires contrôlés par l'Ukraine. Le HCR critique la nouvelle loi sur les médias, la discrimination linguistique et la violation de la liberté de religion par le harcèlement de l'UOK[829]. Voici ce qu'il écrit sur le comportement de l'armée ukrainienne dans les territoires qu'elle a reconquis :

> *Le HCR a continué de confirmer les informations faisant état de dizaines de meurtres de civils considérés comme traîtres à l'Ukraine en raison de leur collaboration présumée avec la Fédération de Russie dans les territoires occupés par celle-ci ou contrôlés par les forces armées russes depuis le 24 février 2022. Bien que les auteurs de ces crimes restent inconnus, le HCR s'inquiète du fait que certains de ces meurtres pourraient avoir été commis par des agents du gouvernement ukrainien ou avec sa complicité.*

Le rapport du HCR confirme donc les faits rassemblés dans ce chapitre. Il faut bien comprendre le climat politique qui en résulte. C'est ce dont parlent deux éminents émigrés militants des droits civiques.

Larissa Schessler, militante ukrainienne des droits de l'homme : « Tout le monde a peur »

Larissa Schessler est présidente de l'Union des réfugiés et prisonniers politiques en Ukraine et ingénieure de profession. Dans l'entretien qu'Ulrich Heyden a réalisé avec elle à Moscou en novembre 2022, elle raconte ce qu'il est advenu des mouvements d'opposition en Ukraine depuis 2014. En voici quelques extraits[830].

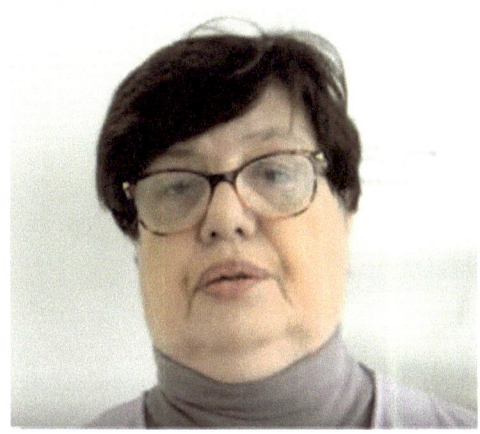

Larissa Schessler[831]

Question : On n'entend plus parler de l'opposition en Ukraine. Qu'est-elle devenue ?

Schessler : L'opposition est aujourd'hui physiquement et politiquement anéantie. Toutes les organisations et tous les opposants, ainsi que tous les médias qui diffusaient des opinions d'opposition, ont été réduits au silence. (…) Il n'y a pas de liberté de parole en Ukraine aujourd'hui. Il n'y a pas de liberté pour les organisations politiques. Une dictature totale a été instaurée.

Question : Quelle est la raison pour laquelle vous vous êtes installée en Russie ? Quel y est votre statut actuel ?

Schessler : J'ai quitté l'Ukraine en mai 2014. J'étais coordinatrice de l'anti-Maïdan dans la ville de Nikolaïev. Une procédure pénale a été ouverte contre moi. Nous réclamions le statut fédéral des régions du sud-est de l'Ukraine. Mais aucun d'entre nous ne voulait que ces régions soient séparées de l'Ukraine.

De très nombreux camarades ont été emprisonnés. J'ai pu y échapper en quittant le pays. Mais la procédure pénale contre moi en Ukraine se poursuit, elle n'a été suspendue que temporairement.

Question : Quelle est la situation dans les régions de Kherson et de Kharkov, dans lesquelles l'armée ukrainienne a progressé ces derniers mois ?

Schessler : Dans les parties des régions de Kherson et de Kharkov d'où l'armée russe s'est retirée, il règne aujourd'hui une terreur totale.

À l'heure actuelle, la répression dans la région de Kherson est très violente. Des personnes ont été arrêtées et accusées de soutenir les forces armées russes. Mais ces personnes ne faisaient que distribuer de l'aide humanitaire lorsque la partie nord de Kherson était contrôlée par l'armée russe. Les enseignants qui ont préparé des listes pour la participation au référendum sont poursuivis. On les arrête, puis ils disparaissent et pour beaucoup d'entre eux, nous ne savons pas où ils se trouvent.

Il n'y a pas d'avocats et aucun moyen de rechercher ces personnes disparues. Elles se trouvent aujourd'hui en grand danger.

Malheureusement, de nombreuses personnes à Snigerovki et à Kherson n'imaginaient pas le danger que représentait le retour des troupes ukrainiennes dans ces localités.

De nombreux citoyens n'étaient pas en contact direct avec la répression politique. Si quelque chose de ce genre se produisait loin de chez eux, ils ne pouvaient pas s'imaginer la brutalité avec laquelle les dissidents étaient traités.

Les gens vaquaient simplement à leurs occupations habituelles. Dans une municipalité, une fonctionnaire n'a pas compris que si elle ne refusait pas d'aider ses concitoyens à demander une aide humanitaire et une pension, elle se rendrait coupable d'un crime, selon Kiev.

Les gens sont restés sur le territoire pris par l'armée russe, pensant qu'ils ne faisaient rien de mal. Ils n'ont dénoncé personne aux organes de sécurité russes. Ils n'ont dénoncé personne et n'ont envoyé personne en prison. Mais aujourd'hui, ces fonctionnaires sont arrêtés et risquent une longue peine de prison.

Question : Pour les personnes en Ukraine qui ont l'habitude de regarder les informations ou les programmes culturels russes, existe-t-il des canaux sur Internet qui leur permettent de s'informer ?

Schessler : En Ukraine, n'importe qui peut être arrêté dans la rue. On peut demander aux gens de montrer leur téléphone et les chaînes Telegram auxquelles ils sont abonnés. Et ceux qui sont abonnés à un canal russe connu comme colonelcassad ou Juri Podoljaka peuvent être arrêtés et interrogés. Lorsque mes amis en Ukraine sortent de chez eux, ils suppriment tous leurs canaux Telegram. De nombreuses chaînes YouTube et de nombreux sites web sont bloqués, on ne peut les voir que via un VPN.

Dans l'interview, Larissa Schessler décrit de nombreux destins de personnes persécutées politiquement, qui sont en prison en Ukraine ou ont fui à l'étranger. Et elle parle des assassinats politiques : « *Il y a eu beaucoup d'assassinats politiques. Mais ce qui a été décisif, c'est que ces meurtres ont répandu la peur.* »

Valentin Rybin, avocat à Kiev : « Je craignais pour ma vie »

Valentin Rybin était l'un des avocats les plus connus d'Ukraine. Au cours des huit dernières années, il n'avait défendu devant les tribunaux que des personnes accusées pour des raisons politiques. Parmi ses clients figuraient le politicien d'opposition Viktor Medvedtchouk, le blogueur vidéo ukrainien Anatoli Shari, qui vit en Espagne, ainsi que de simples citoyens accusés d'être des séparatistes ou de soutenir la Russie. Comme les nationalistes ukrainiens le menaçaient de violence, il a quitté l'Ukraine en mars 2022 et vit désormais à Sébastopol, en Crimée. En décembre 2022, Rybin a expliqué dans une interview avec le journaliste Ulrich Heyden les raisons pour lesquelles il a dû quitter l'Ukraine[832] :

> *En Ukraine, ma vie était menacée. Fin février 2022, des armes ont été distribuées de manière incontrôlée à Kiev. Les gens se sont mis à s'armer et à tirer sans réfléchir sur tous ceux qui, selon eux, semblaient suspects. En outre, les services secrets ukrainiens SBU ont commencé à arrêter et à mettre derrière les barreaux tous ceux qui défendaient de bonnes relations avec la Russie. De nombreux journalistes, présentateurs de télévision et écrivains ont été emprisonnés. J'ai compris qu'à tout moment, le SBU ou, pire encore, des nationalistes armés pouvaient venir chez moi.*

> *Des nationalistes radicaux m'ont menacé de violence. En 2017, j'ai été agressé devant un tribunal de la ville de Tchernomorsk. J'y ai été gazé. La police a regardé et n'est pas intervenue. En 2018, ma voiture a été incendiée sur un parking.*

Valentin Rybin dresse un tableau sombre de la situation de l'opposition en Ukraine :

> *Il n'y a pratiquement pas eu d'opposition en Ukraine. Il n'y a eu qu'une opposition sur le papier. Cela a commencé dès février 2014. À l'époque, l'opposition était jugée som-*

L'avocat Valentin Rybin[833]

mairement : les opposants étaient jetés vivants dans des bennes à ordures, assassinés, poursuivis en justice...

Face à cette évolution, des oligarques comme Viktor Medvedtchouk, Rabinovitch et Boïko et d'autres membres de « l'opposition de papier » ont gardé leur calme. Ils espéraient ainsi conserver leur argent et leurs affaires.

Malheureusement, il n'y a pas d'opposition politique en Ukraine. Il n'y a que des voleurs lâches et des bandits qui extorquent le peuple.

Les opposants étaient de simples journalistes, des écrivains, des présentateurs de télévision, de simples citoyens qui exprimaient une opinion différente de la position officielle de Zelensky. Toutes ces personnes étaient déjà poursuivies par le SBU et d'autres forces de sécurité fin février 2022. Beaucoup ont fini en prison, certains sont portés disparus. L'État ne se soucie pas de la violation des droits de l'homme.

Jan Taksjur, un journaliste, écrivain et satiriste russe orthodoxe, a été emprisonné. Elena Berejnaïa, une activiste et militante des droits de l'homme, a également été emprisonnée. Sont également en prison les frères Aleksandr et Mikhaïl Kononovitch, des communistes ukrainiens persécutés par le pouvoir en raison de leur position politique. (...) Je peux dire avec certitude que plusieurs milliers de personnes sont en prison en Ukraine pour des raisons politiques.

A la question « Pourquoi n'entendons-nous plus de voix critiques en provenance d'Ukraine ? », Rybin donne une réponse concise : « Parce que c'est un danger de mort. »

Purges

Le 5 octobre 2022, le journal britannique Daily Mail, qui n'est pas suspect de propagande russe, a fait état de massacres de « collaborateurs » après que l'armée ukrainienne eut pris le contrôle de certaines parties de la région de Kharkov. Il s'agit de civils et non de soldats. L'article s'intitulait :

« Nous les traquons et les abattons comme des porcs » : comment les Ukrainiens se vengent brutalement des collaborateurs qui ont trahi leurs voisins – et leur pays – au profit des Russes[834].

Dans cet article, on pouvait lire :

Kiev a déjà ouvert des enquêtes sur 1309 traîtres présumés et engagé 450 procédures pénales contre des collaborateurs accusés de trahir leur pays et leurs voisins. D'autres sont traqués et massacrés par des résistants. Une liste transmise à ce journal par une source gouvernementale de Kiev fait état de 29 de ces meurtres de représailles, ainsi que de 13 autres attentats avortés au cours desquels certaines victimes ont été blessées. « Une chasse aux collaborateurs a été déclarée et leur vie n'est pas protégée par la loi », a déclaré Anton Gerachtchenko, un conseiller du ministère de l'Intérieur. « Nos services secrets les éliminent et les abattent comme des porcs. »

En novembre 2022, l'armée russe s'est retirée de la rive occidentale du Dniepr, laissant l'armée ukrainienne occuper cette partie de la région de Kherson. Raisons invoquées : les soldats ne pouvaient plus être suffisamment approvisionnés après la destruction du pont d'Antonivka sur le fleuve et l'Ukraine avait menacé de faire exploser le barrage de Kakhovka, ce qui aurait piégé les unités russes (le barrage fut effectivement dynamité début juin 2023, ce qui provoqua d'importantes inondations).

Après l'occupation ukrainienne, la population fut passée au peigne fin à la recherche de « collaborateurs », comme l'indiquait le gouvernement ukrainien. Les médias russes firent état de tortures et d'assassinats[835]. Nous avons vu que le rapport du HCR sur les droits de l'homme confirmait ces faits.

Pour être considéré comme collaborateur, il suffisait d'avoir continué à faire son travail en tant qu'enseignant ou à aller au bureau en tant que fonctionnaire[836].

L'agence de presse AP a publié des photos montrant comment des personnes soupçonnées d'avoir « collaboré » avec les Russes étaient exhibées en public, attachées à des poteaux. C'est une forme profondément

Deux collaborateurs présumés à Kherson le 13 novembre 2022, photo AP

dégradante de pilori médiéval. Ces photos d'AP ne sont pas de la propagande russe, elles ont été publiées par une grande agence de presse occidentale en même temps qu'un article jubilatoire pour l'Ukraine[837]. L'image en dit long.

De nombreuses autres photos prouvent que l'armée et les services secrets ukrainiens ont mené de vastes opérations de nettoyage contre la population civile dans la région de Kherson. L'état des personnes sur les photos en dit plus long que les mots.

Images de la répression de la population civile à Kherson par les militaires ukrainiens en novembre 2022[838]

Conclusion : l'OTAN et l'UE soutiennent un régime totalitaire

Les éléments rassemblés dans ce chapitre sont en totale contradiction avec le récit de la propagande occidentale selon lequel l'Ukraine défendrait nos « valeurs occidentales ». Je cite à nouveau Ursula von der Leyen, présidente de la Commission européenne, en février 2023 : *« L'Ukraine est devenue le centre de notre continent. Le lieu où nos valeurs sont portées haut, où notre liberté est défendue et où s'écrit l'avenir de l'Europe*[839]*. »*

Supposons qu'elle ait raison. Si c'est ce qui nous attend tous, ce serait une sombre prophétie. Le totalitarisme serait l'avenir de l'Europe ; les méthodes nazies seraient nos valeurs. Mais ce n'est pas ainsi qu'il faut le comprendre. Il faut faire croire aux populations des pays de l'OTAN que cette guerre est la leur et qu'elle est menée pour elles, et leur extorquer un soutien absolu.

Dès 2021, l'Ukraine s'était transformée en « dictature autoritaire ». Les faits rassemblés dans ce chapitre montrent qu'en février 2022, un pas supplémentaire a été franchi, vers une « dictature totalitaire ». Dans les dictatures autoritaires, on admet un certain degré de pluralité sociale, mais très limité, et aucune idéologie unique ne prévaut. Tant que l'on ne menace pas politiquement le pouvoir en place, on est laissé tranquille. En revanche, dans les dictatures totalitaires, une idéologie domine tous les domaines de la société, élimine toute forme de pluralisme et soumet le peuple totalement et complètement. Un petit groupe de dirigeants est responsable du totalitarisme en Ukraine.

L'UE et l'OTAN soutiennent l'Ukraine. Ceux qui approuvent la politique gouvernementale de l'Occident sont coresponsables de ce qui s'y passe. Il faut regarder de près ce que nous soutenons. Le soutien financier et militaire à l'Ukraine est la promotion d'un système totalitaire nationaliste, totalitarisme qui contribue à prolonger la guerre en Ukraine.

Pas de négociations de paix, mais un combat sanglant jusqu'au bout !

Le 23 février 2022, les deux républiques du Donbass demandèrent au président russe Poutine une aide militaire pour repousser les attaques ukrainiennes. C'est ainsi que la Russie est entrée dans la guerre d'Ukraine et qu'a commencé la terrible nouvelle escalade militaire du conflit.

Dès mars 2022, des négociations entre l'Ukraine et la Russie furent entamées en vue d'une solution de paix. Mais en avril 2022, les principaux pays de l'OTAN firent pression sur le gouvernement ukrainien pour qu'il rompe les négociations de paix avec la Russie, alors que celles-ci étaient apparemment sur le point d'aboutir et auraient mis fin à la guerre. Selon la presse, la conclusion de la paix aurait impliqué que l'Ukraine ne rejoigne pas l'OTAN mais reste neutre, qu'elle n'entretienne qu'une petite armée et qu'elle accepte les frontières des républiques du Donbass et de la Crimée. Aucun détail concret n'a été révélé.

La rupture de ces négociations en avril 2022 est un événement clé pour comprendre la suite de la guerre en Ukraine.

Une paix précoce aurait sauvé la vie de centaines de milliers d'Ukrainiens et de Russes, préservé de la destruction une grande partie de l'Ukraine, et évité les souffrances humaines les plus amères et des traumatismes graves par millions. Le gouvernement ukrainien souhaitait cette paix, du moins à l'extérieur. Mais la paix n'était pas dans l'esprit des gouvernements des États-Unis, de l'Angleterre, de la France et de l'Allemagne. Les négociations furent interrompues sous l'impulsion des pays de l'OTAN. La guerre devait se poursuivre jusqu'à sa fin sanglante.

C'est une telle énormité qu'on a du mal à y croire. Malheureusement, elle est confirmée par plusieurs témoignages crédibles.

Ganesh, 8e siècle, Java[840]

Rapport du négociateur Naftali Bennett

Le Premier ministre israélien de l'époque, Naftali Bennett, se rendit à Moscou début mars 2022 pour un entretien avec le président Poutine. Il était à même de jouer le rôle de médiateur parce qu'il avait noué de bons contacts avec tous les acteurs de la guerre en Ukraine. La *ZDF* en a rendu compte le 6 mars 2022 :

> *Des sources gouvernementales à Jérusalem ont indiqué que l'entretien avait duré trois heures. Bennett se serait concerté avec les États-Unis, l'Allemagne et la France et serait en communication permanente avec l'Ukraine. (...) Dans le conflit ukrainien, Israël est pressenti comme médiateur. Selon les médias, le président ukrainien Volodymyr Zelensky aurait demandé il y a une semaine à Bennett d'organiser en Israël des négociations entre la Russie et l'Ukraine[841].*

Les négociations démarrèrent effectivement et des réunions de délégations russes et ukrainiennes eurent lieu en mars en Biélorussie et en Turquie. La dernière réunion de négociation se déroula le 29 mars 2022 à Istanbul.

En septembre 2022, Fiona Hill, spécialiste de la Russie au Conseil de sécurité nationale sous l'administration Trump, écrivait dans la revue américaine *Foreign Affairs* : « *Selon plusieurs anciens hauts fonctionnaires américains, les négociateurs russes et ukrainiens semblaient s'être provisoirement mis d'accord sur les contours d'une solution intermédiaire négociée en avril 2022.[842]* »

Mais les négociations furent ensuite interrompues. Le 3 mai 2022, Alexeï Danilov, secrétaire du Conseil national de sécurité et de défense de l'Ukraine, annonça qu'il n'y aurait pas d'accord de paix avec la Russie. Pour lui, il n'y avait qu'une seule issue possible au conflit : la Russie devait capituler[843].

Que s'est-il passé ?

Naftali Bennett, qui n'était plus Premier ministre israélien depuis l'été 2022, en a parlé pour la première fois le 4 février 2023 dans une interview avec la chaîne de télévision israélienne *Channel 12*. L'entretien, qui a duré près de cinq heures, a été publié sur sa chaîne YouTube. La vidéo est en hébreu, mais elle est sous-titrée en anglais et donc compréhensible[844].

Les descriptions de Naftali Bennett sont très crédibles, car il a accompagné les négociations en tant que modérateur indépendant et a suivi de près tous les processus. De plus, Israël étant traditionnellement très lié aux États-Unis, une propagande anti-américaine est très improbable.

Bennett a décrit en détail la manière dont il avait préparé les discussions et la stratégie qu'il a suivie pour permettre une solution négociée. L'interview permet de découvrir le sérieux de sa lutte pour un équilibre pacifique des intérêts.

Bennett a déclaré que Poutine avait fait deux concessions majeures : il avait promis de ne pas éliminer Zelensky et renoncé à désarmer l'Ukraine. Le même jour, Zelensky avait également fait une grande concession en renonçant à rejoindre l'OTAN. Pour Bennett, ces points constituaient de « grands pas des deux côtés » et les deux parties semblaient très intéressées par un cessez-le-feu.

D'après ses souvenirs, les positions des chefs d'État et de gouvernement occidentaux étaient divisées sur la marche à suivre. « *On peut* les répartir entre ceux qui défendaient la ligne : 'il faut repousser Poutine...' et ceux qui disaient : 'arrêtez, en guerre nous sommes tous perdants'. Boris Johnson s'est prononcé pour des mesures radicales, tandis que Macron et Scholz étaient, disons, plus pragmatiques. Biden soutenait les deux approches », a rappelé Bennett.

Il avait lui-même adopté une position neutre à ce moment-là. « *Cette question n'était pas dans notre intérêt national. Quand il s'agit pour moi d'Israël, je me bats jusqu'au bout. Mais ici, je ne peux rien dire. Je ne suis qu'un exécutant et un médiateur.* »

Venons-en maintenant à la partie la plus intéressante de l'interview. Bennett a poursuivi : « *Pour moi, c'est l'Amérique qui décide sur cette question, je n'agis pas de ma propre initiative. Toutes mes actions ont été coordonnées dans les moindres détails avec les États-Unis, l'Allemagne et la France.* »

Bennett a répondu par l'affirmative à la question de savoir si la rupture des négociations avait été initiée par l'Occident : « *Dans l'ensemble, oui. Ils [l'Occident] ont rompu les négociations et, à l'époque, je pensais qu'ils avaient tort* » (dans la vidéo à partir de 3.00 heures).

« *Je suis sûr que nous avions de bonnes chances de réussir. Mais je doute [aujourd'hui] qu'une solution [négociée] aurait été la bonne. À l'époque, un cessez-le-feu me semblait être la bonne solution, mais aujourd'hui, je n'en suis plus si sûr* », a déclaré Bennett. Il a également fait savoir que plusieurs projets d'accords entre la Russie et l'Ukraine avaient été élaborés pendant les négociations. « *Oui, nous avons eu 17 à 18 ébauches. Nous n'avons autorisé aucune fuite, aucun projet n'a été rendu public.* »

Selon Bennett, l'Occident a finalement décidé d'adopter une position plus ferme et il approuve cette décision. « *Disons qu'à mon avis, l'Occident a eu raison de décider qu'il fallait continuer à écraser Poutine plutôt que de négocier.* »

Pas de couverture dans les médias grand public

Cette interview détaillée de Naftali Bennett est connue des médias mainstream. Lors de mes recherches, j'ai trouvé de nombreux articles de presse à ce sujet. Mais jamais le fait que la rupture des négociations ait été provoquée par les pays de l'OTAN n'a été évoqué. Tous les médias ont préféré publier un épisode intéressant de l'entretien.

> *Bennett : J'ai compris que Zelensky était menacé. Il était dans un bunker secret.*
>
> *J'ai demandé à Poutine : « Allez-vous tuer Zelensky ? » Il m'a répondu : « Je ne tuerai pas Zelensky. » Puis j'ai demandé : « Je pars du principe que vous me donnez votre parole que vous ne tuerez pas Zelensky. » Il a de nouveau répondu : « Nous ne tuerons pas Zelensky. »*
>
> *Après qu'il m'eut emmené en voiture du Kremlin à l'aéroport, j'ai pris contact avec Zelensky. Je l'ai appelé et lui ai dit : « Je reviens d'une réunion avec Poutine, il ne te tuera pas. » Il m'a demandé : « Vous êtes sûr ? » J'ai répondu : « A 100%, il ne le fera pas. »*
>
> *Deux heures plus tard, Zelensky s'est rendu dans son bureau et s'y est filmé avec son téléphone portable en disant : « Je n'ai pas peur ! »*

Le fait que cet épisode ait été largement publié est remarquable. Car il fait comprendre que l'on peut se fier à la parole du président Poutine. Même Zelensky s'y est fié, au point qu'il est sorti de son bunker et a immédiatement profité de la promesse de Poutine pour faire sa publicité, en se profilant comme chef d'État courageux.

A priori, cela ne correspond pas à la propagande de guerre qui diabolise Poutine. Mais en fin de compte, il s'agit bien de propagande. Car cet épisode « amusant » permet de masquer la nouvelle politiquement importante, à savoir la rupture des négociations de paix sur l'insistance de l'OTAN. C'est ainsi que fonctionne la propagande de la dissimulation : on rapporte l'insignifiant pour masquer l'essentiel. Et tous les concitoyens qui ne se lancent pas eux-mêmes dans la quête de la vérité et ne remettent pas en question les médias mainstream restent pris dans la toile d'araignée de la propagande ; ils se considèrent ainsi comme des gentils, alors qu'ils soutiennent en réalité des gouvernements qui empêchent activement la paix et poussent des centaines de milliers de personnes à la mort.

J'ai tout de même découvert une publication sur la rupture des négociations, dans un journal turc, qui cite Mykhailo Podolyak, un proche conseiller du président ukrainien et membre de la délégation ukrainienne aux négociations : « *Les affirmations de cet ancien fonctionnaire sur la médiation, selon lesquelles Poutine aurait donné des garanties de ne pas tuer et que l'Occident aurait rompu des négociations prometteuses, relèvent de la fiction* »[845], a déclaré Mykhailo Podolyak sur Twitter.

Une fiction ? Quelques mois plus tôt, Mykhailo Podolyak avait lui-même décrit la forte influence de Boris Johnson sur la rupture des négociations.

Visite surprise de Boris Johnson à Kiev

Avant que Boris Johnson ne se rende à Kiev, voici ce qui s'était passé.

Le 29 mars 2022, la dernière réunion de négociation de paix entre l'Ukraine et la Russie eut lieu à Istanbul.

Le même jour, le vice-ministre russe de la Défense, Alexander Fomin, annonça que la Russie retirerait ses militaires des régions de Kiev et de Tchernigov en signe de bonne volonté et pour soutenir les négociations de paix[846].

Le 30 mars 2022, le New York Times rapporta que le Premier ministre britannique Boris Johnson avait informé ses ministres qu'il souhaitait fournir « plus d'armes mortelles » à l'Ukraine[847].

Début avril 2022, de nombreux cadavres furent retrouvés à Boutcha, dans la banlieue de Kiev. La Russie fut immédiatement tenue pour responsable de ce crime de guerre. Pendant plusieurs jours, les médias du monde entier en firent leurs choux gras. Le gouvernement russe en rejeta la responsabilité, affirmant qu'il s'agissait d'une mise en scène des services secrets ukrainiens et probablement aussi anglais. Il y a en effet beaucoup d'incohérences. Ce qui s'est réellement passé à Boutcha n'est pas clair[848].

À cause de Boutcha, l'opinion publique occidentale se retourna encore plus contre la Russie, ce qui fit échouer les négociations de paix. Le ministre russe des Affaires étrangères, Sergueï Lavrov, s'exprima à ce sujet le 5 avril 2022 : selon lui, la provocation à Boutcha s'était produite au moment où l'Ukraine avait pour la première fois couché sur papier des propositions de paix possibles, y compris pour la Crimée. *« En attisant l'hystérie autour de Boutcha, l'Occident a tenté de faire échouer les négociations entre la Russie et l'Ukraine alors que des progrès se dessinaient à Istanbul »[849]*. Le lien temporel entre Boutcha et la rupture des négociations de paix est remarquable.

Quoi qu'il se soit passé à Boutcha, cela n'a pas empêché Zelensky, dans un premier temps, de continuer à négocier avec la Russie, comme l'a rapporté la BBC le 4 avril 2022[850] :

> *Le président ukrainien Volodymyr Zelensky a déclaré que les pourparlers de paix avec la Russie se poursuivraient, bien qu'il accuse Moscou de crimes de guerre et de génocide.*
>
> *Zelensky s'est exprimé à Boutcha, près de la capitale Kiev, où des corps de civils ont été retrouvés dans les rues après le départ des troupes russes. (...)*
>
> *À la question de la BBC de savoir s'il était encore possible de parler de paix avec la Russie, Zelensky a répondu : « Oui, car l'Ukraine doit avoir la paix. Nous sommes dans l'Europe du 21ᵉ siècle. Nous poursuivrons nos efforts sur le plan diplomatique et militaire. »*

Quelques jours plus tard, Zelensky défendait exactement le contraire. Pourquoi ?

Le 9 avril 2022, Boris Johnson, le président anglais, effectua une « visite surprise » dans la capitale ukrainienne, où il rencontra Zelensky[851]. Lors de cette rencontre, Johnson assura l'Ukraine de son soutien indéfectible, et promit des armes sophistiquées supplémentaires d'une valeur de 130 millions de dollars et une aide économique de 500 millions de dollars[852].

Selon l'*Ukrainska Pravda* (un journal pro-occidental en Ukraine), la promesse de soutien n'était toutefois pas la seule raison de la visite de

Johnson. Il aurait également été question de la rupture des négociations de paix[853].

Mykhailo Podolyak, déjà cité plus haut, a déclaré à *Ukrainska Pravda* qu'il y avait deux raisons d'entraver les négociations de paix. La première était les crimes de guerre commis à Boutcha. « *Le deuxième 'obstacle' aux accords avec les Russes est arrivé à Kiev le 9 avril.* » Ukrainska Pravda poursuit :

> *À peine les négociateurs ukrainiens et Abramovich [oligarque médiateur] et Medinsky [négociateur russe] s'étaient-ils mis d'accord dans les grandes lignes sur la structure d'un éventuel futur accord après les résultats d'Istanbul, que le Premier ministre britannique Boris Johnson est arrivé à Kiev, quasiment sans prévenir.*
>
> *« Johnson y apportait deux messages simples. Le premier était que Poutine était un criminel de guerre, qu'il fallait faire pression sur lui et ne pas négocier avec lui. Et le second, même si l'Ukraine était prête à signer des accords avec Poutine sur des garanties, qu'ils [c'est-à-dire l'Angleterre et l'OTAN] ne l'étaient pas. Nous pouvons signer [un accord] avec eux [l'Ukraine], mais pas avec lui. De toute façon, il va rouler tout le monde dans la farine »*, a déclaré l'un des proches collaborateurs de Zelensky pour résumer l'essentiel de la visite de Johnson.*
>
> *Derrière cette visite et les propos de Johnson se cache bien plus qu'une simple réticence à s'engager dans des accords avec la Russie.*
>
> *Johnson estimait que l'Occident collectif, qui avait encore proposé en février que Zelensky se rende et s'enfuie, avait désormais le sentiment que Poutine n'était pas vraiment aussi puissant qu'on l'avait imaginé auparavant. Il y avait une chance de l'écraser. Et l'Occident voulait la saisir.*

Le récit d'*Ukrainska Pravda* met en évidence les points suivants : premièrement, la pression extraordinaire exercée par Boris Johnson sur l'Ukraine pour qu'elle rompe les négociations de paix ; deuxièmement, la carotte séduisante que représentaient des armes et des millions. Et troisièmement, Johnson a dit ouvertement quel était l'enjeu de la guerre en Ukraine, à savoir écraser Poutine, c'est-à-dire affaiblir la Russie. Pour lui, il ne s'agissait pas du bien-être des habitants de l'Ukraine, qui étaient simplement utilisés comme moyen d'intérêts géopolitiques.

Autres voix sur la rupture des négociations de paix

Le gouvernement russe a décrit les événements de la même manière. L'agence de presse russe TASS a écrit : *« Dès avril 2022, le ministre russe des Affaires étrangères, Sergueï Lavrov, a évoqué des tentatives de perturber les pourparlers d'Istanbul qui étaient en bonne voie. En octobre, il a souligné que les négociations avaient été interrompues 'sur ordre direct des États-Unis et de Londres, qui contrôlent entièrement le régime de Zelensky' »*[854].

Si l'ancien Premier ministre israélien, les médias ukrainiens et le gouvernement russe racontent la même chose, on peut affirmer que l'événement est attesté à plusieurs reprises et par les parties intéressées les plus diverses.

L'intervention de Boris Johnson contre les négociations de paix en avril 2022 est donc avérée. On ne sait pas de quelle manière les gouvernements américain, français et allemand ont concrètement exercé leur influence. Toutefois, comme déjà cité, Bennett, l'ancien Premier ministre israélien, a résumé la situation de la manière suivante : *« Pour moi, c'est l'Amérique qui décide sur cette question, je n'agis pas de ma propre initiative. Toutes mes actions ont été coordonnées dans les moindres détails avec les États-Unis, l'Allemagne et la France. »*

Les déclarations des hommes politiques et des médias occidentaux n'ont bien sûr pas présenté cette version aux citoyens. Selon les éléments de langage politiques, l'Ukraine décidait elle-même si la guerre devait se poursuivre ou non. Malgré tout, l'attitude négative de l'OTAN vis-à-vis des négociations de paix a été visible dans les médias. Ainsi, début avril 2022, le Washington Post a rapporté que l'OTAN « préférait » la poursuite de la guerre[855].

Cette rupture des négociations de paix a été analysée plus en détail dans un article publié le 14 décembre 2022 sur le site *Nachdenkseiten*, sous le titre : « *Le retrait de Kiev, Boutcha et Boris Johnson : ce qui a fait échouer les premières négociations de paix entre l'Ukraine et la Russie* »[856].

Plus de détails sur le projet de contrat seront connus

En juin 2023, une délégation africaine se rendit à Moscou pour explorer les possibilités d'une solution de paix. Lors de l'entretien avec le président Poutine, celui-ci leur montra le projet d'accord négocié fin mars 2022 à Istanbul. Des journalistes le prirent en photo. Soi-disant, le projet aurait été signé par les membres ukrainiens du groupe de négociation. Il prévoyait entre autres une neutralité éternelle de l'Ukraine ainsi que des garanties de sécurité pour l'Ukraine par plusieurs États. Un désaccord subsistait cependant sur la taille future de l'armée ukrainienne[857].

Il y avait de nombreuses possibilités de négociations de paix

Les déclarations du général allemand Harald Kujat sont significatives. De 2000 à 2002, il a été le 13ᵉ inspecteur général de la Bundeswehr, c'est-à-dire l'officier le plus haut gradé, puis, de 2002 à 2005, il a présidé le comité militaire de l'OTAN, la plus haute instance militaire de cette dernière. En raison de cette position militaire suprême, il dispose d'un bon réseau et est bien informé.

Dans une interview du 18 janvier 2023, le général Kujat a confirmé qu'en avril 2022, les négociations de paix avaient été interrompues après une intervention de Boris Johnson[859] :

> *Plus la guerre dure, plus il est difficile de parvenir à une paix négociée. L'annexion par la Russie de quatre territoires ukrainiens le 30 septembre 2022 est un exemple d'évolution sur laquelle il sera difficile de revenir. C'est pourquoi j'ai trouvé si regrettable que les négociations qui se sont déroulées à Istanbul en mars aient été inter-*

Général Harald Kujat[858]

rompues après de grands progrès et un résultat tout à fait positif pour l'Ukraine.

Question : Pourquoi le traité qui aurait sauvé des dizaines de milliers de vies et épargné aux Ukrainiens la destruction de leur pays n'a-t-il pas été conclu ?

Le général Kujat : Selon des informations fiables, le Premier ministre britannique de l'époque, Boris Johnson, est intervenu à Kiev le 9 avril pour empêcher la signature. Sa justification était que l'Occident n'était pas prêt pour une fin de la guerre.

Harald Kujat avait tenté de faire connaître cette affaire par le biais des médias allemands : « *J'ai dû cependant me rendre compte que les médias allemands ne sont pas prêts à aborder le sujet, même lorsqu'ils ont accès aux sources.* »

Dans une autre interview, le 15 mars 2023[860], il dit qu'il y avait eu de nombreuses autres possibilités de négociations de paix, mais qu'elles n'avaient pas été saisies. À la question de savoir si la guerre aurait pu être évitée, il répond :

Je ne sais pas si la guerre aurait pu être évitée. Mais je sais que tout n'a pas été fait pour l'empêcher. Pour moi,

537

c'est évident. Il y avait des hommes politiques qui voulaient la guerre, des hommes politiques qui ne voulaient pas empêcher la guerre et des hommes politiques qui ne pouvaient pas empêcher la guerre.

Et j'irai encore plus loin : il y a eu, même pendant la guerre, des situations où l'on aurait pu négocier la fin de la guerre, parce que les conditions, pas forcément la volonté, mais les conditions préalables existaient des deux côtés.

Lors des négociations de mars 2022 à Istanbul, un accord sur la fin de la guerre était sur le point d'être conclu. (...) Une autre occasion s'est présentée avant la mobilisation partielle de la Russie en septembre 2022. Mais à ce moment-là, Zelensky, par décret, s'était déjà interdit de négocier, et l'avait interdit aussi à son gouvernement. Lorsque les combats se sont transformés en guerre de position statique à l'arrivée de l'hiver, il aurait également été possible de poursuivre les négociations pendant les mois de décembre et janvier en raison de l'impasse.

En décembre, Poutine a proposé une nouvelle fois de négocier. Il a dit qu'il était prêt à négocier avec tous ceux qui étaient impliqués dans cette guerre afin d'y mettre un terme. Or on lit régulièrement dans nos médias que l'on ne peut obliger Poutine à négocier que par la force militaire, affirmation que l'on associe à une proposition irréfléchie : livrer des avions de combat à l'Ukraine.

Le Conseil de sécurité ukrainien interdit les négociations

En octobre 2022, le Conseil national de sécurité et de défense de l'Ukraine mit fin à tous les espoirs de paix. Cet organe gouvernemental suprême décida d'interdire à l'Ukraine de négocier avec Vladimir Poutine. Zelensky publia donc un « décret contre les négociations avec le chef d'État russe »[861].

En 2023, les initiatives de négociations de paix lancées par la Chine en février[862] et par les pays africains en juin[863] échouèrent également. Ces deux initiatives adoptaient une position neutre et étaient ouvertes aux résultats. Alors que le gouvernement russe y réagit positivement, les gouvernements de l'OTAN et l'Ukraine s'y opposèrent à chaque fois.

Les exigences maximales empêchent les négociations de paix

La plupart du temps, les pays de l'OTAN n'ont pas refusé les négociations de paix ouvertement, mais plutôt de manière quasiment implicite, par le biais d'exigences maximales impossibles à satisfaire. Si l'on veut trouver une solution à un conflit, il faut toujours faire des concessions, et ne jamais insister sur des exigences maximales. S'obstiner ainsi signifie que l'on ne veut pas négocier, mais que l'on espère une victoire et que l'on veut donc continuer la guerre.

On a souvent entendu les hommes politiques et les médias occidentaux dire que Poutine devrait simplement arrêter la guerre pour qu'il n'y ait plus de morts en Ukraine. Mais on n'a jamais demandé à Zelensky d'arrêter simplement la guerre et de renvoyer les soldats chez eux pour que l'horreur prenne fin. On a préféré dire que l'Ukraine ne devait pas faire de concessions territoriales, éléments de langage que les hommes politiques occidentaux répétaient à chaque occasion. Ils renvoyaient ainsi sans cesse l'Ukraine à son objectif de guerre, à savoir la conquête des Républiques populaires du Donbass et de la Crimée.

Mais les habitants de la Crimée et du Donbass ne veulent plus rien avoir à faire avec l'Ukraine, qui les a bombardés pendant des années et veut supprimer leur langue russe. Ils se sentent russes et veulent que les Ukrainiens de l'Ouest les laissent enfin en paix. Ils veulent vivre en paix. Pendant huit ans, le gouvernement russe s'est battu pour que les régions du Donbass restent au sein de l'Ukraine sur la base des accords de Minsk – en vain. Le 27 septembre 2022, les populations des régions de Donetsk, Lougansk, Zaporijjia et Kherson ont voté à une large majorité lors de référendums pour rejoindre la Russie[864]. Depuis lors, ces régions font partie du territoire de la Fédération de Russie. Pour les habitants et le gouvernement russe, il est impensable qu'elles retournent à l'Ukraine. Mais si c'est précisément ce que les gouvernements de l'OTAN ne cessent d'exiger, c'est absolument irréaliste et leur seul but est de faire en sorte qu'il n'y ait aucune marge de manœuvre pour des négociations de paix. Et c'est ainsi que la guerre se poursuivra jusqu'à ce que l'Ukraine soit complètement exsangue.

Lloyd Austin, le secrétaire américain à la Défense, a également défini cette ligne. Il a déclaré le 25 avril 2022 que l'objectif des États-Unis était d'affaiblir la Russie : « *Nous voulons que la Russie soit affaiblie au point de ne plus pouvoir faire ce qu'elle a fait en envahissant l'Ukraine. (...) Nous voulons que la communauté internationale soit plus unie, en particulier l'OTAN* »[865]. Les buts de guerre sont ainsi définis. La paix ou les négociations n'y apparaissent nulle part.

Les promesses d'adhésion de l'OTAN à l'Ukraine empêchent une solution négociée

Le 28 février 2023, Stoltenberg, le secrétaire général de l'OTAN, a annoncé à Helsinki : « *Les alliés de l'OTAN se sont mis d'accord pour que l'Ukraine devienne membre de l'Alliance.* » Il s'agit selon lui de la perspective après la fin de la guerre en Ukraine[866]. Pourquoi les pays de l'OTAN donnent-ils une telle assurance à l'Ukraine ?

C'est la question que le journaliste Clayton Morris a posée le 2 mars 2023 à Douglas McGregor, colonel à la retraite de l'armée des États-Unis, politologue et théoricien militaire.

> *MacGregor : Le véritable objectif est d'empêcher toute négociation. En défendant le point de vue selon lequel il n'y a pas d'alternative à l'adhésion de l'Ukraine à l'OTAN, on dit aux Russes que leur désir d'avoir un État neutre non aligné en Ukraine n'est plus à l'ordre du jour. Autrement dit, les Russes devront mener cette guerre jusqu'au bout. Il n'y aura pas de solution négociée, comme le veulent Washington et Londres. Je ne pense pas que tout le monde en Europe partage ce point de vue, mais c'est clairement la position de Washington et de Londres.*

Clayton Morris : Rayer purement et simplement l'Ukraine de la carte est donc l'alternative ? C'est ce que veulent Washington et Londres ?

MacGregor : Je ne pense pas qu'ils le souhaitent vraiment. Je sais que les Russes ne le veulent pas, mais ils ne leur laissent tout simplement pas le choix. Si on leur dit qu'à la fin de cette guerre – quoi que cela signifie et quelle que soit la date – l'Ukraine sera membre de l'OTAN, alors tout redevient une menace existentielle pour la Russie. Les Russes savent que s'ils cèdent d'une manière ou d'une autre (...), ils auront le problème qu'ils ont eu en janvier et février 2022, c'est-à-dire cette énorme crise anti-russe, avec une armée bien entraînée et bien équipée, prête à attaquer la Russie. Alors pourquoi le feraient-ils ?

Voilà donc le plan pour anéantir tout espoir de solution négociée. C'est tout[868].

Colonel Douglas McGregor[867]

Qui paie achète

Il est important de noter que le gouvernement ukrainien était déjà financièrement dépendant des pays de l'OTAN avant le début de la guerre. Depuis, les pays de l'OTAN ont financé la moitié du budget national de l'Ukraine. S'ils arrêtent de lui verser ces milliards, l'État ukrainien n'est plus en mesure de payer les salaires, perd le peu de crédit qui lui reste et doit se déclarer en faillite. Dans une telle situation, il est totalement sous influence.

C'est ce qui explique l'efficacité des pressions et des incitations de l'OTAN en faveur d'une rupture des négociations de paix. Un ordre écrit n'était même pas nécessaire. Mais ils auraient aussi pu utiliser cette insistance et cette séduction pour obtenir un traité de paix. Imaginez : si l'OTAN avait dit au gouvernement ukrainien qu'il n'accorderait les milliards que s'il y avait un traité de paix, on aurait certainement trouvé une solution pour la paix. Mais ce n'est pas ce que voulaient les pays de l'OTAN ; l'OTAN voulait la guerre.

Que signifie un empêchement des négociations de paix sous la pression de l'OTAN ?

Voici très précisément ce que cela signifie :

- L'Ukraine n'était et n'est toujours pas un État véritablement souverain, mais un exécutant de l'OTAN ; sinon les pays de l'OTAN n'auraient pas pu exercer une influence aussi fondamentale sur les négociations de paix.

- L'engagement extraordinaire de l'OTAN signifie en outre que la guerre d'Ukraine n'a pas lieu entre la Russie et l'Ukraine, mais entre la Russie et l'OTAN sur le territoire de l'Ukraine. Les Ukrainiens sont les pions d'une guerre par procuration, financée et rendue possible militairement par l'OTAN. Inversement, sans la poursuite du financement et de l'armement par l'OTAN et l'UE, la guerre aurait rapidement pris fin ou n'aurait même pas commencé.

- Le discours des gouvernements selon lequel les pays de l'OTAN ne sont pas des belligérants et aident simplement l'Ukraine à se défendre est un mensonge de propagande. Comme la population des pays de l'OTAN ne veut pas la guerre, la participation à la guerre a tout simplement été dissimulée – orwellien !

- Les principaux gouvernements de l'OTAN n'ont que faire de la vie des habitants de l'Ukraine : ceux-ci peuvent mourir, être blessés ou traumatisés, leurs villes peuvent être détruites, mais la guerre doit continuer pour affaiblir la Russie. C'est le mépris de l'homme dans le style de la géopolitique actuelle, surtout des États-Unis et de l'OTAN.

– Les gouvernements de l'OTAN ne se soucient pas non plus des conséquences de la guerre dans leurs propres pays : appauvrissement des citoyens par l'inflation, érosion de l'économie par les prix élevés de l'énergie et les sanctions, perturbation de l'approvisionnement alimentaire mondial, augmentation du nombre de réfugiés en provenance d'Ukraine et d'Afrique. Tout cela est sans grande importance, voire voulu en vue de déstabilisation. L'important est la guerre contre la Russie.

– Les médias mainstream occidentaux ont passé sous silence l'influence de l'OTAN sur la rupture des négociations de paix. Ce n'est pas un oubli, mais une manipulation délibérée de la population.

– En empêchant une solution de paix, les principaux gouvernements de l'OTAN et les partis qui les soutiennent sont directement responsables de la mort de centaines de milliers d'Ukrainiens et de Russes et du traumatisme de millions d'autres. À mes yeux, nous avons affaire à un génocide selon la Convention des Nations unies sur le génocide, compte tenu des centaines de milliers de morts acceptés[869].

– Il faut faire quelque chose de cette culpabilité, sinon elle restera comme une blessure purulente entre les peuples. Seul un véritable travail de mémoire au sein de la société permettra d'éviter de futures guerres, sinon les va-t-en-guerre continueront.

– Pour cela, nous avons besoin d'un mouvement pacifiste puissant au sein de la société afin de mener à bien ce travail de mémoire.

Référendums : les Ukrainiens de l'Est se rallient à la Russie

Du 23 au 27 septembre 2022, après sept mois de guerre en Ukraine, des référendums eurent lieu dans les deux Républiques populaires du Donbass et dans les deux régions du sud-est de l'Ukraine, Kherson et Zaporijjia. Les populations locales votèrent à de très larges majorités pour le rattachement à la Russie.

Les quatre premiers jours, le vote populaire fit appel à des urnes mobiles, les agents électoraux proposant aux électeurs de voter chez eux ou sur leur lieu de travail. Cette procédure avait été choisie pour éviter les grands rassemblements, car on s'attendait à ce que l'armée ukrainienne tente de tirer sur les bureaux de vote. Ce n'est que le dernier jour que ceux-ci furent ouverts, avec des mesures de sécurité maximales. Pour les habitants des quatre régions qui avaient fui en Russie à cause de la guerre, des bureaux de vote furent mis en place dans les centres d'accueil des réfugiés et dans presque toutes les régions russes, de sorte qu'ils purent également voter[871].

Les référendums furent contrôlés par environ 150 observateurs étrangers venus de nombreux pays. Tous ont constaté un déroulement en bonne et due forme. Je n'ai pas trouvé d'irrégularités[872]. J'ai été très heureux de l'engagement de ces observateurs étrangers, car c'était le seul moyen d'obtenir des comptes rendus originaux sur place concernant ces référendums organisés en temps de guerre.

Comme on pouvait s'y attendre, les médias mainstream occidentaux les ont discrédités, les qualifiant de fictifs et affirmant tout et n'importe quoi, par exemple que des soldats russes avaient forcé les Ukrainiens de l'Est à voter, ce qui était inventé de toutes pièces par des journalistes de bureau. En effet, leurs rédactions n'avaient aucun correspondant sur place et donc aucune information propre, mais uniquement la propagande de Kiev.

On a prouvé qu'il n'y a pas eu de pression sur les votants. Ulrich Heyden qui, en tant que journaliste, était observateur lors des élections à Donetsk, rapporte les faits :

Je n'ai vu des gardes armés qu'une seule fois au cours des cinq jours de scrutin, lorsqu'un député russe connu de la Douma s'est rendu dans un bureau de vote avec un garde du corps. Ceux qui forcent les gens à voter pour l'union avec la Russie ne sont pas les agents de sécurité russes, kalachnikov à l'épaule, mais les grenades ukrainiennes et les mines larguées par les airs, interdites sur le plan international, et qui tuent presque tous les jours[873].

Les référendums n'eurent lieu que dans les parties des quatre régions contrôlées par l'armée russe. Les dirigeants de Kiev menacèrent d'accuser de haute trahison les Ukrainiens qui participaient : ceux-ci, selon le conseiller présidentiel Mykhailo Podolyak, risquaient jusqu'à cinq ans de prison[874].

Les observateurs électoraux étrangers avaient pris de gros risques : Stefan Schaller, directeur de la société *Energiewerke Waldeck-Frankenberg*, située dans le nord de la Hesse, fut licencié trois jours seulement après les référendums[875]. Patrik Baab, journaliste de la NDR, perdit son poste d'enseignant à l'université Christian Albrecht de Kiel[876] ; son hôtel à Donetsk, où logeaient des observateurs électoraux, fut bombardé par l'armée ukrainienne, et ce n'est que par un heureux concours de circonstances qu'il ne lui arriva rien[877]. Le groupe d'observateurs de Thomas Röper, lui aussi pris pour cible par l'artillerie ukrainienne, fut obligé de s'enfuir au plus vite[878].

C'est quand même inimaginable : au lieu que l'Allemagne envoie des observateurs électoraux officiels dans l'est de l'Ukraine pour contrôler si les référendums se déroulent correctement, les quelques personnes qui s'y rendent à leurs frais pour observer les élections, au risque de leur vie, sont sanctionnées et perdent leur existence professionnelle !

Les résultats du vote étaient clairs

Dans la République populaire de Lougansk, la question du vote était la suivante[879] : « *Êtes-vous pour le rattachement de la République populaire de Lougansk à la Fédération de Russie, avec les droits d'un sujet de la Fédération de Russie ?* » La question était similaire dans la République populaire de Donetsk.

Résultat dans la République populaire de Lougansk :
oui 99,0%, non 1,0%.
Participation : 94,15%, suffrages valables : 1 652 857

Résultat dans la République populaire de Donetsk : oui 99,77%, non 0,23%
Participation au vote : 97,51%, suffrages valables : 2 120 738

Dans les régions de Kherson et de Zaporijjia, situées au sud des républiques du Donbass, la question du vote était la suivante : « *Êtes-vous favorable au retrait de la région de Kherson (ou de Zaporijjia) de l'Ukraine, à l'indépendance de la région de Kherson (ou de Zaporijjia) et à son rattachement à la Fédération de Russie avec les droits d'un sujet de la Fédération de Russie ?.* »

Résultat dans la région de Kherson : oui 87,84%, non 12,16%
Participation au vote : 76,86%, suffrages valables : 565 883

Résultat dans la région de Zaporijjia : oui 93,11%, non 6,89%.
Participation au vote : 85,40%, suffrages valables : 541 093

Guerre d'agression de l'Ukraine contre la Russie

À la suite de ces référendums, ces quatre régions sont devenues une partie de la Russie, conformément au droit international. Depuis lors, la guerre d'Ukraine se déroule donc principalement sur le territoire russe. Soyons clairs : l'Ukraine mène depuis lors une guerre d'agression contre la Russie en violation du droit international.

Or le gouvernement ukrainien et les gouvernements de l'OTAN le nient. Ils ne tiennent tout simplement pas compte du vote très clair des Ukrainiens de l'Est ; les gens ne comptent pas. Le gouvernement de Kiev ne s'inquiète pas non plus du fait que plus de 90% des Ukrainiens de l'Est ne veulent plus rien avoir à faire avec eux. Après la conquête militaire, le gouvernement ukrainien veut priver ces gens de leurs droits, les punir et les expulser, comme nous l'avons déjà vu dans le plan de dé-occupation en douze points. Et tout cela est soutenu par l'Occident otanien.

Les oligarques des partis occidentaux, dérangés par ces résultats, ne veulent pas accepter que, dans une démocratie, le peuple soit souverain. Une décision du peuple doit cependant toujours être respectée, même si le résultat ne convient pas. C'est pourtant une base de la démocratie !

Escalade jusqu'au risque de guerre nucléaire

Paul Craig Roberts a été secrétaire adjoint au Trésor du gouvernement de Ronald Reagan. Conservateur de la vieille école, il se montre critique vis-à-vis de la politique étrangère impérialiste des États-Unis. Dans une contribution du 21 février 2023, après le discours du président Poutine à la nation, il met en garde contre la menace d'une guerre nucléaire. Son désespoir perceptible à l'égard des politiciens au pouvoir aux États-Unis est à prendre au sérieux : il a lui-même été membre du gouvernement[880].

Une nanoseconde avant minuit

L'attention du régime incompétent de Biden se concentre (...) sur l'aggravation des tensions avec la Russie, qui sont déjà plus dangereuses que pendant la crise de Cuba. Victoria Nuland, la folle va-t-en-guerre que Biden a stupidement nommée sous-secrétaire d'État et fait confirmer par le Sénat, a annoncé que Washington considérait les installations russes en Crimée comme des cibles légitimes et que le gouvernement américain soutenait les attaques ukrainiennes sur le territoire russe.

Hier, Poutine a annoncé que la Russie allait suspendre sa participation au dernier accord sur les armes nucléaires encore en vigueur, puisque Washington insiste pour que la Russie le respecte alors qu'elle ne le respecte pas elle-même.

Le gouvernement russe a convoqué l'ambassadeur américain à Moscou afin de rendre des comptes sur l'implication de Washington dans le conflit ukrainien avec la Russie. Il lui a dit que l'argent, les armes, les informations militaires sur les cibles et le personnel de soutien prouvaient la fausseté de l'affirmation de Washington selon laquelle les États-Unis n'étaient pas impliqués dans

Paul Craig Roberts

le conflit. Selon lui, ils sont en guerre contre la Russie et participent activement à des actions hostiles contre elle. Et cela aura des conséquences.

Sur ordre de Poutine, les missiles nucléaires russes sont prêts à l'attaque.

Demandez-vous quel genre de gouvernement totalement stupide et irresponsable à Washington nous met dans une telle situation. Demandez-vous quel genre de crétins se trouvent à la tête des pays de l'OTAN, qui mettent en péril la survie de leur propre pays pour plaire à Washington.

Et où est le président américain pendant que la Russie met ses missiles nucléaires en position ? Est-il en train de téléphoner à Poutine pour calmer la situation ? Non. Cet idiot est en Ukraine et en Pologne et jette de l'huile sur le feu.

J'ai toujours mis en garde contre le fait que l'engagement de l'Occident en Ukraine conduirait à une guerre nucléaire. (...) Les politiciens américains sont des gens hostiles à la Russie, (...) qui abordent une situation dan-

gereuse de manière émotionnelle et sont incapables d'agir de manière raisonnable et responsable.

Les Russes ont vu tout cela. Ils voient dans les dirigeants occidentaux un manque d'intelligence, avec seulement l'intention de briser la Russie. Poutine a été patient – trop patient, je l'ai déjà dit – et a cherché une étincelle d'intelligence en Occident. Comme il n'en trouve pas, il a apparemment abandonné tout espoir. S'il abandonne tout espoir, c'est que la guerre est en marche.

Le peuple américain non concerné, ignorant et non informé, n'a aucune idée du danger actuel. Sa compréhension se limite à son endoctrinement : la Russie, c'est mal, l'Ukraine, c'est bien.

Quelques informations supplémentaires sont nécessaires pour aider à comprendre cette préoccupation de Paul Craig Roberts.

Doctrine militaire russe sur l'utilisation des armes nucléaires

Les médias mainstream et les politiques occidentaux font constamment peur aux gens en affirmant que la Russie menace d'utiliser arbitrairement des armes nucléaires. Mais c'est une contre-vérité, c'est de la propagande visant à créer un sentiment antirusse. La vérité est que la Russie a une doctrine claire concernant l'utilisation d'armes nucléaires, selon laquelle elle peut les utiliser à quatre conditions[881] :

1. si un ennemi utilise des armes nucléaires ou d'autres types d'armes de destruction massive contre la Russie et ses alliés ;

2. si des informations crédibles sont disponibles sur le lancement de missiles balistiques pour attaquer la Russie et ses alliés ;

3. si un ennemi attaque des installations nécessaires aux représailles des forces nucléaires ; ou

4. si la Russie est attaquée avec des armes conventionnelles qui menacent son existence même.

Lorsque les représentants du gouvernement russe parlent d'une possible utilisation d'armes nucléaires, ils font toujours référence à des scénarios concrets dans lesquels une ou plusieurs de ces conditions sont remplies. Mais les médias occidentaux passent cela sous silence dans leurs récits sur les « menaces nucléaires russes. »

Les exigences de la Russie sont ainsi nettement plus élevées que celles des États-Unis en matière d'utilisation d'armes nucléaires. La stratégie de défense nationale des États-Unis stipule qu'ils envisagent l'utilisation d'armes nucléaires dans des conditions extrêmes si leurs intérêts vitaux ou ceux de leurs alliés et partenaires sont menacés. Ainsi, alors que pour les États-Unis, la menace ne doit concerner que les intérêts vitaux, pour la Russie, elle doit menacer l'existence de l'État russe[882].

La doctrine nucléaire russe implique également qu'en cas d'attaque contre la Russie, ce ne sont pas seulement les centres de décision des pays d'où ont été tirés les missiles qui seraient attaqués, mais également les centres de décision des pays d'où proviennent les armes – donc les États-Unis.

Le discours de Poutine à la nation : l'OTAN menace la Russie

Le 21 février 2023, le président Poutine a prononcé un « discours à la nation » de deux heures devant l'Assemblée fédérale[883]. C'est à ce discours que Paul Craig Roberts faisait référence. Poutine a laissé entendre qu'il considérait le quatrième critère de la doctrine sur les armes nucléaires (la menace pour l'existence de la Russie) non seulement comme un possible scénario futur, mais comme s'étant déjà produit.

Dans son discours, Poutine a décrit les raisons du conflit ukrainien et la détresse des habitants du Donbass, qui ont été bombardés pendant des années. Et il a énuméré différentes manières dont les pays occidentaux menacent la Russie. En voici quelques points :

- L'OTAN a été étendue jusqu'aux frontières de la Russie.
- Les États-Unis se sont retirés des accords de désarmement fondamentaux, y compris du traité sur les missiles à courte et moyenne portée.

- Des positions de défense antimissile ont été mises en place en Europe et en Asie.
- Des contingents militaires de l'OTAN ont été déployés, y compris aux frontières de la Russie.
- L'Occident a soutenu le coup d'État de 2014 et a fait de l'Ukraine une « anti-Russie ».
- Le projet anti-russe vise à créer des foyers d'instabilité et de conflits à proximité immédiate des frontières de la Russie.
- Les nationalistes ukrainiens ont pour base idéologique la russophobie et un nationalisme extrêmement agressif, ce qui ne dérange pas l'Occident tant qu'ils luttent contre la Russie.
- Les accords de Minsk étaient un coup de bluff des gouvernements occidentaux pour gagner du temps afin de réarmer militairement l'Ukraine.
- Les États-Unis et l'OTAN ont établi des bases militaires et des laboratoires biologiques secrets en Ukraine, à proximité des frontières russes.
- Ils ont utilisé les manœuvres en Ukraine pour se familiariser avec le théâtre des futures opérations militaires.
- Le gouvernement de Kiev a été préparé à une grande guerre.
- L'OTAN et les États-Unis ont rejeté les propositions de garanties de sécurité de la Russie en décembre 2021.
- L'Occident a mené des attaques médiatiques de plus en plus agressives contre la Russie.
- L'Occident utilise l'Ukraine à la fois comme bélier contre la Russie et comme terrain d'essai pour les armes.

À cela s'ajoute ce qui n'a pas été spécifiquement mentionné dans le discours : la guerre économique contre la Russie avec environ 11 000 sanctions et le dynamitage des pipelines Nord Stream. Régulièrement, l'Ukraine a lancé des attaques contre des cibles en Russie, pour lesquelles l'OTAN a fourni les données satellites et les armes nécessaires. Même des bombardiers nucléaires russes ont été attaqués et endommagés par des drones sur un aéroport militaire russe[884]. Poutine tire un bilan :

Les élites occidentales ne cachent pas leur objectif : infliger à la Russie ce qu'elles appellent, je cite, une « défaite stra-

tégique ». Qu'est-ce que cela signifie ? Qu'est-ce que cela
signifie pour nous ? Cela signifie nous détruire une fois pour
toutes, c'est-à-dire qu'ils veulent transformer un conflit local
en une confrontation mondiale. C'est ainsi que nous le com-
prenons et nous réagirons en conséquence car, dans ce cas,
c'est l'existence même de notre pays qui est en jeu.

Même si l'on n'est pas d'accord avec les intentions exposées par Poutine derrière les faits énumérés, il est important de reconnaître que le gouvernement russe le voit ainsi. Le choix des mots de Poutine est significatif au vu de la doctrine nucléaire russe, qui stipule que la Russie pourrait utiliser des armes nucléaires si « l'existence même de l'État est menacée ». Poutine considère manifestement que ce critère est désormais rempli. L'expérience montre qu'il est précis dans ses formulations.

Cette déclaration s'est accompagnée de deux actions connexes. Premièrement, la veille de ce discours, un Sarmat II ICBM a été testé en Russie[885]. Il s'agit d'un missile intercontinental qui peut parcourir jusqu'à 18 000 m, ce qui lui permet d'atteindre presque n'importe quel endroit sur terre et de transporter dix bombes nucléaires ou plus. Lorsque Paul Craig Roberts parlait de « préparation au combat », il s'agissait de ce test du missile Sarmat.

Deuxièmement, Poutine a annoncé dans son discours que la Russie suspendrait immédiatement le traité START, qui limite le nombre et la portée de ses missiles nucléaires et prévoit des inspections mutuelles à des fins de contrôle. Il a justifié cette mesure comme suit :

Nous savons que l'Occident a été directement impliqué
dans les tentatives du régime de Kiev d'attaquer nos bases
aériennes stratégiques. Les drones utilisés à cette fin ont été
équipés et modernisés avec l'aide de spécialistes de l'OTAN.
Et maintenant, ils veulent aussi inspecter nos installations
de défense ? Dans les conditions de la confrontation actuelle,
c'est tout simplement idiot.

En même temps – et j'insiste sur ce point – ils ne nous per-
mettent pas de mener des inspections valables dans le cadre
de ce traité. Nos demandes répétées d'inspecter certaines

*installations restent sans réponse ou sont refusées pour
des raisons formelles, et nous ne sommes pas en mesure de
contrôler quoi que ce soit de l'autre côté[886].*

En effet, les États-Unis ont refusé d'accorder des visas d'entrée aux contrôleurs russes, et la Russie a donc fait de même avec les contrôleurs américains[887].

Ces déclarations et ces événements montrent clairement que le monde est arrivé au seuil de la guerre nucléaire début 2023. La Russie met en garde l'Occident. Mais l'Occident ne tient pas compte des avertissements et continue d'accélérer.

Dmitri Medvedev, chef adjoint du Conseil de sécurité russe, a également lancé un avertissement clair. Selon lui, la suspension de la participation au traité START est « *une décision qui aurait dû être prise depuis longtemps, mais qui a été déclenchée par la guerre que les États-Unis et d'autres pays de l'OTAN ont déclarée à la Russie.* » Jusqu'à présent, l'establishment américain pensait qu'ils pouvaient fournir à Kiev d'énormes quantités d'armes et travailler à vaincre la Russie, à la restreindre et à l'anéantir, sans que cela n'ait d'impact sur leur « sécurité stratégique ». Toujours selon Medvedev, c'est une grave erreur due au « sentiment de supériorité et d'impunité » des Américains, car « *il est évident pour toutes les forces raisonnables que nous sommes au bord d'un conflit mondial si les États-Unis veulent vaincre la Russie. Si les États-Unis veulent vaincre la Russie, celle-ci a le droit de se défendre avec toutes les armes, y compris nucléaires[888]* ».

Bien sûr, les armes nucléaires ne sont pas le seul moyen de faire face à une menace existentielle ; une frappe nucléaire n'est jamais qu'un tout dernier recours. Mais les deux principaux représentants du gouvernement russe ont fait des déclarations claires et ont tracé une ligne rouge. Personne ne peut dire maintenant ni pourra dire plus tard qu'il n'y a pas eu d'avertissement ou que les raisons ne sont pas compréhensibles.

L'OTAN entendra-t-elle ou poursuivra-t-elle l'escalade de manière suicidaire ? La neuvième étape de l'escalade du conflit prévoit : « Ensemble vers l'abîme ».

Y a-t-il à la place suffisamment de personnes qui s'engagent pour une désescalade ?

Panoramique

Une fois le sommet atteint, le marcheur est récompensé par une vue panoramique. Il ne voit plus les détails du chemin, il voit l'ensemble.

L'escalade plutôt que la désescalade

Nous avons vu dans ce livre qu'il y aurait eu au cours des dernières décennies de très nombreuses possibilités de désescalade qui auraient permis de poser les jalons de la paix. Mais l'OTAN, les États-Unis et l'UE ont opté pour le contraire et aggravé les problèmes. La Russie n'a cessé de chercher des solutions diplomatiques. En vain. Les États-Unis, l'OTAN et l'Ukraine ont cherché la guerre.

- Au lieu de créer une zone économique commune avec la Russie, l'Ukraine a été déchirée par l'accord d'association de l'UE.

- Au lieu de respecter les intérêts mutuels en matière de sécurité, l'OTAN s'est étendue de plus en plus à l'est. En 2008, elle a promis à l'Ukraine et à la Géorgie de devenir membres de l'OTAN, alors que c'était précisément la ligne rouge bien connue pour la Russie.

- Au lieu de se tenir à l'écart de la politique intérieure ukrainienne, les États-Unis, l'OTAN et l'UE n'ont cessé de s'en mêler et de promouvoir des groupes d'extrême droite.

- Au lieu de se distancier du coup d'État violent et anticonstitutionnel du Maïdan en 2014, les États-Unis l'ont encouragé et les pays de l'OTAN ont immédiatement reconnu, financé et encouragé le gouvernement nationaliste.

- Au lieu de reconnaître la volonté démocratique du peuple de Crimée lors du référendum de 2014, l'Occident a immédiatement lancé une guerre de sanctions contre la Russie.

Cette liste pourrait être longue. J'ai détaillé beaucoup de choses dans ce livre. Voici l'essentiel :

- De 2015 à 2022, l'OTAN, les États-Unis et l'UE auraient pu faire pression sur le gouvernement ukrainien pour qu'il respecte les accords de Minsk, ce qui aurait eu un fort impact, car le gouvernement ukrai-

nien était dépendant de l'Occident. L'accord de Minsk aurait pu mettre fin à la guerre du Donbass et les Républiques populaires du Donbass seraient devenues des régions autonomes au sein de l'Ukraine, ce qui a été soutenu par Poutine pendant des années. Mais l'OTAN et les États-Unis ont préféré soutenir les tentatives de Kiev de conquérir par la force le Donbass et la Crimée.

– Fin 2021, l'OTAN et les États-Unis auraient pu répondre aux projets d'accords de sécurité russes et négocier sérieusement.

– En avril 2022, après le début de la guerre en Ukraine, l'OTAN, les États-Unis et l'Angleterre auraient pu soutenir le processus de paix à Istanbul et en Biélorussie. Ils ont préféré saboter les négociations.

– Par la guerre de l'information, la guerre économique, le financement de la guerre, les livraisons d'armes et les soutiens militaires, les États-Unis, les pays de l'UE, l'OTAN et même les États non membres de ces organisations sont devenus eux-mêmes des belligérants dans la guerre d'Ukraine.

À chaque croisée des chemins, l'élite de la politique étrangère des États-Unis et de l'OTAN a choisi la voie de la confrontation et du conflit plutôt que celle du compromis et de la paix. C'est ainsi qu'elle a poussé la Russie à la guerre et attiré l'Ukraine dans la guerre.

Guerre d'agression menée par l'Ukraine en violation du droit international

Le gouvernement ukrainien a lancé la guerre du Donbass en 2014. Nous l'avons vu dans ce livre : il s'agissait d'une guerre d'agression menée par l'Ukraine contre les Républiques populaires du Donbass, en violation du droit international. Cette guerre a fait plus de 14 000 morts, dont un très grand nombre de civils.

Kiev n'a cessé d'alimenter le conflit. Pour 30% des Ukrainiens, le russe est la langue maternelle. Autrefois, le russe était la deuxième langue officielle dans de nombreuses régions ukrainiennes. Pourtant, les nationalistes au pouvoir ont poussé à une politique de nettoyage ethnique, avec pour objectif l'ukrainisation et l'éviction de tout ce qui est russe. La loi sur les langues adoptée en 2019 règle dans les moindres détails l'éviction du russe pour chaque domaine de la vie. Imaginons que les Suisses alémaniques prescrivent aux Suisses romands francophones de ne parler que l'allemand dans l'espace public et dans les entreprises, et le français uniquement en privé ou si un client le demande. En tant qu'État, la Suisse se disloquerait immédiatement au niveau du Rösti-Graben, la ligne séparant les cantons francophones et germanophones. Un État pluriethnique ne peut jamais se maintenir sur la base de l'idée raciste « un peuple, une langue, un État ». Nous voyons comment les nationalistes ukrainiens au pouvoir ont détruit le contrat social, la cohésion de l'État et l'intégrité territoriale de l'Ukraine, indépendante depuis 1991 seulement.

En 2015, le gouvernement ukrainien avait promis dans les accords de Minsk de donner aux républiques du Donbass le statut de régions autonomes dans la Constitution ukrainienne – de la même manière que le Tyrol du Sud et la Sardaigne en Italie ou le Groenland au Danemark, par exemple, sont des régions autonomes dotées d'une grande indépendance culturelle et politique. Le conflit aurait été facile à résoudre. Cependant, le gouvernement ukrainien n'a pas mis en œuvre une seule des étapes définies dans les accords de Minsk pour atteindre cet objectif, préférant empêcher cette opportunité de paix et poursuivre la guerre du Donbass. Dans le même temps, il interdisait et persécutait toute opposition dans la politique, les médias, l'Internet, l'Église, la culture et dans la vie quotidienne ordinaire. Ce sont là les caractéristiques reconnues d'une dictature totalitaire. Depuis 2019, les dirigeants nationalistes de Kiev appelaient véritablement de leurs vœux la « grande guerre avec la Russie ».

La situation était bloquée. Du côté des États-Unis, de l'OTAN, de l'UE et de l'Ukraine, il n'y avait pas la moindre volonté de trouver une solution pacifique. Ils avaient tout bloqué. Ils avaient délibérément ignoré les accords de Minsk. Ils avaient refusé de négocier les accords de sécurité proposés par la Russie. Ils avaient ainsi étouffé toute diplomatie.

L'Ukraine a donc pu intensifier sa guerre d'agression contre les républiques du Donbass. À partir du 17 février 2022, l'armée ukrainienne a attaqué les républiques populaires en multipliant les tirs d'obus. Le 21 février, la Russie a reconnu les Républiques populaires du Donbass et un accord d'assistance militaire a été conclu. Malgré cela, l'armée ukrainienne n'a cessé d'intensifier ses tirs. Le gouvernement de Zelensky et les États-Unis, l'OTAN et l'UE savaient parfaitement que cette augmentation forcerait la Russie – conformément à l'accord d'assistance – à intervenir militairement. Cela prouve que l'Ukraine a sciemment provoqué la guerre avec la Russie.

Le 23 février, les républiques du Donbass demandèrent l'aide de la Russie contre cette attaque et, le 24 février, l'intervention militaire de l'armée russe commença. C'est ainsi que la guerre du Donbass qui se déroulait depuis 2014 a dégénéré pour se transformer en une terrible guerre d'Ukraine. Nous l'avons vu : l'intervention de la Russie était conforme au droit international, au sens de l'article 51 de la Charte des Nations unies. Elle a aidé à défendre les républiques du Donbass contre l'attaque de l'Ukraine, qui est contraire au droit international.

Encore des découvertes !

Dans ce livre, nous avons fait de nombreuses autres découvertes surprenantes. Par exemple :

– Le principe des 180 degrés de la propagande de guerre s'applique presque systématiquement. La vérité est exactement l'inverse du mensonge propagé.

– La Crimée souhaitait déjà, depuis la création de l'État ukrainien, être indépendante de l'Ukraine. Mais celle-ci dominait en violation de la loi et contre la volonté de la population.

– Les référendums en Crimée et dans le Donbass n'ont pas été imposés par la Russie, mais soutenus par les populations. Il s'agissait de sécessions, sécessions légales et valables au regard du droit international, même sans reconnaissance par d'autres États. La Russie n'a pas annexé la Crimée et le Donbass.

– Les leaders du Maïdan, qui ont ensuite obtenu des fonctions dirigeantes au sein de l'État après le coup d'État de 2014, ont clairement des antécédents idéologiques nazis, sont des nazis, et agissent de manière aussi brutale qu'eux. Les nationalistes ukrainiens marquent depuis lors la politique de l'Ukraine. Les États-Unis, l'OTAN et l'UE soutiennent ce racisme et ce nationalisme.

- Les sanctions économiques de l'OTAN-Occident contre la Russie sont contraires au droit international. Ce n'est pas la Russie, mais l'OTAN qui agit en violation du droit international.

- Depuis 1991, la Russie d'aujourd'hui n'est plus l'Union soviétique communiste. Les États-Unis et l'OTAN s'accrochent à l'ancienne image de l'ennemi parce qu'ils veulent éliminer la Russie en tant qu'État souverain.

- La Russie actuelle n'est pas impérialiste. Pourtant, dans l'esprit de nos contemporains occidentaux, l'idée que la Russie a mené des guerres brutales contre les populations de Tchétchénie et de Géorgie, qu'elle veut donc étendre agressivement sa sphère d'influence et placer les autres sous son contrôle, hante les esprits sans que l'on sache pourquoi. Comme l'a montré ce livre : en Géorgie, il s'agissait de repousser les attaques de ce pays contre les républiques d'Abkhazie et d'Ossétie du Sud ; en Tchétchénie, qui faisait partie de la Russie, il ne s'agissait pas d'une expansion impériale, mais de la lutte contre des fondamentalistes islamiques qui s'étaient montrés extrêmement brutaux envers leurs compatriotes russes.

- L'un des principaux moyens de la propagande de guerre est la diabolisation de Poutine depuis des décennies. Grâce à cet arrosage continu de la propagande, la population a été préparée de manière ciblée à la guerre. Cette diabolisation est le terreau sur lequel se construit tout le mal que l'on attribue à la Russie. Si le président est un homme mauvais, un meurtrier, un monstre de pouvoir et un dictateur, alors tout le mal que l'on peut dire est certainement juste, aussi absurde que cela puisse être, car « Poutine est le mal incarné ». C'est ainsi que fonctionne cette technique centrale de propagande. Comme le montre l'expérience, lorsque les États-Unis commencent à diaboliser le président d'un pays, on peut en déduire qu'ils veulent envahir le pays ou renverser son gouvernement.

Ces considérations montrent quelle serait la direction à prendre pour amener la paix. L'effet le plus significatif serait que les États européens se retirent en tant que belligérants et adoptent une position neutre. Ils arrêteraient ainsi immédiatement l'escalade, mettraient fin aux tueries et aux décès et créeraient un espace pour des solutions de paix.

4e partie – Épilogue

Archange de Paul Klee, 1938[889]

Ceux qui ont lu jusqu'ici ont participé à un voyage

Ce fut un long voyage. Nous avons perçu beaucoup de choses nouvelles. Nous avons plongé notre regard dans certains abîmes. Notre compréhension de la géopolitique mondiale et de la guerre d'Ukraine qui y est liée s'est accrue.

Lors de mes recherches, je me suis souvent aventuré en terrain inconnu et j'ai dû explorer les questions en profondeur. De ce fait, le livre s'est avéré plus long qu'initialement prévu et il compte plus de 800 notes de bas de page.

J'ai toujours continué à faire des recherches jusqu'à avoir l'impression d'être arrivé sur un terrain de vérité. Qu'en était-il vraiment ? Qu'est-ce que cela signifie ? La conclusion est-elle justifiée ? Les sources tiennent-elles la route ? Une idée est-elle portée par son environnement contextuel ou s'est-elle plantée là toute seule ?

J'ai confronté chaque phrase écrite à un ensemble de questions : est-elle compréhensible ? Est-ce que je l'ai saisie avec mon moi et ma conscience ? Est-elle fluide et vivante ?

Sur le plan émotionnel, l'écriture de ce livre a été un défi. Certains lecteurs savaient peut-être déjà que les États-Unis et l'OTAN sont des menteurs. Considérer réellement les détails et l'ampleur de l'inhumanité et y faire face en vivant intérieurement est douloureux et effrayant. Prenons également conscience du fait que si nous ne sommes pas sur place, nous ne savons rien en fait de l'horrible réalité de la guerre. Même si, après la lecture de ce livre, on peut se considérer comme suffisamment informé, il faut faire preuve de beaucoup d'humilité face aux terribles souffrances, notamment celles des soldats ukrainiens et russes, qui sont au cœur de l'horreur. L'état de l'Ukraine actuelle, avec le nationalisme fanatique qui y règne, est également bouleversant. En écrivant, j'ai toujours essayé de garder la chaleur, l'amour et la compréhension, malgré l'insistance et la sobriété de l'écriture. J'espère donc que le contenu sera supportable pour les lecteurs.

Pour moi, l'écriture m'a permis de me libérer de la toile d'araignée de la propagande de guerre, qui avait pénétré plus profondément en moi que je ne l'avais réalisé. Elle agit de manière subtile et transgénérationnelle.

Maintenant, je peux respirer et vivre de façon plus libre et sereine. C'est vrai : « La vérité vous rendra libres ». J'espère que vous, chers lecteurs, pourrez faire une expérience similaire.

Ce livre a peut-être ouvert les yeux sur le nationalisme enraciné dans le fascisme et le bellicisme en Ukraine, sur l'ampleur de la propagande, des mensonges et de la haine dans les pays de l'OTAN et de l'UE, et sur la géopolitique inhumaine des États-Unis.

Que faire ?

Mais le train de la guerre est en marche. Les bellicistes donnent le ton partout. Pas étonnant que l'on se sente impuissant.

Cette impuissance est une réalité, on ne peut pas l'ignorer. Il ne reste qu'à respecter cette impuissance et à se concentrer sur ce que l'on peut faire soi-même. Là, ce que Martin Luther King aurait dit peut nous aider : « *Si l'on m'apprenait que la fin du monde est pour demain, je planterais quand même un pommier.* »

Le système qui a engendré cette guerre est basé sur le pouvoir. Proches du pouvoir, il y a des sentiments comme la peur et la haine. Il incombe à chacun de sortir de ces sentiments. Comment ? Le simple fait de les affronter honnêtement aide à les changer. Si je me dis que je veux honnêtement encourager en moi des sentiments comme la compassion, l'amour et la liberté, je les trouverai aussi en moi. L'impuissance est un sentiment important, un pont qui permet de passer de la haine à l'amour. Ce constat peut paraître un peu étrange, mais l'impuissance aide vraiment à sortir de l'enchevêtrement du pouvoir, ne serait-ce qu'en pensée. Toutefois, seule l'impuissance consciente mène à la liberté, l'impuissance inconsciente nous laisse coincés dans le désespoir et la haine. Si l'on s'abandonne honnêtement à l'impuissance, une petite porte s'ouvre soudain pour soi dans un espace où la lumière brille et où l'on rencontre des solutions inattendues. On y retrouve également sa dignité. Ce sont là des expériences personnelles et non de la théorie. Tout le monde peut en faire l'expérience.

C'est une clé : la formation de la volonté collective résulte de la confluence des pensées et des sentiments de tous. C'est pourquoi la propagande de guerre s'attaque de manière ciblée aux pensées et aux sentiments des gens. C'est là que nous avons les moyens d'action les plus puissants.

En faisant vivre la paix intérieure et l'amour et en sortant du bellicisme et des images de l'ennemi, on modifie quelque peu le champ collectif. Avec chaque pensée claire, on affaiblit l'ogre de la propagande qui s'est répandu comme un nuage sombre sur notre société et s'est emparé de nombreux esprits et cœurs.

Neutralité

La neutralité est essentielle. On ne doit pas se laisser entraîner dans des conflits. Être neutre, pour un État, signifie qu'il ne participe à aucune guerre, qu'il s'agisse d'une guerre militaire, d'une guerre économique ou d'une guerre de l'information. Il doit plutôt s'efforcer de garder le contact avec toutes les parties et de créer un espace pour les négociations.

Aujourd'hui cependant, la Suisse et l'Autriche ne conçoivent la neutralité que comme une neutralité militaire, c'est-à-dire une interdiction de livrer des armes et d'apporter une aide militaire. Pour le reste, elles sont intégrées dans la politique de l'OTAN. Elles ont ainsi perdu leur statut historiquement acquis de médiateurs neutres dans la politique mondiale.

Une véritable neutralité exclut également les guerres d'information et de sanction. C'est précisément sur ce point que le peuple suisse pourra probablement voter grâce à l'initiative sur la neutralité[890]. Une perspective positive.

Il n'y a pas de risque d'attaque de la Russie contre des pays européens

L'un des principaux arguments en faveur de la participation des pays de l'UE à la guerre en Ukraine était le suivant : lorsque la Russie aura envahi l'Ukraine, elle attaquera la Pologne et l'Allemagne. Pour l'empêcher, il faudrait, en guise d'autodéfense, envoyer des armes et des milliards en Ukraine Les Ukrainiens se battraient aussi pour notre sécurité.

Dans le chapitre « La Russie est-elle impérialiste ? », nous avons vu que la Russie n'a pas d'ambitions impérialistes et qu'il n'y a donc aucun risque qu'elle attaque d'autres États. Outre l'absence d'intention politique de la Russie d'attaquer l'Europe, la comparaison des forces militaires de la Russie et de l'OTAN montre que ce serait pratiquement impossible.

Ces idées sont importantes pour une neutralité étatique. Si les États de l'UE ne sont pas menacés, il leur est nettement plus facile d'adopter une position neutre et de cesser les livraisons d'armes.

Dans la « Doctrine de politique étrangère de la Russie », le gouvernement russe décrit les relations qu'il souhaite entretenir avec l'UE. Les points 59 à 61 montrent qu'elle se sent menacée par la « politique agressive de la majorité des États d'Europe à son égard ». C'est pourquoi elle veut créer des conditions pour que ces États renoncent à un moment donné à « l'orientation anti-russe » et à « l'ingérence dans ses affaires intérieures ». Elle espère plutôt une transition vers une politique à long terme de bonnes relations de voisinage et de coopération avec elle[891].

Sortie de l'OTAN, indépendance vis-à-vis des États-Unis

Nous l'avons vu : l'OTAN est une organisation belliciste. Il est donc indispensable de la quitter. L'UE est également devenue une organisation belliciste, car elle soutient une politique nationaliste et raciste. Ce faisant, elle a trahi son impulsion fondatrice. Les politiciens de l'UE applaudissent le fascisme. L'Allemagne n'est pas à sa place dans une telle organisation ; elle devrait utiliser son statut de membre pour bloquer le bellicisme ou se retirer de l'UE, et pourrait alors aspirer à une coopération avec des États neutres et pacifiques.

Le gouvernement américain (et non les citoyens américains), avec sa géopolitique hégémonique, représente le plus grand danger pour la paix mondiale. Débarrassons-nous des États-Unis ! Interdisons les bases militaires américaines en Allemagne et dans toute l'Europe ! Il est urgent que les États européens mènent à nouveau leur propre politique étrangère et défendent les intérêts de leur population au lieu de se mettre au service des États-Unis. Exemple incroyable : le gouvernement fédéral allemand a approuvé sans mot dire l'annonce faite par le président américain Biden de détruire le gazoduc Nord Stream 2, alors que c'est une trahison pour la population et l'économie allemandes, qui souffrent désormais du gaz de schiste américain, coûteux et destructeur de l'environnement.

Ange de la paix dans la forêt[894]

Même s'il est important de sortir de l'OTAN et de se rendre indépendant vis-à-vis des États-Unis, cela ne se fera pas sans problème. Les États-Unis ont besoin du soutien de l'UE pour leur hégémonie mondiale. Ils ne se contenteront pas de tout faire pour empêcher les sorties de l'OTAN, ils veilleront aussi impitoyablement à éviter d'autres atteintes à leur pouvoir. Déjà lors de la construction de Nord-Stream 2, les États-Unis ont sanctionné les entreprises européennes et les hommes politiques allemands impliqués. C'était une guerre économique contre ses propres alliés. « On s'en fout de l'UE » (*Fuck the EU*). La NSA, le plus grand service de renseignement extérieur américain, écoute tout ; même Angela Merkel, la chancelière allemande, avait été mise sur écoute. De l'amitié avec le gouvernement américain ? Il n'y en a pas.

Pour une véritable indépendance vis-à-vis des États-Unis et une sortie de l'OTAN, les États européens doivent d'abord devenir résistants aux sanctions. Si les États-Unis imposaient des sanctions à l'Allemagne comme ils l'ont fait à la Russie, le pays – dépourvu de matières pre-

mières et d'un approvisionnement alimentaire autarcique, intégré dans le système monétaire du dollar américain – serait probablement à terre en quelques semaines. La priorité absolue est de créer des structures financières et économiques capables de résister à un éventuel chantage aux sanctions de la part des États-Unis.

Comme étape intermédiaire, on pourrait envisager de geler la coopération militaire avec l'OTAN, sans pour autant s'en retirer complètement. La France serait un modèle à suivre : en 1966, le président français de l'époque, Charles de Gaulle, jugeant trop importante la domination des États-Unis au sein de l'OTAN, avait gelé la participation de la France dans ses structures[892]. Ce n'est qu'en 2009 que la France en est redevenue membre à part entière.

Éviter les médias mainstream et les partis bellicistes

Les médias mainstream, qui servent clairement à la propagande et à l'incitation à la guerre ainsi qu'à la manipulation de la population, constituent un problème majeur. La grande majorité des gens dans les pays de l'OTAN vivent dans une bulle de propagande et sont totalement incapables de porter des jugements justes. Ils n'ont pas encore compris que leurs jugements reposent sur la propagande. Ils se croient sceptiques et en quête de vérité. Mais ils se basent sur une image de l'ennemi et sur des informations partiales, le plus souvent manipulées, pour fonder leurs jugements et leurs positions.

On ne voit pas, à l'horizon, de nettoyage et de réorientation des médias mainstream de l'intérieur. Le mieux est d'éviter leur pollution informationnelle pathogène et de ne plus les soutenir par notre argent et notre attention. Des alternatives sont présentées en annexe.

Un autre grand problème est celui de nos hommes politiques. Que faire de politiciens

– qui ont systématiquement préparé la guerre en Ukraine pendant des années ;

– qui sont responsables de la mort de centaines de milliers de personnes en finançant l'Ukraine et en lui fournissant des armes ;

– qui soutiennent sans vergogne et en oubliant l'histoire un gouvernement raciste en Ukraine qui se réfère ouvertement au nazisme ;

- dont la conscience juridique est que les accords ne sont valables que s'ils servent leurs propres intérêts ;
- qui décident sans honte de sanctions contraires au droit international ;
- qui mentent et manipulent sans scrupule leur propre population ;
- dont la conception de la démocratie consiste à diffamer ceux qui ne pensent pas comme eux, à restreindre la liberté d'expression et à introduire des structures autoritaires ?

Le sang de centaines de milliers de personnes et le traumatisme de millions d'autres collent aux doigts de ces hommes politiques. Si, par exemple, l'Allemagne n'avait ni livré des armes, ni envoyé des milliards pour la guerre en Ukraine, ni formé des soldats ukrainiens, ni fourni des informations aux services secrets, ni approuvé le financement de la guerre par l'UE, mais l'avait bloqué par un veto et interdit aux États-Unis de transporter des armes en Ukraine via le territoire allemand, la guerre d'Ukraine aurait probablement pris fin au bout de quelques semaines. L'Ukraine aurait alors dû cesser ses agressions contre le Donbass et la Crimée et garantir à la Russie, dans un traité de paix, un statut de neutralité sans adhésion à l'OTAN. La Russie n'avait pas l'intention d'étendre son territoire de puissance, ni d'annexer l'Ukraine. Mais la classe politique allemande ne voulait pas la paix, mais la guerre, et voulait donc aussi cette souffrance.

De telles attitudes ne peuvent s'expliquer que par l'état psychopathique et narcissique de nombreux hommes politiques et par des structures sociales malades qui portent au pouvoir des personnes ayant perdu leur boussole morale. Ces personnes aiment bien parler de « valeurs », mais il est facile de voir que cela ne sert qu'à dissimuler l'absence de ces mêmes valeurs. L'effondrement moral de la classe politique est difficile à supporter, mais c'est une excellente opportunité d'exercer sa propre sérénité.

Ce déclin moral s'est accompagné de la mise en place de répressions de plus en plus violentes. La véritable démocratie n'existe pratiquement plus dans l'UE, mais nous vivons dans une « ère de censure et de totalitarisme technocratique », comme l'a formulé le professeur Mattias Desmet, psychologue belge[893]. Nous devons nous attendre à ce que les bellicistes réagissent vivement à la critique – ainsi que l'exprimait Goethe : « *Celui qui se trompe remplace par la violence ce qui lui manque de vérité et de forces.* » Les moyens sont divers : bannissement du débat public, destruction de la réputation, surveillance par le service de protection de la Constitution, résiliation des comptes bancaires, destruction de l'existence professionnelle et procédures pénales, jusqu'à l'incarcération – conformément au dixième principe de la propagande de guerre : « Celui qui met en doute notre propagande travaille pour l'ennemi et est donc un traître. »

Quand viendra le jour où les politiciens responsables demanderont pardon et seront pardonnés pour leur bellicisme et leur soutien au gouvernement nationaliste et raciste d'Ukraine et pour les souffrances incommensurables qu'ils ont créées ? Ce serait une condition plus qu'appropriée à une réconciliation. Mais cela n'arrivera probablement qu'au jour du Jugement dernier, lorsque tout sera clair pour tous.

Imaginons que chaque partisan de la livraison d'armes à l'Ukraine se mette immédiatement à prier pour l'expiation. Même en priant 500 fois par jour, il lui faudrait une trentaine d'années pour faire une seule prière pour plus de cinq millions de personnes gravement blessées et mortes pendant la guerre.

Chacun peut commencer de lui-même à faire quelque chose pour la paix : travailler à sa propre capacité de paix, ne pas succomber à la fascination de la guerre ou à sa propre indifférence, mais placer volontairement la paix au centre de ses préoccupations, voir clair dans les belligérants, leur retirer argent, attention et soutien, devenir objectif et honnête et toujours respecter la dignité humaine en chacun.

Nous pouvons commencer immédiatement par la neutralité entre personnes, là où nous nous trouvons. Être neutre signifie ne pas rencontrer l'autre avec parti pris, mais depuis l'individualité que je suis, avec un intérêt toujours ouvert pour l'autre et le respect de la différence.

La renaissance de notre démocratie est une tâche d'avenir qui nous attend.

Il est également nécessaire de faire refleurir et d'entretenir les liens avec la population russe. Pour l'avenir, la réconciliation avec la Russie est urgente. Elle restera notre voisine même après la guerre.

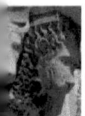

Annexe. Quels médias consulter ?

Comment s'informer indépendamment des médias mainstream et éviter l'enfermement dans la toile d'araignée de la propagande ? C'est possible aujourd'hui avec internet. Quelques conseils :

Analyse de la propagande de guerre

Le Swiss Policy Research (SPR) est un projet d'études et d'information sur la propagande géopolitique dans les médias internationaux. La page suivante donne une idée des méthodes employées par la propagande de guerre : https://swprs.org/ukraine-krieg-medientipps/

Le SPR a rassemblé ici des sources alternatives d'information sur la guerre en Ukraine : https://swprs.org/how-to-follow-the-ukraine-war/

Magazines en ligne

Les magazines en ligne sont mes préférés, car ils sont tenus par des journalistes indépendants qui essayent d'analyser les situations et travaillent en profondeur. La qualité de ces médias en ligne leur est supérieure car ils donnent leurs sources, ce que les médias mainstream ne font pas. En voici quelques-uns au choix :

www.nachdenkseiten.de	www.overton-magazin.de
www.zeitgeschehen-im-fokus.ch	www.anti-spiegel.ru
www.tkp.at	www.multipolar-magazin.de
www.globalbridge.ch	www.transition-news.org
www.manova.news	www.seniora.org

J'ai trouvé également utiles les sites suivants sur la guerre en Ukraine :

www.weltwoche.ch	www.telepolis.de
www.fassadenkratzer.wordpress.com	www.hintergrund.de
www.schweizer-standpunkt.ch	www.ulrich-heyden.de
www.voicefromrussia.ch	www.broeckers.com

Radios

www.kontrafunk.radio

www.radiomuenchen.net

En anglais :

www.consortiumnews.com

www.unz.com

Exemples d'informations actuelles sur la guerre en Ukraine sur Telegram

https://t.me/DruschbaFM

https://t.me/s/neuesausrussland

https://t.me/s/Ubersicht_Ukraine_Kanal

Estimations militaires alternatives

Il existe un certain nombre d'anciens membres des services secrets et de militaires qui souffrent de la propagande jubilatoire occidentale et s'efforcent de trouver des estimations objectives sur le déroulement des hostilités.

Par exemple : www.moonofalabama.org, www.sonar21.com

Informations russes

Vu qu'il faut connaitre les deux côtés dans un conflit, il est toujours souhaitable de s'intéresser aux médias mainstream occidentaux, mais aussi à la position russe. Ce que les gouvernements occidentaux veulent empêcher en censurant les deux principaux portails d'information de Russie. La liberté d'opinion et la pensée indépendante sont hélas désormais mal vues dans l'Union Européenne.

On peut trouver ici : Russia Today (RT) https://gegenzensur.rtde.live

ou en anglais : www.rt.com

On peut s'abonner à la newsletter de RT, au vu du nombre de sites internet bloqués.

SNA News (Sputnik) est accessible ici : https://snanews.de

Sur RT et Sputnik, il faut prendre en compte la propagande russe, mais on trouve également de nombreux éléments factuels.

Sources

Tous les liens étaient accessibles en ligne au moment de la rédaction de l'ouvrage. Si certains ont été supprimés, modifiés ou rendus inaccessibles, la responsabilité de l'auteur n'est pas engagée. Certains liens perdus peuvent être retrouvés dans les archives internet à l'aide de la Wayback Machine : https://archive.org/web.

1 https://www.friedenspreis-des-deutschen-buchhandels.de/alle-preistraeger-seit-1950/1950-1959/karl-jaspers
2 Droits d'image : Roger Bamber / Alamy Stock Photo
3 Droits d'image : fiverlocker via Wikimedia Commons
4 Droits d'image : Picture Partners / Alamy Stock Photo
5 https://tkp.at/2023/01/26/baerbock-mit-informeller-kriegserklaerung-kaempfen-krieg-gegen-russland/
6 https://tkp.at/2023/04/08/ex-frankreich-praesident-hollande-eu-im-krieg-mit-russland/?utm_source=mailpoet&utm_medium=email&utm_campaign=daily-notification
7 https://de.wikipedia.org/wiki/Tote_des_Zweiten_Weltkrieges#Sowjetunion (consulté le 12.7.2023)
8 https://anthrowiki.at/Erweiterter_Kunstbegriff
9 BFH-Urteil vom 23.9.1999 (XI R 63/98) BStBl. 2000 II p. 200
10 Droits d'image : Album / Alamy Stock Photo
11 https://dieprojektmanager.com/konflikteskalation-nach-friedrich-glasl/
12 Anne Morelli: Die Prinzipien der Kriegspropaganda, 2004, (französisch: Principes élémentaires de propagande de guerre. Brüssel 2001. Übersetzt von Marianne Schönbach). Eine längere Zusammenfassung ist unter: https://de.wikipedia.org/wiki/Die_Prinzipien_der_Kriegspropaganda (consulté le 12.6.2023)
13 Par exemple : https://www.bpb.de/themen/europa/ukraine-analysen/nr-265/
14 https://overton-magazin.de/top-story/usa-schicken-international-geaechtete-streumunition-in-die-ukraine-der-wertegemeinschaft-ist-es-recht/
15 Droits d'image : Adam Eastland / Alamy Stock Photo
16 https://en.wikipedia.org/wiki/Ukraine#History (consulté le 15.6.2023)
17 Droits d'image : DiscoverWithDima via Wikimedia Commons
18 https://de.wikipedia.org/wiki/Ukrainische_Sprache#Geschichte (consulté le 15.6.2023)
19 https://de.wikipedia.org/wiki/Mychajlo_Hruschewskyj (consulté le 15.6.2023)
20 https://de.wikipedia.org/wiki/Sowjetrepublik_Donez-Kriwoi_Rog (consulté le 15.6.2023) Hiroaki Kuromiya: Freedom and Terror in the Donbas: A Ukrainian-Russian Borderland, 1870s-1990s, Cambridge University Press, 2003, p. 98, 99
21 Matthias Bröckers, Paul Schreyer: Wir sind die Guten, 2019, p. 36 https://de.wikipedia.org/wiki/Symon_Petljura (consulté le 15.6.2023)
22 https://de.wikipedia.org/wiki/Ukrainische_Sozialistische_Sowjetrepublik (abger. 15.6.2023)
23 https://de.wikipedia.org/wiki/Westukrainische_Volksrepublik (consulté le 15.6.2023)
24 https://de.wikipedia.org/wiki/Machnowschtschina (consulté le 15.6.2023)
25 Droits d'image : U. S. Signal Corps, Public domain via Wikimedia Commons
26 Thomas Röper: Die Ukraine Krise, 2022, p. 25
27 https://de.wikipedia.org/wiki/Sowjetunion (consulté le 17.8.2023)
28 https://soviethistory.msu.edu/1991-2/march-referendum/
29 https://www.azerbaycan24.com/en/why-didn-t-russia-and-ukraine-sort-out-their-border-issues-when-the-soviet-union-collapsed-in-1991/ Traduction: https://rtde.live/meinung/159587-wie-sowjetische-fuehrung-problem-haette-loesen-koennen/

30 https://www.spiegel.de/geschichte/augustputsch-1991-in-der-sowjetunion-die-zitterpartie-in-moskau-a-e2479985-ed3e-4890-a8bc-ab68d8079d42
31 https://www.lpb-bw.de/ukraine-geschichte#c82506
32 Vladislav M. Zubok: Collapse: The Fall of the Soviet Union, 2021
33 https://de.wikipedia.org/wiki/Leonid_Krawtschuk (consulté le 16.6.2023)
34 https://www.azerbaycan24.com/en/why-didn-t-russia-and-ukraine-sort-out-their-border-issues-when-the-soviet-union-collapsed-in-1991/
35 Droits d'image : Public domain via Wikimedia Commons
36 https://de.babbel.com/de/magazine/unterschiede-russisch-ukrainisch
37 https://de.wikipedia.org/wiki/Surschyk (abgerufen 14.3.23)
38 https://web.archive.org/web/20221001082248/ukrainianweek.com/Society/47497
39 Ibid.
40 First All -Ukrainian population census 2001: historical, methodological, social, economic and ethnic aspects. http://2001.ukrcensus.gov.ua/d/mono_eng.pdf
41 http://2001.ukrcensus.gov.ua/eng/results/general/nationality/
42 Vasyl` Babych via Wikimedia Commons
43 https://de.wikipedia.org/wiki/Liste_der_L%C3%A4nder_nach_Bruttonationaleinkommen_pro_Kopf#cite_note-2 (consulté le 1. Mai 2023)
44 https://www.infosperber.ch/politik/europa/100-franken-pro-kopf-18-millionen-ukrainer-leben-in-armut/
45 https://www.tagesschau.de/ausland/ukraine-1327.html
46 https://www.anti-spiegel.ru/2018/unbemerkt-von-der-deutschen-presse-verarmt-die-ukraine-obwohl-die-eu-milliarden-nach-kiew-uberweist/
https://www.anti-spiegel.ru/2019/ukraine-seit-dem-maidan-verarmt-aber-die-regierung-kummert-sich-lieber-um-andere-themen/
47 https://www.vesti.ru/article/1497511
48 https://foreignpolicy.com/2022/04/28/ukraine-war-russia-resources-energy-oil-gas-commo-dities-agriculture/
https://www.cbc.ca/news/politics/natural-resources-ukraine-war-1.6467039
49 http://2001.ukrcensus.gov.ua/eng/
50 https://ain.capital/2020/01/27/electronic-census-in-ukraine/
51 https://www.anti-spiegel.ru/2023/russland-hat-mehr-ukrainische-fluechtlinge-aufgenom-men-als-jedes-andere-land/
52 https://data.unhcr.org/en/situations/ukraine
53 Droits d'image : Public domain via Wikimedia Commons
54 https://www.transparency.de/cpi
55 https://www.spiegel.de/panorama/korruption-in-der-ukraine-die-kampfansage-a-1096878.html
56 https://www.europarl.europa.eu/news/de/headlines/world/20220127STO22047/wie-die-eu-die-ukraine-unterstutzt
57 https://www.eca.europa.eu/de/Pages/DocItem.aspx?did=59383
58 https://orf.at/stories/3229706/
59 https://www.ukrinform.de/rubric-polytics/3155480-parlament-beschliet-staatshaushalt-2021.html
60 https://www.statistik-berlin-brandenburg.de/090-2022
61 https://globalbridge.ch/das-vertrauen-in-selenskyj-schwindet-auch-in-der-ukraine-selbst/
62 Siehe zum Beispiel: https://www.anti-spiegel.ru/2020/sensationelle-enthuellungen-insider-erzaehlt-im-interview-ueber-korruption-von-biden-und-soros-in-der-ukraine/
63 https://www.dreigliederung.de/essays/2022-03-johannes-mosmann-annalena-und-die-wil-den-tiere
64 https://de.wikipedia.org/wiki/Diener_des_Volkes_(Fernsehserie) (abgerufen 1.3.2023)
65 https://de.wikipedia.org/wiki/Ihor_Kolomojskyj (abgerufen 1.3.2023)
Siehe auch: https://www.bpb.de/themen/europa/ukraine/299569/kommentar-der-gewachs-ene-einfluss-von-ihor-kolomojskyj/
66 https://www.manager-magazin.de/finanzen/privatbank-wie-das-groesste-geldhaus-der-ukraine-dem-krieg-trotzt-a-9f97fb52-1656-44d2-abc7-20a4db76d159
67 https://www.spiegel.de/ausland/usa-verhaengen-sanktionen-gegen-ukrainischen-oligarchen-igor-kolomoiski-a-58dfdfe5-96ae-4d9d-ab38-75265f0e338c

68 https://www.sueddeutsche.de/politik/kolomoisky-praesidentschaftswahl-in-der-ukraine-selensky-1.4418172?reduced=true
siehe auch: https://www.tagesspiegel.de/gesellschaft/medien/ukraine-konflikt-im-zdf-haken-kreuz-und-ss-rune-protest-von-zuschauern/10685462.html
Und: https://www.spiegel.de/ausland/asow-regiment-wagner-soeldner-radikale-die-neonazis-die-um-die-ukraine-kaempfen-a-662b9c42-d874-4a49-844d-b80c4f96e474

69 https://www.nytimes.com/2019/11/13/world/europe/ukraine-ihor-kolomoisky-russia.html

70 https://www.laender-analysen.de/ukraine-analysen/256/offshore-geschaefte-selenskyj-und-kolomojskyj-in-den-pandora-papers/

71 https://www.nytimes.com/2019/11/13/world/europe/ukraine-ihor-kolomoisky-russia.html

72 https://www.law360.com/articles/1470420/ukraine-s-privatbank-gets-chancery-filing-delay-due-to-war

73 https://uacrisis.org/de/54793-top-5-ukrainian-oligarchs

74 Droits d'image : uacrisis.org

75 https://www.eca.europa.eu/de/Pages/DocItem.aspx?did=59383

76 https://www.sipri.org/publications/2021/sipri-fact-sheets/trends-world-military-expendi-ture-2020

77 https://en.wikipedia.org/wiki/Armed_Forces_of_Ukraine (consulté le 24.7.2023)

78 https://data.worldbank.org/indicator/NY.GDP.MKTP.CD?locations=UA

79 Droits d'image : Public Domain via Wikimedia Commons

80 https://zakon.rada.gov.ua/cgi-bin/laws/main.cgi?nreg=254%EA%2F96%2D%E2%F0#Text
Traduction: https://www.verfassungen.net/ua/verf96-i.htm

81 https://www.baks.bund.de/de/arbeitspapiere/2016/patriotismus-heute-definition-eines-zu-unrecht-diskreditierten-begriffs

82 https://de.wikipedia.org/wiki/Organisation_Ukrainischer_Nationalisten (consulté le 11.3.23)

83 https://de.wikipedia.org/wiki/Jewhen_Konowalez (consulté le 11.3. 2023)

84 https://de.wikipedia.org/wiki/Dmytro_Donzow (consulté le 11.3. 2023)

85 https://www.wsws.org/de/articles/2022/12/26/ucra-d26.html

86 https://lisa.gerda-henkel-stiftung.de/stepan_bandera_und_die_gespaltene_erinnerung_an_die_gewalt_in_der_ukraine?nav_id=10282&language=en
Dr. Grzegorz Rossoliński-Liebe: The Life and Afterlife of a Ukrainian Nationalist: Fascism, Genocide, and Cult

87 https://www.telepolis.de/features/Das-Tragische-am-Bandera-Kult-ist-dass-Ukrainer-oft-nicht-wissen-wen-sie-eigentlich-verehren-6670655.html?seite=all

88 https://www.anti-spiegel.ru/2022/keine-nazis-die-glaubenssaetze-des-asow-bataillons/
https://de.wikipedia.org/wiki/Organisation_Ukrainischer_Nationalisten#Dekalog_der_OUN (consulté le 11.3. 2023) Les sources originales suivantes ont été utilisées:
Kai Struve: Deutsche Herrschaft, ukrainischer Nationalismus, antijüdische Gewalt. Der Sommer 1941 in der Westukraine. De Gruyter, Berlin 2015, p. 76
Lypovetskyi: The Organization of Ukrainian Nationalists (Banderites). 2010, p. 90

89 https://www.weisse-rose-stiftung.de/widerstandsgruppe-weisse-rose/flugblaetter/iv-flugblatt-der-weissen-rose/

90 https://ank.gov.pl/wolyn/ideologia.htm

91 https://www.telepolis.de/features/Die-Ukraine-auf-dem-Weg-in-die-Barbarei-3369489.html

92 https://www.anti-spiegel.ru/2022/tag-1-meiner-dritten-reise-in-den-donbass-mariupol/

93 https://de.euronews.com/2022/05/18/ukraine-bangt-um-asovstal-kampfer-naziverbrecher-gehoren-vor-gericht

94 https://de.wikipedia.org/wiki/Organisation_Ukrainischer_Nationalisten#Dekalog_der_OUN (consulté le 11.3. 2023)

95 https://www.spiegel.de/politik/das-blutbad-von-lemberg-ein-erlebnisbericht-von-moritz-gru-enbart-a-3a257fae-0002-0001-0000-000043063489
https://www.welt.de/geschichte/zweiter-weltkrieg/article232224801/Lemberg-1941-Doppel-ter-Exzess-von-Geheimdienst-NKWD-und-Judenhass.html

96 https://de.wikipedia.org/wiki/Geschichte_der_Juden_in_Lemberg (consulté le 12.3.2023)

97 https://de.wikipedia.org/wiki/Ghetto_Lemberg (consulté le 12.3.2023)

98   https://www.uni-augsburg.de/de/fakultaet/philhist/professuren/kunst-und-kulturgeschichte/europaische-ethnologie-volkskunde/exkursionen/ukraine-lemberg-czernowitz/der-holocaust-der-ukraine/
99   Droits d'image : Pictorial Press Ltd / Alamy Stock Foto
100   https://de.wikipedia.org/wiki/Jaroslaw_Stezko (consulté le 12.3.2023)
101   https://de.wikipedia.org/wiki/Stepan_Bandera#Zweiter_Weltkrieg (consulté le 12.3.2023)
102   https://de.wikipedia.org/wiki/Bataillon_Nachtigall (consulté le 12.3.2023)
103   https://www.bpb.de/shop/zeitschriften/apuz/257664/verflochtene-geschichten/?p=all
104   https://www.deutschlandfunk.de/asow-regiment-stepan-bandera-ukraine-100.html
105   https://de.wikipedia.org/wiki/Massaker_in_Wolhynien_und_Ostgalizien (consulté le 12.3.23)
106   https://visegradpost.com/de/2023/01/08/gedenkfeiern-fuer-stepan-bandera-in-der-ukraine-kommen-in-polen-schlecht-an/
107   Droits d'image : Władysława Siemaszków, Ludobójstwo, page 1294, from Henryk Słowiński collection, Public domain, via Wikimedia Commons
108   https://de.wikipedia.org/wiki/Massaker_in_Wolhynien_und_Ostgalizien#Nachwirkungen, (consulté le 13.3.23)
109   https://de.wikipedia.org/wiki/14._Waffen-Grenadier-Division_der_SS_(galizische_Nr._1) (consulté le 13.3.23)
110   https://de.wikipedia.org/wiki/Andrij_Melnyk_(Offizier) (consulté le 13.3.23)
111   https://daserste.ndr.de/panorama/archiv/2014/Hitlers-Helfer-wie-Nationalisten-die-Ukraine-weiter-spalten-,ukraine451.html
112   https://www.nzz.ch/feuilleton/giftgruesse-aus-moskau-muenchens-exilszene-im-kalter-krieg-ld.1707703
113   https://www.bpb.de/shop/zeitschriften/apuz/257664/verflochtene-geschichten/?p=all
114   https://historynewsnetwork.org/article/122778
115   https://de.wikipedia.org/wiki/Ukrainische_Aufst%C3%A4ndische_Armee (consulté le 13.3.23)
116   Mathias Bröckers, Paul Schreyer: Wir sind die Guten, 2016, p. 73ff.
117   Richard Breitman, Norman J. W. Goda, National Archives: Hitler's Shadow, Nazi War Criminals, U.S. Intelligence, and the Cold War, 2010
118   Mathias Bröckers, Paul Schreyer: Wir sind die Guten, 2016, p. 73ff.
119   https://visegradpost.com/de/2023/01/08/gedenkfeiern-fuer-stepan-bandera-in-der-ukraine-kommen-in-polen-schlecht-an/
120   https://de.wikipedia.org/wiki/Stepan_Bandera (consulté le 13.3.23)
121   Stamp of Ukraine Stepan Bandera 100 years, Public domain, via Wikimedia Commons
122   Droits d'image : Russian wikipedia, Public domain via Wikimedia Commons
123   https://de.wikipedia.org/wiki/Roman_Schuchewytsch#Ethnische_S%C3%A4uberungen_und_Pogrome_w%C3%A4hrend_des_Zweiten_Weltkriegs (consulté le 13.3.23)
124   https://visegradpost.com/de/2023/01/08/gedenkfeiern-fuer-stepan-bandera-in-der-ukraine-kommen-in-polen-schlecht-an/
125   https://www.nachdenkseiten.de/?p=94946
126   https://archive.ph/TKwen
127   Thomas Röper, Die Ukraine Krise, 2022, p. 55f.
128   Droits d'image : SRL / Alamy Stock Photo
129   Droits d'image : ВО Свобода via Wikimedia Commons
130   https://visegradpost.com/de/2023/01/08/gedenkfeiern-fuer-stepan-bandera-in-der-ukraine-kommen-in-polen-schlecht-an/
131   https://overton-magazin.de/top-story/die-richtlinien-von-stepan-bandera-sind-dem-oberbefehlshaber-wohlbekannt/
132   https://www.eurointegration.com.ua/experts/2021/11/16/7130282/
133   https://lisa.gerda-henkel-stiftung.de/stepan_bandera_und_die_gespaltene_erinnerung_an_die_gewalt_in_der_ukraine?nav_id=10282&language=en
134   https://www.telepolis.de/features/Das-Tragische-am-Bandera-Kult-ist-dass-Ukrainer-oft-nicht-wissen-wen-sie-eigentlich-verehren-6670655.html?seite=all
135   Ibid.
136   https://de.wikipedia.org/wiki/Ruhm_der_Ukraine (consulté le 13.3.23)

137 https://www.spiegel.de/politik/ausland/ukraine-fuehrt-umstrittene-grussformel-fuer-armee-und-polizei-ein-a-1231501.html
138 https://de.wikipedia.org/wiki/Euronews#Kooperation_mit_der_EU (consulté le 12.6.23)
139 https://de.euronews.com/2018/11/13/ukrainische-ferienlager-schiesst-auf-alle-separatisten
140 https://www.anti-spiegel.ru/2018/ukraine-russische-untermenschen-toten-sommerlager-fur-kinder-mit-kalaschnikow/
141 https://www.un.org/depts/german/gv-67/band1/ar67154.pdf
142 https://overton-magazin.de/hintergrund/politik/westblock-auch-deutschland-stimmt-gegen-die-un-resolution-bekaempfung-der-verherrlichung-des-nationalsozialismus/
https://www.anti-spiegel.ru/2020/deutschland-und-der-westen-verweigern-uno-resolution-gegen-nationalsozialismus-die-unterstuetzung/
https://www.anti-spiegel.ru/2021/alle-jahre-wieder-deutschland-verweigert-uno-resolution-gegen-nationalsozialismus-die-unterstuetzung/
143 https://www.spiegel.de/politik/ausland/ukraine-fuehrt-umstrittene-grussformel-fuer-armee-und-polizei-ein-a-1231501.html
144 Droits d'image : Guntram Prochaska via Wikimedia Commons
145 https://de.wikipedia.org/wiki/Holodomor (consulté le 15.3.23)
146 https://ulrich-heyden.de/article/ukrainische-menschenrechtlerin-larissa-schessler-alle-ha-ben-angst
147 Droits d'image : Deborah Howe / Alamy Stock Photo
148 https://www.katholisch.de/artikel/26935-vor-150-jahren-als-in-rom-die-weltliche-macht-der-paepste-endete
149 https://de.wikipedia.org/wiki/Bretton-Woods-System (consulté le 26.6.2023)
150 https://www.monbiot.com/2008/11/18/clearing-up-this-mess/
http://hansard.millbanksystems.com/lords/1943/may/18/international-clearing-union
151 https://de.statista.com/statistik/daten/studie/15635/umfrage/handelsbilanz-der-usa/
152 https://www.rothschildandco.com/en/newsroom/insights/2022/11/wm_die_staerke_des_us_dollars_und_was_ihn_treibt/
153 https://de.wikipedia.org/wiki/Liste_von_Milit%C3%A4rbasen_der_Vereinigten_Staaten_im_Ausland (consulté le 26.6.2023)
154 https://www.dw.com/de/sipri-ausgaben-f%C3%BCrs-milit%C3%A4r-steigen-weltweit-rasant/a-65395277
155 Valentin Wember: Ein welthistorischer Kampf, Polyperspektivische Anmerkungen zu einem langen Krieg, 2022, Stratos-Verlag, p. 40 ff.
156 Stephen Kinzer: Overthrow. America´s Century of Regime change from Hawai to Iraq, 2006
157 https://de.wikipedia.org/wiki/Beteiligung_der_Vereinigten_Staaten_an_Regierungswech-seln_im_Ausland (consulté le 26.6.2023)
158 Daniele Ganser: Imperium USA, 2023
Daniele Ganser: Illegale Kriege, 2023
159 https://norberthaering.de/news/usa-syrien/
160 https://watson.brown.edu/costsofwar/files/cow/imce/papers/2023/Indirect%20Deaths.pdf
161 https://overton-magazin.de/top-story/der-amerikanische-krieg-gegen-den-terror-kostete-mindestens-45-millionen-menschen-das-leben/
162 https://watson.brown.edu/costsofwar/files/cow/imce/papers/2020/Displacement_Vine%20et%20al_Costs%20of%20War%202020%202009%2008.pdf
163 https://popularresistance.org/us-has-killed-more-than-20-million-in-37-nations-since-wwii/
164 https://www.globalresearch.ca/us-has-killed-more-than-20-million-people-in-37-victim-nations-since-world-war-ii/5492051
https://tkp.at/2023/04/24/usa-verantwortlich-fuer-mehr-als-20-millionen-tote-in-37-laen-dern-seit-ende-des-zweiten-weltkriegs/?utm_source=mailpoet&utm_medium=email&utm_campaign=daily-notification
165 https://www.fmprc.gov.cn/mfa_eng/wjbxw/202302/t20230220_11027664.html
166 https://www.christoph-pfluger.ch/2023/02/23/die-bombe-aus-china/#more-1861
Traduction française: https://reseauinternational.net/lhegemonie-americaine-et-ses-dangers/
167 https://www.fmprc.gov.cn/mfa_eng/xwfw_665399/s2510_665401/202302/t20230223_11030365.html
168 https://www.foreignaffairs.com/articles/asia/1997-09-01/geostrategy-eurasia

169 Zbigniew Brzeziński: Die einzige Weltmacht: Amerikas Strategie der Vorherrschaft. 2004
https://fassadenkratzer.wordpress.com/2014/03/28/europa-geostrategischer-bruckenkopf-der-einzigen-weltmacht/
https://www.tagesspiegel.de/politik/ohne-die-ukraine-ist-russland-keine-gross-macht-5419849.html

170 Zbig: The Man Who Cracked the Kremlin Paperback, 2013

171 https://www.rand.org/content/dam/rand/pubs/research_reports/RR3000/RR3063/RAND_RR3063.pdf

172 https://de.wikipedia.org/wiki/RAND_Corporation (consulté le 26.6.2023)

173 https://de.wikipedia.org/wiki/Daniel_Ellsberg (consulté le 26.6.2023)

174 https://www.anti-spiegel.ru/2019/russland-hat-keine-aggressiven-absichten-us-strategie-papier-erklaert-die-wahren-gruende-der-us-politik/

175 https://www.anti-spiegel.ru/?s=Welche+Ma%C3%9Fnahmen+die+USA+gegen+Russland+planen%3A

176 https://www.anti-spiegel.ru/2020/welche-massnahmen-die-usa-gegen-russland-planen-teil-2-ukraine/

177 https://www.anti-spiegel.ru/2021/studie-der-rand-corporation-hat-2019-geschrieben-was-2021-realitaet-geworden-ist/

178 https://foreignpolicy.com/2023/02/11/russia-studies-war-ukraine-decolonize-imperialism-western-academics-soviet-empire-eurasia-eastern-europe-university/

179 https://www.youtube.com/watch?v=-iGtFXs9gv0
https://www.csce.gov/international-impact/events/decolonizing-russia
https://mronline.org/2022/06/27/u-s-govt-body-plots-to-break-up-russia-in-name-of-deco-lonization/
https://www.anti-spiegel.ru/2022/wollen-die-usa-russland-als-staat-zerschlagen/
https://www.theatlantic.com/ideas/archive/2022/05/russia-putin-colonization-ukraine-chechnya/639428/

180 https://www.freenationsrf.org/

181 https://www.freenationsrf.org/news-posts/forum-svobodnyh-narodov-v-bryussele-solidar-nost-s-ukrainoy-dialog-s-es-i-nachalo-referendumov

182 https://www.hudson.org/events/new-architecture-northern-eurasia-sixth-free-nations-post-russia-forum

183 https://voicefromrussia.ch/die-geplante-zerstuckelung-russlands/

184 https://www.berliner-zeitung.de/wirtschaft-verantwortung/die-ukraine-ist-die-neueste-kata-strophe-amerikanischer-neocons-li.242093

185 https://www.president.gov.ua/en/news/prezident-obgovoriv-z-generalnim-direktorom-bla-ckrock-koordi-80105

186 https://www.cargill.com/2021/cargill-becomes-majority-shareholder-of-its-joint-venture

187 https://landmatrix.org/

188 https://www.zlv.lu/db/1/1485434483022/0
https://www.anti-spiegel.ru/2021/seit-1-juli-wurden-in-der-ukraine-fast-2-000-kaufver-traege-fuer-schwarzerde-flaechen-abgeschlossen/

189 https://www.bayer.com/de/ukraine

190 https://www.bloomberg.com/news/articles/2023-04-20/ukraine-pitches-high-returns-in-wartime-fire-sale-of-state-firms#xj4y7vzkg

191 https://diebasis-partei.de/2023/01/entsteht-in-der-ukraine-die-staatsform-eines-onmifeuda-len-oder-ultrapekuniaeren-staates/

192 https://vimentis.ch/der-ukraine-krieg-und-die-interessenslage-der-usa/
https://www.youtube.com/watch?app=desktop&v=QeLu_yyz3tc

193 Renate Riemeck: Mitteleuropa - Bilanz eines Jahrhunderts, 1997, p. 174 ff.

194 https://www.spiegel.de/geschichte/die-nato-in-den-sechzigerjahren-angst-vor-den-deut-schen-a-1246455.html

195 Terry M. Boardman: Western Hostility to Russia: The Hidden Background to War in Ukraine, 2023

196 Droits d'image : panoramio Richard Mayer via Wikimedia Commons

197 Valentin Wember: Ein welthistorischer Kampf, Polyperspektivische Anmerkungen zu einem langen Krieg, 2022, Stratos-Verlag

198 https://de.wikipedia.org/wiki/Reise_Lenins_im_plombierten_Wagen (aufgerufen 19.8.2023)
199 https://globalbridge.ch/endlich-der-ex-botschafter-darf-ein-paar-wahre-worte-sagen/
200 Ibid.
201 https://kai-ehlers.de/2022/05/wladimir-putins-rolle-im-russischen-machtgefuege-eine-not-wendige-skizze/
202 https://de.wikipedia.org/wiki/Aprilaufstand (aufgerufen 19.8.2023)
203 https://de.wikipedia.org/wiki/Russisch-Osmanischer_Krieg_(1877%E2%80%931878)
204 https://www.bpb.de/kurz-knapp/lexika/das-junge-politik-lexikon/320510/imperialismus/
205 Droits d'image : Statista-Recherche, https://de.statista.com/infografik/26897/grenzen-des-heutigen-russlands-und-des-russischen-reichs-von-1914/
206 https://de.wikipedia.org/wiki/Liste_von_Milit%C3%A4roperationen_Russlands_und_der_Sowjetunion (consulté le 19.8.2023)
207 https://de.wikipedia.org/wiki/S%C3%BCdossetien#Georgisch-s%C3%BCdossetischer_Krieg
208 https://de.wikipedia.org/wiki/Georgisch-Abchasischer_Krieg (consulté le 19.8.2023)
209 https://de.wikipedia.org/wiki/Kaukasuskrieg_2008 (consulté le 19.8.2023)
210 https://de.wikipedia.org/wiki/Kaukasuskrieg_2008#%C3%9Cberlegungen_eines_amerikani-schen_Eingreifens (consulté le 19.8.2023)
211 https://de.wikipedia.org/wiki/Transnistrien-Konflikt (consulté le 19.8.2023)
     https://de.wikipedia.org/wiki/Transnistrien (consulté le 19.8.2023)
212 https://de.wikipedia.org/wiki/Tadschikischer_B%C3%BCrgerkrieg
213 https://www.anti-spiegel.ru/2023/putin-vermittelt-frieden-zwischen-armenien-und-aserbeidschan/
214 https://de.wikipedia.org/wiki/Autonome_Sozialistische_Sowjetrepublik (consulté le 21.8.2023)
215 https://de.wikipedia.org/wiki/Islam_in_Russland#Demographie_und_Geographie (consulté le 21.8.2023)
216 https://de.wikipedia.org/wiki/Sprachen_Russlands (consulté le 21.8.2023)
217 https://de.wikipedia.org/wiki/Tschetschenien (consulté le 21.8.2023)
218 https://www.friedenskooperative.de/friedensforum/artikel/die-strategische-bedeutung-von-militaerbasen
219 https://mid.ru/en/foreign_policy/fundamental_documents/1860586/?lang=de
220 https://www.anti-spiegel.ru/2023/der-russische-aussenminister-lawrow-ueber-die-perspekti-ven-der-beziehungen-zum-westen/
221 https://www.whitehouse.gov/briefing-room/statements-releases/2022/10/12/fact-sheet-the-biden-harris-administrations-national-security-strategy/
     https://www.whitehouse.gov/wp-content/uploads/2022/10/Biden-Harris-Administrations-National-Security-Strategy-10.2022.pdf
222 Droits d'image : Andrew Butko via Wikimedia Commons
223 https://www.bpb.de/themen/europa/ukraine-analysen/137814/chronik-des-assoziierungsab-kommens-zwischen-der-eu-und-der-ukraine/
224 Thomas Röper: Die Ukraine Krise, 2022, Seite 43 ff.
225 https://www.mk.ru/politics/article/2013/11/22/949453-rossiyskiy-buldozer-i-ukrainskaya-lodka.html
226 https://www.bild.de/politik/ausland/helmut-schmidt/bild-interview-altkanzler-europa-ukra-ine-krise-35992408.bild.html
227 Droits d'image : Kremlin.ru via Wikimedia Commons
228 https://www.bild.de/politik/inland/helmut-schmidt/bild-interview-altkanzler-europa-ukra-ine-krise-36003626.bild.html
229 Droits d'image : Piotr Drabik from Poland via Wikimedia Commons
230 https://www.spiegel.de/politik/deutschland/ukraine-krise-helmut-schmidt-von-ex-eu-kom-missar-verheugen-kritisiert-a-970150.html
231 Droits d'image : Gge - Eigenes Werk via Wikimedia Commons
232 https://www.focus.de/politik/ausland/genschers-krude-putin-thesen-in-europa-gibt-es-keine-stabilitaet-ohne-russland_id_4142180.html
233 https://www.zeit.de/video/2014-03/3322012589001/ukraine-die-eu-haette-kein-entweder-oder-formulieren-duerfen
234 https://www.infosperber.ch/politik/welt/ohne-hilfe-der-usa-haette-es-keinen-staatsstreich-gegeben/

235 https://de.wikipedia.org/wiki/Referendum_in_den_Niederlanden_%C3%BCber_das_Assoziierungsabkommen_zwischen_der_Europ%C3%A4ischen_Union_und_der_Ukraine (consulté le 23.9.2023)

236 https://www.sudd.ch/event.php?lang=de&id=nl012016

237 https://de.wikipedia.org/wiki/Referendum_in_den_Niederlanden_%C3%BCber_das_Gesetz_%C3%BCber_die_Nachrichten-_und_Sicherheitsdienste#Gesamtergebnis (consulté le 23.9.2023)
https://www.sudd.ch/event.php?lang=de&id=nl012018

238 https://nl.wikipedia.org/wiki/Referendum_over_de_Wet_op_de_inlichtingen-_en_veiligheidsdiensten_2017#Resultaat (consulté le 23.9.2023)

239 https://www.uni-muenster.de/NiederlandeNet/aktuelles/archiv/2018/0710AbschaffungReferendum.html
https://www.mehr-demokratie.de/presse/einzelansicht-pms/niederlaendisches-parlament-will-direkte-demokratie-abschaffen?sword_list[0]=Niederlande&no_cache=1
https://www.nd-aktuell.de/artikel/1073585.referendum-in-den-niederlanden-kaum-eingefuehrt-schon-wieder-abgeschafft.html

240 Droits d'image : Public domain via Wikimedia Commons

241 https://www.rubikon.news/artikel/die-andere-seite-der-wahrheit

242 Ex CIA Offizier Ray McGovern: Das sind die wahren Schuldigen am Ukraine Krieg. YouTube, 21. September 2014, https://www.youtube.com/watch?v=juw4E4O_XeI

243 John Mearsheimer: Warum der Westen an der Ukraine-Krise schuld ist. Foreign Affairs, 1. September 2014.

244 John McCain tells Ukraine protesters: „We are here to support your just cause." The Guardian, 15. Dezember 2013, https://www.theguardian.com/world/2013/dec/15/john-mccain-ukraine-protests-support-just-cause

245 Stefan Korinth: „An unseren Händen klebt kein Blut." NachDenkSeiten, 22. Oktober 2015; https://www.nachdenkseiten.de/?p=28031#foot_0

246 Ibid.

247 ARD Monitor: Die NATO als Kriegstreiber in der Ukraine, 14. März 2014, https://www.youtube.com/watch?v=qpw5qIZ7QeM.

248 Ron Paul: Reckless Congress ‚declares war' on Russia. Ron Paul Institute for Peace and Prosperity. 4. Dezember 2014.

249 Gerhard Lechner: Offene Fragen zu Ereignissen auf dem Maidan. Ina Kirsch über die vielen Fehler, die zu der schweren Ukrainekrise führten. Wiener Zeitung, 20. Februar 2015 https://austria-forum.org/af/Wissenssammlungen/Essays/Politik/Maidan

250 Victoria Nulands Ausrutscher. US-Diplomatin entschuldigt sich für „Fuck the EU". Spiegel Online, 7. Februar 2014, https://www.spiegel.de/politik/ausland/us-diplomatin-victoria-nuland-entschuldigt-sich-fuer-fuck-the-eu-a-952016.html

251 Thomas Röper, Die Ukraine Krise, 2022

252 Ibid. p. 48

253 Ibid. p. 54 f.

254 https://de.wikipedia.org/wiki/Andrij_Parubij (consulté le 23.9.2023)

255 Thomas Röper, Die Ukraine Krise, 2022, p. 60

256 Sasha Maksymenko via Wikimedia Commons

257 Mathias Bröckers, Paul Schreyer: Wir sind immer die Guten, 2019, p. 81 f.
Thomas Röper, Die Ukraine Krise, 2022, p. 69

258 https://www.lpb-bw.de/ukraine-politik

259 Thomas Röper: Die Ukraine Krise, 2022, p. 71 ff.

260 Droits d'image : Mykola Vasylechko via Wikimedia Commons

261 Droits d'image : Mykola Vasylechko via Wikimedia Commons

262 https://www.tagesspiegel.de/politik/scharfschutzen-schiessen-auf-demonstranten-protestierer-nehmen-gefangene-3546478.html

263 Mathias Bröckers, Paul Schreyer: Wir sind immer die Guten, 2019, p. 83

264 Ibid. p. 84 f.

265 https://www.ardmediathek.de/video/monitor/todesschuesse-in-kiew-wer-ist-fuer-das-blutbad-vom-maidan-verantwortlich/das-erste/Y3JpZDovL3dkci5kZS9C-ZWlocmFnLTc2ZGM1N2M0LTIoOTAtMTFlNS1hOWE3LTUyMjFhZjBjMmJiNQ
https://youtu.be/Zm8duuDhvys
266 https://www.telepolis.de/features/Maidanmorde-Drei-Beteiligte-gestehen-3893551.html?seite=all
267 https://www.telepolis.de/features/ARD-im-Tiefschlaf-Das-seltsame-Desinteresse-an-einer-Aufklaerung-der-Maidan-Morde-3996302.html
268 Thomas Röper: Die Ukraine Krise, 2022, p. 82 ff.
269 Ibid. p. 83 f.
270 Ibid. p. 90 ff.
271 Mathias Bröckers, Paul Schreyer: Wir sind immer die Guten, 2019, p. 90 f.
272 Ibid. p. 91
273 Thomas Röper: Die Ukraine Krise, 2022, p. 93
274 Ibid. p. 94
275 https://www.spiegel.de/politik/ausland/ukraine-maidan-demonstranten-fordern-januko-witsch-ruecktritt-a-955007.html
276 Thomas Röper: Die Ukraine Krise, 2022, p. 96 f.
277 https://www.faz.net/aktuell/politik/ausland/ukraine-konflikt-viktor-janukowitschs-letzte-tage-13388710.html?printPagedArticle=true
278 Thomas Röper: Die Ukraine Krise, 2022, p. 96 ff.
279 Mathias Bröckers, Paul Schreyer: Wir sind immer die Guten, 2019, S. 88
280 Thomas Röper: Die Ukraine Krise, 2022, p. 100 f.
281 https://www.verfassungen.net/ua/verf96-i.htm
282 Thomas Röper: Die Ukraine Krise, 2022, p. 106
283 Verfassungsrechtliche Fragen der Amtsenthebung des Präsidenten der Ukraine. Ergänzung zur Ausarbeitung WD 3 – 3000 – 068/14, Wissenschaftlicher Dienst des Deutschen Bundestags, 5. Januar 2015
284 Thomas Röper: Die Ukraine Krise, 2022, p. 103
285 Ibid. p. 210 ff.
286 https://www.pon.harvard.edu/daily/batna/the-good-cop-bad-cop-negotiation-strategy/
287 https://www.faz.net/aktuell/politik/ausland/ukraine-konflikt-viktor-janukowitschs-letzte-tage-13388710.html?printPagedArticle=true
288 Droits d'image : Jasper Neupane / Alamy Stock Photo
289 Ulrich Heyden: Der längste Krieg in Europa seit 1945, 2022, p. 36
290 https://globalbridge.ch/wann-endlich-nimmt-auch-bern-die-geschichte-der-ukraine-in-den-jahren-2013-und-2014-zur-kenntnis/
291 Droits d'image : Almo59 via Wikimedia Commons
292 Droits d'image : Vyacheslav Argenberg via Wikimedia Commons
293 Gwendolyn Sasse: The Crimea Question. Identity, Transition, and Conflict. Harvard Univ. Press, Cambridge, Mass. 2007, p. 100 f.
294 Ibid. p. 111 f.
295 http://sevkrimrus.narod.ru/ZAKON/01954.htm
296 https://t.me/rian_de/37774 und https://t.me/rian_de/37393
297 https://www.sudd.ch/event.php?lang=de&id=ua031991
298 http://sevkrimrus.narod.ru/ZAKON/1991.htm
299 https://en.wikipedia.org/wiki/1991_Crimean_sovereignty_referendum#cite_note-1991_refe-rendum-8 (consulté le 23. Mai 2023)
https://zeitschrift-osteuropa.de/hefte/2014/5-6/das-voelkerrecht-der-gebietsreferenden
Natalya Belitser (20. Februar 2000): The Constitutional Process in the Autonomous Republic of Crimea in the Context of Interethnic Relations and Conflict Settlement. International Com-mittee for Crimea. (consulté le 11.12.2022)
Russians in the Former Soviet Republics by Pål Kolstø, Indiana University Press, 1995
300 https://www.sudd.ch/event.php?lang=de&id=ua011991
https://www.sudd.ch/event.php?lang=de&id=su011991
301 https://en.wikipedia.org/wiki/1991_Ukrainian_sovereignty_referendum (consulté le 23. Mai 2023)

302 https://de.wikipedia.org/wiki/Krim#Zwischenkriegszeit,_autonome_ASSR (consulté le 23. Mai 2023)
Der große Ploetz, 33. Aufl. 2002, p. 1534

303 Politische Lage auf der Krim. Debatte um den Nato-Beitritt der Ukraine. In: Ukraine-Analysen 12/06, p. 2 (consulté le 6. März 2014).

304 http://sevkrimrus.narod.ru/ZAKON/1991u.htm

305 https://zeitschrift-osteuropa.de/hefte/2014/5-6/das-voelkerrecht-der-gebietsreferenden/
https://www.jstor.org/stable/24229925
https://docs.cntd.ru/document/902002993

306 http://sevkrimrus.narod.ru/ZAKON/1992ref.htm

307 https://de.wikipedia.org/wiki/Krim#Zwischenkriegszeit,_autonome_ASSR (consulté le 23. Mai 2023)

308 https://www.nytimes.com/1992/05/06/world/crimea-parliament-votes-to-back-independence-from-ukraine.html

309 http://sevkrimrus.narod.ru/ZAKON/1992otme.htm

310 https://lb.ua/news/2020/07/16/461879_krim_maie_buti_ukrainskim_ale_bez.html

311 Andreas Kappeler: Kleine Geschichte der Ukraine. 4., überarbeitete und aktualisierte Auflage. C. H. Beck, München 2014, ISBN 978-3-406-67019-0, p. 268

312 https://de.wikipedia.org/wiki/Autonome_Republik_Krim (consulté le 23. Mai 2023)

313 https://www.sudd.ch/event.php?lang=de&id=ua011994
https://www.sudd.ch/event.php?lang=de&id=ua031994
https://www.sudd.ch/event.php?lang=de&id=ua021994

314 https://en.wikipedia.org/wiki/1994_Crimean_referendum (consulté le 23. Mai 2023)

315 https://de.wikipedia.org/wiki/Krim#Zwischenkriegszeit,_autonome_ASSR (consulté le 23. Mai 2023)
Gwendolyn Sasse: Die Krim - regionale Autonomie in der Ukraine, https://nbn-resolving.org/urn:nbn:de:0168-ssoar-43615

316 https://www.nytimes.com/1995/03/19/world/ukraine-moves-to-oust-leader-of-separatists.html
https://lb.ua/news/2020/07/16/461879_krim_maie_buti_ukrainskim_ale_bez.html

317 http://sevkrimrus.narod.ru/texstes/prezident.htm
https://en.wikipedia.org/wiki/Yuriy_Meshkov (consulté le 23. Mai 2023)

318 https://taz.de/Krim-droht-mit-Unabhaengigkeit/!1515941/
https://www.schweizer-standpunkt.ch/news-detailansicht-de-international/die-politik-der-usa-war-es-immer-zu-verhindern-dass-deutschland-und-russland-enger-zusammenarbeiten.html

319 https://lb.ua/news/2020/07/16/461879_krim_maie_buti_ukrainskim_ale_bez.html

320 https://de.wikipedia.org/wiki/Autonome_Republik_Krim (consulté le 23. Mai 2023)

321 https://en.wikipedia.org/wiki/2010_Crimean_parliamentary_election (consulté le 23.5.23)

322 Thomas Röper: Die Ukraine-Krise, 2022, p. 112 f.

323 Ibid. p. 145 f.

324 https://www.sudd.ch/event.php?lang=de&id=ua012014
https://en.wikipedia.org/wiki/2014_Crimean_status_referendum

325 Thomas Röper: Die Ukraine-Krise, 2022, p. 146 f.

326 Ibid. p. 144

327 Reinhard Merkel, Kühle Ironie der Geschichte, Frankfurter Allgemeine v. 8.4.2014.

328 https://www.forbes.com/sites/kenrapoza/2015/03/20/one-year-after-russia-annexed-crimea-locals-prefer-moscow-to-kiev/?sh=107b00d0510d

329 https://www.anti-spiegel.ru/2023/teil-11-nach-dem-referendum/
https://www.pewresearch.org/global/2014/05/08/chapter-2-ukraine-russian-influence-unwelcome/

330 https://voicefromrussia.ch/voice-from-russia-hat-einen-neuen-autor/

331 https://voicefromrussia.ch/us-strategie-auf-der-krim-ein-blick-10-jahre-zuruck/

332 https://de.globalvoices.org/2014/04/28/die-usa-machen-es-dem-kreml-mit-seiner-propaganda-leicht-mal-wieder/

333 https://www.infosperber.ch/politik/welt/neue-us-militaerbasis-in-der-ukraine-nahe-der-krim/

334 Droits d'image : Berihert via Wikimedia Commons

335 Droits d'image : Aleksander Kaasik via Wikimedia Commons
336 https://www.merkur.de/politik/ukraine-dreht-russland-annektierter-krim-angeblich-wasser-zr-3509502.html
337 https://tass.com/russia/790555
338 https://de.wikipedia.org/wiki/Nord-Krim-Kanal (consulté le 23. Mai 2023)
339 https://www.telepolis.de/features/Russland-nimmt-Unterwasserkabel-zur-Krim-in-Betrieb-3377013.html
340 https://newsv2.orf.at/stories/2310912/2310913/
     https://www.faz.net/aktuell/politik/ausland/kein-strom-auf-der-krim-russischer-abgeordne-ter-spricht-von-terrorakt-13925588.html
341 https://www.swissinfo.ch/ger/putin-weiht-vierten-und-letzten-teil-der-krim-stromleitung-ein/42149150
342 https://de.euronews.com/2014/12/28/verkehrschaos-auf-der-krim-kiew-stellt-verbindungen-ein
     https://www.youtube.com/watch?v=ACVDbshVWQg
     https://www.sueddeutsche.de/politik/energiestreit-und-territorialkonflikt-russland-liefert-kohle-und-strom-an-die-ukraine-1.2283578
343 https://de.wikipedia.org/wiki/Krim-Br%C3%BCcke (consulté le 23. Mai 2023)
344 https://pressefreiheit.rtde.live/international/170554-chef-ukrainischen-geheimdienstes-kuen-digt-physische/
345 https://test.rtde.life/international/170262-chef-ukrainischen-militaergeheimdienstes-raeumt-morde-an-russen-ein/
     https://www.anti-spiegel.ru/2023/ukrainischer-geheimdienst-gibt-terroranschlaege-auf-jour-nalisten-zu/
346 https://transition-news.org/ukrainischer-geheimdienst-chef-bestatigt-kiew-steht-hinter-den-morden-an
347 https://www.dw.com/de/ukraine-tauscht-verteidigungsminister-aus/a-64618103
348 https://en.wikipedia.org/wiki/Main_Directorate_of_Intelligence_(Ukraine) (consulté le 23. Mai 2023)
349 https://www.kyivpost.com/post/7760
350 Droits d'image : Defence_Intelligence_of_Ukraine, Public domain via Wikimedia Commons
351 https://de.wikipedia.org/wiki/Trysub (consulté le 25. Mai 2023)
352 https://gur.gov.ua/en/content/video.html
     https://www.youtube.com/embed/HlvoVnJRIZc?modestbranding=1&autoplay=1&enablejsa-pi=1&wmode=opaque
353 Droits d'image : vector-images.com, Public domain via Wikimedia Commons
354 https://pressefreiheit.rtde.live/international/170554-chef-ukrainischen-geheimdienstes-kuen-digt-physische/
355 https://www.welt.de/politik/ausland/article244615996/Kiew-veroeffentlicht-12-Punkte-Plan-fuer-Befreiung-der-Krim.html
     https://rtde.live/europa/167246-alles-russische-ausloeschen-ukraine-stellt-massnahmen-auf-der-krim-vor/
     https://www.anti-spiegel.ru/2023/kiew-plant-umerziehungslager-und-ein-totales-verbot-von-allem-russischen/
     https://apnews.com/article/russia-ukraine-war-crimea-9da550b396f42cc267a4808bf99d5e6d
     https://odessa-journal.com/oleksiy-danilov-12-steps-of-deoccupation-of-crimea/
     https://www.radiosvoboda.org/a/viyna-krym-podolyak-prohnoz/32349163.html
356 https://de.wikipedia.org/wiki/Nationaler_Sicherheits-_und_Verteidigungsrat_der_Ukraine (consulté le 23. Mai 2023)
357 Droits d'image : President.gov.ua via Wikimedia Commons
358 https://de.wikipedia.org/wiki/Mychajlo_Podoljak (consulté le 23. Mai 2023)
359 Thomas Röper: Die Ukraine-Krise, 2022, p. 157
360 https://www.kyivpost.com/post/7557
361 Droits d'image : Panther Media GmbH / Alamy Stock Photo
362 Siehe z.B. Charta der Vereinten Nationen, Art. 1, https://unric.org/de/charta/ und die KSZE-Schlussakte am 1. August 1975, https://www.osce.org/de/mc/39503
363 Ibid.
364 https://www.verfassungen.net/ua/verf96-i.htm

365 https://globalbridge.ch/die-abspaltung-des-donbass-von-der-ukraine-war-kein-verstoss-gegen-das-voelkerrecht/
366 Thomas Röper: Die Ukraine-Krise, 2022, p. 152
367 https://de.wikipedia.org/wiki/Selbstbestimmungsrecht_der_V%C3%B6lker (consulté le 20.6.2023)
368 https://www.icj-cij.org/case/141
https://www.bundestag.de/resource/blob/191664/b14ce4e8a3e1f73a92fe9d9b5aa99d30/kosovo-data.pdf
369 https://www.icj-cij.org/case/141/written-proceedings
370 Eingabe Russlands an den IGH im Kosovo-Fall, Paragr. 88: https://www.icj-cij.org/public/files/case-related/141/15628.pdf
371 https://de.wikipedia.org/wiki/Camp_Bondsteel (consulté le 20.6.2023)
https://voicefromrussia.ch/selbstbestimmung-der-volker-der-westen-biegt-das-recht-nach-gutdunken/
372 Vgl. Hans-Jürgen Schlochauer, Herbert Krüger, Hermann Mosler und Ulrich Scheuner, Wörterbuch des Völkerrechts, Bd. 1, 2. Aufl., Berlin 1960, p. 68 ff.
373 https://de.wikipedia.org/wiki/Sezession mit weiteren Nachweisen (consulté le 20.6.2023)
374 https://www.faz.net/aktuell/feuilleton/debatten/die-krim-und-das-voelkerrecht-kuehle-ironie-der-geschichte-12884464.html
375 https://www.infosperber.ch/freiheit-recht/buergerrechte/russland-hat-die-krim-nicht-annektiert/
https://www.infosperber.ch/politik/welt/eine-folgenschwere-frage-zur-krim-war-es-eine-annexion/
376 Thomas Röper: Die Ukraine-Krise, 2022, p. 154
377 Ibid. p. 187
378 Ibid. p. 154
379 https://de.wikipedia.org/wiki/Kroatien (consulté le 20.6.2023)
380 https://www.bpb.de/kurz-knapp/hintergrund-aktuell/339883/vor-30-jahren-unabhaengigkeit-nordmazedoniens/
381 https://de.wikipedia.org/wiki/Bosnien_und_Herzegowina (consulté le 20.6.2023)
382 https://de.wikipedia.org/wiki/Unabh%C3%A4ngigkeitsreferendum_in_Montenegro_2006 (consulté le 20.6.2023)
383 https://de.wikipedia.org/wiki/Eritrea#Im_20._Jahrhundert (consulté le 20.6.2023)
384 https://www.sudd.ch/event.php?lang=de&id=iq012017
https://en.wikipedia.org/wiki/2017_Kurdistan_Region_independence_referendum (abgerufen am 20.6.2023)
385 https://www.sudd.ch/event.php?lang=de&id=es012017
386 Thomas Röper: Die Ukraine-Krise, 2022, p. 185
387 https://en.wikisource.org/wiki/Ukraine._Memorandum_on_Security_Assurances
388 Thomas Röper: Die Ukraine-Krise, 2022, p. 154
389 Vladislav Belov: Einkreisung durch den Westen? Russische Wahrnehmung westlicher Sicherheitspolitik. In: Heinz-Gerhard Justenhoven (Hrsg.): Kampf um die Ukraine. Ringen um Selbstbestimmung und geopolitische Interessen. Nomos, Baden-Baden, p. 80
390 https://ua.interfax.com.ua/news/interview/700678.html
391 http://web.archive.org/web/20140419030507/http://minsk.usembassy.gov/budapest_memorandum.html
392 Droits d'image : Michael Burrell / Alamy Stock Photo
393 https://www.focus.de/politik/ausland/krim-krise-im-news-ticker-russland-laesst-8500-soldaten-fuer-manoever-aufmarschieren_id_3685637.html
394 https://de.wikipedia.org/wiki/Sturmabteilung (consulté le 27.5.2023)
395 https://www.reuters.com/graphics/RUSSIA-UKRAINE/dwpkrkwkgvm/
396 https://web.archive.org/web/20141001235450/http://www.tagesschau.de/ausland/ukraine-731.html
397 https://www.amnesty.de/2014/9/10/amnesty-international-spricht-erstmals-von-einem-internationalen-bewaffneten-konflikt-der-
398 https://de.wikipedia.org/wiki/Regiment_Asow (consulté le 27.5.2023)

399 https://www.atlanticcouncil.org/blogs/ukrainealert/the-azov-regiment-has-not-depoliticized/
400 https://www.atlanticcouncil.org/blogs/ukrainealert/ukraine-s-got-a-real-problem-with-far-right-violence-and-no-rt-didn-t-write-this-headline/
401 https://www.nbcnews.com/think/opinion/ukraine-has-nazi-problem-vladimir-putin-s-denazification-claim-war-ncna1290946
402 https://thehill.com/opinion/international/359609-the-reality-of-neo-nazis-in-the-ukraine-is-far-from-kremlin-propaganda/)/
403 https://www.thenation.com/article/world/azov-battalion-neo-nazi/
404 Droits d'image : MrPenguin20, Public domain via Wikimedia Commons
405 https://de.wikipedia.org/wiki/Schwarze_Sonne (consulté le 27.5.2023)
406 https://globalbridge.ch/massenmord-aus-gewohnheit-siehe-dazu-auch-den-redaktionellen-nachsatz/
407 https://de.wikipedia.org/wiki/Wolfsangel (consulté le 27.5.23)
408 Droits d'image : Germany Images David Crossland / Alamy Stock Photo
409 Droits d'image : Carl Ridderstråle via Wikimedia Commons
410 Droits d'image : Heltsumani via Wikimedia Commons
411 Einige Interviews mit Jacques Baud:
https://overton-magazin.de/?s=+Jacques+Baud
https://zeitgeschehen-im-fokus.ch/de/suche-resultate.html?keywords=BAUD&x=0&y=0
https://anthroblog.anthroweb.info/2022/analyse-der-militaerischen-lage/
https://anthroblog.anthroweb.info/2022/das-erste-opfer-des-krieges/
412 https://anthroblog.anthroweb.info/2022/das-erste-opfer-des-krieges/
413 https://web.archive.org/web/20220510193958/https://www.justice.gov/eoir/page/file/1008261/download
414 https://observer.com/2017/06/ukraine-war-soldiers-suicide/
https://web.archive.org/web/20220807214854/https://vesti.ua/strana/309880-nazvany-neboevye-poteri-vsu-na-donbasse
415 https://www.refworld.org/docid/593a581b4.html
416 https://anthroblog.anthroweb.info/2022/analyse-der-militaerischen-lage/
https://eu.usatoday.com/story/news/world/2022/03/05/russia-invasion-ukraine-attention-extremist-regiment-nazi/9368016002/
417 Thomas Röper: Die Ukraine-Krise, 2022, p. 203
418 Ibid. p. 205
419 https://www.spiegel.de/politik/ausland/ukraine-krise-schlaegerei-im-parlament-in-kiew-a-963256.html
420 Thomas Röper: Die Ukraine-Krise, 2022, p. 210
421 Ibid. p. 213
422 Ibid. p. 216
423 Ibid. p. 220
424 https://zeitgeschehen-im-fokus.ch/de/newspaper-ausgabe/nr-6-vom-5-april-2022.html#article_1332
425 Ulrich Heyden: Der längste Krieg in Europa seit 1945, 2022, p. 123
426 https://web.archive.org/web/20141007073148/http://bigstory.ap.org/article/un-officials-meet-ukraine-government
427 Ulrich Heyden: Der längste Krieg in Europa seit 1945, 2022, p. 142 ff
428 https://www.sudd.ch/event.php?id=ua032014&lang=de
https://www.sudd.ch/event.php?lang=de&id=ua042014
429 Bildnachweis: Cosimo Attanasio/Alamy Live-Nachrichten
430 Bildnachweis: Cosimo Attanasio/Alamy Live-Nachrichten
431 https://en.m.wikipedia.org/wiki/2014_Donbas_status_referendums (consulté le 27.5.23)
432 https://kiis.com.ua/?lang=eng&cat=news&id=258
433 https://www.theguardian.com/world/2014/apr/22/ukraine-families-divided-donetsk-russia
434 https://web.archive.org/web/20140511233038/https://www.faz.net/aktuell/politik/ausland/separatisten-verkuenden-grosse-mehrheit-fuer-abspaltung-von-ukraine-12934681.html
435 Bildnachweis: Vyacheslav Lopatin / Alamy Stock Foto
436 Ulrich Heyden: Der längste Krieg in Europa seit 1945, 2022, p. 288 ff

437 https://www.anti-spiegel.ru/2021/wie-ukrainische-regierung-sagt-sich-offen-von-ihren-mit-buergern-im-donbass-losgelassen/
438 https://www.bpb.de/themen/medien-journalismus/krieg-in-den-medien/500446/staat/
439 https://www.sueddeutsche.de/politik/merkel-ukraine-poroschenko-1.4407750
440 Ulrich Heyden: Der längste Krieg in Europa seit 1945, 2022, p. 103
441 Ibid. p. 121
442 Ibid. p. 161 ff
443 Ibid. p. 241
444 https://www.kommersant.ru/doc/4141297
445 Ulrich Heyden: Der längste Krieg in Europa seit 1945, 2022, p. 163 f.
446 Präsident Selensky, Ukas Nr. 121/2021, Ukrainische Militärdoktrin, 25.3.2.1, https://www.president.gov.ua/documents/1212021-37661
447 Ulrich Heyden: Der längste Krieg in Europa seit 1945, 2022, p. 164
Alesija Bazman, 29. März 2021, https://www.youtube.com/watch?v=9BjhZ6YHse0,
448 https://ukraine.un.org/en/168060-conflict-related-civilian-casualties-ukraine
449 Ulrich Heyden: Der längste Krieg in Europa seit 1945, 2022, p. 165
450 Bildnachweis: Cosimo Attanasio/Alamy Live-Nachrichte
451 Bildnachweis: Andrew Butko via Wikimedia Commons
452 https://www.osce.org/special-monitoring-mission-to-ukraine/469734
453 https://www.osce.org/special-monitoring-mission-to-ukraine-closed
454 https://www.osce.org/special-monitoring-mission-to-ukraine/511327
455 Graphik entnommen aus: https://www.osce.org/special-monitoring-mission-to-ukra-ine/511327
456 https://en.sledcom.ru/
457 https://en.sledcom.ru/press/tragedy
458 https://geneva.mid.ru/en_US/web/geneva_en/donbasstragedy
459 https://украинские-преступления.org/#p=1
460 https://mid.ru/ru/foreign_policy/humanitarian_cooperation/1448658/?lang=en
https://web.archive.org/web/20220326101231/https://russische-botschaft.ru/wp-content/uploads/2020/07/Russian-MFA-Report-on-the-Human-Rights-Situation-in-Ukraine.pdf
461 https://t.me/neuesausrussland/11923
462 Droits d'image : HAI NGUYEN / Alamy Stock Photo
463 Ulrich Heyden: Der längste Krieg in Europa seit 1945, 2022
464 Droits d'image : Thaiways / Alamy Stock Photo
465 https://globalbridge.ch/ukraine-ein-krieg-mit-ansage/
466 Ulrich Heyden: Der längste Krieg in Europa seit 1945, 2022, p. 93 ff.
467 https://www.faz.net/aktuell/politik/ausland/die-verhandlungen-von-minsk-ein-russisches-spiel-13428669.html?printPagedArticle=true#pageIndex_0
468 https://www.badische-zeitung.de/ausland-1/waffenruhe-ohne-illusionen--100414843.html
469 http://www.osce.org/ru/cio/140221?download=true (russisches Original)
https://ria.ru/20150212/1047311428.html (russisches Original)
https://www.un.org/depts/german/sr/sr_14-15/sr2202.pdf (deutsche UN-Übersetzung)
https://www.securitycouncilreport.org/un-documents/document/sres2202.php (englisch UN-Übersetzung)
470 https://www.bpb.de/themen/europa/ukraine-analysen/191801/dokumentation-gesetz-ueber-sonderstatus-einzelner-bezirke-von-donezk-und-luhansk/
471 https://www.bundestag.de/resource/blob/880828/23b6372347d72f843cb197002f229887/WD-2-081-21-pdf-data.pdf
472 Ulrich Heyden: Der längste Krieg in Europa seit 1945, 2022, p. 211 f.
473 https://www.bpb.de/themen/europa/ukraine-analysen/nr-261/346854/analyse-die-umset-zung-der-minsker-vereinbarungen-was-ist-moeglich/
474 https://www.kas.de/de/web/ukraine/laenderberichte/detail/-/content/ein-jahr-nach-minsk-was-ist-aus-der-chance-fuer-den-frieden-geworden-1
475 https://www.swp-berlin.org/10.18449/2019S03/#hd-d25970e1411
476 https://www.osce.org/special-monitoring-mission-to-ukraine-closed
477 https://www.swp-berlin.org/10.18449/2019S03/#hd-d25970e1411

478 https://www.swp-berlin.org/10.18449/2019S03/#hd-d25970e1065
479 https://www.kas.de/de/web/ukraine/laenderberichte/detail/-/content/ein-jahr-nach-minsk-was-ist-aus-der-chance-fuer-den-frieden-geworden-1
480 https://www.osce.org/observer-mission-at-russian-checkpoints-gukovo-and-donetsk-disconti-nued
481 Foto: https://osce.usmission.gov/response-to-ukraine-reports-by-osces-chief-monitor-and-chairmanships-special-rep/
482 https://www.anti-spiegel.ru/2018/russland-muss-das-abkommen-von-minsk-erfullen-eine-analyse-des-abkommens/
483 https://yandex.ru/video/preview/13277929547094209932
Übersetzung: https://www.anti-spiegel.ru/2022/merkel-minsker-abkommen-2014-war-der-versuch-der-ukraine-zeit-zu-geben/
484 https://www.zeit.de/2022/51/angela-merkel-russland-fluechtlingskrise-bundeskanzler/kom-plettansicht
https://www.zeit.de/2022/53/angela-merkel-russland-krieg-wladimir-putin
485 https://news.yahoo.com/merkel-says-must-done-implement-minsk-peace-deal-172724439.html
486 https://kyivindependent.com/hollande-there-will-only-be-a-way-out-of-the-conflict-when-russia-fails-on-the-ground/
487 https://www.anti-spiegel.ru/2023/boris-johnson-das-minsker-abkommen-war-eine-diploma-tische-imitation/
488 https://www.francetvinfo.fr/monde/europe/manifestations-en-ukraine/on-s-en-fout-des-pro-positions-des-separatistes-quand-emmanuel-macron-telephonait-a-vladimir-poutine-pour-eviter-la-guerre-en-ukraine_5220382.html
489 https://www.spiegel.de/ausland/wolodymyr-selenskyj-im-interview-putin-ist-ein-drache-der-fressen-muss-a-458b7fe2-e15a-49a9-a38e-4bfba834f27b
490 https://www.washingtonpost.com/world/2023/02/22/volodymyr-zelensky-president-war-ukraine/
491 https://www.rferl.org/a/what-is-the-steinmeier-formula-and-did-Selenskyy-just-capitulate-to-moscow-/30195593.html
492 https://en.interfax.com.ua/news/general/191709.html
493 https://www.faz.net/aktuell/politik/nationalistenfuehrer-jarosch-wird-berater-des-general-stabs-13524216.html
494 Droits d'image : Right Sektor's Flickr Photostream by Volodymyr Tverdokhlib via Wikimedia Commons
495 https://www.facebook.com/dyastrub/posts/pfbidonzzm53TQbt1UGJUXpwMS-n92R8sh42vUygdbSgTBScB7TCtQrt6u5196aNa3q6fnvl
496 https://overton-magazin.de/krass-konkret/dmitri-jarosch-oder-die-ukrainischen-freunde-des-westens/
497 https://www.amnesty.org/en/latest/news/2022/08/ukraine-ukrainian-fighting-tactics-endan-ger-civilians/
498 https://overton-magazin.de/krass-konkret/dmitri-jarosch-oder-die-ukrainischen-freunde-des-westens/#comments
499 https://www.facebook.com/dyastrub/posts/4919794521430726
500 https://incident.obozrevatel.com/crime/dmitrij-yarosh-esli-Selenskyj-predast-ukrainu-pote-ryaet-ne-dolzhnost-a-zhizn.htm
501 https://www.wsws.org/de/articles/2022/06/06/ykgh-j06.html
502 https://www.nachdenkseiten.de/?p=94683
503 https://www.anti-spiegel.ru/2022/mit-dem-ruecken-zur-wand-warum-russland-im-februar-in-der-ukraine-interveniert-hat/
504 https://kurzelinks.de/pjh1
505 https://t.me/c/1849892941/4042,
506 https://apnews.com/article/russia-ukraine-russia-france-germany-europe-d9a2ed365b58d-35274bf0c3c18427e81
507 Droits d'image : J.-H. Janßen via Wikimedia
508 https://www.anti-spiegel.ru/2023/teil-11-nach-dem-referendum/

509 https://rtde.live/international/141543-russisch-in-postsowjetischen-ukraine-30-jahre-diskri-minierung-meistgesprochenen-sprache/
510 https://www.anti-spiegel.ru/2022/bis-zu-300-dollar-strafe-fuer-benutzung-von-russisch-in-der-oeffentlichkeit/
511 https://www.anti-spiegel.ru/2021/ukraine-was-bedeutet-das-neue-sprachengesetz-das-nun-ist-in-kraft-getreten-ist/
512 https://www.venice.coe.int/webforms/documents/default.aspx?pdffile=CDL-AD(2019)032-e#page=11
513 https://zakon.rada.gov.ua/laws/show/en/2704-19
514 https://www.anti-spiegel.ru/2023/skandal-in-ukrainischen-medien-cafe-besitzer-spricht-schlecht-ukrainisch/
515 https://t.me/deutschrussischefreundschaft/25307
516 https://de.wikipedia.org/wiki/Rassengesetze (consulté le 12.6.2023)
517 http://w1.c1.rada.gov.ua/pls/zweb2/webproc4_1?pf3511=71931
518 https://www.anti-spiegel.ru/2021/neues-gesetz-teilt-ukrainer-nach-voelkischen-kriterien-in-menschen-erster-und-zweiter-klasse-ein/
https://www.anti-spiegel.ru/2021/das-sprachengesetz-und-die-zwangsweise-ukrainisierung/
519 https://de.wikipedia.org/wiki/Karpatenukraine#Bev%C3%B6lkerung (consulté le 12.6.2023)
520 https://www.sueddeutsche.de/politik/ungarn-ukraine-minderheit-1.5228517
521 https://dailynewshungary.com/de/szijjarto-ukraine-will-ethnische-Minderheiten-beseitigen/
https://www.budapester.hu/ausland/minderheiten-vorschlag-der-ukraine-empoerend/
https://rtde.live/international/131481-liveticker-ukraine-krieg
522 https://www.sudd.ch/list.php?lang=de&area=ukraine&topic=&first=NaN&last=NaN&sen-se=desc
523 https://rtde.live/international/131481-liveticker-ukraine-krieg/?utm_source=Newslet-ter&utm_medium=Email&utm_campaign=Email
524 https://de.wikipedia.org/wiki/Sprachen_Russlands (consulté le 11.6.2023)
525 https://de.wikipedia.org/wiki/Nichtb%C3%BCrger_(Lettland) (consulté le 18.6.2023)
526 https://web.archive.org/web/20171116161019/http:/www.russkije.lv/files/images/text/PDF_Files/Legal-and-social-situation.pdf
527 https://overton-magazin.de/krass-konkret/das-vorbild-jugoslawien-von-der-krajina-zu-donezk-und-lugansk/
528 https://www.jungewelt.de/artikel/447483.staaten-zerschlagen-wei%C3%9Fe-flecken.html
529 https://www.mopo.de/news/politik-wirtschaft/ukraine-in-die-eu-welche-nuesse-noch-zu-kna-cken-sind/
530 Droits d'image : Chris English via Wikimedia Commons
531 Mattias Desmet: Die Psychologie des Totalitarismus, 2023
532 https://www.spiegel.de/politik/ausland/ukraine-nationalist-miroschnitschenko-ist-putins-liebster-feind-a-959878.html
533 https://www.faz.net/aktuell/politik/ausland/swoboda-abgeordnete-angriff-auf-fernsehchef-in-der-ukraine-12854526.html
https://taz.de/Faschistische-Attacke-in-der-Ukraine/!5046073/
https://www.wsj.com/articles/nationalisten-fallen-ukrainischer-regierung-zur-last-1395344501
https://www.sueddeutsche.de/politik/ukraine-der-westen-entdeckt-swobodas-haessliches-gesicht-1.1918734
https://www.n-tv.de/politik/Kiew-Swoboda-Abgeordnete-zwingen-TV-Chef-zum-Ruecktritt-article12497111.html
534 https://newsv2.orf.at/stories/2223080/2222867/
535 https://newsv2.orf.at/stories/2222773/
536 https://www.diepresse.com/1582383/regierung-setzt-den-chef-des-staatsfernsehens-ab
537 https://www.anti-spiegel.ru/2019/pressekonferenz-nach-russland-uebergelaufener-ukraini-scher-geheimdienst-offizier-ueber-verbrechen-in-der-ukraine/
538 https://www.anti-spiegel.ru/2023/wie-ukrainische-nazis-am-2-mai-2014-ueber-40-men-schen-ermordet-haben/

539 https://www.nachdenkseiten.de/?p=97237
540 Droits d'image : Lsimon via Wikimedia Commons
541 Droits d'image : KEN VOSAR / Alamy Stock Photo
542 Droits d'image : SOPA Images Limited/Alamy Live News
543 Droits d'image : SOPA Images Limited/Alamy Live News
544 Droits d'image : Sipa USA/Alamy Live News
545 https://ulrich-heyden.de/article/dokumentarfilm-lauffeuer
546 Ulrich Heyden: Der längste Krieg in Europa seit 1945, 2022, p. 32.
547 https://www.anti-spiegel.ru/2019/im-westen-totgeschwiegen-politische-morde-in-der-ukraine-nach-dem-maidan-13-beispiele/?doing_wp_cron=1686522842.857683897018432617 1875
548 https://www.economist.com/europe/2023/09/05/inside-ukraines-assassination-programme
549 https://de.wikipedia.org/wiki/Mirotworez (consulté le 15.6.2023)
550 https://www.dw.com/de/journalisten-kritisieren-reporter-datenleak/a-19250329
https://www.nzz.ch/medienkrieg-in-der-ukraine-journalisten-auf-der-schwarzen-liste-ld.82454?reduced=true
551 https://www.nd-aktuell.de/artikel/1013218.myrotworez-wieder-auf-journalistenjagd.html
552 https://zn.ua/UKRAINE/v-oon-nastaivayut-na-zakrytii-sayta-mirotvorec-332863_.html
553 https://zn.ua/UKRAINE/razumkov-otvetil-na-prizyv-oon-zakryt-sayt-mirotvorec-332952_.html
554 https://www.ohchr.org/Documents/Countries/UA/31stReportUkraine-en.pdf
555 https://www.anti-spiegel.ru/2021/31-unhcr-menschenrechtsbericht-zur-ukraine-scharfe-kritik-an-kiew-kaum-kritik-an-situation-auf-der-krim/
556 https://www.vesti.ru/article/1357619
https://www.anti-spiegel.ru/2019/pressefreiheit-in-der-ukraine-tv-sender-in-kiew-wurde-aus-granatwerfer-beschossen/
https://www.anti-spiegel.ru/2019/kein-wort-in-deutschen-medien-neue-einschraenkung-der-pressefreiheit-in-der-ukraine/
557 https://en.wikipedia.org/wiki/112_Ukraine (consulté le 16.6.2023)
https://en.wikipedia.org/wiki/NewsOne_(Ukrainian_TV_channel) (consulté le 16.6.2023)
https://www.anti-spiegel.ru/2021/pressefreiheit-in-der-ukraine-selensky-entzieht-zwei-kritischen-tv-sendern-die-sendelizenz/
https://www.anti-spiegel.ru/2019/kein-wort-in-deutschen-medien-neue-einschraenkung-der-pressefreiheit-in-der-ukraine/
558 https://en.wikipedia.org/wiki/Opposition_Platform_%E2%80%94_For_Life (abger. 16.6.23)
559 https://tass.ru/mezhdunarodnaya-panorama/10616161
560 https://www.bpb.de/kurz-knapp/lexika/lexikon-in-einfacher-sprache/249843/diktatur/
561 https://en.wikipedia.org/wiki/112_Ukraine (consulté le 16.6.2023)
562 https://twitter.com/ZelenskyyUa/status/1356884223777464320?s=20
563 https://de.euronews.com/2023/01/09/folgen-krieg-oligarchen-ukraine
564 https://smotrim.ru/article/2526328
https://tass.ru/mezhdunarodnaya-panorama/10753411
565 https://www.pravda.com.ua/rus/articles/2019/07/21/7221526/
566 https://www.anti-spiegel.ru/2021/diktatur-in-der-ukraine-polizei-und-geheimdienst-schikanieren-fuehrende-oppositionspartei/
567 https://www.anti-spiegel.ru/2021/ukrainischer-geheimdienst-durchsucht-wohnung-und-buero-des-oppositionsfuehrers-im-parlament/
568 https://www.anti-spiegel.ru/2021/keine-beweise-vorgelegt-aber-der-ukrainische-oppositionsfuehrer-wurde-unter-hausarrest-gestellt/
569 https://tass.ru/mezhdunarodnaya-panorama/11744083
570 https://de.wikipedia.org/wiki/Wiktor_Medwedtschuk (consulté le 16.6.2023)
571 https://www.anti-spiegel.ru/2021/diktatur-in-der-ukraine-weitere-426-internetseiten-gesperrt-haftbefehl-gegen-regierungskritiker/
572 https://www.anti-spiegel.ru/2021/die-eskalation-um-den-donbass-seit-anfang-april/
573 https://tass.ru/mezhdunarodnaya-panorama/10549715

574 https://www.anti-spiegel.ru/2021/wie-die-ukraine-in-kuerzester-zeit-zur-diktatur-absurdistan-geworden-ist/

575 https://www.anti-spiegel.ru/2020/politisches-erdbeben-in-kiew-telefonmitschnitte-von-joe-biden-und-poroschenko-zeigen-sumpf-aus-korruption/
https://www.anti-spiegel.ru/2020/abgehoerte-telefonate-von-joe-biden-der-chronologie-des-vielleicht-groessten-korruptionsskandals-der-geschichte/

576 Droits d'image : Li Fujun 1973 via Wikimedia Commons

577 https://www.deutschlandfunk.de/die-gruendung-der-nato-100.html

578 https://en.wikipedia.org/wiki/List_of_United_States_military_bases (abger. am 16.6.2023)

579 https://globalbridge.ch/darum-fordert-russland-den-stop-der-nato-osterweiterung/

580 Droits d'image : Bundesbildstelle / Presse und Informationsamt der Bundesregierung.

581 https://nsarchive.gwu.edu/briefing-book/russia-programs/2017-12-12/nato-expansion-what-gorbachev-heard-western-leaders-early

582 Ibid., eigene Übersetzung

583 https://nsarchive.gwu.edu/briefing-book/russia-programs/2018-03-16/nato-expansion-what-yeltsin-heard

584 https://www.nato.int/cps/en/natolive/topics_50349.htm

585 https://nsarchive.gwu.edu/briefing-book/russia-programs/2021-11-24/nato-expansion-budapest-blow-1994

586 https://globalbridge.ch/wir-haben-die-gefahren-der-nato-erweiterung-immer-gekannt/
Mary Elise Sarotte: 1989, The Struggle to Create Post-Cold War Europe, Princeton University Press

587 https://www.infosperber.ch/politik/welt/1997-2007-2017-20-jahre-fehlpolitik-der-usa/
Die Rede von Putin 2007: https://www.infosperber.ch/politik/welt/zehn-jahre-putin-rede-2007/

588 https://www.infosperber.ch/politik/welt/nato-sie-provoziert-und-provoziert-und-provoziert/

589 https://www.infosperber.ch/politik/europa/englisch-wird-in-der-ukrainischen-armee-obligatorisch/

590 https://www.lpb-bw.de/ukraine-eu-nato

591 https://globalbridge.ch/die-mitverantwortung-der-usa-und-der-nato-vor-der-osterweiterung-der-nato-wurde-oeffentlich-gewarnt/
https://globalbridge.ch/wir-haben-die-gefahren-der-nato-erweiterung-immer-gekannt/

592 https://globalbridge.ch/wp-content/uploads/2022/04/Why-the-Ukraine-Crisis-Is.pdf

593 https://www.newyorker.com/news/q-and-a/why-john-mearsheimer-blames-the-us-for-the-crisis-in-ukraine

594 Par exemple, dans l'Infobrief du service scientifique du Bundestag allemand
„Zum Recht auf freie Bündniswahl", 21. Februar 2022, WD 2 - 3010 - 006/22, https://www.bundestag.de/resource/blob/882052/4d2de0aa483eb4ab4642b1163a202b60/freie-Buendniswahl-Ukraine-data.pdf

595 https://www.osce.org/files/f/documents/6/e/39503.pdf

596 https://www.bpb.de/themen/deutsche-einheit/zwei-plus-vier-vertrag/44112/praeambel/

597 https://www.bundestag.de/resource/blob/189558/21543d1184c1f627412a3426e86a97cd/charta-data.pdf

598 https://www.nato.int/cps/en/natohq/official_texts_25468.htm?selectedLocale=de

599 https://www.osce.org/files/f/documents/b/f/125809.pdf

600 https://www.osce.org/de/mc/74988

601 https://www.pressenza.com/de/2023/03/was-wir-dank-wikileaks-wissen-vorgeschichte-des-Ukraine-Krieges/
https://www.actvism.org/latest/wikileaks-ukraine-krieg-vorgeschichte/
L'étude arrive aux mêmes conclusions: Russland und die Osterweiterung der NATO,
https://www.research-collection.ethz.ch/handle/20.500.11850/143150

602 https://wikileaks.org/plusd/cables/09MOSCOW2412_a.html

603 https://wikileaks.org/plusd/cables/08MOSCOW806_a.html

604 Droits d'image : Geoff McKay via Wikimedia

605 https://globalbridge.ch/auch-die-usa-schreiben-die-geschichte-um/

606 https://bigserge.substack.com/p/the-eagle-has-landed-america-meets?publication_id=1068853&post_id=134881906&isFreemail=true&utm_source=substack&utm_medium=email

607 https://www.justice.gov/nsd-fara/frequently-asked-questions#4

608 https://www.justice.gov/nsd-fara/frequently-asked-questions#6

609 https://efile.fara.gov/ords/fara/f?p=1381:1:7824651750213:::::

610 https://www.justice.gov/nsd-fara/page/file/1312086/download

611 https://www.anti-spiegel.ru/2019/messen-mit-zweierlei-mass-wie-der-spiegel-seine-leser-ueber-russische-agenten-in-die-irre-fuehrt/
https://www.anti-spiegel.ru/2021/navalny-wurde-von-journalisten-und-aktivisten-im-gefaengnis-besucht/

612 https://www.anti-spiegel.ru/2023/wie-die-russische-wahleinmischung-erfunden-wurde/

613 https://www.anti-spiegel.ru/2020/londoner-gericht-zerlegt-die-verschwoerungstheorie-der-russischen-wahleinmischung-in-die-us-wahlen-2016/

614 https://www.spiegel.de/politik/ausland/ngo-in-russland-putin-brandmarkt-buergerrechtler-als-agenten-a-842259.html

615 https://de.wikipedia.org/wiki/Gesetz_%C3%BCber_%E2%80%9Eausl%C3%A4ndische_Agenten%E2%80%9C_in_Russland#Geschichte (consulté le 16.6.2023)

616 https://www.spiegel.de/ausland/memorial-moskau-loest-russlands-bekannteste-menschenrechtsorganisation-auf-a-7b8ee540-8aac-43b9-b6e0-e2bab4ebe7fb

617 https://www.theguardian.com/world/2017/nov/15/russia-to-register-international-media-as-foreign-agents

618 https://novayagazeta.ru/articles/2020/12/28/166800-minyust-vpervye-vklyuchil-fiz-lits-v-reestr-inoagentov-sredi-nih-lev-ponomarev

619 https://meduza.io/en/news/2022/12/01/russian-justice-ministry-publishes-unified-foreign-agent-roster

620 https://tkp.at/2023/03/09/maidan-stimmung-in-georgien-sturm-auf-parlament-gescheitert/?utm_source=mailpoet&utm_medium=email&utm_campaign=daily-notification

621 https://www.politico.eu/article/eu-ursula-von-der-leyen-ngo-qatargate-foreign-agents-law-disturbs-ngos/

622 Droits d'image : Tanya Dedyukhina via Wikimedia Commons

623 https://www.anti-spiegel.ru/2023/am-beispiel-der-ukraine-wie-geopolitik-funktioniert/

624 https://www.anti-spiegel.ru/2019/russland-hat-keine-aggressiven-absichten-us-strategiepapier-erklaert-die-wahren-gruende-der-us-politik/

625 https://www.youtube.com/watch?v=hSPZlCo2B0E

626 https://www.anti-spiegel.ru/2022/wie-der-westen-nazis-verteidigt/

627 https://www.anti-spiegel.ru/2023/auf-kommando-des-cia-chefs-wie-der-ukraine-krieg-am-15-april-2014-begann/

628 https://www.anti-spiegel.ru/2020/sie-gehen-ueber-leichen-us-strategiepapier-zeigt-detailliert-was-die-usa-gegen-russland-planen/

629 https://www.anti-spiegel.ru/2021/studie-der-rand-corporation-hat-2019-geschrieben-was-2021-realitaet-geworden-ist/

630 https://www.anti-spiegel.ru/2020/welche-massnahmen-die-usa-gegen-russland-planen-teil-2-ukraine/

631 https://www.anti-spiegel.ru/2022/russische-propaganda-oder-wahrheit-hat-selensky-mit-der-atomaren-aufruestung-der-ukraine-gedroht/

632 Droits d'image : Harvinder Chandigarh via Wikimedia

633 https://weltwoche.ch/wp-content/uploads/wewo2022_43_UKRA-1.pdf

634 https://www.mdr.de/geschichte/eure-geschichte/nachwendegeschichte/ddr-abzug-russische-armee-schulprojekt-eure-geschichte-100.html

635 Valentin Wember: Ein welthistorischer Kampf, 2022, Stratos-Verlag, p. 140

636 http://www.ag-friedensforschung.de/themen/Sicherheitskonferenz/2007-putin-dt.html

637 https://weltwoche.ch/wp-content/uploads/wewo2022_43_UKRA-1.pdf, p. 13

638 Ibid. p. 14

639 Ulrike Guérot, Hauke Ritz: Endspiel Europa, 2022, p. 132 ff.

640 https://www.state.gov/u-s-ukraine-charter-on-strategic-partnership/

641 https://www.defense.gov/News/Releases/Release/Article/3057517/fact-sheet-on-wmd-threat-reduction-efforts-with-ukraine-russia-and-other-former/

642 https://www.anti-spiegel.ru/2022/pentagon-raeumt-finanzierung-von-46-biolaboren-in-der-ukraine-ein/

643 https://www.anti-spiegel.ru/2021/die-usa-verweigern-internationale-kontrolle-ihrer-biowaffenlabore/

644 https://www.anti-spiegel.ru/2022/nein-die-us-biolabore-in-der-ukraine-sind-keine-russische-propaganda/

645 https://www.realclearpolitics.com/video/2022/03/08/undersecretary_of_state_victoria_nuland_us_working_to_keep_russian_forces_out_of_ukraines_biological_research_facilities.html

646 https://www.reuters.com/world/europe/exclusive-who-says-it-advised-ukraine-destroy-pathogens-health-labs-prevent-2022-03-11/

647 https://www.anti-spiegel.ru/2022/die-gruende-warum-russland-in-der-ukraine-interveniert-hat/?doing_wp_cron=1688082942.5404829978942871093750

648 https://de.wikipedia.org/wiki/Polaris_(Milit%C3%A4rman%C3%B6ver) (consulté le 27.7.2023)

649 https://www.anti-spiegel.ru/2022/mit-dem-ruecken-zur-wand-warum-russland-im-februar-in-der-ukraine-interveniert-hat/

650 https://www.anti-spiegel.ru/2021/was-ist-bei-dem-video-gipfel-der-praesidenten-putin-und-biden-herausgekommen/

651 Proposition pour l'OTAN : https://mid.ru/ru/foreign_policy/rso/nato/1790803/,
Proposition pour les États-Unis : https://mid.ru/ru/foreign_policy/rso/nato/1790818/
Traductions en allemand : https://www.anti-spiegel.ru/2021/russland-veroeffentlicht-vertragstexte-fuer-abkommen-ueber-sicherheitsgarantien-mit-den-usa-und-der-nato/
Explication des proposition: https://www.anti-spiegel.ru/2021/was-russland-den-usa-und-der-nato-als-gegenseitige-sicherheitsgarantien-vorschlaegt/

652 https://www.rts.ch/info/suisse/13570600-lambassadeur-scott-miller-a-quoi-peuvent-servir-les-munitions-suisses.html

653 https://www.congress.gov/bill/117th-congress/senate-bill/3522/summary/00

654 https://www.mdr.de/nachrichten/welt/politik/leih-und-pacht-gesetz-usa-waffen-ukraine100.html

655 https://www.anti-spiegel.ru/2022/mit-welchem-recht-will-russland-bestimmen-wer-in-die-nato-eintreten-darf/

656 Article sur les réponses des États-Unis et de l'OTAN: https://english.elpais.com/usa/2022-02-02/us-offers-disarmament-measures-to-russia-in-exchange-for-a-deescalation-of-military-threat-in-ukraine.html
Download: https://elpais.com/infografias/2022/02/respuesta_otan/respuesta_otan_eeuu.pdf
Traductions en allemand : https://www.anti-spiegel.ru/2022/die-antworten-von-usa-und-nato-auf-russlands-vorschlaege-wurden-geleakt-teil-1-nato/?doing_wp_cron=1690452275.4204919338226318359375
https://www.anti-spiegel.ru/2022/die-antworten-von-usa-und-nato-auf-russlands-vorschlaege-wurden-geleakt-teil-2-usa/?doing_wp_cron=1690451076.4440500736223657226525

657 https://www.hintergrund.de/politik/unsere-neuen-buecher-der-ukrainekonflikt/#sdfootnote26sym, darin Zitat von: Henken, Lühr (2022): Warum geht Russland das große Risiko eines Ukraine-Krieges ein? In: Gehrcke/Reymann (Hrsg.), p. 114

658 https://globalbridge.ch/krieg-und-wahrheit-der-westen-haette-den-ukraine-krieg-vermeiden-koennen/

659 Droits d'image : robertharding / Alamy Stock Photo

660 https://de.wikipedia.org/wiki/Liste_der_L%C3%A4nder_nach_Staatshaushalt (consulté le 15.7.2023)

661 https://apostrophe.ua/article/politics/2019-03-18/polnotsennaya-voyna-s-rossiey-nachnet-sya-cherez-paru-let---aleksey-arestovich/24496
https://www.youtube.com/watch?v=1xNHmHpERH8&t=183s

662 Droits d'image : President.gov.ua via Wikimedia Commons

663 https://anthroblog.anthroweb.info/2022/das-erste-opfer-des-krieges/

664 https://www.francetvinfo.fr/monde/europe/manifestations-en-ukraine/guerre-en-ukraine-nous-allons-provoquer-l-effondrement-de-l-economie-russe-affirme-bruno-le-maire_4987341.html

665 https://www.anti-spiegel.ru/2022/kiew-hat-2019-beschlossen-minsk-ii-nicht-umzusetzen-und-krieg-mit-russland-vorbereitet/
https://tass.ru/mezhdunarodnaya-panorama/15572271

666 https://interfax.com.ua/news/political/292422.html

667 Ibid.

668 https://www.president.gov.ua/news/prezident-zatverdiv-strategiyu-deokupaciyi-ta-reintegra-ciyi-67321

669 https://www.president.gov.ua/documents/1212021-37661

670 https://www.anti-spiegel.ru/2022/praesident-putins-komplette-rede-an-die-nation-im-wort-laut/

671 https://www.anti-spiegel.ru/2021/im-kriegsfall-verteidigt-russland-seine-buerger-im-don-bass/

672 https://news.cgtn.com/news/2022-01-18/CIA-director-secretly-visited-Ukraine-media-16VuS-WGDU64/index.html

673 https://www.whitehouse.gov/briefing-room/statements-releases/2022/02/13/readout-of-pre-sident-bidens-call-with-president-zelenskyy-of-ukraine-3/

674 https://www.cnbc.com/2022/02/14/ukraine-asks-for-meeting-with-russia-as-us-warns-inva-sion-imminent.html

675 https://kyivindependent.com/ukrainska-pravda-mass-cancellation-of-ukraine-flights-from-feb-14/

676 https://intellinews.com/ukraine-s-oligarchs-fleeing-the-country-234856/

677 https://kyivindependent.com/more-than-two-dozen-lawmakers-out-of-a-total-424-mps-who-are-due-to-attend-parliamentary-sessions-starting-this-week-are-not-currently-in-ukraine/

678 https://www.washingtonpost.com/national-security/2022/02/14/white-house-prepares-rus-sian-invasion/

679 https://www.theguardian.com/world/2022/feb/14/vladimir-putin-suggests-dialogue-is-still-possible-on-ukraine-crisis

680 https://www.theguardian.com/world/2022/feb/14/russian-envoy-warns-of-right-to-counte-rattack-in-eastern-ukraine

681 https://news.yahoo.com/russias-parliament-asks-putin-recognise-104038637.html?fr=sycsrp_catchall

682 https://news.yahoo.com/russias-parliament-asks-putin-recognise-104038637.html?fr=sycsrp_catchall

683 https://www.chicagotribune.com/nation-world/ct-aud-nw-biden-russia-ukraine-20220217-qkocgtpi7zh7pfm6hsauodqkk4-story.html

684 https://www.usnews.com/news/world/articles/2022-02-18/russia-says-sharp-increase-in-shelling-in-donbass-is-alarming

685 https://www.france24.com/en/europe/20220218-live-blinken-lavrov-to-meet-late-next-week-over-ukraine-crisis

686 https://www.reuters.com/world/europe/shelling-breaks-out-east-ukraine-west-moscow-dispute-troop-moves-2022-02-17/

687 https://www.moonofalabama.org/2023/02/the-buildup-to-war-in-ukraine-saturday-february-19-2022.html
https://www.anti-spiegel.ru/2022/russische-propaganda-oder-wahrheit-hat-selensky-mit-der-atomaren-aufruestung-der-ukraine-gedroht/

688 https://www.anti-spiegel.ru/2022/das-russische-fernsehen-erklaert-die-gruende-fuer-die-rus-sische-militaeroperation-in-der-ukraine/

689 https://www.anti-spiegel.ru/2022/russlands-antwort-auf-die-reaktion-der-usa-zu-gegenseiti-gen-sicherheitsgarantien/

690 https://www.osce.org/special-monitoring-mission-to-ukraine-closed

691 https://www.osce.org/files/2022-02-20-21%20Daily%20Report_ENG.pdf?itok=82567

692 Droits d'image : 1971markus@wikipedia.de via Wikimedia Commons

693 https://www.berliner-zeitung.de/politik-gesellschaft/es-begann-2014-wie-die-nato-den-krieg-russlands-in-der-ukraine-sieht-li.317773

694 https://www.anti-spiegel.ru/2022/donezker-volksrepublik-verkuendet-evakuierung-der-bevo-elkerung-nach-russland/
695 https://www.anti-spiegel.ru/2022/bilder-von-der-evakuierung-in-donezk/
696 https://www.anti-spiegel.ru/2022/auch-lugansker-volksrepublik-fordert-die-bewohner-auf-nach-russland-zu-fliehen/
697 https://www.anti-spiegel.ru/2022/donezk-beweise-fuer-angriffsplaene-der-ukraine-auf-basis-von-nato-daten-gefunden/
https://www.anti-spiegel.ru/2022/mehr-details-zu-dem-von-donezker-truppen-sichergestell-ten-nato-notebook/
698 https://www.anti-spiegel.ru/2022/erkennt-russland-die-donbass-republiken-als-unabhaen-gige-staaten-an/
699 https://www.anti-spiegel.ru/2022/praesident-putins-komplette-rede-an-die-nation-im-wort-laut/
700 https://www.anti-spiegel.ru/2022/das-ende-des-krieges-russland-schickt-friedenstruppen-in-den-donbass/
701 https://www.anti-spiegel.ru/2022/die-donbass-republiken-bitten-putin-um-militaerische-hilfe/
702 https://www.anti-spiegel.ru/2022/putins-komplette-rede-an-das-russische-volk-zum-beginn-der-militaeroperation/
703 https://tkp.at/2023/02/08/putin-der-ukraine-krieg-und-das-voelkerrecht/
704 https://t.me/DNR_SCKK/14170
705 https://www.paulcraigroberts.org/2023/07/18/does-putin-understand-that-russia-is-at-war/
706 Droits d'image : funkyfood London - Paul Williams / Alamy Stock Photo
707 https://www.kmu.gov.ua/en/news/uriad-skhvalyv-proekt-derzhavnoho-biudzhetu-ukrainy-na-2023-rik
708 https://www.kmu.gov.ua/en/news/denys-shmyhal-biudzhet-2023-ho-roku-tse-biudzhet-dlia-peremohy
709 https://de.statista.com/statistik/daten/studie/314581/umfrage/staatsverschuldung-der-ukra-ine-in-relation-zum-bruttoinlandsprodukt-bip/
710 https://www.understandingwar.org/press-media/staff-bios/general-jack-keane
711 https://www.foxbusiness.com/politics/gen-jack-keane-us-investment-ukraine-denied-putin-ambitions-kept-americas-future-secure
712 https://freede.tech/international/179059-us-senator-bejubelt-verletzung-russlands/
713 https://www.newsweek.com/putins-war-plan-reaching-critical-momentukraine-ambass-ador-1771840
714 https://www.anti-spiegel.ru/2022/cia-chef-bestaetigt-dass-die-usa-die-ukraine-mit-geheim-dienstinformationen-versorgen/
715 https://www.nachdenkseiten.de/?p=100789
https://www.bundestag.de/resource/blob/957632/44633615ad0618f5cd38c35ad0a30fe4/WD-2-023-23-pdf-data.pdf
716 Droits d'image : Sailko via Wikimedia Commons
717 https://www.ohchr.org/en/hrbodies/hrc/home
718 Nur einige freie Medien berichteten über die Resolution: https://www.nachdenkseiten.de/?p=96301
https://www.anti-spiegel.ru/2023/uno-menschenrechtsrat-fordert-abschaffung-einseitiger-sanktionen/
719 https://media.un.org/en/asset/k1x/k1x9rl0nie
https://daccess-ods.un.org/access.nsf/Get?OpenAgent&DS=A/HRC/RES/52/13&Lang=E
720 https://de.wikipedia.org/wiki/Bewegung_der_Blockfreien_Staaten (consulté le 19.6.2023)
721 https://de.wikipedia.org/wiki/UN-Resolution (consulté le 19.6.2023)
722 https://www.ft.com/content/5b397d6b-bde4-4a8c-b9a4-080485d6c64a
723 Valentin Wember: Ein welthistorischer Kampf, 2022
724 https://www.youtube.com/watch?v=X2cNCHtiurg&t=27s
725 https://www.gibsondunn.com/2021-year-end-sanctions-and-export-controls-update/
726 U.S. Dep't of Treasury, The Treasury 2021 Sanctions Review (Oct. 18, 2021)

727 https://www.nachdenkseiten.de/?p=96301
728 https://news.cornell.edu/stories/2022/01/economic-sanctions-evolved-tool-modern-war
729 https://www.opensanctions.org/
730 https://correctiv.org/top-stories/2022/02/28/sanktionstracker-aktuelle-sanktionen-gegen-russland%E2%80%8B/
731 https://www.tagesschau.de/wirtschaft/weltwirtschaft/sanktionen-russland-krieg-ukraine-101.html
732 https://www.nzz.ch/wirtschaft/im-westen-will-man-russische-notenbankreserven-konfiszieren-um-den-wiederaufbau-der-ukraine-zu-finanzieren-doch-wo-sind-diese-gelder-ueberhaupt-ld.1729786?reduced=true
733 https://www.swissinfo.ch/ger/wirtschaft/ukraine-schweiz-neutralitaet_die-finanzsanktionen-gegen-russland--einfach-erklaert/47388208
734 https://anthroblog.anthroweb.info/2022/das-erste-opfer-des-krieges/
735 https://www.youtube.com/watch?v=Ntzacqlm-Ac
     https://www.francetvinfo.fr/monde/europe/manifestations-en-ukraine/guerre-en-ukraine-nous-allons-provoquer-l-effondrement-de-l-economie-russe-affirme-bruno-le-maire_4987341.html
736 Richard Nephew: The Art of Sanctions: A View from the Field (Center on Global Energy Policy), 2017
737 https://anthroblog.anthroweb.info/2022/das-erste-opfer-des-krieges/
738 https://www.bundesregierung.de/breg-de/service/bulletin/rede-von-bundeskanzler-olaf-scholz-2019954
739 https://t.me/Übersicht_Ukraine_Kanal/24368
740 https://dailysceptic.org/2023/03/06/putting-europes-energy-crisis-into-perspective/
     https://unherd.com/thepost/the-european-energy-crisis-isnt-over/
741 https://www.bruegel.org/dataset/national-policies-shield-consumers-rising-energy-prices
742 https://www.bloomberg.com/opinion/articles/2022-11-23/russia-defies-sanctions-with-oil-output-hike-latmj6a1#xj4y7vzkg
743 https://www.nachdenkseiten.de/?p=86125
744 https://data.worldbank.org/indicator/NY.GDP.MKTP.PP.CD?most_recent_value_desc=true
745 https://www.ubs.com/global/en/media/display-page-ndp/en-20230815-global-wealth-report-2023.html
     https://www.businessinsider.com/war-in-ukraine-russia-richer-millionaires-billionaires-uhnw-wealth-ubs-2023-8?r=US&IR=T
746 https://simplicius76.substack.com/p/ukraine-commits-last-remaining-elite
747 https://unric.org/de/charta/#kapitel1
748 https://de.wikipedia.org/wiki/Liste_der_Resolutionen_des_UN-Sicherheitsrates (consulté le 19.6.2023)
749 https://de.wikipedia.org/wiki/Resolution_1160_des_UN-Sicherheitsrates (consulté le 19.6.2023)
750 https://www.nzz.ch/international/nordkorea-krise-amerika-will-im-sicherheitsrat-oel-embargo-gegen-nordkorea-durchsetzen-ld.1314867?reduced=true
     https://de.wikipedia.org/wiki/Resolution_1718_des_UN-Sicherheitsrates (consulté le 19.6.2023)
751 https://de.wikipedia.org/wiki/Resolution_1973_des_UN-Sicherheitsrates (consulté le 19.6.2023)
752 https://www.un.org/depts/german/de/sr-mali.html
753 https://www.swp-berlin.org/publikation/neue-un-sanktionen-zu-haiti-worauf-es-jetzt-ankommt_
754 https://www.opensanctions.org/datasets/default/
755 https://verfassungsblog.de/wirtschaftssanktionen-gegen-russland-und-ihre-rechtlichen-grenzen/
756 Droits d'image : E-W via Wikimedia Commons
757 https://de.wikipedia.org/wiki/Vidar (consulté le 28.8.23)
758 https://anthroblog.anthroweb.info/2022/das-erste-opfer-des-krieges/
759 https://www.nbcnews.com/news/us-news/international-cat-federation-bans-russian-felines-competitions-rcna18595

760 https://web.archive.org/web/20220909144212/https://www.nytimes.com/2022/03/24/world/europe/european-tree-of-the-year-russia.html

761 https://www.lefigaro.fr/culture/guerre-en-ukraine-milan-censure-l-etude-de-dostoievski-et-a-florence-on-veut-deboulonner-sa-statue-20220309

762 https://www.lejournaldesarts.fr/actualites/la-national-gallery-renomme-les-danseuses-russes-dedgar-degas-en-danseuses-ukrainiennes

763 https://www.lefigaro.fr/international/comptes-bancaires-bloques-insultes-vandalisme-le-quotidien-des-russes-de-france-20220422

764 https://www.washingtonpost.com/technology/2022/03/25/social-media-ukraine-rules-war-policy/

765 https://swprs.org/russische-propaganda/

766 https://globalbridge.ch/so-verlor-ich-den-glauben-an-die-etablierten-medien/

767 https://swprs.org/kriegspropaganda-in-schweizer-medien/

768 https://swprs.org/is-russia-limiting-gas-flows-to-europe/

769 https://www.infosperber.ch/politik/putins-eiskalte-gnadenlose-erpressung-war-kriegs-rhetorik/

770 https://swprs.org/ukraine-war-new-developments/#crimea-bridge-explosion

771 https://www.mintpressnews.com/evidence-united-states-role-nord-stream-pipeline-blasts/282149/

772 https://swprs.org/kriegspropaganda-in-schweizer-medien/

773 https://swprs.org/the-ukraine-war-in-2023/#war-crimes-and-war-propaganda

774 https://thegrayzone.com/2022/03/18/bombing-mariupol-theater-ukrainian-azov-nato-intervention/

775 https://thegrayzone.com/2022/04/03/testimony-mariupol-hospital-ukrainian-deceptions-media-malpractice/

776 https://libyancivilwar.blogspot.com/2022/04/the-bucha-massacres-mortar-alley.html

777 https://covertactionmagazine.com/2022/04/06/was-alleged-russian-army-massacre-of-civilians-at-bucha-actually-a-false-flag-event-staged-by-ukrainian-nazis/

778 https://www.youtube.com/watch?v=IrGZ66uKclo

779 Ibid.

780 https://southfront.org/last-point-in-kievs-lies-about-bloody-attack-on-civilians-with-tochka-u-missile/

781 https://southfront.org/in-video-cruel-russians-destroy-schools-kindergartens-in-ukraine/

782 https://southfront.org/in-video-russian-strike-eliminates-large-ammunition-depot-in-kyiv/

783 https://waronfakes.com/vsu/fake-russian-forces-attack-a-multi-story-building-in-dnipro-with-an-x-22-missile-while-the-ukrainian-army-lacks-air-defence-capabilities-to-shoot-down-such-missiles/

784 https://caitlinjohnstone.com/2022/10/16/theyre-recycling-the-viagra-rape-atrocity-propaganda-they-used-on-libya/

785 https://theindicter.com/ukraine-forces-executions-of-30-russian-pow-most-of-them-n-24-murdered-with-point-blank-headshots/

786 https://thegrayzone.com/2022/04/17/traitor-zelensky-assassination-kidnapping-arrest-political-opposition/

787 https://southfront.org/ukrainian-military-subjected-donetsk-to-most-powerful-shelling-since-2014/

788 https://english.elpais.com/international/2023-03-01/ukraine-outgunned-10-to-1-in-massive-artillery-battle-with-russia.html

789 https://de.wikipedia.org/wiki/Liste_der_L%C3%A4nder_nach_Bruttoinlandsprodukt (abgerufen am 25.7.2023)

790 https://de.wikipedia.org/wiki/Ukrainische_Streitkr%C3%A4fte (consulté le 25.7.2023)

791 https://de.wikipedia.org/wiki/Streitkr%C3%A4fte_Russlands (consulté le 25.7.2023)

792 https://de.wikipedia.org/wiki/Waffenexport (consulté le 25.7.2023)

793 https://swprs.org/der-propaganda-multiplikator/

794 https://www.youtube.com/watch?v=uAtOOo2Cltg

795 https://diedrei.org/lesen/sehnsucht-nach-frieden

796 https://t.me/medvedev_telegram

797 https://www.spiegel.de/ausland/ukraine-russland-news-heute-ukraine-attackiert-munitions-lager-auf-der-krim-a-590aac0c-f5d7-4222-8451-6f9379c079ae

798 https://www.anti-spiegel.ru/2023/die-folgen-der-westlichen-hass-propaganda/?doing_wp_cron=1691012850.4146580696105957031250

799 Droits d'image : Axel Mauruszat via Wikimedia Commons

800 https://www.president.gov.ua/documents/1532022-41765

801 https://www.president.gov.ua/documents/1522022-41761

802 https://tass.ru/mezhdunarodnaya-panorama/16741769
https://www.anti-spiegel.ru/2023/der-jahresbeginn-in-kiew-nazi-verehrung-und-neue-anti-demokratische-gesetze/

803 https://www.anti-spiegel.ru/2023/neues-mediengesetz-verordnet-gleichschaltung-der-ukrai-nischen-medien/

804 https://zeitgeschehen-im-fokus.ch/de/newspaper-ausgabe/nr-14-vom-3-oktober-2023.html#article_1567

805 https://www.euronews.com/2022/07/19/uk-ukraine-crisis

806 https://www.theamericanconservative.com/ukraine-bans-political-opposition/

807 https://www.newsweek.com/ukraine-mayor-charged-treason-accepting-russian-aid-1700223

808 https://www.pravda.com.ua/eng/news/2022/04/21/7341098/index.amp

809 https://www.theguardian.com/world/2022/jun/04/ukraine-collaborators-treason-russia-war

810 https://www.nachdenkseiten.de/?p=97237

811 https://overton-magazin.de/top-story/ukraine-verstaerkt-internetueberwachung-und-zen-sur/#comments
https://ukranews.com/en/news/918198-ukraine-begins-to-collect-data-of-users-who-tried-to-visit-banned-sites

812 https://www.nachdenkseiten.de/?p=97237

813 https://maysuryan.livejournal.com/1655547.html

814 https://myrotvorets.center/

815 https://www.thedailybeast.com/ukraine-tries-to-terrify-journalists-who-cover-the-war

816 https://www.anti-spiegel.ru/2022/viele-journalisten-und-ueber-300-minderjaehrige-auf-todesliste-der-ukrainischen-regierung/

817 https://www.anti-spiegel.ru/2022/junge-russische-journalistin-ermordet-steckt-die-ukraine-dahinter/

818 https://www.nachdenkseiten.de/?gastautor=maxim-goldarb

819 https://sls.org.ua

820 https://www.nachdenkseiten.de/?p=98972

821 https://observers.france24.com/en/europe/20220404-ukraine-poles-public-humiliation-punishment-looting

822 https://www.anti-spiegel.ru/2022/ukraine-journalisten-werden-erschossen-oder-verschwin-den-opposition-wurde-verboten/?doing_wp_cron=1668430577.7235100269317626953125

823 https://www.domradio.de/artikel/selenskyj-droht-mit-verbot-von-orthodoxer-kirche

824 https://www.kirche-und-leben.de/artikel/ukraine-will-moskautreue-kirchengemeinden-per-gesetz-verbieten
https://globalbridge.ch/erzwungener-glaubenswechsel-in-der-ukraine/
https://www.anti-spiegel.ru/2023/die-unterdrueckung-der-religionsfreiheit-in-der-ukraine/

825 https://www.youtube.com/watch?t=551&v=0tf4Ha3JP70&feature=youtu.be

826 https://sonar21.com/the-anti-god-subtext-to-the-war-in-ukraine/

827 https://www.nachdenkseiten.de/?p=96200

828 https://www.ohchr.org/sites/default/files/documents/countries/ukraine/2023/23-03-24-Ukraine-35th-periodic-report-ENG.pdf

829 https://www.anti-spiegel.ru/2023/unhcr-bestaetigt-schwere-verstoesse-gegen-die-menschen-rechte-in-der-ukraine/

830 https://www.nachdenkseiten.de/?p=91091

831 Droits d'image : Ulrich Heyden

832 https://www.nachdenkseiten.de/?p=91832

833 Foto: privat

834 https://www.dailymail.co.uk/news/article-11284819/How-Ukrainian-intelligence-chiefs-tracking-collaborators-worked-Russians.html

835 https://www.anti-spiegel.ru/2022/der-spiegel-und-seine-rolle-bei-kriegsverbrechen-in-cher-son/

836 https://www.anti-spiegel.ru/2022/kiew-ueber-zivilisten-wir-jagen-und-erschiessen-sie-wie-schweine/

837 https://apnews.com/article/russia-ukraine-europe-moscow-7791dce3b77ca767277b-7fb5d8128acb

838 https://t.me/neuesausrussland/11607

839 https://www.mopo.de/news/politik-wirtschaft/ukraine-in-die-eu-welche-nuesse-noch-zu-kna-cken-sind/

840 Droits d'image : Kolkata Kritzolina via Wikimedia Commons

841 https://www.zdf.de/nachrichten/politik/bennett-putin-gespraeche-russland-ukraine-krieg-100.html

842 https://archive.ph/sLowf oder https://www.foreignaffairs.com/russian-federation/world-putin-wants-fiona-hill-angela-stent

843 https://t.me/neuesausrussland/4896

844 https://www.youtube.com/watch?v=qK9tLDeWBzs

845 https://www.aa.com.tr/fr/politique/ukraine-les-d%C3%A9clarations-de-naftali-bennett-con-cernant-la-m%C3%A9diation-ne-sont-que-pure-fiction/2806882

846 https://tass.com/defense/1429019

847 https://www.thetimes.co.uk/article/boris-johnson-wants-to-send-deadlier-weapons-to-help-ukraine-fcqxzckrn

848 https://www.anti-spiegel.ru/2022/die-luege-von-butscha-faellt-zusammen-aber-die-medien-spielen-das-spiel-weiter/
https://www.anti-spiegel.ru/2022/weitere-videos-beweisen-beim-abzug-der-russischen-armee-gab-es-keine-leichen-in-butscha/

849 https://t.me/neuesausrussland/3595

850 https://www.bbc.com/news/world-europe-60987350

851 https://www.theguardian.com/politics/2022/apr/09/boris-johnson-meets-volodymyr-Selens-kyy-in-unannounced-visit-to-kyiv https://www.aljazeera.com/news/2022/4/9/british-pm-boris-johnson-makes-surprise-visit-to-zelenskyy

852 https://www.gov.uk/government/news/prime-minister-pledges-uks-unwavering-support-to-ukraine-on-visit-to-kyiv-9-april-2022

853 https://www.pravda.com.ua/eng/news/2022/05/5/7344206/

854 https://www.anti-spiegel.ru/2023/bennett-der-westen-hat-die-verhandlungen-zwischen-mos-kau-und-kiew-abgebrochen/

855 https://www.washingtonpost.com/national-security/2022/04/05/ukraine-nato-russia-limits-peace/

856 https://www.nachdenkseiten.de/?p=91561

857 https://www.anti-spiegel.ru/2023/putin-zeigt-bisher-geheimes-dokument-ueber-die-verhand-lungen-im-maerz-2022/

858 Droits d'image : Fraktion DIE LINKE im Bundestag via Wikimedia Commons

859 https://zeitgeschehen-im-fokus.ch/de/newspaper-ausgabe/nr-1-vom-18-januar-2023.html#article_1460

860 https://www.alexander-wallasch.de/gesellschaft/general-harald-kujat-zum-Ukraine-Krieg-und-zum-zustand-der-bundeswehr

861 https://www.tagesspiegel.de/politik/per-dekret-von-selenskyj-ukraine-verbietet-gesprache-mit-putin-8711455.html

862 https://www.infosperber.ch/medien/medienkritik/der-chinesische-friedensplan-fuer-die-ukraine-im-wortlaut/

863 https://www.anti-spiegel.ru/2023/die-reaktionen-auf-afrikas-friedensplan-zeigen-die-arro-ganz-des-westens/

864 https://www.sudd.ch/list.php?lang=de&area=ukraine&topic=&first=NaN&last=NaN&sen-se=desc

865 https://www.youtube.com/watch?v=M_pCZeOY94E&t=78s
866 https://www.zdf.de/nachrichten/politik/stoltenberg-ukraine-nato-mitglied-krieg-russ-
land-100.html
867 Droits d'image : BMG-2048 via Wikimedia Commons
868 https://seniora.org/politik-wirtschaft/colonel-macgregor-die-ukraine-wurde-zerstoert-und-
es-ist-nichts-mehr-uebrig-redacted-mit-clayton-morris
869 https://www.voelkermordkonvention.de/
870 Droits d'image : Heribert Pohl via Wikimedia Commons
871 https://www.anti-spiegel.ru/2022/die-details-ueber-die-anstehenden-referenden/?doing_
wp_cron=1696886314.0615489482879638671875
872 Zum Beispiel: https://www.anti-spiegel.ru/2022/erster-bericht-ueber-die-beobachtung-des-
referendums/?doing_wp_cron=1696887580.6713778972625732421875
https://www.anti-spiegel.ru/2022/kurzbericht-ueber-das-referendum-und-ein-paar-tage-sen-
depause/?doing_wp_cron=1696887603.1716330051422119140625
https://www.anti-spiegel.ru/2022/kurzer-zwischenstand-zur-sendepause/
https://ulrich-heyden.de/article/wir-haben-lange-gewartet-junge-welt
873 https://ulrich-heyden.de/article/fotos-vom-referendum-uber-die-vereinigung-mit-russland
874 https://www.sueddeutsche.de/politik/ukraine-scheinreferendum-donezk-luhansk-1.5664751
875 https://www.hna.de/lokales/frankenberg/nach-wahlbeobachter-eklat-stefan-schaller-endgu-
eltig-als-ewf-chef-abberufen-91823430.html
876 https://stauf.org/stellungnahme-zur-situation-des-gekundigten-dozenten-patrik-baab/
877 https://overton-magazin.de/dialog/wenn-sie-das-einmal-gesehen-haben-sind-sie-von-solch-
duemmlicher-propaganda-presse-geheilt/
878 https://www.anti-spiegel.ru/2022/mordanschlag-auf-meine-beobachtergruppe-vereitelt/
879 https://www.sudd.ch/list.php?lang=de&area=ukraine&topic=&first=NaN&last=NaN&sen-
se=desc
880 https://www.paulcraigroberts.org/2023/02/21/breaking-news-a-nano-second-to-midnight/
881 Erlass des Präsidenten der Russischen Föderation „Über die Grundlagen der staatlichen Politik
der Russischen Föderation auf dem Gebiet der nuklearen Abschreckung"
https://www.bits.de/public/gast/2020-Juni-dgksp-dp-NuklearpolitikRUS.pdf
https://www.anti-spiegel.ru/2023/unter-welchen-umstaenden-westliche-waffenlieferungen-
zum-atomkrieg-fuehren-koennen/
882 https://www.anti-spiegel.ru/2022/wer-droht-mit-dem-einsatz-von-atomwaffen/
883 https://www.anti-spiegel.ru/2023/putin-im-o-ton-ueber-die-politik-des-westens-und-die-gru-
ende-fuer-den-ukraine-konflikt/
884 https://www.tagesschau.de/ausland/ukraine-russland-angriff-militaerstuetzpunkt-101.html
885 https://www.aerotime.aero/articles/russia-conducted-failed-icbm-test-around-the-time-
biden-visited-kyiv-reports
886 https://www.anti-spiegel.ru/2023/putin-im-o-ton-ueber-atomwaffen-und-die-aussetzung-
von-new-start/
887 https://www.anti-spiegel.ru/2022/wie-die-usa-die-atomare-ruestungskontrolle-sabotieren/
888 https://t.me/stimme_aus_russland/11301
889 Droits d'image : Public domain via Wikimedia Commons
890 https://neutralitaet-ja.ch/
891 https://mid.ru/en/foreign_policy/fundamental_documents/1860586/?lang=de
892 https://de.wikipedia.org/wiki/NATO (consulté le 12.7.2023)
https://www.wissenschaft.de/zeitpunkte/frankreich-verlaesst-die-nato/
893 https://tkp.at/2023/07/11/leben-im-zeitalter-der-zensur-und-des-technokratischen-totalita-
rismus/
894 Droits d'image : Richard Mayer via Wikimedia Common
895 Droits d'image : Les Chatfield via Wikimedia Common

A propos de l'auteur :

Thomas Mayer

Enseignant de méditation, auteur, militant des droits civiques

Thomas Mayer est né dans le sud de l'Alle-magne. Il est cofondateur de More Demo-cracy, une association allemande visant à promouvoir la démocratie directe ou la poli-tique participative, notamment par le biais de référendums. Il a organisé de nombreux référendums locaux. Il a donné de nombreuses conférences sur le thème des monnaies locales et a lancé des projets pilotes pour les introduire. Il a organisé en Suisse un référendum appelé « Monnaie pleine », qui a fait l'objet d'une votation en 2018 ; il concernait la question de savoir qui devrait avoir le droit de créer de la monnaie, les banques privées ou les institutions publiques. Depuis 2004, il enseigne la méditation anthroposophique en collabora-tion avec Agnes Hardorp.

Livres publiés :

– Triumph der Bürger! Mehr Demokratie in Bayern, 1997
– Kunstwerk Volksabstimmung, 2004
– Erlebnis Erdwandlung, 2008
– Rettet die Elementarwesen, 2008
– Zusammenarbeit mit Elementarwesen, Gespräche mit Praktikern, 2010
– Zusammenarbeit mit Elementarwesen 2, Neue Interviews mit For-schern und Praktikern, 2012
– Vollgeld, Das Geldsystem der Zukunft, 2014
– Wie Banken Geld aus Nichts erzeugen, 2018
– Spirituelle Notwehr in der Coronakrise - 28 Meditationen, 2021
– Corona-Impfungen aus spiritueller Sicht, 2021
– Ratgeber Impfdruck und Impfpflicht, 2022

Sites Internet : www.thomasmayer.org

www.anthroposophische-meditation.de